2021 年鉴 Yearbook

浙江大学党委办公室、浙江大学校长办公室 编

浙江大学

Seeking Truth Pursuing Innovation

ZHEJIANG UNIVERSITY PRESS
浙江大学出版社

图书在版编目（CIP）数据

浙江大学年鉴．2021 / 浙江大学党委办公室，浙江大学校长办公室编．—杭州：浙江大学出版社，2023.5
ISBN 978-7-308-23601-0

Ⅰ.①浙… Ⅱ.①浙… ②浙… Ⅲ.①浙江大学—2021—年鉴 Ⅳ.①G649.285.51-54

中国国家版本馆 CIP 数据核字（2023）第 052701 号

浙江大学年鉴 2021

浙江大学党委办公室、浙江大学校长办公室　编

责任编辑　杨　茜
责任校对　曲　静
封面设计　刘依群
出版发行　浙江大学出版社
（杭州市天目山路 148 号　邮政编码 310007）
（网址：http://www.zjupress.com）
排　　版　浙江时代出版服务有限公司
印　　刷　杭州宏雅印刷有限公司
开　　本　710mm×1000mm　1/16
印　　张　30.25
插　　页　4
字　　数　690 千
版 印 次　2023 年 5 月第 1 版　2023 年 5 月第 1 次印刷
书　　号　ISBN 978-7-308-23601-0
定　　价　88.00 元

1 月 21 日至 24 日，世界经济论坛 2020 年年会在瑞士小镇达沃斯如期举行。浙江大学校长吴朝晖院士应邀出席年会。

1 月 25 日，农历大年初一，省委书记车俊、省长袁家军赴浙江大学医学院附属第一医院检查新型冠状病毒感染的肺炎疫情防控工作并召开座谈会。

2 月 11 日上午，浙江大学召开党委常委会议，传达贯彻教育系统疫情防控视频会议和浙江省有关疫情防控工作会议精神，研究部署学校新冠肺炎疫情防控和新学期开学等工作。

2 月 14 日上午，453 名医护整建制接管武汉协和重症病区及监护室，浙大一院、二院、邵逸夫医院支援武汉医疗队出征仪式举行。

3 月 17 日下午，专家组从浙江省人民大会堂出征，浙江大学 7 人医疗专家组出征意大利。

3 月 31 日下午，浙江省第五批援鄂医疗队凯旋。其中，浙江大学医学院附属第一医院、医学院附属第二医院、医学院附属邵逸夫医院共计返程 467 人。除浙大一院重症监护室主任医师郑霞（浙江第一位援鄂医疗专家仍然坚守在武汉市金银潭医院的七楼重症监护室）外，浙大 524 位援鄂医护人员已全部返杭。

4 月 8 日，浙江大学在紫金港校区召开创新 2030 计划项目启动会，发布启动智慧海洋会聚研究计划、精准医学会聚研究计划、超重力场会聚研究计划、新物质创制会聚研究计划。

4 月 10 日，浙江大学举办中层干部学习贯彻党的十九届四中全会精神专题报告会，邀请公共管理学院教授余逊达和光华法学院教授郑春燕分别做“坚持制度自信，提升治理效能”和“国家治理现代化与依法治国”主题报告。

4 月 13 日，杭州市代市长刘忻来到浙江大学紫金港校区，调研学校发展情况，交流市校未来合作新领域。校党委书记任少波参加调研。

4 月 14 日下午，浙江大学与浙江省机场集团有限公司在紫金港校区签署战略合作框架协议，开启名校名企合作新篇章。

4 月 16 日，浙江大学召开“党的创新理论在浙江的探索与实践”系列教材工作推进会。校党委书记任少波主持会议并讲话。

4 月 20 日，浙江大学附属医院抗击新冠肺炎疫情一线医务工作者座谈会在紫金港校区召开。

5 月 7 日，浙经大学公共管理学院启用紫金港校区西区人文社科组团新办公楼。

5月15日晚，“让青春在磨砺中更加出彩”浙江大学思政公开课与学子在云端相见。学校精心准备的这次别开生面的“思政大餐”，用身边榜样来激励同学们坚定理想信念，厚植家国情怀。

5月15日，由浙江大学与浙江省商务厅共建的浙江省新时代自贸港研究院在紫金港校区举行揭牌仪式，标志着浙江省自贸港研究和建设进入新阶段。

5月18日国际著名学术期刊《自然·通讯》(*Nature · Communications*)在线发表了浙江大学电气工程学院何湘宁教授团队的研究成果（论文）。

5月19日，浙江大学与巨化集团有限公司在紫金港校区签署战略合作框架协议。

5月21日上午，浙大举行“相约云端共襄华诞”云校庆活动。全球浙大人通过互联网欢聚一堂，共同庆祝母校123周年生日。

5月21日，浙江大学建校123周年和竺可桢纪念馆建馆20周年的纪念日，学校举行竺可桢纪念馆重修开馆仪式，深切缅怀竺可桢老校长的卓越贡献和崇高品格。

5 月 30 日上午，浙江大学伊利诺伊大学厄巴纳香槟校区联合学院（ZJUI）首届学生伊利诺伊大学厄巴纳－香槟校区（UIUC）学位授予仪式在浙江大学国际联合学院（海宁国际校区）举行。

6 月 3 日上午，上海市政府与浙江大学举行战略合作签约暨浙江大学上海高等研究院揭牌仪式，开启市校合作发展新篇章。

6 月 11 日，国家电网有限公司与浙江大学战略合作框架协议签约仪式在玉泉校区举行，双方将共同面向科技前沿和产业趋势，服务国家能源安全新战略。

6 月 13 日，浙江大学社会创新创业高峰论坛暨绿色浙江二十周年公益盛典在紫金港校区求是大讲堂举行，并面向全国高校网络直播。

6 月 18 日，数学科学学院“求是茶话”第二期座谈活动举行。数学科学学院校友孙斌勇院士与学生代表们就数学学习方法、人生发展规划等问题进行了互动交流。

6 月 24 日下午，浙江大学举行 2020 届毕业生党员教育大会，为即将踏出校园，迈上新征程的毕业生党员上最后一堂党课。

6月28日，浙江大学在紫金港校区召开创新2030计划项目启动会，发布启动首个哲学社会科学领域项目——亚洲文明学科会聚研究计划。该计划旨在面向亚洲未来发展的重大机遇与挑战，聚焦亚洲文明价值内涵的深入挖掘与阐发，推进人文、社会科学及其他相关学科领域的会聚研究，培育重大原创成果与新的学科增长点，服务我国对外开放战略。

7月16日，时任省长袁家军出席杭州国际科创中心首期开园。

7月25日，浙江大学党委书记任少波率队赴遵义、湄潭，重温红色文化和浙大西迁历史，服务"第二故乡"发展。

7月30日，时任省委书记车俊调研考察杭州国际科创中心。

8月4日至6日，浙江大学校长吴朝晖一行赴云南省景东彝族自治县调研考察，深化帮扶对接，助推景东提质发展。

8月18日，贵州省人民政府与浙江大学在浙大紫金港校区签署协议，进一步深化省校全面战略合作伙伴关系。

8月20日，浙江大学与湖州市全面深化战略合作会议在湖州举行，市校合作发展开启崭新篇章。

9月9日下午，第五期浙江大学校长学术沙龙在紫金港校区举行。校长吴朝晖院士与十余位专家和青年学者，围绕“量子模拟与算法”主题开展交流讨论。

9月14日，浙江大学“双一流”建设周期总结专家评议会在紫金港校区举行。会议对照学校“双一流”建设方案，梳理总结首个周期建设取得的成绩和存在的不足，提出下阶段建设发展的重点任务和改进措施。

9月21日下午，浙江大学政协委员会客厅围绕“服务‘重要窗口’建设之打通知识产权‘最后一公里’”这一主题开展活动。

9月28日上午，“中国石窟寺文物数字化保护研讨会暨‘云冈石窟行走世界’发布会”在浙江大学艺术与考古博物馆举行。

10月23日，在第七个“国家扶贫日”之际，浙江大学定点扶贫景东县成果展在紫金港校区文化广场开展。

10月31日，首届中国国家制度研究高峰论坛暨浙江大学国家制度研究院学术委员会成立大会在北京举行。

11 月 1 日，在浙江大学医学院附属第一医院建院 73 周年之际，浙大一院总部一期（余杭）在杭州市文一西路 1367 号正式启用。

11 月 10 日，浙江大学电气工程及其自动化专业完成工程教育认证考查工作。浙江大学电气工程及其自动化专业认证专家意见反馈会在玉泉校区举行。

11 月 25 日下午，省委书记袁家军来到他所联系的浙江大学，宣讲党的十九届五中全会精神和省委十四届八次全会精神。

11 月 27 日，浙江大学化工系 1988 届校友、“人民英雄”国家荣誉称号获得者、中国工程院院士、军事科学院军事医学研究院生物工程研究所所长陈薇少将回到浙大，参加将军报告会系列活动并做专题讲演。校党委书记任少波会见陈薇校友，并向她赠送本科期间成绩单作为纪念。

11 月 28 日、29 日，浙江大学举行青年学术骨干实践锻炼计划动员暨上岗培训会，首批 90 位入选的青年教师参加培训。

11 月 30 日，浙大二院校医院院区在紫金港校区举行揭牌仪式。

12 月 1 日，“乐居长安：唐都长安人的生活”展览在浙江大学艺术与考古博物馆开幕。

12 月 8 日下午，法国驻华大使罗梁一行访问浙江大学。校长吴朝晖院士会见来宾，副校长何莲珍参加会见。

12 月 11 日，教育部党组书记、部长陈宝生来浙江大学调研，参观党建馆并参加主题党日活动。校党委书记任少波、校长吴朝晖陪同调研。

12 月 19 日上午，浙大口腔医院建院四十周年学术报告会举行，浙大口腔医院华家池总院（浙江大学口腔医学中心）正式启用。

12 月 22 日，科技部党组书记、部长王志刚到浙江大学调研，考察计算机辅助设计与图形学国家重点实验室，深入了解创新型大学建设和国家重点实验室重组布局情况。

12 月 28 日，浙江大学“一带一路”国际医学院（筹）在义乌揭牌并开工建设，校地双方开启携手发展的崭新征程。

12 月 31 日，第八届全国高校辅导员素质能力大赛颁奖暨 2020 年全国高校辅导员队伍建设成果展示在紫金港校区举行。

《浙江大学年鉴 2021》编委会

编辑说明

《浙江大学年鉴2021》全面系统地反映浙江大学2020年事业发展及重大活动的基本情况，包括人才培养、科学研究、社会服务、党的建设等方面的内容，为教职工提供学校的基本文献、基本数据、科研成果和最新工作经验，是兄弟院校和社会各界了解浙江大学的窗口。《浙江大学年鉴》每年一本。

一、《浙江大学年鉴2021》客观地记述学校各领域、各方面的建设发展情况。

二、年鉴分特载、专题、浙江大学概况、党建与思想政治工作、人才培养、科学研究与社会服务、规划与重点建设、学科与师资队伍建设、对外交流与合作、院系基本情况、财务与资产管理、校园文化建设、办学支撑体系建设、后勤服务与管理、校友与浙江大学教育基金会、附属医院、机构与干部、表彰与奖励、人物、大事记等栏目。

年鉴的内容表述有专文、条目、图片、附录等几种形式，以条目为主。

全书主体内容按分类排列，分类目、分目和条目。

三、选题基本范围为2020年1月1日至12月31日间的重大事件、重要活动及各个领域的新进展、新成果、新信息，依实际情况，部分内容时间上可有前后延伸。

四、《浙江大学年鉴2021》所刊内容由各单位确定专人撰稿，并经本单位负责人审定。本年鉴以分目为单位撰稿，撰稿人及审稿人在文后署名，但也存在少数以条目署名的情况。

《浙江大学年鉴》编委会

CONTENTS

目 录

院系基本情况/197

校园文化建设/293

办学支撑体系建设/303

机构与干部/349

表彰与奖励/371

特 载

浙江大学2020年工作要点

（2020年3月14日）

2020年是国家完成《中长期教育改革和发展规划纲要（2010—2020年）》、全面建成小康社会、实现第一个百年奋斗目标的决胜之年，是学校完成“十三五”规划、进入世界一流大学行列的冲刺之年，是学校编制“十四五”规划、开启新一轮“双一流”建设的布局之年。学校工作的总体要求是：以习近平新时代中国特色社会主义思想为指导，深入贯彻党的十九大和十九届二中、三中和四中全会精神，全面落实学校第十四次党代会精神，统筹推进“五大体系”“五大布局”“五大战略”，进一步扎根大地、铸魂育人、高原筑峰、全球开放、攻坚善治，为高质量高水平建成中国特色世界一流大学、迈向更加卓越的综合型、研究型、创新型大学奠定更加扎实的基础。

一、加强党的政治建设，巩固深化“不忘初心、牢记使命”主题教育成果

1. 建立健全“不忘初心、牢记使命”主题教育长效机制。完善校院两级党委理论学习中心组学习制度和集中学习研讨机制，健全校院两级领导班子成员年度调研制度和讲党课制度。改进民主生活会、组织生活会制度，建立党性检视机制和主题教育整改落实情况巡察督查机制。明确党支部学习教育、调查研究、检视整改的要求，制定关于进一步加强和改进党支部理论学习的意见。

2. 建立健全加强党的政治领导长效机制。坚决贯彻落实党中央决策部署，团结带领广大师生增强“四个意识”、坚定“四个自信”、做到“两个维护”。落实关于加强学校党的政治建设的若干意见，健全领导干部一线规则。制定关于进一步加强政治监督的若干意见，强化对执行民主集中制和“三重一大”决策制度等情况的监督检查，落实重点工作责任分解制度和重大事项定期专项督导。制定关于加强和改进院系党组织建设的实施意见，充分发挥院级党组织的政治功能。制定贯彻落实《中国共产党支部工作条例（试行）》的实施意见，发挥基层党支部战斗堡垒作用。

3.高质量谋划学校“十四五”改革发展。强化学校改革发展方向的研讨，按照更高质量、更加卓越、更受尊敬、更有梦想的要求，对标2035明确新一轮改革发展的战略路径、重大任务和关键举措。迎接首轮“双一流”建设评价，梳理凝练标志性成果，做好“双一流”建设指标动态监测。完成“十三五”规划收官任务，科学编制学校“十四五”事业发展总体规划、专项规划及各学科板块规划等。统筹做好新一轮学科评估和专业学位研究生教育水平评估有关工作。

4.打赢学校新冠疫情防控总体战、阻击战。压实疫情防控责任，发挥新型冠状病毒肺炎疫情防控工作领导小组及各专项工作组作用，强化后勤、物资、网络等各类保障，严格落实分层分类的防控措施，深入细致地做好思想引导，确保疫情不在校园内蔓延。落实“停课不停教、停课不停学”要求，保障疫情防控期间在线教学、科研、国际合作交流、办公等工作，确保学校全年工作目标如期完成。发挥综合性大学的优势，组织医学院各附属医院加强医疗救治、支援防控一线，切实做好疫情防控医务人员、援鄂医疗队员的关心关爱和保护保障工作。组织力量加快新冠肺炎相关科研攻关，推动专家学者为疫情防控及“后疫情时代”社会治理建言献策。树立医德医风典范，对在疫情防控中勇于担当、表现突出、实绩明显的医护人员给予激励表彰。

二、抓实铸魂育人，完善开环整合的人才培养体系

5.建设高水平的思想政治教育体系。认真总结学校人才培养经验，凝练人才培养特色与品牌。落实关于深化新时代学校思想政治理论课改革创新的若干意见，完善思政课程教材体系，落实“课程思政”要求，建设一批“学科育人示范课程”。出台关于加强和改进学生党建工作的实施意见，实施学生党支部政治引领、组织力提升等工程。强化德育共同体建设，健全“引、助、聚、化”工作机制，落实新时代高校思政课教师队伍建设规定，出台专职辅导员队伍专业化职业化建设方案，修订班主任队伍建设规定，深化落实“兼职辅导员”制度，完善本科生“新生之友”寝室联系制度，引导高层次人才参与学生思想政治工作，打造扎根铸魂、全面发展、更加卓越的育人体系。构建研究生“五好”导学团队、“两组（课题组与党小组）融合”等基层组织。做强“一院一品”学生思政品牌，推进思想政治教育特色示范基地、党建与思政现场教学基地、国防教育基地等建设，深入实施SQTP计划。

6.深入实施一流本科教育行动计划。按照KAQ 2.0的要求，完善一流本科教育体系，推动通识教育改革和四课堂融通育人。优化本科招生专业类别，完善分层分类招生方案与常态化招生机制，实施“强基计划”，做好基础学科招生改革试点等工作。全面建设一流本科专业，继续优化培养方案，试点建设复合型专业，深入推进“六卓越一拔尖”和“四新”等学科专业建设工作，实施专业培养方案三年建设规划。开展专业认证，建立健全专业建设和发展预警机制。完善一流课程体系，提质基础课程，加快建设紧缺通识课程，扩容优质课程。规范课堂教学评价，完善教学质量评价和结果运用机制，强化教学质量文化建设。深化竺可桢学院拔尖人才培养机制改革，推进导师制、辅修班建设。建好“学在浙大”等平台，进一步集聚网上教育资源，推进线上线下教学模式改革。优化“1＋3”本科生管理模式，深入开展“一站式”学生社区综合管理模式建设试点工作。

7. 持续推进卓越研究生培养计划。优化研究生培养结构，推进本研贯通、硕博贯通的培养模式改革，加快提升研究生生源质量。深化博士生教育综合改革，完善研究生招生计划体系，实施科研经费博士专项计划，扩大成本补偿指标规模。深化专业学位研究生教育综合改革，推动工程师学院创新发展，优化专业学位培养方案及课程体系，扩大项目制试点范围，加快形成以产教融合为导向的卓越专业学位研究生培养模式。打造研究生 KAQ 2.0 课程体系，建设精品慕课示范课程。完善中期考核制度，试点推进研究生培养分流选择。打造研究生培养质量评价与预警平台，以信息化手段强化研究生培养全过程监控和管理。落实导师育人责任，构建基于大数据的培养质量表征体系。实施“致远”海外实践计划、“人类命运共同体”教育实践计划，完善研究生实践育人体系。

8. 提高协同育人水平。深入贯彻落实《新时代爱国主义教育实施纲要》，建立爱国主义教育工作体系，打造爱国主义教育品牌。加强体育、美育、劳动实践课建设，探索“互联网＋体艺”等育人形式。大力建设中国高校众创空间联盟等“双创”平台，开展中国研究生人工智能创新大赛等特色活动，根据要求完成国家“双创”示范基地验收工作，扩大基于创新的创业教育品牌影响力。

9. 推动就业工作实现新突破。加快落实就业工作中长期发展规划纲要（2020—2030年）及毕业生高质量就业工作行动计划（2020—2021 年），优化浙大学生就业的战略布局。启动就业战略合作伙伴计划，打造若干就业战略指导平台，拓宽毕业生到重点领域、重点行业的就业渠道，力争在选调生、国家重点企事业单位等重要就业领域上取得新进展。完善校院联动的就业工作机制，办好第二届本科生“生涯规划节”，强化就业精准指导与生涯教育，推动一次性就业率位居全国高校前列。

10. 打造继续教育的特色品牌。发挥全国干部教育培训浙江大学基地等平台的作用，面向国家重大战略和全球合作需求，重点研发高端示范性项目，完善高端培训的激励机制和保障条件。推进继续教育“一院一品”工作，围绕学科优势探索特色化、专业化、差异化的教育培训机制。全面加强教育培训质量管理，健全教育培训督导反馈和整改落实等工作制度。积极开展线上线下相结合的继续教育，做好远程学历教育统筹管理工作，确保远程学历教育“收尾”顺利。

三、加快高原筑峰，营造卓越的学科和人才发展生态

11. 打造争创一流的学科体系。全面落实医科、文科、涉农、工信、理科等学科发展大会精神，推动各学科群如期完成 2020 年发展目标。系统推进顶尖学科、高峰学科等支持计划，

培育更多进入 ESI 前 1%、1‰及前 100 位的学科。深入推进学科评估改革，建立学科分类考核评估机制，完成高峰学科计划、一流骨干基础学科计划和优势特色学科发展计划考评工作。深入实施“创新 2030 计划”，启动若干新专项计划，大力推动学科交叉会聚，出台专项计划管理暂行办法，规范专项计划实施的过程管理和质量控制。

12. 建设高水平的人才队伍。完成“十三五”人才队伍规划任务，督促落实院系中层领导班子任期目标任务书的人才指标。完善人才计划，探索更加精准有效的人才引育政策。深入实施学术大师汇聚计划，积极推进海外学术大师科学家联合工作室建设工作，提升海内外学术大师与校内人才交流融合水平。实施第二期高层次人才培育支持计划，提升高层次人才培育的针对性与精准性。突出学科导向与青年人才引育需求，实施百人计划 2.0。加大对青年人才的培养力度，制定符合青年人才发展特点的支持政策，引导青年教师开展重大原创研究。逐步完善高水平团队培育机制，加快形成以创新领军人才为核心的团队。完善求是特聘、冠名教授等人才计划项目岗位设置和目标责任。强化人才服务，优化人才引进绿色通道和资源配套保障。

13. 深化多元用人模式改革。建立更加开放的用人机制，依托政府、企业等各方资源探索构建混编教学科研团队。优化师资队伍结构，进一步提升博士学位教师比例。制定院系层面的特聘研究员岗位实施细则，优化特聘研究员的评审和引进工作。全面实行新引进教学科研并重岗教师预聘制度，审定一级学科的长聘教职任职条件，适时出台长聘教职评聘试行办法。落实新时代高校教师职业行为十项准则，完善师德师风工作网络和长效机制。优化博士后队伍学缘和学科结构，探索博士后职业发展通道，建立博士后考核激励机制。动态调整专职研究员岗位设置，积极畅通专职研究员的职业发展通道。推进附属医院岗位分类管理，完善多渠道人才引育机制，优化分类评价体系。探索教师事务服务专员队伍建设，优化常规教师、党政管理、实验技术及其他系列人员的岗位聘任制度。探索更加有效的引智策略，围绕通识教育、智库研究、工程实践、特殊学科等领域强化人才柔性引进。

四、服务国家战略，打造开放协同的创新生态系统

14. 完善科技创新体系。对接“十四五”国家科技创新规划编制需求，做好项目预研、专家推荐等工作。研究新一轮科技创新发展路线图，积极推动浙江省实验室建设，争取新增国家重点实验室等国家级科研基地。谋划推进国家重大科技基础设施、集成攻关大平台、前沿科学中心等重大科技平台建设。保障科技创新团队发展，推进基础研究、应用研究、成果转化等领域协同攻关。完善基础研究组织体系，探索适应基础研究的评价机制和多元化投入支持机制。完善重大任务有组织创新模式，加快建设以重大需求和基础前沿为导向的“科研特区”。服务军民融合发展战略，推动更多重大研究任务落地实施。大力培育标志性成果，力争在包括现代能源、新一代工业互联网、乡村振兴研究等在内的领域取得新突破。促进基础研究成果应用与转化，强化校地、校企科研合作机构管理，探索建立产业技术创新联盟，牵头组建浙江省高校院所技术转移联盟。保持授权发明专利总数、论文总数、论文篇均引用次数等创新指标居全国高校前列。

15. 打造开源创新的思想文化高地。大力培育国家社科基金重大项目、教育部等部委重大项目和省部级人文社科成果奖，主动设计交叉类重大项目和重大文化工程项目。扎实推进全国重点马克思主义学院、中国特色社会主义研究中心建设，继续建好人文高等研究院、艺术与考古博物馆、马一浮书院、中华译学馆等各类新型机构和科研基地。建设若干开放的数据库和共享的实验室，推动社会科学研究基础平台转型发展。优化跨学科成果共享机制，实施高被引学者奖励方案，完善代表作等评价制度。加快建设面向全球的区域协调发展研究中心等高端智库平台，支持北京研究院（筹）、国家制度研究院发展，完善智库人才队伍体系、成果评价机制和发展资金筹集模式。

16. 提升社会服务质量与成效。加强社会服务的战略谋划，修订提升社会服务质量的指导意见，完善社会服务考核评价体系，优化多部门联动协同工作机制。完善社会服务布局，深化与重点省份的合作，加快建设若干校地合作重大平台，推进与大型央企、国企和行业龙头企业的实质合作。探索乡村振兴研究院等合作新模式，建立更有影响的农业技术推广服务体系。助力景东县完成"脱贫摘帽"，做好精准扶贫台江工作，深化帮扶武义和援藏援疆工作，落实对口支援和部省合建对口合作各项任务。

17. 深度融入长三角一体化发展。推进长三角研究型大学联盟、长三角一体化发展研究中心建设，谋划建设上海高等研究院等重大平台，拓展在长三角地区的合作成果。继续支持之江实验室建设发展，联合制定战略合作规划，完善开放合作机制和人员双向互聘制度，共同组织建设若干面向未来、引领发展的重大项目和装置平台。稳步推进杭州国际科创中心建设，高起点谋划若干技术创新平台，高水平打造卓越中心、研发中心、孵化中心、产业中心等。深度参与杭州城西科创大走廊发展，全面服务浙江省大湾区建设和大都市区能级提升。

18. 构建医药联动、区域协同的健康医疗发展模式。打通基础医学与临床医学，加快发展一流的医疗服务、临床科研、临床教育，积极建设一流的附属医院。完善附属医院管理办法，打造包括附属医院、非直属医院和合作医院在内的优质医疗资源体系。统筹建设国家医学中心、国家区域医疗中心、国家临床医学研究中心、医学中心、健康医疗大数据国家研究院、智能创新药物研究院等医药平台，推动医药会聚造峰与原创突破。落实与省市卫健委、省医保局、国家疾病预防控制中心等部门的战略合作，提升解决卫生健康问题与应对公共卫生事件的能力。

五、坚持拓展全球，增强国际声誉和影响力

19. 落实全球开放发展行动计划。以构建发展共同体为引领，加快实施全球开放发展战略，拓展全覆盖、多层级、有重点的全球合作网络，制定关于与世界顶尖大学、海外一流学科合作的第二期实施方案。延伸"一带一路"沿线、金砖国家的教育合作，拓展与世界经济论坛等国际组织、世界500强企业的合作交流，启动若干对接联合国可持续发展目标的专项计划，启动建设"一带一路"国际医学院。深化与港澳台地区高校的合作，打造师生交流、学科合作的精品项目。实施优质国际学生生源工程，深化国际学生教育管理体制改革试点工作，推动学位留学生和留学研究生比例明显提升。完善协同联动的全球开放发展工作机制，发

挥“全球合作大使”的积极作用。做好国际化岗位管理考核工作，打造高素质、专业化的国际化管理服务队伍。

20. 推进师生全球合作交流。升级学生海外交流计划，优化专业培养方案，提升国际化培养比重，建设一批本科生“2+2”“3+1”等国际联合培养项目。加快学生国际化能力培养基地建设，设立校级“创新型人才国际合作培养项目”，与世界顶尖大学建立研究生双向交流机制，探索形式多样的合作授予学位项目。加强基础研究国际化合作，积极参与或组织国际和区域性重大科学计划和科学工程，大力支持省部国际科技合作基地建设，进一步做好学科创新引智工作。组织建设人文社科国际科研合作平台和项目，加快推进文科国际化和声誉提升工作。推进传统出版与新型出版融合发展，支持外译、英文学术著作出版和期刊创建，继续实施“学术精品走出去计划”“高水平期刊培育计划”。

21. 打造国际合作教育样板区。在海宁国际校区打造“国际科教资源开放创新圈”，继续推进现有国际联合学院和书院建设，试行“伙伴高校联合招收博士后计划”。优化海宁国际校区整体办学布局，进一步丰富与世界一流大学合作办学的项目，稳步推进若干联合创新中心建设，启动高水平国际化继续教育。进一步探索适应中外合作和异地办学的管理运行体制机制，加快完善对标国际一流的校园支撑体系和服务模式。

六、深化改革创新，加快治理体系和治理能力现代化建设

22. 完善现代大学治理体系。进一步完善党委领导下的校长负责制及其配套制度，健全依法治校制度框架。深化院系学术治理体系改革，建立健全校学术委员会专门委员会，探索行政管理和学术治理联动机制。更好地发挥“双代会”作用，开展“面向双一流、服务新发展”建功立业主题活动，完善师生民主参与、民主监督的机制。深化共青团改革，加强对学生组织和学生社团的建设管理，进一步把联系和服务青年工作做深做实做优。深化“一院一策”改革，构建权责利相统一的院系管理体制，试点下放院系人才人事管理权限，提升院系二级财务统筹能力。探索医学板块管理体制机制改革，建立健全临床医学院“权责一体”机制。实施若干 2020 年深化改革重点项目，着力破解制约学校高质量高水平发展的深层次矛盾和问题。

23. 推动办学体系优化发展。根据学校办学功能布局和学科发展需要，进一步完善各校区的发展规划，系统设计各办学主体的发展定位，提升在杭校区与异地校区的治理能力，推进各类资源的跨校区流动配置，打造以院系为主体的分层分类办学体系。完善舟山校区管理运行机制，加快构建相互支撑、融合发展的海洋科教体系。完善宁波（“五位一体”）校区的管理运行体制，进一步创新产教融合机制，积极支持宁波市提升科创与教育实力。推进美丽校园建设，高质量推进紫金港校区西区基本建设，全力保障亚运场馆改造和“超重力离心模拟与实验装置”国家重大科技基础设施建设。支持转公后的浙大城市学院、浙大宁波理工学院加快建设高水平的应用型大学。

24. 构建师生为本的发展环境。深入开展“服务院系、服务基层、服务师生”活动，推进“最多找一人”改革。实施“暖心爱心工程”，制定增强教职工身心健康计划，提升师生医疗健康保障水平。继续实施“乐龄”计划，发挥广大离退休同志在铸魂育人、推进“双一流”建设中的独特优势和作用。加快信息化系统整合，推进“网上浙大”建设，加快建成校园“百事通”平台。高水平提供学术战略咨询和科研情报服务，加快建设研究型图书馆。大力推进数字档案馆建设，加快《浙江大学史》编撰研究。

25.提高支撑保障能力。全面实施预算绩效管理制度，完善科研经费、薪酬、公共资源经费、基建财务等重点领域的资金管理。优化采购体制机制，规范采购行为，提高采购效率。推进公共资源经费管理和重点部位监督，组织开展专项审计等工作，完善内部控制评价体系。全面优化公用房等房产资源配置，规范并推进实验室与设备管理及开放共享，精准提供科学化的服务。启动筹资专项计划，修订加强发展联络工作的若干意见、教育基金会项目管理制度。以发展共同体理念为引领，优化校友组织布局，建立学校与校友之间更加广泛有效的联系。

26.推进科技转化与产业发展体制机制改革。制定工业技术转化研究院（国家大学科技园）整体发展战略规划，稳步推进紫金众创小镇建设，强化区域平台机构运行管理、评估考核等，完善科技成果转化体制机制。持续做好校属企业体制改革，实现国有资本保值增值。推动后勤集团转型发展，打造与一流大学建设相适应的后勤服务体系。推进建筑设计研究院改革，提升资质维护和战略合作能力。

七、夯实党建工作基础，为学校各项事业发展提供坚强的政治保证

27.壮大新时代宣传思想主流声音。充分发挥学校地处“三个地”优势，深化对习近平新时代中国特色社会主义思想的研究和阐释，编撰“党的创新理论在浙江的探索与实践”系列教材。成立“启真先锋”青年教师讲师团，打造分众化、全互动、接地气的宣讲品牌。建好用好党建馆，不断增强党建与思政现场教育的体验度、鲜活性和感染力。大力做好学校声誉提升工作，塑造“浙大形象”、讲好“浙大故事”。深化与主流媒体的合作，创新网络表达机制，推进教育部融媒体试点建设，繁荣丰富网络文化产品，完善多维联动、协同高效的全媒体传播体系。推进紫金港校区西区文化建设、学生文化长廊二期建设，推进学生社区文化建设，提升环境文化育人成效。

28.选优配强领导班子和干部队伍。修订中层领导干部选拔任用工作办法，严格落实中层领导干部岗位责任制和社会兼职管理制度等。统筹推进党政管理人员和辅导员队伍建设，进一步提升“双带头人”党支部书记、专兼职组织员等党务工作队伍的水平。注重对干部政治素质、工作实绩与担当作为的考察，健全多维度考核体系，强化考核结果运用。进一步规范机关职能和机构设置，推进党政管理队伍定岗定编工作。积极做好高层次人才服务保障工作，完善院级党组织领导班子成员联系优秀青年教师机制。系统开展青年人才和青年干部队伍调研，全面理顺成长发展通道，加快培养一批德才兼备的优秀青年骨干。建立健全党员干部教育培训质量评估制度体系，构建保障“双一流”建设的干部教育培训长效机制。

29.夯实基层党组织体系。做好全国首批党建工作示范高校、标杆院系和样板支部建设任务验收准备工作，扎实推进全国第二批和全省首批党建工作标杆院系和样板支部培育创建工作。落实基层党建工作责任制，修订院系党组织会议的决策范围，扎实开展院级党组织书记抓基层党建和人才工作述职评议考核。围绕一流事业发展需要和基层学术组织特点优化党支部设置，探索体验式、开放式党组织生活，进一步提升组织生活吸引力。

30.拓展大统战工作格局。发挥社会主义学院作为统一战线人才教育培养主阵地的作用，加强对党外知识分子的政治引领。健全党外人士的发现、培养、选拔任用和政治吸纳机制，制定学校民主党派代表人士队伍建设规划，建立一支高素质党外代表人士队伍和后备人才队伍。促进民族师生交流融合，铸牢中华民族共同体意识，实施“石榴籽工程”。提升院级党组织统战工作能力，完善校院联动的工作机制。创新统战工作思路，打造党外知识分子铸魂育人、“同心·知联”、校地侨联合作等品牌。

31.维护校园安全稳定。推动全校上下增强风险意识和斗争本领，强化重点课程课堂讲授、论坛讲座、人文社科领域学术研究的政治把关，完善意识形态工作机制。落实总体国家安全观，认真做好保密管理，进一步筑牢保密防线。实施校园安全工作研判机制，打造平安校园，提升风险排查能力，开展师生心理健康教育，完善消防、综合治理、交通、公共卫生、网络舆情等应急处置和防控机制。

32.推动全面从严治党向纵深发展。学习贯彻十九届中央纪委四次全会精神，以“两个责任”为抓手，层层压实四张“责任清单”，强化政治监督，推动政治监督具体化、常态化。完善纪检监察工作双重领导体制，抓实抓细日常监督，更好地发挥二级单位纪委的作用，强化对权力运行的制约和监督。持续深化作风建设，进一步落实中央八项规定及实施细则精神。营造风清气正的政治生态，形成干部师生干事创业、履职尽责、担当作为的氛围。健全巡视巡察上下联动的工作格局，开展中央巡视反馈意见的整改落实情况专项巡察监督，推动巡视整改再深化、再落实。深化廉洁教育和廉政文化建设，锻造忠诚干净担当的纪检监察队伍，综合运用监督执纪“四种形态”，一体推进不敢腐、不能腐、不想腐的体制机制，构建以政治监督为重点，以党内监督为主导，各类监督有机贯通、相互协调、全面覆盖的监督体系。

浙江大学2020年工作总结

（2021年3月4日）

2020年是国家完成《国家中长期教育改革和发展规划纲要（2010—2020年）》、全面建成小康社会、实现第一个百年奋斗目标的决胜之年，是学校完成“十三五”规划、进入世界一流大学行列的冲刺之年，是学校编制“十四五”规划、开启新一轮“双一流”建设的布局之年。在党中央、国务院和教育部、省委省政府的正确领导下，浙江大学坚持以习近平新时代中国特色社会主义思想为指导，深入贯彻党的十九大和十九届二中、三中、四中、五中全会精神，坚决落实党中央关于疫情防控的决策部署，认真学习习近平总书记关于教育的重要论述和对浙江大学系列重要指示精神，树牢“更高质量、更加卓越、更受尊敬、更有梦想”的战略导向，实施“五大体系”“五大布局”“五大战略”，统筹抓好疫情防控和改革发展稳定各项事业，确保了全年工作和“双一流”建设目标任务高质量完成，为建设中国特色世界一流大学奠定了坚实基础。

一、坚定政治方向，切实抓好举旗定向，忠实践行习近平新时代中国特色社会主义思想

1.进一步树立了新思想的指导地位。全校上下高举习近平新时代中国特色社会主义思想伟大旗帜，自觉增强“四个意识”、坚定“四个自信”、做到“两个维护”。深入贯彻党的十九届五中全会和十九届中央纪委四次全会精神，认真领会习近平总书记考察浙江重要讲话精神，全面落实统筹推进新冠疫情防控和经济社会发展工作部署会议、决战决胜脱贫攻坚座谈会、科学家座谈会、全国研究生教育会议等重要会议精神，结合学校实际提出了学习贯彻的具体举措，通过党委常委会、校务会议、党委理论学习中心组学习会的形式专题学习研究习近平新时代中国特色社会主义思想48次。

2.政治建设制度化具体化取得新进展。建立健全“不忘初心、牢记使命”主题教育长效机制，深入推进主题教育检视问题整改，定期督查各项举措落实情况。巩固深化主题教育成果，改进民主生活会、组织生活会制度。修订党委理论学习中心组学习实施办法，完善年度学习计划，强化思想理论武装。落实加强学校党的政治建设的实施意见，制定加强政治监督的若干意见，组织开展了习近平总书记关于高等教育的重要论述和对浙江大学重要指示精神落实情况专项督查。修订并严格落实意识形态工作责任制实施细则和责任清单，加强对教材、课堂、论坛讲座等管理，强化意识形态工作风险点分析研判，开展意识形态领域重点风险点专项排查，将意识形态工作纳入学校巡察、巡视整改落实情况专项督查的重要内容，层层压实意识形态工作主体责任。

3.明晰了面向未来的战略谋划。加强对重大改革发展战略的领导，召开学校领导班子寒假战略研讨会、暑期工作会议，专题研讨规划编制工作。按照“更高质量、更加卓越、更受尊敬、更有梦想”的战略导向，对标2035年远景目标，科学谋划“十四五”规划，明确新一轮改革发展的战略路径、重大任务和关键举措，形成了1个总体规划、8个学科板块规划、5个专项规划、37个院系规划及若干专题规划的规划体系。

二、强化政治担当，坚决贯彻中央决策部署，确保疫情防控和“双一流”建设“两手抓、两战赢”

4.加强了疫情防控的组织领导。疫情暴发后第一时间成立学校新型冠状病毒肺炎疫情防控工作领导小组，召开党委常委会、校务会议、领导小组会研究部署防控工作40余次，统一师生思想认识，凝聚各方工作合力。组织医护人员全力投入疫情防控，筑牢校园安全防线，严格落实网格化管理要求，确保疫情不输入不扩散。主动加强与属地政府的沟通协同，围绕疫情防控和复工复学开展专项作风督查，落实对一线医务人员和疫情防控工作人员的关心关爱和激励表彰。

5. 全面参与了疫情防控阻击战。全力参与省内医疗救治，3 家医院被确定为浙江新冠肺炎危重症患者救治定点医院，多家附属医院同步承担医疗任务，圆满完成抗疫任务，实现医护人员“零感染”、疑似患者“零漏诊”、确诊患者“零死亡”。支持援鄂援外医疗救治，累计派出 520 余名医务人员驰援湖北武汉、荆门，整建制接管部分重症病区和监护室，派出 7 名医务人员援助意大利，向全球 232 个国家和地区分享《新冠肺炎防治手册》。发挥疫情防控“国家队”的作用，在诊疗方法、毒株分离、疫苗研制、药物筛选等领域取得新进展，建立浙江领导干部公共卫生培训基地，为科学治疗和科学决策提供专业服务。学校 4 个集体、12 人次荣获国家级抗疫表彰，20 个集体、81 人次荣获浙江省抗疫表彰。

6. 有序推进了复工复学和事业发展。做好师生返校返岗工作，指导境外师生做好安全防护，确保 6 万余名师生安全返校。构建与疫情防控相适应的教学科研秩序，在全国高校中率先开展并高质量完成网上教学，全校课程教师开课率、学生进课率达 100%。完善“学在浙大”“浙大钉”等平台功能，顺利完成研究生学位论文在线答辩、网络远程复试工作。启用“研在浙大”学术科研平台，构筑一站式、全流程的线上科研空间。推进线上线下相结合的继续教育，完成培训项目 2400 余项，培训人数超过 14 万人。顺利完成“双一流”建设首期任务、“十三五”收官和全国党建工作示范高校验收，扎实开展第五轮学科评估，高质高效实现全年工作目标。

三、矢志铸魂育人，着力培养担当民族复兴大任的时代新人，高质量人才培养体系不断完善

7. 思想政治工作生命线进一步巩固。深化新时代思政课改革创新工作方案，出版发行“新思想在浙江的萌发与实践”系列教材，开设“习近平新时代中国特色社会主义思想概论”课程，进一步提升德育共同体建设的实效性。充分发挥地处“三地一窗口”的优势特色，深入开展爱国主义教育和“四史”学习教育，推进党建与思政现场教学基地、党建教育平台建设。制定并落实《关于加强学生党建工作的意见》，实施学生党建“双引双提”工程，打造更高质量的学生党建引领体系。探索中外趋同的学生管理与服务机制，构建以联合学院为主体的思政教育体系和以书院为依托的学生成长服务体系。开展革命传统教育、国情社情考察、社会实践锻炼，打造校内外联动的实践育人模式。优化思政课教师队伍建设机制体制，拓展思政课教师兼聘渠道，修订完善思政课教师专业技术职务评聘标准。深化辅导员队伍专业化职业化发展，承办第八届全国高校辅导员素质能力大赛，学校 1 人获“全国高校辅导员年度人物”荣誉称号，1 人获全国高校辅导员素质能力大赛一等奖。

8. 本科教育质量稳步提高。推进本科专业调整和一流专业建设，完成首批一流本科专业综合改革项目，学校入选首批“双万计划”的一流本科专业数居全国高校第一。加强通识课程建设，加快形成“通、专、跨、国际化”“四课堂融通”的新型课程体系。构建一流本科课程体系，60门课程入选首批国家级一流本科课程，其中线下一流课程和虚拟仿真一流课程数均居C9高校第一。推进高质量教材培育工作，35本教材入选2020年浙江省“十三五”新形态教材建设项目。加强一流教学资源保障，升级改造394间教室，建成15间特色智慧教室、30间教学讨论室。线上线下推进国际化交流，本科生交流率达88.67%。本科生海内外深造率达59.26%，赴世界百强高校深造人数占海外深造总人数的75.23%。

9.卓越研究生教育深入推进。组织召开研究生教育工作会议，启动研究生教育大讨论。强化导师育人质量表征指数运用，建设有工作理念、有制度建设、有示范引领、有技术支撑的导师队伍，将“导师是研究生培养第一责任人”理念落到实处。完善专业学位研究生培养体系，设立18个工程专业学位研究生卓越培养项目，探索订单式人才培养模式改革。构建科教融合培养体系，推进8个多学科交叉人才培养卓越中心建设。坚持以评促建，做好首轮“双一流”建设周期总结，完成第五轮学科评估和专业学位研究生教育水平评估材料填报工作，动态调整和优化专业学位授权点。出台研究生学位申请实施办法、博士硕士学位论文抽检及结果处理办法，加强研究生培养关键环节把控。

10.“五育并举”的教育体系加快完善。将思想政治素质作为评奖评优首要标准，重点关注学生成长成才的过程评价。深化体育教学改革，增加学生体育锻炼活动时长，将体育课程纳入研究生公共素质必修课程。将美育、劳育纳入人才培养方案，推进美育劳育类课程建设，建成美育类课程56门、实践劳动类课程74门。开展“互联网+”创新创业大讲堂等专项行动，推进三墩元空间、紫金创业元空间、e-WORKS创业实验室、Idea-Bank创客空间等双创育人平台建设，加快完善全链条创新创业教育体系。80余个学生团队问鼎国内外重大竞赛，浙大学子在第六届中国国际“互联网+”大学生创新创业大赛中荣获4个金奖，在第十二届“挑战杯”中国大学生创业计划竞赛中荣获金奖数居全国高校第一，在第二届中国研究生人工智能创新大赛中荣获季军。

11.招生与就业工作质量稳步提升。落实本科招生工作组“双组长”制，持续完善“学校整体规划、院系分区负责”招生工作体系。优化本科生招生政策和综合评价方式，高质量完成“强基计划”等特殊类型招生，本科招生综合录取排名位列全国前五。优化研究生招生机制和招生计划分配机制，完善博士研究生“申请—考核”制，实施全日制学术学位研究生统筹招生贯通培养，探索科研经费博士生招生机制，持续优化招生结构质量。落实“就业一把手”工程，完善院系主体负责、协同推进、齐抓共管的就业工作机制。推进就业信息化建设，创新“云就业”服务，提供培训精准、校院联动的高质量就业指导。大力引导毕业生到祖国最需要的地方建功立业，成立国防军工、选调生、国际组织实习等就业战略指导平台，逐步形成面向重要行业、重点领域的多层次就业格局。毕业生初次就业率达94.86%，赴国家重点领域和重要行业就业人数比例持续上升，其中选调生人数同比增长近10%，赴GFJG单位就业人数同比增长50%。

四、围绕“四个面向”，大力开展有价值的引领性创新，自主创新能力显著增强

12.重大原始创新成果加快涌现。组织开展科研大讨论，持续深化有组织的科研创新，实质性推进“科研特区”建设，新增承担一大批国家重点项目、重大课题，在凝聚态物理、电子显微学、新冠病毒研究、肿瘤代谢等领域取得一批重大原创成果，联合研制我国首台基于自主知识产权类脑芯片、目前全球神经元规模最大的类脑计算机，成功绘制全球首张人类细胞图谱。作为第一单位在《细胞》《自然》《科学》主刊和子刊发文 90 篇，在国际数学领域四大顶级刊物之一 *Annals of Mathematics* 上发文解码著名数学猜想。

13. 服务国家科技创新能力进一步增强。启动科技创新团队 2.0 计划，加强对后备创新力量的培养。主动参与国家实验室建设，扎实做好国家重点实验室重组布局和新建培育工作。大力建设超重力离心模拟与实验装置国家重大科技基础设施，与之江实验室联合建设多维超级感知重大科技基础设施。新增科技部“一带一路”联合实验室 2 家，获批牵头建设系统医学与精准诊治浙江省实验室，持续推进海洋、农业、能源等领域的浙江省实验室筹建，统筹建设浙江应用数学中心，获批认定浙江省重点实验室 6 家、浙江省国际科技合作基地 9 家、浙江省军民融合科技协同创新示范平台 2 家。推动军民融合深度发展、探索国防科技创新和管理创新的“双驱动”机制，稳步推进军民融合科技创新特区试验示范区建设。科研经费共计 60.68 亿元，国家自然科学基金重大科研仪器研制项目、重点项目、重大项目立项数均居全国高校第一。

五、推动范式转型，加快哲学社会科学高质量内涵式发展，努力打造新时代思想文化高地

14. 哲学社会科学持续繁荣发展。高水平建设全国重点马克思主义学院，持续推进中国特色社会主义研究中心建设。实施亚洲文明学科会聚研究计划，加快培育社会治理会聚研究项目。成立亚洲文明研究院、中西书院、数字沟通研究中心等重大平台，不断提升艺术与考古博物馆、中华译学馆等机构建设水平。实施“中华优秀文化传承与创新计划”，编纂出版“中国历代绘画大系”等典籍百余部，与云冈石窟研究院联合完成世界首个可拆卸的 3D 打印数字化石窟。开展优秀著作奖评选工作，研究制订文科重大项目支持管理办法，加强国家级课题和高水平成果培育。文科实到科研经费 2.67 亿元。新增国家社科基金重大项目 17 项，其中重大招标项目 11 项，居全国高校第四，艺术学重大项目取得“零突破”。新增教育部哲学社会科学研究重大课题攻关项目 4 项，居全国高校第二。获第八届高等学校科学研究优秀成果奖(人文社会科学)54 项，创历史新高。

15. 服务党和国家科学决策的能力不断增强。加强国家高端智库建设，区域协调发展研究中心入选国家高端智库，形成“一中心、多平台”的高端智库建设体系。人文高等研究院入选国家首批铸牢中华民族共同体意识研究培育基地，中亚与丝路文明研究中心入选国家民委“一带一路”国别和区域研究中心，社会治理研究院、浙江数字化发展与治理研究中心新增为浙江省新型重点专业智库。建设北京研究院(国家制度研究院)、浙江省新时代自贸港研究院、新时代“枫桥经验”研究院等新型智库。设立“求是智库岗”，加大高层次智库人才的引进力度。19 篇报告获党和国家领导人重要批示，150 余份研究成果被中央部委或省委省政府采纳。

16. 独具特色的大学精神文化加快形成。深入挖掘学校历史文化底蕴，引导师生继承爱国奉献、百折不挠、改革创新、服务人民、追求卓越的浙大传统，倡导“诚真、认真、启真、守真”的价值导向，引导教师做有理想信念、有道德情操、有扎实学识、有仁爱之心的“四有”好老师。构建互相欣赏、包容、互鉴的发展环境，大力弘扬新时代科学家精神，强化人才培养和学术纯粹性，涵育向上向善的校风学风师风。优化校园文化环境，完善紫金港校区西区、学生社区文化建设，完成紫金港校区西区楼路河湖桥赋名工作，丰富办学空间精神内涵。做好中华版本资源征集工作，重新设计并建设院士长廊。编制“十四五”大学精神与文化建设专题发展规划，研究制订规范二级单位校园文化建设的若干规定等制度文件，引领文化建设向规范化发展、向纵深处推进。

六、坚持一流导向，构建更加卓越的学科人才生态，学校核心竞争力显著增强

17. 学科生态体系不断完善。认真推动落实医科、文科、涉农、工信等学科大会精神，系统实施顶尖学科、高峰学科、一流骨干基础学科、优势特色学科、会聚型学科支持计划，制定支持一流理学发展的方案。研究制订面向 2030 的学科会聚研究计划管理办法，高起点实施“创新 2030”计划，启动“智慧海洋计划”“精准医学计划”“超重力计划”“天工计划”“亚洲文明计划”，继续推进“双脑计划”“量子计划”“生态文明计划”“设计育种计划”建设。据 2021 年 1 月 ESI 引用统计结果，学校进入世界排名前 1‰的学科数为 10 个，居全国高校第一；进入前 1%的和前 50 位学科数分别为 20 个、6 个，均居全国高校第二。

18. 人才队伍建设取得新成效。围绕学科重点发展方向和国家地方重大需求，加强学科与人才队伍的主动设计和战略规划。发挥国家省部重大引才计划在顶尖人才引进中的先导作用，通过海外学术大师联合工作室、讲席教授制度等政策，结合“人才地图”规划工作，加快引育顶尖人才。完善“学术大师汇聚计划”，以更高标准和更大力度引进全职顶尖人才。启动第二期“高层次人才培育支持计划”，精准做好各类领军人才的引育工作。全面实施“新百人计划”，优化高水平师资百人计划机制。引进两院院士 3 人、文科资深教授 2 人，高层次人才和优秀青年人才新增数和总规模位居全国高校前列。

19. 人才发展环境加快优化。开展党委人才工作专项督导，创新人才服务保障机制。完善师德师风建设工作网络，建立健全师德师风建设长效机制，规范师德核查意见的工作流程，学校入选教育部首批师德师风建设基地。落实破“五唯”要求，强化人才评价的贡献和实绩导向，完善求是系列专项岗布局，新设求是工程岗、求是智库岗。深化预聘—长聘教职制度等改革，全面实施新引进教学科研并重岗教师预聘制，完善海内外高水平大学长聘体系的中青年人才引进方案，精准优化人才引进绿色通道；全面审定全校一级学科长聘教职任职条件，试行评聘长聘教授 3 人、长聘副教授 26 人。开展 2020 年全校岗位聘任工作，加大对教育教学投入及考核激励力度，探索实施卓越教学岗计划和基础研究长周期考核机制。抓实教职工培养培训工作，提高教学科研、党政管理、实验支撑等队伍的素质能力。

七、立足新发展格局，构建全面开放的办学体系，服务国家区域战略需要的能力显著提升

20. 服务国家重大战略的能力进一步提升。全方位融入和对接京津冀协同发展、长三角一体化、长江经济带、粤港澳大湾区、海南自由贸易港等国家区域重大战略，推动建立与上海、国家电网等新型校地、校企合作关系，积极推进浙江大学雄安发展中心、海南研究院等重大平台建设，成立上海高等研究院、南昌研究院等高能级平台，巩固完善国内合作布局，在产教融合、战略决策咨询、科技创新合作、人才交流培养等方面开展合作。将定点扶贫作为年度重点工作推进，助力云南省景东县实现"脱贫摘帽"，学校荣获"云南省脱贫攻坚奖扶贫先进集体"等荣誉。

21. 服务"重要窗口"建设的成效不断彰显。制定深入学习贯彻习近平总书记考察浙江重要讲话精神、落实省委十四届七次全会精神的实施意见，服务"互联网＋"、生命健康和新材料三大科创高地建设，主动对接浙江改革发展战略需要。全面服务浙江省经济社会发展，与省内所有地级市建立全面合作关系，主动融入浙江省大湾区大花园大通道大都市区建设、城西科创大走廊建设等重大区域发展战略，支持浙大城市学院、浙大宁波理工学院实现转公并建设高水平应用型大学。推动杭州国际科创中心高质量发展，完成首期开园、微纳电子学院开学及"未来＋"孵化器开业等工作。

22. 服务国家区域卫生健康事业发展迈出新步伐。加快推进系统医学与精准诊治浙江省实验室（良渚实验室）、医学中心、智能创新药物研究院等省级平台建设。稳步推进国家医学中心和国家区域医疗中心建设，持续优化医疗资源布局，附属第一医院总部一期、附属第二医院江干院区、附属妇产科医院钱江院区一期、附属口腔医院华家池总院等相继启用或结顶，附属第二医院总部、附属邵逸夫医院绍兴院区和大运河院区、附属儿童医院莫干山院区等项目相继签约或开工。出台了医学院非直属附属医院建设与管理办法，推动与浙江医院等 6 家非直属附属医院签约并挂牌，续约 2 家合作医院。积极推动"一带一路"国际医学院（筹）建设，完成揭牌和基建项目奠基。

23. 国际交流合作稳步推进。深入实施全球开放发展战略，贯彻落实《关于加快和扩大新时代教育对外开放的意见》，发布《全球开放发展行动计划（2020—2022 年）》。进一步完善全球合作布局，与康奈尔大学、伦敦大学学院升级为战略合作伙伴关系，与剑桥大学机制性科研合作取得新进展，与韩国科学技术院、法国巴黎高等矿业学院等高校新建校际合作关系，深化与世界经济论坛、联合国粮农组织等国际组织常态化合作。执行 9 个"高等学校学科创新引智计划"，立项长短期专家 550 余人，举行海外名师大讲堂等高端学术讲座 21 次，举办 32 个国际会议。打造国际合作教育样板区，与伊利诺伊大学厄巴纳-香槟校区和爱丁堡大学合作办学的 45 名首届毕业生顺利毕业。积极助力全球合作伙伴抗疫，在世界经济论坛、泰晤士高等教育等重要平台发文，介绍学校抗疫、线上教学、国际化建设的理念和举措，举行 60 余场视频会，开展抗疫经验传播和分享。海外社媒建设取得积极进展，关注度同比翻两番。学校在国际主流排行榜 QS、软科排名分别居全球第 53、54 位，泰晤士高等教育

(THE)大学排名首次进入全球前100位，在QS 2021亚洲大学排名中居第5位，与学校办学实力相称的国际声誉正在加快形成。

八、全面深化改革，推进战略迭代和动能激发，学校治理体系和治理能力现代化水平稳步提升

24.综合改革持续深化。实施年度全面深化改革重点项目17项，重点推进“一院一策”改革、科研组织模式改革、校属企业管理体制改革等一批标志性重点改革任务落地见效。落实重大学术事项审议机制、党政管理与学术治理联动机制等，完善校院两级学术治理体系，充分发挥学术委员会作用。推动多元用人模式改革，积极探索核心层、紧密层、合作层联动的人力资源体系。推进教育基金会运行机制改革，夯实专业化职业化管理运作体系，加快构建更加符合基金会运行规律的内部管理机制。贯彻实施“健康中国”战略，深入探索医学板块管理体制机制改革，加强国家卫生政策、医改政策研究，高质量编制《浙江大学医药板块发展体系规划(2021—2025)》。

25.教育评价改革有序推进。制定贯彻落实《深化新时代教育评价改革总体方案》的实施方案，健全责任落实机制，明确15项重点任务。探索建立以创新能力、质量、贡献、实效为导向的分层分类的教师评价体系，推进科研项目、绩效激励等方面评价机制完善。全面修订职称评聘办法和各系列职称任职基本条件，出台《浙江大学专业技术职务评聘实施办法》和《浙江大学各类专业技术职务任职基本条件》，突出教育教学、师德师风在教育评价中的比重。推进学生评奖评优机制改革，强化全方位过程性评价，推动建立促进学生全面发展的评价体系。

26.机关作风建设力度不断加大。深入开展“服务院系、服务基层、服务师生”活动，加强校院联动和部门协同，落实AB角制、首问责任制、限时办结制、事后评价制、公示服务标准、“三亮”及党务政务公开制等。建立机关部门主要负责人基层联系点制度，推动40个部门主要负责人联系62个基层单位。推进“最多找一人”改革，加快“行政服务办事大厅2.0”建设，完成“百事通”检索服务平台、统一咨询服务热线建设。改进机关部门考核工作和机关干部年度考核工作，增设部门考核单项评价，健全多维度考核体系，强化考核结果运用。

27.师生为本的服务理念进一步落实。推进“暖心爱心工程”，实施增强教职工身心健康计划。做好教职工子女入学入园协调工作，推进与西湖区开展全方位基础教育领域合作。深化校医院体制机制改革，由附属第二医院托管校医院，探索校医院精干高效、强特色、可持续发展的新机制，提升师生医疗健康保障水平。推进教育部首批“一站式”学生社区综合管理模式建设试点工作，完成紫金港校区东教学区供餐点和学生文化长廊改造。畅通师生与学校沟通渠道，推进校领导联系服务师生，全年开展“书记有约”“校长有约”“校长学术沙龙”“校领导接访日”18期。扎实做好离退休工作，深入实施“乐龄”计划，改善老年大学办学条件，成立退休老同志志愿者服务队，学校关工委荣获“全国关心下一代工作先进集体”。

九、优化支撑保障条件，提高资源配置的科学化水平，一流的发展环境持续巩固

28.办学空间持续优化。加强各校区规划管理和功能布局，在建项目建筑面积63.71万平方米，紫金港校区西区完工项目建筑面积22.70万平方米，理科大楼、材化大楼、动物中心、博士后宿舍顺利完工。加快推进海宁国际校区建设，持续深化与世界一流大学的深度实质性合作，打造国际合作教育样板区。成立浙江大学宁波科创中心，统筹宁波研究院、软件学院、工程师学院宁波分院建设发展。拓展公用房等空间资源，优化支撑保障，提升使用绩效。扎实推进智慧校园、平安校园、美丽校园建设，加快构建一流的图书档案资源保障体系。

29.资源保障不断巩固提升。全面实施预算绩效管理制度，提升财务的精准使用水平和使用效益，学校全年实现总预算收入140.77亿元，总预算支出128.66亿元。完善内控制度建设，深化科研经费"放管服"改革，完成专项审计、经济责任审计、科研经费审计和工程审计等工作，共完成审计项目1940项，审计总金额436.02亿元。校医院公共卫生保障能力不断加强，医疗服务水平与医院管理能力持续提升。切实提高实验仪器平台开放共享水平，加强公共技术服务平台建设，全年新增仪器设备共计42483台套，总值约11.19亿元。优化采购体制机制，全年共完成采购总金额11.33亿元，共计节约经费6664.59万元。学校全年社会捐赠到款位列历史第一，同比增长85.11%；教育基金会净资产规模稳居国内高校前三，同比增长33.45%；理财收益1.84亿元，同比增长24.32%，年化投资收益率6.20%。持续深化"校友集体婚礼""校友创业大赛"等品牌活动，加快构建母校与校友的发展共同体关系，着力打造与校友共融共享的创新创业平台。实施一流特色继续教育发展计划，继续教育办学总收入为5.75亿元。

30.后勤与产业改革进一步深化。大力推动后勤服务的数字化转型与信息化建设，推动后勤集团资源整合和机构重组，完善内部运行机制，强化服务育人职能，加快推进一流后勤服务体系建设。深化学校所属企业体制和国资监管体制机制改革，通过校企改革试点验收，完成控股集团及下属企业划转省国资委统一监管。控股集团全年收入13.38亿元，净利润1.82亿元。建筑设计研究院全年勘察设计合同总金额13.64亿元，总产值10.00亿元(均不含EPC项目)。出版社全年总收入2.29亿元。

十、加强党的建设，创建全国党建工作示范校，为高质量高水平建设中国特色世界一流大学提供坚强保证

31.宣传思想工作不断开创新局面。成立党的十九届五中全会精神宣讲团、"启真先锋"青年教师讲师团，推动形成由12支影响力较大的宣讲队伍构成的理论宣讲体系。深入开展"回眸'十三五' 奋进'双一流'""助力景东脱贫攻坚"等10余个重大主题宣传报道。深入抗疫一线，持续挖掘报道抗疫榜样典型和感人故事及线上教学等亮点工作，主办抗疫展览，编写《浙大战疫》书籍。发挥党建馆思政育人功能，累计接待参观学习超2万人次。完善全媒体传播格局，学校入选首批"教育部政务融媒体创新创作基地"，在人民网发布的2020年度中国高校社会影响力排行榜中居全国高校第三。推进网络评论员队伍建设，提高网络舆情研判和处置能力。

32.领导班子和干部队伍建设进一步加强。加强学校领导班子建设，完善班子成员分工和AB角制度。制定校领导联系基层制度实施方案，积极实践"一线规则"，带头联系师生、讲好党课并深入课堂听课。加强院系领导班子建设，全面提升院系治理水平和自我约束、自我发展能力。修订中层领导干部选拔任用工作办法，印发中层领导岗位聘任制干部管理办法，研究制定了中层领导干部政治把关和政治素质考察实施办法。从严做好干部考核工作，完善考核结果反馈机制，强化考核结果运用。加强中层干部监督管理，严格干部社会兼职管理。加强优秀年轻干部培养工作，将从严要求贯穿干部选拔任用工作全过程，出台关于大力发现培养选拔优秀年轻干部人才的若干实施意见，启动青年学术骨干实践锻炼"双专计划"，选聘首次两批90位青年专家专聘到管理岗位锻炼业务与管理双专长，探索青年干部后备力量培养新路径。全年新提任中层领导干部35人，轮岗交流77人，举办"育人强师"培训班19期，培训学员1287人次。

33.基层党组织体系不断夯实。通过首批全国党建工作示范高校、标杆院系和样板支部建设任务验收，推进全国第二批、全省首批党建工作标杆院系和样板支部培育创建工作。修订院系党组织会议的决策范围，制定加强和改进院系党组织建设的实施意见，充分发挥院级党组织的政治功能。制定落实《中国共产党支部工作条例(试行)》的实施意见，开展基层党支部建设质量提升月活动及专项督查。学校1个院级党组织获"全国先进基层党组织"称号、3名党员教师获"全国优秀共产党员"称号、3名党员教师获"全国先进工作者"称号。全年共发展党员2815名，举办"先锋学子"培训班250余期，涵盖了全部学生正式党员。

34.统战群团工作扎实推进。强化党外知识分子思想引领作用，搭建"党派建言""统一战线智库"和"政协委员会客厅"平台。加强党外知识分子的引领和培养，推进党外人才队伍建设，制定民主党派代表人士队伍建设十年规划。召开第八届教职工代表大会、第二十二届工会会员代表大会第三次会议，切实提高提案征集和办理水平。落实高校学生社团改革、学生会改革文件精神，清单式对标改革要求进行整改，加强对学生会、研究生会、博士生会和学生社团的建设管理，提升学校共青团工作组织力、引领力、服务力和大局贡献度。3位教师获"全国先进工作者"荣誉称号，2位教师获"全国三八红旗手"荣誉称号，4名医护人员获"抗击新冠疫情全国三八红旗手"荣誉称号，2名团干部分别获得"全国优秀团干部""全国优秀团员"荣誉称号。

35.全面从严治党主体责任进一步压实。制定党委落实全面从严治党主体责任清单，班子成员带头履行全面从严治党和党风廉政建设"一岗双责"。发挥党的建设和全面从严治党工作领导小组作用，完善党委听取纪委工作汇报制度，党委常委会、校务会议全年研究党风廉政建设30次，出台全面从严治党相关制度7个。落实中央八项规定及实施细则精神，从严从实抓好作风建设，严防形式主义、官僚主义，减轻基层单位负担。推进政治监督具体化、常态化，组织监督检查，保障疫情防控、扶贫攻坚等重大政治任务贯彻执行。深化纪检体制改革，加强二级单位纪委建设。构建巡视巡察上下联动格局，对100家单位开展中央巡视组反馈意见整改落实情况暨校内巡察"回头看"专项巡察，对25家单位开展常规巡察，加强重点领域廉政风险防范和责任追究力度，推动完善常态化的监督制约和廉政风险防范机制。推进监督执纪工作规范化，深化运用"四种形态"，强化以案促改。

36.校园安全稳定环境持续巩固。定期开展校园安全稳定形势分析研判，修订年度校园安全稳定工作责任书，落实安全稳定网格化责任体系。科学制定疫情防控工作方案，全力做好校园疫情常态化防控工作。出台《浙江大学关于进一步加强网络舆情预警与处置工作方案》《浙江大学网络评论员队伍建设实施方案》《浙江大学与新闻媒体、互联网平台联络工作方案》，完善网络舆情预警及应急处置的工作机制。加强对师生的马克思主义宗教观教育，筑牢抵御和防范宗教向校园渗透的思想防线。加强师生心理健康教育，提高师生心理素质。强化总体国家安全观教育，构建"四课堂融通"安全教育模式。扎实开展保密宣传教育，落实保密工作归口管理体系，适应时代要求的大保密工作格局加快形成。通过浙江省高校等级平安校园复核，获评"5A"级平安校园称号。

在统筹推进疫情防控和学校工作部署会上的讲话（摘要）

党委书记　任少波

（2020年2月28日）

同志们：

大家下午好！

疫情防控进入了攻坚阶段，学校全面开展线上教学也已有一周，在这个关键时期，学校党委常委会研究决定召开统筹推进疫情防控和学校工作部署会，也是新学期第一次各单位主要负责人会议，目的是深入学习贯彻习近平总书记关于统筹推进新冠疫情防控和经济社会发展工作的一系列重要讲话精神，贯彻落实党中央、国务院决策部署和教育部、省委省政府工作要求，进一步认清形势、坚定信心、精准施策，坚决打赢疫情防控总体战、阻击战，为有序推进学校各项事业发展奠定坚实基础。

疫情发生以来，学校党委行政高度重视，浙江省启动一级响应以后，学校第一时间启动疫情防控应急预案，成立疫情防控工作领导小组，下设8个专项工作组和1个工作专班，在相当长一段时间内，工作小组几乎每天开会针对疫情防控研究问题、提出措施、解决问题，学校党委先后召开了2次党委常委会、1次疫情防控工作推进会，对防控工作进行研究部署。各相关部门和单位按照学校要求，强化校园管控和后勤保障，加强师生排查和思想政治工作，推进网上教学科研和办公，营造有利的宣传舆论环境，坚决支持全省全国疫情防控工作。尤其是近期全面实施网上教学，教育教学组的工作抓得很紧、做得很好，相关部门、院系及全体师生齐心协力、密切配合，保证网上教学高质量开展，达到了既定的效果，将疫情对教学工作的影响降到最低。特别值得称道的是，各附属医院积极开展高水平医疗救治，为遏制疫情扩散蔓延和救治患者做出了重要贡献。浙大一院、浙大儿童医院、浙大四院三家附属医院作为浙江省新冠肺炎定点医院，截至 24 日，收治患者 368 人，确诊病例 114 例，疑似病例 254 例，治愈出院 78 例，治愈率达到 68.42%；各附属医院派出 525 名医护人员驰援湖北荆门、武汉 10 余家医院，整建制接管部分重症病区和重症监护室。近期，包括中央电视台在内的许多媒体对浙大医疗队的工作进行了报道，给予高度评价。浙大一院新冠肺炎危重症救治团队、以学校各附属医院医护骨干为主的浙江省援鄂抗击新冠肺炎医疗总队荣获“浙江省抗击疫情先进集体”。这些工作都充分展现了浙江大学的责任担当，展现了学校广大党员干部和医务人员的奉献精神，借此机会，我谨代表学校党委和行政，向全校师生员工和浙大医护人员表示衷心的感谢！

关于近阶段的工作，学校昨天已经下发《关于统筹做好近期学校“新冠肺炎”疫情防控和改革发展重点工作的通知》，刚才朝晖校长也对两方面的工作做了部署，明确了具体要求。下面，我结合通知精神和学校的实际再谈四点意见。

一、清醒认识当前疫情防控的形势和任务

党中央密切关注疫情的发展形势，习近平总书记 23 日在统筹推进新冠疫情防控和经济社会发展工作部署会议上做了重要讲话，26 日主持召开政治局常委会分析新冠疫情形势研究近期防控重点工作，非常密集地对防疫工作开展分析研判、做出重要指示。总书记指出，要毫不放松抓紧抓实抓细防控工作，统筹做好经济社会发展各项工作。并对加快科技研发攻关、发挥高校作用、做好毕业生就业等提出了明确要求。接下来的工作，重中之重就是要做到“两手抓、两手都要硬、两战都要赢”。

2 月 24 日，陈宝生部长在教育部党组传达学习会上明确指出，“原则上疫情得到有效控制前大学生不返校、高校不开学”“高校开学后，要严格措施，加大校园管理力度”。当前，我省疫情防控形势进一步趋稳向好，已由“封闭式管控”转向“精密型智控”，目前还没有取消重大突发公共卫生事件一级响应，省委省政府正在“一手抓疫情防控，一手抓复工复产”。

面对疫情防控的形势，我们既要坚定信心，也要始终保持清醒警觉。一要把握好“紧和松”的关系，一方面，疫情发展的拐点尚未出现，防控阻击战仍在紧张进行；另一方面，少数人的“心理拐点”已经出现，紧绷的心态有所放松，对此必须警惕。二要把握好“内和外”的关系，一方面，国内疫情蔓延势头得到初步遏制、防控进入“下半场”；另一方面，国外疫情防控形势日趋严峻复杂，“外防输入”也要提上议事日程。三要把握好“静和动”的关系，校园依然是宁静的，但校外复工复产有序推进，人流车流日益增多，对校园管控形成了一定程度上的压力。在这样的形势下，我们要通过“两手抓、两手都要硬”，努力实现“两确保一争取”的目标，即“确保疫情不在校园蔓延，确保学校全年工作目标如期完成，争取在服务全省全国的疫情防控中做出更大的贡献”。

二、抓紧抓实抓细防控工作

防控工作是一切工作开展的前提条件和基础保证，也是各级领导干部重要的政治责任。

第一，坚决筑牢校园安全防线。全校上下要认真学习领会习近平总书记关于疫情防控的系列重要指示精神，自觉将思想和行动统一到中央要求和学校部署上来，按照要求进入工作状态。各部门要各司其职，严格落实校园管控和疫情防控措施，加强对校门、食堂、学生宿舍等公共区域和人员密集场所全方位管理。各院系、各单位要落实联防联控机制，切实做到守土有责，以高度负责的态度补短板、堵漏洞、强弱项，确保防控措施到边到底、不留盲区。要强化责任落实，学校对于责任不落实导致疫情防控出现问题或造成不良影响的，要严肃追责问责。

第二，务实做好返校返岗工作。各单位要根据教育部、浙江省有关疫情防控工作部署和学校工作要求，落实好教职工返校返岗和学生返校准备工作。截至昨日，在校人数4438人，其中教职工3605人（后勤产业约2170人）；学生833人，其中，本科生68人，研究生318人，留学生447人。

学校研究决定，3月2日起，教职工原则上应有序返校返岗、应返尽返。这个“返”首先是确保先“返杭”，为后续在杭居家观察等做准备。返杭后怎么安排返校返岗，这也是大有讲究的，需要周密部署。各单位要根据各类人员不同岗位特点，妥善做好工作安排，明确在岗要求，明晰工作任务，确保本单位疫情防控、教学科研和管理服务等工作有序开展。开展工作，要按照省委省政府的要求，防输入、防集聚。具体而言，党政管理人员符合返校条件的，应返校到岗；教学科研人员根据教学、科研和社会服务需要，积极承担和落实好工作任务，可以在家、校或实验室，有需要的也可以对接企业；支撑服务人员根据师生服务保障需求，由所在单位统筹安排分批跟进到岗。确因疫情防控要求不具备返校返岗条件的，要进行单位审批，并通过信息化平台做好教学科研和管理服务工作。

根据当前防控形势，暂定3月9日前，学生不返校。因参加疫情防控应急攻关和国家“三重”科研项目急需到校组织实验的研究生，或因其他特殊原因确需提前返校的，要严格审批，院系要切实负起主体责任。

这次疫情发生在寒假期间，师生由属地管理为主，客观上减轻了前一阶段学校的防控压力。但是我们必须清醒地认识到，随着下一阶段学生返校时间的迫近，教育系统将逐步成为防控工作全局中新的重点，学校作为疫情防控重要阵地将面临更大挑战，真正的主战役近在眼前。我们要高度重视这项工作，考虑问题深入一些、预计困难复杂一些、应对措施周到一些，做好线上线下信息采集，精准掌握师生分布和健康状况，制定返校须知和疫情防控指南，细化学生返校实施方案和进出校园管控措施，建立完善校园疫情应急预案和响应机制，落实疫情防控物资保障，把复学返校这项工作想细做实。

第三，扎实推进线上教学保障。要加强教务保障和信息化平台保障，确保“教学不停顿、要求不降低、质量不减弱”。各部门、各院系要及时了解师生需求和意见建议，完善网上授课方式和技术响应机制，确保线上教育教学有序开展，注重提高课程质量和教学效果。教务和学工部门要加强联动，及时了解并解决学生在学习、生活和心理上的实际问题，特别是对线上学习有困难的学生和滞留在疫区的学生，各院系和任课教师要特别给予关心和帮助。

第四，切实服务疫情防控一线。服务国家重大战略需要，始终是高校义不容辞的责任。下一阶段，我们要继续发挥学科综合优势，加大疫情防控科研攻关力度，有序组织师生积极参与各级各类新冠肺炎应急科研专项研究工作。各附属医院要根据学校总体协调，切实担负起一线抗击疫情重大责任，全力以赴做好人员救治等工作。学校近期已经出台《关于加强医学院附属医院新冠肺炎防治一线医务人员、援鄂医疗队员及其家属保障工作的实施方案》，进一步加强了对一线医务人员的关心关爱、支持保障和激励表彰。

第五，全面做好宣传思想工作。在这场抗疫斗争中，宣传思想工作极为重要。一方面要做好舆情疏导，疫情与舆情往往相伴而生，公共卫生事件往往也是政治事件。有关部门和各院系既要加强舆论引导，也要积极为师生规范表达意见提供帮助，为疏导有益的建议提供合理渠道，引导师生将有关疫情防控的建言献策形成智库报告，而非简单地诉诸网络博取点击量，更不能发表危害疫情防控和国家安全的各种模糊错误观点，不信谣不传谣。另一方面要做好正面弘扬，努力传播正能量，除了继续宣传先进典型，也要充分展现浙大在疫情防控中的突出贡献，切实提升学校声誉和影响力。

三、统筹推进学校改革发展各项工作

经济社会是一个动态循环系统，不能长时间停摆。学校作为社会系统中的重要一环，在疫情防控中也要适应社会节奏、落实发展责任。接下来，我们要有力有序推进学校改革发展各项工作，确保学校全年工作目标如期完成。当前，需要推动的重点工作有以下几个方面：

第一，政治建设要抓牢。校院两级党委要深入抓好“不忘初心、牢记使命”主题教育期间查摆问题的整改落实，进一步建立健全主题教育各项长效机制。按照工作安排，学校计划将于今年年中组织对各单位落实情况进行抽查。要认真落实关于加强学校党的政治建设的实施意见，以政治建设为统领，统筹推进党的建设各项工作。要进一步做好全国首批党建工作示范高校、标杆院系和样板支部建设任务验收准备工作，推进全国第二批、全省首批党建工作标杆院系和样板支部培育创建工作。

第二，战略谋划要抓紧。2020年是学校完成“十三五”规划、进入世界一流大学行列的冲刺之年，是学校编制“十四五”规划、开启新一轮“双一流”建设的布局之年，形势逼人，刻不容缓。要认真对照“十三五”规划做好收官总结，组织开展“双一流”建设绩效评估；前瞻谋划“十四五”事业规划编制和新一轮“双一流”建设工作。要紧密服务国家和区域战略需要，做好重大项目方向凝练和预研。相关部门、单位和各院系要抓紧启动“十四五”规划编制工作，力争今年暑期之前形成各自的规划初稿。

第三，教育教学要抓实。疫情防控期间，除了要扎实做好“线上教学”，各院系、各部门还要进一步完善“三全育人”工作体系，落实人才培养各项任务，持续推进一流本科教育行动计划和卓越研究生培养计划，扎实做好“强基计划”，深化博士生教育综合改革和专业学位研究生教育改革，落实好毕业生高质量就业工作行动计划。尤其要注意的是，根据上级统一部署，学校将适当推迟硕士研究生复试录取工作和博士研究生招生综合考核工作，相关部门、各院系要做好相应准备和应急预案。

第四，一流建设要抓好。要完善人才规划，探索更精准有效的人才引育政策，加大青年人才培养力度，强化人才工作目标责任考核，确保在队伍建设质量上不断取得新突破。要深化落实医科、文科、涉农、工信、理科等学科发展大会精神，系统推进学科分类支持计划。要保证各项科研工作有序开展，努力完成既定的目标。要统筹抓好第五轮学科评估、专业学位评估等工作，做好迎接评估的各项准备。要围绕推进学校治理体系和治理能力现代化，抓紧凝练实施一批年度重点改革项目。

各牵头单位要认真筹备召开学校年度工作会议、全面从严治党工作会议、人才工作、科技工作等重要会议。根据疫情防控形势，学校将适当推迟今年“双代会”召开时间。

四、以疫情防控为契机全面提升治理水平

这次新冠疫情，既是对国家治理体系和能力的一次大考，同样，也是对学校治理水平和治理能力的一次重大考验。我们要以此为契机，进一步加强思考、肩负责任。

一要将关心关爱师生做实。疫情防控是一场人民战争。从学校的防控实践中我们也看到，最直接的体验从师生中来，最热切的呼声从师生中来，最管用的办法从师生中来，只有依靠师生、发动师生才能赢得胜利。前几天我和校长与师生连线视频，也举行了“书记有约”活动，效果不错，师生也提出了不少好的意见建议。在今后的办学过程中，要坚守“师生为本”理念，尊重和发挥师生的主体作用，牢固树立“一线规则”，扎实推进“服务院系、服务基层、服务师生”活动，加快“最多跑一次”“最多找一人”改革，营造师生满意、有利于发展的卓越生态。

二要提升学校的现代化管理水平。一方面，要加强智慧管理能力，这些天学校的硬软件服务和支撑保障能力都接受了重大考验，平时有积累和建设，关键时刻才能用得上。要加强信息化能力建设，打造“校园大脑”，注重发挥信息化手段在办学治校、教学科研等各方面的作用，为治理现代化赋能。另一方面，要提高组织动员能力，高校在社会治理中是重要的一环，未来，我们要当好国家队、智囊团，进一步有效地调动力量，在专业担当、公众教育、志愿服务、人才培养、政治安全等方面肩负更大的责任，为社会治理、疫情治理提供更有力的支撑。

三要打造过硬的领导班子和党员干部队伍。本次疫情也是对各级班子、党组织和广大党员的考验，干部过不过硬，就要看关键时刻靠不靠得住。要切实加强政治领导，发挥各级党组织的政治功能，让党旗在防控疫情斗争第一线高高飘扬。我们要以疫情防控为契机，引导广大党员干部把初心落在行动上、把使命担在肩膀上，在艰苦历练中受教育、长才干、做贡献，不断提高担当意识、斗争精神和工作本领，并将这样的作风和意志投入“双一流”决胜攻坚当中。

上面是对近期学校工作提出的一些要求，请各单位党政班子近期召开一次会议，认真学习习近平总书记重要讲话和教育部、浙江省有关统筹抓好疫情防控和经济社会发展工作的部署精神，传达贯彻本次学校工作会议精神，认真研究本单位近期“两手抓”工作安排，认真做好教职工和学生返校的各项准备，安排组织好线上教学，积极推进必要的科研和其他工作，切实做到“两手抓、两手都要硬、两战都要赢”，以实际行动保障全年工作顺利开局！

在统筹推进疫情防控和学校工作部署会上的讲话(摘要)

校长　吴朝晖

（2020年2月28日）

各位老师、同志们：

大家下午好！在疫情防控形势积极向好的情况下，我们通过视频形式召开会议，为的是继续巩固成果，扩大战果，在特殊时期建立与疫情防控相适应的办学治校体制机制，推进教学科研等工作有序开展。1个多月来，面对疫情防控的大考，大家始终坚守在各自岗位上，发扬了不怕艰辛、不计付出的精神，展现了争做先锋、敢打头阵的担当，完成了大量综合协调、诊疗预防、校园管控、宣传舆情、教育教学、科研支持、后勤保障、监督检查、信息化保障等重点任务，推动学校的疫情防控取得了关键性成效。正是在大家的共同努力下，我们经受住了考验，迎来了统筹推进疫情防控和学校工作的新阶段。在此，我谨代表学校，向大家表示衷心的感谢！你们辛苦了！

当前，“两手都要硬、两战都要赢”已成为全国的主基调。国家围绕统筹推进新冠疫情防控和经济社会发展工作，密集召开了中共中央政治局常委会会议、中央政治局会议、中央应对疫情工作领导小组会议等。习近平总书记高度关注着疫情防控工作，做出了一系列重要指示，要求坚决打赢疫情防控的人民战争、总体战、阻击战，实现全年经济社会发展目标任务。从国家来看，总体战的要求进一步凸显，更加强调防控的联动性、系统性和全面性，防控重点已由阻击为主转向了医药卫生、患者救治、物资保障、科研攻关、舆论引导、心理调适等系统推进，工作重心已由疫情防控为主转向了防疫与发展齐头并进。从浙江来看，下半场的特征进一步显现，全省已没有红色高风险等级的县域，90%以上的县域处于较低风险等级，一系列稳经济稳发展的政策密集出台，复工复产全面提速。在这样的大背景下，大家更需主动作为，抢抓先机，赢回时间，将学校的工作重心迅速调整到统筹推进疫情防控和改革发展上来，尽最大努力把疫情影响降到最低。

对于学校而言，2020年的改革发展极为重要、极其特别，注定是攻坚克难的一年。“三步走”愿景“第一步”、“双一流”建设、“十四五”等目标历史性地交汇，“十三五”收关、首期“双一流”建设评价、学科评估等任务叠加性地出现。今天已是2月末了，全年六分之一的时间即将过去，统筹推进疫情防控和学校工作的要求高、任务重。接下来，全校上下必须牢固树立“两手抓、两手硬、两战赢”的理念，坚持外防输入与内防扩散并举、防控疫情与恢复办学并抓、管控风险与服务师生并重，确保如期实现今年的改革发展目标任务。

第一，要强化精准施策，加快提升精密智控水平。虽然疫情防控的大势可控，但随着复工返岗高峰的到来，防控拐点仍未到来，疫情反弹的风险仍然存在，特别是我们学校人口密度高、封闭场所多、管控链条长，校区的多点分布、师生的全国甚至是全球流动、学生的集中住宿等因素，均将增加学校疫情防控的难度。因此，只要疫情还没结束，学校的防控工作就一刻都不能放松，我们要继续在科学防治、严防死守的基础上，抓紧抓实抓细防控工作，在精准施策、精密智控上下功夫。

一要突出防控的差异性。始终坚持关口前移、源头把控，压实防控主体责任，为恢复校园生活和正常办学营造良好氛围。要做好分级分类，根据所在校区的不同风险等级、师生健康码的不同等级，适时调整疫情防控措施，避免“一刀切”的做法。要体现错时错峰，摸排师生返校到校的时间、方式与地点，完善校园人流疏导预案，尽量做到分时段分区域开展科研、学习与办公。要注重有序有效，以闭环管理提升管控成效，用灵活形式打造“政策组合拳”，尽快形成有利于教学科研和办公的环境。

二要聚焦防控的精准性。将精细服务贯穿于疫情防控始终，将政策、资源和举措用好，避免粗放式管理。政策要落地到细节，全面对接院系与师生的政策需求，把握好防控尺度，尽量出台对师生工作、学习影响小的防控政策。资源要优先用于紧急项目，强化校院协同、部门联动，科学调控人力、物资、医疗药品、隔离场所等资源，特别是要将急需物资用于保证疫情的关键防控上。工作要抢先于未发，借助大数据等手段增强工作预见性、针对性，及时化解疫情防控中出现的苗头性、趋势性问题。

三要关照防控的特殊性。发挥综合型大学独特的学科优势、创新优势与文化优势，形成支持防控、参与防控的最大合力。要强化科研攻关，联合预防医学、基础医学、临床医学、药学、心理学以及信息等学科力量，力争在诊治、新药和疫苗研制等方面形成关键突破，引导专家学者为疫情防控及“后疫情时代”社会治理积极建言献策。要强化关心关爱，落实一线医务人员、师生的生活物资保障和防护措施，加大心理疏导与人文关怀，完善激励机制。要强化舆论引导，及时报道疫情防控动态和师生感人事迹，总结典型做法，以正能量引导广大师生正确对待疫情。

第二，要倒逼教育改革，扎实推进“网上浙大”建设。虽然疫情给传统课堂教育、现场式办学带来了不少挑战，但为线上线下融合的新式办学空间发展提供了新契机。我们要以疫情防控倒逼教育教学改革、科研方式创新、管理服务提质增效和全球开放发展，打造更加完善、更加便捷的“网上浙大”，助推学校治理体系和治理能力现代化。“网上浙大”将构建在线教育空间、学术资源空间、网上办事空间、信息发布空间和个人信息空间，更好地支持教育教学、科学研究、社会服务、国际合作交流、校务治理等核心业务，为师生提供跨时空、交互式、便捷性的办学体验。

一要积极推进在线教育。改变传统教育教学的场景，有机延伸教学活动与成果，打造线上线下相融合的一流本科生教育、卓越研究生教育和特色继续教育。实际上，我们的在线教育已开了个好局，所有教学班在“学在浙大”平台的开课率、“学在浙大”平台与教务系统课程信息匹配率、“浙大钉”教学班师生名单准确率、教师试讲率均达到了100%。接下来，我们要继续努力，继续转变教学观念，引导师生积极适应教育教学改革需要，在确保“停课不停教、停课不停学”的同时，推动学习中心转移，不断产生教与学互动的新空间。要继续完善在线平台，加大学在浙大、智慧教室等建设力度，打通浙大钉教室直播等关键系统与浙大混合云，推广“直播授课”和“录播授课”等方式，进一步确保在线网络教学与线下课堂教学质量实质等效。要继续开放优质教学资源，整合MOOC课程、虚拟仿真实验教学项目等，推动数字图书馆、优质课程等资源共享，让开放泛在式的个性化学习成为可能。

二要积极推进网上科研。减轻、松绑科研创新活动对场地、时间的依赖性，让网上科研成为新常态。要推动创新范式转型，强化大数据、计算等方式在科研创新的运用，推进线上线下科研相结合，保证“科研不下线”“创新不停止”。要变革科研组织形式，建设“研在浙大”等平台，整合在线科研服务工具和科研创新大数据，推动项目在线策划、凝练、团队组建，实现项目全周期的网上运作与管理。要提升科研基地功能，通过建设“网上实验室”、在线科研合作等形式，创新重点实验室等集成攻关模式，积极开展基于互联网的协同科研方式，进而形成更广泛有效的科研协作网络。

三要积极推进网上国际合作交流。进一步克服疫情造成的国内外时空阻隔，以“互联网＋教育外交”的形式保证国际合作交流不中断、有突破。要以强化线上沟通的形式弥补当前线下交流困难的问题，进一步巩固、拓展与世界顶尖大学、国际组织、“一带一路”沿线国家和地区的合作。要充分利用互联网开展交流的便利，建立网上国际合作与定期交流的常态化机制，乘势扩大学校的全球合作网络。

四要积极推进智慧办公。以信息化手段提升管理效率与服务品质，进一步增强师生的获得感。要深化网上办事，结合“最多跑一次”“最多找一人”改革，加快建设校园“百事通”等服务平台，在办事大厅等一站式服务上取得更大突破。要推行协同办公，将校院协同办公系统、电子签章等功能导入“浙大钉”平台，为多校区办学、国际化办学等提供有力支撑。要倡导视频会议，完善网上会议系统，校领导、部门及学院负责人要带头示范，积极推广移动办公、可视化办公、无纸化办公等新风尚，进一步提升办公成效。

第三，立足返工返岗，统筹抓好收关开局工作。下周起，广大教职工将有序返校返岗，我们需要着眼全年，抓紧抓早各项工作，实现有预期的高质量发展。

一要在完成首轮“双一流”建设评价的同时实现更好的发展。对照国家“双一流”建设监测指标和成效评价的要求，我们需要进一步解决更高质量、更可持续、更有效率的发展问题，实现更加卓越的目标。在教育教学上，要加快形成知识、能力、素质、人格“四位一体”的一流本科教育体系和科教协同的卓越研究生培养体系等标志性成果。在学科发展上，要加快形成包括“双脑”在内的交叉会聚学科和人尽其才、引育并举的人才生态等标志性成果。在科研创新上，要加快形成传染病防治体系重大创新与技术突破，超重力离心模拟与实验装置国家重大科技基础设施建设，以民促军为特点的高校军民融合科技创新示范区，以中国历代绘画大系为代表的文化传创等标志性成果。在开放合作上，要加快形成“以我为主、高水平、一对多”的国际合作教育样板区等标志性成果。在现代治理上，要加快形成以“最多跑一次”“最多找一人”改革为抓手的师生服务体系。

二要在做好“十三五”规划收官的基础上高质量编制“十四五”规划。各部门、各院系要对照“十三五”规划的目标任务，进一步查漏补缺、冲刺攻坚，确保“十三五”收官顺利，同时要面向 2035 的若干国家重大科教战略，研究提出“十四五”规划的发展主线、理念、思路与架构等。要进一步强化学校、学部、院系联动，从系统角度科学定位各层级的规划。学校层面的规划需要体现方向引领性和战略指导性，明确规划的总体目标、基本框架与主要内容。学部层面的规划需要体现学科群特征，从学科—创新一体的角度对接国家重大科教战略，面向中长期谋划学科群及创新的战略布局与重点举措。院系层面的规划既要加强与学校总体规划、各专项规划的衔接，又要结合办学实际，突出本单位特色。

三要在抓好疫情防控任务的前提下完成年度重点工作。学校近期将下发 2020 年工作要点，请各单位认真对照，高质量完成。在这里，我想再强调几项急迫的重点工作，希望各院系能够高度重视。一是完成一流本科教育行动计划，做好综合考核、“强基计划”等招生工作；二是深化博士和专业学位研究生教育综合改革，抓好专业学位水平评估等；三是迎接第五轮学科评估，进一步完善一流学科体系，推动人才工作迈上新台阶等；四是凝练好未来五年的创新前沿方向，加快提升科研规模、品质、内涵等；五是进一步服务国家重大战略需求，深度融入长三角一体化发展，加快形成具有显示度的重大平台与成果等。

老师们、同志们，习近平总书记深刻地指出，我国经济长期向好的基本面没有改变，疫情的冲击是短期的、总体上是可控的。让我们坚定必胜信心、上下同心，在统筹推进疫情防控和学校工作的大战大考中践行初心使命，交出无愧于历史和师生的答卷，为加快建成更加卓越的创新型大学、为实现中华民族伟大复兴的中国梦而做出新的更大贡献！

浙江大学概况

浙江大学简介

浙江大学是一所历史悠久的国家重点高校，是首批进入国家“211 工程”和“985 工程”建设的若干所重点大学之一，于 2017 年入选国家首轮“双一流”建设高校。建校一个多世纪以来，浙江大学以民族振兴、国家强盛为己任，不断创新发展，已成为一所基础坚实、实力雄厚、特色鲜明，居于国内一流水平，在国际上有较大影响的综合型、研究型、创新型大学。浙江大学以“求是创新”为校训，现任校长是中国科学院院士吴朝晖教授。

浙江大学位于中国历史文化名城、世界著名的风景游览胜地——浙江省杭州市，现有紫金港、玉泉、西溪、华家池、之江、舟山、海宁等 7 个校区，占地面积 6223440 平方米。全校馆藏图书达 787 万余册，数字化图书资源的数量与支撑技术处于国际领先水平。学校校园环境幽雅，花木繁茂，碧草如茵，景色宜人，是读书治学、修身养德的理想园地。

浙江大学的前身是建于 1897 年的求是书院，为中国人自己创办的最早的新式高等学府之一。1928 年，学校正式定名为国立浙江大学，是中国最早的国立大学之一。1936 年，著名科学家竺可桢出任国立浙江大学校长，广延名师，实行民主办学、教授治校，使国立浙江大学声誉鹊起，逐渐崛起成为一所文、理、工、农、医和师范学科齐全，享誉海内外的著名大学。期间由于抗日战争爆发，浙江大学举校西迁，流亡办学历时九年，足迹遍及浙、赣、湘、桂、闽、粤、黔七省，谱写了“文军长征”的辉煌篇章。在遵义、湄潭等地艰苦办学的七年间，浙江大学弦歌不绝，以杰出的成就赢得了“东方剑桥”的美誉。20 世纪 50 年代初期，在全国高等院校调整时，浙江大学曾被分为多所单科性学校。其中在杭的 4 所学校，即原浙江大学、杭州大学、浙江农业大学、浙江医科大学于 1998 年 9 月合并组建新的浙江大学，重新成为学科门类齐全的综合性全国重点大学。

在浙江大学的办学历史上，群星璀璨，

俊彦云集。马一浮、丰子恺、许寿裳、梅光迪、郭斌和、夏鼐、钱穆、吴定良、张其昀、张荫麟、马叙伦、马寅初、夏承焘、姜亮夫、李浩培、沙孟海等学术大师和著名学者曾经在这里任教。新文化运动的先驱、中国共产党的创办人之一陈独秀,北京大学校长何燮侯和蒋梦麟,著名教育家邵裴子和郑晓沧,我国新闻界的先驱邵飘萍,新文化运动和电影事业的先驱夏衍,"敦煌保护神"、著名画家常书鸿等著名历史文化名人,也在浙江大学留下了他们求学的身影。此外,陈建功、苏步青、谷超豪、胡刚复、束星北、何增禄、王淦昌、卢鹤绂、吴健雄、李政道、程开甲、钱三强、卢嘉锡、贝时璋、谈家桢、罗宗洛、谭其骧、陈立、竺可桢、叶笃正、赵九章、蔡邦华、王季午、钱令希、梁守槃等一大批著名科学家都曾在浙江大学求学或任教。据统计,曾在浙江大学求学或任教过的中国科学院院士和中国工程院院士共有210余名,其中曾经在浙江大学求学的有百余名;以及5位国家最高科技奖得主、4位"两弹一星"功勋奖得主和1位诺贝尔奖得主。

今天的浙江大学,学科门类齐全,涵盖了哲学、经济学、法学、教育学、文学、历史学、艺术学、理学、工学、农学、医学、管理学等12个门类,综合实力居全国高校前列。学校设有7个学部、37个专业学院(系)、1个工程师学院、2个中外合作办学机构、7家直属附属医院。学校现有133个本科专业,61个一级学科硕士学位授权点,61个一级学科博士学位授权点,59个博士后流动站,另有博士专业学位授权类别11种,硕士专业学位授权类别35种;有一级学科国家重点学科14个,二级学科国家重点学科21个;有国家重点实验室10个,国家(地方联合)工程研究中心(实验室)11个,国家工程技术研究中心4个,普通高等学校人文社会科学重点研究基地3个。

浙江大学师资力量雄厚,现有教职工9674人,其中专任教师4191人,专任教师中有正高级职称人员1893人,副高级职称人员1348人。教师中有中国科学院院士(含双聘)26人,中国工程院院士(含双聘)27人,文科资深教授15人,浙江省特级专家55人,教育部"长江学者奖励计划"特聘教授101人,国家杰出青年科学基金获得者154人,国家"万人计划"领军人才90人。

浙江大学坚持"以人为本、整合培养、求是创新、追求卓越"的教育理念,不断培养具有国际视野的未来领导者和大批杰出创新人才。学校现有全日制在校本科生29209人(含国际学生2682人),硕士研究生23728人(含非全日制硕士研究生5682人、国际学生753人),博士研究生13835人(含非全日制博士研究生350人、国际学生838人)。在校国际学生数(含非学历国际学生)为5596人,其中攻读学位的国际学生数为4774人。

"国有成均,在浙之滨"。浙江大学将坚持以习近平新时代中国特色社会主义思想为指导,秉承求是创新精神,按照学校第十四次党代会确立的目标任务,致力于传播与创造知识,弘扬与引领文化,服务与奉献社会,坚定不移地为加快进入中国特色世界一流大学行列、迈向世界一流大学前列而奋斗,为实现中华民族伟大复兴、促进人类文明进步做出卓越贡献。

【附录】

附录 1　浙江大学 2020 年教职工基本情况　　单位：人

职称级别	总计	专任教师	行政人员	教学科研支撑人员	科研机构人员	其他人员
总计	9674	4191	1522	887	1952	1122
正高级	2051	1893	24	34	68	32
副高级	2327	1348	288	200	259	232
中级及以下	5296	950	1210	653	1625	858

附录 2　浙江大学 2020 年各类学生数　　单位：人

学生类别	毕业生数	招生数	在校学生数	毕业班学生数
本科生	5691	6389	26527	6970
研究生	7581	12531	37563	9257
其中：硕士研究生	5740	8721	23728	7110
博士研究生	1841	3810	13835	2147
国际学生	536	1020	5596	—
其中：攻读学位国际学生	536	849	4774	
远程教育	9706	0	9581	9581

注：国际学生在校学生数指 2020 年全年的国际学生数。

机构简介

【学术机构】 校学术委员会秘书处/人文学部/社会科学学部/理学部/工学部/信息学部/农业生命环境学部/医药学部

【学院(系)】 人文学院/外国语言文化与国际交流学院/传媒与国际文化学院/艺术与考古学院/经济学院/光华法学院/教育学院/管理学院/公共管理学院/马克思主义学院/数学科学学院/物理学系/化学系/地球科学学院/心理与行为科学系/机械工程学院/材料科学与工程学院/能源工程学院/电气工程学院/建筑工程学院/化学工程与生物工程学院/海洋学院/航空航天学院/高分子科学与工程学系/光电科学与工程学院/信息与电子工程学院/控制科学与工程学院/计算机科学与技术学院/生物医学工程与仪器科学学院/软件学院/生命科学学院/生物系统工程与食品科学学院/环境与资源学院/农业与生物技术学院/动物科学学院/医学院/药学院

【学校职能部门】 党委办公室、校长办公室(含国内合作办公室、保密办公室、信访办公室、法律事务办公室)/纪律检查委员会办公室/党委组织部/党委宣传部(含网络信息办公室)/党委统战部/党委教师工作部(与人事处合署)/党委学生工作部/党委研究生工作部/党委安全保卫部(与安全保卫处合署)/人民武装部(与党委学生工作部合署)/机关党委/离休党工委(与离退休工作处合署)发展规划处/政策研究室/人事处/人才工作办公室(与人事处合署)/国际合作与交流处、港澳台事务办公室/本科生院/研究生院/科学技术研究院/社会科学研究院/继续教育管理处/医院管理办公室/计划财务处(含经营性资产管理办公室、国有资产管理办公室、采购管理办公室、采购中心)/审计处/监察处(与纪律检查委员会办公室合署)/实验室与设备管理处/校综合治理委员会/总务处(含"1250 安居工程"办公室)/基本建设处/安全保卫处/离退休工作处/新闻办公室(与党委宣传部合署)/工会/团委

【学校直属单位】 发展联络办公室(含发展委员会办公室、校友总会秘书处、教育基金会秘书处)/就业指导与服务中心/图书馆/信息技术中心/档案馆/艺术与考古博物馆/竺可桢学院/继续教育学院、成人教育学院、远程教育学院(合署)/全国干部教育培训浙江大学基地(办事机构与继续教育学院合署)/国际教育学院/公共体育与艺术部/中国科教战略研究院(办事机构与政策研究室合署)/工业技术转化研究院/先进技术研究院/新农村发展研究院(含农业技术推广中心)/校医院/出版社/建筑设计研究院/国家大学科技园管理委员会(与科技园发展有限公司、工业技术转化研究院合署)/农业科技园管理委员会、农业试验站(合署)/医学中心(筹)(归口医学院管理)/国际联合学院(海宁国际校区)/工程师学院/创新创业研究院/杭州国际科创中心

党建与思想政治工作

思想建设

【概况】 2020年，浙江大学高举习近平新时代中国特色社会主义思想伟大旗帜，紧紧围绕立德树人根本要求，切实承担起宣传思想工作举旗帜、聚民心、育新人、兴文化、展形象的使命任务，努力为学校加快推进“双一流”建设、高质量建成中国特色世界一流大学提供强有力的思想保证、精神动力和文化支撑。

深化理论学习和思想武装，把学习宣传贯彻习近平新时代中国特色社会主义思想作为主题主线。浙江省委书记袁家军来校为师生宣讲党的十九届五中全会精神和省委十四届八次全会精神。修订党委理论学习中心组学习实施办法，围绕习近平总书记有关疫情防控重要讲话、党的十九届五中全会等中央精神和中央重大决策部署发布学习通知文件，校党委理论学习中心组开展集中学习8次。成立党的十九届五中全会精神宣讲团、“启真先锋”青年教师讲师团，打造党建馆“现场学四史”“典型在身边”情境课堂。深化新思想研究阐释，编写出版“新思想在浙江的萌发与实践”系列教材三册。做好重大主题宣传教育，开展党史、新中国史、改革开放史、社会主义发展史学习教育，宣传贯彻落实《新时代爱国主义教育实施纲要》，引导师生员工知史爱党、知史爱国，以实际行动迎接建党100周年。严格落实党委意识形态工作责任制，将意识形态工作纳入学校巡察、巡视整改落实情况专项督查的重要内容，开展风险点专项排查。

紧扣中心任务，全面聚焦一流，讲好新时代的浙江大学故事。中央及地方平面主流媒体报道浙大新闻800余篇，中央新闻联播播出相关新闻12条。深度策划并扎实做好“抗击新冠疫情”“全国党建工作示范高校建设”“助力景东脱贫攻坚”“回眸‘十三五’奋进‘双一流’”等重大主题宣传，挖掘报道了李兰娟、陈薇、郑霞等榜样典型，编写出版《科学的浪花》一书。

建强官方新媒体传播矩阵。截至2020年12月31日，人民号影响力全国高校第一，各新媒体平台阅读、播放总量居全国高校前列；入选“教育部政务融媒体创新创作基地”，学习强国号建设工作简报获中宣部领导批示。不断完善网络舆情预警及应急处置工作机制。

深化文化校园建设，凝练推广校园文化品牌。编制“十四五”大学精神与文化建设专题发展规划，制定文化建设规范制度。大力推进紫金港西区文化建设，基本完成西区楼路河湖桥赋名工作。根据中宣部、浙江省委宣传部部署，开展中华版本资源征集工作。发挥校园环境文化育人功能，重建院士长廊，开展学生入校、毕业纪念景观装置方案设计大赛。丰富校园文化活动品牌，开展第七届启真杯“学生十大学术新成果”评选、学生普通话大赛、党史知识竞赛等系列活动。

【深入学习贯彻党的十九届五中全会精神】 中国共产党第十九届中央委员会第五次全体会议于 2020 年 10 月 26 日至 29 日在北京举行。浙江大学将学习贯彻全会精神作为重要政治任务，通过党委理论学习中心组学习会、宣讲会、报告会、专题培训等多种形式广泛开展学习宣传贯彻活动，引导全校师生把思想和行动统一到全会精神上来。结合学校实际，进一步把握战略机遇，高质量编制学校“十四五”发展规划；抓实铸魂育人，培养更有梦想的时代新人；推进一流建设，全面构筑引领性创新优势；优化战略布局，更高水平服务国家和区域发展；聚焦学科人才，构建更加卓越的发展生态；深化党建示范，为改革发展提供坚强的政治保障。

【扎实做好抗击新冠疫情全媒体主题宣传】 自新冠疫情防控阻击战打响以来，浙江大学积极响应、迅速行动，组建 24 小时宣传专班，在官方微信平台、强国号、头条号、抖音号、哔哩哔哩等媒体平台开设抗疫专栏，第一时间申请并持续落实微信每日 6 次推送，及时发布防疫最新动态，大力选树宣传疫情防控过程中涌现出的先进典型、英雄人物和感人事迹。其中，新媒体平台发布内容 400 余条，影响力排名全国高校第一；拍摄短视频 100 余部，总播放量 4 亿次；挖掘报道了李兰娟、陈薇、郑霞等榜样典型和线上教学等亮点工作，全面展现浙大师生应对疫情的责任担当。联动科研团队开展防疫科普宣传 7 期；主办抗疫主题展览，编写出版《浙大战疫》一书。

【扎实做好回眸“十三五”，奋进“双一流”全媒体主题宣传】 2020 年是“十三五”规划和首轮“双一流”建设收官之年。为回望过去，宣示未来，学校在各类媒体平台开辟“回眸‘十三五’，奋进‘双一流’”专栏，围绕人才培养、人才队伍建设、学科建设、科学研究、对外开放、文化建设、党的建设等 7 个方面撰写每篇万字的纪实性报道，生动呈现学校“十三五”期间取得的成绩，全面展现浙江大学“双一流”建设成效，激励全校师生以更大的努力和担当开创学校高质量高水平发展的新局面。

（江宁宁撰稿　叶桂方审稿）

组织建设

【概况】 至 2020 年底，全校共有院级党组织 59 个，其中院级党委 54 个，离休党工委 1 个，直属党总支 4 个；校党委派出机构 8 个；党总支（不含直属党总支）105 个；党支部 1662 个，其中在职教职工党支部 741 个、离退休党支部 176 个、学生党支部 745 个。

全校共有中共党员40005人(2020年发展党员2815名),其中学生党员16668人,占学生总数的26.73%(其中研究生党员14078人,占研究生总数的39.14%;本科生党员2590人,占本科生总数的9.82%);在职教职工党员17771人(其中专任教师党员2381人,占专任教师总数的57.18%);离退休党员4198人;因出国(境)等保留组织关系党员1368人。

全校共有中层干部557人(含聘任制干部18人),其中,正职203人、副职354人;女干部148人,占26.6%;非中共党员干部73人,占中层行政干部总数的13%。中层干部平均年龄为49.1岁,其中正职平均年龄为52.5岁、副职平均年龄为47.2岁;45岁以下中层干部157人,占28.2%。中层干部中具有硕士、博士学位的501人(其中具有博士学位的282人),占89.9%;具有高级职称的435人(其中正高职称264人),占78.1%。

健全上下贯通、执行有力的组织体系。制定《关于实施"不忘初心、牢记使命"主题教育长效机制的若干意见》,推动形成长效机制。制定《加强和改进院(系)党组织建设的意见(试行)》,优化2020年度院级党组织书记抓基层党建和人才工作述职评议考核办法。制定《关于贯彻落实〈中国共产党支部工作条例(试行)〉的指导意见》《关于进一步加强教师党支部书记"双带头人"培养方案》,推进党支部"对标争先"建设。以提升组织力为重点开展党支部建设质量提升月活动,重点督导了512个党支部建设情况。共有74个次单位/党组织和243人次党员获得国家级、省部级和校级表彰。

打造适应世界一流大学建设需要的高素质干部队伍。制定《浙江大学中层领导干部选拔任用工作办法》《浙江大学中层领导岗位聘任制干部管理办法(试行)》《浙江大学中层领导干部政治把关和政治素质考察实施办法(试行)》,建立政治把关常态化工作机制。全年新提任中层领导干部35人(正处职10人、副处职25人),平级调整77人,向省属高校输送干部14人,聘任10名高水平人才担任学院(系)等单位行政负责人。全年新提任科职干部119人(正科职45人、副科职74人),平级调整93人。完成干部综合考评系统建设,统筹做好年度考核、试用期考核工作,完善考核结果反馈机制,强化考核结果运用。完成102个中层班子,543名中层干部年度考核,对18名中层领导干部进行了试用期考核。面向校内和校外知名高校选聘录用专职辅导员43人(其中"2+2"辅导员16人),新派出挂职干部58人,接收校外挂职干部3人。推动成立工程师学院和国际联合学院党委、纪委,组建"一带一路"国际医学院(筹)、上海高等研究院等机构,稳妥推进校医院体制改革,组建新体制下的工作班子。推进干部人事档案专项审核工作。

强化党的创新理论教育培训。深入开展党的十九届四中全会精神等专题教育培训。建立干训基地参与学校干部教师教育培训工作机制,落实中组部、教育部来校开展干部教育培训抽评工作。深化"育人强师"培训,举办培训班19期,培训干部教师1287人次。开展各类党内培训,举办"先锋学子"全员培训班250余期,培训结业发展对象3592人。服务组织各类上级调训176人次。面向全校选聘133名党校优秀教师,建设144门主题党课,举办108个党建工作示范班,高标准建设119个"党员之家"。完善网上党校系统,实现在线学习、网络培训、课题管理等功能，建设 287 门网络课程。制作“党旗引领勇担当 科学织网两战赢”教育部高校党组织战“疫”示范微党课和基层党建实务解读视频课。实现党建课题全流程电子化管理，新增师德师风建设子课题，7 个子课题共立项 95 项。

【高质量建设“全国党建工作示范高校”】 2018 年学校党委入选首批“全国党建工作示范高校”创建单位。2020 年，学校党委协调推进落实 19 项举措，高质量建设党建示范高校，形成了“五个一”示范点，即一套完善的学习教育体系、一套可复制可推广的党建制度、一批高水平的党建研究成果、一个高质高效的融媒体平台及一批特色鲜明的典型样板。指导学校入选首批“全国党建工作标杆院系”和“全国党建工作样板支部”的单位开展验收总结。指导第二批“全国党建工作标杆院系”“全国党建工作样板支部”和首批高校“双带头人”教师党支部书记工作室扎实推进建设工作，完成建设进展工作报告书。面向全校培育 10 个标杆院级党组织和 131 个样板党支部。推出全国党建工作示范高校建设成果系列报道，充分发挥引领示范、辐射带动作用。向院级党组织下拨党建工作经费、离退休党支部书记工作补贴等 923.85 余万元。推进“浙大党校 · 智慧党建”平台“三会一课”“组织关系转接”模块建设，实现党支部组织生活信息化，推动党组织和党员信息管理等工作精准化、高效化开展。

【在抗击疫情中发挥党建引领作用】 指导援鄂医疗队成立 11 个临时党支部，发挥基层党组织在疫情防控一线的战斗堡垒作用。85 人在抗疫一线递交入党申请书，31 人“火线入党”。指导基层党组织创新开展“三会一课”，发挥党员“战疫”先锋模范作用。积极参与防疫督查工作，重点考核考察党员干部在抗疫一线、关键时期的现实表现。大力宣传“战疫”中的党组织和党员，牵头制作“战疫”示范微党课，遴选 10 个“战疫故事”。抗击新冠疫情中，学校附属医院尽锐出战助力打赢湖北保卫战、武汉保卫战，累计派出 524 名医务人员（其中党员 308 名）驰援湖北。同时承担了浙江省大部分危重症患者救治任务，并实现医护人员“零感染”、疑似患者“零漏诊”、确诊患者“零死亡”。共有 24 个次党组织和 83 人次党员获得了国家级、省部级抗击疫情先进荣誉表彰，充分彰显了抗疫“国家队”的使命担当。

【实施青年学术骨干实践锻炼计划】 2020 年 9 月，学校出台《浙江大学青年学术骨干实践锻炼管理办法（试行）》，启动青年学术骨干实践锻炼计划，探索选拔青年专家专聘到管理岗位上锻炼业务与管理双专长，简称“双专计划”。共有来自 47 个单位的 204 名青年学术骨干报名，最终遴选出 90 名到机关部门、学院（系）、直属单位、校设重大科研平台和医学院附属医院等岗位进行为期 1 年的实践锻炼。11 月 28—29 日，学校举行“双专计划”动员暨上岗培训会，校党委书记任少波出席会议并讲话，校长吴朝晖做专题报告。学校按聘任制干部管理“双专”人才，要求“双专”人才参加接收单位班子党政联席会议、民主生活会等有关会议，分管专项工作、承担相应任务。学校为“双专”人才发放专项工作津贴，接收单位指定具有丰富管理经验、综合素质过硬的有关中层领导干部担任“双专”人才的导师。

（汤甜甜撰稿　马春波审稿）

作风建设

2020年，浙江大学党委坚持以习近平新时代中国特色社会主义思想为指导，增强“四个意识”、坚定“四个自信”、做到“两个维护”，立足两个大局，聚焦主责主业，加强党的政治建设，抓实“两个责任”，用好监督执纪“四种形态”，深化纪检监察体制改革，探索和完善具有中国特色的现代大学治理体系中的监督体系，坚定不移推进全面从严治党向纵深发展。

坚决履行政治监督首要职责，印发《中共浙江大学纪律检查委员会关于进一步加强政治监督的实施意见(试行)》，开展对疫情防控、扶贫攻坚、“厉行勤俭节约、制止餐饮浪费”等重大政治任务的专项监督，推进政治监督具体化、常态化。持之以恒落实中央八项规定及其实施细则精神，紧盯开学初、学期末、节假日等重要时间节点开展专项督查，制定《中共浙江大学纪律检查委员会关于礼品礼金登记上交管理暂行办法》，开展集中清理礼品礼金工作。召开全校作风建设推进会，印发《浙江大学作风建设手册》6000余份。加强选人用人和各类评审评比审核把关，出具廉政意见4936人次，出具相关书面意见313人次。强化重点领域监督，突出对复工复学、招生考试、作风建设、基建领域、科研经费、师德师风、附属医院等廉政风险重点领域和关口部门单位主体责任落实情况的监督，做好突发事件处置的全程监督。健全巡视巡察上下联动网络，对100家单位(部门)开展2017年中央巡视组反馈意见整改落实情况暨校内巡察“回头看”专项巡察，对25家单位开展常规巡察。

健全党委听取纪委工作汇报制度，建立二级单位党委履行主体责任情况汇报制度和院级党委听取院级纪委工作汇报制度，加强对院级党组织党内政治生活、执行民主集中制和请示报告等制度执行情况、学校党委决策部署落实情况等的监督检查，推动“两个责任”贯通联动，构建“四责协同”机制。选好配强二级纪委班子，新设二级单位纪委3家，探索推进二级单位纪委双重领导体制和工作机制。

制定完善《浙江大学问题线索处置工作规程(试行)》和《浙江大学二级单位问题线索处置工作规程(试行)》，推进监督执纪问责工作规范化。2020年，共受理信访举报件183件，处置问题线索49件，对违纪违规问题立案查处17件，综合运用“四种形态”处理54人次，其中，运用第一种形态批评教育、提醒谈话37人次，第二种形态纪律轻处分、组织调整12人次，第三种形态党纪重处分、重大职务调整4人次，第四种形态严重违纪涉嫌违法、移交司法机关1人次，做到件件有着落、事事有回音。做好失实检举控告澄清工作，开展受处分党员回访教育工作。

创新廉洁教育和廉政文化建设，组织召开“世界一流大学治理体系中的监督体系建设”专题学习研讨，开展专题廉洁党课宣讲30余次，分层分类抓好廉洁教育。加强廉政研究和理论创新，出版《高校二级单位纪委建设实践与探索》和《构建高校巡视巡察上下联动监督格局——高校巡视巡察理论研讨会论文集》。

截至2020年底，全校53家院级党委设立纪委，全校专兼职纪检监察干部共计261人。

(沈梁燕撰稿　叶晓萍审稿)

加强党建引领，制定实施《关于以立德树人为根本推进教师党建高质量发展的意见》，把党支部建设成为涵养师德师风的重要平台，充分发挥院级党组织的政治核心作用、党支部的战斗堡垒作用和党员骨干教师在师德师风建设中的模范带头作用。不断完善师德师风建设工作网络和工作机制，加强工作交流和协同，召开师德师风建设工作委员会扩大会议，组织学院（系）党委负责人参加线上全国师德师风建设工作交流会，举办学院（系）师德建设工作联络员专项培训。入选教育部师德师风建设基地，承担教育部高校师德师风情况专项调研任务，立项浙江大学党建课题师德师风专项课题20项。深入指导学院（系）在第五轮学科评估、专业学位评估等工作中填报师德师风举措和成效，督促学院（系）落实师德师风主题党日活动、加强师德师风教育。加强人才引进把关，落实《浙江大学人才引进政治把关实施办法》。常态化推进师德师风宣传教育，深入学院（系）、单位进行师德师风宣讲，选编师德师风建设文件汇编、学习参考等资料，分发《十项准则》宣传折页等2000余份，实施新入职教师教学能力培训合格证制度，将师德师风作为必备模块。将师德规范纳入培训必修内容，在培训中宣讲师德师风建设文件精神、宣传抗疫先进事迹、进行负面案例警示教育，举办线上、线下9个培训班次、培训教师1323人次，同时创新培训形式，在校、院两级组织实施师德师风应知应会线上测试培训近千人次。做好“竺可桢奖”“永平奖教金”等推选、宣传、表彰工作，营造尊师重教氛围。强化师德监督，做好师德底线把控，在评奖评优、人才推荐、升等升职等环节完成师德核查91批次共6648人次，接到师德师风相关举报材料51件次，正式受理32件次，8人次受处分，18人次受处理。

（蔡　娥撰稿　徐　洁审稿）

2020年，机关进一步强化宗旨意识，践行一线规则，以“服务院系服务基层服务师生”活动为抓手，全心全意为师生办实事，不断提升机关管理服务水平和服务效能，推进学校治理体系和治理能力现代化。

坚持党建引领，开展校院机关党支部共建、作风建设调研，加强校院联动，推动共计32个机关支部与院系机关、学生支部结对。坚持制度先行，严格执行领导干部深入基层联系学生制度，建立机关部门主要负责人基层联系点制度，完成40个机关部门主要负责人与66个基层联系点对接工作；完善机关部门年度考核和教职工年度考核工作制度，关注机关效能建设，体现攻坚克难，管理创优；尊重部门工作实际，开展分类评价；牢固树立底线思维，增加反向测评，以制度推进工作规范化常态化。坚持载体优化，提升数字治理能力，以信息化建设为管理服务赋能。加快行政服务办事大厅2.0建设，开发校园“百事通”搜索引擎，采集数据21万余条，配置内外网800个，已提供检索超过60余万次；设立88981234统一咨询服务热线，共计覆盖全校院（系）和部处单位102个，面向10余万人提供服务，实现师生办事从“最多跑一次”到“最多找一人”的转变。

（陈　卫撰稿　刘艳辉审稿）

统战工作

【概况】　2020年，浙江大学共有民主党派成员2424人，无党派人士174人。党外人士中，有两院院士8人，“长江学者”38人；

担任全国人大常委会委员1人,全国政协委员6人;担任浙江省人大代表3人(其中副主任1人,常委2人);担任浙江省政协委员32人(其中副主席1人、常委11人)。民主党派中,在职人员中具有高级职称的成员占比84.19%,具有博士学位的成员占比50.8%;担任党派中央委员11人(其中常委3人);担任民主党派省委会委员69人(其中主委3人、副主委10人、常委15人)。

2020年,浙江大学统一战线在学校党委的领导下,坚持以习近平新时代中国特色社会主义思想为指导,深入学习贯彻习近平总书记关于加强和改进统一战线工作的重要思想,全面加强思想政治引领,积极服务中心大局,全面推动统战工作提质增效,各领域工作取得新进展。

凝聚思想共识,深化统一战线成员政治引领。注重宣传引导,制定印发《关于进一步加强和改进浙江大学统一战线信息宣传工作的实施意见(试行)》(浙大统〔2020〕2号),通过网站、微信公众号、报纸杂志等媒体平台进行习近平中国特色社会主义思想特别是习近平总书记关于加强和改进统一战线工作的重要思想的学习贯彻。注重教育培训,发挥社会主义学院统一战线人才教育培养主阵地作用,先后举办院级统战联络员、民主党派骨干、民族宗教、无党派人士专题培训班,培训学员240余人次。

完善体制机制,坚持大统战工作格局。全面加强党的领导,积极履行统一战线工作领导小组职责,落实情况通报制度和意见征求制度,协调党员校领导调研走访所联系的校级民主党派、统战团体。积极举荐党外人才,与党委组织部、人才办等相关部门召开党外人才工作专题联席会议,22名党外骨干入选学校青年学术骨干实践锻炼岗位。加强校院两级统战工作联动,集中走访37家院级党组织,了解摸排院级党委统战工作情况,组建院级统战联络员队伍。

着眼工作大局,推进统战工作可持续发展。开展民主党派代表人士队伍建设专项调研,制定民主党派代表人士队伍建设有关文件,修订民主党派组织发展程序,推进民主党派队伍发展和组织规范化建设。做好有关人选摸排、推荐,指导浙江大学党外知识分子联谊会的换届工作,协助推进民革浙江大学委员会、致公党浙江大学委员会和基层组织的换届工作。支持民主党派基层组织开展名医义诊、科技兴农服务、羽毛球联谊赛、主题学习调研活动等40余场。

加强载体建设,助力党外知识分子履职尽责。发挥好"党派建言""统战智库""政协委员会客厅"等履职平台作用,与省统一战线智库签订战略合作协议,5项智库成果获省部级及以上领导批示和采纳。围绕"后疫情时代的机遇和挑战""服务'重要窗口'建设之打通知识产权'最后一公里'""人工智能赋能加速发展"开展主题活动,获得浙江省政协高度肯定。

聚焦风险防范,着力抓好民族宗教工作。进一步健全宗教工作规范管理长效机制,加强课堂教学、科研学术、对外合作交流等重点领域管理,加强马克思主义宗教观和国家宗教法律法规宣传教育,以铸牢中华民族共同体意识为工作重点促进民族师生交流融合。组织推荐省第六次民族团结进步模范集体和个人,医学院附属第一医院和农业技术推广中心陈再鸣副教授分获模范集体和模范个人。

【统一战线成员积极参加新冠疫情防控】党委统战部召开疫情防控和学校统战工作专题部署会,建立医务人员和家属"一对一"

沟通联络帮扶机制，组建"浙大统一战线援鄂勇士群"，开设"抗疫群英谱""抗击疫情，浙江大学统一战线在行动"等系列专栏，积极引导统战成员发挥自身作用，多渠道助力抗击疫情，累计开展疫情相关课题研究10余项，捐赠资金或防疫物资40余万元，被各民主党派中央、省委会和地方政府等采纳的疫情防控相关议政建言30余篇，多位党外人士参与编写的《新冠肺炎防治手册》被翻译成20多种语言出版，为全球疫情防控提供了重要参考。

【浙江大学政协委员会客厅获省政协主席葛慧君高度肯定】 2020年9月21日，浙江大学政协委员会客厅围绕"服务'重要窗口'建设之打通知识产权'最后一公里'"这一主题开展活动。浙江省政协主席葛慧君表示，本次活动主题富有时代性、现实性，形式上突出了多元、专业、互动的特点，实现了建言资政和凝聚共识双向发力，体现了高水准、高质量，促进了知识产权意识强起来、氛围浓起来、结构优起来、运用活起来。希望浙江大学政协委员会客厅再接再厉、探索经验，成为我省委员会客厅"百花园"中的一朵特别耀眼的鲜花。

【打造党外人士建言献策工作新体系的经验被《中国统一战线》杂志刊载】 由中共中央统战部主管的《中国统一战线》杂志2020年第11期，在"党外知识分子"栏目以"浙江大学打造党外人士建言献策工作新体系"为题，重点刊用了我校转变新的思路理念，积极学习实践习近平关于加强和改进统一战线工作的重要思想这一条主线，引导广大党外人士发扬议国是、建诤言的优良传统；立足制度健全和机制到位两个层面，实现从"点"上引导向全面保障的突破；搭建"建言献策直通车""统一战线智库"和"政协委员会客厅"三个平台，为广大党外人士围绕国家重大战略决策部署、学校"双一流"建设等中心工作建言献策架桥铺路的经验做法。

（黄昊辰撰稿　楼成礼审稿）

【附录】

附录1　2020年浙江大学民主党派组织情况

党派名称	委员会/个	总支/个	支部/个	成员数/人
中国国民党革命委员会	1		10	219
中国民主同盟	1	5	20	583
中国民主建国会	1		4	72
中国民主促进会	1		15	467
中国农工民主党	1		9	354
中国致公党	1		5	129
九三学社	1		17	592
台湾民主自治同盟			1	8
合计	7	5	81	2424

附录 2　2020 年浙江大学各民主党派和统战团体负责人

名称	姓名	职称	职务	所在单位
中国国民党革命委员会	段会龙	教授	主委	生物医学工程与仪器科学学院
中国民主同盟	唐睿康	教授	主委	化学系
中国民主建国会	华中生	教授	主委	管理学院
中国民主促进会	喻景权	教授	主委	农业与生物技术学院
中国农工民主党	欧阳宏伟	教授	主委	医学院、国际联合学院
中国致公党	裘云庆	主任医师	主委	医学院附属第一医院
九三学社	方向明	教授	主委	医学院
台湾民主自治同盟	陈艳虹	副主任医师	主委	医学院附属第一医院
归国华侨联合会、留学人员和家属联谊会	唐睿康	教授	主席、会长	化学系
党外知识分子联谊会	杨华勇（第二届）（2015.6—2020.11）	中国工程院院士	会长	机械工程学院
	杨华勇（第三届）（2020.11—　）	中国工程院院士	会长	机械工程学院

安全稳定

【概况】　2020 年，安全保卫工作以维护校园安全稳定为根本目的，以提升师生获得感和满意度为出发点和落脚点，以深化“等级平安校园”建设为主线，强化机遇意识和风险意识，筑牢校园疫情防线，推动校园安全治理体系和治理能力现代化建设，获得“浙江省维护国家安全先进集体”“杭州市经济文化保卫工作先进集体”“浙江大学抗击新冠疫情先进集体”等荣誉称号。

完善校园安全责任体系。组织校内106 家二级单位签订校园安全稳定工作责任书。优化安全治理架构，构建包含意识形态、涉密管理、综合治理、消防安全、实验室安全等内容的校园“大安全”治理生态圈。

强化校园综合治理。参与处置多起敏感事件，协助公安、安全部门完成专项工作100 余次。开展治安专项打击，全年发案数同比下降 28.4%，追回涉案财物 198 件，协助师生找回遗失物品 39 件。开展非机动车专项整治，纠正违规行为 1300 余次。处理各类交通事故 36 起，全年交通事故发生数同比下降 73.1%。开展各类消防安全检查216 次，督促整改隐患 1274 处。完成在杭 5校区 84 套消防控制系统及设施检测，受检总建筑面积 1217201 平方米。

构建校园管理新秩序。推进各校区外来车辆全时段预约进校制度，规范校园快递、外卖管理。推行藕舫路“机非分离”改造，解决机动车与非机动车冲突问题。设置吉安路东段为步行道路，推进蒋墩路、美川路口和五常港路路口互通建设。拓展校园停车空间，推进紫金港校区东区教学楼停车场改造工程。加强违规机动车查处力度，完善道闸系统黑名单功能。

深化"最多跑一次""最多找一人"改革。优化窗口办事流程，办理户口类业务12242件，交通类业务5102件。服务窗口接待取号办理事项8600余件，倾听师生诉求，办理各类提案36个。处理各类警情、来电咨询14500余次，出警829起。调集安保力量2100余人次，完成982场校园活动的安保任务。

实施分层分类精准教育。组织开展各类安全教育活动120余场，累计参与师生34000余人次。构建"四课堂融通"安全教育模式，搭建国家安全教育网上展馆，录制安全慕课，开设《新生校园安全直播间》。强化协同教育，坚持关口前移，深化全校师生尤其是出国(境)人员的防范意识、理工科人员的消防意识、涉密人员的保密意识、入学新生的反诈骗意识等内容，实现教育过程精准化。

强化智慧安防建设。在杭5校区建设人员进出校园管理系统，建成并投入使用人行闸机98道。完成西溪、华家池和之江校区安防监控系统补点工程。推进紫金港校区消防报警系统联网建设，标准化配备校园微型消防车、灭火救援设施设备。

【扎实做好校园疫情防控工作】 动态调整校园管控措施，落实"外防输入、内防反弹"的总体防控策略，坚持"体温检测＋身份核验"管控模式，查验入校人员超660万人次，入校车辆超270万车次。深化校园精密智控，推行"一人一码""一座一码"和"一房一码"，构建校园网格化管理体系。做好学校集中隔离医学观察点疫情防控、应急处置、安全保卫、服务保障等任务。

【开展浙江大学第七次全国人口普查】 根据《中华人民共和国统计法》和《全国人口普查条例》规定，按照杭州市西湖区、江干区第七次人口普查领导小组办公室关于第七次全国人口普查工作的相关部署，浙江大学于2020年7月制定《浙江大学第七次全国人口普查工作方案》，选聘普查指导员、普查员200余人，配备工作人员80余人，开展各类普查工作培训10余次，完成学校7万余人、26000余户人口普查信息统计工作。

【通过浙江省高校"5A"级平安校园复核】 12月1日，浙江省高校等级平安校园复核专家组一行对浙江大学等级平安校园建设工作进行全面复核。专家组成员通过查阅台账、实地检查、应急处置和问卷调查等形式，对平安校园建设情况进行检查，就复核过程中的特色亮点工作和问题不足做了情况反馈，并提出整改意见。学校通过2020年浙江省高校等级平安校园复核，维持"5A"级平安校园等级。

（于云飞撰稿　徐国斌审稿）

教代会与工会

【概况】 2020年，浙江大学教代会、工会坚持以习近平新时代中国特色社会主义思想为指导，牢牢把握正确政治方向，紧紧围绕学校"双一流"建设目标，以实际行动落实"更高质量、更加卓越、更受尊敬、更有梦想"的战略导向，切实增强政治性、先进性、群众性，各项工作取得新进展、新成效。

全力落实教代会职权，同心助推学校民

主管理、科学发展。成功召开第八届教代会、第二十二届工代会第三次会议，为加快建设中国特色世界一流大学凝聚教职工智慧和力量。以质量为导向，做好提案源头动员及办理质量培训工作，创建“工会直播间”平台，邀请教代会代表、主办部门代表、提案委主任就如何做好提案工作进行访谈。举行教代会代表校情通报会，吴朝晖校长通报“迈向世界一流大学前列新征程——浙江大学‘十四五’发展规划”有关情况。组织教代会代表走进杭州国际科创中心。全年开放“金点子”征集平台。

倾力服务发展大局，精心组织动员教职工建功“双一流”。发挥劳模先进引领示范，做好劳模先进的推荐评选工作。组织开展第十届“三育人”先进集体、标兵评选活动。青年教授联谊会打造“校长学术沙龙”品牌活动，校长吴朝晖与150余位专家和青年学者，围绕各类学科话题开展交流，促进了跨学科之间的对话与合作。女教授联谊会顺利完成换届工作。开展第十六届“事业家庭兼顾型”先进个人评选活动。

竭力提升服务效能，尽心满足教职工对美好生活的新要求。浙江大学爱心基金教职工专项基金2020年共收到捐款60.8万元，向61位教工补助90.2万元。2.51万教职工参加了浙江省省级产业工会职工大病医疗互助保障，第六期互助保障中，365位教职工从省总工会获得205.51万元补助。发放困难教职工慰问补助40.3万元，组织3000余名教职工参加疗休养，做好全校14500余名工会会员春节、端午节和中秋节慰问品及教职工生日蛋糕的遴选发放工作。

材料学院杨德仁、浙大邵院姚玉峰、艺术与考古学院刘斌荣获“全国先进工作者”荣誉称号。医学院胡海岚、浙大一院金洁荣获2019年度“全国三八红旗手”称号。传染病诊治国家重点实验室李兰娟、浙大一院王华芬、浙大二院张颖和浙大邵院吕芳芳荣获“抗击新冠疫情全国三八红旗手”荣誉称号。浙大一院高昕获评2020年度全国“巾帼建功”标兵。学校行政服务办事大厅、浙大妇院生殖内分泌科获评全国巾帼文明岗。高昕等6位同志获评一线女医务人员抗击新冠疫情浙江省三八红旗手。浙江大学医学院附属第一医院护理团队等3个团队获评一线女医务人员集体抗击新冠疫情浙江省三八红旗集体。环境与资源学院卢玲丽荣获第五届全国高校青年教师教学竞赛二等奖。能源工程学院邱利民荣获第四届浙江省“最美教师”荣誉称号。

【召开第八届教职工代表大会暨第二十二届工会会员代表大会第三次会议】 会议于6月5日在紫金港校区剧场召开，共有500余名“双代会”代表参会。校党委书记任少波致开幕词，校长吴朝晖做《求是创新　开拓奋进　迈向更加卓越的新征程》学校工作报告。会议听取和审议了学校工作报告、财务收支执行情况报告、“双代会”工作报告和教代会提案工作报告，审议了工会财务工作报告、工会经费审查报告，讨论和表决通过了《关于西湖区块人才专项房和余杭区块商品房申购的若干意见》。

大会共收到教代会代表以提案形式提交的提案、意见、建议129件。经提案委认真审理，正式立案68件，其中人才培养类19件，占27.9%；文化建设类10件，占14.7%；学科建设、科学研究类10件，占14.7%；队伍建设类13件，占19.1%；支撑保障类16件，占23.5%。11位校领导领办了10件教职工关注度高、影响面大的重点提案。提案工作在弘扬浙大西迁精神、强化学校文化建设和声誉传播、统筹推进“环境育人”工作、教职工数据信息互联共享、培养青年学者的家国情怀和“健康浙大”等方面取得了实效。我校选送的“关于加强高校研究生心理健康与导学关系正常化的建设”提案，获评2020年度“聚合力 促发展”全国优秀职工代表提案。

【第十届“三育人”先进集体、标兵评选活动】 组织开展第十届“三育人”先进集体、标兵评选活动，共评选产生3个“三育人”先进集体、15名“三育人”标兵和47名“三育人”先进个人。近半年的推荐、评选、宣传和表彰，吸引了4万余名师生参与投票，开展3天6场三育人直播微访谈，观众点赞累计30余万次，在校园内形成了践行核心价值观、弘扬高尚师德的浓厚氛围。阳永荣等15人被评为浙江省“三育人”先进个人，求是学院紫云碧峰学园、机械工程学院获评浙江省“三育人”岗位建功先进集体。举办隆重“三育人”先进颁奖晚会，组织“三育人”事迹报告团走进求是学院等活动，发挥“三育人”标兵的榜样示范作用。

（许诺晗撰稿　林　俐审稿）

学生思政

【概况】 2020年，浙江大学不断强化知识、能力、素质、人格并重的“四位一体”KAQ 2.0教育体系，深化四课堂融通，推进全员、全过程、推动形成全方位育人的德育共同体新格局，积极构建有灵魂的学生思想政治工作体系。打造更高质量的学生党建引领模式，制定发布《关于加强学生党建工作的意见》；深化建设“在鲜红的党旗下”“马兰工作室”等15个党建教育平台，成立“邹先定工作室”“王明华工作室”；推进36个党建与思政现场教学基地建设，支持建设20个研究生思政教育特色平台和8个特色项目；立项并推进2020年度学生思政品牌项目55项；推进“学生综合素质能力推进工程”，新增彩虹人生思政育人中心等6个平台建设项目；承办第八届全国高校辅导员素质能力大赛和2020年全国高校辅导员队伍建设成果展示。1位辅导员获全国高校辅导员年度人物，1人获第八届全国高校辅导员素质能力大赛一等奖、1人获二等奖。

夯实党建龙头，强化政治引领。制定发布《关于加强学生党建工作的意见》，实施学生党建“双引双提”工程（政治引领工程、学习引领工程、组织力提升工程、纪律作风提升工程）和党小组与课题组（项目组）“两组融合”组织模式创新，优化入党积极分子、发展对象、预备党员、党建骨干的全覆盖教育培训体系，培训入党积极分子4796人、发展对象3159人、预备党员2741人、党建骨干2663人，发展党员2577名。举办研究生党支部书记著作研读示范班，培训学员75人；举办研究生干部讲习所第十六期培训班，覆盖500余人；举办研究生党支部书记Workshop六期；举办第四届“筑梦新时代”本科生党员党务知识技能大赛、第八届研究生党支部书记素能大赛、2020届毕业生党员教育大会。立项并推进建设2020年度55项学生思政教育特色示范基地、36个党建与思政现场教学基地、“一院一品”项目等。深化学生研习会建设，推出2批次54堂“战‘疫’微党课”，开展5场“共抗疫情·爱国力行”系列讲座；实施党员骨干“一人一课”朋辈宣讲计划，校院联合打造精品微党课100

余门，指导研究生理论宣讲团、博士生报告团等开展“战疫”等主题系列宣讲70余场，覆盖12000余人次。

做深教育主渠道，创新思政载体。2020—2021学年开设70个“形势与政策”教学班，安排10个专题教学内容，创新视频连线、实地体验、专家进课堂等教学形式，校党委书记任少波主讲“浙江大学的传统、精神与未来使命”专题；“读懂抗疫大考的‘中国答卷’”专题邀请浙江大学医护人员进课堂宣讲。举行“让青春在磨砺中更加出彩”思政公开课，在线观看的师生逾2万人次。深入开展“速写林俊德”话剧演出、陈薇院士将军报告会、“相约星期五”交流会、烈士纪念日公祭活动等。面向2020级新生开展189场理想信念宣讲。立项推进2020年度55项学生思政品牌项目；支持建设20个研究生思政教育特色平台和8个特色项目。深化素质教育一体化。加强2020年度“大学生素质训练项目”（SQTP）过程管理，共立项479项，评选出优秀项目98项。推进17个综合素质平台建设，投入建设经费159.6万元。深化启真人才学院建设，2019期学员中2人直博深造，9人成为“2+2”模式辅导员；2020年新选录30位新成员。

创新疫情防控期间的思政教育模式。制定发布《关于做好2020届本科毕业生教育工作的通知》《关于做好疫情防控期间本科生思想政治工作的通知》《关于做好疫情防控期间研究生思政教育和管理工作的通知》等，联合学生会、研究生会、博士生会发布《关于自觉遵守网上教学纪律与行为规范的倡议书》，加强疫情防控期间思政教育和学风建设。统筹院系做好26000余名本科生、40000余名研究生疫情防控、分期分批返校及网上教学等工作。

推进网络信息化育人。启动“三全育人”学生信息平台（简称ETA平台）二期拓展建设，进一步完善系统功能，提升用户体验。强化“浙大微学工”微信公众平台的服务宣传功能，全年累计推送310余篇，年度阅读量超100万次；突出辅导员网络思想政治教育工作室作用的发挥，建好“微言新语”辅导员专栏，开设“战‘疫’日记”栏目、“‘疫’同守望”栏目等系列抗疫专题。加强“浙大研究生”微信公众号平台建设，关注人数突破10万人，开展“抗疫有我”等系列报道，相关推文累计共60余篇，累计阅读量10万余人次。开展浙江大学第十四届记者节，邀请媒体大咖为本科生信息员队伍作专题培训。

加强心理健康教育工作。全年开设心理健康通识课共计296学时。开展“暖心战疫”心理健康专项宣教活动60项、“心晴四季”心理健康宣教活动167项；举办2020年“‘5·25’大学生心理健康教育月”；在疫情期间强化咨询服务，开通浙江省首条“新冠抗疫心理支持热线”，参加教育部华中师范大学心理援助热线等多家平台的公益服务。新增签约咨询师67名，管理协助16名签约咨询师完成续约工作，创新“心理助人能力培训”中级课程模式，累计开设“焦虑障碍及其他神经症识别与干预”“抑郁障碍及其他情感障碍识别与干预”10学时，参训人数100余人。完善“院系—专职咨询师”对接机制，开展心理健康教育讲座22场、案例督导4场。开展面向全省800名新任辅导员的心理助人能力师资培训。

有序开展奖惩工作，推进优良学风建设。2019—2020学年评选出竺可桢奖学金获得者24人，国家奖学金获得者866人；2020年评选出浙江省优秀毕业生599人，浙江大学优秀毕业生1965人。本科生奖学金覆盖面为37.18%；荣誉称号覆盖面达46.19%；评选出1475名学业进步标兵，学业成绩在50%以后的同学也有14.37%的比例获得各项标兵系列荣誉称号。以德为先、五育并举的评奖评优改革成效显著。开展优良学风建设，召开学风建设主题班会；开展"周恩来班"创建活动，培育"学习共同体"优秀典范；邀请竺可桢奖学金和国家奖学金获得者、优秀学长进入"思想道德修养与法律基础课"，以优秀榜样引领学生发展。修订颁发《浙江大学学生违纪处理办法》，加强学生违纪警示教育，全年共处理学生违纪74起，按规定解除处分25起，开除学籍2人，留校察看3人，记过53人，严重警告2人，警告14人。

完善精准资助体系，激励学生自强发展。全年发放本科生国家助学贷款2129.73万元；向69名毕业生发放基层就业学费补偿和国家助学贷款代偿资助87.5万元；向48名应征入伍学生发放资助78.08万元。发放国家奖学金265.6万元，国家励志奖学金406万元，国家助学金998.58万元。设立校级外设助学金35项，发放助学金452.83万元。在疫情期间新增新冠肺炎、网上学习和湖北籍学生返校专项资助，设立洪涝灾害专项补助。421名本科新生通过"绿色通道"办理入学；发放本科生临时困难补助49.27万元、学费减免260.77万元、校内无息借款26.8万元、年末专项补助249.35万元、爱心基金40.58万元。全年20966人次学生参与勤工助学，发放勤工助学金额总计664.76万元。推进"一个平台、一个课堂、三项计划"建设，继续开设"开源课堂"经困生能力素质专项课程培训；开展第十五期家庭经济困难生教育实践项目（NSEP），共有300余名学生参与，79项顺利结题；开展家庭经济困难学生励志成长计划（SEGP）；谋划家庭经济困难学生境外研修计划（"鸿鹄计划"）。探索"劳动育人"路径，支持"就业引导助学岗""校园生活垃圾分类"等第2批勤工助学劳动育人创新项目立项。全年发放研究生岗位助学金66504.80万元（其中学校部分34593.15万元，导师部分和助研津贴31390.00万元，研究生教育扶植基金521.65万元）；发放学业奖学金20402.90万元，优秀博士生岗位助学金1163万元；评定专项助学金8项，发放金额166.30万元；发放临时困难补助276.40万元，覆盖2442人。

优化国防教育体系。党委人民武装部成立国防教育与事务办公室。设立院系（学园）"三个一"（每学年至少举办一场国防教育专题讲座或开展一次国防教育实践活动，至少组织一次国防类型图片展，至少组织一场国防教育主题的班日活动）国防教育专项经费，开展"三个一"国防教育活动。召开浙江大学国防教育工作推进会，评定首届浙江大学年度国防教育先进单位。继续积极推进大学生征兵入伍工作，62位学生报名参军，30名学生顺利入伍，其中有博士在读生1名，硕士在读生2名，毕业生3名。首次开展浙江大学入伍新兵综合能力提升训练营。

强化辅导员队伍专业化职业化发展。2020年招录"2+2"模式辅导员18人、校内研究生学历辅导员24人；完成三批兼职辅导员招聘。完善新上岗辅导员培训，组织44名新任辅导员参加"育人强师"培训。举办辅导员论坛9场、辅导员沙龙21场、研究生辅导员Seminar 3场；组织全体辅导员参加全国高校辅导员网络培训示范班。开展优秀论文、优秀工作案例评选。承办第八届全国高校辅导员素质能力大赛和2020年全国高校辅导员队伍建设成果展示。3位辅导员获评思政副教授；申报立项省教育厅大学生思想政治教育专项课题4项。1人获全国高校辅导员年度人物，1人获浙江省高校辅导员年度人物、1人获浙江省高校辅导员年度人物提名；1人获第八届全国高校辅导员素质能力大赛一等奖，1人获二等奖；3人获第八届浙江省辅导员素质能力大赛一等奖，浙江大学获优秀组织奖；1人获第三届浙江省高校辅导员工作案例大赛一等奖，2人获二等奖。

重视班主任、德育导师队伍建设。选派952人担任各院系班主任，完成244名新生班主任的专题培训工作。组织43位班主任参加浙江大学第112期"育人强师"学习培训班；组织44名研究生德育导师参加第102期"育人强师"培训班。启动并举办第1期班主任沙龙。评定96名优秀班主任并予以表彰；评选125名优秀研究生德育导师。选聘1488名2020级"新生之友"，完善业务指导、过程管理、评优表彰等，评定80位2019级优秀"新生之友"。

【出台《中共浙江大学委员会关于加强学生党建工作的意见》】 坚持学生党建和思想政治工作紧密结合，实施学生党建"双引双提"工程，制定院级党组织加强学生党建工作的任务清单。推进政治引领工程，强化马克思主义在意识形态领域指导地位的根本制度。推进学习引领工程，优化分层分类分阶段的党员教育培训体系，推进"浸润式"党员培养，加强校院两级青年马克思主义者培养工程建设。推进组织力提升工程，举行本科生党员党务知识技能大赛、研究生党支部书记素能大赛、团支部风采展示大赛等。推进纪律作风提升工程，在疫情防控、复学返校等急难险重任务和成长成才中心任务中充分发挥学生党支部战斗堡垒作用和学生党员先锋模范带头作用。

（詹美燕撰稿　金芳芳审稿）

【第八届全国高校辅导员素质能力大赛】 为学习贯彻习近平新时代中国特色社会主义思想和习近平总书记关于教育的重要论述，大力加强和改进高校辅导员队伍建设，2020年12月29—31日，第八届全国高校辅导员素质能力大赛暨2020年全国高校辅导员队伍建设成果展在浙江大学举行。在决赛中，81位辅导员选手通过三个环节的比拼，10人获得一等奖，20人获得二等奖，30人获得三等奖。浙江大学国际联合学院辅导员吴行获得一等奖、生物医学工程与仪器科学学院辅导员孙幼波获得二等奖，浙江大学辅导员项淑芳获评"高校辅导员年度人物"。

（詹美燕撰稿　金芳芳审稿）

【启动选派优秀学生骨干到校内管理服务岗位实践锻炼】 首期选拔16名优秀研究生到学校党政管理部门、直属单位开展为期一年的实践锻炼，切实提升学生骨干的思想政治素质和综合能力。该计划由党委组织部、党委研究生工作部共同组织实施，旨在进一步加大优秀党政管理优秀人才储备力度，构建学生骨干培养输送长效机制。

（马君雅撰稿　张晓洁审稿）

团学工作

【概况】 至2020年底，浙江大学共有基层团委55个，其中院系（学园）团组织42个，青工系统团组织13个；学生团支部1897

个，学生团员50332人，青工团支部220个，团员6651人；共有专兼职团干部390人，其中校级专职团干部9人、兼职团干部3人，院系(学园)专职团干部142人，青工系统团干部36人，学生兼职团干部200人。

加强政治引领，基层团组织建设更加有力。完善年度基层团组织工作考核指标，明确基层团组织建设重点，持续夯实基层团组织建设。组织好“推优入党”工作，举办学生发展对象培训班4期，累计培训入党积极分子4796人、发展对象3159人。推进青工单位团组织建设，举办“一院一品”青年文化月项目验收和工作交流会，8家单位获省级“青年文明号”称号。深入实施“薪火”团干研修计划，加强团学干部培养。开展暑期团干部培训班、“育人强师”培训班、青工系统团干培训班等培训课程7期，选派6位专职团干部赴团中央、团省委等岗位挂职锻炼，2名团干部分获“全国优秀团干部”“全国优秀团员”称号。切实提高青马工程建设质量，开展学生骨干“启明计划”培养工程、“英才计划”培训班、学生社团精英班等。

强化铸魂育人，思想引领工作持续深化。开展“学习抗疫精神青春建功时代”“青年大学习”等主题教育活动，做到团员青年理想信念教育全覆盖。通过开展浙江大学第一届思政微课大赛、求是青年思政公开课活动，组建一支优秀理论宣讲团、打造一批思政教育金课，推动学校课程思政建设。在浙江省高校思政微课大赛中获特等奖3个、一等奖5个，特等奖、一等奖获奖人数均为全省第一，学校获优秀组织奖。推出全新改版的共青团门户网站，建设“团在浙大”信息化平台，实现团学事务一键式办理。创新推出“大教授领衔、多学科融合、参与人员多样化”的课题研究机制，运用大数据，为精准开展青年思想政治工作提供支撑。

完善体制机制，学生组织建设更加规范。加强对学生会、研究生会、博士生会的指导，深化体制改革，调整运行机制，坚持“主席团＋工作部门”的模式，主席团设执行主席，由主席团成员轮值担任，坚持精简原则，控制整体人员规模。10月18日，召开浙江大学第三十三次学生代表大会，选举产生第三十三届学生会主席团成员马为驰、孙润哲、李津龙、郑浩阳、蔡飞扬(女)。10月21日，召开浙江大学第三十三次研究生代表大会，选举产生第三十三届研究生会主席团成员任杰、赵宸(女)、姚覆坦、高星雨(女)、高熊枫。10月21日，召开浙江大学第十九次博士生代表大会，选举产生第十九届博士生会主席团成员牛锴、李思涵、邱星怡(女)、南君培、崔晓宇(女)。

【我校青年突击队获“中国青年五四奖章集体”】 疫情期间，校团委充分发挥基层团组织作用，统筹组建了22支抗疫前线青年突击队，共2275人投身防控疫情阻击战一线；组织6400余名学生参与疫情防控志愿服务，服务时长超45000小时；开展“战疫有我”团员线上主题教育活动1200余场，征集各类宣传作品近1000份。4月，浙江大学医学院附属第一医院新冠肺炎救治青年突击队获第24届“中国青年五四奖章集体”。

【《习近平与大学生朋友们》系列报道引发强烈反响】 校团委参与推出《习书记给我们讲述“浙江精神”》《习近平鼓励我们要多尝试学科交叉研究》两篇报道，刊发在《中国青年报》上，并收录于《习近平与大学生朋友们》一书中，各团支部、学生组织、学生社团通过专题学习研讨会、主题团日等形式开展学习，掀起一股学习热潮。

(任立娣撰稿　薄拯审稿)

人才培养

本科生教育

【概况】 浙江大学设有本科生专业131个（不含中外合作办学机构设置的专业），涵盖哲学、经济学、法学、教育学、文学、历史学、理学、工学、农学、医学、管理学、艺术学等12大学科门类。其中，哲学类专业1个、经济学类专业4个、法学类专业4个、教育学类专业4个、文学类专业16个、历史学类专业2个、理学类专业17个、工学类专业45个、农学类专业9个、医学类专业7个、管理学类专业15个，艺术学类专业7个。建有16个国家教学基地，包括8个国家基础科学研究和教学人才培养基地、4个国家工科基础课程教学基地和4个国家战略产业人才培养基地，共有14个国家级实验教学（含虚拟仿真）示范中心和23个全国大学生校外实践教育基地，开设16门国家级精品视频公开课、50门国家级精品资源共享课、13门国家精品在线开放课程。

2020年，浙江大学本科生实际招收6389人。截至2020年12月31日，2020届毕业生5691人，授予学位5679人，获辅修证书147人，获第二专业证书6人，获辅修学士学位292人，结业生换发毕业证书108人。

截至2020年12月31日，2020届参加就业本科毕业生（含结业生）为5692人，其中就业人数为5242人（含国内升学2411人；海外升学962人；签订协议书就业1382人；签订劳动合同形式就业193人；其他形式就业294人），另有450人待就业，初次就业率达到92.09%。

2020年，获批传播学、艺术与科技、动物医学（五年制）和土木、水利与交通工程等4个新专业，并设置文物与博物馆学、法学、地理信息科学、生物工程、光电信息科学与工程、生物医学工程、生态学、农业工程、食品科学与工程、动物科学等10个第二学士学位专业。2019—2020学年，全校本科生共实施线上、线下海外交流项目344项，交流5722人次，本科生海外交流率88.7%。其中，前往世界排名前20位及21～50位大学的交流人数比例分别为27.4%和27.1%。

2020年，获得大学生学科竞赛国际一

等奖(金牌)16 项,二等奖 58 项;全国特等奖 16 项、一等奖 33 项,在 2015—2018 年中国高校创新人才培养暨学科竞赛评估中位居全国高校第一。

顺利完成网上教学,实现教师开课率、学生进课率 100%。启动一流专业综合改革,共立项 12 个项目、14 个培育项目。将美育、劳育纳入 2020 级人才培养方案,建成 56 门美育类课程、2 门公共劳动平台课程和 72 门专业实践劳动课程。启动校级一流课程建设和认定工作,共认定 300 门课程。60 门课程入选首批国家级一流本科课程,其中线下一流课程和虚拟仿真一流课程数均居 C9 高校第一。成立理科公共基础课程教学研究中心,保障公共基础课程教学质量。35 本教材入选 2020 年度浙江省"十三五"新形态教材建设项目。升级改造 394 间教室,建成 15 间特色智慧教室、30 间教学讨论室。

【高质量完成"不停教、不停学"】 稳步开展春夏学期课程网上教学,制定专门的线上线下考试方案,共组织开展 2 轮期末考试,其中线上考试 619 场(34305 人次),线下考试 1473 场(85484 人次)。分层分级抓好网上教学培训,采用线上自主学习与"空中课堂"直播相结合,分类分批组织 10000 余名培训人员参与培训。强化监督保障网上教学质量,出台《浙江大学网上教学质量管理规范(试行)》,建立网上课程教学质量评价、监督与反馈机制,保障网上教学质量。

【优化一流本科专业体系】 制定《浙江大学关于全面推进一流本科专业建设的指导意见》,全面规划一流专业建设。围绕新工科、新医科、新农科、新文科和基础学科建设等,启动专业综合改革项目立项,首批共立项 12 个项目、14 个培育项目。对接教育部一流本科专业建设"双万计划",主动优化本科专业体系,截至 2020 年 12 月 31 日,全校共有 36 个本科专业入选首批国家级一流本科专业建设点,位居全国高校第一。

【建设一流本科课程体系】 全面推进系列教学改革,打造以线上一流课程、虚拟仿真实验教学一流课程、线下一流课程、线上线下混合式一流课程等为主的一流本科课程体系。截至 2020 年 12 月 31 日,获评各类国家级一流课程 60 门,居全国前列。其中,获评国家级线下一流课程 23 门,居 C9 高校第一;获评国家级虚拟仿真实验教学一流课程 5 门,居 C9 高校第一。

【加快构建一流教材体系】 统筹规划教材建设管理,成立浙江大学教材工作领导小组,出台《浙江大学教材管理办法》《浙江大学选用境外教材管理办法》,进一步健全了教材工作制度;推进高质量教材培育工作,共立项 85 个校级教材项目(含 44 本新形态教材),35 本教材入选 2020 年度浙江省"十三五"新形态教材建设项目;严格执行马工程重点教材"该用必用",2019—2020 学年适用马工程教材的 111 门课程已全部使用马工程重点教材。

【系统规划课程思政建设】 制定《关于进一步推进浙江大学课程思政的实施方案》,全面推进以所有课程育人功能全覆盖为目标的课程思政建设,打造"课程思政"示范课程,2020 年共立项 85 个项目,并评选首批 7 门示范课程。2020 年 12 月,教育部官网刊出《浙江大学多措并举推进课程思政建设》一文。

(留兰岚撰稿　张光新审稿)

【附录】

附录 1　浙江大学 2020 年本科专业

学部	学院(系)	序号	专业代码	专业名称	授予学位
人文学部	人文学院	1	010101	哲学	哲学
		2	050101	汉语言文学	文学
		3	050105	古典文献学	文学
		4	050305	编辑出版学	文学
		5	060101	历史学	历史学
	艺术与考古学院	6	060104	文物与博物馆学	历史学
		7	130401	美术学	艺术学
		8	130405T	书法学	艺术学
		9	130406T	中国画	艺术学
		10	130502	视觉传达设计	艺术学
		11	130503	环境设计	艺术学
		12	130509T	艺术与科技	艺术学
	外国语言文化与国际交流学院	13	050201	英语	文学
		14	050202	俄语	文学
		15	050203	德语	文学
		16	050204	法语	文学
		17	050205	西班牙语	文学
		18	050207	日语	文学
		19	050261	翻译	文学
	传媒与国际文化学院	20	050103	汉语国际教育	文学
		21	050301	新闻学	文学
		22	050302	广播电视学	文学
		23	050303	广告学	文学
		24	050304	传播学	文学

续表

学部	学院(系)	序号	专业代码	专业名称	授予学位
社会科学学部	经济学院	25	020101	经济学	经济学
		26	020201K	财政学	经济学
		27	020301K	金融学	经济学
		28	020401	国际经济与贸易	经济学
	光华法学院	29	030101K	法学	法学
	教育学院	30	040101	教育学	教育学
		31	040201	体育教育	教育学
		32	040202K	运动训练	教育学
		33	040204K	武术与民族传统体育	教育学
		34	120401	公共事业管理	管理学
	管理学院	35	120102	信息管理与信息系统	管理学
		36	120201K	工商管理	管理学
		37	120202	市场营销	管理学
		38	120203K	会计学	管理学
		39	120204	财务管理	管理学
		40	120206	人力资源管理	管理学
		41	120601	物流管理	管理学
		42	120901K	旅游管理	管理学
	公共管理学院	43	030201	政治学与行政学	法学
		44	030202	国际政治	法学
		45	030301	社会学	法学
		46	120301	农林经济管理	管理学
		47	120402	行政管理	管理学
		48	120403	劳动与社会保障	管理学
		49	120404	土地资源管理	管理学
		50	120503	信息资源管理	管理学

续表

学部	学院(系)	序号	专业代码	专业名称	授予学位
理学部	数学科学学院	51	070101	数学与应用数学	理学
		52	070102	信息与计算科学	理学
		53	071201	统计学	理学
	物理学系	54	070201	物理学	理学
	化学系	55	070301	化学	理学
	地球科学学院	56	070503	人文地理与城乡规划	理学
		57	070504	地理信息科学	理学
		58	070601	大气科学	理学
		59	070901	地质学	理学
		60	070903T	地球信息科学与技术	理学
	心理与行为科学系	61	071101	心理学	理学
		62	071102	应用心理学	理学
工学部	机械工程学院	63	080201	机械工程	工学
		64	080204	机械电子工程	工学
		65	120701	工业工程	工学
	材料科学与工程学院	66	080401	材料科学与工程	工学
	能源工程学院	67	080202	机械设计制造及其自动化	工学
		68	080206	过程装备与控制工程	工学
		69	080207	车辆工程	工学
		70	080502T	能源与环境系统工程	工学
		71	080503T	新能源科学与工程	工学
	电气工程学院	72	080601	电气工程及其自动化	工学
		73	080701	电子信息工程	工学
		74	080801	自动化	工学
	建筑工程学院	75	081001	土木工程	工学
		76	081010T	土木、水利与交通工程	工学
		77	081101	水利水电工程	工学
		78	081802	交通工程	工学

续表

学部	学院(系)	序号	专业代码	专业名称	授予学位
工学部	建筑工程学院	79	082801	建筑学	建筑学
		80	082802	城乡规划	工学
	化学工程与生物工程学院	81	081301	化学工程与工艺	工学
		82	081302	制药工程	工学
		83	083001	生物工程	工学
	海洋学院	84	070701	海洋科学	理学
		85	081902T	海洋工程与技术	工学
		86	081103	港口航道与海岸工程	工学
		87	081901	船舶与海洋工程	工学
	航空航天学院	88	080102	工程力学	工学
		89	082002	飞行器设计与工程	工学
	高分子科学与工程学系	90	080407	高分子材料与工程	工学
信息学部	光电科学与工程学院	91	080705	光电信息科学与工程	工学
	信息与电子工程学院	92	080702	电子科学与技术	工学
		93	080704	微电子科学与工程	工学
		94	080706	信息工程	工学
	控制科学与工程学院	]74	080801	自动化	工学
		95	080803T	机器人工程	工学
	计算机科学与技术学院	96	080205	工业设计	工学
		97	080717T	人工智能	工学
		98	080901	计算机科学与技术	工学
		99	080904K	信息安全	工学
		100	080906	数字媒体技术	工学
		101	130504	产品设计	艺术学
	软件学院	102	080902	软件工程	工学
	生物医学工程与仪器科学学院	103	080301	测控技术与仪器	工学
		104	082601	生物医学工程	工学

续表

学部	学院(系)	序号	专业代码	专业名称	授予学位
农业生命环境学部	生命科学学院	105	071001	生物科学	理学
		106	071002	生物技术	理学
		107	071003	生物信息学	理学
		108	071004	生态学	理学
	生物系统工程与食品科学学院	109	082301	农业工程	工学
		110	082701	食品科学与工程	工学
	环境与资源学院	111	082502	环境工程	工学
		112	082503	环境科学	理学
		113	082506T	资源环境科学	理学
		114	090201	农业资源与环境	农学
	农业与生物技术学院	115	090101	农学	农学
		116	090102	园艺	农学
		117	090103	植物保护	农学
		118	090107T	茶学	农学
		119	090109T	应用生物科学	农学
		120	090502	园林	农学
	动物科学学院	121	090301	动物科学	农学
		122	090401	动物医学	农学
医药学部	医学院	123	100101K	基础医学	医学
		124	100102TK	生物医学	理学
		125	100201K	临床医学	医学
		126	100301K	口腔医学	医学
		127	100401K	预防医学	医学
	药学院	128	100701	药学	理学
		129	100702	药物制剂	理学
国际教育学院		130	050102	汉语言	文学
国际联合学院(海宁国际校区)		131	080909T	电子与计算机工程	工学

注:T 指特设专业,K 指国家控制布点专业。

附录2　浙江大学国家级一流本科专业建设点情况

序号	专业名称	专业代码	专业类
1	国际经济与贸易	020401	经济与贸易类
2	法学	030101K	法学类
3	汉语言文学	050101	中国语言文学类
4	英语	050201	外国语言文学类
5	新闻学	050301	新闻传播学类
6	数学与应用数学	070101	数学类
7	物理学	070201	物理学类
8	化学	070301	化学类
9	生物科学	071001	生物科学类
10	心理学	071101	心理学类
11	工程力学	080102	力学类
12	机械工程	080201	机械类
13	材料科学与工程	080401	材料类
14	能源与环境系统工程	080502T	能源动力类
15	电气工程及其自动化	080601	电气类
16	电子科学与技术	080702	电子信息类
17	光电信息科学与工程	080705	电子信息类
18	自动化	080801	自动化类
19	计算机科学与技术	080901	计算机类
20	软件工程	080902	计算机类
21	土木工程	081001	土木类
22	化学工程与工艺	081301	化工与制药类
23	海洋工程与技术	081902T	海洋工程类
24	农业工程	082301	农业工程类
25	环境科学	082503	环境科学与工程类
26	生物医学工程	082601	生物医学工程类
27	建筑学	082801	建筑类
28	农学	090101	植物生产类

续表

序号	专业名称	专业代码	专业类
29	植物保护	090103	植物生产类
30	农业资源与环境	090201	自然保护与环境生态类
31	动物科学	090301	动物生产类
32	生物医学(中外合作办学)	100102TKH	基础医学类
33	临床医学	100201K	临床医学类
34	药学	100701	药学类
35	工商管理	120201K	工商管理类
36	农林经济管理	120301	农业经济管理类

附录 3　浙江大学国家教学基地

基地类别	基地名称	所在学院/系
国家基础科学研究和教学人才培养基地	中国语言文学	人文学院
	历史学	人文学院
	数学	数学科学学院
	化学	化学系
	心理学	心理与行为科学系
	生物学	生命科学学院
	物理学	物理学系
	基础医学	医学院
国家工科基础课程教学基地	化学	化学系
	力学	航空航天学院 建筑工程学院
	工程图学	机械工程学院
	物理	物理学系
	生命科学与技术	生命科学学院
	软件学院	软件学院
	大规模集成电路	电气工程学院 信息与电子工程学院
	动画	计算机科学与技术学院 人文学院 传媒与国际文化学院

附录 4　浙江大学国家实验教学(含虚拟仿真)示范中心

序号	中心名称	所在学院/系
1	化学国家级实验教学示范中心	化学系
2	力学国家级实验教学示范中心	航空航天学院、建筑工程学院
3	生物国家级实验教学示范中心	生命科学学院
4	电工电子国家级实验教学示范中心	电气工程学院
5	机械工程国家级实验教学示范中心	机械工程学院
6	工程训练国家级实验教学示范中心	机械工程学院、信息与电子工程学院
7	农业生物学国家级实验教学示范中心	农业与生物技术学院
8	能源与动力国家级实验教学示范中心	能源工程学院
9	机电类专业国家级实验教学示范中心	电气工程学院、机械工程学院
10	计算机技术与工程国家级实验教学示范中心	计算机科学与技术学院
11	环境与资源国家级实验教学示范中心	环境与资源学院
12	化工类国家级虚拟仿真实验中心	化学工程与生物工程学院、化学系
13	医学国家级虚拟仿真实验教学中心	医学院
14	土建类国家级虚拟仿真实验教学中心	建筑工程学院

附录 5　浙江大学全国大学生校外实践教育基地

序号	基地名称	所在学院/系
1	浙江大学—浙广集团新闻传播学类文科实践教育基地	传媒与国际文化学院
2	杭州矽力杰半导体技术有限公司	电气工程学院
3	杭州中粮包装有限公司	电气工程学院
4	台达能源技术(上海)有限公司	电气工程学院
5	亚德诺半导体技术(上海)有限公司	电气工程学院
6	浙江省电力公司工程实践教育中心	电气工程学院
7	浙江大学—杭州大观山种猪育种有限公司农科教合作人才培养基地	动物科学学院
8	浙江网新恒天软件有限公司	计算机科学与技术学院
9	广厦建设集团有限责任公司工程实践教育中心	建筑工程学院
10	浙江大学建筑设计研究院	建筑工程学院

续表

序号	基地名称	所在学院/系
11	中控科技集团有限公司工程实践教育中心	控制科学与工程学院
12	东方锅炉(集团)股份有限公司	能源工程学院
13	上海锅炉厂有限公司实践教育中心	能源工程学院
14	潍柴动力股份有限公司	能源工程学院
15	浙江盾安机电科技有限公司	能源工程学院
16	浙江银轮机械股份有限公司	能源工程学院
17	浙江大学农科教合作人才培养基地	农业与生物技术学院
18	浙江大学—金华市农业科学院金华水稻农科教合作人才培养基地	农业与生物技术学院
19	浙江大学—华东地区天目山—千岛湖—朱家尖生物学野外实践教育基地	生命科学学院
20	浙江大学—中国科学院上海药物研究所药学实践教育基地	药学院
21	浙江大学临床技能综合培训中心	医学院
22	浙江大学附属口腔医院口腔医学技能培训中心	医学院
23	浙江大学—浙江省第二医院临床技能综合实践基地	医学院

附录6　浙江大学国家级精品视频公开课

序号	所在学院/系	课程名称	主讲教师
1	人文学院	王阳明心学	董　平
2	农业与生物技术学院	茶文化与茶健康	王岳飞、龚淑英等
3	医学院	肝移植的过去、现在和未来	郑树森
4	生物系统工程与食品科学学院	食品安全与营养	李　铎、冯凤琴
5	公共管理学院	当代中国社会建设	郁建兴
6	材料科学与工程学院	新材料与社会进步	叶志镇、赵新兵
7	艺术与考古研究中心	西方视角的中国传统艺术	孟絜予
8	高分子科学与工程学系	绚丽多彩的高分子	郑　强
9	农业与生物技术学院	转基因技术：安全、应用与管理	叶恭银

续表

序号	所在学院/系	课程名称	主讲教师
10	人文学院	江南文人士大夫文化与西泠印社	陈振濂
11	人文学院	析词解句话古诗	王云路
12	数学科学学院	数学传奇	蔡天新
13	人文学院	孔子与儒学传统	何善蒙
14	传媒与国际文化学院	数字化生存	韦　路
15	人文学院	哲学与治疗：希腊哲学的实践智慧	章雪富
16	化学工程与生物工程学院	生物工程导论(专业导论类)	吴坚平等

附录 7　浙江大学国家级精品资源共享课

序号	所在学系/系	课程名称	负责人
1	马克思主义学院	思想道德修养与法律基础	马建青
2	教育学院	教学理论与设计	盛群力
3	生命科学学院	植物生理学	蒋德安
4	机械工程学院	工程训练(金工)	傅建中
5	化学工程与生物工程学院	高分子化学	李伯耿
6	化学工程与生物工程学院	化工设计	吴　嘉
7	能源工程学院	热工实验	俞自涛
8	能源工程学院	工程热力学	孙志坚
9	生物系统工程与食品科学学院	3S 技术与精细农业	何　勇
10	动物科学学院	动物营养学	刘建新
11	农业与生物技术学院	植物保护学	叶恭银
12	农业与生物技术学院	遗传学	石春海
13	医学院	外科学	郑树森
14	计算机科学与技术学院	C 程序设计基础及实验	何钦铭
15	计算机科学与技术学院	计算机游戏程序设计	耿卫东
16	电气工程学院	电力电子技术	潘再平
17	光电科学与工程学院	微机原理与接口技术	王晓萍

续表

序号	所在学系/系	课程名称	负责人
18	外国语言文化与国际交流学院	大学英语	何莲珍
19	人文学院	当代科技哲学	盛晓明
20	电气工程学院	电子技术基础	陈隆道
21	医学院	妇产科学	谢　幸
22	高分子科学与工程学系	高分子物理	徐君庭
23	机械工程学院	工程图学	陆国栋
24	机械工程学院	机械制图及 CAD 基础	费少梅
25	光华法学院	行政法学	章剑生
26	光华法学院	宪法学	余　军
27	农业与生物技术学院	环境生物学	陈学新
28	农业与生物技术学院	生物入侵与生物安全	叶恭银
29	环境与资源学院	环境微生物学	郑　平
30	环境与资源学院	环境化学	朱利中
31	计算机科学与技术学院	嵌入式系统	陈文智
32	计算机科学与技术学院	软件工程	陈　越
33	计算机科学与技术学院	操作系统	李善平
34	计算机科学与技术学院	用户体验与产品创新设计	罗仕鉴
35	生命科学学院	生命科学导论	吴　敏
36	生命科学学院	植物学	傅承新
37	生物系统工程与食品科学学院	生物生产机器人	应义斌
38	数学科学学院	数学建模	谈之奕
39	经济学院	微观经济学	史晋川
40	物理学系	物理学与人类文明	盛正卯、叶高翔
41	电气工程学院	信号分析与处理	齐冬莲
42	药学院	药物分析	曾　苏
43	光电科学与工程学院	应用光学	岑兆丰
44	医学院	传染病学	李兰娟
45	医学院	生理科学实验	陆　源

续表

序号	所在学系/系	课程名称	负责人
46	公共管理学院	公共经济学	戴文标
47	电气工程学院	电力电子技术	潘再平
48	药学院	药物分析	姚彤炜
49	管理学院	网络营销	卓　骏
50	医学院	生理学	夏　强

附录 8　国家级一流本科课程

序号	课程名称	课程负责人	课程类型
1	博弈论基础	蒋文华	线上一流课程
2	中国近现代史纲要	段治文	线上一流课程
3	课堂问答的智慧与艺术	刘　徽	线上一流课程
4	唐诗经典	胡可先	线上一流课程
5	新媒体概论	韦　路	线上一流课程
6	概率论与数理统计	张帼奋	线上一流课程
7	程序设计入门——C 语言	翁　恺	线上一流课程
8	数据结构	陈　越、何钦铭	线上一流课程
9	管理概论	邢以群	线上一流课程
10	创新管理	郑　刚	线上一流课程
11	走向深度的合作学习	刘　徽	线上一流课程
12	零基础学 Java 语言	翁　恺	线上一流课程
13	食品安全	郑晓冬、楼程富	线上一流课程
14	先秦诸子思想	何善蒙	线上一流课程
15	宋词经典	陶　然	线上一流课程
16	微积分	苏德矿	线上一流课程
17	天气学	舒守娟	线上一流课程
18	人工智能:模型与算法	吴　飞	线上一流课程
19	中国蚕丝绸文化	杨明英、楼程富	线上一流课程
20	系统解剖学(全英文)	张晓明	线上一流课程

续表

序号	课程名称	课程负责人	课程类型
21	设计思维与创新设计	张克俊	线上一流课程
22	行政法	郑春燕	线下一流课程
23	当代文学前沿问题研究	吴秀明	线下一流课程
24	英语口译	梁君英	线下一流课程
25	大学英语Ⅳ	方富民	线下一流课程
26	马克思主义新闻观	吴　飞	线下一流课程
27	实验设计与心理统计	沈模卫	线下一流课程
28	力学导论	赵　沛	线下一流课程
29	工程图学	陆国栋	线下一流课程
30	用户体验与产品创新设计	罗仕鉴	线下一流课程
31	过程设备设计	郑津洋	线下一流课程
32	高分子物理	李寒莹	线下一流课程
33	工程热力学(甲)	孙志坚	线下一流课程
34	信号分析与处理	齐冬莲	线下一流课程
35	传感与检测	张宏建	线下一流课程
36	微机原理与接口技术	王晓萍	线下一流课程
37	程序设计基础	何钦铭	线下一流课程
38	计算机游戏程序设计	耿卫东	线下一流课程
39	大跨空间结构	罗尧治	线下一流课程
40	精细农业	何　勇	线下一流课程
41	环境化学(甲)	朱利中	线下一流课程
42	茶文化与茶健康	王岳飞	线下一流课程
43	传染病学	阮　冰	线下一流课程
44	公共管理学	谭　荣	线下一流课程
45	教学理论与设计	刘　徽	线上线下混合式一流课程
46	电路与模拟电子技术	姚缨英	线上线下混合式一流课程
47	食品安全	郑晓冬	线上线下混合式一流课程
48	管理学	邢以群	线上线下混合式一流课程

续表

序号	课程名称	课程负责人	课程类型
49	创新管理	郑　刚	线上线下混合式一流课程
50	博弈论基础	蒋文华	线上线下混合式一流课程
51	超低排放火力发电站虚拟仿真实验教学项目	周　昊	虚拟仿真实验教学一流课程
52	定量蛋白质组学研究虚拟仿真实验	赵鲁杭	虚拟仿真实验教学一流课程
53	产房分娩及新生儿处理虚拟仿真实验教学	张　丹	虚拟仿真实验教学一流课程
54	血管急重症的临床思维虚拟仿真教学系统	王建安	虚拟仿真实验教学一流课程
55	盾构推进液压系统虚拟仿真实验	刘振宇	虚拟仿真实验教学一流课程
56	重大时政新闻智能生产虚拟仿真实验	韦　路	虚拟仿真实验教学一流课程
57	水溶液的介观结构与形成机理虚拟仿真实验	刘迎春	虚拟仿真实验教学一流课程
58	超重力离心模拟虚拟仿真实验	朱　斌	虚拟仿真实验教学一流课程
59	模式植物拟南芥 CRISPR/Cas9 基因编辑虚拟仿真实验	吴　敏	虚拟仿真实验教学一流课程
60	基于稳定性同位素技术的生态系统氮素运转虚拟仿真实验	陈　欣	虚拟仿真实验教学一流课程

附录 9　浙江大学 2020 年本科学生信息统计

统计项目	内容	人数/人	比例/%	内容	人数/人	比例/%
性别	男	3714	58.51	女	2634	41.49
民族	汉族	5807	91.48	少数民族	541	8.52
政治面貌	正式党员	0	0.00	预备党员	0	0.00
	团员	5814	91.59	其他	534	8.41

附录10　浙江大学2020年本科学生数分学科门类统计　单位：人

学科门类	毕业生数	在校生数	2020级	2019级	2018级	2017级	2016级及以上	延毕
法　学	178	859	235	206	210	202	0	6
工　学	2681	12523	2971	2997	3094	3028	99	334
管理学	324	1464	357	360	383	326	19	19
教育学	92	456	130	113	103	102	0	8
经济学	217	1011	232	234	263	278	0	4
理　学	849	3338	796	780	836	840	0	86
历史学	41	231	73	46	58	54	0	0
农　学	362	1551	364	363	367	420	0	37
文　学	456	2034	481	516	504	505	0	28
医　学	406	2673	565	562	557	510	428	51
艺术学	71	277	67	66	70	68	0	6
哲　学	14	110	36	25	24	25	0	0
总　计	5691	26527	6307	6268	6469	6358	546	579

注：不包含国际学生。

附录11　浙江大学2020年本科学生数分学院(系)统计　单位：人

学院(系)名称	毕业生数	在校生数	2020级	2019级	2018级	2017级	2016级及以上	延毕
材料科学与工程学院	118	329	65	85	77	93	0	9
传媒与国际文化学院	146	614	124	160	157	162	0	11
地球科学学院	47	295	70	69	75	81	0	
电气工程学院	310	1306	240	314	329	398	0	25
动物科学学院	101	418	103	99	87	120	0	9
法学院	127	619	173	143	151	151	0	1
高分子科学与工程学系	89	304	75	67	71	75	0	16
公共管理学院	177	862	246	213	197	169	19	18
公共体育与艺术部		96		34	35	27	0	0
管理学院	142	617	144	163	161	145	0	4

续表

学院(系)名称	毕业生数	在校生数	2020级	2019级	2018级	2017级	2016级及以上	延毕
光电科学与工程学院	115	482	101	119	125	132	0	5
海洋学院	193	774	189	173	189	192	0	31
航空航天学院	51	311	82	78	70	65	0	16
化学工程与生物工程学院	107	525	123	140	137	103	0	22
化学系	88	363	78	77	102	104	0	2
环境与资源学院	114	485	119	112	121	122	0	11
机械工程学院	178	799	201	172	229	194	0	3
计算机科学与技术学院	415	1915	432	428	499	455	0	101
建筑工程学院	230	1185	284	275	260	237	99	30
教育学院	148	491	130	113	124	115	0	9
经济学院	217	1007	232	230	263	278	0	4
控制科学与工程学院	143	625	112	132	178	197	0	6
能源工程学院	212	894	229	207	241	216	0	1
农业与生物技术学院	211	927	215	208	234	246	0	24
人文学院	157	762	168	188	209	197	0	0
生命科学学院	108	461	83	119	134	112	0	13
生物系统工程与食品科学学院	106	446	99	107	115	110	0	15
生物医学工程与仪器科学学院	130	428	64	104	122	122	0	16
数学科学学院	229	807	130	170	224	262	0	21
外国语言文化与国际交流学院	190	817	200	209	195	196	0	17
物理学系	78	363	41	75	102	115	0	30
心理与行为科学系	66	252	45	51	77	73	0	6
信息与电子工程学院	292	1238	256	310	321	306	0	45
药学院	132	515	118	112	136	131	0	18

续表

学院(系)名称	毕业生数	在校生数	2020 级	2019 级	2018 级	2017 级	2016 级及以上	延毕
医学院	407	2117	411	445	421	379	428	33
艺术与考古学院	72	293	79	63	73	77	0	1
竺可桢学院		749	525	224	0	0	0	0
海宁国际校区	45	1036	321	280	228	201	0	6
总计	5691	26527	6307	6268	6469	6358	546	579

注:不包含外国留学生。

附录 12　浙江大学 2020 年本科生参加国际大学生学科竞赛获奖情况　　单位:项

竞赛名称	国际一等奖	国际二等奖	国际三等奖
国际大学生程序设计竞赛(ICPC)亚洲区域赛	5	1	
国际基因工程机械大赛(iGEM)	1		
SensUs 国际大学生生物传感器构建大赛	1		
2019 年美国大学生数学建模竞赛	8	56	
美国 ASABE 国际大学生机器人设计竞赛	1	1	
合计	16	58	

附录 13　浙江大学本科生参加全国大学生学科竞赛获奖情况　　单位:项

竞赛名称	国家特等奖	国家一等奖	国家二等奖	国家三等奖
第六届中国国际“互联网＋”大学生创新创业大赛	4	5		
第十二届“挑战杯”中国大学生创业计划竞赛	8			
RoboCup 机器人世界杯中国赛		2		
中国计算机学会 CCSP 竞赛		1		
中国大学生程序设计竞赛(CCPC)		10	2	
全国大学生数学建模竞赛			3	
全国大学生电子设计竞赛模拟电子系统设计专题邀请赛				1

续表

竞赛名称	国家特等奖	国家一等奖	国家二等奖	国家三等奖
第十四届全国大学生“恩智浦”杯智能汽车竞赛			1	
中国农业机器人大赛	1	1	2	1
第十三届全国大学生节能减排社会实践与科技竞赛	1	3	2	5
第七届全国大学生光电设计竞赛		3		
第十二届全国大学生信息安全竞赛		1	2	
全国并行应用挑战赛				2
第十届中国大学生物理学术竞赛		2		
外研社·国才杯全国英语演讲大赛			3	
中国日报社“21世纪杯”全国英语演讲比赛			1	
第三届全国大学生化工实验大赛	1			
全国大学生GIS技能大赛		1		
第三届中国高校智能机器人创意大赛		2		
2020“一带一路”暨金砖国家技能发展与技术创新大赛		1		2
第六届“雄鹰杯”小动物医师技能大赛	1			
第六届全国大学生动物医学专业技能大赛		1		
合计	16	33	16	11

附录 14　2019—2020 学年本科生对外交流情况　　单位:人

序号	学院/系	参加交流人次数	序号	学院/系	参加交流人次数
1	材料科学与工程学院	129	19	教育学院	62
2	传媒与国际文化学院	140	20	经济学院	230
3	地球科学学院	78	21	控制科学与工程学院	147
4	电气工程学院	217	22	能源工程学院	108
5	动物科学学院	73	23	农业与生物技术学院	177
6	高分子科学与工程学系	84	24	人文学院	183
7	公共管理学院	344	25	生命科学学院	56
8	管理学院	154	26	生物系统工程与食品科学学院	81
9	光电科学与工程学院	192	27	生物医学工程与仪器科学学院	124
10	光华法学院	66	28	数学学院	99
11	海洋学院	104	29	外国语言文化与国际交流学院	154
12	航空航天学院	85	30	物理学系	173
13	化学工程与生物工程学院	121	31	心理与行为科学系	57
14	化学系	56	32	信息与电子工程学院	524
15	环境与资源学院	160	33	药学院	84
16	机械工程学院	267	34	医学院	147
17	计算机科学与技术学院	750	35	艺术与考古学院	63
18	建工学院	141	36	竺可桢学院	497*

注:* 表示竺可桢学院的交流人次数包含主修专业确认到专业院系的人次数。

附录 15　浙江大学 2020 届参加就业本科毕业生按单位性质流向统计

单位性质	类别	比例/%
各类企业（总计:84.92%）	国有企业	24.88
	三资企业	7.84
	其他企业	52.20

续表

单位性质	类别	比例/%
事业单位 (总计:8.82%)	科研设计单位	1.31
	医疗卫生单位	1.14
	中等、初等教育单位	2.07
	高等教育单位	2.99
	其他事业单位	1.31
政府、部队 (总计:6.26%)	部队	0.33
	党政机关	5.93

注:此数据不包含定向委培的毕业生。

附录16 浙江大学2020届本科毕业生就业流向按地区统计

单位地区	本科人数/人	比例/%	单位地区	本科人数/人	比例/%
浙江	1153	62.77	贵州	2	0.11
上海	166	9.04	山西	4	0.22
广东	131	7.13	辽宁	6	0.33
北京	74	4.03	吉林	3	0.16
江苏	38	2.07	西藏	19	1.03
四川	34	1.85	河北	6	0.33
山东	30	1.63	天津	6	0.33
湖北	23	1.25	新疆	14	0.76
福建	10	0.54	云南	9	0.49
安徽	10	0.54	黑龙江	6	0.33
湖南	7	0.38	宁夏	5	0.27
陕西	11	0.60	内蒙古	3	0.16
河南	15	0.82	海南	2	0.11
江西	14	0.76	甘肃	6	0.33
重庆	14	0.76	青海	1	0.05
广西	8	0.44			
总计	1830				

注:此数据不包含定向委培的毕业生。

研究生教育

【概况】 浙江大学是目前国内学科门类最齐全的综合性大学之一，可在哲学、经济学、法学、教育学、文学、历史学、理学、工学、农学、医学、管理学和艺术学等12个学科门类授予学术性学位。截至2020年12月31日，浙江大学拥有博士学位授权一级学科61个，硕士学位授权一级学科61个，博士专业学位类别11种，硕士专业学位类别35种。全校拥有14个一级学科国家重点学科、21个二级学科国家重点学科和10个国家重点(培育)学科，7个农业农村部重点学科，50个浙江省一流学科。截至2020年12月31日，各学科申请并获得研究生招生资格的教师共4867人，其中获博士生招生资格的教师有3250人；申请并获得专业学位硕士生招生资格的教师共3194人，其中获专业学位博士生招生资格的教师有1248人；副教授获得博士生招生资格的有617人。

2020年，浙江大学共计招收研究生12531人，其中全日制博士生3651人(含八年制医学本博连读生48人，西湖大学联培生191人，港澳台硕士生5人，留学生189人)；非全日制博士生159人；全日制硕士生7031人(含医学5+3一体化培养218人，港澳台硕士生40人，留学生315人)；非全日制硕士生1690人。2020年招收多学科交叉培养博士研究生106人。截至2020年12月31日，在校研究生总数37563人，其中博士研究生13835人(其中非全日制博士研究生350人)、硕士研究生23728人(其中非全日制硕士研究生5682人)。2020年博士研究生教育参加中期考核人数为2562人，其中不合格(含分流或退学)为37人；未参加考核245人。

2020年，毕业研究生7581人，其中博士毕业生1841人、硕士毕业生5740人；结业研究生210人，其中博士研究生结业114人、硕士研究生结业96人。其中，授予博士学位1941人(含以同等学力申请博士学位109人)，授予硕士学位7026人(含以同等学力申请硕士学位606人，在职攻读硕士专业学位691人)。

截至2020年12月31日，2020届参加就业硕士毕业生为5307人，其中就业人数为5176人(含境内升学432人；出国、出境留学148人；签就业协议形式就业4264人；签劳动合同形式就业228人；其他形式就业104人)，另有131人待就业，初次就业率达到97.53%。2020届参加就业博士毕业生为1728人，其中就业人数为1655人(含签就业协议形式就业1490人；签劳动合同形式就业109人；其他形式就业56人)，另有73人待就业，初次就业率达到95.78%。

2020年共计4691人次通过多种渠道参加对外交流项目，以参加线上国际学术会议、线上研究生暑期学校、线上研究生国际工作坊、线上短期学术交流等为主要形式。其中获得“国家建设高水平大学公派研究生项目”资助315人；鉴于新冠疫情防控形势严峻，学校鼓励进一步建立与疫情防控相适应的国际合作交流新模式，面向广大学生着力推进在地国际化。2020年“研究生国际暑期学校和研究生国际工作坊项目”“赴境外短期学术交流项目”调整为线上交流模式；“博士研究生学术新星培养计划项目”选拔60人。此外，推动签署了与多个国际知名高校的12项联合培养协议。3个项目获得国家留学基金管理委员会“创新型人才国际合作培养项目”资助。

2020年持续推进研究生优质课程建设，加大教育教学投入，提质研究生课程。按照教育部《高等学校课程思政建设指导纲要》精神全面推进课程思政建设，立项校级课程思政项目46项，评选校级研究生课程思政示范课程9项。持续推进线上线下教学改革，第二批校级研究生MOOC课程立项建设39门，3门课程获评浙江省教育厅2020年浙江省优秀研究生课程，28门课程获评立项建设课程。加强研究生教材建设，完成全国首届优秀研究生教材奖评选推荐，推荐5本教材申报，立项建设75个校级教材项目。完成在建优质课程项目中期考核，第三批整建制全英文项目13项、第二批研究生素养与能力培养型课程30项和三批15项通过中期考核。印发《浙江大学本科生研究生互通选课管理办法》（浙大发研〔2020〕31号），在2011年文件基础上规范了本研互通选课要求，明确互选课程学分认定规则。设立卓越教学岗，选聘教学经验丰富、教学能力强、教学业绩突出的教师，2020年选聘卓越教学A岗32位，B岗84位。核算2018—2019年教学奖励E津贴996万元。

2020年继续实施研究生院各职能部门负责人和各学院（系）党政班子成员听课制度，构建研究生院和学院（系）两级、教学相关职能部门、督导、学生多方参与的教学评估、反馈、跟踪机制。2020年继续实施争创优秀博士学位论文资助工作，根据《浙江大学争创优秀博士学位论文资助办法》（浙大发研〔2019〕93号），在本人申请、学院（系）审核的基础上，经学科、学部评审推荐，有93名博士生获得2020年浙江大学争创优秀博士学位论文资助，资助期限为一年。

【推进博士研究生招生机制改革】 落实《浙江大学博士研究生招生工作管理办法》修订工作，确保“申请—考核”招生选拔机制有章可循、有规可依，进一步明确博士生招生工作的指导思想，全面阐述了招生类型、组织管理、招生计划、招生简章、报名程序、考核标准、录取规则、公开公示、违规处理及监督机制等内容，确保博士研究生招生科学规范有序、公平公正公开；大力发展专业学位，坚持向国家重大专项、重大平台基地和高层次人才倾斜，在相关会聚计划、顶尖学科、多学科交叉研究和人才培养项目上做好布局；继续实施博士研究生招生计划弹性管理改革试点，新增科研经费博士专项招生计划190个；通过“统一思想、稳步推进”“规范博士资格考试，强化分流机制”“完善奖助体系，提高资助标准”等改革措施确保生源质量和培养质量，进一步将全日制学术学位研究生统筹招生贯通培养改革向纵深推进。

【多方位促进研究生培养质量提升】 为支持浙江大学教育事业的发展，余彭年慈善基金会设立“浙江大学教育基金会彭年教育基金”，每年设置20万元用于奖励在*Nature*、*Science*、*Cell*期刊发表论文（限Article、Review）的浙江大学学历教育在读研究生。自2020年6月项目启动以来，共计奖励论文5篇，奖励金额合计10万元。研究生课程教学全面启用线上质量评价，完善研究生教育管理信息系统，增设“研究生课程教学质量”网上评价环节与手机移动端线上评价功能，通过学生评价、督导评价、管理人员评价，课程进行中评价、课程结束后评价等多种方式构建研究生课程教学评价体系，提升课程教学质量。持续推进毕业研究生满意度调查工作，分析研究生对课程学习、培养过程、导师指导及管理服务等方面调查反馈的信息，建立信息采集、研究分析与工作改进的长效机制。

【稳步推进专业学位研究生教育改革】 服务国家重大战略需求，在国内率先成立专业学位处，统筹专业学位研究生教育综合改革，构建高水平产教融合的人才培养体系。成立电子信息、机械、材料与化工、资源与环境、能源动力、土木水利、生物与医药、交通运输工程八大类专业学位评定委员会。重新制定了2020级工程类专业学位研究生培养方案，加强大类课程和实践环节管理，细化学位出口标准，试点“项目制”招生培养改革项目。2020年3月首次评审立项5个工程专业学位研究生卓越培养项目，列入2021年研究生招生专业目录。2020年11月，国务院教育督导委员会办公室开展全国首次专业学位水平评估，我校共有18个专业学位类别(领域)参评。

（吴　可撰稿　夏群科审稿）

【附录】

附录1　浙江大学2020年博士、硕士学位授权学科

学科门类	学科名称	授权级别
哲学	哲学	博士学位授权一级学科
经济学	理论经济学	博士学位授权一级学科
	应用经济学	博士学位授权一级学科
法学	法学	博士学位授权一级学科
	社会学	博士学位授权一级学科
	马克思主义理论	博士学位授权一级学科
教育学	教育学	博士学位授权一级学科
	心理学	博士学位授权一级学科
	体育学	博士学位授权一级学科
文学	中国语言文学	博士学位授权一级学科
	外国语言文学	博士学位授权一级学科
	新闻传播学	博士学位授权一级学科
历史学	考古学	博士学位授权一级学科
	中国史	博士学位授权一级学科
	世界史	博士学位授权一级学科
理学	数学	博士学位授权一级学科
	物理学	博士学位授权一级学科

续表

学科门类	学科名称	授权级别
理学	化学	博士学位授权一级学科
	地质学	博士学位授权一级学科
	生物学	博士学位授权一级学科
	生态学	博士学位授权一级学科
工学	力学	博士学位授权一级学科
	机械工程	博士学位授权一级学科
	光学工程	博士学位授权一级学科
	材料科学与工程	博士学位授权一级学科
	动力工程及工程热物理	博士学位授权一级学科
	电气工程	博士学位授权一级学科
	电子科学与技术	博士学位授权一级学科
	信息与通信工程	博士学位授权一级学科
	控制科学与工程	博士学位授权一级学科
	计算机科学与技术	博士学位授权一级学科
	建筑学	博士学位授权一级学科
	土木工程	博士学位授权一级学科
	化学工程与技术	博士学位授权一级学科
	航空宇航科学与技术	博士学位授权一级学科
	农业工程	博士学位授权一级学科
	环境科学与工程	博士学位授权一级学科
	生物医学工程	博士学位授权一级学科
	食品科学与工程	博士学位授权一级学科
	软件工程	博士学位授权一级学科
	网络空间安全	博士学位授权一级学科
	人工智能	博士学位授权交叉学科
	海洋技术与工程	博士学位授权交叉学科
农学	作物学	博士学位授权一级学科
	园艺学	博士学位授权一级学科

续表

学科门类	学科名称	授权级别
农学	农业资源与环境	博士学位授权一级学科
	植物保护	博士学位授权一级学科
	畜牧学	博士学位授权一级学科
	兽医学	博士学位授权一级学科
医学	基础医学	博士学位授权一级学科
	临床医学	博士学位授权一级学科
	口腔医学	博士学位授权一级学科
	公共卫生与预防医学	博士学位授权一级学科
	药学	博士学位授权一级学科
	护理学	博士学位授权一级学科
管理学	管理科学与工程	博士学位授权一级学科
	工商管理	博士学位授权一级学科
	农林经济管理	博士学位授权一级学科
	公共管理	博士学位授权一级学科
艺术学	艺术学理论	博士学位授权一级学科
	设计学	博士学位授权一级学科
	人工智能	博士学位授权交叉学科
	海洋技术与工程	博士学位授权交叉学科

附录 2　浙江大学 2020 年博士、硕士专业学位授权点

序号	代码	专业学位类别名称	授权级别
1	0451	教育	博士
2	0854	电子信息	博士
3	0855	机械	博士
4	0856	材料与化工	博士
5	0857	资源与环境	博士
6	0858	能源动力	博士
7	0859	土木水利	博士

续表

序号	代码	专业学位类别名称	授权级别
8	0860	生物与医药	博士
9	0861	交通运输	博士
10	1051	临床医学	博士
11	1052	口腔医学	博士
12	0251	金融	硕士
13	0253	税务	硕士
14	0254	国际商务	硕士
15	0351	法律	硕士
16	0352	社会工作	硕士
17	0451	教育	硕士
18	0452	体育(2021 级已停招)	硕士
19	0453	汉语国际教育	硕士
20	0454	应用心理	硕士
21	0551	翻译(2021 级已停招)	硕士
22	0552	新闻与传播	硕士
23	0651	文物与博物馆	硕士
24	0851	建筑学	硕士
25	0853	城市规划	硕士
26	0854	电子信息	硕士
27	0855	机械	硕士
28	0856	材料与化工	硕士
29	0857	资源与环境	硕士
30	0858	能源动力	硕士
31	0859	土木水利	硕士
32	0860	生物与医药	硕士
33	0861	交通运输	硕士

续表

序号	代码	专业学位类别名称	授权级别
34	0951	农业	硕士
35	0952	兽医	硕士
36	0953	风景园林	硕士
37	1051	临床医学	硕士
38	1052	口腔医学	硕士
39	1053	公共卫生	硕士
40	1054	护理	硕士
41	1055	药学	硕士
42	1251	工商管理	硕士
43	1252	公共管理	硕士
44	1253	会计	硕士
45	1256	工程管理	硕士
46	1351	艺术	硕士

附录 3　2020 年浙江大学在岗博士生指导导师

一级学科	二级学科名称	导师姓名
哲　学	马克思主义哲学 中国哲学 外国哲学 逻辑学 伦理学 美学 宗教学 科学技术哲学 休闲学	白惠仁　包利民　曾劭恺　陈　强　陈亚军 陈越骅　丛杭青　董　平　范　昀　高　洁 何欢欢　何善蒙　胡志毅　黄华新　金　立 孔令宏　李恒威　廖备水　林志猛　刘　东 刘慧梅　楼　巍　马迎辉　倪梁康　潘立勇 彭国翔　盛晓明　苏振华　王建刚　王　杰 王　俊　王礼平　王志成　王　婧　王　轶 肖　剑　徐慈华　徐向东　徐　岱　杨大春 章雪富　Davide Fassio　Kristjan Laasik

续表

一级学科	二级学科名称	导师姓名
理论经济学	政治经济学 经济思想史 经济史 西方经济学 世界经济 人口、资源与环境经济学	曹正汉 陈　凌 陈叶烽 陈勇民 董雪兵 杜立民 方红生 顾国达 黄先海 金祥荣 金雪军 柯荣住 陆　菁 罗德明 罗卫东 马述忠 潘士远 沈满洪* 史晋川 汪　炜 王汝渠* 王维安 王义中 王志坚 杨高举 叶　兵 叶建亮 张文章 张自斌 郑备军 朱希伟 朱燕建
应用经济学	区域经济学 财政学 金融学 产业经济学 国际贸易学 劳动经济学 统计学 互联网金融学	巴曙松* 曾　涛 陈菲琼 陈勇民 戴志敏 董雪兵 杜立民 方红生 高淑琴 葛　赢 龚　勋 顾国达 郭继强 洪　鑫 黄先海 黄　英 蒋岳祥 金祥荣 金雪军 李建琴 李金珊 李　培 李新刚 陆　菁 罗德明 骆兴国 马述忠 钱　滔 钱雪亚 石敏俊 史晋川 宋华盛 汪　炜 王维安 王义中 王志凯 熊艳艳 许　奇 杨　华* 杨柳勇 姚先国 易艳萍 余林徽 俞　彬 张川川 张海峰 张俊森* 张小茜 张自斌 周　戈 周默涵 朱柏铭 朱希伟 朱燕建 Lee Tae-woo
法　学	法学理论 宪法学与行政法学 刑法学 民商法学 诉讼法学 经济法学 国际法学 中国法 海洋法学 司法文明	毕　莹 陈信勇 陈长文* 范良聪 葛洪义 巩　固 何怀文 何香柏 胡建淼 胡敏洁 胡　铭 黄　韬 霍海红 贾　宇* 焦宝乾 金彭年 金伟峰 李永明 李有星 梁治平* 刘铁铮* 钱弘道 苏永钦 王　超 王冠玺 王贵国 王敏远 王泽鉴* 魏　斌 翁晓斌 夏立安 叶良芳 余　军 张　谷 张文显 章剑生 赵　骏 郑春燕 周　翠 周江洪 朱新力

续表

<table>
<tr><th>一级学科</th><th>二级学科名称</th><th>导师姓名</th></tr>
<tr><td>社会学</td><td>人口学</td><td>曹　洋　曹正汉　戴良灏　范晓光　耿　曙
贺巧玲　菅志翔　郎友兴　郦　菁　李昂然
梁永佳*　刘朝晖　刘　珍　罗梦莎　马　戎*
毛　丹　钱力成　孙艳菲　吴桐雨　尤怡文
余逊达　张国清　赵鼎新*　周陆洋　周沐君
朱天飚　Kurtulus Gemici　Jaap Nieuwenhuis
Philipp Demgenski</td></tr>
<tr><td rowspan="7">马克思主义理论</td><td>马克思主义基本原理</td><td rowspan="7">包大为　成　龙　程早霞　代玉启　丁堡骏
段治文　冯　刚*　韩庆祥*　黄　铭　刘同舫
刘召峰　马建青　牟成文　潘恩荣　庞　虎
任少波　王永昌*　张　盾　张　彦</td></tr>
<tr><td>马克思主义发展史</td></tr>
<tr><td>马克思主义中国化研究</td></tr>
<tr><td>国外马克思主义研究</td></tr>
<tr><td>思想政治教育</td></tr>
<tr><td>中国近现代史基本问题研究</td></tr>
<tr><td>党的建设</td></tr>
<tr><td rowspan="10">教育学</td><td>教育学原理</td><td rowspan="10">陈娟娟　翟雪松　耿凤基　顾建民　韩双淼
黄亚婷　李木洲　阚　阅　李　艳　刘　超
刘海峰　刘正伟　欧阳璠　商丽浩　宋永华
眭依凡　孙元涛　王莉华　王树涛　魏贤超
吴寒天　吴雪萍　肖龙海　徐小洲*　叶映华
张应强　赵　康　Lorraine Pe Symaco</td></tr>
<tr><td>课程与教学论</td></tr>
<tr><td>教育史</td></tr>
<tr><td>比较教育学</td></tr>
<tr><td>学前教育学</td></tr>
<tr><td>高等教育学</td></tr>
<tr><td>成人教育学</td></tr>
<tr><td>职业技术教育学</td></tr>
<tr><td>特殊教育学</td></tr>
<tr><td>教育技术学</td></tr>
<tr><td rowspan="3">心理学</td><td>基础心理学</td><td rowspan="3">蔡永春　陈　辉　陈善广*　陈树林　陈小丽
戴俊毅　高晓卿　高在峰　龚梦圆　何贵兵
何　洁　胡玉正　孔祥祯　李　峙　李　纾*
卢舍那　吕　韵　麻生明　马剑虹　毛　明*
聂爱情　钱秀莹　沈模卫　唐孝威　王伟(医)
王英英　王重鸣　卫　微　吴昌旭*　徐　杰
张　萌　张　宁　张　琼　张智君　钟建安
周吉帆　周　宵　周欣悦</td></tr>
<tr><td>发展与教育心理学</td></tr>
<tr><td>应用心理学</td></tr>
</table>

续表

一级学科	二级学科名称	导师姓名
体育学	体育人文社会学	高 莹　胡 亮　黄 聪　林小美　彭玉鑫 邱亚君　司 琦　王 健　温 煦　于 洁 张 辉　郑 芳　周丽君　邹 昱
	体育教育训练学	
中国语言文学	文艺学	陈 洁　陈玉洁　池昌海　董 平　方一新 冯国栋　傅 杰　关长龙　胡可先　黄华新 黄 擎　贾海生　金 进　李乃琦　李旭平 李咏吟　梁 慧　林晓光　刘海涛　龙瑜宬 楼含松　罗天华　盘 剑　彭利贞　史文磊 苏宏斌　孙敏强　陶 然　汪超红　汪维辉 王德华　王小潞　王 勇　王云路　吴 笛 吴秀明　吴义诚　咸晓婷　徐永明　许建平 许志强　姚晓雷　叶 晔　于 文　张广海 张文冠　张涌泉　真大成　周明初　周启超 朱首献　庄初升　邹广胜　祖 慧
	语言学及应用语言学	
	汉语言文字学	
	中国古典文献学	
	中国古代文学	
	中国现当代文学	
	中国少数民族语言文学	
	比较文学与世界文学	
外国语言文学	英语语言文学	陈新宇　程 工　程 乐　董燕萍　方 凡 高 奋　郭国良　郝田虎　何辉斌　何莲珍 胡 洁　胡文海　蒋景阳　乐 明　李 媛 梁君英　刘海涛　马博森　聂珍钊　宋晨晨 隋红升　孙培健　孙艳萍　汪运起　王 永 吴义诚　许 钧　杨革新　张 炼　赵 佳 庄 玮　David Machin　Esther Pascual Gwen Bouvier　Matthew Reeve Timothy John Osborne　Will Greenshields
	俄语语言文学	
	德语语言文学	
	外国语言学及应用语言学	
新闻传播学	新闻学	陈宏亮　丁方舟　杜骏飞　范志忠　高芳芳 洪 宇　胡晓云　黄 旦　黄广生　黄 清 纪盈如　金行征　李东晓　李红涛　李 杰 李思悦　林 玮　刘于思　陆建平　罗 婷 苏振华　王可欣　王 婧　韦 路　吴 飞 吴 赟　徐群晖　章 宏　张 勇　张 婵 赵 瑜　赵瑜佩　周睿鸣
	传播学	
	文化产业化	
	电视电影与视听传播学	
考古学	考古学及博物馆学	安 婷　白谦慎　陈 虹　单霁翔*　刁常宇 傅 翼　郭 怡　胡瑜兰　刘 斌　吴小平 项隆元　严建强　张 晖　张颖岚　郑 霞
中国史	中国古代史	陈红民　杜正贞　冯培红　梁敬明　刘进宝 陆敏珍　罗 帅　桑 兵　孙竞昊　孙英刚 吴艳红　吴铮强　肖如平　杨雨蕾　尤淑君 张 凯　赵晓红
	中国近现代史	

浙江大学年鉴

续表

一级学科	二级学科名称	导师姓名
世界史	世界史	陈　新　董小燕　乐启良　李　娜　刘国柱　刘　寅　吕一民　沈　坚　汤晓燕　王海燕　吴　彦　张　弛　张　杨
数　学	基础数学 计算数学 概率论与数理统计 应用数学 运筹学与控制论	包　刚　蔡天新　陈　豪*　陈　明*　程晓良　董　浙　冯　涛　高　帆　胡贤良　黄正达　蒋杭进　孔德兴　赖　俊　李　冲　李　方　李奇睿　李　松　励建书　林俊宏　林　智　刘东文　刘　刚*　刘康生　刘克峰*　卢涤明　鲁汪涛　罗　锋*　骆　威　庞天晓　齐　治　丘成栋*　丘成桐*　阮火军　阮勇斌　邵启满*　盛为民　苏中根　孙斌勇　谈之奕　王成波　王　梦　王　伟　王　伟(理)　王晓光　吴庆标　吴志祥　武俊德　席亚昆　徐　浩　徐　翔　许洪伟　杨海涛　叶和溪　尹永成　张国川　张立新　张　朋　张庆海　张荣茂　张　挺　张　奕　赵永强*　郑方阳　仲杏慧　部传厚　蔺宏伟　Andre Python
物理学	理论物理 粒子物理与原子核物理 原子与分子物理 等离子物理 凝聚态物理 声学 光学 无线电物理	曹光旱　曹新伍　陈飞燕　陈启瑾　陈庆虎　陈一新　陈　骝　仇志勇　渡边元太郎　方明虎　冯　波　傅国勇　何丕模　黄凯凯　金洪英　景　俊　康　熙　李海洋　李宏年　李敬源　李有泉　刘倍贝　刘　洋　刘　钊　鲁定辉　路　欣　陆赟豪　陆璇辉　吕丽花　罗孟波　罗民兴　马志为　马志为　宁凡龙　潘佰良　阮智超　沙　健　盛正卯　石　锐　宋　斌　宋　宇　谭明秋　唐孝威　万　歆　汪　玲　王大伟　王浩华　王　凯　王立刚　王晓光　王业伍　王逸璞　王兆英　王宗利　王　淼　吴　栋　吴惠桢　吴建澜　武慧春　肖　湧　肖维文　肖　朦　谢燕武　许晶波　许祝安　颜　波　杨李林　杨兆举　叶高翔　尹　艺　应和平　应　磊　游建强　袁辉球　袁　野　章林溪　张德龙　张　宏　张剑波　张俊香　赵道木　赵思瀚　赵学安　郑　波　郑大昉　郑　毅　周如鸿　周　毅　朱国怀　朱华星　朱诗尧　Lim Lih King　Michael Smidman　Penkov Oleksiy*　Stefan Kirchner

浙江大学年鉴

续表

一级学科	二级学科名称	导师姓名
化　学	无机化学 分析化学 有机化学 物理化学 高分子化学与物理	陈红征　陈万芝　陈卫祥　单　冰　丁寒锋 杜滨阳　范　杰　方　群　方文军　冯建东 傅春玲　傅智盛　高　超　高长有　郭永胜 洪　鑫　侯昭胤　胡吉明　黄飞鹤　黄建国 黄　晶　黄小军　黄志真　季鹏飞　计　剑 金一政　孔学谦　李昌治　李寒莹　李　昊 李浩然　李　伟　李　扬　林贤福　林旭锋 凌　君　刘建钊　刘邵明　刘志常　陆　展 吕久安　吕　萍　麻生明　马　成　孟祥举 倪旭峰　潘慧霖　潘远江　彭笑刚　邱化玉* 邱利焱　任广禹　商志才　邵海波　施敏敏 史炳锋　苏　彬　孙景志　汤谷平　唐睿康 万灵书　王　本　王从敏　王建辉　王建明 王　立　王林军　王　敏　王　鹏　王　齐 王彦广　王　勇　王　琦　吴传德　吴　刚 吴　健　吴　军　吴　起　吴庆银　吴　韬 伍广朋　西蒙杜特怀勒　肖丰收　徐君庭 徐利文*　徐旭荣　徐志康　许宜铭　许　震 张其胜　张　涛　张兴宏　张玉红　张　昭 郑　剑　郑　强　周仁贤　朱宝库　朱海明 朱利平　朱龙观　朱蔚璞　朱　岩　邹建卫* 邬建敏　Kenji Mochizuki　Shao Fangwei
地质学	矿物学、岩石学、矿床学 地球化学 古生物学与地层学(含古人类学) 构造地质学 第四纪地质学 海洋资源与环境 资源环境与区域规划 资源勘查与地球物理 遥感与地理信息系统	鲍学伟　毕　磊　曹　龙　陈汉林　陈宁华 陈生昌　陈阳康　陈云枫　程晓敢　初凤友* 戴金星*　翟明国　丁巍伟　杜震洪　龚俊峰 韩喜球　何　丁　贾承造*　贾晓静　金平斌 金翔龙*　李家彪*　李卫军　李小凡　李正祥* 励音骐　林秀斌　林　舟　刘丹彤　刘　佳 刘仁义　龙江平*　楼章华　毛志华　潘德炉* 饶　灿　饶　刚　阮爱国*　沈晓华　沈忠悦 石许华　孙永革　陶春辉　田　钢　汪　新 王　琛　吴　磊　吴仁广　夏江海　夏群科 肖安成　徐义贤　杨经绥　杨树锋　杨文采 杨小平　杨　燕　张宝华　张德国　张　丰 张　舟　章凤奇　章孝灿　邹乐君

续表

一级学科	二级学科名称	导师姓名
生物学	植物学 动物学 生理学 水生生物学 微生物学 神经生物学 遗传学 发育生物学 细胞生物学 生物化学与分子生物学 生物物理学 生物信息学	白戈　白瑞良　包爱民　包劲松　曹劲 常杰　陈宝惠　陈才勇　陈岗　陈家东 陈静海　陈军　陈铭　陈伟　陈祥军 陈晓冬　陈欣　陈新　陈学群　陈烨 程磊　崔一卉　丁平　丁忠杰　杜艺岭 段树民　樊龙江　范衡宇　方东　方马荣 方盛国　方卫国　冯明光　冯新华　冯友军 冯宇雄　冯晔　冯钰　傅承新　甘霖 高海春　高利霞　高志华　戈万忠　龚哲峰 龚薇　古莹　管坤良　管敏鑫　管文军 郭方　郭江涛　郭伟　郭行　韩家淮* 韩佩东　何向伟　洪丽兰　洪智　胡海岚 胡薇薇　华跃进　黄海　黄俊　黄力全 姬峻芳　纪俊峰　江辉　蒋超　蒋明 蒋萍萍　金建平　金勇丰　靳津　康利军 柯越海　赖欣怡　赖蒽茵　李飞　李磊 李明定　李相尧　李晓明　李笑雨　李新建 李学坤　李永泉　李月舟　李正和　梁洪青 林爱福　林盛达　林世贤　林伟强　刘建祥 刘鹏渊　刘伟　刘婷　刘琬璐　卢建平 鲁林荣　陆华松　陆林宇　陆燕　吕镇梅 吕志民　罗驰　罗建红　罗琛　骆严 马欢　马骏　马为锐　毛传澡　毛旭明 莫肖蓉　牟颖　牛田野　潘冬立　裴真明 彭金荣　钱俊斌　钱鹏旭　邱猛生　邱爽 邱英雄　任艾明　茹衡　邵建忠　沈承勇 沈立　沈啸　沈逸　沈颖　史鹏 寿惠霞　舒强　舒小丽　宋海　宋海卫 宋瑞生　宋雪梅　孙秉贵　孙洁　孙启明 孙毅　唐修文　田兵　万伟　汪方炜 汪海燕　汪浩　汪洌　王本　王超尘 王福俤　王国珍　王建莉　王朗　王立铭 王良　王青青　王书崎　王伟　王晓东 王晓健　王绪化　王志萍　王智烨　吴殿星 吴建祥　吴梦瑞　吴敏　吴息凤　吴忠长 夏宏光　夏鹏　项春生　肖睦　谢安勇 邢磊*　徐飞　徐海明　徐娟　徐鹏飞 徐平龙　徐贞仲　徐晗　许大千　许均瑜 许正平　许志宏　严庆丰　杨兵　杨帆 杨建立　杨万喜　杨巍　杨卫军　杨小杭 杨月红　杨隽　叶存奇　叶升　易聪 易文　应盛华　于明坚　虞燕琴　余超 余路阳　余雄杰　余奕　俞晓敏　章京 章晓波　张丹丹　张进　张亮生　张龙 张普民　张强　张舒群　张小康　张孝通 张兴　张岩　张倩婷　赵斌　赵晓波 赵永超　赵宇华　赵云鹏　赵烨　郑莉灵 郑绍建　周继勇　周杰　周明　周耐明 周青　周如鸿　周天华　周雪平　周艳 周以侹　周琦　周煜东　朱依敏　朱永群 祝赛勇　卓巍　邹炜　佟超 Anna wang Roe　Chan Kuan Yoow Chew Ting Gang　Daniel Henry Scharf Dante Neculai　Hisashi Tanigawa James Whelan*　Mikael Bjorklund Sebastian Leptihn　Stijn van der Veen Toru Takahata　Xin Xie

续表

一级学科	二级学科名称	导师姓名
生态学	生态学	常　杰　陈才勇　陈　军　陈　铨　陈伟乐 陈　欣　程　磊　丁　平　方盛国　冯明光 高海春　葛　滢　江　昆　金勇丰　梁　爽 吕镇梅　毛传澡　齐艳华　邱英雄　王根轩 杨建立　杨卫军　应盛华　于明坚　张舒群 章晓波　周　琦
力　学	一般力学与力学基础	边　鑫　陈　彬　陈伟芳　陈伟球　崔佳欢 崔　涛　邓　见　邓茂林　干　淏　高　扬 高　琪　郭　宇　胡国庆　宦荣华　黄永刚 黄志龙　季葆华　贾　铮　金晗辉　金肖玲 库晓珂　李德昌　李铁风　李学进　林建忠 罗佳奇　孟　华　潘定一　钱　劲　曲绍兴 邵雪明　宋吉舟　陶伟明　王高峰　王宏涛 王惠明　王　杰　王　泉　王　永　吴　禹 夏振华　肖　锐　谢芳芳　熊红兵　修　鹏 徐　彦　杨　卫　叶青青　尹冰轮　应祖光 余钊圣　张春利　张凌新　张　帅　赵　沛 郑　耀　周昊飞　朱林利　朱书泽　庄国志
	固体力学	
	流体力学	
	工程力学	
机械工程	机械制造及其自动化	曹衍龙　曹彦鹏　陈　剑　陈文华　陈远流 陈章位　程　锦　董辉跃　方　强　冯毅雄 傅建中　傅　新　甘春标　龚国芳　韩　冬 何　闻　贺　永　胡　亮　胡伟飞　纪杨建 蒋君侠　金　波　居冰峰　柯映林　雷　勇 黎　鑫　李德骏　李基拓　李江雄　林勇刚 刘　涛　刘振宇　刘震涛　陆国栋　梅德庆 欧阳小平　阮晓东　宋小文　谭建荣 唐任仲　陶国良　陶　凯　童水光　童哲铭 汪久根　王柏村　王　峰　王林翔　王　青 王庆丰　王宣银　王义强*　魏建华　魏燕定 吴世军　谢海波　谢　金　徐　兵　徐敬华 徐凯臣　杨灿军　杨　赓　杨华勇　杨将新 杨量景　杨克己　杨世锡　姚　斌　于　俊 余忠华　俞小莉　张军辉　张树有　赵　朋 周　华　朱世强　朱伟东　邹　俊　邬义杰 Kok-Meng Lee*
	机械电子工程	
	机械设计及理论	
	车辆工程	
	工业工程	
	海洋工程	

续表

一级学科	二级学科名称	导师姓名
光学工程	光通信技术 信息传感及仪器	白 剑 车双良 陈杏藩 戴道锌 狄大卫 丁志华 方 伟 冯华君 高士明 郭 欣 郝 翔 何建军 何赛灵 胡慧珠 胡 骏 黄腾超 金 毅 匡翠方 李海峰 李 欢 李林军 李 鹏 李 强 李晓彤 林 斌 刘 承 刘 崇 刘 东 刘华锋 刘 柳 刘 旭 刘雪明 刘智毅 罗 明 马耀光 马云贵 钱 骏 邱建荣 沈建其 沈伟东 沈亦兵 沈永行 时尧成 舒晓武 斯 科 唐龙华 童利民 汪凯巍 王立强 王 攀 吴 波 吴 兰 吴仍茂 吴兴坤 徐海松 徐之海 许贝贝 严惠民 杨 柳 杨 青 杨 旸 叶 辉 余飞鸿 俞泽杰 张彩妮 张 磊 张紫阳* 赵宝丹 郑臻荣 佘小健 Ribierre Jeancharles Rui Q. Yang*
材料科学与工程	材料物理与化学 材料学 材料加工工程 高分子材料	暴宁钟* 曹庆平 陈邦林* 陈红征 陈立新 陈湘明 陈长安* 陈宗平 程继鹏 程 逵 崔元靖 邓人仁 杜滨阳 杜 淼 杜 宁 樊先平 范修林 方彦俊 方征平* 付晨光 高 超 高明霞 高长有 谷长栋 郭兴忠 韩高荣 韩伟强 何海平 洪樟连 洪子健 黄富强* 黄靖云 黄 宁 计 剑 姜 宏* 姜银珠 蒋建中 蒋利军* 金传洪 金 桥 李 斌 李昌治 李东升 李寒莹 李吉学 李 雷 李 翔 凌国平 凌 君 刘宾虹 刘嘉斌 刘建钊 刘小峰 刘小强 刘 毅 刘永锋 刘 涌 罗仲宽* 罗文华* 吕建国 马 列 马向阳 毛传斌 毛峥伟 潘洪革 潘新花 彭华新 彭 懋 彭新生 皮孝东 钱国栋 乔旭升 秦发祥 任科峰 任召辉 上官勇刚 申乾宏 施敏敏 宋义虎 孙景志 孙 威 孙文平 唐本忠* 田 鹤 仝维鋆 涂江平 万灵书 王慧明 王江伟 王文新 王小祥 王晓东 王新华 王秀丽 王 勇 王幽香 王征科 王智宇 王宗荣 韦 华 魏 晓 翁文剑 吴 琛 吴 刚 吴浩斌 吴进明 吴勇军 吴子良 伍广朋 夏新辉 肖学章 谢 健 徐 刚 徐君庭 徐志康 严 密 杨德仁 杨杭生 杨 辉 杨士宽 杨 雨 叶志镇 余 倩 余学功 张 辉 张 鹏 张启龙 张溪文 张兴宏 张 泽 赵高凌 赵新宝 赵新兵 赵 毅 郑 强 支明佳 朱宝库 朱丽萍 朱利平 朱铁军 朱蔚璞 朱晓莉 朱 旸 左立见 左 敏 Bei Hongbin

续表

一级学科	二级学科名称	导师姓名
动力工程及工程热物理	工程热物理 热能工程 动力机械及工程 流体机械及工程 制冷及低温工程 化工过程机械 能源环境工程 新能源科学与工程	薄　拯　陈　东　陈光明　陈玲红　陈志平 成少安　程　军　程乐鸣　池　涌　樊建人 范利武　方梦祥　甘智华　高　翔　顾大钊* 韩晓红　何　勇　洪伟荣　黄群星　黄钰期 江　龙　蒋旭光　金　涛　金　滔　金志江 李　蔚　李文英*　李晓东　林青阳　刘宝庆 刘洪来*　刘建忠　刘金龙　刘　科*　刘震涛 陆胜勇　罗　坤　骆仲泱　马增益　欧阳晓平 邱利民　施建峰　史绍平*　孙大明　王　飞 王海阔　王海鸥　王　凯　王凯歌　王　勤 王勤辉　王树荣　王　涛　王伟烈　王秀瑜 王智化　吴大转　吴　锋　吴学成　吴迎春 肖　刚　肖天存*　徐象国　许世森*　许忠斌 宣海军　严建华　杨　健　杨卫娟　姚栋伟 姚　强*　叶笃毅　余春江　俞小莉　俞自涛 张凌新　张　霄　张小斌　张学军　张彦威 张玉卓*　赵　阳　赵永志　郑成航　郑传祥 郑津洋　郑梦莲　郑水英　郑　旭　植晓琴 周劲松　周俊虎　周志军　周　昊　朱祖超* Yi Qiu
电气工程	电机与电器 电力系统及其自动化 高电压与绝缘技术 电力电子与电力传动 电工理论与新技术 电气信息技术	陈国柱　陈恒林　陈　敏　陈　敏　陈向荣 邓　焰　丁　一　董树锋　方攸同　福义涛 甘德强　耿光超　郭创新　郭吉丰　韩祯祥 何奔腾　何湘宁　胡斯登　黄　进　黄晓艳 冀晓宇　江道灼　江全元　金孟加　鞠　平 兰东辰　李超勇　李楚杉　李武华　李知艺 厉小润　林振智　卢琴芬　吕征宇　罗皓泽 马吉恩　马　皓　马伟明*　年　珩　彭勇刚 齐冬莲　沈建新　盛　况　石健将　史婷娜 宋永华　孙　丹　万　灿　汪　涛　汪　震 王慧芳　王云冲　韦　巍　文福拴　吴立建 吴新科　夏长亮　项　基　辛焕海　徐德鸿 徐　政　许　力　颜钢锋　阎　彦　杨　欢 杨家强　杨　强　杨仕友　杨　树　杨永恒 姚缨英　于　淼　张军明　张森林　张　欣 赵荣祥　郑荣濠　郑太英　钟文兴　周　浩 诸自强*　祝长生　Philip T. Krein Rajashekara，Kaushik

续表

<table>
<tr><th>一级学科</th><th>二级学科名称</th><th>导师姓名</th></tr>
<tr><td rowspan="4">电子科学与技术</td><td>物理电子学</td><td rowspan="4">曹臻 车录锋 陈冰 陈红胜 陈文超
程志渊 储涛 丁勇 董树荣 杜阳
高飞 高翔 何乐年 何赛灵 胡欢
皇甫江涛 黄科杰 吉晨 金潮渊
金浩 金建铭 金韬 金小军 金晓峰
金心宇 金仲和 李尔平 李凯 李兰娟
李鹰 李宇波 林宏焘 林时胜 林晓
刘旸 刘峰 罗宇轩 骆季奎 马慧莲
蒙涛 潘赟 钱浩亮 冉立新 沙威
沈海斌 沈会良 沈继忠 史治国 宋爽
谭年熊 谭述润 谭志超 汪涛 汪小知
王爱丽 王浩刚 王华萍 王慧泉 王作佳
魏兴昌 魏准 吴昌聚 吴汉明 吴锡东
夏永祥 熊晓燕 徐建 徐明生 徐杨
杨冬晓 杨建义 杨宗银 杨怡豪 叶德信
叶志 尹文言 尹勋钊 应迪清 虞小鹏
余辉 余显斌 俞滨 郁发新 詹启伟
章献民 张明 张培勇 张睿 赵博
赵亮 赵梦恋 赵毅 赵昱达 郑斌
郑史烈 周成伟 周柯江 卓成
Lee Choonghyun</td></tr>
<tr><td>电路与系统</td></tr>
<tr><td>微电子学与固体电子学</td></tr>
<tr><td>电磁场与微波技术</td></tr>
<tr><td rowspan="4">信息与通信工程</td><td>通信与信息系统</td><td rowspan="4">蔡云龙 陈惠芳 陈晓明 单杭冠 龚小谨
宫先仪* 胡冰 胡浩基 黄崇文 李旻
李春光 李建龙 李英明 刘安 刘而云
刘鹏 刘亚波 刘英 潘翔 王匡
王玮 项志宇 徐文 杨建华 杨倩倩
于慧敏 虞露 余官定 张朝阳 张宏纲
张明 张仲非 赵航芳 赵民建 钟财军
Mark David Butala</td></tr>
<tr><td>信号与信息处理</td></tr>
<tr><td>海洋信息科学与工程</td></tr>
<tr><td>飞行器测量信息工程</td></tr>
</table>

续表

<table>
<tr><th>一级学科</th><th>二级学科名称</th><th>导师姓名</th></tr>
<tr><td rowspan="5">控制科学与工程</td><td>控制理论与控制工程</td><td rowspan="5">曹云琦 陈积明 陈剑 陈征 陈曦
程鹏 戴连奎 邓瑞龙 冯冬芹 葛志强
贺诗波 侯迪波 胡瑞芬 黄志尧 冀晓宇
李超勇 李光 厉小润 梁军 刘妹琴
刘兴高 刘勇 刘之涛 卢建刚 陆豪健
毛维杰 孟文超 牟颖 倪东 潘宇
彭勇刚 齐冬莲 任沁源 邵之江 沈学民
宋春跃 宋开臣 宋执环 苏宏业 孙铭阳
孙优贤 王保良 王竟亦 王宁 王西
王越 王智 韦巍 吴均峰 吴俊
吴维敏 吴争光 项基 谢磊 熊蓉
徐金明 徐文渊 徐正国 徐祖华 许超
许力 颜钢锋 颜文俊 杨春节 杨建华
杨强 杨秦敏 叶琦 于淼 张光新
张宏建 张森林 张涛 张宇 张育林
赵春晖 郑荣濠 周建光 Biao Huang
King Yeung YAU</td></tr>
<tr><td>检测技术与自动化装置</td></tr>
<tr><td>系统工程</td></tr>
<tr><td>模式识别与智能系统</td></tr>
<tr><td>导航、制导与控制</td></tr>
<tr><td rowspan="4">计算机科学与技术</td><td>计算机系统结构</td><td rowspan="4">巴中杰 鲍虎军 卜佳俊 蔡登 蔡亮
蔡铭 柴春雷 常瑞 陈纯 陈刚
陈华钧 陈建军 陈岭 陈为 陈文智
陈延伟* 陈彦光* 陈焰* 陈左宁* 陈璐
崔兆鹏 邓水光 董玮 冯结青 高曙明
高艺 高云君 耿卫东 韩劲松 何钦铭
何水兵 何田 何晓飞 侯启明 黄非
黄劲 纪守领 贾扬青 江大伟
金小刚(CAD) 李明 李飞飞* 李纪为
李善平 李石坚 李玺 廖备水 廖子承
林峰 林海 林兰芬 刘海风 刘建
刘金飞 刘新国 刘玉生 鲁东明 陆全
陆哲明 罗仕鉴 苗晓晔 潘纲 潘云鹤
潘之杰 蒲宇* 钱徽 钱沄涛 秦湛
任重 邵天甲 申文博 沈荣骏* 寿黎但
宋广华 宋明黎 孙建伶 孙凌云 孙守迁
孙贤和* 谭平 汤斯亮 汤永川 唐华锦
唐敏 童若锋 王灿 王锐 王新宇
王跃明 王跃宣 王则可 王志宇 文武
巫英才 吴超 吴朝晖 吴春明 吴飞
吴鸿智 吴健 伍赛 项阳* 肖俊
徐仁军 许端清 许海涛 许威威 严锡峰
杨建华 杨双华 杨洋 杨易 杨子淇
姚林 尹建伟 应放天 应晶 于金辉
俞益洲 郁发新 章国锋 章敏 张秉晟
张东亮 张东祥 张帆 张国川 张克俊
张磊* 张鹿鸣 张三元 张寅 张岳*
赵俊博 赵洲 郑扣根 郑能干 郑小林
郑耀 郑友怡 周昆 周晓巍 周亚金
朱建科 庄越挺 邬江兴*</td></tr>
<tr><td>计算机应用技术</td></tr>
<tr><td>数字化艺术与设计</td></tr>
<tr><td>空天信息技术</td></tr>
</table>

续表

一级学科	二级学科名称	导师姓名
建筑学	建筑设计及其理论	陈淑琴　樊一帆　葛　坚　韩昊英　贺　勇 华　晨　裘　知　沈　杰　王　晖　王　洁 王　竹　吴　越　徐　雷　杨建军 Huang Harrison(王浩任)
土木工程	岩土工程 结构工程 市政工程 供热、供燃气、通风及空调工程 防灾减灾工程及防护工程 桥梁与隧道工程 道路与交通工程 水资源与水环境工程 水工结构与港口工程 河流与滨海工程	巴　特　白　勇　包　胜　边学成　蔡袁强* 曹志刚　陈根达*　陈光明　陈　驹　陈仁朋 陈水福　陈喜群　陈云敏　陈云敏　陈祖煜* 程伟平　邓　华　董石麟　段元锋　高博青 龚顺风　龚晓南　弓扶元　郭　宁　韩晓红 洪　义　胡安峰　胡春宏　黄　博　黄铭枫 姜　涛　江衍铭　蒋建群　金南国　金　盛 金伟良　金贤玉　柯　瀚　孔德琼　李宾宾 李庆华　李育超　梁　腾　凌道盛　刘福深 刘国华　刘海江　刘　炜　柳景青　楼文娟 吕朝锋　吕　庆　罗　雪　罗尧治　马克俭* 潘文豪　钱晓倩　冉启华　尚岳全　邵益生* 邵　煜　舒江鹏　孙红月　孙志林　唐晓武 童根树　童精中　万华平　万五一　汪劲丰 汪玉冰　王殿海　王冠楠　王海龙　王　浩* 王奎华　王立忠　王乃玉　王　勤　王亦兵 王振宇　韦娟芳　魏新江*　夏唐代　项贻强 肖　岩　谢海建　谢康和　谢新宇　谢　旭 谢霁明　徐长节　徐日庆　徐荣桥　徐世烺 许　贤　许月萍　杨贞军　杨仲轩　姚忠达* 姚　谏　叶　俊　叶苗苗　叶肖伟　俞亭超 袁行飞　曾　强　詹良通　詹树林　占海飞 张大伟　张　鹤　张科锋*　张可佳　张　磊 张　帅　张土乔　张学军　张　燕　张仪萍 张永强　张裕卿　赵唯坚　赵　阳　赵　宇 赵羽习　郑飞飞　郑　俊　周　建　周燕国 朱　斌　朱廷举　朱志伟　闫东明 Chung Bang YUN* Cristoforo Demartino*　Giorgio Monti Jung-JuneRoger Cheng*　Simon Juan Hu*

续表

一级学科	二级学科名称	导师姓名
化学工程与技术	生物化工 化工过程工程 化学产品工程 生态化工 制药工程	柏　浩　包永忠　鲍泽华　鲍宗必　曹　堃 陈丰秋　陈建峰*　陈圣福　陈新志　陈英奇 陈志荣　成有为　崔希利　程党国　戴立言 单国荣　范　宏　冯连芳　傅　杰　高　翔 关怡新　何潮洪　何　奕　侯立安*　侯　阳 黄　磊　蒋斌波　介素云　雷乐成　李伯耿 李素静　李　伟　李中坚　李洲鹏　连佳长 梁成都　廖祖维　林东强　林建平　凌　敏 刘平伟　刘祥瑞　刘　振　陆盈盈　吕秀阳 罗英武　孟　琴　莫一鸣　欧阳平凯* 潘鹏举　钱　超　任其龙　申屠宝卿 申有青　施　耀　孙　琦　唐建斌　王嘉骏 王靖岱　王　立　王　亮　王文俊　王正宝 王　玮　吴坚平　吴林波　吴素芳　肖成梁 谢　涛　邢华斌　徐志南　严玉山*　杨　彬 杨立荣　杨启炜　杨双华　杨亦文　阳永荣 姚思宇　姚　臻　叶丽丹　尹　红　于浩然 于洪巍　俞豪杰　詹晓力　张安运　张才亮 张　林　张其磊　张庆华　张兴旺　张治国 赵　骞　赵俊杰　周少东　周珠贤　闫克平 Nigel K H Slater　Steven J. Severtson*
航空宇航科学与技术		陈建军　陈伟芳　陈　征　崔　涛　金小军 金仲和　库晓珂　黎　军　李铁凤　刘尧龙 陆哲明　罗佳奇　马慧莲　蒙　涛　孟　华 曲绍兴　邵雪明　宋广华　宋开臣　王高峰 王慧泉　王志宇　吴昌聚　夏振华　谢芳芳 徐　彦　杨　卫　应迪清　郁发新　张　帅 郑　耀　朱林利　庄国志　邹建锋
农业工程	农业机械化工程 农业水土工程 农业生物环境与能源工程 农业电气化与自动化 生物系统工程	岑海燕　成　芳　崔　笛　丁冠中　傅迎春 韩志英　何　勇　蒋焕煜　李晓丽　林宏建 林　涛　刘德钊　刘　飞　刘湘江　泮进明 平建峰　裘正军　饶秀勤　盛奎川　王　俊 王一娴　王永维　韦真博　吴斌鑫　吴　坚 谢丽娟　徐惠荣　叶章颖　应义斌　于　勇 张玺铭　周振江

续表

一级学科	二级学科名称	导师姓名
环境科学与工程	环境科学 环境工程	陈宝梁 陈红 陈雪明 成少安 翟国庆 方雪坤 官宝红 胡宝兰 江桂斌* 雷乐成 李伟 梁新强 林道辉 刘璟 刘维屏 刘越 楼丽萍 骆仲泱 沈超峰 施积炎 施耀 史惠祥 田光明 童裳伦 王海强 王金南* 王娟 王玮 王志彬 文岳中 翁小乐 吴伟祥 吴忠标 徐江 徐向阳 徐新华 严建华 杨方星 杨京平 杨坤 杨武 俞绍才 张志剑 赵和平 赵伟荣 郑平 周文军 朱利中 朱亮 朱小萤 庄树林 闫克平 逯慧杰 褚驰恒
生物医学工程	电子信息技术及仪器	白瑞良 陈岗 陈杭 陈卫东 陈祥献 陈晓冬 陈星 陈耀武 邓宁 丁鼐 段会龙 封洲燕 高利霞 高长有 何宏建 黄正行 赖欣怡 李劲松 刘华锋 刘济全 刘清君 吕旭东 宁钢民 牛田野 欧阳宏伟 斯科 宋开臣 宋雪梅 孙煜 田景奎 田良飞 王旻 王宏伟 王平 王书崎 王跃明 吴丹 夏灵 许科帝 许迎科 叶凌云 叶学松 余锋 余雄杰 章淑芳 张祎 张韶岷 张孝通 钟健晖* 周凡 周泓 Anna wang Roe Hisashi Tanigawa Hyeon Jeong Lee Toru Takahata
食品科学与工程	食品科学 粮食、油脂及植物蛋白工程 农产品加工及贮藏工程 水产品加工及贮藏工程 食品安全与营养	陈健初 陈启和 陈士国 陈卫 丁甜 冯凤琴 冯杰 郭鸣鸣 胡福良 胡亚芹 李莉 李培武 林星宇 刘东红 刘松柏 陆柏益 罗自生 任大喜 汪以真 王敏奇 王奕 吴建平 鲜于运雷 肖航 叶兴乾 余挺 张辉 张兴林 章宇
软件工程	计算机软件与理论	卜佳俊 蔡亮 常瑞 陈纯 陈刚 陈华钧 陈岭 陈文智 陈彦光* 邓水光 董玮 高曙明 高云君 何钦铭 何田 黄非 贾扬清 江大伟 李善平 李石坚 林兰芬 潘纲 潘云鹤 钱沄涛 钱徽 寿黎但 宋明黎 孙建伶 谭平 汤斯亮 唐敏 童若锋 王灿 王新宇 吴春明 严锡峰* 杨洋 尹建伟 应晶 俞益洲 章国锋 张微 赵洲 郑扣根 郑小林 周昆 周晓巍 庄越挺

续表

一级学科	二级学科名称	导师姓名
网络空间安全	网络空间安全	巴钟杰　卜　凯　常　瑞　陈　刚　陈积明 陈文智　陈　焰*　程　鹏　邓瑞龙　冯冬芹 韩劲松　何钦铭　贺诗波　黄　劲　纪守领 江大伟　林　峰　林　海　刘　健　刘金飞 刘兴高　刘　勇　刘之涛　卢　立　孟文超 潘　纲　秦　湛　任　奎　申文博　沈昌祥* 史治国　宋执环　孙铭阳　孙优贤　王竟亦 王　锐　王文海　吴春明　项　阳*　徐金明 徐文渊　杨子祺　张秉晟　张　帆　赵春晖 赵民建　周亚金　邬江兴*　Whitfield Diffie
作物学	作物栽培学与耕作学	包劲松　董　杰　都　浩　樊龙江　方　磊 甘银波　关雪莹　关亚静　胡培松　胡　艳 蒋立希　金晓丽　潘荣辉　钱　前*　秦正睿 舒庆尧　宋士勇　万建民　王汉中　王一州 邬飞波　吴德志　吴殿星　武　亮　徐海明 徐建红　曾凡荣　张国平　张天真　周伟军 朱　杨　祝水金　Imran Haider Shamsi Paul Boulos Chalhoub
	作物遗传育种	
	种子科学与技术	
园艺学	果树学	白松龄　陈昆松　陈利萍　陈文博　范鹏祥 方智远　高中山　黄　鹂　李　鲜　刘仲华* 卢　钢　陆建良　师　恺　孙崇德　汪俏梅 王岳飞　吴　迪　夏晓剑　夏宜平　徐昌杰 杨景华　殷学仁　余小林　喻景权　张　波 张亮生　张明方　郑新强　周　杰　周艳虹 Donald Grierson　Harry Klee Ian Ferguson*　Michael F. Thomashow Mondher Bouzayen
	蔬菜学	
	茶学	
	观赏园艺学	
农业资源与环境	土壤学	常锦峰　曾令藻　陈丁江　邓劲松　谷保静 邸洪杰　何　艳　胡凌飞　黄敬峰　金崇伟 李保海　李廷强　梁永超　林咸永　刘建祥 刘杏梅　卢玲丽　卢升高　吕志江　罗安程 罗忠奎　马　斌　马奇英　倪吾钟　史　舟 唐先进　田生科　汪海珍　王宏全　王　珂 吴良欢　徐建明　杨肖娥　张奇春　张佳宝 章明奎　郑绍建　朱永官　Philip C. Brookes
	植物营养学	
	农业遥感与信息技术	
	水资源利用与保护	

续表

一级学科	二级学科名称	导师姓名
植物保护	植物病理学 农业昆虫与害虫防治 农药学	鲍艳原 蔡新忠 陈剑平* 陈学新 陈云 方华 桂文君 郭逸蓉 黄佳 黄健华 蒋明星 焦晨 李斌 李飞 李冉 李正和 梁岩 林福呈 刘树生 刘小红 娄永根 马忠华 沈星星 沈志成 时敏 宋凤鸣 陶增 王蒙岑 王晓伟 吴建祥 吴孔明 谢艳 徐海君 叶恭银 尹燕妮 虞云龙 章初龙 赵金浩 周文武 周雪平
畜牧学	动物遗传育种与繁殖 动物营养与饲料科学 特种经济动物饲养	陈玉银 单体中 杜华华 冯杰 韩新燕 胡彩虹 胡福良 靳明亮 李卫芬 刘广绪 刘红云 刘建新 鲁兴萌 潘玉春 彭金荣 邵庆均 邵勇奇 时连根 孙会增 汪海峰 汪以真 王迪铭 王华兵 王佳堃 王敏奇 王起山 王新霞 王振 王争光 吴小锋 吴跃明 杨明英 占秀安 张才乔 张坤 郑火青 邹晓庭
兽医学	预防兽医学	杜爱芳 何放 胡伯里 黄耀伟 乐敏 李艳 鲁兴萌 米玉玲 孙红祥 张才乔 郑肖娟 周继勇 朱书 庄乐南
基础医学	人体解剖与组织胚胎学 免疫学 病原生物学 病理学与病理生理学 法医学 放射医学 航空、航天与航海医学 干细胞和再生医学	蔡志坚 曹雪涛* 陈迪 陈静海 陈伟 陈晓 陈莹莹 程洪强 刁宏燕 董辰方 冯晔 冯友军 傅旭东 高福* 谷岩 郭国骥 韩晓平 胡虎 黄河 黄雯雯 纪俊峰 金洪传 柯越海 来茂德 梁平 刘冲 刘云华 柳华 鲁林荣 满孝勇 孟卓贤 欧阳宏伟 潘冬立 钱鹏旭 邵吉民 沈静 生万强 隋梅花 汪洌 王迪 王建莉 王良 王琳琳 王青青 王晓健 王绪化 夏大静 肖刚 徐芳英 徐素宏 姚雨石 茵梓 余红 曾浔 章京 张丹丹 张红河 张进 张晓明 张雪 赵经纬 郑小凤 钟贞 周俊 周天华 朱海红 邹晓晖 闵军霞 Dante Neculai David Arnot Stijn van der Veen Susan Welburn

续表

一级学科	二级学科名称	导师姓名
临床医学	内科学 儿科学 老年医学 神经病学 精神病与精神卫生学 皮肤病与性病学	白晓霞 白雪莉 蔡秀军 蔡哲钧 蔡　真 曹红翠 曹利平 曹　倩 陈　峰 陈　钢 陈　高 陈功祥 陈鸿霖* 陈　健 陈江华 陈其昕 陈齐兴 陈　盛 陈维善 陈祥军 陈　晓 陈晓冬 陈新忠 陈益定 陈志华 陈志敏 陈　智 陈　瑜 程　浩 程　京* 程晓东 崔儒涛 戴　宁 戴雪松 单鹏飞 刁宏燕 丁克峰 丁美萍 丁　宁 丁忠祥 董旻岳 杜立中 范顺武 范伟民 方　红 方向明 方向前 冯利锋 冯宇雄 傅国胜 傅君芬 高　峰 高福* 戈万忠 龚方戚 龚渭华 古　莹 韩春茂 韩　飞 韩海杰 韩　伟 韩卫东 何荣新 胡红杰 胡　坚 胡少华 胡晓彤 胡新央 胡　汛 胡永仙 胡振华 胡志军 华孝挺 黄荷凤 黄　河 黄　建 黄进宇 黄　曼 黄品同 季　峰 姜　虹 江克文 蒋晨阳 蒋天安 金　帆 金洪传 金　洁 金　敏 金　希 李方财 李恭会 李　红 李江涛 李　君 李兰娟 李月舟 李　雯 厉有名 梁朝霞 梁　平 梁廷波 廖艳辉 林　辉 凌　琪 刘　犇 刘先宝 刘震杰 刘志红 柳　华 楼　敏 卢宠茂* 陆林宇 陆远强 吕卫国 吕志民 吕中法 罗本燕 罗　巍 罗　依 罗永章* 马　宏 马建军 马　量 马胜林 满孝勇 毛建华 倪　超 倪一鸣 欧阳宏伟 潘宏铭 潘志军 钱建华 钱文斌 曲　凡 任探琛 任菁菁 阮　冰 阮　健 邵吉民 邵一鸣* 申屠形超 沈承勇 沈华浩 沈　哲 沈　晔 沈炜亮 施　毓 史　鹏 舒　强 宋朋红 宋章法 孙继红 孙军辉 孙晓南 孙　毅 谈伟强 汤灵玲 汤永民 唐劲松 田　梅 童璐莎 万　钧* 汪　辉 王保红 王　本 王观宇 王杭祥 王建安 王建伟 王　凯 王良静 王林波 王书崎 王　爽 王伟林 王兴祥 王秀君 王义斌* 王　跃 王　娴 魏启春 吴华香 吴　健 吴李鸣 吴立东 吴南屏 吴瑞瑾 吴育连 吴志英 伍峻松 项春生 项美香 肖浩文 肖永红 谢安勇 谢立平 谢小洁 谢　幸 谢鑫友 徐　旸 徐承富 徐　峰 徐福洁 徐　键 徐建国* 徐靖宏 徐凯进 徐清波 徐荣臻 徐　骁 许大千 许国强 许　毅 许轶洲 薛　定* 严　敏 严森祥 严　盛 严世贵 严伟琪 杨仕贵 杨晓明 杨小锋 杨　毅 杨益大 杨蓓蓓 姚玉峰 叶　娟 叶英辉 叶招明 茵　梓 应可净 应颂敏 于晓方 虞朝辉 余　红 余日胜 俞建军 俞云松 袁国勇* 袁　瑛 曾　浔 詹仁雅 章锐锋 张宝荣 张　丹 张根生 张鸿坤 张　宏 张建民 张钧 张　力 张林琦* 张　茂 张敏鸣 张普民 张松英 张苏展 张信美 张园园 张　嵘 赵凤朝 赵凤东 赵永超 郑　超 郑芬萍 郑良荣 郑　敏 郑树森 周嘉强 周坚红 周建仓 周建英 周建娅 周　民 朱　彪 朱海红 朱建华 朱　江 朱依敏 朱永坚 朱永良 主鸿鹄 祝胜美 邹朝春 邹晓晖 佟红艳 闵军霞 姒健敏 滕理送 裘云庆 瞿婷婷 Babak Javid* Sebastian Leptihn Yang Xu(徐洋)

续表

一级学科	二级学科名称	导师姓名
口腔医学	口腔基础医学 口腔临床医学	陈谦明　傅柏平　顾新华　何福明　李晓东 林　军　王慧明　谢志坚　轩东英　杨国利 俞梦飞　朱慧勇
公共卫生与预防医学	流行病与卫生统计学 劳动卫生与环境卫生学 营养与食品卫生学 卫生毒理学	陈光弟　陈　坤　丁克峰　董恒进　高向伟 何　威　焦晶晶　金明娟　金永堂　李兰娟 李　鲁*　李文渊　李　雪　刘足云　罗　驰 那仁满都拉　倪　燕　施小明*　宋培歌 孙文均　王福俤　王建炳　王林波　吴息凤 夏大静　徐小林　徐　欣　许正平　许志宏 杨　杰　叶元庆　于石成*　余运贤　袁长征 周　春　周　舟　朱善宽　朱益民 Therese Hesketh
药　学	药物化学 药剂学 生药学 药物分析学 微生物与生化药学 药理学 海洋药物学	曹　戟　曾　苏　陈建忠　陈枢青　陈文腾 陈学群　陈　勇　陈志华　陈　忠　程翼宇 崔孙良　戴海斌　丁　健*　丁　玲　董晓武 杜永忠　段树民　范骁辉　甘礼社　高建青 龚行楚　龚哲峰　顾　臻　韩　旻　何俏军 侯廷军　胡富强　胡薇薇　蒋　晞　蒋华良 蒋惠娣　来利华　李方园　李洪林　李　新 李　雯　连晓媛　廖佳宇　林能明　凌代舜 刘龙孝　刘雪松　楼　燕　卢应梅　卢韵碧 陆晓燕　罗沛华　那仁满都拉　潘利强 彭丽华　平　渊　戚建华　钱玲慧　邱利焱 申屠建中　沈华浩　沈　逸　盛　荣 孙秉贵　孙翠荣　孙莲莉　汤慧芳　汪　仪 王金强　王秀君　王　毅　翁勤洁　吴希美 吴永江　徐易尘　徐宇虹　徐　晗　许均瑜 杨　波　杨　帆　杨　巍　杨晓春　应美丹 应颂敏　游　剑　余露山　俞永平　袁　弘 章国林　张海涛　张世红　张纬萍　张翔南 赵　璐　周　民　周　展　周煜东　朱丹雁 朱　峰　朱　虹　邹宏斌　裘云庆　瞿海斌
护理学	护理学	冯素文　韩春茂　金静芬　王　薇　徐鑫芬 叶志弘　余晓燕　庄一渝
管理科学与工程	技术与创新管理 工程管理	鲍丽娜　曹仔科　陈德人　陈发动　陈明亮 陈　熹　杜　健　郭　斌　胡祥培　华中生 黄　灿　黄鹂强　霍宝锋　金　珺　金庆伟 孔祥维　刘南(管)　刘　渊　马　弘 毛义华　彭希羡　寿涌毅　苏　星　童　昱 汪　蕾　王明征　王求真　卫　军　温海珍 吴　东　吴晓波　徐仁军　杨　翼　袁　泉 章　魏　张　宏　张　政　郑　刚　周伟华 瞿文光

续表

一级学科	二级学科名称	导师姓名
工商管理	会计学	宝贡敏 蔡宁 陈俊 陈凌 董望 杜健 郭斌 韩洪灵 华中生 黄灿 黄英 霍宝锋 贾生华 林珊珊 刘起贵 刘涛 刘洋 莫申江 吕佳颖 沈睿 施俊琦 寿涌毅 孙怡夏 王端旭 王丽丽 王颂 王婉飞 王文明 王小毅 王重鸣 魏江 吴东 吴茂英 吴晓波 肖炜麟 谢小云 熊伟 徐维东 徐晓燕 严进 颜士梅 杨俊 应天煜 张钢 张起元 张惜丽 周帆 周宏庚 周玲强 周伟华 周欣悦 邹腾剑 邬爱其 贲圣林 窦军生
	企业管理	
	旅游管理	
	技术经济及管理	
	创业管理	
农林经济管理	农业经济管理	陈帅 龚斌磊 郭红东 韩洪云 洪名勇* 黄祖辉 金少胜 金松青 梁巧 林雯 陆文聪 茅锐 钱文荣 阮建青 史新杰 田传浩 汪笑溪 卫龙宝 叶春辉 张晓波* 张跃华 张忠根 周洁红 鄢贞 H. Holly Wang（王红） Zhigang Chen(陈志钢)
	林业经济管理	
公共管理	行政管理	巴德年* 蔡宁 曹宇 陈国权 陈建军 陈丽君 陈智 仇保兴* 董恒进 范柏乃 方恺 顾昕 郭苏建 韩昊英 何文炯 胡税根 胡小君 黄飚 黄萃 蒋卓人 靳相木 李金珊 李鲁* 李实 李晓明 李艳 李莹珠 林成华 林卡 刘国柱 刘涛 刘卫东 刘渊 罗建红 米红 苗青 任少波 邵立 沈永东 石敏俊 宋培歌 谭荣 谭永忠 田传浩 汪晖 王红妹 王诗宗 魏江 吴超 吴次芳 吴佳雨 吴结兵 吴金群 吴宇哲 肖武 谢倩雯 徐林 徐元朔 徐欣 杨超 杨芊 姚威 姚先国 叶民 叶艳妹 余露 余逊达 余潇枫 俞晗之 郁建兴 岳文泽 张国清 张炜 张蔚文 张跃华 张宁 张衔春 周萍 周旭东 朱凌 朱善款 邹永华 Therese Hesketh Peter Ho Song Ha Joo
	社会医学与卫生事业管理	
	教育经济与管理	
	社会保障	
	土地资源管理	
	社会管理	
	公共信息资源管理	
	非传统安全管理	
	城市发展与管理	
	国际事务与全球治理	

续表

一级学科	二级学科名称	导师姓名
艺术学理论		何华帆 白谦慎 陈谷香 陈振濂 黄河清 金晓明 缪 哲 王瑞雷 谢继胜 薛龙春 余 辉* 张 晴*
设计学		柴春雷 陈柳青 陈晓皎 胡小军 罗仕鉴 潘恩荣 潘云鹤 孙凌云 孙守迁 汤永川 王 健 王小松 吴佳雨 姚 琤 应放天 于金辉 张东亮 张克俊 张三元
人工智能		蔡 亮 陈 为 耿卫东 纪守领 李石坚 林 峰 刘 勇 钱 徽 汤斯亮 唐华锦 童若锋 王 灿 巫英才 吴 健 肖 俊 杨 洋 章国锋 章 敏 张 帆 赵 洲 郑能干 郑友怡 周晓巍
海洋技术与工程		白 雁* 白晔斐 柴 扉* 陈大可* 陈家旺 陈建芳* 陈建裕* 陈雪刚 陈 鹰 陈 正 程年生 樊 炜 高金耀* 高洋洋 管卫兵* 韩喜球* 何 方 何贤强* 贺治国 洪 义 胡春宏* 胡富强 胡 鹏 黄 滨 黄大吉* 黄豪彩 焦 磊 焦鹏程 金海燕* 金翔龙* 乐成峰 冷建兴 李春峰 李家彪* 李培良 李 爽 厉子龙 梁楚进* 梁 旭 楼章华 马东方 马忠俊 毛志华* 潘德炉* 潘依雯 阮爱国* 宋春毅 宋 宏 宋金宝 苏纪兰* 孙红月 孙志林 唐佑民* 陶春辉* 王德麟 王立忠 王品美 王晓萍 王 岩 吴 斌 吴嘉平 吴 敏 吴自银* 夏小明* 肖 溪 谢晓辉* 徐金钟 徐 敬 徐 文 徐志伟 许学伟 杨劲松* 杨续超 叶 瑛 曾江宁* 章春芳 张朝晖 张大海 张华国* 张继才 张治针 赵西增 郑道琼 周 锋* 朱世强 朱小华* 朱嵘华 佟蒙蒙 瞿逢重 George Christakos* Thomas Pahtz

注：按一级学科代码升序排列，导师姓名按拼音顺序排列，姓名后加*者为兼职导师。

附录 4　2020 年浙江大学分学位类型研究生数　　　　单位:人

专业名称	毕业生数	授予学位数	在校学生数				预计毕业生数
			总计	一年级	二年级	三年级及以上	
总计	7581	8967	37563	12467	10723	14373	9257
学术型学位博士生	1745	1756	12346	3205	2780	6361	1962
学术型学位硕士生	2430	3000	8713	3010	2976	2727	2751
专业学位博士生	96	185	1489	590	450	449	185
专业学位硕士生	3310	4026	15015	5662	4517	4836	4359

附录 5　2020 年浙江大学分学科门类研究生数　　　　单位:人

学科门类	研究生	毕业生数	授予学位数	在校学生数				预计毕业生数
				总计	一年级	二年级	三年级及以上	
总计	博士生	1841	1756	13835	3795	3230	6810	2147
	硕士生	5740	3000	23728	8672	7493	7563	7110
哲学	博士生	28	22	139	27	29	83	5
	硕士生	11	12	91	36	30	25	31
经济学	博士生	27	27	237	41	39	157	40
	硕士生	228	140	622	302	284	36	284
法学	博士生	38	38	325	85	82	158	66
	硕士生	261	120	773	291	284	198	279
教育学	博士生	33	35	309	76	69	164	31
	硕士生	98	50	572	214	171	187	180
文学	博士生	54	60	419	93	79	247	32
	硕士生	171	139	665	269	239	157	205
历史学	博士生	16	12	120	30	22	68	6
	硕士生	9	4	183	67	60	56	56
理学	博士生	325	325	2206	619	545	1042	397
	硕士生	399	395	1540	429	560	551	484
工学	博士生	704	701	6261	1796	1432	3033	864
	硕士生	2841	1195	10694	3857	3342	3495	3247

续表

学科门类	研究生	毕业生数	授予学位数	在校学生数				预计毕业生数
				总计	一年级	二年级	三年级及以上	
农学	博士生	172	169	850	226	204	420	130
	硕士生	341	134	1267	482	372	413	387
医学	博士生	363	289	2078	611	554	913	448
	硕士生	613	557	2306	926	702	678	646
管理学	博士生	79	76	824	163	148	513	121
	硕士生	724	252	4815	1705	1396	1714	1264
艺术学	博士生	2	2	67	28	27	12	7
	硕士生	44	2	200	94	53	53	47

附录6　2020年浙江大学分专业学位类别研究生数　　单位:人

专业学位类别	研究生	毕业生数	授予学位数	在校学生数				预计毕业生数
				总计	一年级	二年级	三年级及以上	
总计	博士生	96	185	1489	590	450	449	185
	硕士生	3310	4026	15015	5662	4517	4836	4359
金融	硕士生	131	131	372	193	170	9	170
税务	硕士生	14	66	27	14	13	0	13
国际商务	硕士生	39	39	100	36	44	20	44
法律	硕士生	154	167	482	148	152	182	167
社会工作	硕士生	26	26	49	26	22	1	21
教育	博士生	1	1	91	25	19	47	11
	硕士生	27	113	159	56	45	58	43
体育	硕士生	10	10	28	16	10	2	10
汉语国际教育	硕士生	27	27	69	28	25	16	26
应用心理	硕士生	3	3	57	25	14	18	16
翻译	硕士生	23	23	37	16	15	6	15

续表

专业学位类别	研究生	毕业生数	授予学位数	在校学生数				预计毕业生数
				总计	一年级	二年级	三年级及以上	
新闻与传播	硕士生	28	28	63	35	27	1	28
文物与博物馆	硕士生	5	5	91	32	32	27	26
建筑学	硕士生	35	34	163	48	35	80	77
城市规划	硕士生	16	16	68	31	20	17	17
农业	硕士生	161	190	568	232	161	175	0
兽医	硕士生	17	23	65	28	17	20	20
风景园林	硕士生	27	45	87	26	22	39	35
临床医学	博士生	85	172	690	232	217	241	151
	硕士生	318	347	1072	441	300	331	487
口腔医学	博士生	0	2	15	8	5	2	2
	硕士生	37	36	175	65	45	65	60
公共卫生	硕士生	0	4	91	63	23	5	5
护理	硕士生	0	0	23	23	0	0	0
药学	硕士生	41	41	157	59	48	50	48
工商管理	硕士生	323	323	2106	748	623	735	562
公共管理	硕士生	143	161	1144	375	301	468	289
会计	硕士生	34	34	84	31	27	26	26
工程管理	硕士生	37	93	1052	359	287	406	228
艺术	硕士生	26	26	124	61	30	33	28
工程	博士生	10	10	693	325	209	159	21
	硕士生	1608	2015	6502	2447	2009	2046	1898

附录 7　2020 年浙江大学分学院研究生数　　单位：人

学院(系)名称	在校生数	博士生数	硕士生数
人文学院	672	351	321
外国语言文化与国际交流学院	352	108	244
传媒与国际文化学院	318	107	211
经济学院	730	217	513
光华法学院	722	151	571
教育学院	508	210	298
管理学院	2421	325	2096
公共管理学院	1883	429	1454
马克思主义学院	186	99	87
数学科学学院	429	168	261
物理学系	371	253	118
化学系	544	284	260
地球科学学院	320	148	172
心理与行为科学系	237	79	158
机械工程学院	1183	498	685
材料科学与工程学院	726	354	372
能源工程学院	1060	521	539
电气工程学院	968	381	587
建筑工程学院	1388	539	849
化学工程与生物工程学院	858	312	546
海洋学院	907	275	632
航空航天学院	523	262	261
高分子科学与工程学系	368	204	164
光电科学与工程学院	681	288	393
信息与电子工程学院	1040	352	688
控制科学与工程学院	713	286	427
计算机科学与技术学院	1644	653	991
软件学院	830	0	830
生物医学工程与仪器科学学院	512	236	276

续表

学院(系)名称	在校生数	博士生数	硕士生数
生命科学学院	747	472	275
生物系统工程与食品科学学院	487	224	263
环境与资源学院	816	315	501
农业与生物技术学院	1162	456	706
动物科学学院	507	167	340
医学院	4345	2127	2218
药学院	503	236	267
国际教育学院	1591	838	753
工程师学院	3386	388	2998
国际联合学院	266	47	219
艺术与考古学院	222	61	161
浙江大学—西湖大学联培项目	397	397	0
微纳电子学院	40	17	23
所有院系	37563	13835	23728

附录8　浙江大学2020届参加就业研究生毕业生按单位性质流向统计

单位性质	单位性质流向	硕士比例/%	博士比例/%
企业单位	国有企业	18.34	7.31
	三资企业	17.00	5.59
	其他企业	40.05	14.55
	小计	75.38	27.44
事业单位	高等教育单位	2.20	43.59
	医疗卫生单位	7.22	16.39
	科研设计单位	2.96	8.84
	中初教育单位	1.49	0.43
	其他事业单位	1.65	0.74
	小计	15.52	69.98
党政机关		9.00	2.46
部队		0.09	0.12

附录 9　浙江大学 2020 届参加就业研究生毕业生就业流向按地区统计

单位地区	硕士/%	博士/%
华东地区	75.43	76.73
华南地区	11.33	7.00
华北地区	6.08	5.16
西南地区	2.72	3.07
华中地区	2.57	3.87
西北地区	0.99	0.80
东北地区	0.59	0.68
境外国家(地区)	0.29	2.70

继续教育

【概况】 2020 年，全校继续教育办学总收入为 5.75 亿元，其中教育培训收入 5.68 亿元、远程教育收入 0.068 亿元，远程教育处于平稳收尾阶段。整体上交学校管理费 1.19 亿元。全年培训人数 14.35 万余人次，比上年减少 53.6%，其中党政管理人员占 54.57%、企业经管人员占 27.59%、专业技术人员占 16.49%、其他人员占 1.34%。培训项目 2417 项；发放培训证书 13.95 万余份，其中高级研修班证书 1700 份、继续教育结业证书约 13.78 万余份。

2020 年，全校共有远程学历教育学习中心数 62 个，在籍学生数 9581 人，比上年减少 10819 人，减少 53.03%，其中本科 8018 人(含专科起点本科 6874 人、本科及以上层次修读本科 1144 人)、高中起点专科 1563 人。毕业生 9706 人，其中本科 7973 人；授予学士学位 2912 人，学位授予率约为 36.5%。

自学考试主考专业 12 个，其中专科起点本科 10 个、专科 2 个。命题 5 门课程；阅卷 1 次共 61 门课程、30393 课次；组织实践性环节(含毕业论文)培训 1071 人次。主考专业毕业生 301 人，授予学士学位 55 人。

2020 年，学校继续教育以实施"一流特色继续教育发展计划"为引领，按照"高端化、品牌化、全球化"的发展路径，坚持"控制规模、调整结构、培养品牌、规范办学、提升效益"总基调，深入推进高水平、高质量继续教育发展。持续推进品牌化建设和"一院一品"工作，逐步推动专业院系依托学科优势打造精品项目，如支持管理学院以培养大健康产业创新与发展的"商学＋实践"模式，举办浙江大学大健康产业与发展高级研修班；公共管理学院依托学科力量，整合各方资源，举办面向企业总裁、董事长的第二期求是商业钜子高级研修班等。

【统筹做好疫情防控和复工复学】 疫情发生初期，全面暂停线下办学后，多次调研了解办学单位面临的困难，及时调整政策，支持办学单位开展线上公益讲座服务，树立服务社会良好品牌形象；推动办学单位探索线上办学，提前锁定生源，拓展市场；对接计财处等部门，为线上教学模式中的办学主体、财务政策等问题积极寻求对策。召开"保稳定、树品牌、促发展"全校继续教育工作会议，统筹谋划培训复课工作；恢复线下办学后，及时制定管控办法，所有培训项目申报时均需附疫情防控预案；建立联防联控机制，落实学员经审批后集体进校制、校园内办学物理空间相对隔离制度；密切关注疫情动态，及时劝阻来自疫情发生地的培训项目。5月底恢复校园外办学，7月底恢复华家池和西溪校区办学，在确保"零事故"的情况下，继续教育总体工作取得明显成效，各项数据领跑全国高校。

【高质量编写"十四五"继续教育体系规划】 围绕学校"十四五"战略目标和总体部署，完成学校人才培养体系规划中的"坚持协同发展，提升更有特色的继续教育体系"规划方案。专题规划以创新为核心，以一流为标准，贯彻高质量发展理念，提出集中力量建设"五个一"工程，即一条面向国家战略的高端人才产教融合新生态链、一个展示一流干部教育培训的示范窗口、一批一流特色继续教育示范项目、一个数字化终身学习平台、一个浙大模式的继续教育质量评价体系。围绕"五个一"工程，落实"优化协同办学体系，完成内涵式发展转型"等九大重点任务及相关保障举措，并提出了一系列关键指标。

（胡平洲撰稿　楼　艳审稿）

【附录】

附录1　2020年浙江大学教育培训情况

招生对象	班次/次	人次/人
党政管理人员	1329	78343
企业管理人员	692	39609
专业技术人员	286	23674
其他人员	110	1938
总计	2417	143564

附录2　2020年浙江大学远程教育学生情况　　单位：人

毕业生数				招生数		在籍学生数		
合计	本科	专科	授予学士学位数	招生数	注册数	合计	本科	专科
9706	7973	1733	2912	0	0	9581	8018	1563

附录 3　2020 年浙江大学自学考试主考专业

层　次	专业名称	
专升本	金融	国际贸易
	经济学	法律
	心理健康教育	汉语言文学
	新闻学	电力系统及其自动化
	英语语言文学	建筑工程
专科	房屋建筑工程	护理学

国际学生教育

【概况】　2020 年共有来自 149 个国家的 5596 名国际学生在校学习，其中攻读学位 4774 人。来自“一带一路”沿线 59 个国家的 2832 名学生占国际学生总数的 50.6%。学生国别分布更广，结构层次更优。

疫情防控与线上教学工作取得阶段性成果。疫情期间对在读的 141 个国家和地区的 3756 名国际学生（其中在境外的国际学生 2879 人）实施网格化管理，一对一摸排，做好学生分类管理、精准服务和关心关爱，防境外输入取得阶段性成果，确保将新冠疫情对教学的影响降到最低。扎实做好线上线下同步教学工作，顺利完成 3000 余名国际学生共计 2500 余门课程的线上教学任务。2020 年，共有 536 名国际学生顺利毕业，其中本科生 251 人、硕士生 191 人、博士生 94 人，与往年相比基本持平。

面对疫情下招生工作的严峻挑战，国际教育学院多措并举，确保招生规模和质量总体平稳，圆满完成 2020 年招生任务。修订《浙江大学国际学生招生工作实施办法（试行）》；组建“国际学生招生宣传讲师团”；继续推进实施国际本科生招生院系联审机制；完善入学申请系统功能，基本实现研究生和研究生层次进修生的录取审核全流程电子化。

打造汉语言（留学生）本科专业特色品牌，对外汉语教学研究取得新成绩。“互为表里，共生发展：践行‘汉语＋商务’精英人才联合培养新模式”获批 2020 年浙大一流本科专业综合改革培育项目立项，“通用学术汉语：思辨与表达”获批 2020 年度校级 MOOC 项目和校级本科教材项目，“思政教育进入留学生汉语教学课堂——汉语言本科阅读与写作课程教学模式探索”获批浙大“十三五”第二批教学改革研究项目立项，“中级汉语阅读与写作课程思政建设”获批浙大 2020 年度“课程思政”建设项目立项。

国际学生管理和思想文化引领取得新成效。疫情期间，涌现出俄罗斯籍博士生王晓东、叙利亚籍博士生马赫、韩国籍硕士生柳在珉、韩国籍本科生安世炫等一批积极捐资捐物、携手抗疫的优秀国际学生典型。印度籍本科生安妮荣获思政微课大赛二等奖。格鲁吉亚籍学生 Akhobadze Neli 荣获第六届中国国际“互联网＋”大学生创新创业大赛金奖。国际教育学院获得第十二届“蒲公英”大学生创业大赛“特别贡献奖”。朝鲜籍学生徐贤民荣获浙江省第八届大学生电子设计竞赛一等奖，乌克兰籍学生 Denys Kurylov 获 2020“外研社·国才杯”全国大学生英语挑战赛一等奖和最佳创意奖。

打开孔子学院工作新局面。配合教育部中外语言交流合作中心做好孔子学院转隶工作。以线上方式召开日本立命馆亚洲太平洋大学孔子学院理事会。“汉语桥”线上团组项目顺利获批。

【国际教育学院 2 项课题获批 2020 年度国际中文教育研究项目】 12 月 2 日，教育部中外语言交流合作中心与世界汉语教学学会共同公布了 2020 年度国际中文教育研究课题公示名单，共有 91 个项目入选，其中我校国际教育学院对外汉语教学中心主任施虹副教授主持的“国际学位生通用学术汉语课程标准研究”和青年教师吕妍醒申报的“澳大利亚中文教育现状调查与分析”分别获得重点项目和青年项目立项。

【浙大国际学生作为全球青年代表参与世界青年科学家峰会温州宣言发布仪式】 10 月 18 日，2020 世界青年科学家峰会在温州开幕。共有来自 125 个国家、地区和国际组织的近 800 名科学家、企业家、艺术家和青年科技人才代表参加开幕式。浙江大学 4 名国际学生研究生代表参与 2020 世界青年科学家峰会温州宣言发布仪式，作为全球青年代表宣读《世界青年科学家峰会温州宣言》，表达了青年科学家承担起科学改变世界的使命心声。浙江大学校长吴朝晖院士作为特邀嘉宾出席此次世界青年科学家峰会。

（朱　旸撰稿　唐晓武审稿）

【附录】

附录 1　浙江大学 2020 年国际学生数　（单位：人）

博士研究生	硕士研究生	本科生	高级进修生	普通进修生	语言生	短期团组	合计
896	811	3067	59	151	599	13	5596

附录 2　浙江大学 2020 年分学科门类国际学生数　（单位：人）

序号	学科	博士研究生	硕士研究生	本科生	高级进修生	普通进修生	语言生	短期团组	合计
1	文学	54	253	942	7	15	599	13	1883
2	工学	324	87	463	9	67	0	0	950
3	医学	71	72	676	1	1	0	0	821
4	经济学	17	93	582	4	9	0	0	705
5	管理学	89	157	201	26	42	0	0	515
6	理学	122	39	86	2	4	0	0	253
7	农学	140	27	23	3	0	0	0	193

续表

序号	学科	博士研究生	硕士研究生	本科生	高级进修生	普通进修生	语言生	短期团组	合计
8	法学	39	61	56	4	2	0	0	162
9	历史学	11	8	12	2	5	0	0	38
10	教育学	16	10	6	0	2	0	0	34
11	哲学	9	2	9	1	0	0	0	21
12	艺术学	4	2	11	0	4	0	0	21
共计		896	811	3067	59	151	599	13	5596

附录3　浙江大学2020年分院系国际学生数　　单位:人

学院/系	博士研究生	硕士研究生	本科生	高级进修生	普通进修生	语言生	短期团组	合计
人文学院	56	44	99	2	19	0	0	220
外国语言文化与国际交流学院	6	8	241	3	2	0	0	260
传媒与国际文化学院	16	64	409	1	1	0	0	491
艺术与考古学院	0	0	10	1	0	0	0	11
经济学院	14	85	513	3	12	0	0	627
光华法学院	28	19	19	0	1	0	0	67
教育学院	16	7	10	0	2	0	0	35
管理学院	52	83	247	26	36	0	0	444
公共管理学院	51	111	57	6	3	0	0	228
数学科学学院	8	2	37	0	0	0	0	47
物理学系	10	1	4	0	0	0	0	15
化学系	10	1	7	0	0	0	0	18
地球科学学院	10	1	3	0	0	0	0	14
心理与行为科学系	9	11	26	1	2	0	0	49
机械工程学院	8	12	63	1	1	0	0	85
材料科学与工程学院	26	3	8	0	0	0	0	37
能源工程学院	16	5	12	0	0	0	0	33

续表

学院/系	博士研究生	硕士研究生	本科生	高级进修生	普通进修生	语言生	短期团组	合计
电气工程学院	30	4	40	3	1	0	0	78
建筑工程学院	48	16	82	2	2	0	0	150
化学工程与生物工程学院	25	5	36	0	35	0	0	101
海洋学院	46	35	4	0	1	0	0	86
航空航天学院	13	0	2	0	0	0	0	15
高分子科学与工程学系	8	0	2	0	0	0	0	10
光电科学与工程学院	14	1	0	0	0	0	0	15
信息与电子工程学院	27	4	25	0	0	0	0	56
控制科学与工程学院	14	5	15	1	0	0	0	35
计算机科学与技术学院	21	15	72	1	12	0	0	121
软件学院	0	2	0	1	0	0	0	3
生物医学工程与仪器科学学院	7	2	8	0	0	0	0	17
生命科学学院	18	2	21	0	0	0	0	41
生物系统工程与食品科学学院	58	0	24	0	0	0	0	82
环境与资源学院	32	1	8	0	0	0	0	41
农业与生物技术学院	101	25	10	1	0	0	0	137
动物科学学院	11	2	11	3	0	0	0	27
医学院	64	70	655	1	1	0	0	791
药学院	17	2	8	0	0	0	0	27
国际教育学院	0	0	233	0	0	599	13	845
国际联合学院（海宁国际校区）	6	163	46	2	0	0	0	217
工程师学院	0	0	0	0	20	0	0	20
合计	896	811	3067	59	151	599	13	5596

附录 4　浙江大学 2020 年分经费来源国际学生数

单位:人

中国政府奖学金	浙江省政府奖学金	学位奖学金	校际交流	企业奖学金	外国政府奖学金	自费	合计
1346	193	443	116	22	1	3475	5596

附录 5　浙江大学 2020 年主要国际学生数

单位:人

韩国	马来西亚	巴基斯坦	泰国	印度尼西亚	伊朗	美国	日本	意大利	印度
1469	635	401	303	194	129	112	110	106	102

附录 6　浙江大学 2020 年分大洲国际学生数

单位:人

亚洲	欧洲	非洲	美洲	大洋洲	合计
4139	637	436	358	26	5596

附录 7　浙江大学 2020 年毕业国际学生数

单位:人

博士研究生	硕士研究生	本科生	合计
94	191	251	536

科学研究与社会服务

科学技术研究

【概况】 2020年，浙江大学科研工作者坚持以习近平新时代中国特色社会主义思想为指导，坚持"四个面向"战略方向，秉承"学科—人才—科研"一体化发展理念，克服新冠疫情带来的严峻挑战，加强战略谋划，强化原始创新和关键核心技术攻关，持续发挥有组织科研效能，全面提升科研管理服务水平，凝心聚力、攻坚克难，顺利完成各项科研任务，奋力开创学校科技发展新局面。

科研规模在高位稳步增长。在疫情的严峻挑战下，当年新增到款科研经费60.68亿元，首次突破60亿元大关，较上年增长7.18亿元。其中，纵向经费40.25亿元(占66.33%)，横向经费 20.43 亿元(占33.67%)。另有并表经费0.99亿元，成果转化经费0.904亿元，均未计入科研经费总额。

重大项目承载力稳定增强。全年新增三重项目209项。新增牵头承担科技创新2030——重大项目4项，课题5项，总经费0.68亿元；新增牵头承担国家重点研发计划项目12项，其中千万级项目5项，承担课题44项，国拨总经费3.27亿元；新增立项国家基金重大项目4项、重点项目28项、国家重大科研仪器研制项目6项、重点国际(地区)合作研究项目6项、联合基金29项。

科研人才项目稳健发展。全年共有8人获得国家杰出青年科学基金项目资助；22人获得优秀青年科学基金项目资助；2人获得卓越青年科学基金项目资助；获批科技创新团队(先进技术)1个。截至2020年底，浙江大学共获批国家杰出青年科学基金项目146项、国家优秀青年科学基金项目170项、国家自然科学基金创新研究群体14个、农业农村部科研杰出人才及其创新团队11个、科技部创新人才推进计划重点领域创新团队12个、科技创新团队(先进技术)3个。

科研基地布局不断优化。组织优势力量参与国家实验室建设，加快推进国家重点实验室优化重组和培育筹建。顺利推进超重力离心模拟与实验装置国家重大科技基础设施项目建设工作；积极推进"十四五"国家重大科技基础设施培育工作；依托教育部“脑与脑机融合”前沿科学中心等建设，加快探索打造“科研特区”。新增浙江省应用数学中心1家，获批牵头建设系统医学与精准诊治浙江省实验室（良渚实验室），持续推进浙江省实验室筹建工作，获批认定浙江省重点实验室6家（民口）、浙江省临床医学研究中心7家、浙江省国际科技合作基地9家、浙江省军民融合科技协同创新示范平台2家。截至2020年底，浙江大学已建有国家科创基地44家、省部级科创基地231家，其中国家重点实验室10家、国家工程技术研究中心4家、国家（地方联合）工程研究中心（实验室）11家、国家临床医学研究中心2家、国家科技资源共享服务平台1家、国家重大科技基础设施1家；自主设立校设研究院12个、研究中心46个、研究所185个，另有校地科技合作平台41个、校企创新联合体123个，为科研发展提供了强大平台支撑。

标志性成果奖励表现突出。以第一单位在CNS主刊发表文章、综述两类论文8篇、子刊96篇，其中《自然》（*Nature*）4篇、《科学》（*Science*）3篇、《细胞》（*Cell*）1篇，《自然》子刊44篇、《科学》子刊22篇、《细胞》子刊30篇。根据中信所2020年12月发布的数据，2019年度浙江大学被科学引文索引扩展版（SCI-E）收录论文8416篇，2010—2019年10年论文被引用918751次，作为第一作者国际合著论文（据SCI统计）收录论文2223篇。经国务院审议通过，浙江大学以第一单位获国家科学技术一等奖1项，二等奖10项，总数位居全国高校第一，其中罗尧治教授团队“现代空间结构体系创新、关键技术与工程应用”项目获国家科技进步奖一等奖。以第一单位获教育部科技奖一等奖4项，教育部青年科学奖1项；获社会力量设奖一等奖及以上（含特等奖）15项。杨德仁院士、何湘宁教授获“何梁何利科学与技术进步奖”。朱永群教授、徐海君教授获第十六届中国青年科技奖。李兰娟院士获第二届全国创新争先奖奖章、4人获创新争先奖状。

先进技术创新发展取得重要突破。全年科研新上项目660项，实际到款经费10.05亿元（不含下属独立法人单位共2100万元），较上年增长29.7%，其中单个项目合同经费超过千万的项目共30项。稳步推进示范区建设，积极探索新时代高校先进技术科技创新和管理创新“双驱动”机制，研究制定或修订制度文件11项。加强人才队伍建设，助推科研可持续发展，获批卓越青年科学基金项目2项。积极搭建先进技术创新平台，获批浙江省科技协同创新示范平台2个、浙江省先进技术科工领域协同创新中心（5个领域）、浙江省“2011”协同创新中心2个、首批先进技术科技工业“领跑”技术产品3个。

全球开放发展战略深化落实。坚持全球视野，持续推进以实质性合作项目和平台为牵引的国际科技合作。培育并获批省级“一带一路”联合实验室4家；在电力电子技术、生殖健康等领域布局浙江省国际科技合作基地9个。获批国家重点研发计划政府间国际科技创新合作重点专项项目19项；获批各类国家自然科学基金国际合作与交流项目28项。参加国际热核聚变反应堆计划（ITER）和大型强子对撞机（LHC）的建设，获批2项磁约束核聚变发展研究专项项目。

科研管理政策体系不断完善。相继出台《浙江大学校设法人研究机构管理办法（试行）》（浙大发科〔2020〕2号）、《浙江大学自然科学研究机构管理办法》(浙大发科〔2020〕4 号)、《浙江大学关于科研经费管理的补充规定》(浙大发计〔2020〕9 号)、《浙江大学人类遗传资源管理办法》(浙大发科〔2020〕3 号)、《浙江大学医学伦理委员会章程》;研究修订《浙江大学科学技术奖励办法》(浙大发科〔2020〕17 号);组织编印《2020 年科研政策汇编》《科研经费违规使用案例集》等,进一步探索推进科研评价体系改革,加强对科研政策和科研纪律的宣传教育。

科研服务效能持续提升。重视标志性成果全链条培育工作,组织院士、国家奖获得者、相关行业或领域专家等为项目开展"多对一"指导和咨询。持续完善科研服务系统建设,策划推进科研服务系统二期建设工作。为科研人员提供政策指导和精准服务,组织开展国家重点研发计划申报、国家基金申报、科研经费管理培训等系列培训活动,承办"何梁何利基金会高峰论坛"等全国高校会议。积极发挥浙大科协的作用,组织举办西湖学术论坛 5 期,召开西湖学术沙龙 11 期。提升宣传服务功能,便捷查询服务事项,依托"浙大科研"微信公众号推出大讨论系列推文 7 期,新增科研办事流程服务指南专栏,推出科研服务系列推文 3 期。牵头推进线上科技馆建设,宣传学校科技发展历程和重大科研成果,累计浏览量近 3000 人次,同时组织推进科技成果馆的改造修缮工作。

【全力推进抗疫科研攻关】 先后派出 520 余名医护人员驰援武汉、荆门和意大利,面向全球发布《新冠肺炎防治手册》,惠及 229 个国家和地区;3 家附属医院被列入浙江省定点医院,实现医护"零感染"、疑似"零漏诊"、确诊"零死亡"。发挥疫情防控"国家队"作用,积极组织力量加快抗疫科研攻关,获批国家部委、省级应急专项 10 余项,推进与阿里巴巴、海尔、海正药业等企业开展联合攻关,启动学校应急科研专项项目 100 项,在诊疗方法、毒株分离、疫苗研制、药物筛选、冷链食品防护等领域取得新进展,抗疫科技攻关工作获科技部来函致谢。

【良渚实验室挂牌成立】 2020 年 7 月,由浙江大学牵头建设的良渚实验室(系统医学与精准诊治浙江省实验室)挂牌成立,实验室面向世界科技前沿、面向经济主战场、面向国家重大需求、面向人民生命健康,集聚浙江大学和全省医学优势人才、技术和资源,围绕重大精神疾病、疑难未诊断疾病、血液与免疫疾病谋求重大突破,致力于建设成为我国疑难重症诊治中心、个性化诊疗技术创新源和生命健康产业孵化基地,打造国家实验室的"预备队"。

【举行四校合并以来首次科研大讨论】 2020 年 4 月,浙江大学召开科研工作会议并开启为期半年的全校科研大讨论,旨在以大讨论形成大共识,一体化推进自然科学和哲学社会科学研究高质量高水平发展。全校上下高度重视、广泛参与、深度协同,37 个院系和 10 个专题工作组开展了形式多样的讨论活动。历时半年多,科研大讨论整体形成了《浙江大学科研大讨论意见共识 20 条》,明确了"十四五"重大科研攻关任务,制定了《浙江大学"十四五"创新生态建设规划》,为学校进一步谋划"十四五"科研发展、展望 2035 年远景目标奠定了坚实基础。

【在 CNS 三大期刊主刊发文】 2020 年,浙江大学以第一单位在《细胞》《自然》《科学》三大期刊主刊上发表文章 8 篇。

表　2020 年浙江大学以第一完成单位在 *Nature*、*Science*、*Cell* 三大刊物主刊发文情况

序号	期刊名称及期次	论文名称	作者	所在单位
1	*Science*, 2020, 367:193-197	Hydrophobic zeolite modification for in situ peroxide formation in methane oxidation to methanol	金竹（一作），王亮（通讯），肖丰收（通讯）等	化学系
2	*Science*, 2020, 367:428-430	Visualizing H_2O molecules reacting at TiO_2 active sites with transmission electron microscopy	袁文涛（一作），张泽（通讯），王勇（通讯）等	材料科学与工程学院
3	*Science*, 2020, 367:688-694	Microglia mediate forgetting via complement-dependent synaptic elimination	王超（一作），岳慧敏（一作），王朗（通讯），谷岩（通讯）等	医学院
4	*Nature*, 2020, 579:51-55	Strange-metal behaviour in a pure ferromagnetic Kondo lattice	沈斌（一作），张勇军（一作），Michael Smidman（通讯），袁辉球（通讯）等	物理学系
5	*Nature*, 2020, 581:303-309	Construction of a human cell landscape at single-cell level	韩晓平（一作和通讯），周子茗（一作），费丽江（一作），孙慧宇（一作），汪仁英（一作），陈瑶（一作），陈海德（一作），王晶晶（一作），韩晓平（一作），郭国骥（通讯）等	医学院
6	*Nature*, 2020, 580:530-535	The gluconeogenic enzyme PCK1 phosphorylates INSIG1/2 for lipogenesis	许大千（一作和通讯），吕志民（通讯）等	医学院附属第一医院、转化医学研究院
7	*Cell*, 2020, 183:730-738	Molecular architecture of the SARS-CoV-2 virus	姚航平（一作），吴南屏（一作），李兰娟（通讯）等	传染病诊治国家重点实验室
8	*Science*, 2020, 370: eabb6350	Architecture of the photosynthetic complex from a green sulfur bacterium	陈景华（一作），张兴（通讯）等	医学院附属邵逸夫医院

（王凤仪撰稿　杨　波审稿）

【附录】

附录 1 2020 年浙江大学科研机构(研究所)

所属院系	序号	研究所	负责人
数学科学学院	1	高等数学研究所	李　方
	2	信息数学研究所	阮火军
	3	科学与工程计算研究所	吴庆标
	4	统计研究所	张荣茂
	5	应用数学研究所	孔德兴
	6	运筹与控制科学研究所	谈之奕
物理学系	7	光学研究所	朱诗尧
	8	凝聚态物理研究所	许祝安
	9	电子与无线电物理研究所	吴惠桢
	10	浙江近代物理中心	李政道
化学系	11	物理化学研究所	王从敏
	12	有机与药物化学研究所	陆　展
	13	高新材料化学研究所	吴传德
	14	催化研究所	王　勇
	15	分析化学研究所	苏　彬
地球科学学院	16	天气气候与环境气象研究所	曹　龙
	17	地质研究所	程晓敢
	18	地球物理研究所	徐义贤
	19	地理与空间信息研究所	杜震洪
心理与行为科学系	20	应用心理学研究所	马剑虹
	21	认知与发展心理学研究所	张智君
机械工程学院	22	机械电子控制工程研究所	李德骏
	23	制造技术及装备自动化研究所	傅建中
	24	设计工程研究所	张树有
	25	航空制造工程研究所	董辉跃
	26	微纳技术与精密工程研究所	刘　涛
	27	机械设计研究所	童水光
	28	工业工程研究所	唐任仲

续表

所属院系	序号	研究所	负责人
材料科学与工程学院	29	半导体材料研究所	杨德仁
	30	金属材料研究所	吴进明
	31	无机非金属材料研究所	钱国栋
	32	材料物理研究所	吴勇军
	33	功能复合材料与结构研究所	彭华新
	34	高温合金研究所	贝红斌
能源工程学院	35	热能工程研究所	岑可法
	36	动力机械与车辆工程研究所	刘震涛
	37	制冷与低温研究所	张学军
	38	热工与动力系统研究所	盛德仁
	39	化工机械研究所	洪伟荣
电气工程学院	40	电机及其控制研究所	年　珩
	41	电力系统自动化研究所	陈向荣
	42	航天电气与微特电机研究所	卢琴芬
	43	电力能源互联网及其智能化研究所	汪　震
	44	电气自动化研究所	刘妹琴
	45	系统科学与控制研究所	厉小润
	46	电力电子技术研究所	徐德鸿
	47	电工电子新技术研究所	杨仕友
建筑工程学院	48	结构工程研究所	金伟良
	49	岩土工程研究所	陈云敏
	50	水工结构与水环境研究所	刘国华
	51	交通工程研究所	徐荣桥
	52	土木工程管理研究所	张　宏
	53	市政工程研究所	张土乔
	54	防灾工程研究所	尚岳全
	55	建筑材料研究所	钱晓倩
	56	高性能建筑结构与材料研究所	徐世烺

续表

所属院系	序号	研究所	负责人
建筑工程学院	57	建筑设计及其理论研究所	徐　雷
	58	建筑技术研究所	葛　坚
	59	城市规划与设计研究所	华　晨
	60	城乡规划理论与技术研究所	韩昊英
	61	水文与水资源工程研究所	冉启华
	62	空间结构研究中心	罗尧治
	63	滨海和城市岩土工程研究中心	龚晓南
	64	智能交通研究所	王殿海
化学工程与生物工程学院	65	聚合与聚合物工程研究所	罗英武
	66	化学工程研究所	戴立言
	67	联合化学反应工程研究所	冻志荣
	68	生物工程研究所	吴坚平
	69	制药工程研究所	张治国
	70	工业生态与环境研究所	张兴旺
海洋学院	71	港口海岸与近海工程研究所	贺治国
	72	海洋化学与环境研究所	张朝晖
	73	海洋传感与网络研究所	瞿逢重
	74	海洋结构物与船舶工程研究所	冷建兴
	75	海洋电子与智能系统研究所	徐志伟
	76	海洋地质与资源研究所	厉子龙
	77	海洋工程与技术研究所	陈　鹰
	78	物理海洋与遥感研究所	宋金宝
	79	海洋生物与药物研究所	马忠俊
航空航天学院	80	流体工程研究所	余钊圣
	81	空天信息技术研究所	宋广华
	82	应用力学研究所	钱　劲
	83	飞行器设计与推进技术研究所	孟　华
	84	无人机系统与控制研究所	黎　军

续表

所属院系	序号	研究所	负责人
航空航天学院	85	航天电子工程研究所	郁发新
	86	微小卫星研究中心	金仲和
高分子科学与工程系	87	高分子科学研究所	高　超
	88	高分子复合材料研究所	陈红征
	89	生物医用大分子研究所	计　剑
光电科学与工程学院	90	光学成像与检测技术研究所	徐之海
	91	光学工程研究所	白　剑
	92	微纳光子学研究所	邱建荣
	93	激光生物医学研究所	丁志华
	94	光电工程研究所	匡翠方
	95	光及电磁波研究中心	何赛灵
	96	光学惯性技术工程中心	黄腾超
信息与电子工程学院	97	信息与通信网络工程研究所	虞　露
	98	智能通信网络与安全研究所	赵民建
	99	信号空间和信息系统研究所	徐　文
	100	微纳电子研究所	程志渊
	101	超大规模集成电路设计研究所	张　明
	102	微电子集成系统研究所	储　涛
控制科学与工程学院	103	工业控制研究所	陈积明
	104	智能感知与检测研究所	黄志尧
	105	智能系统与控制研究所	苏宏业
计算机科学与技术学院	106	人工智能研究所	吴　飞
	107	系统结构与网络安全研究所	何钦铭
	108	计算机软件研究所	陈　刚
	109	现代工业设计研究所	孙守迁
生物医学工程与仪器科学学院	110	生物医学工程研究所	夏　灵
	111	数字技术及仪器研究所	陈耀武
	112	医疗健康信息工程技术研究所	叶学松

续表

所属院系	序号	研究所	负责人
生命科学学院	113	植物生物学研究所	郑绍建
	114	微生物研究所	高海春
	115	生态研究所	邱英雄
	116	细胞与发育生物学研究所	陈　军
	117	生物化学研究所	易　文
	118	遗传与再生生物学研究所	严庆丰
	119	生物物理研究所	田　兵
生物系统工程与食品科学学院	120	农业生物环境工程研究所	泮进明
	121	智能农业装备研究所	王　俊
	122	农业信息技术研究所	裘正军
	123	食品生物科学技术研究所	陈　卫
	124	食品加工工程研究所	刘东红
环境与资源学院	125	环境健康研究所	刘维屏
	126	环境过程研究所	林道辉
	127	农业化学研究所	林咸永
	128	农业遥感与信息技术应用研究所	黄敬峰
	129	土水资源与环境研究所	何　艳
	130	环境污染防治研究所	吴伟祥
	131	环境技术研究所	吴忠标
	132	环境生态研究所	郑　平
农业与生物技术学院	133	生物技术研究所	蔡新忠
	134	原子核农业科学研究所	叶庆富
	135	作物科学研究所	舒庆尧
	136	蔬菜研究所	卢　钢
	137	果树科学研究所	李　鲜
	138	园林研究所	夏宜平
	139	昆虫科学研究所	李　飞
	140	农药与环境毒理研究所	虞云龙
	141	茶叶研究所	王岳飞

续表

所属院系	序号	研究所	负责人
动物科学学院	142	饲料科学研究所	余东游
	143	动物预防医学研究所	周继勇
	144	奶业科学研究所	王佳堃
	145	蚕蜂研究所	胡福良
	146	动物养殖与环境工程研究所	邵庆均
	147	应用生物资源研究所	时连根
	148	动物遗传繁育研究所	彭金荣
医学院	149	传染病研究所	李兰娟
	150	血液学研究所	黄　河
	151	肿瘤研究所	于晓方
	152	儿科研究所	杜立中
	153	外科研究所	王伟林
	154	心血管病研究所	王建安
	155	脑医学研究所	张建民
	156	急救医学研究所	张　茂
	157	骨科研究所	叶招明
	158	妇产科计划生育研究所	吕卫国
	159	邵逸夫临床医学研究所	俞云松
	160	眼科研究所	姚　克
	161	呼吸疾病研究所	沈华浩
	162	免疫学研究所	曹雪涛
	163	病理学与法医学研究所	周　韧
	164	社会医学与全科医学研究所	李　鲁
	165	环境医学研究所	孙文均
	166	营养与食品安全研究所	王福俤
	167	神经科学研究所	段树民
	168	微创外科研究所	蔡秀军
	169	核医学与分子影像研究所	张　宏

续表

所属院系	序号	研究所	负责人
医学院	170	胃肠病研究所	姒健敏
	171	细胞生物学研究所	张咸宁
	172	器官移植研究所	郑树森
	173	口腔医学研究所	王慧明
	174	肾脏病研究所	陈江华
	175	遗传学研究所	管敏鑫
	176	药物生物技术研究所	李永泉
	177	检验医学研究所	陈　瑜
	178	运动医学研究所	欧阳宏伟
	179	系统神经与认知科学研究所	王　菁
药学院	180	药物发现与设计研究所	崔孙良
	181	药物制剂研究所	高建青
	182	药物信息学研究所	瞿海斌
	183	现代中药研究所	吴永江
	184	药理毒理研究所	应美丹
	185	药物代谢和药物分析研究所	曾　苏

附录2　2020年浙江大学科研机构(校设研究院)

序号	校设研究院名称	批准时间	负责人
1	浙江加州国际纳米技术研究院	2005年12月	杨　辉
2	浙江大学求是高等研究院	2006年10月	徐立之
3	浙江大学生命科学研究院	2009年10月	冯新华
4	浙江大学水环境研究院	2009年12月	徐向阳
5	浙江大学可持续能源研究院	2010年1月	倪明江 骆仲泱
6	浙江大学集成电路与基础软件研究院	2010年4月	严晓浪
7	浙江大学国际设计研究院	2010年9月	孙凌云
8	浙江大学转化医学研究院	2012年3月	吕志民
9	浙江大学海洋研究院	2014年5月	张海生

续表

序号	校设研究院名称	批准时间	负责人
10	浙江大学健康医疗大数据国家研究院	2018 年 6 月	吴息凤
11	浙江大学数学高等研究院	2019 年 12 月	励建书
12	浙江大学癌症研究院	2020 年 1 月	周天华

附录 3　2020 年浙江大学共建科研机构(校地科技合作平台)

序号	校地科技合作平台	时间	负责人	平台性质
1	浙江大学台州研究院	2007 年	颜文俊	事业法人
2	浙江大学舟山海洋研究中心	2009 年	王瑞飞	事业法人
3	浙江大学—宁波江北工研院公共创新平台	2011 年	杨　捷	企业法人
4	浙江大学苏州工业技术研究院	2011 年	叶继术	事业法人
5	浙江大学昆山创新中心	2012 年	姚　军	事业法人
6	浙江大学常州工业技术研究院	2013 年	吕红兵	事业法人
7	浙江大学自贡创新中心	2014 年	童水光	事业法人
8	浙江大学滨海产业技术研究院	2014 年	柳景青	事业法人
9	浙江大学包头工业技术研究院	2014 年	吕福在	事业法人
10	浙江大学华南工业技术研究院	2014 年	赵荣祥	事业法人
11	浙江大学山东工业技术研究院	2017 年	曹衍龙	事业法人
12	浙江大学温州研究院	2019 年	谢新宇	事业法人
13	浙江大学衢州研究院	2018 年	任其龙	事业法人
14	浙江大学德清先进技术与产业研究院	2018 年	尹建伟	事业法人
15	浙江大学涡轮机械与推进系统研究院(德清)	2018 年	郑　耀	事业法人
16	浙江大学计算机创新技术研究院	2019 年	陈　刚	事业法人
17	浙江大学中原研究院	2019 年	叶兴乾	事业法人
18	浙江大学山东(临沂)现代农业研究院	2019 年	王　珂	事业法人
19	浙江大学智能创新药物研究院	2020 年	丁　健	事业法人
20	浙江大学海南研究院	2020 年	王立忠	事业法人
21	浙江大学国际健康医学研究院	2020 年	应颂敏	事业法人
22	浙江大学先进电气装备创新中心	2020 年	夏长亮	事业法人

续表

序号	校地科技合作平台	时间	负责人	平台性质
23	浙江大学青山湖能源研究基地	2020 年	方梦祥	事业法人
24	浙江大学滨江研究院	2020 年	王立忠	事业法人
25	浙江大学高端装备研究院	2020 年	杨华勇	事业法人
26	浙江大学湖州研究院	2020 年	许　超	事业法人
27	浙江大学(杭州)创新医药研究院	2016 年	杨　波	非法人
28	浙江大学机器人研究院	2017 年	陆国栋	非法人
29	浙江大学宁波研究院	2018 年	章献民	非法人
30	浙江大学(宁波)气动产业技术研究中心	2018 年	陶国良	非法人
31	浙江大学三门 OLED 产业研究中心	2019 年	张其胜	非法人
32	浙江大学龙泉创新中心	2019 年	熊树生	非法人
33	浙江大学—洞头建筑与城乡发展联合研究中心	2019 年	吴　越	非法人
34	浙江大学(余杭)基础医学创新研究院	2019 年	罗建红	非法人
35	浙江大学—重庆市住房公积金管理中心创新应用联合实验室	2020 年	尹可挺	非法人
36	浙大—榆林智能自动化和智慧能源联合研发中心	2020 年	施一明	非法人
37	浙江大学—湖州智能驱动产业研究中心	2020 年	赵荣祥	非法人
38	浙江大学—广西东盟创新研究中心	2020 年	杨　辉	非法人
39	浙江大学海宁生物电子国际研究中心	2020 年	骆季奎	非法人
40	浙江大学—萍乡市湘东工业园光电技术联合研究中心	2020 年	沈伟东	非法人
41	浙江大学百山祖国家公园联合研究中心	2020 年	于明坚	非法人

注:非法人单位为签约时间,法人单位为注册成立时间;负责人为院长或中心主任。

附录 4　2020 年浙江大学国家、省部科创基地

序号	基地名称	批准日期	负责人	学院(系)
国家重点实验室				
1	硅材料国家重点实验室	1985 年 8 月	钱国栋	材料学院
2	计算机辅助设计与图形学国家重点实验室	1989 年 2 月	周　昆	计算机学院

续表

序号	基地名称	批准日期	负责人	学院(系)
国家重点实验室				
3	流体动力与机电系统国家重点实验室	1989 年 6 月	徐　兵	机械学院
4	工业控制技术国家重点实验室	1989 年 6 月	苏宏业	控制学院
5	现代光学仪器国家重点实验室	1989 年 6 月	刘　旭	光电学院
6	能源清洁利用国家重点实验室	2005 年 3 月	严建华	能源学院
7	传染病诊治国家重点实验室	2007 年 10 月	李兰娟	医学院附属第一医院
8	化学工程联合国家重点实验室(参加)	1987 年 6 月	李伯耿	化工学院
9	植物生理学与生物化学国家重点实验室(参加)	2002 年 1 月	郑绍建	生科学院
10	水稻生物学国家重点实验室(参加)	2003 年 12 月	叶恭银	农学院
国家重大科技基础设施				
1	超重力离心模拟与实验装置国家重大科技基础设施	2019 年 1 月	陈云敏	建工学院
国家工程技术研究中心				
1	国家光学仪器工程技术研究中心	1994 年 3 月	何赛灵	光电学院
2	国家电液控制工程技术研究中心	2000 年 6 月	谢海波	机械学院
3	国家列车智能化工程技术研究中心	2011 年 6 月	陈　刚	计算机学院
4	国家水煤浆工程技术研究中心(参加)	1992 年 4 月	周俊虎	能源学院
国家工程研究中心(实验室)				
1	工业自动化国家工程研究中心	1992 年 9 月	孙优贤	控制学院
2	电力电子应用技术国家工程研究中心	1996 年 10 月	赵荣祥	电气学院
3	生物饲料安全与污染防控国家工程实验室	2008 年 7 月	刘建新	动科学院
4	工业控制系统安全技术国家工程实验室	2013 年 11 月	孙优贤	控制学院
5	垃圾焚烧技术与装备国家工程实验室	2016 年 10 月	严建华	能源学院
国家临床医学研究中心				
1	国家感染性疾病临床医学研究中心	2019 年 5 月	李兰娟	医学院附属第一医院
2	国家儿童健康与疾病临床医学研究中心	2019 年 5 月	舒　强	医学院附属儿童医院

续表

序号	基地名称	批准日期	负责人	学院(系)
	国家科技资源共享服务平台			
1	国家健康和疾病人脑组织资源库	2019年6月	章　京	医学院脑科学与脑医学系
	科技部国际科技合作基地			
1	浙江国际纳米技术研发中心	2007年12月	杨　辉	纳米研究院
2	先进能源国际联合研究中心	2012年9月	骆仲泱	能源学院
3	中葡先进材料联合创新中心	2013年2月	计　剑	高分子系
4	园艺作物品质调控与应用国际联合研究中心	2015年10月	陈昆松	农学院
5	海洋土木工程国际联合研究中心	2016年11月	王立忠	建工学院
6	流程生产质量优化与控制国际联合研究中心	2016年11月	邵之江	控制学院
7	光电技术国际联合研究中心	2016年11月	邱建荣	光电学院
8	肝病和肝移植研究国际科技合作基地	2016年11月	郑树森	医学院附属第一医院
9	出生缺陷诊治国际科技合作基地	2018年2月	舒　强	医学院附属儿童医院
	国家地方联合工程研究中心(实验室)			
1	海洋工程装备国家地方联合工程实验室(浙江)	2012年10月	朱世强	海洋学院
2	工业生物催化国家地方联合工程实验室(浙江)	2013年10月	杨立荣	化工学院
3	园艺产品冷链物流工艺与装备国家地方联合工程实验室(浙江)	2015年3月	孙崇德	农学院
4	药物制剂技术国家地方联合工程实验室(浙江)	2015年12月	胡富强	药学院
5	智能食品加工技术与装备国家地方联合工程实验室(浙江)	2016年10月	刘东红	生工食品学院
6	先进结构设计与建造技术国家地方联合工程研究中心(浙江)	2017年12月	罗尧治	建工学院
	国家2011协同创新中心			
1	煤炭分级转化清洁发电协同创新中心	2014年10月	倪明江	能源学院
2	感染性疾病诊治协同创新中心	2014年10月	李兰娟	医学院附属第一医院

续表

序号	基地名称	批准日期	负责人	学院(系)
教育部前沿科学中心				
1	脑与脑机融合前沿科学中心	2018年9月	段树民	科研院
教育部集成攻关大平台				
1	×××集成攻关大平台	2019年11月	王文海	控制学院
教育部重点实验室				
1	生物医学工程教育部重点实验室	2000年8月	王　平	生仪学院
2	生命系统稳态与保护教育部重点实验室	2000年8月	冯新华	生科学院
3	动物分子营养学教育部重点实验室	2000年8月	汪以真	动科学院
4	污染环境修复与生态健康教育部重点实验室	2003年11月	梁永超	环资学院
5	高分子合成与功能构造教育部重点实验室	2005年12月	李寒莹	高分子系
6	软弱土与环境土工教育部重点实验室	2007年2月	詹良通	建工学院
7	恶性肿瘤预警与干预教育部重点实验室	2007年12月	胡　汛	医学院附属第二医院
8	生殖遗传教育部重点实验室	2010年11月	黄荷凤	医学院附属妇产科医院
9	生物质化工教育部重点实验室	2011年12月	任其龙	化工学院
10	视觉感知教育部—微软重点实验室	2005年2月	杨　易	计算机学院
教育部工程研究中心				
1	膜与水处理技术教育部工程研究中心	2001年1月	侯立安	高分子系
2	嵌入式系统教育部工程研究中心	2006年6月	陈耀武	生仪学院
3	计算机辅助产品创新设计教育部工程研究中心	2006年6月	应放天	计算机学院
4	表面与结构改性无机功能材料教育部工程研究中心	2007年7月	韩高荣	材料学院
5	数字图书馆教育部工程研究中心	2009年1月	庄越挺	计算机学院
6	高压过程装备与安全教育部工程研究中心	2009年12月	郑津洋	能源学院
7	电子病历与智能专家系统教育部工程研究中心	2013年11月	李兰娟	医学院附属第一医院
8	海洋感知技术与装备教育部工程研究中心	2019年10月	王立忠	海洋学院

续表

序号	基地名称	批准日期	负责人	学院(系)
教育部省部共建协同创新中心				
1	人工智能省部共建协同创新中心	2018 年 12 月	庄越挺	计算机学院
2	先进技术协同创新中心	2018 年 12 月		
3	工业信息物理融合系统省部共建协同创新中心	2019 年 9 月	孙优贤	控制学院
教育部国际合作联合实验室				
1	光子学与技术国际合作联合实验室	2015 年 12 月	戴道锌	光电学院
教育部野外科学观测研究站				
1	浙江长兴作物有害生物教育部野外科学观测研究站	2019 年 10 月	林福呈	农学院
2	浙江舟山群岛海洋生态系统教育部野外科学观测研究站	2019 年 10 月	李春峰	海洋学院
农业农村部重点实验室				
1	农业农村部核农学重点实验室	2016 年 12 月	华跃进	农学院
2	农业农村部华东动物营养与饲料重点实验室	2016 年 12 月	汪以真	动科学院
3	农业农村部设施农业装备与信息化重点实验室	2016 年 12 月	朱松明	生工食品学院
4	农业农村部园艺作物生长发育重点实验室	2016 年 12 月	喻景权	农学院
5	农业农村部动物病毒学重点实验室	2016 年 12 月	周继勇	动科学院
6	农业农村部作物病虫分子生物学重点实验室	2016 年 12 月	陈学新	农学院
7	农业农村部农产品产后处理重点实验室	2016 年 12 月	罗自生	生工食品学院
8	农业农村部农产品产地处理装备重点实验室	2016 年 12 月	应义斌	生工食品学院
9	农业农村部光谱检测重点实验室	2016 年 12 月	何　勇	生工食品学院
卫健委重点实验室				
1	卫健委传染病重点实验室	1996 年 2 月	李兰娟	医学院附属第一医院
2	卫健委多器官联合移植研究重点实验室	2000 年 12 月	郑树森	医学院附属第一医院
3	卫健委医学神经生物学重点实验室	2007 年 4 月	罗建红	基础医学系

续表

序号	基地名称	批准日期	负责人	学院(系)
各部委研究中心				
1	智能科学与技术网上合作研究中心(教育部)	1999年12月	潘云鹤	计算机学院
2	国家濒危野生动植物种质基因保护中心(教育部、国家林业局)	2001年10月	方盛国	生科学院
3	教育部含油气盆地构造研究中心	2006年8月	陈汉林	地科学院
4	磁约束核聚变教育部研究中心(联合)	2008年2月	盛正卯	物理系
5	国家环境保护燃煤大气污染控制工程技术中心(环保部)	2010年11月	高　翔	能源学院
6	浙江国际纳米技术研发中心(教育部、国家外专局)	2007年12月	杨　辉	纳米研究院
7	新型飞行器联合研究中心(教育部)	2009年11月	郑　耀	航空航天学院
浙江省实验室				
1	良渚实验室	2020年7月	刘志红	医学院
浙江应用数学中心				
1	浙江应用数学中心	2020年3月	包　刚	数学学院
浙江省重点实验室				
1	浙江省医学分子生物学重点实验室	1991年12月	丁克峰	医学院附属第二医院
2	浙江省应用化学重点实验室	1992年3月	肖丰收	化学系
3	浙江省饲料与动物营养重点实验室	1992年5月	汪以真	动科学院
4	浙江省资源与环境信息系统重点研究实验室	1993年11月	杜震洪	地科学院
5	浙江省农业遥感与信息技术重点实验室	1993年11月	史　舟	环资学院
6	浙江省细胞与基因工程重点实验室	1995年9月	严庆丰	生科学院
7	浙江省核农学重点实验室	1995年10月	吴殿星	农学院
8	浙江省信息处理与通信网络重点实验室	1997年10月	张朝阳	信电学院
9	浙江省农业资源与环境重点实验室	1997年10月	刘杏梅	环资学院
10	浙江省心脑血管检测技术与药效评价重点实验室	1997年10月	陈　杭	生仪学院
11	浙江省电磁及复合暴露健康危害重点实验室	1997年10月	周　舟	公共卫生系

续表

序号	基地名称	批准日期	负责人	学院(系)
12	浙江省先进制造技术重点实验室	1999 年 7 月	梅德庆	机械学院
13	浙江省器官移植重点实验室	2000 年 4 月	郑树森	医学院附属第一医院
14	浙江省动物预防医学重点实验室	2004 年 8 月	杜爱芳	动科学院
15	浙江省女性生殖健康研究重点实验室	2005 年 12 月	吕卫国	医学院附属妇产科医院
16	浙江省传染病重点实验室	2006 年 9 月	李兰娟	医学院附属第一医院
17	浙江省医学分子影像重点实验室	2006 年 10 月	田　梅	医学院附属第二医院
18	浙江省生物治疗重点实验室	2007 年 01 月	金洪传	医学院附属邵逸夫医院
19	浙江省水体污染控制与环境安全技术重点实验室	2007 年 12 月	徐向阳	环资学院
20	浙江省新生儿疾病(诊治)重点实验室	2008 年 12 月	舒　强	医学院附属儿童医院
21	浙江省血液肿瘤(诊治)重点实验室	2008 年 12 月	金　洁	医学院附属第一医院
22	浙江省服务机器人重点实验室	2008 年 12 月	卜佳俊	计算机学院
23	浙江省微生物生化与代谢工程重点实验室	2009 年 12 月	李永泉	基础医学系
24	浙江省心血管诊治重点实验室	2009 年 12 月	王建安	医学院附属第二医院
25	浙江省疾病蛋白质组学重点实验室	2009 年 12 月	邵吉民	基础医学系
26	浙江省有机污染过程与控制重点实验室	2009 年 12 月	林道辉	环资学院
27	浙江省医学神经生物学重点实验室	2010 年 9 月	吴志英	基础医学系
28	浙江省空间结构重点实验室	2010 年 9 月	罗尧治	建工学院
29	浙江省腔镜技术研究重点实验室	2010 年 9 月	蔡秀军	医学院附属邵逸夫医院
30	浙江省光电磁传感技术研究重点实验室	2010 年 9 月	何赛灵	光电学院
31	浙江省重要致盲眼病防治技术研究重点实验室	2011 年 11 月	姚　克	医学院附属第二医院

续表

序号	基地名称	批准日期	负责人	学院(系)
32	浙江省肾脏疾病防治技术研究重点实验室	2011年11月	陈江华	医学院附属第一医院
33	浙江省网络多媒体技术研究重点实验室	2011年11月	陈耀武	生仪学院
34	浙江省组织工程与再生医学技术重点实验室	2011年11月	欧阳宏伟	基础医学系
35	浙江省作物种质资源重点实验室	2011年11月	舒庆尧	农学院
36	浙江省电池新材料与应用技术研究重点实验室	2012年9月	涂江平	材料学院
37	浙江省海洋可再生能源电气装备与系统技术研究重点实验室	2012年9月	韦　巍	电气学院
38	浙江省农产品加工技术研究重点实验室	2012年9月	叶兴乾	生工食品学院
39	浙江省抗肿瘤药物临床前研究重点实验室	2013年7月	何俏军	药学院
40	浙江省饮用水安全与输配技术重点实验室	2013年7月	张土乔	建工学院
41	浙江省三维打印工艺与装备重点实验室	2014年8月	傅建中	机械学院
42	浙江省精神障碍诊疗和防治技术重点实验室	2014年8月	许　毅	医学院附属第一医院
43	浙江省园艺植物整合生物学研究与应用重点实验室	2015年3月	陈昆松	农学院
44	浙江省大数据智能计算重点实验室	2015年3月	陈　刚	计算机学院
45	浙江省制冷与低温技术重点实验室	2015年3月	陈光明	能源学院
46	浙江省新型吸附分离材料与应用技术重点实验室	2015年11月	徐志康	高分子系
47	浙江省软体机器人与智能器件研究重点实验室	2015年11月	曲绍兴	航空航天学院
48	浙江省临床体外诊断技术研究重点实验室	2015年11月	陈　瑜	医学院附属第一医院
49	浙江省海洋岩土工程与材料重点实验室	2015年11月	王立忠	海洋学院
50	浙江省化工高效制造技术重点实验室	2016年9月	王靖岱	化工学院
51	浙江省先进微纳电子器件智能系统及应用重点实验室	2016年9月	李尔平	信电学院
52	浙江省肝胆胰肿瘤精准诊治研究重点实验室	2016年9月	王伟林	医学院附属第一医院

续表

序号	基地名称	批准日期	负责人	学院(系)
53	浙江省胰腺病研究重点实验室	2016 年 9 月	梁廷波	医学院附属第二医院
54	浙江省口腔生物医学研究重点实验室	2016 年 9 月	王慧明	医学院附属口腔医院
55	浙江省海洋观测—成像试验区重点实验室	2016 年 9 月	徐　文	海洋学院
56	浙江省呼吸疾病诊治及研究重点实验室	2017 年 9 月	沈华浩	基础医学系
57	浙江省生殖障碍诊治研究重点实验室	2017 年 9 月	张松英	医学院附属邵逸夫医院
58	浙江省作物病虫生物学重点实验室	2018 年 10 月	陈学新	农学院
59	浙江省量子技术与器件重点实验室	2018 年 10 月	许祝安	物理学系
60	浙江省设计智能与数字创意研究重点实验室	2018 年 10 月	孙守迁	计算机学院
61	浙江省电机系统智能控制与变流技术重点实验室	2018 年 10 月	沈建新	电气学院
62	浙江省骨骼肌肉退变与再生修复转化研究重点实验室	2018 年 10 月	范顺武	医学院附属邵逸夫医院
63	浙江省药物临床研究与评价技术重点实验室	2018 年 10 月	裘云庆	医学院附属第一医院
64	浙江省肿瘤微环境与免疫治疗重点实验室	2018 年 10 月	黄　建	医学院附属第二医院
65	浙江省地学大数据与地球深部资源重点实验室	2019 年 11 月	夏群科	地科学院
66	浙江省微纳卫星研究重点实验室	2019 年 11 月	金仲和	先研院
67	浙江省免疫与炎症疾病重点实验室	2019 年 11 月	王青青	基础医学系
68	浙江省智能预防医学重点实验室	2019 年 11 月	吴息凤	公共卫生系
69	浙江省运动系统疾病研究与精准诊治重点实验室	2019 年 11 月	叶招明	医学院附属第二医院
70	浙江省增龄与理化损伤性疾病诊治研究重点实验室	2019 年 11 月	陆远强	医学院附属第一医院
71	浙江省心血管介入与再生修复研究重点实验室	2019 年 11 月	傅国胜	医学院附属邵逸夫医院
72	浙江省蚕蜂资源利用与创新研究重点实验室	2019 年 11 月	杨明英	动科学院

续表

序号	基地名称	批准日期	负责人	学院(系)
73	浙江省区块链与网络空间治理重点实验室	2020 年 11 月	任　奎	计算机学院
74	浙江省激发态材料合成与应用重点实验室	2020 年 11 月	彭笑刚	化学系
75	浙江省癌症分子细胞生物学重点实验室	2020 年 11 月	冯新华	生命学院
76	浙江省遗传缺陷与发育障碍研究重点实验室	2020 年 11 月	管敏鑫	医学院
77	浙江省医疗器械临床评价技术研究重点实验室	2020 年 11 月	冯靖祎	医学院附属第一医院
78	浙江省角膜病研究重点实验室	2020 年 11 月	姚玉峰	医学院附属邵逸夫医院
79	浙江省新型信息材料技术研究重点实验室(参加)	2011 年 11 月	严　密	材料学院
80	浙江省微量有毒化学物健康风险评估技术研究重点实验室(参加)	2013 年 7 月	朱　岩	化学系
81	浙江省微生物技术与生物信息研究重点实验室(参加)	2016 年 9 月	俞云松	医学院附属邵逸夫医院
82	浙江省微波毫米波射频技术重点实验室(参加)	2018 年 10 月	郁发新	航空航天学院
83	浙江省无人机技术重点实验室(参加)	2019 年 11 月	郑　耀	航空航天学院
84	浙江省脉冲电场技术医学转化重点实验室(参加)	2020 年 11 月	蒋天安	医学院附属第一医院
浙江省临床医学研究中心				
1	浙江省心脑血管疾病临床医学研究中心	2017 年 12 月	王建安	医学院附属第二医院
2	浙江省肝胆胰疾病临床医学研究中心	2017 年 12 月	梁廷波 王伟林	医学院附属第一医院
3	浙江省腹腔脏器微创诊治临床医学研究中心	2017 年 12 月	蔡秀军	医学院附属邵逸夫医院
4	浙江省感染性疾病临床医学研究中心	2019 年 5 月	李兰娟	医学院附属第一医院
5	浙江省儿童健康与疾病临床医学研究中心	2019 年 5 月	舒　强	医学院附属儿童医院
6	浙江省肾脏与泌尿系统疾病临床医学研究中心	2020 年 12 月	陈江华	医学院附属第一医院

续表

序号	基地名称	批准日期	负责人	学院(系)
7	浙江省血液病临床医学研究中心	2020 年 12 月	金　洁	医学院附属第一医院
8	浙江省运动系统疾病临床医学研究中心	2020 年 12 月	叶招明	医学院附属第二医院
9	浙江省急危重症临床医学研究中心	2020 年 12 月	张　茂	医学院附属第二医院
10	浙江省神经系统疾病临床医学研究中心	2020 年 12 月	张建民	医学院附属第二医院
11	浙江省眼部疾病临床医学研究中心	2020 年 12 月	叶　娟	医学院附属第二医院
12	浙江省口腔疾病临床医学研究中心	2020 年 12 月	陈谦明	医学院附属口腔医院
	浙江省协同创新中心			
1	工业信息物理融合系统协同创新中心	2013 年 11 月	孙优贤	控制学院
2	煤炭资源化利用发电技术协同创新中心	2013 年 11 月	倪明江	能源学院
3	感染性疾病诊治协同创新中心	2013 年 11 月	李兰娟	医学院附属第一医院
4	作物品质与产品安全协同创新中心	2016 年 4 月	张国平	农学院
5	智慧东海协同创新中心	2016 年 4 月	朱世强	海洋学院
6	新型飞行器关键基础与重大应用协同创新中心	2016 年 4 月	郑　耀	航空航天学院
7	“一带一路”合作与发展协同创新中心	2016 年 4 月	罗卫东 周谷平	西部发展研究院
8	大数据＋立法研究协同创新中心	2018 年 5 月	朱新力	法学院
9	社会组织与社会治理协同创新中心	2018 年 5 月	郁建兴	公共管理学院
10	智能无人机系统协同创新中心	2019 年 10 月	邵雪明	航空航天学院
11	乡村振兴协同创新中心	2019 年 10 月	叶兴乾	生工食品学院
12	人工智能协同创新中心	2019 年 10 月	庄越挺	计算机学院
13	微小卫星与星群协同创新中心	2019 年 10 月	金仲和	航空航天学院

续表

序号	基地名称	批准日期	负责人	学院(系)
浙江省国际科技合作基地				
1	肝病和肝移植研究浙江国际科技合作基地	2013 年 7 月	郑树森	医学院附属第一医院
2	园艺产品品质调控技术研创与应用浙江国际科技合作基地	2015 年 1 月	陈昆松	农学院
3	海洋土木工程浙江国际科技合作基地	2015 年 1 月	王立忠	建工学院
4	食品药品安全浙江省国际科技合作基地	2016 年 2 月	何俏军	药学院
5	出生缺陷诊治浙江省国际科技合作基地	2016 年 2 月	舒　强	医学院附属儿童医院
6	消化道肿瘤研究浙江国际科技合作基地	2016 年 12 月	王伟林	医学院附属第一医院
7	微创医学国际科技合作基地	2018 年 7 月	蔡秀军	医学院附属邵逸夫医院
8	先进材料微结构与性能调控国际科技合作基地	2018 年 7 月	韩高荣	材料学院
9	心血管疾病研究国际科技合作基地	2018 年 7 月	王建安	医学院附属第二医院
10	健康食品制造与品质控制国际合作基地	2019 年 12 月	刘东红	生工食品学院
11	种质创新与分子设计育种国际科技合作基地	2019 年 12 月	张国平	农学院
12	农业智能装备与机器人国际科技合作基地	2019 年 12 月	应义斌	生工食品学院
13	生物饲料研发与安全浙江省国际科技合作基地	2019 年 12 月	刘建新	动科院
14	环境污染与生态健康国际科技合作基地	2019 年 12 月	陈宝梁	环资学院
15	化工智能制造国际科技合作基地	2019 年 12 月	张　林	化工学院
16	肿瘤免疫诊断与治疗新技术创新基地	2019 年 12 月	黄　建	医学院附属第二医院
17	高分子健康材料与应用技术国际科技合作基地	2019 年 12 月	高长有	高分子系
18	电力电子技术国际科技合作基地	2020 年 11 月	李武华	电气学院
19	生殖健康国际科技合作基地	2020 年 11 月	张　丹	医学院附属妇产科医院

续表

序号	基地名称	批准日期	负责人	学院(系)
20	工程生物学国际科技合作基地	2020年11月	寿惠霞	生科院
21	微纳设计与制造国际科技合作基地	2020年11月	王靖岱	国际科创中心
22	作物病虫害绿色防控技术国际科技合作基地	2020年11月	陈学新	农学院
23	情绪何情感研究国际科技合作基地	2020年11月	斯　科	医学院
24	生物医学与工程转化国际科技合作基地	2020年11月	鲁林荣	爱丁堡大学联合学院
25	软机器与柔性电子国际科技合作基地	2020年11月	曲绍兴	航空航天学院
26	医学影像国际科技合作基地	2020年11月	胡红杰	医学院附属邵逸夫医院
浙江省工程技术研究中心				
1	浙江省现代服务业电子服务工程技术研究中心	2012年12月	吴朝晖	计算机学院
2	浙江省认知医疗工程技术研究中心	2016年9月	曹利平	医学院附属邵逸夫医院
3	浙江省城市地下空间开发工程技术研究中心	2017年9月	徐日庆	建工学院
4	浙江省网络媒体云处理与分析工程技术研究中心(参加)	2011年11月	张仲非	信电学院
浙江省工程实验室(研究中心)				
1	海洋装备试验浙江省工程实验室	2010年12月	冷建兴	海洋学院
2	工业生物催化浙江省工程实验室	2011年9月	杨立荣	化工学院
3	园艺产品冷链物流工艺与装备浙江省工程实验室	2011年12月	李　鲜	农学院
4	海洋工程材料浙江省工程实验室	2012年6月	詹树林	纳米研究院
5	药物制剂浙江省工程实验室	2012年6月	胡富强	药学院
6	食品加工技术与装备浙江省工程实验室	2013年11月	叶兴乾	生工食品学院
7	微生物制药浙江省工程实验室	2013年11月	李永泉	医学院
8	低碳烃制备技术工程实验室	2014年12月	阳永荣	化工学院
9	移动终端安全技术工程实验室	2014年12月	何钦铭	计算机学院
10	先进结构设计与建造工程研究中心	2014年12月	罗尧治	建工学院
11	医学人工智能浙江省工程实验室	2017年10月	梁廷波	医学院附属第一医院

续表

序号	基地名称	批准日期	负责人	学院(系)
12	干细胞与细胞免疫治疗浙江省工程实验室	2017年10月	黄　河	医学院附属第一医院
13	水污染控制浙江省工程实验室	2017年10月	徐向阳	环资学院
14	磁性材料浙江省工程实验室	2017年10月	严　密	材料学院
15	微波毫米波射频集成电路浙江省工程实验室	2018年7月	郁发新	航空航天学院
16	高可靠高安全软件工程浙江省工程实验室	2018年7月	杨建华	先研院
17	心血管疾病浙江省工程实验室	2018年7月	王建安	医学院附属第二医院
18	微创技术与装备研发浙江省工程实验室	2018年7月	蔡秀军	医学院附属邵逸夫医院
19	土壤污染协同防治浙江省工程研究中心	2019年7月	陈宝梁	环资学院
20	数字创意智能技术与装备浙江省工程研究中心	2019年10月	孙守迁	计算机学院
21	数理心理健康浙江省工程研究中心	2019年10月	许　毅	医学院附属第一医院
22	设计工程及数字孪生浙江省工程研究中心	2020年12月	谭建荣	机械学院
23	智慧交通浙江省工程研究中心	2020年12月	王殿海	建工学院
浙江省科技创新服务平台				
1	浙江省汽车及零部件产业科技创新服务平台	2008年1月	俞小莉	能源学院
2	浙江省工业自动化公共科技创新服务平台	2008年4月	孙优贤	控制学院
3	浙江省饲料产业科技创新服务平台	2008年8月	刘建新	动科学院

附录5　2020年浙江大学新增国家级科技计划项目情况

项目类型	类别	项目数/项	经费合计
科技创新2030——重大项目	项目	4	0.68亿元
	课题	5	
国家重点研发计划	项目	12	3.27亿元
	课题	44	

续表

项目类型	类别	项目数/项	经费合计
国家自然科学基金	面上项目	447	25581.8 万元
	青年科学基金	360	8544 万元
	重点重大项目*	74	23214.5 万元
	国家重大科研仪器研制项目（自由申请）	6	3938.66 万元
	国家杰出青年科学基金	8	3200 万元
	优秀青年科学基金项目	22	2640 万元

注：* 指含重点项目、重大项目课题、重大研究计划重点支持和集成项目、联合基金重点支持项目、重点国际（地区）合作研究项目；除国家杰出青年科学基金外，国家自然科学基金其他类别项目经费均为直接经费数。

附录 6　2020 年浙江大学各学院（系）、研究机构新增国家自然科学基金项目情况

单位	批准项数/项	直接经费/万元	批准率/%
经济学院	5	354	23.81
教育学院	2	72	15.38
管理学院	17	1057.5	41.46
公共管理学院	17	710	33.33
数学科学学院	15	1281.8	40.54
物理学系	17	1815	40.48
化学系	15	2773	30.00
地球科学学院	20	1586	35.71
心理与行为科学系	5	213	35.71
机械工程学院	20	2025.26	27.40
材料科学与工程学院	27	3853	32.93
能源工程学院	22	1353	31.88
电气工程学院	21	2566	27.63
建筑工程学院	31	1641	22.79
化学工程与生物工程学院	19	1426	21.84

续表

单位	批准项数/项	直接经费/万元	批准率/%
海洋学院	13	849	12.75
航空航天学院	19	1659	42.22
高分子科学与工程学系	11	1429	26.83
光电科学与工程学院	29	2761	38.67
信息与电子工程学院	25	2355	29.41
控制科学与工程学院	14	676	25.93
计算机科学与技术学院	27	3271	43.55
生物医学工程与仪器科学学院	2	56	4.00
生命科学学院	17	1280	22.67
生物系统工程与食品科学学院	18	935	23.38
环境与资源学院	24	1823	25.81
农业与生物技术学院	51	3155	29.14
动物科学学院	14	858	18.92
医学院	405	24882	13.97
药学院	21	1250	27.63
国际联合学院	2	52	11.76
生命科学研究院	15	1787	35.71
求是高等研究院	1	63	25.00
数学中心	1	52	100.00
传媒学院	1	24	25.00
农业试验站	1	24	50.00
数据科学研究中心	1	24	16.67
总计数	965	71991.56	19.59

注:经费为国家杰出青年科学基金经费与其他类别项目直接经费的加和。

附录 7　2020 年浙江大学各学院(系)新增国际合作项目情况

学院(系)	项目数/项	学院(系)	项目数/项
化学系	2	控制学院	0
机械学院	0	生仪学院	1
材料学院	1	生科学院	1
能源学院	3	生工食品学院	1
电气学院	9	环资学院	0
建工学院	3	农学院	1
化工学院	0	动科学院	4
计算机学院	0	医学院	6
高分子系	3	药学院	2
光电学院	2	公共管理学院	0
信电学院	4	生命科学研究院	0
海洋学院	0	航空航天学院	0
地球科学学院	2	浙江加州纳米研究院	0
求是高等研究院	0	心理系	0

注:数据来源为浙大科研管理系统登记的新增国际合作项目,不包括国家基金国际合作类项目(以批准时间为准)。

附录 8　2020 年各学院(系)科研经费到款情况　　单位:万元

学院(系)	到款经费	学院(系)	到款经费
数学学院	1581	高分子系	8427
物理系	4681	光电学院	22403
化学系	7515	信电学院	23492
地科学院	8135	控制学院	25896
心理系	435	计算机学院	41947
机械学院	52829	生仪学院	9462
材料学院	17993	生科学院	6680
能源学院	34578	生工食品学院	11364
电气学院	31065	环资学院	16466
建工学院	24747	农学院	20735
化工学院	19890	动科学院	8769
海洋学院	19569	医学院	76736
航空航天学院	27441	药学院	14767

注:数据来源为 2021 年 4 月 26 日科研管理系统导出的 2020 年到款数据。

附录 9　2020 年浙江大学各学院(系)获国家、省部级科技奖励情况

学院(系)	国家自然科学奖二等奖	国家技术发明奖二等奖	国家科技进步奖			高等学校科技奖		青年科学家奖	浙江省科技奖			总计
			特等	一等	二等	一等	二等		一等	二等	三等	
数学学院	1									1		2
物理学系							1				(2)	1(2)
化学系									1	(2)		1(2)
地科学院									(1)	(1)		(2)
机械学院		1							1		(1)	2(1)
材料学院	(1)	1			(1)		(1)		1		(1)	2(4)
能源学院					1				2	1(2)	1(1)	5(3)
电气学院					(1)	1			1(1)	1(2)	(2)	3(6)
建工学院				1	1	(1)	3			2(1)	1(1)	8(3)
化工学院							1			(1)	(1)	1(2)
海洋学院										(1)	1	1(1)
航空航天学院												
高分子系												
光电学院											(1)	(1)
信电学院						1				2		3
控制学院					1			1	(1)	(1)		2(2)
计算机学院	1					(1)			1	(1)		2(2)
生仪学院										(1)		(1)
生科学院						1			1		(1)	2(1)
生工食品学院		1							1	(2)	1(1)	3(3)
环资学院									1	1	(2)	2(2)
农学院					1	(1)			2	2(2)	2(1)	7(4)
动科学院					1					1	1(2)	3(2)
医学院							1		3(1)	5(4)	9(3)	18(8)
艺术与考古学院				(1)								(1)

续表

学院(系)	国家自然科学奖二等奖	国家技术发明奖二等奖	国家科技进步奖			高等学校科技奖		青年科学家奖	浙江省科技奖			总计
			特等	一等	二等	一等	二等		一等	二等	三等	
管理学院												
公共管理学院												
加州国际纳米研究院										1		1
生研院						1						1
总计	2(1)	3		1(1)	5(2)	4(3)	6(1)	1	15(4)	17(21)	16(20)	70(53)

注:括号内奖励数为浙江大学作为非第一单位所获的奖励数。

附录10　2020年科技成果获奖项目

2020年度国家自然科学奖(2项)

二等奖(2项)

1. 波动方程反问题的数学理论与计算方法
   数学科学学院——科学与工程计算研究所
   包　刚
2. 真实感图形的实时计算理论与方法
   计算机科学与技术学院——计算机辅助设计与图形学国家重点实验室
   周　昆　邵天甲　潘志庚　彭群生　石教英

2020年度国家技术发明奖(3项)

二等奖(3项)

1. 浮法在线氧化物系列功能薄膜高效制备成套技术及应用
   材料科学与工程学院——无机非金属材料研究所
   韩高荣　刘起英　刘　涌　刘军波　孔繁华　汪建勋
2. 食品绿色制造的杀菌、包装关键技术装备及产业化
   生物系统工程与食品科学学院——食品加工工程研究所
   刘东红　史　正　丁　甜　叶兴乾　姜　伟　周建伟
3. 高性能龙门加工中心整机设计与制造工艺关键技术及应用
   机械工程学院——设计工程研究所
   谭建荣　张树有　王立平　洪　军　冯毅雄　袁军堂　刘志峰　关立文　马丽雅
   黄玉美　李宝童　伊国栋　田　沙　刘宇凌　田亚峰

2020 年度国家科学技术进步奖(6 项)

一等奖(1 项)

1. 现代空间结构体系创新、关键技术与工程应用

建筑工程学院——空间结构研究中心

罗尧治　董石麟　冯　远　周　岱　赵　阳　许　贤　邓　华　周观根　陈务军　高　颖　张晓勇　向新岸　刘志伟　关富玲　董　城

二等奖(5 项)

1. 氢气规模化提纯与高压储存装备关键技术及工程应用

能源工程学院——化工机械研究所

郑津洋　陈学东　陈　健　王　冰　花争立　王　赓　韩武林　魏春华　姜　将　周　煜

2. 城市供水管网水质保障关键技术及应用

建筑工程学院——市政工程研究所

张土乔　俞亭超　张　燕　柳景青　叶苗苗　邵　煜　董剑峰　许　刚

3. 广域协同的高端大规模可编程自动化系统及应用

控制科学与工程学院——工业控制研究所

王文海　刘兴高　王　智　杨春节　孙优贤　贾廷纲　覃伟中　张海峰　谢道雄　胡　兵

4. 优势天敌昆虫控制蔬菜重大害虫的关键技术与应用

农业与生物技术学院——昆虫科学研究所

陈学新　张　帆　刘万学　刘树生　刘万才　郑永利　邱宝利　王　甦　时　敏　张桂芬

5. 猪圆环病毒病的免疫预防关键技术研究及应用

动物科学学院——动物预防医学研究所

周继勇　刘长明　黄耀伟　粟　硕　顾金燕　金玉兰　邢　刚　方鹏飞　李守军　李宝臣　王　蕾

2020 年度高等学校自然科学奖(7 项)

一等奖(3 项)

1. 多变流器并网系统的分层自律调控与复合功能协同理论和方法

电气工程学院——电力电子技术研究所

李武华　杨　欢　顾云杰　曾　正　何湘宁　罗皓泽　向　鑫　崔文峰　赵荣祥

2. 电磁隐身衣的机理及实验研究

信息与电子工程学院——电子工程系

陈红胜　郑　斌　徐　速　沈　炼　王华萍　章献民

3. 人类病原菌致病机制

生命科学研究院

朱永群　周　艳　黄春峰　尹　莉　许建坡　徐丹丹　王小飞　刘小云　傅盼翰

二等奖(4项)

1. 复杂条件下混凝土微细观破坏机理研究

建筑工程学院——建筑材料研究所

闫东明　钟　红　曾　强　田　野　付传清　金南国

2. 纳米颗粒/两性离子协同增强水处理膜通量与抗污性能的效应与机制

化学工程与生物工程学院——生物工程研究所

张　林　朱利平　陈圣福　高从堦　吴礼光　易　砖　吴　疆　朱丽静　赵海洋　周志军

3. 开放系统中的量子参数估计与量子关联

物理学系——浙江近代物理中心

王晓光　孙　哲　陆晓铭　刘　京　马　健　席政军　黄奕筱

4. 基于不确定性分析的超高层建筑结构抗风性能优化设计研究

建筑工程学院——结构工程研究所

黄铭枫　楼文娟　陈俊文

2020年度高等学校科学技术进步奖(3项)

一等奖(1项)

1. 稻渔综合种养生态系统构建、技术规范与应用

生命科学学院——生态研究所

陈　欣　唐建军　怀　燕　成永旭　丁雪燕　王岳钧　何中央　李嘉尧　胡亮亮　奚业文　江　洋

二等奖(2项)

1. 多发性骨髓瘤诊治体系的优化与耐药机制的研究

医学院——附属第一医院

蔡　真　何静松　何冬花　郑高锋　韩晓雁　黄　河　赵　毅　胡永仙　魏国庆　吴秀华　杨　杨　李　奕　杨　励　张恩帆

2. 大跨索承桥灾变模拟监测控制一体化关键技术及工程应用

建筑工程学院——交通工程研究所

段元锋　李　娜　张　茹　章红梅　朱方东　申占莉　叶志龙　徐文城　段元昌

2020年度青年科学奖(1项)

1. 程　鹏

控制科学与工程学院——工业控制研究所

2019 年度浙江省自然科学奖(15 项)

一等奖(6 项)

1. 基于乙型肝炎特异性免疫应答机制的诊治新策略研究

   医学院——附属第一医院

   陈　瑜　李雪芬　楼　滨　毛卫林　陈保德

2. 十字花科蔬菜基因组信息解析与重要性状遗传基础

   农业与生物技术学院——蔬菜研究所

   张明方　杨景华　王晓武　程　锋　陈竹君

3. 稻瘟病菌附着胞形成和侵入的分子机制研究

   农业与生物技术学院——生物技术研究所

   林福呈　刘小红　王教瑜　卢建平　孙国昌

4. 新型 DNA 损伤响应通路及其调控机制

   生命科学学院——生物物理研究所

   华跃进　林　敏　田　兵　王　劲　王梁燕

5. 储氢材料双相协同、尺寸效应及非晶化基础理论研究

   材料科学与工程学院——金属材料研究所

   潘洪革　刘永锋　高明霞　雷永泉　王启东

6. 运动系统软组织疾病的病理机制和再生研究

   医学院——基础医学系

   欧阳宏伟　陈　晓　茵　梓　张　薇　胡嘉洁

二等奖(4 项)

1. 稻麦籽粒有毒重金属的积累与调控机理研究

   农业与生物技术学院——作物科学研究所

   张国平　邬飞波　曾凡荣　曹方彬　陈　飞

2. 卵巢癌化疗耐药新机制及逆转新策略研究

   医学院——附属妇产科医院

   程晓东　谢　幸　李　晓　张松法　傅云峰

3. 植物激素调控表皮毛和根毛形成的分子机理研究

   农业与生物技术学院——作物科学研究所

   甘银波　周忠静　安丽君　孙丽丽　颜　安

4. 拟线性双曲方程组经典解的整体存在性及奇性形成

   数学科学学院——应用数学研究所

   孔德兴　魏昌华　王玉柱　戴文荣

三等奖(5 项,略)

2019 年度浙江省技术发明奖(2 项)

一等奖(1 项)

1. 分子筛催化材料的设计合成和绿色制备

化学系——催化研究所

肖丰收　孟祥举　王　亮

三等奖(1 项,略)

2019 年度浙江省科学技术进步奖(32 项)

一等奖(8 项)

1. 胰腺疾病诊治关键技术研究及其推广应用

医学院——附属第一医院

梁廷波　白雪莉　章　琦　张　匀　马　涛　支　枭　陈怡文　李　想　粟　伟　傅琦涵　魏　涛　陈　琦　沈艺南

2. 高性能非金属管道设计制造关键技术开发及应用

能源工程学院——化工机械研究所

郑津洋　钟海见　施建峰　卢震宇　郭伟灿　李广忠　丁良玉　缪存坚　凌张伟　范玉然　孙华丽

3. 无障碍智能信息服务关键技术及应用

计算机科学与技术学院——计算机软件研究所

卜佳俊　张建锋　蔡　亮　戴连君　陈　纯　陈　健　王　灿　郑叶飞　陈　岭　史　烈　周　琴　于　智　王　炜

4. 多域多向多准则成型关键技术与系列装备及应用

机械工程学院——设计工程研究所

冯毅雄　张树有　王玉山　郭立杰　郑建华　高一聪　张兰军　程　锦　吴佳森　郑　浩　刘明芳　崖华青　李锡娟

5. 高能效高压放电电源的负荷主动匹配技术与产业化应用

电气工程学院——电力电子技术研究所

何湘宁　李武华　罗皓泽　施小东　奚永新　邱　祁　施秦峰　刘星亮　郑立成　顾小卫　袁旭光　舒贝利

6. 工业锅炉/炉窑烟气多污染物控制关键技术与催化材料

环境与资源学院——环境技术研究所

吴忠标　刘　越　孙仲超　王岳军　刘　静　梁大明　王海强　熊银伍　翁小乐　高　珊　傅月梅　莫建松　李雪飞

7. 植物源生物活性物质高效提取分离技术装备及产业化

生物系统工程与食品科学学院——食品加工工程研究所

刘东红　叶兴乾　陈士国　关荣发　刘振锋　程　勇　陈健初　孙王敬　肖长锦

洪基光　邵云东

8. 高效节能精密—微型注塑成套装备关键技术研发及应用

能源工程学院——化工机械研究所

许忠斌　罗晓晔　周巨栋　林　波　周　祥　袁卫明　王金莲　王　珏　苏良瑶
刘国林　林增荣　张本西　梁　刚

二等奖(13项)

1. 建筑固废高效利用关键技术及工程应用

建筑工程学院——结构工程研究所

赵羽习　孟　涛　袁　静　张金星　王海龙　沈海强　沈林昌　翁大庆　张鸿儒

2. 海洋调查多波束测量技术与应用

信息与电子工程学院——信号空间和信息系统研究所

徐　文　潘　翔　章繁荣　李建龙　陈其璋　章惠全　郭　榕　金丽玲

3. 新型眼用植入物的构建和材料表面改性优化技术研究及应用

医学院——附属第二医院

叶　娟　姚　克　高　琪　解佳隽　宁晴瑶　王嫦君　张惠娜　石　鑫　金　凯

4. 高性能微波介质陶瓷、小型化元器件及模组开发及产业化

浙江加州国际纳米技术研究院

杨　辉　张启龙　童建喜　胡元云　吴　兰　唐雄心　程　笛　张元元　柯美鑫

5. 大型重油电站锅炉高效低氮燃烧系统

能源工程学院——热能工程研究所

周　昊　莫春鸿　王鲁军　张彦军　岑可法　陈　灿　张洪松　周明熙　谢　佳

6. 骨髓增生异常综合征发病机制新发现与关键诊疗技术的建立和应用

医学院——附属第一医院

佟红艳　胡　超　金　洁　梅　琛　叶　丽　任艳玲　周歆平　马丽亚　黄　健

7. 支持多频段的低功耗小基站产品研发与应用

信息与电子工程学院——信息与通信网络工程研究所

余官定　褚如龙　殷　锐　徐锡强　洪杭迪　李　鑫　丁伯祥　吴志坚　翟海莹

8. 针刺和中药组合物在体外受精—胚胎移植中的规范化应用

医学院——附属妇产科医院

曲　凡　黄荷凤　张　嵘　韩济生　叶英辉　周　珏　崔　龙　何依菁　吴琰婷

9. 功能性生物材料及技术仿生重建骨关节的基础及临床应用

医学院——附属第二医院

严世贵　潘志军　蔡迅梓　陈维善　何荣新　吴立东　吴浩波　戴雪松　薛德挺

10. 滨海沿江城市隧道建造关键技术与应用

建筑工程学院——滨海和城市岩土工程研究中心

徐长节　曹志刚　章维明　傅金阳　沈　勇　金兴平　张学民　史　吏　傅　翼

11. 冷鲜鸡质量安全控制关键技术集成与示范
动物科学学院——动物预防医学研究所
李肖梁　杨　华　朱俭军　罗金文　乐　敏　单　颖　肖英平　陈有亮　陈万勤

12. 富营养化水体植物生态系统高效持久净化技术与工程植物资源化利用
环境与资源学院——农业化学研究所
杨肖娥　冯　英　许良峰　李建平　曹玉成　郝虎林　王久龙　崔孝强　杨卫东

13. 信息物理融合系统集群控制理论及其在有源配电网中的应用
电气工程学院——系统科学与控制研究所
齐冬莲　李超勇　周金辉　于　森　张建良　谢　炜　陈耀军　吴　越　徐巍峰

三等奖(11 项,略)

人文社会科学研究

【概况】 2020 年,全校人文社科科研到款经费 2.68 亿元。其中,纵向经费 8114.3 万元,横向经费 18683.9 万元。

全校人文社科科研项目新立项 1198 项,其中纵向项目 373 项,横向项目 825 项。在新立项的纵向项目中,国家社科基金各类项目共 69 项,其中重大项目(含专项及单列学科)17 项、重点项目(含专项)6 项、一般项目(含单列学科)16 项、青年项目 14 项、后期资助项目 11 项、其他各类专项及委托项目 3 项、2 项成果入选《国家哲学社会科学成果文库》;教育部人文社会科学研究各类项目 18 项,其中重大课题攻关项目 4 项、规划基金项目 4 项、青年基金项目 8 项、各类专项项目 2 项;浙江省哲学社会科学规划各类项目 51 项;浙江省科技厅软科学项目 15 项;国家高端智库重点研究课题 24 项;浙江省新型智库课题 22 项。

学校获第八届高等学校科学研究优秀成果奖(人文社会科学)54 项,其中一等奖 5 项,二等奖 25 项,三等奖 24 项,获奖率达 33.75%。

出版各类专著 120 部、编著 55 本、教材 32 本、古籍整理著作 2 本、译著 32 本。发表论文 1506 篇,其中 1178 篇论文被 SSCI 收录,居大陆高校第 2 名;79 篇论文被 A&HCI 收录,居大陆高校第 1 名。

截至 2020 年底,全校人文社会科学教学和科研机构主要包括 10 个学院、203 家校设研究机构(含 71 个研究所,20 个研究院,108 个研究中心,4 个联合共建研究机构),其中包含 1 个国家高端智库建设试点单位、3 家教育部重点研究基地、6 家浙江省重点研究基地、6 个浙江省新型重点专业智库、9 个浙江省新型高校智库(详见附录)。2020 年,浙江大学成立了亚洲文明研究院等 5 个研究机构。

2020 年,浙江大学新进文科教师 76 人,包括 2 位文科资深教授、1 位敦和讲席教授、1 位教育部长江学者特聘教授、1 位国家杰出青年科学基金获得者、4 位文科领军人才及 33 位"百人计划"研究员等。新获聘 1 位教育部长江学者特聘教授、3 位国家"万人计划"哲学社会科学领军人才、3 位国家"万人计划"青年拔尖人才、2 位教育部青年长江学者、2 位国家优秀青年科学基金获得者。

2020年，“双一流”专项“中华优秀文化传承与创新计划”共编纂典籍近百部，“中国历代绘画大系”成果在“学习强国”App的“每日中华名画”专栏上线，日点击量突破150万次。中华译学馆出版著作14部，在北京和上海召开新书发布会和书展。联合云冈石窟研究院完成世界上首个可拆卸的3D打印数字化石窟“云冈第12窟1∶1复制窟”并于艺术与考古博物馆举办特展，召开中国石窟寺文物数字化保护研讨会，推动云冈石窟走向世界。

启动首个文科牵头的“创新2030计划”——亚洲文明学科会聚研究计划，首批10个会聚型研究项目有序推进，获国家社科基金重大项目1项，中亚与丝路文明研究中心入选国家民委“一带一路”国别和区域研究中心。此外，推进实施社会治理会聚研究（培育）项目。

推动科教协同育人，“文科＋X”多学科交叉人才培养卓越中心共有4个年级28名交叉方向在读博士生，2020年毕业1人。评选第六届学生人文社会科学研究优秀成果奖共30项，其中特等奖3项、一等奖13项、二等奖14项。

加强国家高端智库建设，区域协调发展研究中心入选国家高端智库建设试点单位，建立“一中心、多平台”的高端智库建设体系。人文高等研究院（国家认同与族群关系研究中心）入选国家首批铸牢中华民族共同体意识研究培育基地，社会治理研究院、浙江数字化发展与治理研究中心新增为浙江省新型重点专业智库。建设北京研究院（国家制度研究院）、浙江省新时代自贸港研究院、新时代“枫桥经验”研究院等新型智库。设立“求是智库岗”，加大高层次智库人才引进力度。

支持国际学术交流与合作，策划推出“云端国际会议”系列以支持文科学院开展线上国际学术会议，2020年共资助5场。继续实施“学术精品走出去”外译计划和英文学术著作出版资助及奖励计划，共遴选7本外译书籍和2本英文著作。实施“高水平期刊培育计划”，其中 *Journal of Chinese Governance* 成为SSCI（社会科学引文索引）检索期刊。

“浙大东方论坛”2020年共举办学术讲座10场，含主论坛讲座2场，海宁分论坛讲座1场，特别增设“浙大东方论坛·文明之光”系列讲座。

“清源学社”共举办2场“送法进社区”基层普法宣传活动和9场学术活动，其中“名家讲坛”系列3场，“青年学者沙龙”5场，专题研讨会1场。成立清源学社智库分社（浙江大学智库青年联谊会），举办10期培训交流会，参与人数超过400人次。

【人文高等研究院入选国家首批“铸牢中华民族共同体意识研究培育基地”】 2月11日，中央统战部、中央宣传部、教育部、国家民委四部委联合发文，公布了入选国家首批铸牢中华民族共同体意识研究基地和培育基地名单。浙江大学人文高等研究院正式成为首批五所培育基地之一。该基地将以铸牢中华民族共同体意识为主线，以服务党和国家民族工作作为主要任务，实行首席专家负责制，以历史过程研究、民族宗教和国家发展研究作为重点研究领域，以在理论上为中华民族共同体建立历史、现实和未来合法性作为重点聚焦的研究方向，努力为我国道路自信和制度自信提供扎实的学理基础，推动中华民族共同体意识的发展和建立高质量的、能在西方主流学术出版机构发表的具有中国特色的学术话语体系，与西方主流理论进行平等对话，增强中国的软实力。

【区域协调发展研究中心正式入选国家高端智库建设试点单位】 经2月14日中央全面深化改革委员会第十二次会议审议批准，中共中央宣传部于3月2日正式公布新增的5家国家高端智库建设试点单位名单，浙江大学区域协调发展研究中心正式入选。目前全国共有29家国家高端智库建设试点单位，其中高校智库仅有8家。区域协调发展研究中心入选国家高端智库建设试点单位，是浙江大学智库建设的重大标志性成果，开启了智库建设历史新阶段，使命光荣、责任重大。

【艺术与考古博物馆展出世界首个可拆卸的3D打印数字化石窟】 6月12日，由浙江大学与山西省文物局主办、浙江大学艺术与考古博物馆与山西省云冈石窟研究院承办的“魏风堂堂：云冈石窟的百年记忆和再现”特展在浙江大学艺术与考古博物馆开幕。展览精选云冈石窟研究院所藏石雕造像、碑刻、陶瓷器具、建筑构件等文物112件(套)，回顾并整理了一个多世纪以来，研究和记录云冈石窟的中外学术文献、珍贵历史影像，同时还展出了浙江大学文化遗产研究院与云冈石窟研究院联合完成的世界上首个可拆卸的3D打印数字化石窟。

【启动亚洲文明学科会聚研究计划】 6月28日，浙江大学正式启动亚洲文明学科会聚研究计划。该计划将围绕东亚文明、东南亚文明、南亚文明、中亚·西亚文明和中外文明互鉴等五个版块，从文明思想的交融与共生、文化理念的传承与创新、文字语言的认知与变异、文献典籍的环流与再生、文物史迹的流变与保护、文学艺术的理解与对话等六大维度开展会聚研究，建设高水平师资队伍、培养创新型人才，构建具有中国特色的亚洲文明研究话语体系，打造亚洲文明研究高地。12月25日，亚洲文明研究院发文成立，依托人文学部建设。作为亚洲文明学科会聚研究计划的主要实施载体，研究院将营造全方位亚洲研究新体系，设置亚洲研究前沿议题，推出若干原创性、思想性、建设性、独立性的科研成果，努力打造具有浙大特色的亚洲研究重要高地。

【举办国家高端智库建设工作会】 8月21日，浙江大学举行国家高端智库建设推进工作会，进一步分析国家高端智库建设的形势、任务、要求，统一思想，明确责任，推动学校智库办出特色，办出水平，实现开放协同发展。校党委书记、智库建设工作领导小组组长任少波出席会议并讲话。副校长、智库建设工作领导小组副组长何莲珍主持会议。智库建设工作领导小组成员单位负责人、各学部负责人、文科各院系负责人及相关智库平台负责人和智库专家学者等出席会议。

【2项成果入选《国家哲学社会科学成果文库》】 9月23日，2019年度《国家哲学社会科学成果文库》入选名单公布，我校人文学院倪梁康教授的《心性现象学》、经济学院陈菲琼教授的《中国制造业海外并购整合与产业技术创新研究》入选。《心性现象学》借助现象学的方法，从纵意向性与发生现象学和横意向性与结构现象学两方面，探讨了如何建立心性现象学，以及心性现象学的领域和方法。《中国制造业海外并购整合与产业技术创新研究》拓展了理论界对中国制造业海外并购整合与产业技术创新的理论机制的理解，对推动经济社会发展和学科建设具有重要意义。

【54项成果获第八届高等学校科研研究院优秀成果奖(人文社会科学)】 12月11日，教育部发布《关于第八届高等学校科学研究

优秀成果奖(人文社会科学)奖励的决定》,浙江大学共有54项成果获奖,其中一等奖5项、二等奖26项、三等奖14项、普及读物奖1项、青年成果奖8项,获奖总数并列全国第六,获奖总数与一等奖获奖数远超历届,较上一届上升两个名次,创历史新高,保持了我校文科科学研究稳步提升的发展态势。

(邵文韵撰稿　程　丽审稿)

【附录】

附录1　浙江大学2020年人文社科承担国家社科基金立项项目

序号	项目名称	负责人	所属单位	项目类别
1	加强对法律实施监督研究	葛洪义	光华法学院	研究阐释党的十九届四中全会精神国家社科基金重大项目
2	建立健全我国网络综合治理体系研究	程　乐	外语学院	研究阐释党的十九届四中全会精神国家社科基金重大项目
3	加快推进市域社会治理现代化研究	吴结兵	公共管理学院	研究阐释党的十九届四中全会精神国家社科基金重大项目
4	数字经济时代中国推动全球经济治理机制变革研究	马述忠	经济学院	研究阐释党的十九届四中全会精神国家社科基金重大项目
5	跨文化视野下的非洲哲学研究与译介	王　俊	人文学院	重大招标
6	新一代人工智能驱动的逻辑学研究	廖备水	人文学院	重大招标
7	宋明理学与中国美学话语体系建构研究	潘立勇	人文学院	重大招标
8	犍陀罗与中国文明交流史(多卷本)	孙英刚	人文学院	重大招标
9	抗战时期英国驻华大使馆档案文献整理与研究	肖如平	人文学院	重大招标
10	知识外交与战后美国学术话语体系的全球建构研究	张　杨	人文学院	重大招标
11	中国历代释氏碑志的辑录整理与综合研究	冯国栋	人文学院	重大招标
12	明代文学智慧大数据及平台建设	徐永明	人文学院	重大招标
13	中国人口老龄化对经济增长的影响路径与政策选择研究	张俊森	经济学院	重大招标

续表

序号	项目名称	负责人	所属单位	项目类别
14	总体国家安全观视域下网络犯罪治理对策研究	叶良芳	光华法学院	重大招标
15	近现代西方知识精英对中国西藏认知历史研究(1840—1991)	程早霞	马克思主义学院	重大招标
16	新时代中国电影工业体系发展研究	范志忠	传媒学院	艺术学重大项目
17	敦煌残卷缀合总集	张涌泉	人文学院	冷门绝学研究专项学术团队项目
18	加快中国特色自由贸易港建设的制度创新及风险防控体系研究	陆　菁	经济学院	研究阐释党的十九届四中全会精神重点项目
19	中国央地政府事权关系的宪法整合研究	余　军	光华法学院	重点项目
20	“50后”作家的文学经验及问题研究	姚晓雷	人文学院	重点项目
21	长三角耕地生态系统服务“权衡—补偿—协同”机制和路径研究	曹　宇	公共管理学院	重点项目
22	法律方法论视角下我国法律统一适用之研究	焦宝乾	光华法学院	重点项目
23	基于语料库的汉英动名兼类词历时演变对比研究(1919—2019)	邵　斌	外国语言文化与国际交流学院	重点项目
24	冷战时期美国在亚洲的知识外交研究	张　杨	人文学院	一般项目
25	民事自认新规则研究	霍海红	光华法学院	一般项目
26	教育公平背景下的语言测试公平性研究	何莲珍	外国语言文化与国际交流学院	一般项目
27	元代帝国统治下的外来移民研究	马　娟	人文学院	一般项目
28	合宪性审查筛选机制研究	郑　磊	光华法学院	一般项目
29	人工智能时代的传播伦理与治理框架研究	赵　瑜	传媒与国际文化学院	一般项目

续表

序号	项目名称	负责人	所属单位	项目类别
30	健康老龄化视角下的多病共存整合照护模式构建研究	叶志弘	医学院	一般项目
31	平台生态圈视角下军民融合发展与国家竞争优势升级研究	陈志新	中国西部发展研究院	一般项目
32	重大灾难后青少年心理康复的家庭机制研究	周　宵	心理与行为科学系	一般项目
33	中国德语学习者语料库建设与德语语言能力发展研究	李　媛	外国语言文化与国际交流学院	一般项目
34	人与自然关系视域下的教父创造论传统研究	陈越骅	人文学院	一般项目
35	历史本质论与20世纪中国文学史观建构研究	朱首献	人文学院	一般项目
36	心智的生命观研究	李恒威	人文学院	一般项目
37	国有企业国际造法走向及我国的对策研究	毕　莹	光华法学院	一般项目
38	20世纪中国篆刻与西泠印社之关系研究	林　如	艺术与考古学院	艺术学一般项目
39	研究型大学青年教师学术身份构建及影响研究	韩双淼	教育学院	教育学一般项目
40	史前东西交流视野下的东欧库库特尼—特里波利文化黍遗存研究	安　婷	艺术与考古学院	青年项目
41	环境监管双重制度困局的法治纾解研究	何香柏	光华法学院	青年项目
42	全球化处境下中国道路的正当性问题研究	田　亚	马克思主义学院	青年项目
43	社会转型视野下中国家庭结构稳定性与教育公平研究	李昂然	社会学系	青年项目
44	“放管服”改革进程中的地方政府创新研究	黄　飚	公共管理学院	青年项目
45	面向社会交互的道义逻辑研究	董惠敏	人文学院	青年项目

续表

序号	项目名称	负责人	所属单位	项目类别
46	梵汉语言接触视角下的早期译经词汇新质研究	卢　鹭	人文学院	青年项目
47	玄应《一切经音义》写本文献整理集成与语言研究	李乃琦	人文学院	青年项目
48	当代中国老年人口的家庭劳动分工变迁趋势研究	罗梦莎	社会学系	青年项目
49	过程哲学与当代意识研究	董　达	人文学院	青年项目
50	老年人网络风险认知及防御研究	陈宏亮	传媒与国际文化学院	青年项目
51	城乡中小学校长交流轮岗绩效的影响因素与实现机制研究	张　佳	教育学院	青年项目
52	行政赔偿纠纷实质化解的理论与制度完善研究	蒋成旭	光华法学院	青年项目
53	基于算法策展的新闻创新研究	周睿鸣	传媒与国际文化学院	青年项目
54	道德责任与能动性	徐向东	人文学院	后期资助项目
55	他性与族群本体：中国社会的超越性	梁永佳	社会学系	后期资助项目
56	中国计划生育制度变迁问题研究	谢　郁	光华法学院	后期资助项目
57	新民主主义革命时期马克思主义学术中国化史论	庞　虎	马克思主义学院	后期资助项目
58	国家形象的对外传播理论研究	赵瑜佩	传媒与国际文化学院	后期资助项目
59	商业模式创新与技术创新双轮驱动后发追赶	姚明明	马克思主义学院	后期资助项目
60	历史唯物主义的伦理批判维度研究	包大为	马克思主义学院	后期资助项目
61	塞拉斯及其哲学研究	王　玮	人文学院	后期资助项目
62	国际比较视野下的大学与区域协同发展研究	梅伟惠	教育学院	后期资助项目

续表

序号	项目名称	负责人	所属单位	项目类别
63	防治慢性疾病体力活动指南的国际比较研究	黄　聪	教育学院	后期资助项目
64	米歇尔·亨利的现象性思想研究	郭婵丽	国际教育学院	后期资助项目
65	基于整合型医疗大数据和健康码的数智疫情监测防控体系研究	周旭东	医学院	国家应急管理体系建设研究专项
66	脱贫攻坚精神研究	黄祖辉	公共管理学院	特别委托项目
67	法国公共卫生学的诞生(1789—1848)	乐启良	人文学院	社科学术社团主题学术活动
68	心性现象学	倪梁康	人文学院	成果文库
69	中国制造业海外并购整合与产业技术创新研究	陈菲琼	经济学院	成果文库

附录 2　浙江大学 2020 年人文社科承担教育部人文社科研究项目

序号	项目名称	负责人	所属单位	项目类别
1	自然资源资产产权制度	谭　荣	公管学院	重大课题攻关项目
2	新形势下促进民营经济健康发展重大问题研究	陈　俊	管理学院	重大课题攻关项目
3	中国特色自由贸易港建设理论与方法研究	陆　菁	经济学院	重大课题攻关项目
4	高校考试招生改革引导学生德智体美劳全面发展研究	刘海峰	教育学院	重大课题攻关项目
5	西班牙文学中的唐璜形象研究	卢　云	外语学院	规划基金项目
6	激励性管制政策、兽用抗生素滥用与农户生产行为:基于田野实验经济学的研究	张跃华	公共管理学院	规划基金项目
7	媒介事件的公共记忆及其机制研究	李红涛	传媒与国际文化学院	规划基金项目
8	认知控制在情景记忆早期发展中的作用及脑机制研究	耿凤基	教育学院	规划基金项目
9	目标设定对消费者健康食品购买决策的作用机理研究:基于决策过程视角	郑杰慧	管理学院	青年基金项目

续表

序号	项目名称	负责人	所属单位	项目类别
10	刑事二审程序的多元发展和完善路径研究	牟绿叶	光华法学院	青年基金项目
11	商事习惯司法适用问题研究	石一峰	光华法学院	青年基金项目
12	中国老年人认知功能的弗林效应研究	刘晓婷	公共管理学院	青年基金项目
13	数字“社交＋”背景下网红广告对儿童消费者影响的实证研究	黄桑若	传媒与国际文化学院	青年基金项目
14	新中国“信息助残”政策、实践与保障体系研究	李东晓	传媒与国际文化学院	青年基金项目
15	工作记忆和策略使用在流体智力发展中的作用：6—12岁儿童追踪研究	王腾飞	心理与行为科学系	青年基金项目
16	耕地撂荒的时空分布与驱动机制及应对策略研究——以长江沿线宜宾、黄石、巢湖三市为例	肖　武	公共管理学院	青年基金项目
17	加强高校意识形态工作领导权研究	邹晓东	中国科教战略研究院	学习贯彻全国教育大会精神专项委托项目
18	人类命运共同体理念对人类共同价值的弘扬研究	桑建泉	马克思主义学院	中国特色社会主义理论体系研究专项项目

附录3　浙江大学2020年人文社科经费到款情况

单位名称	项目级别				总计		
	纵向课题		横向课题		新立项数/项	总经费/万元	总经费比上年增长/%
	新立项数/项	总经费/万元	新立项数/项	总经费/万元			
人文学院	50	941.91	71	438.91	121	1380.82	−17.64%
外国语言文化与国际交流学院	11	374.98	16	69.16	27	444.15	36.00%
传媒与国际文化学院	17	252.83	32	340.72	49	593.55	−14.55%
艺术与考古学院	7	538.40	41	1156.25	48	1694.65	55.49%
经济学院	23	570.65	63	1512.10	86	2082.75	80.91%

续表

单位名称	项目级别				总计		
	纵向课题		横向课题		新立项数/项	总经费/万元	总经费比上年增长/%
	新立项数/项	总经费/万元	新立项数/项	总经费/万元			
光华法学院	28	385.52	46	401.30	74	786.82	30.45%
教育学院	20	254.21	44	1583.93	64	1838.14	−5.79%
管理学院	9	144.00	49	1025.06	58	1169.06	−23.46%
公共管理学院	80	1168.95	186	4151.52	266	5320.47	27.31%
马克思主义学院	9	347.90	12	31.00	21	378.90	117.51%
社会学系	9	151.51	18	225.36	27	376.87	48.69%
中国西部发展研究院	26	233.40	29	393.31	55	626.71	−30.14%
其他	84	2749.98	218	7355.23	302	10105.20	−37.70%
总计	373	8114.25	825	18683.85	1198	26798.10	−16.23%

附录 4　浙江大学 2020 年人文社科获省部级奖项

序号	成果名称	申报者	成果形式	奖项等级
第八届高等学校科学研究优秀成果奖(人文社会科学)				
1	启蒙理性及现代性:马克思的批判性重构	刘同舫	论文	一等奖
2	希腊哲学史(修订本)	陈村富	专著	一等奖
3	傅雷翻译研究	许　钧	专著	一等奖
4	人口迁移影响下的中国农民家庭	钱文荣	专著	一等奖
5	我国经济社会协调发展的动态监测及政策支撑体系研究	范柏乃	专著	一等奖
6	高校心理健康教育与思想政治教育结合 30 年的研究	马建青	专著	二等奖
7	超越经验主义与理性主义——实用主义叙事的当代转换及效应	陈亚军	专著	二等奖
8	Efficient Computation of Argumentation Semantics	廖备水	专著	二等奖
9	计算机自适应语言测试模型设计与效度验证	何莲珍	专著	二等奖
10	汉语词汇核心义研究	王云路	专著	二等奖
11	新出石刻与唐代文学家族研究	胡可先	专著	二等奖

续表

序号	成果名称	申报者	成果形式	奖项等级
12	《缪斯的花园》：早期现代英国札记书研究	郝田虎	专著	二等奖
13	文学伦理学批评导论	聂珍钊	专著	二等奖
14	居庸关过街塔造像意蕴考——11至14世纪中国佛教艺术图像配置的重构	谢继胜	论文	二等奖
15	美国哈佛大学哈佛燕京图书馆藏蒋廷黻资料	陈红民	编著	二等奖
16	宋代登科总录	龚延明	古籍整理	二等奖
17	孙中山史事编年	桑　兵	编著	二等奖
18	准前沿经济体的技术进步路径及动力转换——从“追赶导向”到“竞争导向”	黄先海	论文	二等奖
19	调适性合作：十八大以来中国政府与社会组织关系的策略性变革	郁建兴	论文	二等奖
20	作为方法论的“地方法制”	葛洪义	论文	二等奖
21	司法公信力的理性解释与建构	胡　铭	论文	二等奖
22	The Confucian-Legalist State: A New Theory of Chinese History	赵鼎新	专著	二等奖
23	Networking China: The Digital Transformation of the Chinese Economy	洪　宇	专著	二等奖
24	关于民国教育的若干思考	田正平	论文	二等奖
25	“一带一路”倡议的人才支撑与教育路径	周谷平	论文	二等奖
26	The working memory Ponzo illusion: Involuntary integration of visuospatial information stored in visual working memory	沈模卫	论文	二等奖
27	Structural properties of the optimal policy for dual-sourcing systems with general lead times	华中生	论文	二等奖
28	土地非农化的治理效率	谭　荣	专著	二等奖
29	农村基层治理中的多重社会网络	徐　林	论文	二等奖
30	依存距离——自然语言句法模式的新视角	刘海涛	论文	二等奖
31	20世纪法国哲学的现象学之旅	杨大春	专著	三等奖
32	古代文化词义集类辨考（新一版）	黄金贵	专著	三等奖
33	句子长度对依存距离与依存方向的影响研究	蒋景阳	论文	三等奖

续表

序号	成果名称	申报者	成果形式	奖项等级
34	中国当代文学史料问题研究	吴秀明	编著	三等奖
35	走向生命诗学——弗吉尼亚·伍尔夫小说理论研究	高　奋	专著	三等奖
36	傅山的交往和应酬	白谦慎	专著	三等奖
37	鸟虫书通考(增订版)	曹锦炎	专著	三等奖
38	论中国法治评估的转型	钱弘道	论文	三等奖
39	全球治理视野下的国际法治与国内法治	赵　骏	论文	三等奖
40	大学文化思想研究——基于改革开放30多年大学文化发展的线路	眭依凡	论文	三等奖
41	国际传播的理论、现状与发展趋势研究	吴　飞	专著	三等奖
42	关于成立“一带一路”争端解决机构的建议	王贵国	咨询服务报告	二等奖
43	决胜“十三五”脱贫攻坚的路径与对策研究	黄祖辉	咨询服务报告	三等奖
44	国内企业参与“一带一路”建设腐败风险及防控	陈志新	咨询服务报告	三等奖
45	法治政府与深化"放管服"改革若干问题研究	浙江大学课题组	咨询服务报告	三等奖
46	上帝的手术刀:基因编辑简史	王立铭	普及读物	普及读物奖
47	价值排序与核心价值观	张　彦	专著	青年成果奖
48	*Interrogative Strategies*: *An Areal Typology of the Languages of China*	罗天华	专著	青年成果奖
49	汉语运动事件词化类型的历时考察	史文磊	专著	青年成果奖
50	*Erinnerungskulturen des jüdischen Exils in Shanghai* (1933—1950): *Plurimedialität und Transkulturalität*	庄　玮	专著	青年成果奖
51	现代行政中的裁量及其规制	郑春燕	专著	青年成果奖
52	概念的寻绎:中国当代课程研究的历史回顾	刘　徽	专著	青年成果奖

续表

序号	成果名称	申报者	成果形式	奖项等级
53	宏观经济不确定性、资金需求与公司投资	王义中	论文	青年成果奖
54	谁在利用政府补贴进行创新？所有制和要素市场扭曲的联合调节效应	杨　洋	论文	青年成果奖

附录 5　2020 年浙江大学人文社科研究所

序号	机构名称	负责人	所属单位
1	韩国研究所	金健人(名誉) 陈　辉(主持工作)	人文学院
2	古籍研究所	王云路	人文学院
3	文艺学研究所	苏宏斌	人文学院
4	中国古代文学与文化研究所	周明初	人文学院
5	中国现当代文学与文化研究所	吴秀明	人文学院
6	世界文学与比较文学研究所	吴　笛	人文学院
7	汉语言研究所	方一新	人文学院
8	中国古代史研究所	刘进宝	人文学院
9	世界历史研究所	张　杨	人文学院
10	中国近现代史研究所	肖如平	人文学院
11	科技与社会发展研究所	丛杭青	人文学院
12	逻辑与认知研究所	黄华新	人文学院
13	中国思想文化研究所	董　平	人文学院
14	外国哲学研究所	王　俊	人文学院
15	日本文化研究所	王　勇	人文学院
16	宗教学研究所	王志成	人文学院
17	德国文化研究所	范捷平	外国语言文化与国际交流学院
18	外国文学研究所	高　奋	外国语言文化与国际交流学院
19	外国语言学及应用语言学研究所	何莲珍	外国语言文化与国际交流学院

续表

序号	机构名称	负责人	所属单位
20	跨文化与区域研究所	程 乐	外国语言文化与国际交流学院
21	翻译学研究所	郭国良	外国语言文化与国际交流学院
22	国际文化和社会思想研究所	潘一禾	传媒与国际文化学院
23	传播研究所	洪 宇	传媒与国际文化学院
24	新闻传媒与社会发展研究所	吴红雨	传媒与国际文化学院
25	广播电影电视研究所	范志忠	传媒与国际文化学院
26	美学与批评理论研究所	王建刚	传媒与国际文化学院
27	文化遗产与博物馆学研究所	毛昭晰(名誉) 项隆元(主持工作)	艺术与考古学院
28	中国艺术研究所	陈振濂 池长庆(执行)	艺术与考古学院
29	艺术史研究所	薛龙春	艺术与考古学院
30	经济研究所	汪淼军	经济学院
31	产业经济研究所	金祥荣 李建琴(执行)	经济学院
32	国际商务研究所	马述忠 严建苗(执行)	经济学院
33	国际经济研究所	顾国达	经济学院
34	公共经济与财政研究所	郑备军	经济学院
35	证券期货研究所	蒋岳祥	经济学院
36	金融研究所	王维安	经济学院
37	法与经济学研究所	翁国民	经济学院
38	公法与比较法研究所	胡敏洁	光华法学院
39	经济法研究所	范良聪(执行)	光华法学院
40	法理与判例研究所	焦宝乾	光华法学院
41	民商法研究所	章 程(主持工作)	光华法学院
42	国际法研究所	马 光(执行)	光华法学院

续表

序号	机构名称	负责人	所属单位
43	刑法研究所	李世阳(主持工作)	光华法学院
44	高等教育研究所	眭依凡	教育学院
45	教育科学与技术研究所	李　艳	教育学院
46	中外教育现代化研究所	肖　朗	教育学院
47	运动科学与健康工程研究所	王　健	教育学院
48	管理科学与信息系统研究所	周伟华	管理学院
49	管理工程研究所	汪　蕾	管理学院
50	物流与决策优化研究所	刘　南	管理学院
51	财务与会计研究所	陈　俊	管理学院
52	企业组织与战略研究所	魏　江	管理学院
53	营销管理研究所	周欣悦	管理学院
54	人力资源管理研究所	周　帆	管理学院
55	企业投资研究所	邬爱其	管理学院
56	旅游研究所	周玲强	管理学院
57	饭店管理研究所	王婉飞	管理学院
58	农业与农村经济发展研究所	阮建青	公共管理学院
59	食物经济与农商管理研究所	卫龙宝	公共管理学院
60	行政管理研究所	陈丽君	公共管理学院
61	风险管理与劳动保障研究所	何文炯	公共管理学院
62	土地科学与不动产研究所	岳文泽	公共管理学院
63	城市治理研究所	吴结兵	公共管理学院
64	信息资源管理研究所	周　萍	公共管理学院
65	政治学研究所	余逊达	公共管理学院
66	社会学研究所	曹正汉	社会学系
67	社会理论与建设研究所	张国清	社会学系
68	人类学研究所	梁永佳	社会学系
69	人口与发展研究所	周丽萍	社会学系
70	马克思主义理论研究所	刘同舫	马克思主义学院
71	国际政治研究所	程早霞	马克思主义学院

附录 6　2020 年浙江大学人文社科校设研究院

序号	机构名称	负责人	备　注
1	中国农村发展研究院（农业现代化与农村发展研究中心）	钱文荣 陈志钢	教育部人文社会科学重点研究基地 “985 工程”哲学社会科学创新基地
2	中国西部发展研究院（区域协调发展研究中心）	周谷平	
3	社会科学研究基础平台	杨　翼	
4	文化遗产研究院（石窟寺文物数字化保护国家文物局重点科研基地）	刘曙光（名誉） 刘　斌 张颖岚（常务） 鲁东明（基地主任）	国家文物局重点科研基地
5	金融研究院（互联网金融研究院）	史晋川（贲圣林）	
6	全球浙商研究院	魏　江	
7	公共政策研究院	姚先国 金雪军（执行）	
8	国际影视发展研究院	范志忠（执行）	
9	土地与国家发展研究院	吴次芳 叶艳妹（常务）	
10	中国数字贸易研究院	马述忠	
11	人文高等研究院	罗卫东 赵鼎新 朱天飚（常务）	铸牢中华民族共同体意识研究培育基地
12	旅游与休闲研究院	庞学铨	
13	国际战略与法律研究院	王贵国	
14	全球农商研究院		
15	立法研究院	周江洪 郑春燕（执行） 余　军（常务）	
16	社会治理研究院	郁建兴 王诗宗（执行）	
17	书画艺术与科技鉴定研究院	陈振濂	
18	国家制度研究院	张文显 邹大挺（执行）	

续表

序号	机构名称	负责人	备　注
19	亚洲文明研究院*	黄华新(执行)	
20	新时代"枫桥经验"研究院*	胡　铭	

*：2020 年成立的研究机构。

附录 7　2020 年浙江大学人文社科校级研究中心

序号	机构名称	负责人	备　注
1	汉语史研究中心	汪维辉	教育部人文社会科学重点研究基地
2	民营经济研究中心	潘士远	教育部人文社会科学重点研究基地 "985 工程"哲学社会科学创新基地
3	基督教与跨文化研究中心	王志成	"985 工程"哲学社会科学创新基地
4	语言与认知研究中心	黄华新	"985 工程"哲学社会科学创新基地
5	创新管理与持续竞争力研究中心	吴晓波 黄　灿(常务)	"985 工程"哲学社会科学创新基地
6	科教发展战略研究中心	邹晓东 魏　江(执行)	教育部(科技委)战略研究基地
7	基础教育课程研究中心	顾建民 刘正伟(常务)	教育部基础教育司研究中心
8	体育现代化发展研究中心	于可红	国家体育总局重点研究基地
9	地方政府与社会治理研究中心	陈剩勇 毛　丹	浙江省哲学社会科学重点研究基地
10	区域经济开放与发展研究中心	黄先海	浙江省哲学社会科学重点研究基地(新一轮)
11	民生保障与公共治理研究中心	何文炯	浙江省哲学社会科学重点研究基地(新一轮)
12	《浙江文献集成》编纂中心	张　曦 张涌泉(执行)	浙江省哲学社会科学重点研究基地
13	宋学研究中心	陶　然	浙江省哲学社会科学重点研究基地(新一轮)

续表

序号	机构名称	负责人	备　注
14	传媒与文化产业研究中心	洪　宇	浙江省哲学社会科学重点研究基地
15	房地产研究中心	贾生华	
16	可持续发展研究中心	罗卫东 常　杰(执行)	
17	信息资源分析与应用研究中心	黄　晨	
18	资产管理研究中心	金雪军	
19	企业成长与战略传播研究中心	李　杰	
20	经济与文化研究中心	徐永明 何春晖(执行)	
21	跨学科社会科学研究中心	陈叶烽(执行)	
22	新经济产业发展研究中心	黄先海	
23	法理研究中心	张文显	
24	妇女研究中心	张　彦	
25	江万龄国际经济与金融投资研究中心	金雪军	
26	文物保护和鉴定研究中心	严建强	
27	公法研究中心	余　军	
28	区域与城市发展研究中心	刘　亭	
29	中国古代书画研究中心	张钰霖(副主任)	
30	全球创业研究中心	王重鸣 威廉·巴内特	
31	健康产业创新研究中心	邢以群	
32	人力资源与战略发展研究中心	王重鸣(名誉) 谢小云	
33	创新与发展研究中心	许庆瑞 魏　江(常务) 郑　刚(执行)	
34	敦煌学研究中心	张涌泉	
35	社会组织与社会治理研究中心	郁建兴	

续表

序号	机构名称	负责人	备　注
36	资本市场研究中心	黄　英	
37	儒商与东亚文明研究中心	杜维明(名誉) 周生春(名誉) 蒋岳祥	
38	非传统安全与和平发展研究中心	余潇枫	
39	影视与动漫游戏研究中心	盘　剑	
40	公共外交与战略传播研究中心	吴　飞	
41	当代中国话语研究中心	王春晖(名誉) 程　乐	
42	非物质文化遗产研究中心	阮云星	
43	律师实务研究中心	吴勇敏	
44	浙江大学—杭州市服务业发展研究中心	魏　江 朱师钧	
45	神经管理学实验室	马庆国(名誉) 汪　蕾	
46	社区建设与移民管理研究中心	毛　丹	
47	佛教文化研究中心	董　平 张家成(执行)	
48	中国地方政府创新研究中心	俞可平(名誉) 陈国权	
49	工程教育创新中心	叶　民	
50	蒋介石与近代中国研究中心	陈红民	
51	地方历史文书编纂与研究中心	包伟民	
52	不动产投资研究中心	方红生	
53	故宫学研究中心	郑欣淼(名誉) 张　曦(名誉) 余　辉 曹锦炎 黄厚明(常务)	
54	亚洲研究中心	黄华新	

续表

序号	机构名称	负责人	备　注
55	科斯经济研究中心	王　宁 罗卫东 曹正汉(常务)	
56	廉政研究中心	叶　民 马春波(常务)	
57	科学技术与产业文化研究中心	盛晓明	
58	中国组织发展与绩效评估研究中心	范柏乃	
59	学衡国际人文研究中心	杜维明(名誉) 吴　光(名誉) 彭国翔	
60	海洋法律与治理研究中心	赵　骏	
61	龙泉司法档案研究中心	包伟民	
62	浙江大学—诺丁汉大学中国与全球经济政策研究中心	顾国达 Chris Milner	
63	中华礼学研究中心	贾海生	
64	党建研究中心	张宏建	
65	德育与学生发展研究中心	任少波	
66	信息技术与经济社会系统研究中心	刘　渊	
67	中国海洋文化传播研究中心	李　杰	
68	法律与经济研究中心	熊秉元	
69	环境与能源政策研究中心	托马斯·海贝勒 郭苏建	
70	质量管理研究中心	熊　伟	
71	汉藏佛教艺术研究中心	谢继胜	
72	外语传媒出版质量研究中心	陆建平 (主持工作)	
73	“一带一路”合作与发展协同创新中心	罗卫东 周谷平	
74	陈香梅资料与研究中心	陈红民	
75	司法文明协同创新中心	胡　铭	
76	老龄和健康研究中心	何文炯	

续表

序号	机构名称	负责人	备　注
77	道教文化研究中心	孔令宏	
78	中国地方治理与法治研究中心	葛洪义	
79	公共服务与绩效评估研究中心	胡税根	
80	服务科学研究中心	华中生	
81	教科书研究中心	刘正伟 张文军(常务)	
82	中国语文研究中心	王云路	
83	公众史学研究中心	陈　新	
84	新型城镇化研究中心	仇保兴(名誉) 张蔚文	
85	港航物流与自由贸易岛研究中心	Lee Tae-woo	
86	科技与法律研究中心	王敏远 胡　铭(常务)	
87	佛教资源与研究中心	何欢欢	
88	国际教育研究中心	宋永华	
89	数据分析和管理国际研究中心	周伟华 叶荫宇	
90	艺术美学研究中心	王建刚	
91	数字出版研究中心	金更达 陈 洁(执行)	
92	中国特色社会主义研究中心	任少波 何莲珍(常务)	
93	校史研究中心	田正平 马景娣(执行)	
94	当代马克思主义美学研究中心	王　杰	
95	中华译学馆	许　钧	
96	世界文学跨学科研究中心	聂珍钊	
97	马一浮书院	刘梦溪	
98	财税大数据与政策研究中心	李金珊	
99	雄安发展中心	石敏俊	

续表

序号	机构名称	负责人	备　注
100	国学与近代中国研究中心	桑　兵	
101	现象学与心性思想研究中心	倪梁康	
102	融媒体研究中心	韦　路	
103	长三角一体化发展研究中心	黄先海	
104	城乡创意发展研究中心	王小松	
105	浙江大学—蚂蚁集团金融科技研究中心	贲圣林 李振华	
106	科举学与考试研究中心	刘海峰	
107	中西书院*	刘　东	
108	数字沟通研究中心*	黄　旦	

*:2020 年成立的研究机构。

附录 8　2020 年浙江大学人文社科联合共建研究机构

序号	机构名称	负责人	备　注
1	浙江大学中国—挪威环境与社会联合研究中心	郁建兴	合作单位:挪威奥斯陆大学
2	浙江大学—国际食物政策研究所国际发展联合研究中心	陈志钢	合作单位:国际食物政策研究所
3	浙江大学—嘉兴心理健康联合研究中心	徐琴美	合作单位:嘉兴市人民政府
4	浙江大学—未来科技城数字经济创新创业联合研究中心*	周伟华	合作单位:杭州未来科技城管理委员会

*:2020 年成立的研究机构。

附录 9　浙江大学人文社会科学省部级重点研究机构

序号	机构名称	级　别
1	农业现代化与农村发展研究中心(中国农村发展研究院)	教育部人文社会科学重点研究基地 “985 工程”国家哲学社会科学创新基地
2	汉语史研究中心	教育部人文社会科学重点研究基地
3	民营经济研究中心	教育部人文社会科学重点研究基地 “985 工程”国家哲学社会科学创新基地

续表

序号	机构名称	级 别
4	民生保障与公共治理研究中心	浙江省哲学社会科学重点研究基地
5	宋学研究中心	
6	区域经济开放与发展研究中心	
7	地方政府与社会治理研究中心	
8	《浙江文献集成》编纂中心	浙江省哲学社会科学重点研究基地
9	传播与文化产业研究中心	
10	创新管理与持续竞争力研究中心	“985 工程”国家哲学社会科学创新基地
11	语言与认知研究中心	“985 工程”国家哲学社会科学创新基地
12	基督教与跨文化研究中心	
13	人文高等研究院(国家认同与族群关系研究中心)*	铸牢中华民族共同体意识研究培育基地
14	德国文化研究所	教育部国别与区域研究备案中心
15	东北亚研究中心	
16	中东欧研究中心	
17	中亚与丝路文明研究中心*	国家民委“一带一路”国别和区域研究中心
18	科教发展战略研究中心	教育部(科技委)战略研究基地
19	基础教育课程研究中心	教育部基础教育司研究中心
20	石窟寺文物数字化保护国家文物局重点科研基地(浙江大学)	国家文物局重点科研基地
21	体育现代化发展研究中心	国家体育总局重点研究基地
22	国家体育产业研究基地(浙江大学)	国家体育产业研究基地
23	民政部政策理论研究基地(浙江大学)	民政部政策理论研究基地
24	检察基础理论研究中心	检察基础理论研究基地
25	“一带一路”合作与发展协同创新中心	浙江省“2011 协同创新中心”
26	大数据+立法研究协同创新中心	
27	社会组织与社会治理协同创新中心	

*:2020 年新增。

附录10　2020年浙江大学省部级以上智库

序号	智库名称	负责人	评选单位	备　注
国家高端智库建设试点单位				
1	区域协调发展研究中心	任少波 周谷平(执行)	中共中央宣传部	2020年正式列入
浙江省新型重点专业智库				
1	区域协调发展研究中心	任少波 周谷平(执行)	中共浙江省委宣传部、浙江省社会科学界联合会	
2	公共政策研究院	姚先国 金雪军(执行)		
3	中国农村发展研究院	钱文荣 陈志钢		
4	金融研究院	史晋川		重点培育智库
5	社会治理研究院	郁建兴		2020年新增
6	浙江数字化发展与治理研究中心	刘　渊		2020年新增
浙江省新型高校智库				
1	创新管理与持续竞争力研究中心	吴晓波	浙江省教育厅	
2	中国科教战略研究院	李铭霞		
3	土地与国家发展研究院	吴次芳		
4	非传统安全与和平发展研究中心	余潇枫		
5	新型城镇化研究中心	张蔚文		
6	中国跨境电子商务研究院	马述忠		
7	互联网金融研究院	贲圣林		
8	长三角一体化发展研究中心	黄先海		
9	国际影视发展研究院	范志忠(执行)		

社会服务

【概况】 2020年，浙江大学进一步提高社会服务能力和水平，按照“立足浙江、面向全国、走向世界”总要求，坚持“以服务求发展、用贡献求辉煌”的工作思路，紧紧围绕服务国家重大战略、区域经济社会发展和学校“双一流”建设目标，不断完善社会服务布局、提升社会服务能力，为服务国家战略和区域经济社会发展做出了重要贡献。

2020年，全校共新签横向技术合同3299项，合同经费24.11亿元，到款经费20.43亿元。授权中国专利4231件，其中发明专利3603件，实用新型专利592件，外观专利36件，发明专利授权数保持全国高校第一；授权国际专利65件。浙大工业技术转化研究院积极推动在全国布局的10个派出研究院与企业共建各类联合研发中心28个，各类经费收入1.43亿元，孵化产业化公司106家；新增建德技术转移分支机构，发起成立浙江省高校院所技术转移联盟，成功推动促成各类产学研项目97项，合作项目总经费逾1.3亿元。

人文社会科学领域承接中央有关部门直接委托智库研究任务40余项，向中央决策部门报送智库报告120余篇，向各级政府部门报送智库报告450余篇，其中有30项成果获国家级采纳，另有150余份研究成果获省部级采纳；专家学者在《人民日报》《光明日报》《求是》等重要媒体发表智库相关文章40余篇。新冠疫情暴发以来，向中央和各级政府部门报送疫情防控及中长期治理相关智库报告200余篇，其中69篇获省部级以上采纳，6篇获中央决策部门采纳。进一步打造“求是智库”品牌，资助出版舟山群岛新区自由港研究丛书等8本(套)“求是智库”丛书、支持举办“中国国家制度研究高峰论坛”等5场“求是智库”高端论坛、“‘双循环’战略下中国经济新发展格局”系列讲座等23场“求是智库”讲座，产生重大学术及政策影响。

贯彻落实党中央和教育部决策部署，以高度的政治责任感和使命感全力推进定点扶贫工作。2020年对云南省普洱市景东县直接投入帮扶资金662.94万元，帮助景东县引进帮扶资金610.97万元，培训基层干部3847人次，培训技术人员3566人次，购买景东县农产品543.99万元，帮扶销售景东县农产品2173.03万元。学校专题组织召开党委常委会和扶贫工作领导小组会议5次，认真学习习近平总书记在决战决胜脱贫攻坚座谈会上的重要讲话精神，谋划推进脱贫攻坚工作。召开专题会议8次，具体落实帮扶事项，校长吴朝晖、党委副书记叶民率队赴景东县考察调研，选派1名副处职干部和1名科职干部赴景东县挂职。普洱市市长刘勇、景东县委书记李春荣等普洱市和景东县党政代表团到访学校。2020年，学校荣获云南省脱贫攻坚奖扶贫先进集体，选送的“紫金普洱：一片叶子富一方百姓——浙江大学助力景东茶产业项目简介”获第五届教育部直属高校精准扶贫精准脱贫典型项目，全年累计在《人民日报》、新华社、人民网等各级各类媒体、平台等刊发报道80余篇。扎实推进结对帮扶浙江省武义县新宅镇安凤村工作，重点推进农文旅发展，安凤村获得3A级景区村庄称号，成为新宅镇唯一的3A级景区村庄。深入推进结对帮扶贵州省台江县发展，召开“浙江大学—台江县结对帮扶座谈会”，进一步深化帮扶关系。召开对口支援塔里木大学工作小组会议，做好对口支援塔里木大学十周年总结工作并推选10名先进个人。积极推进与贵州大学、郑州大学、山西大学和云南大学的对口合作工作协议内容落地，推动双方学科建设和学术交流。进一步深化与“西迁之路”沿线区域的合作。

围绕服务长三角一体化发展、京津冀协同发展、粤港澳大湾区建设等国家重大战略和“一带一路”建设、区域发展目标，不断增强服务能力和本领，不断完善合作布局，与上海市、广西壮族自治区、贵州省、江西省、山西省、中国国家博物馆、故宫博物院等地方政府(事业单位)开展全面战略合作，推进上海高等研究院、海南研究院、广西东盟创新研究中心、南昌研究院、山西浙大新材料与化工研究院等重大合作平台建设；全面深耕浙江省，与绍兴市、嘉兴市、湖州市、义乌市、杭州西湖区、杭州高新区等签署全面战略合作协议，合作共建浙江浙大西投脑机智能研究中心、滨江研究院、长三角智慧绿洲、湖州研究院、新时代“枫桥经验”研究院、“一带一路”国际医学院(国际健康研究院)、智能创新药物研究院、先进电气装备创新中心、高端装备研究院等高能级平台。2020年，杭州国际科创中心、计算机创新技术研究院等6家机构入选2020年度省级新型研发机构。

不断促进校企深度融合创新，推动学校与重大企业、商会组织及管理部门建立战略合作关系。与国家电网签署全面战略合作协议，探索共建智慧电力能源研究院；与东方电气集团签署战略合作协议。加强与省内重要国企的合作，与机场集团、巨化集团签署战略合作协议。积极探索校企合作新模式，与上海期货交易所、浙江省工商联、上海证券交易所建立战略合作关系。启动与华为、阿里巴巴、飞利浦等企业的新一轮五年科研合作框架协议。与上海浦东发展银行等企业共建校企创新联合体31家，持续推进校企在科技研发、成果转化、人才培养等方面的全方位合作。

(马宏阳　王凤仪　邵文韵　刘亭美撰稿
林伟连　杨　波　程　丽　柳景青审稿)

【上海市政府与浙江大学深化战略合作】 2020年6月3日上午，上海市政府与浙江大学举行战略合作签约暨浙江大学上海高等研究院揭牌仪式，开启市校合作发展新篇章。上海市委书记李强、浙江大学党委书记任少波出席并讲话。上海市委副书记、代市长龚正与浙江大学校长吴朝晖为研究院揭牌。上海市委常委、副市长吴清与浙江大学党委常委、副校长王立忠代表双方签署战略合作协议。浙江大学副校长何莲珍介绍研究院筹建情况。上海市政府秘书长陈靖主持。

(马宏阳撰稿　林伟连审稿)

【国家电网有限公司与浙江大学达成战略合作】 2020年6月11日，国家电网有限公司与浙江大学战略合作框架协议签约仪式在玉泉校区举行，双方将共同面向科技前沿和产业趋势，服务国家能源安全新战略。国家电网有限公司董事长、党组书记毛伟明，浙江大学党委书记任少波出席仪式并讲话，校长吴朝晖陪同参观。国家电网有限公司副总经理张智刚与浙江大学副校长王立忠代表双方签署战略合作框架协议。仪式由副校长严建华主持。

(马宏阳撰稿　林伟连审稿)

【附属医院全力以赴打好疫情防控阻击战】 在抗击疫情中，学校医学院附属医院共派出国家卫健委高级别专家组成员李兰娟院士等500余名医务人员参与援鄂、援外等任务，推动武汉重症、危重症患者病死率从52%降至12%；浙大一院、浙大儿院、浙大四院被列入浙江省新冠肺炎定点医院，其他附属医院同步优化临床诊治流程、设立隔离病区、扩大和优化发热门诊接诊区域，实现了医护人员“零感染”、疑似患者“零漏诊”、确诊患者“零死亡”；先后共连线70余国、700余家医疗机构，发布了28个语种的新冠肺炎防治手册和医院应对策略，为构建人类卫生健康共同体贡献浙大智慧；共有24个集体、93人次荣获国家级和省级抗疫表彰。

（马　超撰稿　夏标泉审稿）

【打造毗邻紫金港校区成果转化基地和实践育人基地】 9月底，紫金众创小镇更名为浙大紫金科创小镇（以下简称小镇）。目前小镇核心启动区块入驻企业共298家，引进学校交叉研究平台I-School产教融合基地、浙大心理系创业心理研究与服务中心。与西湖区共同成立浙江浙大西投脑机智能科技有限公司（研究中心），首期研发资金2.55亿元。

（刘亭美撰稿　柳景青审稿）

【与中国农业科学院开展战略合作】 4月10日下午，通过“云签约”的方式，浙江大学和中国农业科学院正式签署战略合作框架协议，开启名院名校携手发展的新篇章。浙江大学校长吴朝晖院士与中国农业科学院院长唐华俊院士出席签约仪式并致辞。双方将在科研合作、人才培养、共建科技创新平台等方面加强合作，聘请8位中国农业科学院院士为浙大讲座教授，共同探索“未来农业”博士研究生培养新模式。

（曹　阳撰稿　陈　平审稿）

【省派科技特派员扎根欠发达县】 2020年，新农院共有39名省派科技特派员扎根在全省6个欠发达县（市、区）39个乡镇；有15名省团队科技特派员首席专家带领专家团队结对15个县市区的15个产业领域，带领当地农民增收致富，切实将农业科技成果转化为生产力。

（曹　阳撰稿　陈　平审稿）

【支持西藏自治区比如县建设和发展】 为支持西藏自治区比如县的建设和发展，将萨普景区旅游精品酒店和怒江沿岸走廊观景台两个项目的设计费（扣除成本及其他相关费用后）作为产业和扶贫资金捐赠给比如县人民政府。

（张众伟撰稿　吕淼华审稿）

【校友企业总部经济园建设效果显著】 截至2020年底，总部经济园四宗土地（约312亩）已经全部取得，启动地块92亩土地已完成89%工程量，预计2021年3月竣工交付；二期2020年11月已全面开工，预计2024年初竣工；已成功招引160余家海内外高科技企业和项目入驻总部经济园过渡办公空间，包括天能集团等行业龙头，以及20余家国家高新企业、国家“千人计划”项目、杭州市高新技术企业、雏鹰和青蓝企业，与研究院签约合作的海外校友会或平台达到8个。

（胡　淳撰稿　陈　瑶审稿）

【杭州国际科创中心顺利举行首期开园活动】 2020年7月16日上午，杭州国际科创中心首期开园活动在启动区块举行，时任省委副书记、省长袁家军出席活动，时任省委常委、常务副省长冯飞主持，副省长高兴夫、浙江大学党委书记任少波发言。杭州市委副书记、市长刘忻，浙江大学校长吴朝晖，中国科学院和工程院院士杨德仁、吴汉明、朱利中参加。省市区校领导共同推动启动杆，宣布杭州国际科创中心首期开园，并为先进半导体研究院、微纳电子学院、院士创新工坊揭牌。

（李萌萌撰稿　王恩禹审稿）

【微纳电子学院入驻杭州国际科创中心】 2020年9月12日，浙江大学微纳电子学院整体搬迁至杭州国际科创中心启动区块，首批25名教师、131名研究生正式入驻，并顺利举行搬迁入驻仪式暨2020级研究生开学典礼，浙江大学党委常委、副校长严建华和萧山区委常委、经济技术开发区管委会主任叶建宏、副区长倪世英等领导出席活动。微纳电子学院首任院长由集成电路制造技术专家、中国工程院院士吴汉明担任，名誉院长由集成电路设计技术专家、中国半导体行业协会专家组组长严晓浪教授担任，学院将依托杭州国际科创中心体制机制、师资队伍等优势，以产教融合、科教协同、开放办学为原则，探索面向集成电路产业需求的新型教育科研体系，解决国家集成电路相关领域问题，培养具有国际竞争力的创新型、工程型、复合型、领军型高技术人才，打造新工科特色鲜明的微纳电子学院2.0版。

（李萌萌撰稿　王恩禹审稿）

【推进宁波研究院建设步伐】 2020年，获宁波市"科技创新2025"重大专项立项7项，各类科研项目45项，在甬孵化创新型企业3家。加强与宁波"头部"企业的产学研合作，与宁波永新光学股份有限公司、华茂集团股份有限公司联合共建了宁波研究院光电分院、信电分院。举办首届全球硬科技创新创业大赛，吸引了200余个硬科技项目参赛，最终与遴选出的11个优胜项目签订战略合作意向书。

（朱凯杰撰稿　单世涛审稿）

【北京研究院着力建设中国特色新型智库】 2020年10月23日，北京研究院正式发文成立，列为学校直属单位，定位为面向全国和全球的新型综合发展平台，积极对接党和国家重大战略需要，大力建设中国特色新型智库。设立"启邦基金"并迎来首笔捐赠。与北京浙江大学校友会签署战略合作协议，凝聚校友力量，助力学校建设和发展。延伸育人平台，配合做好优秀毕业生进京就业、"展翅计划"实习等。

（郑杰欣撰稿　袁　清审稿）

【召开首届中国国家制度研究高峰论坛暨浙江大学国家制度研究院学术委员会成立大会】 10月31日，首届中国国家制度研究高峰论坛暨浙江大学国家制度研究院学术委员会成立大会在北京举行。来自全国人大、全国政协、中央及国家部委、中国社会科学院、中国法学会、浙江大学、北京浙江大学校友会、浙江大学国家制度研究院学术委员会等有关方面的领导和专家近150人出席。会上举行了浙江大学北京研究院、国家制度研究院揭牌，学术委员会成立暨顾问、委员聘任，北京浙江大学校友会与浙江大学北京研究院签约，"启邦"基金捐赠启动并迎来首笔捐赠等仪式。

（郑杰欣撰稿　袁　清审稿）

【上海高等研究院发展迅速】 2020年10月16日，上海推进科技创新中心建设办公室与浙江大学签订《共建浙江大学上海高等研究院合作协议》。2020年12月26日，浙江大学和上海人工智能实验室签署战略合作协议，双方决定以高研院为主要载体，通过设置专职与兼职相结合的灵活聘用机制，在人工智能基础设施、基础理论及"计算＋生物""计算＋工程""计算＋金融"、智能医疗和智能教育等方向开展合作，争取成为人工智能国家实验室重要组成部分。

（庞晓涛撰稿　周如鸿审稿）

规划与重点建设

“十四五”学校发展规划

【开展学校“十四五”发展规划编制工作】 按照《教育部办公厅关于做好直属高校“十四五”规划编制工作的通知》（教高厅函〔2020〕18号）要求，围绕中央和教育部、浙江省委省政府战略部署，浙江大学坚持以习近平新时代中国特色社会主义思想为指导，深入贯彻党的十九大和十九届二中、三中、四中、五中全会精神，围绕高等教育现代化要求和新时代浙江大学办学使命，坚持更高质量、更加卓越、更受尊敬、更有梦想的战略导向，秉持创新、开放、协同、人本、改革的发展理念，聚焦立德树人根本任务，统筹推进“五大体系”“五大布局”“五大战略”，在认真总结学校“十三五”发展规划实施情况的基础上，精心谋划未来五年发展目标和任务，全面启动浙江大学“十四五”发展规划编制工作。

2020年2月25日，在学校寒假战略研讨会上，校领导班子重点围绕“十四五”规划进行了深入研讨。3月13日，学校2020年度工作会议明确提出将系统谋划“十四五”发展规划作为学校年度重点工作，要求对接国家战略、抢抓全球机遇、前瞻战略导向、把握战略关键，认真总结“十三五”收官，为开启迈向世界一流大学前列新征程奠定扎实基础。3月20日，学校发布《关于做好浙江大学“十四五”发展规划编制工作的通知》，正式启动规划编制工作，阐明了规划编制工作的指导思想、基本原则、组织领导、工作分工和进度安排，并成立了由任少波书记和吴朝晖校长担任双组长，全体校领导参加的“十四五”发展规划编制工作领导小组。

与以往的五年规划相比，学校对“十四五”规划编制工作进行了一系列方法上的创新：一是突出规划引领功能，先行编制学校规划（纲要稿），明确学校面向新征程高质量发展的战略导向、发展理念、总体目标和路径等，并于5月21日经学校党委常委会审议通过后印发全校各单位，为各类规划编制工作提供基本遵循，实现以学校规划纲要统领各类规划编制，有效解决了学校规划、分项规划、院系规划“三张皮”的问题；二是创新规划体系，根据学校发展战略需要构建了分层分类的规划体系，首次编制8个学科版块中长期发展规划，实行“专项＋专题”动态规划编制模式，形成规划编制规范程序和协调联动机制，实现了规划的体系平衡和质量保障；三是坚持开门编规划，引入相关学科及智库专家参与规划研究和编制工作，组织了一批规划研究课题，召开各类规划评审和征求意见座谈会，通过网络平台面向全校师生员工征集意见建议并获百余人次提意见，广泛吸纳各方面的研究成果和意见建议；四是建立规划评议论证制度，组织校领导、学术委员会、校内外专家等多个层面对各类规划进行咨询评议和论证，对规划总体质量和前瞻性、操作性进行了把关，有效促进了各类规划编制质量的提高，其中通过专家对各类规划的通讯评议收集意见逾 700 条，由校领导召集各类规划论证会逾 60 场。

11 月至 12 月，学校规划起草组深入学习贯彻党的十九届五中全会精神，按照习近平总书记对“十四五”规划编制工作的指示要求，贯彻《中共中央关于制定国民经济和社会发展第十四个五年规划和二〇三五年远景目标的建议》《中共浙江省委关于制定浙江省国民经济和社会发展第十四个五年规划和二〇三五年远景目标的建议》等文件精神，积极联动各专项、专题和院系规划编制工作，面向新发展阶段，聚焦新发展理念，围绕新发展格局，在学校规划纲要基础上进一步充实和完善，形成学校“十四五”发展规划审议稿。11 月 20 日，学校规划及 8 个学科版块规划提交校学术委员会全体会议审议。

浙江大学“十四五”发展规划体系为“1＋5＋8＋37＋X”的多规划协同联动的有机整体，其中：“1”为学校总体规划，即学校“十四五”发展规划；“5”为学校专项规划，是支撑学校高质量发展的“四梁八柱”，包括人才培养规划、创新生态建设规划、人才队伍建设规划、治理体系建设规划、资源优化与拓展规划；“8”为学科版块规划，是面向 2030 的学科群中长期发展规划，包括人文、社会科学、理学、工学、信息、农业生命环境、医药和交叉学科等八个学科版块；“37”为学院（系）规划，医学院附属医院参照学院规划编制；“X”为专题规划，是学校规划和专项规划的重要补充，聚焦战略必争领域或改革发展关键环节，根据学校事业发展需要分批编制，至 2020 年 12 月 31 日已启动两批 21 个专题规划的编制工作。

（严晓莹撰稿　徐贤春审稿）

“双一流”建设

【组织开展“双一流”建设周期评估】　2020 年 8 月至 9 月，按照教育部办公厅《关于开展 2016—2020 年“双一流”建设周期总结工作的通知》（教研厅函〔2020〕4 号）要求，浙江大学组建了“双一流”建设周期自评工作专班，对 2016 年以来学校“双一流”建设整体进展及 18 个教育部认定的一流学科建设进展情况进行了总结，同时开展“双一流”监测数据指标填报工作。9 月 14 日下午，学校召开“双一流”建设周期总结专家评议会，杨卫、黄达人、张泽等 7 位专家为学校“双一流”建设进行了全面深入的评议，认为浙江大学全方位、高质量完成了“双一流”建设周期目标和任务，达成了本建设周期一流大学和一流学科建设预期成效，并围绕学风建设、人才培养、服务国家重大急需等方面提出了针对性的意见建议。9 月 17 日，学校党委常委会审议并原则通过了“双一流”建设周期总结报告、对标建设方案建设情况表、建设成效典型案例等总结材料。9月20日，按照党委常委会指示精神对各项总结材料进行了修改完善后，按时报送教育部。

【“双一流”建设项目管理与经费安排】 2020年，中央“双一流”建设专项经费到位55643万元，浙江省“双一流”建设配套经费到位50000万元。按照教育部和浙江省要求，聚焦学校“双一流”建设目标合理配置“双一流”建设经费，加快推进一流本科生培养计划、高层次人才和高水平团队引育计划、高峰学科建设支持计划、重大科研创新平台建设计划、国际联合学院建设计划等26个项目建设。面对新冠疫情的不利影响，学校统筹协调、科学应对，按照上级主管部门要求，及时研究制定预案，细致稳妥做好项目预算压减、核算、调整等工作。为进一步提升经费使用质量水平，推动项目管理提质增效，学校持续推进预算规范管理和过程监控，强化协调落实机制，启动项目总结评估工作，加快系统优化升级。截至2020年12月中央“双一流”建设专项经费执行率达100%、浙江省“双一流”建设配套经费执行率达96.63%。

（严晓莹撰稿　徐贤春审稿）

重点建设专项

【推进实施面向2030的学科会聚研究计划（创新2030计划）】 按照《浙江大学面向2030的学科会聚研究计划实施方案》部署，围绕服务国家战略目标、探索国际科学前沿、支撑区域重大需求，浙江大学面向2030年前瞻布局会聚型学科领域，坚持战略规划驱动，打造多学科参与的学术共同体及科学、技术和产业的创新联合体，通过体系化、有组织的规划实施，构建新的优势特色学科领域和未来创新高峰。2020年，浙江大学继续加快推进脑科学与人工智能会聚研究计划（简称“双脑计划”）、量子计算与感知会聚研究计划（简称“量子计划”）、生态文明与环境科技创新会聚研究计划（简称“生态文明计划”）、农业设计育种会聚研究计划（简称“设计育种计划”）等专项计划实施，谋划启动智慧海洋会聚研究计划（简称“智慧海洋计划”）、精准医学会聚研究计划（简称“精准医学计划”）、超重力场会聚研究计划（简称“超重力计划”）、新物质创制会聚研究计划（简称“天工计划”）、亚洲文明学科会聚研究计划（简称“亚洲文明计划”）等专项计划实施，启动培育社会治理等会聚型学科建设项目。

各专项计划积极推进重点任务落实，较好完成了阶段目标，涌现出不少亮点成果。如：“双脑计划”成功研发我国首台基于自主知识产权类脑芯片、全球最大规模神经元的类脑计算机，完成国际首例高龄志愿者植入式脑机接口临床转化；“量子计划”的超导量子团队设计制备了20个超导量子比特的量子芯片，完成了国际上首个系统研究“多体局域化迁移率边界”的量子模拟实验；“精准医学计划”聚力攻克疑难未诊断疾病，牵头建设良渚实验室（系统医学与精准诊治浙江省实验室）正式挂牌成立；“生态文明计划”积极联动地方政府、企业力量，打造浙江生态文明研究院，积极参与长三角智慧绿洲建设，构建了产学研高度融合的技术创新体系；“设计育种计划”育成了“江两优7901”“浙大两优136”等国审水稻品种，为国家农业可持续发展和保障粮食安全提供有力支撑。

（严晓莹撰稿　徐贤春审稿）

学科与师资队伍建设

学科建设

【概况】 浙江大学是目前国内学科门类最齐全的综合性大学之一，可在哲学、经济学、法学、教育学、文学、历史学、理学、工学、农学、医学、管理学和艺术学等12个学科门类授予学术性学位。截至2020年12月31日，浙江大学拥有博士学位授权一级学科61个，硕士学位授权一级学科61个，博士专业学位类别11种，硕士专业学位类别35种。全校拥有14个一级学科国家重点学科、21个二级学科国家重点学科和10个国家重点（培育）学科，7个农业农村部重点学科，50个浙江省一流学科（见附录）。

截至2020年12月31日，各学科具有研究生招生资格的教师共计4867人，其中具有博士生招生资格的共计3250人；具有专业学位硕士生招生资格的教师共计3194人，其中1248人具有专业学位博士生招生资格，具有博士生招生资格的副教授共计617人。

根据《博士硕士学位授权审核办法》（学位〔2017〕9号）、《国务院学位委员会关于高等学校开展学位授权自主审核工作的意见》（学位〔2018〕17号）、《浙江大学博士硕士学位授权自主审核实施办法》（浙大发研〔2018〕116号）等文件精神，学科建设处组织开展2020年度学位授权自主审核工作。经相关学院（系）申请，学校学位评定委员会全体委员会议审议和投票表决，动态调整撤销翻译、体育硕士专业学位授权类别。经校学位评定委员会审议并无记名逐一投票表决，同意设置应急管理、翻译学、地球气候与环境、储能科学与工程、大数据健康科学等5个目录外二级学科博士、硕士学位授权点。

【完成2016—2020年“双一流”学科建设周期总结工作】 按照教育部《关于开展2016—2020年“双一流”建设周期总结工作的通知》（教研厅函〔2020〕4号）文件要求，按照学校工作部署，对照“双一流”建设方案，梳理总结各“双一流”建设学科在首个周期建设成效和不足，组织39个一级学科开展2016—2020年“双一流”学科建设周期总结工作，并完成包括5个监测要素、14个监测项目、33个监测点的“双一流”学科监测数据填报工作。

【编制学科板块中长期发展规划】 面向2035中长期发展战略，立足学科—创新一体化，谋划各学科群未来发展，按照学校“十四五”规划总体部署，组织学科板块中长期发展规划编制工作。人文、社科、理学、工程、信息、农生环、医药等七大学科板块及交叉学科板块编制工作组创新工作方法，促进学科板块规划与学校总体规划、学院(系)规划、部门规划的互动衔接。11月20日，学科板块中长期发展规划(讨论稿)通过学校学术委员会审议。

(吴 可撰稿 夏群科审稿)

【附录】

附录1 2020年浙江大学各类重点学科分布情况

学院	一级学科 国家重点学科	二级学科 国家重点学科	国家重点 (培育)学科	浙江省 一流学科	农业农村部 重点学科
人文学院	中国古典文献学	外国哲学	哲学		
				中国语言文学	
				考古学	
				中国史	
				世界史	
外国语言文化与国际交流学院				外国语言文学	
传媒与国际文化学院				新闻传播学	
经济学院			政治经济学	理论经济学	
光华法学院		宪法学与行政法学		法学	
教育学院		教育史		教育学	
管理学院	管理科学与工程			管理科学与工程	
公共管理学院			农业经济管理	农林经济管理	
				公共管理	
马克思主义学院				马克思主义理论	

续表

学院	一级学科国家重点学科	二级学科国家重点学科	国家重点(培育)学科	浙江省一流学科	农业农村部重点学科
数学科学学院	数学			数学	
物理学系		理论物理		物理学	
		凝聚态物理			
化学系	化学			化学	
地球科学学院				地质学	
心理与行为科学系		应用心理学		心理学	
电气工程学院	电气工程			电气工程	
建筑工程学院	土木工程			土木工程	
				建筑学	
航空航天学院		固体力学		力学	
				航空宇航科学与技术	
机械工程学院	机械工程			机械工程	
材料科学与工程学院	材料科学与工程			材料科学与工程	
能源工程学院	动力工程及工程热物理			动力工程及工程热物理	
化学工程与生物工程学院		化学工程	生物化工	化学工程与技术	
海洋学院				船舶与海洋工程	
生物医学工程与仪器科学学院	生物医学工程			生物医学工程	
计算机科学与技术学院		计算机应用技术	计算机软件与理论	计算机科学与技术	
				软件工程	
				设计学	

续表

学院	一级学科国家重点学科	二级学科国家重点学科	国家重点（培育）学科	浙江省一流学科	农业农村部重点学科
光电科学与工程学院	光学工程			光学工程	
信息与电子工程学院		通信与信息系统		信息与通信工程	
控制科学与工程学院	控制科学与工程			控制科学与工程	
生命科学学院		植物学		生态学	生态学
		生态学		生物学	
生物系统工程与食品科学学院		农业机械化工程		农业工程	农业机械化工程
				食品科学与工程	食品科学
环境与资源学院	农业资源与环境	环境工程		环境科学与工程	土壤学
				农业资源与环境	
农业与生物技术学院	园艺学	作物遗传育种		作物学	农业昆虫与害虫防治
	植物保护			园艺学	植物病理学
		生物物理学		植物保护	
动物科学学院		特种经济动物饲养	动物营养与饲料科学	畜牧学	动物营养与饲料科学
医学院		儿科学	病理学与病理生理学	临床医学	
		内科学（传染病）	妇产科学	基础医学	
		外科学（普外）	眼科学	口腔医学	
		肿瘤学			
药学院			药物分析学	药学	

师资队伍建设

【概况】 2020 年，学校坚持“党管人才”原则，紧紧围绕建设人尽其才的队伍体系和最优人才生态的目标，深化人事人才制度改革，持续提升管理服务水平。完善各项人才计划，推进分类评价改革，稳步开展长聘教职评聘，全面修订职称评聘办法和任职条件，组织开展全校岗位聘任工作，加快拓展紧密层人力资源，为学校“十四五”规划和新一轮“双一流”建设开好局、起好步提供了坚强的人力资源支撑。

截至 2020 年底，全校教职工总数 9674 人（不包括附属医院编制人员），其中女教职工 3448 人，约占 36%。具体为：专任教师 4191 人、科研人员 599 人、党政管理人员 1522 人、教学科研支撑人员 887 人、学科博士后 1353 人、附设机构及其他人员 1122 人。校本部劳务派遣人员 3418 人，附属医院在职员工 26398 人。

现有院士 52 人（其中 1 人为两院院士），其中中国科学院院士 26 人、中国工程院 27 人（含外籍院士 1 人），浙江大学文科资深教授 15 人，求是特聘学者等高层次人才 455 人，“四青”和“百人计划”研究员等优秀青年人才 806 人。

全校共有正高级专业技术职务人员 2051 人（其中教师正高级职务 1925 人、其他专业技术正高级职务 126 人），副高级专业技术职务人员 2327 人（其中教师副高级职务 1685 人、其他专业技术副高级职务 642 人）；浙江大学“百人计划”研究员 567 人、特聘研究员 39 人（其中原特聘研究员 3 人）、特聘副研究员 75 人（其中原特聘副研究员 1 人）；中级及以下专业技术职务人员 3025 人。

全校专任教师总数为 4191 人，其中：女教师 989 人，占 23.6%；具有正高级职称人员 1893 人，占 45.17%；具有副高级职称人员 1348 人，占 32.16%。专任教师的学科分布、年龄分布及学历情况如表 1、表 2、表 3 所示。

表 1　专任教师学科分布情况　　单位：人

专业项目	专任教师总数	正高级职称人数	副高级职称人数	中级及以下职称人数
总　计	4191	1893	1348	950
总计中：女	989	300	457	232
哲　学	50	26	12	12
经济学	115	46	46	23
法　学	170	61	58	51
教育学	177	49	72	56
文　学	220	77	83	60
历史学	64	28	23	13

续表

专业项目	专任教师总数	正高级职称人数	副高级职称人数	中级及以下职称人数
理　学	640	330	184	126
工　学	1743	781	594	368
农　学	264	127	72	65
医　学	443	248	100	95
管理学	250	107	80	63
艺术学	55	13	24	18

表 2　专任教师年龄分布情况　单位:人

年龄段	总数	正高级职称人数	副高级职称人数
35 岁以下	721	19	160
36～45 岁	1530	535	652
46～60 岁	1760	1164	536
61 岁以上	180	175	0

表 3　专任教师学历情况　单位:人

专任教师学历	人数
博士研究生学历	3870
硕士研究生学历	223
本科学历	98
专科及以下	0

2020 年,全职引进 2 位两院院士,2 位文科资深教授。3 位顶尖人才入选浙江省首批"鲲鹏行动"计划(全省共 7 人)。全校新增国家杰出青年科学基金获得者 9 人、新增教育部"长江学者奖励计划"特聘教授 5 人、特岗教授 2 人,国家"百千万人才工程"入选者 3 人,国家"万人计划"领军人才 16 人,求是特聘学者及文科领军人才 16 人。获得国家优秀青年基金 22 人、入选教育部"长江学者"奖励计划青年学者 6 人、入选国家"万人计划"青年拔尖人才 11 人。

2020 年,共评审通过长聘教职 34 人,其中,长聘教授 8 人,长聘副教授 26 人。2020 年,共评审通过专业技术高级职务 607 人,其中正高级职务 207 人(教学科研正高级职务 99 人,学生思想政治教育教授 1 人,高教管理研究员 2 人,正高级实验师 2 人,正高级工程师 2 人,编审 1 人,卫生技术正高级职务100人)，副高级职务400人(教学科研副高级职务99人，学生思想政治教育副教授3人，高教管理副研究员1人，高级实验师4人，高级工程师3人，副编审1人，副研究馆员1人，卫生技术副高级职务288人)。另委托浙江省会计系列高级职务评审会评审通过高级会计师2人，委托杭州市小幼教系列高级职务评审会评审通过中小学高级教师2人。

2020年，共评审通过五级职员6人、六级职员34人、七级职员29人、八级职员26人。

2020年，新增事业性质教职工967人，其中教师346人、党政管理人员46人(其中辅导员32人)、其他专技人员59人、学科博士后516人，离退休教职工共209人。

【启动第二期"高层次人才培育支持计划"】 2020年5月，学校启动第二期"高层次人才培育支持计划"，面向学校重点学科发展方向按需设岗、按规划设岗，探索以岗位引人的主动引才模式。采取常规支持和精准支持相结合方式，充分发挥学院(系)的主动性和积极性，发挥院士和文科资深教授的传帮带作用，重点培育有潜力成长为领军人才的优秀青年人才。

【全面实施"新百人计划"】 2020年7月，出台《浙江大学"新百人计划"试行办法》(浙大发人〔2020〕38号)，全面实施"新百人计划"，进一步完善岗位设置、简化遴选程序。在明确实施细则和申请标准的基础上，扩大院系引人自主权，大力引育优秀青年人才，储备和培育面向2035的优秀人才队伍。

【完善求是专项系列岗位设置】 为贯彻落实教育评价改革的基本要求，以鼓励贡献和实绩为导向推进人才分类评价，2020年学校进一步完善了求是专项系列岗位设置。在求是科研岗、求是技术创新岗基础上新设立了求是工程岗和求是智库岗，以吸引汇聚一批具有丰富工程实践经验的工程领域高水平人才，以及在国家层面有重大决策影响的高层次智库人才。2020年，首批求是工程岗入选5人，求是智库岗入选3人。

【稳步开展长聘教职评聘工作】 目前，长聘教职评聘的试行范围为"百人计划"期满人员及期中评估杰出的人员，以及新引进的国内外一流大学教师。2020年4月，学校分人文社科、理工信息、生命科学3个组召开长聘教职任职条件审定会，审定了58个一级学科(不含护理学、口腔医学)的长聘教职任职基本条件，并要求各院系结合长聘教职的评聘，进一步优化完善任职基本条件。2020年，学校组织了2次长聘教职评聘，共有8人通过长聘教授评聘，26人通过长聘副教授评聘。另外，经学校审定、确认，从国内外高水平大学新引进长聘教授1人。

【组织开展全校2020年岗位聘任工作】 根据"四年一个周期，两年微调"的工作安排，学校于2020年5月起组织开展了全校性的岗位聘任工作。进一步优化常规教师、党政管理、实验技术及其他系列人员的岗位聘任制度，着重加大对教育教学投入及考核激励力度，探索实施卓越教学岗计划(共116人入选)、基础研究长周期考核机制(共38人入选)，落实了思政课教师专项岗位津贴，进一步调动广大教职员工的积极性和创造性。

(王　舒撰稿　钟鸣文审稿)

【附录】

附录 1　2020 年浙江大学博士后流动站

序号	博士后流动站	序号	博士后流动站
1	哲学	27	电子科学与技术
2	理论经济学	28	信息与通信工程
3	应用经济学	29	土木工程
4	法学	30	农业工程
5	马克思主义理论	31	食品科学与工程
6	教育学	32	环境科学与工程
7	中国语言文学	33	生物医学工程
8	外国语言文学	34	计算机科学与技术
9	中国史	35	生物工程
10	世界史	36	软件工程
11	考古学	37	农业资源与环境
12	数学	38	植物保护
13	物理学	39	作物学
14	化学	40	园艺学
15	心理学	41	畜牧学
16	地质学	42	兽医学
17	生物学	43	临床医学
18	生态学	44	基础医学
19	机械工程	45	口腔医学
20	动力工程及工程热物理	46	药学
21	力学	47	预防医学与公共卫生
22	化学工程与技术	48	管理科学与工程
23	材料科学与工程	49	农林经济管理
24	电气工程	50	工商管理
25	控制科学与工程	51	公共管理学
26	光学工程	52	新闻传播学

续表

序号	博士后流动站	序号	博士后流动站
53	体育学	57	艺术学理论
54	网络空间安全	58	设计学
55	建筑学	59	护理学
56	社会学		

附录 2　浙江大学 2020 年评聘长聘教职人员

一、具有长聘教授任职资格人员名单(8 人)

材料科学与工程学院　田　鹤
建筑工程学院　陈喜群
高分子科学与工程学系　刘建钊
控制科学与工程学院　贺诗波　吴争光
计算机科学与技术学院　巫英才
农业与生物技术学院　武　亮
药学院　朱　峰

二、具有长聘副教授任职资格人员名单(26 人)

经济学院　曾　涛
教育学院　黄亚婷
管理学院　童　昱
公共管理学院　陈　帅　沈永东
社会学系　孙艳菲
数学科学学院　王晓光　冯　涛　王　伟　徐　翔
物理学系　谢燕武　颜　波　郑　毅
心理与行为科学系　李　峙
机械工程学院　尹　俊
材料科学与工程学院　秦发祥
电气工程学院　李超勇　万　灿
航空航天学院　贾　铮　夏振华
高分子科学与工程学系　吴子良
生物医学工程与仪器科学学院　丁　鼐
环境与资源学院　田生科
动物科学学院　邵勇奇
医学院　刘　婷
药学院　平　渊

附录3 浙江大学2020年评聘正高级专业技术人员

一、具有高校教师教授职务任职资格人员名单(79人)

人文学院	陈越骅 张 凯 真大成
外国语言文化与国际交流学院	闵尚超 杨革新 张慧玉
艺术与考古学院	池长庆 项隆元
公共体育与艺术部	程路明
经济学院	骆兴国 叶建亮
光华法学院	范良聪
教育学院	梅伟惠 邱亚君
管理学院	严 进
公共管理学院	曹 宇 高 翔 吴金群
社会学系	陈宗仕 刘志军
数学科学学院	郭正初
物理学系	陆赟豪
化学系	雷 鸣
地球科学学院	章凤奇
心理与行为科学系	何 洁
机械工程学院	刘宏伟 汪延成 吴世军
材料科学与工程学院	何海平 张启龙
能源工程学院	陈 彤 徐象国
电气工程学院	陈 敏
建筑工程学院	曹志刚 陈 勇 国 振 李咏华 张 鹤
化学工程与生物工程学院	廖祖维 赵 骞
海洋学院	陈 正 何 方 胡 鹏 郑道琼 郑 豪
航空航天学院	王高峰 朱林利
高分子科学与工程学系	吴 刚 朱利平
光电科学与工程学院	张 磊
信息与电子工程学院	潘 翔
微纳电子学院	黄 凯
控制科学与工程学院	黄平捷 徐祖华
计算机科学与技术学院	陈 岭 伍 赛
生物系统工程与食品科学学院	丁 甜 李晓丽 张 辉
环境与资源学院	翁小乐 朱 亮
农业与生物技术学院	Imran Haider Shamsi 陈进红 陆建良 汪海燕 赵金浩
动物科学学院	杜华华 王华兵 王新霞

医学院	韩晓平　焦晶晶　王晓东　席咏梅　张世红　周旭东　卓　巍
药学院	翁勤洁
求是高等研究院	许科帝
网络空间安全研究中心	张　帆

二、具有高校教师研究员职务任职资格人员名单(4人)

艺术与考古学院	李志荣
医学院	赵永超
新农村发展研究院	黄凌霞
医学院附属第一医院	姜　虹

三、科学研究系列研究员转聘具有高校教师教授职务任职资格人员名单(1人)

经济学院	杜立民

四、卫生技术正高级职务兼评具有高校教师教授职务任职资格人员名单(7人)

医学院附属第一医院	蒋天安　王　跃
医学院附属第二医院	黄品同　王良静
医学院附属邵逸夫医院	孙继红　张　钧
医学院附属口腔医院	傅柏平

五、具有教学岗教授职务任职资格人员名单(1人)

能源工程学院	孙志坚

六、具有专职研究研究员职务任职资格人员名单(3人)

能源工程学院	熊树生
计算机科学与技术学院	蔡　亮
环境与资源学院	冯　英

七、具有先进技术研究员职务任职资格人员名单(1人)

先进技术研究院	唐建中

八、具有农业推广研究员职务任职资格人员名单(1人)

新农村发展研究院	张金枝

九、具有高教管理研究员职务任职资格人员名单(2人)

研究生院	张荣祥
医院管理办公室	戴慧芬

十、具有学生思想政治教育教授职务任职资格人员名单(1人)

就业指导与服务中心	谢红梅

十一、具有正高级实验师职务任职资格人员名单(2人)

传媒与国际文化学院	卢小雁
农业生命环境学部办公室	徐幼平

十二、具有正高级工程师职务任职资格人员名单(2人)

建筑设计研究院	莫洲瑾
医学院附属第二医院	梁　俊

十三、具有编审职务任职资格人员名单(1人)

出版社	张　琛

十四、具有主任医师职务任职资格人员名单(78人)

医学院附属第一医院	许利军	夏　琦	赵妍敏	李和权	金　希
	陈洪潭	赵　鹏	彭国平	陈韶华	徐哲荣
	凌　琪	赵海格	许晓东	王海勇	李炎冬
	盛勤松	罗金旦	秦　杰	孟宏舟	李甫强
	温　良	陈　斌	董枫郦	惠　燕	吴晓梁
	杨　虹	余列道	王剑勇	周　华	
医学院附属第二医院	张志勇	唐翠兰	周海波	胡　跃	方　兵
	陈清宇	楼健颖	王建卫	李万里	朱锦辉
	汤霞靖	周光居	柳夫义	董　鑫	熊　炎
	颜伏归	叶　松	刘先宝		
医学院附属邵逸夫医院	臧国尧	周建仓	张伟民	赵　兴	沈立锋
	郑和鸣	成　晟	余燕岚	杜小幸	杜华平
	肖浩文	卢佩琳	桂雅星	李爱清	阮文静
	丁国平				
医学院附属妇产科医院	林仿芳	冯国芳	俞　颖	罗　琼	
医学院附属儿童医院	叶文松	洪　芳	陆　斌	徐迎春	王金湖
	杨荣旺	李云玲	鲍　毓	徐晓军	
医学院附属口腔医院	杨国利				
医学院附属第四医院	赵柏惠				

十五、具有主任药师职务任职资格人员名单(3人)

医学院附属邵逸夫医院	管　燕
医学院附属妇产科医院	赵梦丹
医学院附属儿童医院	蔡志波

十六、具有主任技师职务任职资格人员名单(6人)

医学院附属第一医院	郭仁勇	
医学院附属邵逸夫医院	翁瑜寿	金　朵
医学院附属妇产科医院	罗玉琴	
医学院附属儿童医院	陶　然	
医学院附属第四医院	陈　剑	

十七、具有主任护师职务任职资格人员名单(5 人)

医学院附属第一医院　　金爱云　袁　静

医学院附属第二医院　　徐彩娟

医学院附属邵逸夫医院　　黄美丽　杨斐敏

附录 4　2020 年包氏奖学金浙江大学派出人员情况

序号	姓名	出国时间	派遣类别	国别	留学学校	国内单位
1	郑梦莲	2020 年 6 月	高访	美国	哈佛大学	浙江大学能源工程学院

附录 5　2020 年包氏奖学金浙江大学回国人员情况

序号	姓名	出国时间	回国时间	访问国别	国内单位
1	郑梦莲	2020 年 6 月	2020 年 8 月	美国	浙江大学能源工程学院

对外交流与合作

国际合作与交流

【概况】 2020年,全校教职工因公出国共计349人次(其中:学术交流323人次、访问考察10人次、培训进修16人次)。2019—2020学年全校共实施本科生线上、线下交流项目共343项,交流人次数5722,交流率88.7%,其中线上交流占交流总人次的85.2%,前往世界排名前10位、前11~20位及前21~50位大学的人数比例分别为15.4%、11.9%和27.2%,赴世界排名前50大学交流人数总计占比54.5%。2020年,共有4691人次研究生参加海外交流,以参加线上国际学术会议、线上研究生暑期学校、线上研究生国际工作坊、线上短期学术交流等为主要形式,博士研究生海外交流率为102.32%。全年组织落实2个校级团组出访;接待国外高校、科研机构、政府部门、使领馆和国际组织等校级访问团组团(含线上)45批次、195人次。新签校级合作协议13份,续签校级合作协议22份。

着力推进疫情下的国际合作与交流,建立线上线下相结合的国际交流新范式,拓展和深化合作伙伴关系。从新冠疫情全球蔓延初期,持续联系全球合作高校与国际组织,累计发出信函600余封,主动分享学校抗疫举措与贡献,表达慰问和支持,得到哈佛大学、麻省理工学院、剑桥大学、东京大学等高校的积极回应。与韩国科学技术院、日本一桥大学、荷兰瓦赫宁根大学、法国巴黎高等矿业学院新建校级合作伙伴关系,与英国剑桥大学建立生命科学领域博士生联合培养项目,接收美国康奈尔大学、伊利诺伊大学厄巴纳-香槟分校356名因疫情影响无法前往美国就读学生在海宁国际校区学习。积极参与国际组织事务,在世界经济论坛、泰晤士高等教育、国际大学协会等全球高影响力平台上发表五篇长文,阐述学校在创新型大学建设、后疫情时期高等教育发展等方面的观点。积极参与全球大学校长论坛(GULF)及中美、中意校长论坛等多边活动。

全年聘请长短期专家555人,聘请名誉教授2人,客座教授6人。获批"高端外国专家引进计划"36项,开展校级项目128

项，获批成立浙江省外国专家工作站。新增“肿瘤—微环境”学科创新引智基地；“能源清洁与利用”学科创新引智基地10年建设期满并通过评估进入“111计划2.0”。举办海外名师大讲堂4场，外籍院士校园行15场，国际学术大师校园行2场。5位外国专家荣获2020年度浙江省西湖友谊奖。受疫情影响，以线上或线上线下相结合方式成功举办国际会议31个，其中人文社科类17项、自然科学类14项。

【云端会晤，深化合作】 10月21日，党委书记任少波与巴黎高等矿业学院校长Vincent Laflèche在云端会面，并代表两校签署合作协议，双方将通过双学位、学生交换、博士后交流等多种形式联合培养数学拔尖人才。2020年，学校层面及各学院（系）共举行30场国际云签约活动。

【应邀出席世界经济论坛全球大学校长线上对话】 6月10日，校长吴朝晖院士应邀出席世界经济论坛全球大学校长线上对话。来自五大洲20余所一流大学校长围绕“面向未来的高等教育”这一主题，共商后疫情时代大学所面临的机遇与挑战。2020年，吴朝晖校长受邀加入世界经济论坛科学合作全球未来理事会，并出席系列线上会议，就科技合作与可持续发展分享浙大观点。

【与世界多个国家地区携手抗疫】 3月21日，浙大一院专家代表与阿根廷卫生部部长Gines Gonzalez Garcia进行视频连线，就新冠肺炎展开线上研讨。2020年，学校医学院及各附属医院先后与美国、英国、俄罗斯、日本、意大利、印度、阿联酋、巴西、南非、埃塞俄比亚等70余个国家和地区700余所医疗机构、大学、卫生部门等举行远程视频连线，分享疫情防控和诊疗经验，展现一流大学的世界担当。

（吴　赟撰稿　刘郑一审稿）

【附录】

附录1　2020年浙江大学各学院（系）对外合作交流情况

学院（系）名称	出国（境）交流数/人次			聘请国外专家数/人		举办国际学术会议数/次
	教职工	本科生	研究生	长期	短期	
人文学院	12	183	115	5	0	1
外国语言文化与国际交流学院	0	154	11	28	4	5
传媒与国际文化学院	1	140	71	2	0	1
艺术与考古学院	1	63	0	2	0	0
经济学院	11	230	51	4	13	0
光华法学院	1	66	137	4	1	0
教育学院	2	62	68	1	7	3
管理学院	20	154	71	6	0	2
公共管理学院	16	344	61	11	0	4

续表

学院(系)名称	出国(境)交流数/人次			聘请国外专家数/人		举办国际学术会议数/次
	教职工	本科生	研究生	长期	短期	
马克思主义学院	6	0	0	0	0	0
数学科学学院	17	99	69	2	0	0
物理学系	16	173	120	11	0	0
化学系	2	56	5	6	0	0
地球科学学院	7	78	18	6	3	0
心理与行为科学系	0	57	6	4	0	0
机械工程学院	3	267	268	0	2	0
材料科学与工程学院	19	129	245	10	0	0
能源工程学院	10	108	115	3	1	0
电气工程学院	10	217	264	6	3	0
建筑工程学院	8	141	108	12	6	0
化学工程与生物工程学院	11	121	189	13	0	1
航空航天学院	10	85	13	6	0	0
高分子科学与工程学系	5	84	113	10	0	0
海洋学院	9	104	153	12	0	1
光电科学与工程学院	6	192	68	13	6	3
信息与电子工程学院	15	524	166	17	1	1
控制科学与工程学院	9	147	37	4	0	0
计算机科学与技术学院	18	750	193	4	0	2
软件学院	0	0	3	0	0	0
生物医学工程与仪器科学学院	2	124	24	3	0	0
医学院	71	147	834	45	2	2
药学院	1	84	125	7	0	0
生命科学学院	3	56	188	4	0	0
生物系统工程与食品科学学院	7	81	141	15	1	0

续表

学院(系)名称	出国(境)交流数/人次			聘请国外专家数/人		举办国际学术会议数/次
	教职工	本科生	研究生	长期	短期	
环境与资源学院	7	160	138	12	3	0
农业与生物技术学院	6	177	262	34	0	0
动物科学学院	0	73	161	5	0	0
工程师学院	0	0	55	1	0	0
国际联合学院	19	0	4	35	0	0
其他	33	92	21	6	0	5
合计	394	5722	4691	369	53	31

附录 2　2020 年浙江大学接待国外主要来访人员

日期	来访团组名称	主要活动内容
1 月 17 日	莫斯科航空学院校长代表团(线下)	深化两校合作
3 月 25 日	韩国科学技术院校长代表团(线上)	云签约
4 月 2 日	洛杉矶加州大学副校长代表团(线上)	分享抗疫经验
4 月 17 日	悉尼大学校长代表团(线上)	深化两校合作
4 月 28 日	帝国理工学院副校长代表团(线上)	深化两校合作
5 月 7 日	多伦多大学协理副校长代表团(线上)	深化两校合作
5 月 15 日	基辅大学副校长代表团(线上)	分享抗疫经验
5 月 19 日	瓦赫宁根大学校长代表团(线上)	云签约
7 月 3 日	一桥大学校长代表团(线上)	云签约
9 月 3 日	康奈尔大学校长代表团(线上)	云签约
10 月 9 日	新加坡科技设计大学校长代表团(线上)	召开联合管委会会议,深化两校合作
10 月 21 日	巴黎高等矿业学院校长代表团(线上)	云签约
12 月 8 日	法国驻华大使代表团(线下)	深化双边合作
12 月 15 日	埃因霍芬理工大学校长代表团(线上)	云签约

港澳台工作

【概况】 2020年，全校教职工因公赴港澳台共计45人次(其中：学术交流38人次，访问考察7人次)。2020年，浙江大学与香港科技大学续签《学术交流与合作协议书》、与香港城市大学续签《学生合作备忘录》。接待来自线上线下的港澳地区参访团组共计3批42人次(其中香港计2批14人次，澳门计1批28人次)。邀请台湾地区高校18位学者进行线上专题讲座或学术交流，线上线下相结合举办第十六届海峡两岸暨港澳地区公共管理学术研讨会和第九届海峡两岸医院院长论坛。

执行“2020年港澳与内地大中小学师生交流计划大学生项目”“促进青少年及儿童发展”“云服务”学习交流计划，邀请87名香港师生参与，通过在线课程教学、分享互动等形式，促进内地与港澳青年在社会服务方面的交流。派出3名学生参加香港大学暑期线上交流项目。推进与澳门大学开展“生物医药学—临床医学”2+4双学士学位联合培养项目，“港澳台籍学生学籍注册管理”取得突破。邀请港澳地区重点合作伙伴院校参与2020全球学习线上交流展，开设港澳专场。

做好港澳台地区师生的归口管理和服务工作，制定出台招收、培养规定，健全突发应急机制，完善港澳台学生思政类课程和二、三、四课堂等修读要求，指导港澳台学生交流协会开展活动。

【澳门大学原创话剧《苦尽甘来》成功巡演】 1月3日，澳门大学学生会戏剧社、澳门霜冰雪创作实验剧团在紫金港校区剧场演出原创话剧《苦尽甘来》，为中华人民共和国成立70周年暨澳门回归祖国20周年献礼。话剧主创人员与现场师生进行了热烈的互动和交流。观众们纷纷表示，被这部诚心力作所展现的温暖亲情和家国情怀所感动，希望两地青年致力于心灵交融和文化沟通，共同为祖国发展做出应有贡献。

【参加“一流大学建设系列研讨会——2020”暨中国大学校长联谊会】 10月16—17日，吴朝晖校长参加“一流大学建设系列研讨会——2020”暨中国大学校长联谊会，以“变中前行：后疫情时代大学的应对与跨越”为题作大会报告，并与参会香港地区高校负责人会谈交流、共商合作。

【举办港澳台学生云南景东社会实践活动】 11月15日至20日，20名港澳台学生深入云南景东开展为期一周的社会实践活动。通过调研当地产业、考察经济发展情况，走访新农村建设、了解脱贫攻坚成效，参与支教交流、接力教育帮扶，考察科研平台、体验历史文化，实地了解浙大人“坚守一线、帮扶对接”助推云南景东脱贫攻坚、提质发展的丰硕成果，引导提高文化认同感和民族自豪感，提升服务社会、回馈社会的公民意识和社会责任感。

(陈　枫撰稿　刘郑一审稿)

【附录】

浙江大学2020年港澳地区主要来访团组(人员)

来访日期	来访团组名称	主要活动内容
1月3日	澳门大学学生会戏剧社《苦尽甘来》巡演	原创话剧演出和交流
8月11日	与香港中文大学段崇智校长视频连线	探讨推动和深化两校合作与交流
8月21日	香港科技大学(广州)线上专题研讨会	专题研讨学术规划与课程设置

合作办学

【国际联合学院(海宁国际校区)】 截至2020年9月,国际校区学生总规模达到1973人(含康奈尔大学、伊利诺伊大学厄巴纳-香槟分校交换生357人),其中本科生1413人,研究生560人。留学生达到244人。

全年引进专聘教师14人,其中外籍3人。专聘教师共49人,其中外籍20人。全职师资中有3人入选浙江省杰青等青年人才项目,11人入选创新嘉兴"精英引领"计划领军人才。在站博士后36人,其中外籍12人。校区荣获嘉兴市引才贡献奖。2020年获批国家自然科学基金项目7项,省自然科学基金项目4项,科研经费立项1772.74万元。

积极推动"样板区"建设。贯彻落实《长江三角洲区域一体化发展规划纲要》《浙江省推进长江三角洲区域一体化发展行动方案》等文件精神,落实国际合作教育样板区建设行动计划,按照国际科教资源开放创新圈建设要求推进海宁国际校区核心区建设,持续推进与海宁的全面战略合作,调整设立5亿元长三角国际合作教育样板区建设发展专项资金。10月成立长三角国际研究生院(筹),11月浙江大学国际联合商学院正式成立。4月25日《浙江日报》头版"不负殷殷嘱托　建设重要窗口"专题刊发报道《浙江大学推动国际联合学院高质量发展打造国际合作样板区》。

人才培养模式进一步完善。生物医学专业入选首批国家一流本科专业,电子与计算机工程专业通过省学位办新增学士学位专业审批,新建成通识选修课18门、思政课1门,4门专业课程入选首批校级一流本科课程。强化科研实践条件建设和能力培养,新建10个本科教学实验室,签约学生实习实践基地2个,2020年共有33个科研训练项目通过立项。生源质量持续向好。首届本科生顺利毕业并被授予浙大和合作伙伴两校学位,其中,浙江大学爱丁堡大学联合学院首届毕业生中有58.8%获得爱丁堡大学一等荣誉学士学位,TOP 20国际名校录取率达到53%,全奖博士项目录取率达65%;浙江大学伊利诺伊大学厄巴纳-香槟校区联合学院首届毕业生深造率96.4%,博士录取率60%,其中赴美深造的学生中美国工科排名前十学院录取率达86%,美国前20工科学院录取率达100%。打造具有国际味、浙大味、红船味的思政工作体系。把提高教师思想政治素质和职业道德水平摆在首位,探索校区国际中外师资的师德师风建设的有效途径。1名辅导员获全国辅导员素质能力大赛一等奖。

推动国际化科研布局。先进光子学国际研究中心等4家国际化研究平台入驻并开展研究工作。生物医学与工程转化国际科技合作基地、工程生物学科技国际合作基地获批省级国际科技合作基地,获批再生医学材料浙江省工程研究中心。建立3家校企研发中心。浙江省首批"鲲鹏行动"计划狄大卫团队入驻。高标准建设和配置科研空间环境,科研转化与交叉研究中心一期项目装修完成,实验动物中心启动试运行,微纳公共科研平台建设有序推进。

支撑服务不断优化。实施27间教室、32间实验室在线教室的线上教学环境改造和多媒体设备优化,建成线上线下融合跨国远程互动教学环境。新增纸质图书2万余册,图书馆馆藏书达到7.8万册,开通试用各类电子教材教参电子图书2万余种。推进"海纳郡"人才商品房、教师公寓高质量建设,制定人才商品房分配管理办法并完成首批销售。校园运营服务能力进一步提升,建设后勤综合智慧平台,校园运营管理获得英国Eco Campus铂金级认证,建成集危险化学品中转站和垃圾中转站为一体的校区环保站,提升校园环保安全水平。

持续加强党的建设。成立了联合学院党委、纪委,调整并新增基层党支部7个,校区党支部数达到12个。全年共发展了33名学生预备党员和3名教职工预备党员,41名学生预备党员和1名教职工预备党员转正。做好巡视整改、配合学校对校区的巡察工作。召开了国际校区首届教职工代表大会,成立了公共服务咨询委员会。

积极做好疫情防控工作。做到早启动早部署早落实,于1月26日成立疫情工作小组并召开在线工作会议,明确校区开学不返校。2月10日搭建完成基于teams的线上办公环境,教职工开始全员在线上岗。2月17日学生全面开课,为学校后续线上教学提供了实例支撑。保持疫情下国际交流与合作的温度与频度,召开线上会议推进工作,有效保证了合作办学各项工作正常开展。落实了异地独立校园的管控责任,积极与属地政府信息共享、资源共享,全方位无死角持续做好校园管控。

【浙江大学爱丁堡大学联合学院(ZJE)办学进展】 2020年,ZJE生物医学专业入选国家第一批一流本科专业建设点。签约迪安诊断和苏州工业园区作为学生实践实习基地。接收3位临床医学八年制学生选择生物医学为主修专业,招收的2名国际学生均以四科目全A的成绩录取。稳步拓展研究生起点办学项目。研究生规模稳定增长,2020年招收博士研究生22人,首次招收学术型硕士研究生20人,在学研究生总数达72人。学院获批国家留学基金委国际创新人才项目,启动了博士生公派赴爱丁堡大学联合培养工作。形成了17人全职师资队伍,其中外籍师资占41%。全职师资中有1人入选浙江省万人计划青年拔尖人才项目,1人入选浙江省"海外高层次人才引进计划"青年人才项目,7人入选创新嘉兴"精英引领"计划项目。

【浙江大学伊利诺伊大学厄巴纳-香槟校区联合学院(ZJUI)办学进展】 2020年11月,学校与美国伊利诺伊大学厄巴纳-香槟校区签署了《设立浙江大学伊利诺伊大学厄巴纳-香槟校区联合学院修订及重述合作协议》及相关财务协议，为ZJUI下一个五年发展奠定基础。完成了2016年—2019年分年度财务审计，为下一步可持续发展提供了依据。2020年7月，ZJUI与UIUC工学院签订疫情期间学生交流交换协议，当年度接收UIUC工学院、文理学院共65名本科生、43名研究生来ZJUI交换学习。首届28名学生顺利毕业，其中26人获得浙江大学与UIUC两校学位。2020年度招收双学位本科国内生213人，首次启动单学位国际化合作项目招生并招收本科国际生2人，启动学校相关学院的国际化项目本科国际生在ZJUI培养。截至2020年9月底，学院在学本科生达到711人。首次招收硕士研究生40人，在学研究生人数达109人。完成10个本科教学实验室建设，截至2020年底共建成教学实验室30个；完成了15个科研实验室基本建设，目前已初步具备基本实验条件。学院有26位专聘教师，其中在世界综合排名前50的高校取得博士学位的占51.85%，外籍教师占44.4%。2020年有1名教师获"吴文俊人工智能奖"自然科学奖三等奖，1名教师入选浙江省杰青项目，4人入选嘉兴市"精英引领"计划。在站博士后9位，外籍博士后占44%。2020年科研立项19个项目，项目经费超2000万元。成立了ZJUI校企联合研究中心。

【浙江大学国际联合商学院(ZIBS)办学进展】 11月，国际联合商学院正式成立，办学规模和办学层次进一步拓展。启动了金融硕士项目(iMF)，设计了全球传播与管理本科(GCM)项目和全球传播与商务硕士(iMCB)项目，优化了中国学硕士(MCS)项目。2020年学生规模259人，其中留学生120人，来自全球近40个国家和地区。打造"金融科技名家云讲堂""悦读云系列"等品牌线上系列讲座，邀请包括诺贝尔经济学奖获得者、全球顶尖商学院教授在内的嘉宾参与，共开设40余期，累计参与53.43万人次。与剑桥大学新兴金融研究中心开展合作，共同打造金融科技专题线上课程。2020年共引进专聘师资6名。牵头成立浙大蚂蚁集团金融科技研究中心，加入中国人民银行金融科技研究中心。与兴业银行嘉兴银行签署捐赠协议，设立"兴业银行奖教金"，与浙江省工商联国际合作商会签署合作协议，共同推进产学研人才培养。

（屈利娟撰稿　王玉芬审稿）

院系基本情况

人文学院

【概况】 人文学院设有中国语言文学系、历史学系、哲学系3个系，古籍研究所、韩国研究所、日本文化研究所等16个研究所及旅游与休闲研究院、马一浮书院等24个研究中心。其中，汉语史研究中心为教育部人文社科重点研究基地，宋学研究中心为浙江省哲学社会科学重点研究基地（A类基地）。拥有教育部设立的国家语言文字推广基地1个。

学院拥有哲学、中国语言文学、中国史、世界史等4个浙江省一流学科，均为一级学科博士学位授权点；有中文、历史2个教育部基础学科科学研究和人才培养基地，中国古典文献学1个二级学科国家重点学科，外国哲学1个国家重点培育学科。

建有中国语言文学、哲学、中国史、世界史等4个博士后流动站，拥有中国古典文献学、中国古代文学、中国古代史、外国哲学等19个博士学位授予权和中国古代文学、中国史、世界史、外国哲学等20个硕士学位授予权。设汉语言文学（含影视与动漫编导、编辑出版方向）、古典文献学、历史学、哲学4个本科专业。其中，汉语言文学专业入选国家级一流本科专业建设点，汉语言文学（古文字方向）、历史学、哲学入选“强基计划”建设专业，汉语言文学拔尖学生培养基地入选教育部首批基础学科拔尖学生培养计划2.0基地。

现有教职工176人，其中正高级职称80人（2020年新增3人）、副高级职称52人，博士研究生指导教师112人（2020年新增4人）、硕士研究生指导教师141人（2020年新增6人）。2020年新进博士后研究人员25人，在站博士后研究人员53人，出站16人，8人获得中国博士后科学基金，1人获得博士后国际交流计划引进项目资助；获国家社科基金青年项目立项3项、后期资助项目1项。

2020年，招收硕士研究生数117人、博士研究生71人，2020级本科生235人确认进入学院学习，毕业本科生174人、硕士研究生11人、博士研究生49人。

2020年，到校科研经费1949.2万元，

附表 2020 年度人文学院基本情况

项目	数据	项目	数据
教职工总数/人	176	获国家级科技奖项目数/项	0
教授数/人	79	获国家级教学成果奖数/项	0
副教授数/人	51	SCI 入选论文数/篇	6
研究员数/人	1	EI 入选论文数/篇	8
副研究员数/人	1	SSCI 入选论文数/篇	7
"百人计划"研究员数/人	18	A&HCI 入选论文数/篇	16
特聘研究员数/人	0	权威刊物论文数/篇	19
特聘副研究员/人	3	出版专著/部	56
具有博士学位的教师比例/%	96.1	在校本科生数/人	828
文科资深教授/人	3	在学硕士研究生数/人	316
"国家特支计划"入选数/人	0	其中:专业学位研究生数/人	0
教育部"长江学者奖励计划"特聘教授/人	6	在读博士研究生数/人	355
教育部"长江学者奖励计划"青年学者/人	5	其中:专业学位研究生数/人	0
省部级高等学校教学名师奖获得者/人	2	在校攻读学位的国际学生数/人	49
国家"百千万人才工程"入选数/人	1	应届本科毕业生一次就业率/%	84.6
国家杰出青年科学基金获得者/人	0	应届本科毕业生深造率/%	26.9
教育部新(跨)世纪优秀人才培养计划入选数/人	8	应届毕业研究生一次就业率/%	94.3
浙江省特级专家/人	4	教师出国交流/人次	2
浙江大学求是特聘教授数/人	10	学生出国交流/人次	14
浙江大学文科领军人才/人	8	举办国际学术会议数/次	1
一级学科国家重点学科数/个	0	社会捐赠经费总额/万元	225.25
二级学科国家重点学科数/个	1		
教育部人文社会科学研究基地数/个	1		
国家人才培养基地(含教学、教育基地)/个	2		
国家精品资源共享课/门	29		
国家精品视频公开课/门	0		
国家级一流本科课程/门	0		
科研总经费/万元	1949.2		
其中:国家社科基金比重/%	47.9		
纵向经费比重/%	76.0		

比上年增长 12.2%。获批人文社科类科研项目 28 项,其中国家社科基金项目 22 项(其中重大项目 8 项、冷门绝学研究专项团队项目 1 项、重点项目 1 项)。获第八届高等学校科学研究优秀成果奖(人文社会科学)13 项,其中一等奖 1 项、二等奖 7 项、三等奖 3 项、青年成果奖 2 项。

2020 年,参加海外交流(含线上)的学生达 313 人次，其中本科生 183 人次，研究生 130 人次，交流地涵盖 10 个国家及地区。开展与国(境)外知名学者的交流，组织学术讲座 50 余场；主办国际学术会议 1 场，国外代表 50 人次前来参会。积极开拓国际交流合作项目，与卢森堡大学、伦敦大学学院及伦敦大学亚非学院等世界知名大学建立合作关系。

【课程建设成效显著】 对接一流本科课程“双万计划”，大力建设优质线下课程和线上课程，课程思政建设有序开展，成效显著。2020 年度，人文学院 3 门(其中 2 门为线上)课程入选首批国家级一流本科课程，7 门(其中 2 门为在线开放课程)课程入选省级精品课程，23 门(其中 5 门为线上线下混合式教学模式改革课程)入选校级一流金课。优质课程的建设，充分展现了学院人才培养深度和深化教育教学改革的力度。

【科学研究表现突出】 启动国家社科基金重大项目培育计划，学院教师任首席专家的 8 个项目获国家社科基金重大项目立项，占全校总立项数的 72%；《敦煌残卷缀合总集》获国家社科基金冷门绝学研究专项团队项目立项。致力于打磨学术精品，在第八届教育部高等学校科学研究优秀成果奖(人文社会科学)评选中，学院斩获一等奖 1 项、二等奖 7 项、三等奖 3 项、青年成果奖 2 项；另有 1 项成果入选 2019 年度《国家哲学社会科学成果文库》。

【举行中国语言文学系 100 周年系庆活动】 该活动在浙江大学紫金港校区开展，以百年庆典仪式和校友系列讲座为主要形式构成。“百年中文：浙江大学中国语言文学系建系 100 周年庆典”于 12 月 18 日在求是大讲堂隆重举行，国内兄弟高校代表、中文系系友、校内师生共 200 余人参加了庆典仪式。活动期间，举办“浙江大学‘百年中文’系列讲座”11 场。

(王国英撰稿　楼含松审稿)

外国语言文化与国际交流学院

【概况】 外国语言文化与国际交流学院(简称外语学院)由英文系、语言与翻译系、亚欧语系 3 个学系组成，设有浙江大学外国文学研究所、浙江大学外国语言学及应用语言学研究所、浙江大学德国文化研究所、浙江大学翻译学研究所、浙江大学跨文化与区域研究所、浙江大学当代中国话语研究中心、浙江大学中华译学馆、浙江大学世界文学跨学科研究中心 8 个校级研究所和研究中心及俄语语言文化研究所、法语语言文化研究所、日语语言文化研究所、德国学研究所、西班牙语语言文化研究所、沈弘工作室、语言行为模式研究中心、法律话语与翻译中心、中世纪与文艺复兴研究中心、多模态话语研究中心等 12 个院级研究所和科研平台。

外国语言文学为浙江省一流学科。建有外国语言文学一级学科博士后流动站。拥有外国语言文学一级学科博士学位授予权，涵盖 4 个二级学科博士学位授予权；外国语言文学一级学科硕士学位授予权，涵盖 7 个二级学科硕士学位授予权；英语笔译、教育(学科教学・英语)等 2 个硕士专业学位授权点，以及英语、德语、日语、俄语、法语、西班牙语、翻译等 7 个本科专业。

现有教职工 172 人，其中正高级职称 29 人(2020 年新增 3 人)、副高级职称 59 人(2020 年新增 3 人)、百人计划研究员 12 人

(其中A类4人,B类8人),博士研究生导师36人(2020年新增2人)、硕士研究生导师70人(2020年新增4人),全职外籍教师5人。另有学科博士后18人(其中委培7人),外聘教师8人(其中外籍4人)。

2020年,招收本科生198人(其中专业培养89人、大类培养109人)、硕士研究生87人、博士研究生26人,2020级本科生222人(含留学生24人)确认外语学院主修专业,毕业本科生249人、硕士研究生73人、博士研究生19人。2020届本科毕业生一次就业率为94.74%,毕业研究生一次就业率为97.70%。

2020新增科研总经费220.7万元,在研科研项目84项。新增各类科研项目共17项,其中国家哲学社会科学基金项目4项。全年入选SSCI论文49篇、A&HCI论文41篇、SCI论文2篇,发表权威期刊论文5篇、一级刊物论文20篇;出版学术专著、译著44部,编著24部,教材、工具书8部。邀请国内外著名学者作学术报告66场,主办全国学术会议6次。

学院与英国、美国、德国、法国、日本、俄罗斯、加拿大、丹麦、意大利、西班牙等国家及中国香港地区的高校有着广泛的交流与合作,有寒暑假文化课程类交流项目12项、交换生项目1项、学位项目7项。2020年,本科生出国(境)交流学习154人次、研究生出国(境)交流学习8人次,主办国际学术会议6次。

【获8项教育部第八届高等学校科学研究优秀成果奖】 12月15日,第八届高等学校科学研究优秀成果奖(人文社会科学)的评选结果正式公布。外语学院共有8项成果获奖,创历史新高。其中一等奖1项(许钧《傅雷翻译研究》),二等奖4项(何莲珍《计算机自适应语言测试模型设计与效度验证》、郝田虎《〈缪斯的花园〉:早期现代英国札记书研究》、聂珍钊《文学伦理学批评导论》、刘海涛 *Dependency Distance: A New Perspective on Syntactic Patterns in Natural Languages*),三等奖2项(蒋景阳 *The Effects of Sentence Length on Dependency Distance, Dependency Direction and the Implications—Based on a Parallel English-Chinese Dependency Treebank*、高奋《走向生命诗学——弗吉尼亚·伍尔夫小说理论研究》),青年成果奖1项(庄玮《犹太人流亡上海(1933—1950)的记忆文化》)。

【启动国际组织实习就业战略指导平台】 4月10日,浙江大学国际组织实习就业战略指导平台启动仪式通过演播厅小现场和钉钉直播的方式顺利举行。国际组织实习就业战略指导平台成员单位负责人、就业经办老师及校内外师生代表1500余人通过网络直播参与启动仪式、聆听主题报告。国际组织实习就业战略指导平台是学校就业战略指导特色平台之一,旨在以全球视野构建就业大格局,进一步扩大就业领域,优化就业布局,建立全球链接的就业合作圈,助力形成“立足区域、面向全国、走向世界”的毕业生就业工作生态系统。

【蝉联浙江大学本科教育教学工作评价第一名】 围绕学校“双一流”建设总体目标,不断挖掘本科教学育人的新思路、拓展本科教育教学的新途径,全面提升高素质复合型外语人才的培养质量。通过打造“金课”、成立教师发展中心、建立本科生科研激励制度、改进教学成果奖培育孵化模式、拓展学生国际交流领域、推进国际组织人才培养等渠道,创新人才培养协同机制,夺

附表　2020年度外国语言与国际交流学院基本情况

项目	数据
教职工总数/人	172
教授数/人	29
副教授数/人	50
研究员数/人	0
副研究员数/人	0
“百人计划”研究员数/人	12
特聘研究员数/人	0
特聘副研究员/人	0
其他正高职称/人	0
其他副高职称/人	9
具有博士学位的教师比例/%	61.90
文科资深教授/人	1
“国家特支计划”入选数/人	0
教育部“长江学者奖励计划”特聘教授/人	2
教育部“长江学者奖励计划”青年学者/人	1
省部级高等学校教学名师奖获得者/人	1
国家“百千万人才工程”入选数/人	1
国家杰出青年科学基金获得者/人	0
教育部新(跨)世纪优秀人才培养计划入选数/人	1
浙江省特级专家/人	1
浙江大学求是特聘教授数/人	4
浙江大学文科领军人才/人	2
一级学科国家重点学科数/个	0
二级学科国家重点学科数/个	0
教育部人文社会科学研究基地数/个	0
国家人才培养基地(含教学、教育基地)/个	0
国家精品资源共享课/门	1
国家精品视频公开课/门	0
国家级一流本科课程/门	2
科研总经费/万元	220.7
其中:国家社科基金比重/%	70.23
纵向经费比重/%	82.74

项目	数据
获国家级科技奖项目数/项	0
获国家级教学成果奖数/项	0
SCI入选论文数/篇	2
EI入选论文数/篇	1
SSCI入选论文数/篇	47
A&HCI入选论文数/篇	40
权威刊物论文数/篇	4
出版专著/部	20
在校本科生数/人	812
在学硕士研究生数/人	244
其中:专业学位研究生数/人	60
在读博士研究生数/人	108
其中:专业学位研究生数/人	0
在校攻读学位的国际学生数/人	255
应届本科毕业生一次就业率/%	94.74
应届本科毕业生深造率/%	63.68
应届毕业研究生一次就业率/%	97.70
教师出国交流/人次	0
学生出国交流/人次	162
举办国际学术会议数/次	6
社会捐赠经费总额/万元	70.69

实人才培养的根基。在本轮评价中,学院在课程与教学、教师教学发展、学生发展等方面所取得的成效显著高于学校各院系平均值,具有明显的发展优势;在教学中心地位、学生工作、质量保障等方面存有一定的发展空间。

(杨青青撰稿　卢玲伟审稿)

传媒与国际文化学院

【概况】 传媒与国际文化学院(以下简称传媒学院)由新闻传播学系、国际文化学系、影视艺术与新媒体学系、策略传播学系(筹)组成,设有传播研究所、广播电影电视研究所、国际文化和社会思想研究所、美学与批评理论研究所、新闻传媒与社会发展研究所等5个研究所,建有浙江大学国际影视发展研究院、浙江大学数字沟通研究中心、浙江大学公共外交与战略传播研究中心、浙江大学当代马克思主义美学研究中心、浙江大学融媒体研究中心、浙江大学艺术美学研究中心、浙江大学传媒与文化研究中心、浙江大学外语传媒出版质量研究中心、浙江大学中国海洋文化传播研究中心等9个校级研究机构,其中浙江大学融媒体研究中心是教育部首批教育融媒体建设试点单位、浙江大学国际影视发展研究院是浙江省新型高校智库,主办 *Communication and the Public*、*China Media Research*、《中国传媒报告》和《马克思主义美学研究》四种专业性学术刊物。

学院拥有新闻传播学一级学科博士学位授予权,美学二级学科博士学位授予权;新闻学、传播学、电视电影与视听传播学、美学二级学科硕士学位授予权;新闻与传播、广播电视、汉语国际教育3个专业学位硕士授权点,以及新闻学、传播学本科专业和各类继续教育专业,已形成了博士、硕士、本科和继续教育的完整教学体系。

新闻学、传播学专业均是国家级一流本科专业,新闻传播学是浙江省一流建设学科。浙江大学—浙广集团新闻传播学类文科实践教育基地是教育部部属高校国家大学生校外实践教育基地,传媒实验教学中心是浙江省重点实验室、浙江省示范实验教学中心。

现有教职工78人(其中2020年新增5人),其中正高职称16人(教授15人、其他正高职称1人)、副高职称29人(副教授26人、其他副高职称3人)、百人计划研究员14人、特聘副研究员1人,博士研究生导师39人(其中2020年新增6人)、硕士研究生导师63人(其中2020年新增12人)。另有专业硕士校外兼职导师30人,学科博士后7人,在职博士后8人。2020年,学院新增浙大"百人计划"入选者3人,新增特聘副研究员1人。

2020年,招收博士研究生22人、硕士研究生93人,2020级本科生141人确认主修专业进入传媒学院学习,毕业本科生146人、硕士研究生83人、博士研究生20人。2020届本科毕业生一次就业率为90%,毕业研究生一次就业率为97%。

科研总经费为1112.5万元,比去年增长1.7%。在研项目207项,2020年新立项科研项目55项。出版专著编著及教材15部,发表权威刊物论文5篇、被SSCI及A&HCI收录论文20篇、其他论文98篇。

2020年,学院举办了第八届国际马克思主义美学研究国际研讨会,开展了2020年第二届浙江大学—南洋理工大学博士生双边学术研讨会、浙江大学—澳门大学双边学术研讨会和"媒体与传播"2020年暑期课程项目等一系列线上对外交流活动。同时,还与宾夕法尼亚大学安纳伯格传播学院、威斯康星大学新闻与大众传播学院联合主办了第六届"传播与公共"学术研讨会和第十二届浙大"国际前沿传播理论与研究方法"

附表　2020 年度传媒与国际文化学院基本情况

项目	数据
教职工总数/人	78
教授数/人	15
副教授数/人	26
研究员数/人	0
副研究员数/人	0
“百人计划”研究员数/人	14
特聘研究员数/人	0
特聘副研究员/人	1
其他正高职称/人	1
其他副高职称/人	3
具有博士学位的教师比例/%	79.4
文科资深教授/人	2
“国家特支计划”入选数/人	0
教育部“长江学者奖励计划”特聘教授/人	1
教育部“长江学者奖励计划”青年学者/人	1
省部级高等学校教学名师奖获得者/人	0
国家“百千万人才工程”入选数/人	1
国家杰出青年科学基金获得者/人	0
教育部新(跨)世纪优秀人才培养计划入选数/人	0
浙江省特级专家/人	0
浙江大学求是特聘教授数/人	2
浙江大学文科领军人才/人	0
一级学科、国家重点学科数/个	0
二级学科国家重点学科数/个	0
教育部人文社会科学研究基地数/个	0
国家人才培养基地(含教学、教育基地)/个	0
国家精品资源共享课/门	0
国家精品视频公开课/门	0
国家级一流本科课程/门	3
科研总经费/万元	1112.5
其中:国家社科基金比重/%	24
纵向经费比重/%	41.34

项目	数据
获国家级科技奖项目数/项	0
获国家级教学成果奖数/项	1
SCI 入选论文数/篇	6
EI 入选论文数/篇	1
SSCI 入选论文数/篇	8
A&HCI 入选论文数/篇	4
权威刊物论文数/篇	5
出版专著/部	9
在校本科生数/人	482
在学硕士研究生数/人	211
其中:专业学位研究生数/人	152
在读博士研究生数/人	108
在校攻读学位的国际学生数/人	344
应届本科毕业生一次就业率/%	90
应届本科毕业生考研录取(出国)率/%	48
应届毕业研究生一次就业率/%	97
教师出国交流/人次	0
学生出国交流/人次	15
举办国际学术会议数/次	1
社会捐赠经费总额/万元	50

高级研修班。

【1 项课题入选 2020 年度国家社科基金艺术学重大项目立项名单】　7 月 22 日，2020 年度国家社科基金艺术学重大项目立项名单正式公布。传媒与国际文化学院副院长、国际影视发展研究院执行院长范志忠教授担任首席专家的课题“新时代中国电影工业体系发展研究”入选，这是浙江大学在国家

社科基金艺术学重大项目上的首次突破。该项目旨在探索新时代中国特色电影工业的创新型类型话语，建设中国特色的电影工业体系理论；建构数字时代中国电影的本体论，拓展和丰富中国电影工业美学理论。

【浙江大学数字沟通研究中心成立】 12月25日，学校发布《浙江大学关于成立浙江大学亚洲文明研究院等研究机构及负责人任命的通知》(浙大发人社〔2020〕8号)，成立浙江大学数字沟通研究中心，行政挂靠传媒与国际文化学院，浙江大学文科资深教授黄旦任研究中心主任。12月27日，“走向数字：构建中国特色新闻传播学科”学术论坛——暨浙江大学数字沟通研究中心成立大会在浙江大学紫金港校区求是大讲堂举行。浙江省委常委、宣传部部长朱国贤，浙江大学校长吴朝晖院士，国务院新闻传播学科评议组成员、中国社科院新闻与传播研究所所长唐绪军出席会议，来自国内高校新闻学院的专家学者齐聚一堂，共同探讨中国特色新闻传播学科体系的未来建构。

【传播学专业入选2020年度国家级一流本科专业建设点】 教育部办公厅公布了2020年度国家级和省级一流本科专业建设点名单，浙江大学传媒与国际文化学院的传播学专业入选国家级一流本科专业建设点。传播学专业响应教育部、中宣部《关于提高高校新闻传播人才培养能力实施卓越新闻传播人才教育培养计划2.0的意见》，全面落实立德树人要求，发挥综合性大学的平台优势，探索通识教育、传播学专业教育和特色模块教学“三位一体”的模式，致力于建设国内一流、国际领先的传播学专业，培养德智体美劳全面发展、具有全球竞争力的高素质新闻传播创新人才和领导者。截至2020年，浙江大学传媒与国际文化学院已实现国家级一流本科专业建设点全覆盖。

（施慧慧、姜盼盼撰稿　叶建英审稿）

艺术与考古学院

【概况】 艺术与考古学院由考古与文博系、艺术史系、美术系、设计艺术系4个系和艺术与考古博物馆组成，设有文化遗产与博物馆学研究所、艺术史研究所、中国艺术研究所、文化遗产研究院、文物保护和鉴定研究中心、中国古代书画研究中心、故宫学研究中心、汉藏佛教艺术研究中心、城乡创意发展研究中心等9个校级研究平台。

学院设有考古学、艺术学理论、设计学(与计算机学院共建)3个一级学科，文物与博物馆、美术2个硕士专业学位授予权，以及文物与博物馆学、书法学、中国画、环境设计、视觉传达设计5个本科专业。

学院现有教职员工148人(含项目聘用人员66人)，其中正高级职称18人，副高级职称26人，博士研究生导师21人，硕士研究生导师50人，另有博士后11人。2020年，招收硕士研究生68人、博士研究生20人，79位本科生确认进入学院学习。2020届毕业本科生76人、硕士生16人、博士生6人。

2020年学院推出“浙江大学在线公开课”9讲，4门本科生课程获校级MOOC立项，2门课程教材获校级教材立项，2门本科课程获校级一流课程立项，1门课程获校级课程思政立项，1个专业获评校级一流专业，1位同学获国家级创新创业立项，2位同学获省级创新创业立项。成立4个基层教学组织，12个课程组，新增2个教学实践基

附表　2020 年度艺术与考古学院基本情况

项目	数据	项目	数据
教职工总数/人	148	获国家级科技奖项目数/项	0
长聘教授数/人	0	获国家级教学成果奖数/项	0
长聘副教授数/人	0	SCI 入选论文数/篇	24
教授数/人	13	EI 入选论文数/篇	0
副教授数/人	20	SSCI 入选论文数/篇	1
研究员数/人	4	A&HCI 入选论文数/篇	0
副研究员数/人	3	权威刊物论文数/篇	2
“百人计划”研究员数/人	4	出版专著/部	9
特聘研究员数/人	0	在校本科生数/人	275
特聘副研究员/人	1	在学硕士研究生数/人	160
其他正高职称/人	1	其中：专业学位研究生数/人	127
其他副高职称/人	3	在读博士研究生数/人	62
具有博士学位的教师比例/%	67.7	其中：专业学位研究生数/人	0
文科资深教授/人	0	在校攻读学位的国际学生数/人	4
“国家特支计划”入选数/人	0	应届本科毕业生一次就业率/%	88.41
教育部“长江学者奖励计划”特聘教授/人	0	应届本科毕业生考研录取(出国)率/%	49.28
教育部“长江学者奖励计划”青年学者/人	1	应届毕业研究生一次就业率/%	92.86
省部级高等学校教学名师奖获得者/人	0	教师出国交流/人次	0
国家“百千万人才工程”入选数/人	0	学生出国交流/人次	63
国家杰出青年科学基金获得者/人	0	举办国际学术会议数/次	1
教育部新(跨)世纪优秀人才培养计划入选数/人	0	社会捐赠经费总额/万元	296.5
浙江省特级专家/人	0		
浙江大学求是特聘教授数/人	0		
浙江大学文科领军人才/人	3		
一级学科国家重点学科数/个	0		
二级学科国家重点学科数/个	0		
教育部人文社会科学研究基地数/个	0		
国家人才培养基地(含教学、教育基地)/个	0		
国家精品资源共享课/门	0		
国家精品视频公开课/门	0		
国家级一流本科课程/门	0		
科研总经费/万元	1713.26		
其中：国家社科基金比重/%	4		
纵向经费比重/%	33.3		

地。顺利完成 2020 级 4 个本科专业培养方案制定工作，新开 4 门课程作为学院所有专业的基础课程。开设文物与博物馆学第二学士学位并完成首届招生。

2020 年实到科研经费 1713.26 万元，承担各级各类课题 41 项，其中纵向课题 5 项，横向课题 35 项，军工项目 1 项。3 项成果获第八届高等学校科学研究优秀成果奖

（人文社会科学），2 位青年教师的研究项目获国家社科基金立项。全力保障“中国历代绘画大系”编纂出版，推动成果转化，“每日中华名画”上线“学习强国”平台，累计总点击量超 4000 万次。据不完全统计，2020 年度共出版专著 9 部、译著 3 部，发表论文 55 篇。推出“埃及考古学精选”“美国艺术”“当代考古学前沿进展”暑期线上课程，邀请海外知名高校、博物馆学者作讲座报告。

艺术与考古博物馆举办展览 2 次，推出学术讲座 10 场、教育活动 10 场，提供团队导览 147 场、定时导览 60 场，共接待 12 场展厅实物教学。2020 年累计接待观众 3.5 万人次。共完成资金捐赠 2 项，藏品捐赠 7 项，其中文物 104 件/套、教学样本 170 件/套，其他捐赠 2 项。

【刘斌教授荣获全国先进工作者荣誉称号】 2020 年 11 月 24 日，全国劳动模范和先进工作者表彰大会在北京举行，刘斌教授入选“全国先进工作者”。刘斌现任中国考古学会常务理事、浙江省考古学会会长、浙江大学文化遗产研究院院长，为国家“万人计划”入选者，研究方向为史前考古，曾主持和参加过众多重要遗址的考古发掘，其中良渚文化古城和余杭玉架山遗址的发掘入选全国十大考古新发现，先后发表学术论文 70 余篇，主要著作有《法器与王权：良渚文化玉器》《良渚古城综合研究报告》等，在中国史前考古和玉器研究领域做出了卓越贡献。

【承办中国石窟寺文物数字化保护研讨会暨“云冈石窟行走世界”发布会】 该会议于 2020 年 9 月 28 日在浙江大学艺术与考古博物馆举行，全国 20 余家石窟寺及文保单位的 50 余位专家学者围绕石窟寺文物数字化保护工作展开研讨，同时会议宣布“云冈石窟行走世界”计划正式启动。此次会议由中国古迹遗址保护协会（ICOMOS CHINA）石窟专业委员会、山西省文物局、浙江省文物局、浙江大学联合主办，云冈石窟研究院、浙江大学艺术与考古学院、浙江大学文化遗产研究院、石窟寺文物数字化保护国家文物局重点科研基地（浙江大学）、浙江大学亚洲研究中心、浙江大学艺术与考古博物馆承办。

（新萌娇撰稿　方志伟审稿）

经济学院

【概况】 经济学院由经济学系、金融学系、国际经济学系、财政学系、劳动经济学系 5 个系组成，设有经济研究所、产业经济研究所、金融研究所、证券期货研究所、国际经济研究所、国际商务研究所、公共经济与财政研究所、法与经济研究所等 8 个研究所，建有教育部人文社科重点研究基地和国家哲学社会科学创新研究基地（A 类）“浙江大学民营经济研究中心”、浙江省社会科学重点研究基地“浙江大学区域经济开放与发展研究中心”、浙江大学金融研究院、浙江大学中国数字贸易商务研究院等多个研究机构。学院教学辅助设施齐全，建有实验经济学、电子商务、金融等实验室及万得数据库、中国企业工业数据库等多个专业性数据库。

理论经济学为教育部第四轮学科评估的 A 类学科，政治经济学、西方经济学、金融学、国际贸易学、劳动经济学等 5 个学科为浙江省一流学科。新增经济学、金融学、国际经济与贸易等 3 个国家级一流本科专业。

学院建有理论经济学、应用经济学 2 个博士后流动站，拥有理论经济学、应用经济

附表　2020 年度经济学院基本情况

项目	数据
教职工总数/人	144
长聘教授数/人	0
长聘副教授数/人	1
教授数/人	38
副教授数/人	45
研究员数/人	0
副研究员数/人	2
“百人计划”研究员数/人	11
特聘研究员数/人	0
特聘副研究员/人	2
其他正高职称/人	0
其他副高职称/人	2
具有博士学位的教师比例/%	80.36
文科资深教授/人	2
“国家特支计划”入选数/人	2
教育部“长江学者奖励计划”特聘教授/人	1
教育部“长江学者奖励计划”青年学者/人	2
省部级高等学校教学名师奖获得者/人	2
国家“百千万人才工程”入选数/人	3
国家杰出青年科学基金获得者/人	0
教育部新(跨)世纪优秀人才培养计划入选数/人	5
浙江省特级专家/人	1
浙江大学求是特聘教授数/人	4
浙江大学文科领军人才/人	2
一、二级学科国家重点学科数/个	0
教育部人文社会科学研究基地数/个	1
国家人才培养基地(含教学、教育基地)/个	0
国家精品资源共享课/门	1
国家精品视频公开课/门	0
国家级一流本科课程/门	0
科研总经费/万元	2442
其中:国家社科基金比重/%	10.5
纵向经费比重/%	65.9

项目	数据
获国家级科技奖项目数/项	0
获国家级教学成果奖数/项	0
SCI 入选论文数/篇	20
EI 入选论文数/篇	0
SSCI 入选论文数/篇	72
A&HCI 入选论文数/篇	0
权威刊物论文数/篇	8
出版专著/部	8
在校本科生数/人	750
在学硕士研究生数/人	513
其中:专业学位研究生数/人	399
在读博士研究生数/人	216
其中:专业学位研究生数/人	0
在校攻读学位的国际学生数/人	495
应届本科毕业生一次就业率/%	98.2
应届本科毕业生深造率/%	68.44
应届毕业研究生一次就业率/%	98.1
教师出国交流/人次	11
学生出国交流/人次	293
举办国际学术会议数/次	5
社会捐赠经费总额/万元	1250

学 2 个一级学科博士学位授予权和政治经济学、金融学、国际贸易学等 13 个二级学科博士学位授予权；具有理论经济学和应用经济学 2 个一级学科硕士学位授予权，金融、国际商务、税务 3 个专业学位硕士学位授予权；设有经济学、金融学、国际经济与贸易、财政学 4 个本科专业和 1 个金融学试验班，并新开设数字金融班、经济学拔尖班

2个特色班级。

现有教职工144人，包括专任教师112人。其中，教授37人，副教授49人；百人计划研究员（文科AI类）3人，百人计划研究员（文科AII类）1人，百人计划研究员（文科B类）7人；博士研究生导师56人（含外院11人、外校兼职5人），硕士研究生导师109人（含外院31人、外校兼职5人）。2020年，学院新增浙大文科资深教授、文科领军人才各1人，国家百千万人才工程1人，“长江学者”青年学者1人，浙江大学求是特聘教授1人，以及浙大“百人计划”研究员2人、外籍教师1人、特聘副研究员2人。

2020年，招收硕士研究生192人（含留学生22人）、博士研究生41人（含留学生2人），2020级本科生335人（含留学生99人）主修专业确认进入经济学院学习。毕业本科生252人（含留学生39人）、硕士研究生228人、博士研究生27人。

2020年，科研经费到校2442万元，获批国家级重大项目2项、重点项目2项、其他项目4项。发表国内权威刊物论文8篇，被SSCI收录论文70余篇，其中A类学术期刊论文9篇。出版著作8部，1项成果入选“国家哲学社会科学成果文库”。7项科研成果获得省部级以上奖励，其中2项成果获得教育部高等学校科学研究优秀成果奖。

全院师生出访共293人次（其中线上250人次，线下43人次），接待来访专家共60人次（其中线上32人次，线下28人次）。开发了5个线上交流项目，本科生交流率达95%，博士生交流率超100%。与英国剑桥大学、美国哥伦比亚大学、美国威斯康星大学麦迪逊分校等国际顶尖院校学术交流与合作。

【科研奖项成果突出】 12月10日，在第八届国家教育部高等学校科学研究优秀成果奖评奖中，学院教师黄先海、宋学印合作发表在《中国社会科学》杂志上的论文《准前沿经济体的技术进步路径及动力转换——从“追赶导向”到“竞争导向”》获得著作论文类二等奖，王义中发表在《经济研究》杂志上的《宏观经济不确定性、资金需求与公司投资》论文荣获青年成果奖。

（宗　晔撰稿　黄先海审稿）

光华法学院

【概况】 光华法学院地处全国重点文物保护单位浙江大学之江校区，占地653.85亩，现有法理与判例研究所、公法与比较法研究所、民商法研究所、国际法研究所、经济法研究所、刑法研究所、诉讼法研究中心“6+1”个校级研究所，另建有浙江省法制研究所、浙江大学新时代“枫桥经验”研究院（2020年新增）等12个校级研究机构。应用型复合型法律职业人才教育培养基地和涉外法律人才教育培养基地为国家首批“卓越法律人才教育培养”基地。法学专业为首批国家级一流本科专业建设点。

学院拥有法学一级学科博士、硕士学位授予权，另有法律硕士（JM）专业学位授权点、自主设置目录外二级学科海洋法学硕博学位授权点、司法文明博士学位授予点和中国法硕博学位授予点（LLM和SJD）。宪法学与行政法学为国家重点学科。

2020年，学院共招收全日制硕士研究生184人（含中国法LLM）、非全日制硕士生13人、博士研究生40人（含中国法SJD），2019级本科生139人、2020级本科生

附表　2020 年度光华法学院基本情况

项目	数据
教职工总数/人	88
长聘教授数/人	0
长聘副教授数/人	0
教授数/人	29
副教授数/人	27
研究员数/人	0
副研究员数/人	0
“百人计划”研究员数/人	5
特聘研究员数/人	0
特聘副研究员/人	0
其他正高职称/人	0
其他副高职称/人	2
具有博士学位的教师比例/%	85
文科资深教授/人	2
“国家特支计划”入选数/人	3
教育部“长江学者奖励计划”特聘教授/人	0
教育部“长江学者奖励计划”青年学者/人	3
省部级高等学校教学名师奖获得者/人	0
国家“百千万人才工程”入选数/人	0
国家杰出青年科学基金获得者/人	0
教育部新(跨)世纪优秀人才培养计划入选数/人	5
浙江省特级专家/人	0
浙江大学求是特聘教授数/人	1
浙江大学文科领军人才/人	1
一级学科国家重点学科数/个	0
二级学科国家重点学科数/个	1
教育部人文社会科学研究基地数/个	2
国家人才培养基地(含教学、教育基地)/个	2
国家精品资源共享课/门	2
国家精品视频公开课/门	0
国家级一流本科课程/门	1
科研总经费/万元	1216
其中：国家社科基金比重/%	20.47
纵向经费比重/%	66.99

项目	数据
获国家级科技奖项目数/项	0
获国家级教学成果奖数/项	0
SCI 入选论文数/篇	0
EI 入选论文数/篇	0
SSCI 入选论文数/篇	13
A&HCI 入选论文数/篇	0
权威刊物论文数/篇	5
出版专著/部	8
在校本科生数/人	440
在学硕士研究生数/人	573
其中：专业学位研究生数/人	81
在读博士研究生数/人	152
其中：专业学位研究生数/人	0
在校攻读学位的国际学生数/人	48
应届本科毕业生一次就业率/%	74.42
应届本科毕业生考研录取(出国)率/%	45
应届毕业研究生一次就业率/%	87.42
教师出国交流/人次	1
学生出国交流/人次	212
举办国际学术会议数/次	0
社会捐赠经费总额/万元	4545（到款）

162 人确认主修专业，毕业本科生 123 人、硕士研究生 192 人、博士研究生 17 人。

全院现有教职工 88 人，其中专任教师 73 人，正高级职称人员 29 人（2020 年新增 1 人）、“百人计划”研究员 5 人（2020 年新增 1 人）、副高级职称人员 27 人（2020 年新增 3 人）。2020 年新增中宣部文化名家暨“四个一批”人才、国家“万人计划”哲学社会科学领军人才1人，国家“万人计划”青年拔尖人才1人，全国杰出青年法学家1人、提名奖2人，浙江省突出贡献中青年法学家2人，浙江大学求是特聘学者2人。

教学方面，学院全面实施卓越法治人才教育培养计划2.0，打造一流法学专业教育，与杭州市滨江区人民法院共建法官助理培养机制，与杭州互联网法院共同开设“在线法庭”等课程，与多家在杭知名律所共建实习基地，继续推进最高人民法院及其巡回法庭实习生制度。本年度创新实施本科生“双班主任”制，国内首推“互联网与法学”慕课，“行政法”课程获评首批国家级一流本科课程，浙江大学法律诊所获“全国优秀法律诊所”称号。

科研经费（含立法研究院专项经费）到款1216.02万元，比上年增长3.75%。其中，纵向科研经费到款814.72万元，占比66.99%。各类立项共46项，其中国家级立项10项，省部级16项。出版、发表各类科研成果总计181部（篇）。其中，专著8部，编著、译著14部，权威期刊论文5篇，SSCI论文13篇，一级期刊论文25篇，核心期刊论文29篇。为国家和地方法治建设提供决策咨询，获省部级采纳批示件22篇。

2020年，学院与美国加州大学伯克利分校、德国法兰克福大学等新签和续签订合作协议3份；与英国牛津大学、美国加州大学戴维斯分校、芝加哥大学等合作开展多个线上课程与交流项目。全院有13位教师曾经或现在国际学术组织或学术刊物任职。

【科学研究取得多个国家级奖项和立项】 2020年，学院获第八届高等学校科学研究优秀成果奖（人文社会科学）7项、国家社科基金项目10项立项。其中，王贵国等的《成立“一带一路”争端解决机构的建议》、葛洪义的《作为方法论的“地方法制”》、胡铭的《司法公信力的理性解释与建构》获二等奖；朱新力等的《法治政府与深化“放管服”改革若干问题研究》、钱弘道等的《论中国法治评估的转型》、赵骏的《全球治理视野下的国际法治与国内法治》获三等奖；郑春燕的《现代行政中的裁量及其规制》获青年奖。葛洪义的《加强对法律实施监督研究》、叶良芳的《总体国家安全观视域下网络犯罪治理研究》获批国家社科基金项目重大项目，余军的《中国央地政府事权关系的宪法整合研究》、焦宝乾的《法律方法论视角下我国法律统一适用之研究》获批重点项目。

【召开法治与改革高端论坛(2020)】 11月14日，法治与改革高端论坛暨数字时代法学教育论坛（2020）在杭州举行。为了进一步完善和发展中国特色社会主义法治体系，促进数字时代法学教育发展与创新，推动法学教育与数字科技不断融合，浙江大学在连续五届“法治与改革国际高端论坛”的基础上举办此届论坛。本次论坛由中国法学会指导，浙江大学主办，国家“2011计划”·司法文明协同创新中心、浙江大学光华法学院、浙江大学社会科学研究院共同承办。论坛主题为“法治体系建设和国家治理现代化”。论坛就新时代创新法学人才培养方式，促进法治建设与改革发展兼容并蓄，助力国家治理体系和治理能力的现代化建设等多个方面进行深入探讨和广泛交流，为国家未来法治建设提供新的理论支撑与新的智力支持。

（陈　思撰稿　胡　铭审稿）

教育学院

【概况】 教育学院由教育学系、体育学系、课程与学习科学系、教育领导与政策研究所和军事理论教研室组成；设有教育部浙江大学基础教育课程研究中心、国家体育总局浙江大学体育现代化发展研究中心、国家体育总局体育产业研究基地，以及8个校级、5个院级研究机构；建有联合国教科文组织“亚太地区教育革新为发展服务”(APEID)浙江大学联系中心、全球大学创新联盟亚太中心(GUNI-AP)秘书处、联合国教科文组织浙江大学创业教育教席、联合国教科文组织中国创业教育联盟、世界休闲组织浙江大学休闲卓越中心等国际教科研合作平台。

教育史为二级学科国家重点学科，教育学为浙江省一流学科。

学院设有教育学、体育学2个博士后流动站；拥有教育学、体育学2个一级学科博士学位授予权和9个二级学科博士学位授予权，教育学、体育学2个一级学科硕士学位授予权和10个二级学科硕士学位授予权，以及教育博士、教育硕士和体育硕士等3个专业学位授权点；设有教育学、运动训练、武术与民族传统体育、体育教育等5个本科专业，教育学为教育部高等学校本科特色专业。

2020年，招收博士研究生55人(其中留学生1人)，全日制硕士研究生75人(其中留学生1人)、非全日制专业学位硕士研究生49人，本科生69人(其中留学生2人)，另有主修专业确认67人；毕业博士研究生18人、全日制硕士研究生25人、非全日制专业学位硕士研究生11人、本科生147人(另有1人结业)；授予博士学位研究生24人(其中留学生3人)，授予硕士学位研究生160人(其中非全日制专业学位教育硕士研究生83人，非全日制专业学位体育硕士研究生52人)。

现有教职工114人。其中，正高级职称人员33人(2020年新增3人)、副高级职称人员32人(2020年新增1人)，博士研究生指导教师46人(2020年新增9人)、硕士研究生指导教师64人(2020年新增8人)。新增浙江大学求是特聘教授、教育部“长江学者奖励计划”特聘教授1人。

“教学理论与设计”被认定为“首批国家级一流本科课程”(线上线下混合式一流课程)；1篇博士学位论文被评为2019年浙江省优秀博士学位提名论文，1篇硕士学位论文被评为2019年浙江省优秀硕士学位论文；本科生获国家级及以上赛事排名前三名奖项38项；获浙江大学“十佳大学生”荣誉称号和浙江大学竺可桢奖学金1人。

到款科研经费1929万元。获批国家社科基金、自然基金项目共10项，其中教育部重大攻关项目1项；获第八届高等学校科学研究优秀成果奖(人文社会科学)二等奖2项、三等奖1项、青年成果奖1项；主编译丛一套(5部)，出版专著4部、编著3部、著作丛书二套(7部)；发表权威刊物论文5篇，SSCI/SCI76篇(含在线发表22篇)，一级刊物论文29篇；获省部级领导批示1份，省部级采纳5份。

全年，师生开展对外交流141人次(含线上)，举办国际学术会议3场，举办学生对外交流项目5个(含线上)。与日本岛根大学续签合作备忘录1项，与英国伯明翰大学签署数据保护协议1项，联合国教科文组织

附表　2020 年度教育学院基本情况

项目	数据
教职工总数/人	114
长聘教授数/人	0
长聘副教授数/人	1
教授数/人	33
副教授数/人	27
研究员数/人	0
副研究员数/人	3
“百人计划”研究员数/人	16
特聘研究员数/人	1
特聘副研究员/人	0
其他正高职称/人	0
其他副高帜称/人	1
具有博士学位的教师比例/%	86.25
文科资深教授/人	2
“国家特支计划”入选数/人	0
教育部“长江学者奖励计划”特聘教授/人	4
教育部“长江学者奖励计划”青年学者/人	1
省部级高等学校教学名师奖获得者/人	1
国家“百千万人才工程”入选数/人	2
国家杰出青年科学基金获得者/人	0
教育部新(跨)世纪优秀人才培养计划入选数/人	5
浙江省特级专家/人	1
浙江大学求是特聘教授数/人	4
浙江大学文科领军人才/人	0
一级学科国家重点学科数/个	1
二级学科国家重点学科数/个	0
教育部人文社会科学研究基地数/个	0
国家人才培养基地(含教学、教育基地)/个	0
国家精品资源共享课/门	1
国家精品视频公开课/门	0
国家级一流本科课程/门	3
科研总经费/万元	1929
其中:国家社科基金比重/%	13.58
纵向经费比重/%	17.89

项目	数据
获国家级科技奖项目数/项	0
获国家级教学成果奖数/项	0
SCI 入选论文数/篇	27
EI 入选论文数/篇	7
SSCI 入选论文数/篇	63
A&HCI 入选论文数/篇	2
权威刊物论文数/篇	5
出版专著/部	4
在校本科生数/人	432
在学硕士研究生数/人	609
其中:专业学位研究生数/人	426
在读博士研究生数/人	217
其中:专业学位研究生数/人	91
在校攻读学位的国际学生数/人	28
应届本科毕业生一次就业率/%	95.96
应届本科毕业生深造率/%	37.16
应届毕业研究生一次就业率/%	100
教师出国交流/人次	3
学生出国交流/人次	138
举办国际学术会议数/次	3
社会捐赠经费总额/万元	30

创业教育教席与联合国教科文组织高等教育创新中心及联系学校网络国际中心签订战略合作备忘录 1 项。

【“长江学者”张应强加盟】　2020 年 10 月，教育部“长江学者奖励计划”特聘教授、中宣部文化名家暨“四个一批”人才、国家“万人计划”哲学社会科学领军人才张应强教授正式加盟教育学院。张应强教授主要研究领域为高等教育基本理论、高等教育发展政策、大学文化和现代大学制度建设等，先后出版《文化视野中的高等教育》《高等教育现代化的反思与建构》《大学的文化精神与使命》等多部著作，并在《教育研究》《高等教育研究》《中国高等教育》等核心刊物发表学术论文200余篇，其中10篇论文被《新华文摘》全文转载，曾获教育部高等学校科学研究优秀成果奖(人文社会科学)一等奖2项、二等奖1项、三等奖1项，以及全国教育科学研究优秀成果奖一等奖、全国教育科学优秀图书奖一等奖等省部级学术奖励10项。

【"教学理论与设计"入选首批国家级一流本科课程】 2020年11月，教育部公示首批国家级一流本科课程认定结果，教育学院刘徽副教授、盛群力教授及其团队的"教学理论与设计"成功入选，被认定为"首批国家级一流本科课程"(线上线下混合式一流课程)。"教学理论与设计"是教育学专业一门重要的兼具理论性与实践性的专业基础课程，以立德树人为总要求，立足于培养未来的教育研究者，学生在课上既要学习前沿理论，又要将理论运用于教学实践。课程主要介绍教学理论的发展历史、国际教学理论进展和教学改革动态，理论联系实践，让学生尝试用新的教学理念来进行教学设计，解决教育改革中的实际问题。

(杨　婷撰稿　顾建民审稿)

管理学院

【概况】 管理学院下设创新创业与战略学系、数据科学与管理工程学系、服务科学与运营管理学系、领导力与组织管理学系、市场营销学系、财务与会计学系、旅游与酒店管理学系7个系。拥有创新管理与持续竞争力研究国家哲学社会科学创新基地1个"985工程"，"浙江数字化发展与治理研究中心"1个浙江省省新型重点专业智库，浙江大学全球浙商研究院和浙江大学全球农商研究院2个校级研究院，建有浙江大学神经管理学实验室1个校级重点实验室，浙江大学—杭州市服务业发展研究中心，以及信息技术与新兴产业研究中心等13个校级交叉学科研究中心和管理科学与信息系统研究所等10个校级研究所。此外，学院现有1个国家自然科学基金创新研究群体和1个浙江省创新团队。

现拥有管理科学与工程一个一级学科国家重点学科，浙江省一流(A类)学科。拥有管理科学与工程、工商管理2个一级学科博士学位授予点和企业管理、会计学等4个二级学科博士学位授予点，工商管理硕士(含高级管理人员工商管理硕士)、会计学专业硕士2个专业学位授权点，并设置信息管理与信息系统、工商管理、会计学3个本科专业。设有管理科学与工程、工商管理2个博士后流动站。信息管理与信息系统、会计学两个专业均入选申报"国家级一流本科专业建设点"。在2020年软科中国最好学科排名榜单上，旅游休闲管理学科排名全国第二，全球排名第28位。

2020年，招收博士研究生57人(含留学生2人)、硕士研究生751人(其中学术学位硕士37人、MBA 567人、EMBA 106人、会计专业硕士31人)，152名2020级本科生通过主修专业确认进入学院学习，2020届本科毕业生161人(其中留学生19人)、授予硕士学位463人、博士学位38人。

"管理学"和"创新管理"2门课程获批

附表　2020 年度管理学院基本情况

项目	数据
教职工总数/人	153
长聘教授数/人	1
长聘副教授数/人	1
教授数/人	40
副教授数/人	44
研究员数/人	0
副研究员数/人	1
“百人计划”研究员数/人	15
特聘研究员数/人	0
特聘副研究员/人	0
其他正高职称/人	0
其他副高职称/人	2
具有博士学位的教师比例/%	86.14
文科资深教授/人	0
“国家特支计划”入选数/人	0
教育部“长江学者奖励计划”特聘教授/人	3
教育部“长江学者奖励计划”青年学者/人	2
省部级高等学校教学名师奖获得者/人	0
国家“百千万人才工程”入选数/人	1
国家杰出青年科学基金获得者/人	4
教育部新(跨)世纪优秀人才培养计划入选数/人	10
浙江省特级专家/人	1
浙江大学求是特聘教授数/人	5
浙江大学文科领军人才/人	1
一级学科国家重点学科数/个	1
二级学科国家重点学科数/个	0
教育部人文社会科学研究基地数/个	0
国家人才培养基地(含教学、教育基地)/个	0
国家精品资源共享课/门	0
国家精品视频公开课/门	0
国家级一流本科课程/门	2
科研总经费/万元	3020
其中:国家社科基金比重/%	0.3
纵向经费比重/%	62

项目	数据
获国家级科技奖项目数/项	0
获国家级教学成果奖数/项	0
SCI 入选论文数/篇	38
EI 入选论文数/篇	35
SSCI 入选论文数/篇	108
A&HCI 入选论文数/篇	0
权威刊物论文数/篇	12
出版专著/部	10
在校本科生数/人	695
在学硕士研究生数/人	1889
其中:专业学位研究生数/人	1829
在读博士研究生数/人	339
其中:专业学位研究生数/人	0
在校攻读学位的国际学生数/人	345
应届本科毕业生一次就业率/%	92.7
应届本科毕业生深造率/%	56.4
应届毕业研究生一次就业率/%	97.2
教师出国交流/人次	16
学生出国交流/人次	307
举办国际学术会议数/次	2
社会捐赠经费总额/万元	1944.245

“国家级一流本科课程”，8 门课程被认定为 2020 年度省级一流课程，9 门课程获批“2020 年浙江大学一流本科课程”，新增 4 门课程获批校级 MOOC 课程，4 门课程获批校级课程思政建设项目。“创新驱动创业的重大理论与实践问题研究”正式获得国家自然科学基金委员会批准资助，成为中国创新创业领域首个国家自然科学基金重大项

目。此外，获批国家级重点国家（地区）合作研究项目1项，国家优秀青年科学基金项目1项，教育部重大项目1项。5篇案例荣获“全国百篇优秀管理案例”，并继续蝉联“最佳组织奖”，实现“9连冠”。在重点项目评审中，魏江教授申请的案例获得立项资格，浙大成为自重点项目推出以来连续2届均有重点项目立项的唯一学校。2篇案例入选“2020年浙江省专业学位研究生教育优秀教学案例”，4篇案例入选“2020年浙江大学专业学位研究生教育优秀教学案例”。

2020年，张钢教授被评为浙江大学第十届“三育人”标兵，荣获2019—2020年浙江省“三育人”先进个人；魏江教授被评为第五届全省高校“最受师生喜爱的书记”；华中生教授受聘为首位浙江大学恒逸教授；汪蕾教授入选求是学者特聘教授。

2012级技术经济及管理博士生钱文鑫带领的创业团队“华盛科技——打造全球智慧实验室生态系统”获得2020年第六届中国国际“互联网+”大学生创新创业大赛高校主赛道成长组金奖。2017级创业管理博士生忻皓获得中央宣传部全国基层理论宣讲先进个人。2017级管理科学与工程博士生李欧同学获得浙江大学2019—2020学年竺可桢奖学金。2019届博士生陈寿长毕业论文获评“2020年管理科学与工程学会优秀博士学位论文”。本科生杨雪倩被评为浙江大学“十佳大学生”，同时获得浙江大学本科生党务知识技能大赛一等奖，2019级MBA新动力团支部获评全省高校优秀团支部。

（陈　超撰稿　潘　健审稿）

公共管理学院

【概况】 公共管理学院（以下简称“公管学院”）下设政府管理系、土地管理系、城市发展与管理系、社会保障与风险管理系、信息资源管理系、政治学系、农业经济与管理系、社会学系等8个系，设有行政管理研究所、土地科学与不动产研究所等8个校级研究所，拥有教育部人文社会科学重点研究基地1个，拥有浙江大学中国农村发展研究院、浙江大学社会治理研究院、浙江大学科教发展战略研究中心等22个（含2个联合中心）校级研究院（中心）。

农林经济管理学科为国家重点（培育）学科，农林经济管理、公共管理2个学科为浙江省一流学科。农林经济管理、行政管理、劳动与社会保障3个专业获批国家级一流本科专业建设点。

公管学院拥有公共管理、农林经济管理、社会学3个一级学科博士学位授予权，涵盖了行政管理、教育经济与管理等11个二级学科博士学位授予权，公共管理硕士（MPA）、社会工作硕士（MSW）、农村发展（MAE）3个专业硕士学位授予权。

2020年，招收博士生103人，硕士生486人［其中科学学位114人、公共管理硕士（MPA）335人、社会工作硕士（MSW）26人、农村发展硕士（MAE）11人］，2020级本科生主修专业确认接收212人、“三位一体”招收61人、竺可桢学院公共管理英才班录取20人；毕业博士生36人，硕士生144人（其中科学学位109人、MPA 8人、MSW 27人），本科生173人。

附表　2020 年度公共管理学院基本情况

项目	数据
教职工总数/人	189
长聘教授数/人	0
长聘副教授数/人	5
教授数/人	66
副教授数/人	36
研究员数/人	2
副研究员数/人	2
“百人计划”研究员数/人	35
特聘研究员数/人	0
特聘副研究员/人	6
其他正高职称/人	0
其他副高职称/人	3
具有博士学位的教师比例/%	77.78
文科资深教授/人	2
“国家特支计划”入选数/人	3
教育部“长江学者奖励计划”特聘教授/人	3
教育部“长江学者奖励计划”青年学者/人	3
省部级高等学校教学名师奖获得者/人	1
国家“百千万人才工程”入选数/人	1
国家杰出青年科学基金获得者/人	0
教育部新(跨)世纪优秀人才培养计划入选数/人	7
浙江省特级专家/人	1
浙江大学求是特聘教授数/人	5
浙江大学文科领军人才/人	2
一级学科国家重点学科数/个	1
二级学科国家重点学科数/个	1
教育部人文社会科学研究基地数/个	1
国家人才培养基地(含教学、教育基地)/个	0
国家精品资源共享课/门	2
国家精品视频公开课/门	0
国家级一流本科课程/门	1
科研总经费/万元	6612.73
其中:国家社科基金比重/%	3.92
纵向经费比重/%	33.15
获国家级科技奖项目数/项	0
获国家级教学成果奖数/项	0
SCI 入选论文数/篇	14
EI 入选论文数/篇	126
SSCI 入选论文数/篇	67
A&HCI 入选论文数/篇	3
权威刊物论文数/篇	9
出版专著/部	24
在校本科生数/人	735
在学硕士研究生数/人	1510
其中:专业学位研究生数/人	1273
在读博士研究生数/人	444
其中:专业学位研究生数/人	0
在校攻读学位的国际学生数/人	187
应届本科毕业生一次就业率/%	89.02
应届本科毕业生深造率/%	46.24
应届毕业研究生一次就业率/%	95.56
教师出国交流/人次	23
学生出国交流/人次	14
举办国际学术会议数/次	5
社会捐赠经费总额/万元	100

学院现有全职在编教职工 189 人,其中教授 66 人、副教授 36 人、“百人计划”研究员 35 人。博士研究生导师 105 人(含兼职),硕士研究生导师 137 人(含兼职)。新增教育部“长江学者奖励计划”特聘教授 1 人,中宣部文化名家暨“四个一批”人才 1 人,教育部“长江学者奖励计划”青年学者 1 人,“万人计划青年拔尖人才”1 人,浙江省

“千人计划青年拔尖人才”1人。

2门课程被认定为国家级一流本科课程、9门被认定为省级一流本科课程、20门课程被认定为浙江大学一流本科课程；研究生课程“问卷调查设计及研究方法”、本科生课程“中国土地制度”“亚洲经济发展”等3门课程在MOOC平台上线。获线上线下混合式教学培育项目5项、获海外教师主导本科全英文课程建设项目立项2项。出版《区域经济学》等2种教材，2种教材获2020年校级教材立项。2020年度研究生毕业论文获浙江省优秀论文3篇，提名2篇。

2020年，到款科研经费6612.73万元，比上年增加17.08%，获批国家自然科学基金17项，其中优秀青年科学基金项目1项；国家社科基金项目4项，其中重大项目1项；教育部重大攻关项目1项、一般项目4项。获教育部第八届高等学校科学研究优秀成果奖（人文社会科学）6项，其中一等奖2项、二等奖3项、三等奖1项。社会学系成立国际化高水平学术委员会。

2020年，共举办5次国际性学术会议；获批校级短期外专项目3项；全院师生赴境外交流37人次（线下），其中教师有23人次赴美国、澳大利亚等国及中国港澳台地区进行合作研究、参加学术会议等。

（郎明紫撰稿　杨国福审稿）

马克思主义学院

【概况】 马克思主义学院设有马克思主义基本原理概论、毛泽东思想和中国特色社会主义理论体系概论、中国近现代史纲要、思想道德修养与法律基础、研究生思想政治理论课5个教研中心，承担全校从本科生到硕士、博士研究生的思想政治理论课程的教学和研究工作。

学院由中共浙江省委宣传部与浙江大学共建，是全国重点建设马克思主义学院和浙江省重点建设马克思主义学院，建有马克思主义理论、国际政治2个校级研究所，设有教育部高校思想政治工作队伍培训研修中心（浙江大学）、浙江省教育厅高校心理健康教育培训基地、浙江省中国特色社会主义理论体系研究中心浙江大学研究基地、浙江大学中国特色社会主义研究中心、浙江大学德育与学生发展研究中心等机构。

马克思主义理论学科为“十三五”浙江省高校一流学科。

学院建有马克思主义理论博士后流动站，拥有马克思主义理论一级学科博士学位授予权和马克思主义基本原理、马克思主义中国化研究、思想政治教育、国外马克思主义研究、中国近现代史基本问题研究、党的建设等二级学科硕士学位授予权。

2020年，招收硕士研究生45人、博士研究生28人，毕业硕士研究生31人、博士研究生15人。

学院现有教职工77人。其中，正高级职称15人，副高级职称24人，博士研究生导师13人，硕士研究生导师29人。2020年，学院新增国家“万人计划”教学名师1名，浙江省宣传文化系统“五个一批”人才1名，浙江省宣传思想文化青年英才2名。

2020年，学院继续深化教学改革，加强课程建设，入选国家级一流本科课程1门，浙江大学一流本科课程5门；入选浙江省“互联网＋教学”示范课堂2门；获得浙江大学高等教育“十三五”第二批教学改革研究项目2项、浙江大学第二批线上线下混合式

附表　2020 年度马克思主义学院基本情况

项目	数据
教职工总数/人	77
长聘教授数/人	0
长聘副教授数/人	0
教授数/人	15
副教授数/人	23
研究员数/人	0
副研究员数/人	0
“百人计划”研究员数/人	1
特聘研究员数/人	0
特聘副研究员/人	0
其他正高职称/人	0
其他副高职称/人	1
具有博士学位的教师比例/%	80.3
文科资深教授/人	0
“国家特支计划”入选数/人	1
教育部“长江学者奖励计划”特聘教授/人	1
教育部“长江学者奖励计划”青年学者/人	0
省部级高等学校教学名师奖获得者/人	1
国家“百千万人才工程”入选数/人	1
国家杰出青年科学基金获得者/人	0
教育部新(跨)世纪优秀人才培养计划入选数/人	0
浙江省特级专家/人	0
浙江大学求是特聘教授数/人	1
浙江大学文科领军人才/人	2
一级学科国家重点学科数/个	0
二级学科国家重点学科数/个	0
教育部人文社会科学研究基地数/个	0
国家人才培养基地(含教学、教育基地)/个	0
国家精品资源共享课/门	1
国家精品视频公开课/门	1
国家级一流本科课程/门	1
科研总经费/万元	358.8
其中:国家社科基金比重/%	62.7
纵向经费比重/%	92.3

项目	数据
获国家级科技奖项目数/项	0
获国家级教学成果奖数/项	0
SCI 入选论文数/篇	0
EI 入选论文数/篇	0
SSCI 入选论文数/篇	0
A&HCI 入选论文数/篇	1
权威刊物论文数/篇	6
出版专著/部	15
在校本科生数/人	0
在学硕士研究生数/人	87
其中:专业学位研究生数/人	0
在读博士研究生数/人	104
其中:专业学位研究生数/人	0
在校攻读学位的国际学生数/人	0
应届本科毕业生一次就业率/%	—
应届本科毕业生深造率/%	—
应届毕业研究生一次就业率/%	97.8
教师出国交流/人次	6
学生出国交流/人次	0
举办国际学术会议数/次	0
社会捐赠经费总额/万元	0

课程培育项目 1 项。1 名教师获校级青年教师大赛二等奖,1 名教师获得唐立新教学名师奖,5 名教师获得卓越教学岗津贴。

2020 年,学院科研课题新立项经费 358.8 万元。共立项省部级以上课题 12 项,其中国家社科基金项目 6 项,教育部项目 1 项,浙江省哲学社会科学规划课题 5 项。共发表各级各类学术论文 124 篇,其中权威期刊(含 A&HCI)7 篇,一级期刊论文 36 篇。出版专著 15 部。12 篇智库报告获省部级及以上领导肯定性批示或采纳,其中 5 篇成果已被学校认定为 B 类成果。获教育部高等学校科学研究优秀成果奖(人文社会科学)一等奖、二等奖和青年成果奖各 1 项。

2020 年,学院选派 6 名优秀教师赴德国锡根大学开设“中国政治与文化”课程,向国际学生讲解中国特色社会主义理论与实践,深化双方师生的交流。

【完善思政课课程群建设】 学院深入贯彻落实习近平总书记在学校思想政治理论课教师座谈会上的重要讲话精神和中共中央办公厅、国务院办公厅《关于深化新时代学校思想政治理论课改革创新的若干意见》精神,加强以习近平新时代中国特色社会主义思想为核心内容的思政课课程群建设,率先开设“习近平新时代中国特色社会主义思想概论”课程,自 2018 级本科生起,列入思政类通识必修课,2020 年 9 月全面开课,首次开课共计 16 个班级,覆盖 2200 余名学生,充分发挥思政课全面推动习近平新时代中国特色社会主义思想“三进”主渠道作用。

【高水平科研取得新突破】 2020 年 12 月,第八届高等学校科学研究优秀成果奖(人文社会科学)评选结果正式公布,学院共有 3 项成果获奖,获奖率为 60%,远高于学校 33.75%的平均获奖率。刘同舫教授论文《启蒙理性及现代性:马克思的批判性重构》(刊发于《中国社会科学》2015 年第 2 期)获著作论文奖一等奖;马建青教授的著作《高校心理健康教育与思想政治教育结合 30 年的研究》获著作论文奖二等奖;张彦教授的著作《价值排序与核心价值观》获青年成果奖。在高等学校科学研究优秀成果奖(人文社会科学)上取得的巨大突破与飞跃充分展现了党的十八大以来学院在马克思主义基础理论和重大现实问题研究上取得的突破性成就,极大提升了本学科的学科声誉和学术影响力。

(李　艳撰稿　李小东审稿)

数学科学学院

【概况】 数学科学学院下设数学系、信息与计算科学系、应用数学系、统计学系,以及高等数学研究所、科学与工程计算研究所等 7 个研究所(研究中心)。

数学学科为一级学科国家重点学科,是九五、十五、十一五、十二五国家“211 工程”重点建设学科,学院拥有“数学科学及其应用”国家“985 工程”科技创新平台。

2020 年,学院招收硕士研究生 85 人、博士研究生 40 人,2020 级本科生 168 人确认专业进入学院学习,其中:数学与应用数学 48 人,数学求是科学班 21 人,数学强基班 22 人,信息与计算科学 40 人,统计学 37 人,入院学生高考平均分数在理科大类中位居第一。毕业本科生 211 人、硕士研究生 81 人、博士研究生 25 人。

学院现有教职工 119 人。其中,具有正高级职称人员 55 人、副高级职称人员 41 人,博士研究生导师 73 人(含兼职 6 人)、硕士研究生导师 25 人,另有在站博士后 9 人。叶和溪的学术论文在数学顶尖期刊 *Annals of Mathematics* 上在线发表,江文帅的学术论文被数学顶尖期刊 *Annals of Mathematics* 接收;周青龙获得浙江大学青年教师教学竞赛三等奖,叶和溪获得省数学

附表　2020 年度数学科学学院基本情况

项目	数据	项目	数据
教职工总数/人	119	获国家级科技奖项目数/项	1
教授数/人	43	获国家级教学成果奖数/项	0
副教授数/人	35	授权发明专利数/项	0
研究员数/人	0	SCI 入选论文数/篇	152
副研究员数/人	1	EI 入选论文数/篇	0
长聘教授数/人	0	MEDLINE 入选论文数/篇	0
长聘副教授/人	1	出版专著/部	0
“百人计划”研究员数/人	12	在校本科生数/人	688
特聘研究员数/人	0	在学硕士研究生数/人	261
特聘副研究员/人	1	其中:专业学位研究生数/人	0
具有博士学位的教师比例/%	86.4	在读博士研究生数/人	168
两院院士/人	2	其中:专业学位研究生数/人	0
“国家特支计划”入选数/人	0	在校攻读学位生的外国留学生数/人	11
教育部“长江学者奖励计划”特聘教授/人	2	应届本科毕业生一次就业率/%	88.62
教育部“长江学者奖励计划”青年学者/人	0	应届本科毕业生深造率/%	57.82
省部级高校教学名师奖获得者/人	0	应届毕业研究生一次就业率/%	97.17
“973 计划”首席科学家数*/人	0	科研总经费/万元	1570.19
国家“百千万人才工程”入选数/人	2	其中:国家自然基金比重/%	787.61 (50.16)
国家杰出青年科学基金获得者/人	5	纵向经费比重/%	1290.86 (82.2)
教育部新(跨)世纪优秀人才培养计划入选数/人	6	教师出国交流/人次	27
浙江省特级专家/人	3	学生出国交流/人次	39
浙江大学求是特聘教授数/人	4	举办国际学术会议数/次	0
一级学科国家重点学科数/个	1		
二级学科国家重点学科数/个	2		
国家重点(专业)实验室/个	0		
国家工程(技术)研究中心/个	0		
国家人才培养基地(含教学、教育基地)/个	0		
国家精品资源共享课/门	1		
国家精品视频公开课/门	1		
国家级一流本科课程/门	2		
社会捐赠经费总额/万元	10		

注:* 含重大科学研究计划、ITER 计划、青年科学家专题等。

会优秀教师奖;张立新当选国际数理统计学会会士。

学院高度重视专业建设,不断整合优化各专业资源,2020 年推荐信息与计算科学、统计学两个专业申报国家一流本科建设专业,“微积分”课程入选首批国家一流本科课程。深化专业综合改革,优化专业结构,不断推进数学各专业与其他专业的交叉融合,开展与竺可桢学院、计算机学院、经济学院、管理学院等院系有关复合型交叉创新人才的培养工作。启动教育部“基础学科招生改革试点”(强基计划)支持下的数学强基班，聚焦关键核心技术特别是“卡脖子”问题，依托数学学科资源优势，创新“3＋1＋X”的本一博一贯制的人才培养模式。2020 年，1 人获浙江大学第十二届“蒲公英大学生创业大赛”二等奖、“建行杯”第六届浙江省国际“互联网＋”大学生创新创业大赛金奖；数学系教工党支部等 2 个党支部入选首批“全校党建工作样板支部”，1 人获浙江大学党务知识竞赛二等奖。2020 届毕业生一次性就业率保持稳定，其中本科生国内外深造率达到 57.82％，出国率达到 23.70％、国内读研率达到 34.12％。

2020 年，学院到款科研经费 1570.19 万元；其中在研国家级科研项目 74 项，到款经费 902.21 万元。学院本年度新增国家自然科学基金项目 14 项，批准总经费 2593.8 万元，批准率达到 39.4％。学院获得 2020 年度浙江省自然科学基金杰青项目 1 项，重点项目 1 项。

全年师生出国出境交流共计 66 人次。为进一步拓展本科生海外交流与深造计划，学院加大研究生联合培养、“3＋2”本硕项目的实施力度，继续推进与巴黎顶尖高校成立的“中法数学拔尖班”项目，深化与巴黎综合理工学院的联合培养项目，2017 级 4 位学生作为首批“中法数学拔尖班”学生已前往法国学习；2020 年下半年与法国顶尖工程师学校巴黎高等矿业学院签署校际合作协议，进一步拓宽拔尖学生国际化培养途径。

(周利平撰稿　闻继威审稿)

物理学系

【概况】 物理学系(以下简称物理系)设有浙江近代物理中心、凝聚态物理研究所、光学研究所、聚变理论与模拟中心、电子与无线电研究所 5 个研究所及大学物理教研室、物理实验教学中心。建有浙江省量子技术与器件重点实验室。理论物理、凝聚态物理是二级学科国家重点学科，物理学是浙江省一流学科。

物理系设有物理学博士后流动站，拥有物理学一级学科博士学位和硕士学位授予权，涵盖了 7 个二级学科。

2020 年，招收硕士研究生 23 人、博士研究生 74 人，2020 级本科生 60 人(其中竺可桢学院 2 人)确认进入物理系继续学习，毕业本科生 77 人、硕士研究生 34 人、博士研究生 28 人。结业硕士研究生 2 人。

现有教职工 142 人，其中，中国科学院院士 2 人，国家“千人计划”学者 2 人，有正高级职称人员 78 人、副高级职称人员 27 人，博士研究生指导教师 82 人，硕士研究生指导教师 94 人。双聘院士 1 人，新增浙江大学“百人计划”7 人，有在站博士后 42 人。

2020 年，国家级大学生创新训练项目 2 项、浙江省大学生科技创新活动项目 3 项。本科生获得第十一届中国大学生物理学术竞赛一等奖 2 项、浙江省第十一届大学生物理科技创新竞赛一等奖 1 项。1 篇博士学位论文获“2019 年浙江省优秀博士学位论文”。

2020 年，围绕“互联网＋青年扶贫”主题，宣传扶贫成效、讲好家乡故事，深入开展

附表　2020 年度物理学系基本情况

项目	数据	项目	数据
教职工总数/人	137	获国家级科技奖项目数/项	0
教授数/人	55	获国家级教学成果奖数/项	0
副教授数/人	22	授权发明专利数/项	3
研究员数/人	0	SCI 入选论文数/篇	173
副研究员数/人	0	EI 入选论文数/篇	128
长聘教授数/人	0	MEDLINE 入选论文数/篇	0
长聘副教授/人	0	出版专著/部	0
“百人计划”研究员数/人	20	在校本科生数/人	312
特聘研究员数/人	2	在学硕士研究生数/人	112
特聘副研究员/人	1	其中:专业学位研究生数/人	0
具有博士学位的教师比例/%	74.5	在读博士研究生数/人	257
两院院士/人	2	其中:专业学位研究生数/人	0
“国家特支计划”入选数/人	4	在校攻读学位生的外国留学生数/人	9
教育部“长江学者奖励计划”特聘教授/人	7	应届本科毕业生一次就业率/%	96.2
教育部“长江学者奖励计划”青年学者/人	0	应届本科毕业生深造率/%	69.63
省部级高校教学名师奖获得者/人	0	应届毕业研究生一次就业率/%	92.9
“973 计划”首席科学家数*/人	1	教师出国交流/人次	21
国家“百千万人才工程”入选数/人	2	学生出国交流/人次	258
国家杰出青年科学基金获得者/人	10	举办国际学术会议数/次	4
教育部新(跨)世纪优秀人才培养计划入选数/人	7(2)	社会捐赠经费总额/万元	3.65
浙江省特级专家/人	1		
浙江大学求是特聘教授数/人	15		
一级学科国家重点学科数/个	2		
二级学科国家重点学科数/个	0		
国家重点(专业)实验室/个	0		
国家工程(技术)研究中心/个	1		
国家人才培养基地(含教学、教育基地)/个	1		
国家精品资源共享课/门	1		
国家精品视频公开课/门	0		
国家级一流本科课程/门	0		
科研总经费/万元	5689.85		
其中:国家自然基金比重/%	23.50		
纵向经费比重/%	94.71		

注:* 含重大科学研究计划、ITER 计划、青年科学家专题等。

各项社会实践活动,获得浙江大学暑期大学生社会实践活动优秀团队奖项。组织学生前往中科院紫金山天文台、中核集团秦山核电站等重点单位开展实践参访活动。

到款总经费 4857.124 万元。其中,纵向项目经费 4520.324 万元,军工项目经费 122.5 万元。2020 年获批国家自然科学基金项目共计 19 项,其中基金委重点项目 1

项，总经费310万元；科技部重点研发计划项目1项，总经费1282万元；科技部重点研发青年专项1项，总经费173万元；科技部重点研发政府间国际创新合作项目1项，总经费162万元；浙江省院士基金获得批准1项。

凝聚态专业与莱斯大学、聚变中心与普林斯顿大学、关联物质中心与剑桥大学继续开展深层次的科研合作与师生交流。本科生共计173人次参加线上线下交流项目，交流率达178%。博士研究生共85人次参加线上线下交流项目，交流率达113%。举办线上海外学者系列讲座，邀请包括英国皇家科学院院士等在内的九个研究方向在海外任职的学者分享最新学术研究成果，探讨学科前沿，共计300余名学生参与。全年全系师生出国（境）交流共279人次，组织国外境外专家学术报告10余场。

【学术研究取得重大突破】 2020年度，袁辉球教授团队与美国罗格斯大学、德国马普固体化学物理研究所、英国伦敦大学等单位合作，首次在纯净的重费米子化合物$CeRh_6Ge_4$中发现铁磁量子临界点，并观察到奇异金属行为，这一发现打破了人们普遍认为铁磁量子临界点不存在的传统观念，并且将奇异金属行为拓展到铁磁材料体系，为研究量子相变，揭示长期困扰人们的奇异金属行为开辟了新的方向，这一进展发表于《自然》杂志。

【获2020年度“浙江大学永平杰出教学贡献奖”】 通过各学部及学工部门选拔推荐、师生网络投票、永平奖教金遴选委员会遴选和永平奖教金评审委员会评审，经校党委常委会审议，赵道木教授获得浙江大学永平杰出教学贡献奖。赵道木教授从事教学与科研工作至今已达26年，指导博士生23名、硕士生21名。研究生6人次和本科生2人获竺可桢奖学金、研究生18人次获国家奖学金；1人获全国优博论文提名奖、3人获省优硕论文奖。

（房正浓撰稿　颜　鹂审稿）

化学系

【概况】 化学系下设催化化学研究所、分析化学研究所、物理化学研究所、高新材料化学研究所、有机与药物化学研究所5个研究所，以及1个实验教学中心和1个分析测试平台，建有国家理科基础科学研究和教学人才培养基地、国家工科基础课程教学基地、国家级实验教学示范中心、浙江省应用化学重点实验室等教学和科研平台。2020年，浙江省激发态材料合成与应用重点实验室获批成立。

化学系拥有化学一级学科国家重点学科和一级学科博士点、博士后流动站，入选教育部基础学科拔尖学生培养计划2.0基地。化学专业入选教育部“强基计划”。

化学系现有教职员工219人（含学科博后53人），其中中科院院士1人（双聘），核心师资中教授52人，校“百人计划”研究员14人，副教授28人，副研究员3人。2020年，刘昭明、朱海明获国家基金委优青项目资助；郑剑、单冰、Kenji Mochizuki、刘昭明、季鹏飞入选浙江大学“百人计划”。

本科教学教改工作开展顺利。2020年化学系共为全校本科生开设354个教学班，完成17616课时，选课人数14152人次。因疫情影响，春夏学期共189门课程全部实行线上教学。1门课程入选国家级一流本科

附表　2020 年度化学系基本情况

项目	数据
教职工总数/人	219
教授数/人	52
副教授数/人	31
研究员数/人	0
副研究员数/人	3
长聘教授数/人	0
长聘副教授/人	0
“百人计划”研究员数/人	14
特聘研究员数/人	0
特聘副研究员/人	0
具有博士学位的教师比例/%	95
两院院士/人	1
“国家特支计划”入选数/人	0
教育部“长江学者奖励计划”特聘教授/人	3
教育部“长江学者奖励计划”青年学者/人	1
省部级高校教学名师奖获得者/人	1
“973 计划”首席科学家数* /人	0
国家“百千万人才工程”入选数/人	2
国家杰出青年科学基金获得者/人	10
教育部新(跨)世纪优秀人才培养计划入选数/人	9
浙江省特级专家/人	1
浙江大学求是特聘教授数/人	10
一级学科国家重点学科数/个	1
二级学科国家重点学科数/个	0
国家重点(专业)实验室/个	0
国家工程(技术)研究中心/个	0
国家人才培养基地(含教学、教育基地)/个	0
国家精品资源共享课/门	0
国家精品视频公开课/门	0
国家级一流本科课程/门	1
科研总经费/万元	7465.7
其中:国家自然基金比重/%	34.45
纵向经费比重/%	61.53

项目	数据
获国家级科技奖项目数/项	0
获国家级教学成果奖数/项	0
授权发明专利数/项	43
SCI 入选论文数/篇	291
EI 入选论文数/篇	144
MEDLINE 入选论文数/篇	0
出版专著/部	0
在校本科生数/人	426
在学硕士研究生数/人	260
其中:专业学位研究生数/人	0
在读博士研究生数/人	289
其中:专业学位研究生数/人	0
在校攻读学位生的外国留学生数/人	16
应届本科毕业生一次就业率/%	96.4
应届本科毕业生深造率/%	70.2
应届毕业研究生一次就业率/%	97.9
教师出国交流/人次	2
学生出国交流/人次	56
举办国际学术会议数/次	0
社会捐赠经费总额/万元	1223.82

注:* 含重大科学研究计划、ITER 计划、青年科学家专题等。

课程。获得的教改项目立项有浙江大学一流本科专业改革综合改革项目 1 个、浙江大学高等教育“十三五”第二批教学改革研究项目 2 个、浙江大学本科教材建设项目 3 个,2 本国家级规划教材再版。

2020 年,本科生 118 人确认化学专业,招收硕士研究生 85 人(其中 1 名台湾同胞)、博士研究生 74 人。毕业本科生 83 人、硕士研究生 61 人、博士研究生 52 人。

本科生获得 2020 年国际大学生生物传感器设计大赛(SensUs)金奖 1 项、第十四届上海大学生化学实验竞赛一等奖 1 项和二等奖 2 项,1 人获第十一届浙江大学"十佳大学生"荣誉称号。研究生 1 个团队获第六届中国国际"互联网+"大学生创新创业大赛总决赛金奖及第二十届"挑战杯"中国大学生创业计划竞赛全国决赛金奖,1 人获中国化学会"菁菁化学新锐奖"及浙江大学"竺可桢奖学金",2 人入选"博士研究生学术新星培养计划",1 篇论文入选"浙江大学优秀博士学位论文",1 个项目获浙江大学年度学生十大学术新成果。

2020 年科研到款总经费 7465.7 万元,其中纵向经费 4594 万元,横向经费 2281.9 万元。获批国家自然科学基金资助项目 15 项,作为项目承担单位获批国家自然科学基金重大研究计划 1 项,另外重点项目 2 项、优秀青年科学基金项目 2 项、青年基金项目 2 项;获浙江省自然科学基金资助项目 3 项。发表化学领域高水平论文(IF≥10) 71 篇。

王勇作为主要负责人的"掺杂炭负载型加氢催化剂创制及应用"项目荣获中国石油和化学工业联合会 2020 年度技术发明特等奖;李浩然作为主要负责人的"超临界连续反应合成甲基丁烯醇"项目获 2020 年中国专利银奖。洪鑫入选中国化学会青年化学奖,黄飞鹤入选科睿唯安全球 2020 年"高被引科学家"榜单。

【肖丰收团队科研成果在 *Science* 发表】 1 月 10 日,肖丰收和王亮团队原创性地提出"分子围栏"催化剂,构筑起了一系列"分子围栏"多相催化剂体系,在 70℃的温和条件中将甲烷高效率转化为甲醇,转化率为 17.3%,甲醇选择性达到 92%,是当前的最高水平。

【范杰团队获国家重大研究计划】 12 月 8 日,范杰团队"基于甲基自由基可控表面偶联的新型 OCM 催化剂体系的开发和工业化小试验证"项目获国家自然科学基金重大研究计划资助。项目提出"多相—多相"的新 OCM 反应机制及"表面—气相—表面"的新 OCM 反应途径,让甲烷活化和甲基自由基的偶联均可以通过催化剂来进行调控,从而在实验室中实现 C2 收率超过 37.5% 的目标。甲烷氧化偶联制乙烷和乙烯(OCM)是甲烷直接利用的关键技术,是实现"以气代油"新化工路线和促进能源结构低碳化的重要途径。

【王勇团队获中国石油和化学工业联合会技术发明特等奖】 12 月 24 日,由中国石油和化学工业联合会举办的"全国石油和化工科技创新大会"颁布了"中国石油和化学工业联合会科学技术奖"。王勇作为第一负责人的"氮掺杂炭负载型加氢催化剂创制及应用"项目获技术发明特等奖。这一项目针对负载型催化剂在严苛条件下易失活、大分子底物的催化加氢效率低等难题,突破了实验过程中的 3 大技术瓶颈,创造性地开发出载体—金属相互作用调控、多级孔道结构调控、纳米颗粒活性位精准调控 3 大首创技术。

(袁银霞撰稿 丁立仲审稿)

地球科学学院

【概况】 地球科学学院下设地质学系、地理科学系、大气科学系 3 个系,设有地质研究所、地球物理研究所、地理与空间信息研究所、天气气候与环境气象研究所4个研究所和教育部含油气盆地构造研究中心、浙江省资源与环境信息系统重点实验室、浙江省地学大数据与地球深部资源重点实验室。地质学为浙江省一流学科。

学院建有地质学博士后流动站，拥有地质学一级学科博士学位授予权，涵盖了7个二级博士学位授予权，拥有构造地质学等7个硕士学位授予权及资源与环境专业学位授予权，设有地质学、地理信息科学、大气科学3个本科专业。

2020年招收硕士研究生62人、博士研究生42人，2020级本科生72人专业确认进入学院继续学习。毕业本科生52人、硕士研究生47人、博士研究生23人。

现有在职教职工141人，另有中国科学院院士2人、双聘院士3人。在职教职工中，正高级职称人员30人（2020年新增1人），副高级职称人员36人（2020年新增1人），博士研究生导师43人（2020年新增3人），硕士研究生导师33人（2020年新增3人），在站博士后32人。2020年新增国家级青年人才6人。

到款科研总经费为6671万元（含间接经费419万元）。在研国家级科研项目112项，到款经费2293万元，其中，新获批国家自然科学基金项目21项（不含参与外单位项目，含优秀青年基金项目2项、面上项目10项、重点项目1项、青年基金项目6项、重大研究计划1项），合同总经费1648万元，到款经费620.9万元。2020年以学院第一署名单位共发表学术论文130篇，其中Nature Index期刊论文24篇。

组建了“构造过程与地貌、环境演变”海外学术大师汇聚计划——科学家联合工作室（B类）。引进海外学术大师（院士）2人、海外学术骨干3人。

受疫情影响，学院组织开展了暑期线上海外知名学者大讲堂，邀请了美国科学院院士Marc Hirschmann教授等10位地球科学领域的海外知名学者主讲了10场讲座，内容覆盖学院所有学科和专业。2019—2020学年，本科生共计78人次参加海外交流（含线上），本科生海外交流率为118.18%，创学院历史新高。研究生共25人次参加海外交流（含线上），其中6人获国家留学基金委资助，将赴海外进行公派联合培养，13人次参加美国地球物理年会等线上高端国际会议，1人随雪龙2号科考船赴南极执行科考任务，1人随“大洋号”科考船赴西太平洋执行科考任务。

【毛河光博士受聘浙江大学名誉教授】 12月18日，毛河光博士浙江大学名誉教授聘任仪式暨海外名师大讲堂在紫金港校区蒙民伟楼139报告厅顺利举行。毛河光（Ho-kwang Mao）博士是世界顶尖科学家，中国科学院第二批外籍院士、美国国家科学院院士、英国皇家学会外籍院士，曾获中国政府“友谊奖”，长期从事高压科学与技术的研究。他在高压实验技术、高压物理、地球与行星内部科学、高压化学、高压材料科学等跨学科领域，开创了一系列令人瞩目的工作，引领了半个世纪以来世界高压科学与技术的爆发，多项著作成为被广泛引用的经典。

【“天气学”课程入选首批国家级一流本科课程】 11月30日，教育部发布《教育部关于公布首批国家级一流本科课程认定结果的通知》，地科学院“天气学”课程入选国家级一流本科课程，为浙大入选的8门线上课程之一，是学院的首门国家级一流本科课程。“天气学”教学团队自2018年3月起，在中

附表　2020 年度地球科学学院基本情况

项目	数据	项目	数据
教职工总数/人	141	获国家级科技奖项目数/项	0
教授数/人	28	获国家级教学成果奖数/项	0
副教授数/人	36	授权发明专利数/项	0
研究员数/人	2	SCI 入选论文数/篇	106
副研究员数/人	0	EI 入选论文数/篇	4
长聘教授数/人	0	MEDLINE 入选论文数/篇	0
长聘副教授/人	0	出版专著/部	0
“百人计划”研究员数/人	12	在校本科生数/人	292
特聘研究员数/人	0	在学硕士研究生数/人	172
特聘副研究员/人	0	其中：专业学位研究生数/人	50
具有博士学位的教师比例/%	93.8	在读博士研究生数/人	158
两院院士/人	2	其中：专业学位研究生数/人	1
“国家特支计划”入选数/人	0	在校攻读学位生的外国留学生数/人	8
教育部“长江学者奖励计划”特聘教授/人	0	应届本科毕业生一次就业率/%	93.88
教育部“长江学者奖励计划”青年学者/人	0	应届本科毕业生深造率/%	69.39
省部级高校教学名师奖获得者/人	0	应届毕业研究生一次就业率/%	96.88
“973 计划”首席科学家数* /人	1	教师出国交流/人次	218
国家“百千万人才工程”入选数/人	0	学生出国交流/人次	103
国家杰出青年科学基金获得者/人	2	举办国际学术会议数/次	0（均线上）
教育部新(跨)世纪优秀人才培养计划入选数/人	1	社会捐赠经费总额/万元	5.3
浙江省特级专家/人	1		
浙江大学求是特聘教授数/人	4		
一级学科国家重点学科数/个	0		
二级学科国家重点学科数/个	0		
国家重点(专业)实验室/个	0		
国家工程(技术)研究中心/个	0		
国家人才培养基地(含教学、教育基地)/个	0		
国家精品资源共享课/门	0		
国家精品视频公开课/门	0		
国家级一流本科课程/门	0		
科研总经费/万元	6671		
其中：国家自然基金比重/%	27.62		
纵向经费比重/%	52.03		

注：* 含重大科学研究计划、ITER 计划、青年科学家专题等。

国大学 MOOC 平台上面向全社会开放，是全国天气学领域的首门慕课课程。2020 年新冠疫情期间，课程团队积极助力“战疫”，为全国 10 余个省份的“世界气象日”大型活动提供优质线上资源，保障了疫情期间大气科学科普宣传的正常进行，扩大了浙江大学地科学院的社会服务范围和影响力。

（谭　超撰稿　王　苑审稿）

心理与行为科学系

【概况】 心理与行为科学系(以下简称心理学系)是我国最早设立的心理学系之一。心理学系以建设国际一流心理学科、培养一流心理学人才为目标,围绕重大科学问题和现实问题,开展国际前沿的理论和应用研究;按照"德才兼备、全面发展"要求,培养具有全球竞争力的高素质创新人才。心理学系以"基础应用并重、强化特色优势、培养新兴交叉"为基本思路,以"对接国家战略、瞄准国际前沿、结合高新技术、应用前景可期"为基本原则,形成认知与脑研究、工业心理学2.0、发展与健康心理学三大研究方向。下设应用心理学、认知与发展心理学2个研究所。

工业心理学国家专业实验室为国内心理学领域第一个国家级实验室,心理实验教学中心是浙江省实验教学示范中心。心理学系拥有应用心理学国家重点学科和心理学国家理科人才培养基地。

心理学系建有心理学博士后流动站;拥有心理学一级学科博士学位授予权,涵盖基础心理学、发展与教育心理学、应用心理学3个二级博士学位授予权;拥有心理学一级学科硕士学位授予权,涵盖基础心理学、发展与教育心理学、应用心理学3个二级硕士学位授予权,另设有应用心理学专业硕士学位授权点及心理学本科专业。

现有教职工49人。其中,具有正高级职称人员10人、副高级职称人员12人,长聘副教授1人,百人计划研究员8人,特聘研究员系列3人,博士研究生指导教师40人、硕士研究生指导教师41人。

2020年,招收硕士研究生60人(含专业学位硕士25人)、博士研究生19人,本科生共49人确认主修心理学专业,心理学(求是科学班)2019级增补6人、2020级招收8人,2020级起首次实施三位一体综合评价招生;毕业本科生66人、硕士生研究生32人(含专业学位硕士3人)、博士研究生13人。

科研经费到款734.09万元;获批国家自然科学基金项目5项、国家社会科学基金项目1项、教育部人文社会科学研究项目1项。发表在SCI、SSCI及权威期刊学术论文41篇,其中高水平论文(SCI IF≥5.0或SSCI IF≥3.0)17篇。

2020年,研究生出国出境交流7人次,本科生出国出境交流(含线上)57人次。

【举办恢复建系四十周年庆祝活动】 浙江大学心理系恢复建系40周年系列庆祝活动于12月20—21日举办。活动追溯了心理学科在浙江大学发展的百年历史,回顾了恢复建系的筚路蓝缕,展示了多年来丰硕的办学成果,也描绘了建设英才辈出、贡献卓著、享有盛誉的一流心理学院的美好愿景,涵盖恢复建系40周年纪念大会、陈立心理科学前沿讲坛、心理科学发展高峰论坛、心理学科发展战略论坛、校友分会理事会议和班级值年返校等环节。庆祝活动云集了各级领导、学界前辈专家学者、校内外院系代表、学校有关职能部门代表、关心帮助心理系发展的各界人士、海内外校友。校党委书记任少波,中国心理学界泰斗张厚粲、张侃,校友代表王坚等出席大会并致辞,既肯定了心理系多年来对学界、学校和社会的贡献,也对心理系未来发展寄予了厚望。

【积极提供心理战疫方案】 疫情期间,心理

附表　2020 年度心理学系基本情况

项目	数据
教职工总数/人	49
教授数/人	10
副教授数/人	12
研究员数/人	0
副研究员数/人	0
长聘教授数/人	0
长聘副教授/人	1
“百人计划”研究员数/人	8
特聘研究员数/人	1
特聘副研究员/人	2
具有博士学位的教师比例/%	100
两院院士/人	0
“国家特支计划”入选数/人	0
教育部“长江学者奖励计划”特聘教授/人	1
教育部“长江学者奖励计划”青年学者/人	2
省部级高校教学名师奖获得者/人	0
“973 计划”首席科学家数*/人	0
国家“百千万人才工程”入选数/人	0
国家杰出青年科学基金获得者/人	0
教育部新(跨)世纪优秀人才培养计划入选数/人	1
浙江省特级专家/人	0
浙江大学求是特聘教授数/人	0
一级学科国家重点学科数/个	0
二级学科国家重点学科数/个	1
国家重点(专业)实验室/个	0
国家工程(技术)研究中心/个	0
国家人才培养基地(含教学、教育基地)/个	1
国家精品资源共享课/门	0
国家精品视频公开课/门	0
国家级一流本科课程/门	1
科研总经费/万元	734.09
其中:国家自然基金比重/%	31.25
纵向经费比重/%	56.57

项目	数据
获国家级科技奖项目数/项	0
获国家级教学成果奖数/项	0
授权发明专利数/项	0
SCI 入选论文数/篇	4
EI 入选论文数/篇	0
SSCI 入选论文数/篇	36
MEDLINE 入选论文数/篇	0
出版专著/部	5
在校本科生数/人	270
在学硕士研究生数/人	159
其中:专业学位研究生数/人	54
在读博士研究生数/人	79
其中:专业学位研究生数/人	0
在校攻读学位生的外国留学生数/人	16
应届本科毕业生一次就业率/%	96.55
应届本科毕业生深造率/%	48.28
应届毕业研究生一次就业率/%	95.74
教师出国交流/人次	0
学生出国交流/人次	64
举办国际学术会议数/次	0
社会捐赠经费总额/万元	44.27

注:* 含重大科学研究计划、ITER 计划、青年科学家专题等。

学系组织开展的科普宣传、心理援助、防控研究等工作,得到《中国教育报》《钱江晚报》等权威媒体报道,获得良好的社会反响。本年度获批浙江大学先进基层党组织。开展心理科普,传播心理防疫知识,组织师生撰写心理学科普短文 58 篇,获“人民号”持续转载,多篇获 10 万+阅读量;依托“心理服务宣讲团”举办网络直播课 13 场,服务观众近5万人次。参与心理救助，护卫公众心理健康，组织教师投身全国新冠肺炎心理支持热线、武汉医务人员心理热线等服务热线，直接参与公众心理干预；发布“正念”系列音视频和手册；为新昌县卫健局、义乌市公安局等单位开展隔离人群心理疏导、心理服务志愿者培训、心理援助提供在线指导。多位专家获相关荣誉证书和感谢信。致力科学研究，提供心理战疫方案。获批省教科规划疫情专项1项、校级疫情专项2项，出版相关书籍2本，发表文章3篇。

（秦艳燕撰稿　何贵兵审稿）

机械工程学院

【概况】　机械工程学院（简称机械学院）设有机械电子工程系、制造工程及自动化系、设计工程及自动化系、工业与系统工程系4个系和机械电子控制工程研究所、制造技术及装备自动化研究所等7个研究所，1个工程训练（金工）中心和1个实验教学中心。拥有流体动力与机电系统国家重点实验室、计算机辅助设计与图形学国家重点实验室2个国家重点实验室，电液控制工程技术研究中心、机械工程实验教学示范中心、工程训练实验教学示范中心、机电类实验教学示范中心、工科基础课程工程制图教学基地、高端制造装备协同创新中心6个国家级教学科研实验平台和4个省部级重点实验室。

机械学院拥有机械工程1个一级学科，为国家首批“双一流”重点建设学科，下设5个二级学科博士学位授予点和7个硕士学位授予点，以及机械工程一个本科专业（含机械工程及自动化、机械电子工程、工业工程三个方向）。

2020年，招收全日制硕士生217人、博士生105人（含全日制工程博士9人、交叉培养博士4人）、电子与信息领域非全日制工程博士16名、学位留学硕士生9人。2020级本科生192人完成机械工程主修专业确认，毕业本科生177人、硕士研究生236人、博士研究生54人。

机械学院现有教职工203人（含学科博士后34人），其中专任教师113人。教职工中有两院院士1人、中国工程院院士2人，正高级职称人员60人（2020年新增3人）、副高级职称人员50人（2020年新增5人），博士研究生指导教师69人、硕士研究生指导教师117人。2020年，引进浙江大学“百人计划”6人。项淑芳荣获第二届“高校辅导员年度人物”，童哲铭入选《麻省理工科技评论》年度中国科技青年英雄榜，王芳官荣获浙江省“三育人”先进个人。

教育教学方面，“工程图学”“盾构推进液压系统虚拟仿真实验”两门课程被认定为“首批国家级一流本科课程”。博士生焦中栋、硕士生周璐瑜、本科生章贝宁获竺可桢奖学金（全校24人），焦中栋同时荣获浙江大学“十佳大学生”荣誉称号。顺利完成第四次工程教育专业认证，专家组对机械工程专业给予充分肯定。学生科创竞赛共获得国际、国家、省、校各类奖励172项，其中国际级9项、国家级41项、省级77项、校级45项。成功举办第九届机械学院全国优秀大学生暑期学术夏令营活动暨2020云端夏令营、第二届浙江省大学生智能机器人创意竞赛。本科毕业设计持续深化与中国美院设计艺术学院的跨界合作，获全国大学生工业设计大赛中国新锐设计优秀奖1项、中国设计智造大奖佳作奖1项。

附表　2020 年度机械工程学院基本情况

项目	数据
教职工总数/人	203
教授数/人	59
副教授数/人	41
研究员数/人	0
副研究员数/人	4
长聘教授数/人	0
长聘副教授/人	1
“百人计划”研究员数/人	12
特聘研究员数/人	0
特聘副研究员/人	3
具有博士学位的教师比例/%	98.2
两院院士/人	3
“国家特支计划”入选数/人	0
教育部“长江学者奖励计划”特聘教授/人	3
教育部“长江学者奖励计划”青年学者/人	7
省部级高校教学名师奖获得者/人	2
“973 计划”首席科学家数*/人	2
国家“百千万人才工程”入选数/人	3
国家杰出青年科学基金获得者/人	3
教育部新(跨)世纪优秀人才培养计划入选数/人	11
浙江省特级专家/人	3
浙江大学求是特聘教授数/人	8
一级学科国家重点学科数/个	1
二级学科国家重点学科数/个	5
国家重点(专业)实验室/个	2
国家工程(技术)研究中心/个	1
国家人才培养基地(含教学、教育基地)/个	5
国家精品资源共享课/门	4
国家精品视频公开课/门	0
国家级一流本科课程/门	2
科研总经费/万元	60768
其中:国家自然基金比重/%	3.21
纵向经费比重/%	31.65

项目	数据
获国家级科技奖项目数/项	1
获国家级教学成果奖数/项	0
授权发明专利数/项	290
SCI 入选论文数/篇	249
EI 入选论文数/篇	231
MEDLINE 入选论文数/篇	0
出版专著/部	6
在校本科生数/人	823
在学硕士研究生数/人	686
其中:专业学位研究生数/人	314
在读博士研究生数/人	504
其中:专业学位研究生数/人	18
在校攻读学位生的外国留学生数/人	83
应届本科毕业生一次就业率/%	91.01
应届本科毕业生深造率/%	74.35
应届毕业研究生一次就业率/%	99.59
教师出国交流/人次	31
学生出国交流/人次	533
举办国际学术会议数/次	1
社会捐赠经费总额/万元	650.63

注:* 含重大科学研究计划、ITER 计划、青年科学家专题等。

科研经费到款 6.08 亿元,其中纵向经费比重 31.65%。2020 年,新增国家重点研发计划项目 2 项,国家自然科学基金国家重大科研仪器研制项目 1 项、重点项目 1 项、联合基金项目 1 项。谭建荣院士团队领衔的“高性能龙门加工中心整机设计与制造工艺关键技术及应用”项目,获国家科学技术发明奖二等奖;冯毅雄教授领衔的“多域多向多准则成型关键技术与系列装备及应用”项目，获浙江省科学技术进步奖一等奖；居冰峰教授领衔的“跨尺度微纳制造过程的关键检测技术及其应用”项目，获中国机械工业科学技术发明奖一等奖；童哲铭研究员领衔的“全水头高效反击式水轮发电机组设计制造及工程应用关键技术”项目，获中国电力科学技术奖一等奖。机械学院负责的“设计工程及数字孪生浙江省工程研究中心”，成功入选浙江省发展改革委工程研究中心。杨赓研究员团队的“防疫机器人”作为高校唯一项目入选浙江省数字经济“五新”优秀案例。期刊《生物设计与制造》(*Bio-Design and Manufacturing*)，进入 Q1 分区，首个影响因子 4.095，在国际同类 87 本 SCI 收录期刊中列第 17 位。浙江大学高端装备研究院签约并顺利开园，全面服务浙江“重要窗口”建设。

机械学院党建标杆建设工作成效显著，党委书记梅德庆作为代表在学校党建馆向教育部部长陈宝生专题介绍机械学院党建工作情况。协助举办“服务‘重要窗口’建设之打通知识产权‘最后一公里’”浙江大学政协委员会客厅主题活动，浙江省政协主席葛慧君、浙江大学校长吴朝晖出席活动并讲话，机械学院院长杨华勇主持活动。“马兰工作室”育人特色和成效日益显著，累计举办各类活动 73 场次，受众 70000 余人次。2020 年，成功组织开展了“同心战疫”、第三次公演原创话剧《速写林俊德》等活动。

受疫情影响，机械学院国际化工作创新性地开展线上交流项目 9 项，534 人次参与线上交流活动，其中本科生 267 人次，交流率为 134.2%(全校第六)，世界 Top 100 高校交流人次占比 120.6%，Top 50 高校交流人次占比 100%；博士生 185 人次(占比 179.6%，全校第一)。邀请新加坡工程院院士洪明辉教授、日本东京大学教授梅田靖(Yasushi Umeda)、山本彰夫(Akio Yamamoto)等 20 余位境外专家为学院师生作线上报告、开设线上全英文课程等。

(闫小龙撰稿　项淑芳审稿)

材料科学与工程学院

【概况】 材料科学与工程学院(以下简称材料学院)设有半导体材料、材料物理、高温合金、功能复合材料与结构、金属材料、无机非金属材料 6 个研究所和浙江大学电子显微镜中心，建有硅材料国家重点实验室、111 学科创新引智基地、表面与结构改性无机功能材料教育部工程研究中心、电池新材料与应用技术研究浙江省重点实验室、新型信息材料技术研究浙江省重点实验室、磁性材料浙江省工程实验室及浙江省电子显微镜中心、浙江省材料科学实验教学示范中心、浙江省先进材料微结构与性能调控国际科技合作基地，并拥有 1 个国家自然科学基金委创新群体和 2 个教育部创新研究团队。

学院拥有材料科学与工程国家重点一级学科，以材料科学与工程专业招收本科生，设有材料科学与工程及材料与化工 2 个博士学位授权点和 2 个硕士学位授权点，并建有材料科学与工程博士后流动站。

现有教职工 143 人。其中，中国科学院院士 3 人，具有正高级职称人员和“百人计划”研究员共 72 人(2020 年新引进 3 人，退休 1 人)、副高级职称人员 49 人(2020 年新引进 3 人，退休 2 人，调离 1 人)，博士研究生指导教师106人、硕士研究生指导教师114人。另有在站博士后工作人员87人。2020年，张泽院士获浙江大学“竺可桢奖”，杨德仁院士获2020年“何梁何利基金科学与技术进步奖”、全国先进工作者荣誉称号。学院新增国家杰出青年科学基金获得者3人、中组部国家青年千人3人、聘任浙江大学兼职教授1人。材料科学与工程学院获浙江大学第五届引才育才组织突出贡献奖，材料科学与工程流动站在全国博士后2020年度博士后综合评估中评为优秀。

2020年，学院招收博士研究生91人、硕士研究生117人、本科生65人，毕业博士研究生57人、硕士研究生115人、本科生118人。博士生何桦浚（指导教师钱国栋）荣获浙江省优秀博士学位论文，硕士生王则宜（指导教师刘永锋）、汤王佳（指导教师涂江平）荣获浙江省优秀硕士学位论文，本科生裘嘉豪严宇超获第九届全国大学生金相技能大赛三等奖，麻自超、薛一正获中国兵器工业集团有限公司第六届创新竞赛三等奖，施苏展获浙江大学第十二届“蒲公英”大学生创业大赛一等奖，何方仪等获“互联网+”大学生创新创业大赛铜奖，多人获浙江省暨浙江大学微结构探索大赛一等奖、二等奖、三等奖。翁文剑教授和吴琛副教授获“2020年度竺可桢学院优秀专业导师”荣誉称号；张辉教授和金佳莹副教授获浙江大学“校级优秀班主任”称号。2020年，成立浙江大学材料与化工类专业学位评定委员会，顺利通过了材料科学与工程专业自查自评工作。优化学院基层教学组织，设立了材料科学与工程专业课程教研中心和材料专业实践教研中心。

2020年，到款科研总经费19734.8万元。其中纵向项目经费总额14176.45万元，占总经费的71.83%；横向项目经费总额3896.48万元，占总经费的19.74%。2020年，获批国家自然科学基金项目26项，直接经费为5138万元。其中国家自然科学基金重大项目1项、国家自然科学基金国家重大科研仪器研制项目1项、国家自然科学基金杰出青年科学基金3项、国家自然科学基金联合基金项目2项、国家自然科学基金面上基金14项、国家自然科学基金青年基金5项。全年发表SCI收录论文475（一作349）篇，获授权发明专利239项。

2020年，学院克服疫情阻碍，不断开拓国际交流与合作。组织举办了先进能源材料研究暑期学校，线上邀请新加坡、澳大利亚能源领域的专家学者为研究生带来精彩纷呈的学术报告；邀请新加坡南洋理工大学、美国伊利诺伊大学的教授为本科生带来能源材料、电子材料的全英文课程，开拓了本科生的国际化视野。130位本科生完成了国际交流课程，交流率为133%。135位博士生全程参与了国际化交流，交流率为152%。学院与英国布里斯托大学和美国宾夕法尼亚州立大学签订了院级合作协议，为今后合作奠定基础。彭华新老师课题组申报的《浙江大学与布里斯托大学先进复合材料联合培养博士生项目》入选国家留学基金委资助的“2020年创新型人才国际合作培养项目”。

【张泽院士获浙江大学“竺可桢奖”】 12月22日，中国科学院院士张泽教授获授浙江大学“竺可桢奖”。张泽院士现为浙江大学学术委员会主任，长期从事准晶、纳米材料和先进结构材料的性能与显微结构间关系研究，在*Nature*、*Science*等国际有重要影响的学术期刊上发表论文340余篇，获“国家

附表　2020 年度材料科学与工程学院基本情况

项目	数据
教职工总数/人	143
教授数/人	51
副教授数/人	34
研究员数/人	4
副研究员数/人	8
长聘教授数/人	1
长聘副教授/人	1
“百人计划”研究员数/人	15
特聘研究员数/人	0
特聘副研究员/人	2
具有博士学位的教师比例/%	99
两院院士/人	3
“国家特支计划”入选数/人	6
教育部“长江学者奖励计划”特聘教授/人	5
教育部“长江学者奖励计划”青年学者/人	1
省部级高校教学名师奖获得者/人	0
“973 计划”首席科学家数*/人	3
国家“百千万人才工程”入选数/人	3
国家杰出青年科学基金获得者/人	9
教育部新(跨)世纪优秀人才培养计划入选数/人	9
浙江省特级专家/人	4
浙江大学求是特聘教授数/人	14
一级学科国家重点学科数/个	3
二级学科国家重点学科数/个	1
国家重点(专业)实验室/个	0
国家工程(技术)研究中心/个	0
国家人才培养基地(含教学、教育基地)/个	1
国家精品资源共享课/门	0
国家精品视频公开课/门	0
国家级一流本科课程/门	0
科研总经费/万元	19734.8
其中:国家自然基金比重/%	16.07
纵向经费比重/%	71.83
获国家级科技奖项目数/项	3
获国家级教学成果奖数/项	0
授权发明专利数/项	239
SCI 入选论文数/篇	349
EI 入选论文数/篇	311
MEDLINE 入选论文数/篇	0
出版专著/部	1
在校本科生数/人	339
在学硕士研究生数/人	371
其中:专业学位研究生数/人	174
在读博士研究生数/人	361
其中:专业学位研究生数/人	14
在校攻读学位生的外国留学生数/人	8
应届本科毕业生一次就业率/%	97.70
应届本科毕业生深造率/%	75.86
应届毕业研究生一次就业率/%	97.69
教师出国交流/人次	17
学生出国交流/人次	376
举办国际学术会议数/次	1
社会捐赠经费总额/万元	49.7

注:* 含重大科学研究计划、ITER 计划、青年科学家专题等。

自然科学一等奖”“国家自然科学二等奖”“吴健雄奖”“何梁何利奖”“中国高校十大科技进展”等 10 项国家及部委级奖励,为学校和学院的人才培养、科学研究、学科建设和管理服务做出了重要贡献。

【杨德仁院士获“何梁何利科学与技术进步奖”、全国先进工作者】　11 月 3 日,中国科学院院士杨德仁获 2020 年度“何梁何利基金科学与技术进步奖”。11月24日，中国科学院院士杨德仁入选“全国先进工作者”。杨德仁院士，现任浙大宁波理工学院校长，浙江大学工学部主任，杭州国际科创中心首席科学家，长期从事硅材料研究，他面向国家对集成电路(IC)等的重大需求，针对制约IC器件可靠性、成品率的硅材料的关键科学技术问题，取得了具有重要国际学术影响的系统性、创造性成就，获国家自然科学二等奖1项，国家技术发明二等奖2项，浙江省科学技术一等奖4项、“何梁何利科学与技术进步奖”和中国青年科技奖等科技奖励。

【科学研究取得重大突破】 张泽院士、王勇教授和中国科学院上海应用物理研究所高巍研究员、丹麦技术大学 Wagner 教授合作，把气体通入电子显微镜中，从温度、气压等各方面模拟出一个实际的化学反应环境。在吸附解离水分子后，把一氧化碳引进体系中，“兔耳朵”开始活动，某些时刻可以看到其中的一只或全部两只“兔耳朵”消失，证实了催化反应的发生。这也是科学界首次从原子尺度直接观察到催化剂活性位点水分子的反应，研究成果于2020年1月24日在国际顶尖杂志《科学》上发表。韩高荣教授首创浮法退火窑内制备氧化物薄膜的技术路线，国际首创干涉着色节能玻璃，实现了我国氧化物节能玻璃产品从无到有的突破，并实现大规模产业化，相关成果“浮法在线氧化物系列功能薄膜高效制备成套技术及应用”获2020年度国家技术发明二等奖。

（王育萍撰稿　王晓燕审稿）

能源工程学院

【概况】 能源工程学院前身是热物理工程学系，成立于1978年5月，是我国高校最早成立的热物理工程学系，也是我国首批工程热物理博士点单位之一。1987年，工程热物理学科被批准为国家级重点学科；2007年，动力工程及工程热物理被评为一级国家重点学科。1989年9月，热物理工程学系更名为能源工程学系。1999年9月，能源工程学系与机械工程学系、工程力学系组成了机械与能源工程学院。2009年1月，能源工程学系在一级学科基础上再次实体独立运转，2014年更名为能源工程学院。2016年9月，化工机械研究所整体并入能源工程学院。

能源工程学院下设热能工程、化工机械、制冷与低温、动力机械及车辆工程和热工与动力系统等5个研究所，拥有一级学科国家重点学科1个，一级学科博士点1个，一级学科博士后流动站1个，2011协同创新中心1个、国家重点实验室1个，国家工程实验室1个、国家工程研究（技术）中心2个，国家级研发（实验）中心1个，国家级实验教学示范中心1个。

能源工程学院拥有工程热物理、热能工程、化工过程机械、制冷及低温工程、动力机械及工程、流体机械及工程、能源环境工程、新能源科学与工程等8个博士、硕士授予点。另有车辆工程和供热、供燃气、通风及空调工程等2个跨学科的博士、硕士授予点。设有能源与环境系统工程（含能源与环境工程及自动化、制冷与人工环境及自动化、新能源与能源利用新技术、智慧能源方向)、车辆工程和过程装备与控制工程3个本科专业,形成了博士、硕士、本科和继续教育等完整的教学体系。

2020年,招收硕士研究生165人(其中专业学位64人)、博士研究生106人(其中专业学位10人),全日制项目制专业学位硕士生45人,非全日制专业学位硕士生63人、专业学位博士生12人、留学生3人(其中博士生2人,硕士生1人)。2020级本科生有226人确认主修专业进入能源学院学习。2020年毕业本科生223人、授予硕士学位250人、授予博士学位62人。2020届本科毕业生和研究生一次就业率分别为97.3%和100%。

现有教职工142人。其中,正高级职称人员77人、副高级职称人员37人,博士研究生导师78人、硕士研究生导师100人。2020年入选全国创新争先奖状获得者1人,入选长江奖励计划特聘教授1人、青年学者1人,获腾讯科学探索奖1人,获国防科技卓越青年科学基金项目资助1人,获国家优秀青年科学基金资助1人,入选青年千人计划项目1人,入选科技部中青年科技创新领军人才1人,选留教师6人。

2020年科研经费到款总额3.46亿元,其中纵向经费37%。2020年,新增国家重点研发计划项目1项,国家自然科学基金获批22项,其中获得重点项目1项,优青项目1项,资助总金额达1353万元。“氢气规模化提纯与高压储存装备关键技术及工程应用”获国家科技进步奖二等奖。2020年授权发明专利88项,被SCI收录论文386篇、EI收录论文61篇。

深入推进“一流伙伴”计划,选拔学生通过浙大—日本京都大学、瑞典皇家理工学院双硕士/双博士项目,巴黎综合理工、KTH“3+2”“4+2”等项目,前往世界一流大学联合培养或攻读学位,加强多边交流,吸引留学生来华。面向“一带一路”沿线国家留学生,推出动力工程领域硕士专业学位“一带一路班”。通过举办“国际能源前沿海外学术系列讲座”“中俄工程联盟线上课程”“中日韩能源科技线上研讨会”等项目,使学生与来自美国哈佛大学、英国牛津大学等著名高校的院士、教授团队开展学术交流。2020年因受疫情影响,绝大多数交流均在线上进行。

【获国家科技进步奖二等奖】 氢气规模化储存是国际氢能核心技术竞争的焦点和难点之一,郑津洋教授团队在973、863、国家重点研发计划等国家项目持续支持下,产学研用联合攻关,攻克了高压氢脆原位检测、高安全低成本高压储氢等核心技术难题,率先研制成功大容量高压储氢装备,实现了关键核心装备的自主可控、批量生产,以及相关国际国内标准从无到有的突破。研制成功的世界最大容积98MPa储氢高压容器、我国首台70MPa车载碳纤维全缠绕铝内胆高压氢气瓶等系列产品,在上海汽车集团自主品牌氢燃料电池乘用车项目、日本丰田公司在华首座加氢站建设、北京奥运会氢能示范项目等工程中发挥了重大作用,满足了我国氢能产业的发展需求,推动了我国大容量高压储存技术跨入世界领先行列,社会和经济效益显著,获2020年度国家科技进步奖二等奖。

【垃圾焚烧技术与装备国家工程实验室以优秀成绩通过验收】 2020年12月15日,“垃圾焚烧技术与装备国家工程实验室”验收会在浙江大学青山湖能源研发基地隆重举行。经过现场考察、审阅资料和专家质询,验收专家组一致认为,垃圾焚烧技术与装备国家

附表　2020 年度能源工程学院基本情况

项目	数据
教职工总数/人	142
教授数/人	62
副教授数/人	27
研究员数/人	7
副研究员数/人	8
长聘教授数/人	0
长聘副教授/人	1
“百人计划”研究员数/人	12
特聘研究员数/人	0
特聘副研究员/人	4
具有博士学位的教师比例/%	98
两院院士/人	1
“国家特支计划”入选数/人	3
教育部“长江学者奖励计划”特聘教授/人	8
教育部“长江学者奖励计划”青年学者/人	4
省部级高校教学名师奖获得者/人	0
“973 计划”首席科学家数*/人	4
国家“百千万人才工程”入选数/人	8
国家杰出青年科学基金获得者/人	9
教育部新(跨)世纪优秀人才培养计划入选数/人	13
浙江省特级专家/人	5
浙江大学求是特聘教授数/人	1
一级学科国家重点学科数/个	1
二级学科国家重点学科数/个	3
国家重点(专业)实验室/个	1
国家工程(技术)研究中心/个	3
国家人才培养基地(含教学、教育基地)/个	2
国家精品资源共享课/门	2
国家精品视频公开课/门	0
国家级一流本科课程/门	2
科研总经费/万元	34600
其中:国家自然基金比重/%	5
纵向经费比重/%	37

项目	数据
获国家级科技奖项目数/项	1
获国家级教学成果奖数/项	0
授权发明专利数/项	88
SCI 入选论文数/篇	386
EI 入选论文数/篇	61
MEDLINE 入选论文数/篇	0
出版专著/部	4
在校本科生数/人	698
在学硕士研究生数/人	539
其中:专业学位研究生数/人	222
在读博士研究生数/人	522
其中:专业学位研究生数/人	37
在校攻读学位生的外国留学生数/人	17
应届本科毕业生一次就业率/%	97.3
应届本科毕业生深造率/%	51.6
应届毕业研究生一次就业率/%	100
教师出国交流/人次	5+12(线上)
学生出国交流/人次	3+359(线上)
举办国际学术会议数/次	1(线上)
社会捐赠经费总额/万元	52.6

注:* 含重大科学研究计划、ITER 计划、青年科学家专题等。

工程实验室已圆满完成了建设任务,全面实现了建设目标,并在核心关键技术创新、技术辐射和推广应用等方面发挥了重要示范和带头作用。实验室定位准确、方向明确、目标集中、重点突出、队伍稳定,与会专家一致同意以优秀成绩通过验收。垃圾焚烧技术与装备国家工程实验室于 2016 年 10 月经由国家发改委批复,由浙江大学牵头建设，选址于浙江大学青山湖能源研发基地。经过三年多的建设，垃圾焚烧技术与装备应用研究平台顺利建成，取得了一系列标志性成果，提升了我国垃圾和危险废物焚烧处理技术的自主创新能力，促进了垃圾和危险废物焚烧处理领域的快速健康发展。

（封亚先撰稿　高　翔审稿）

电气工程学院

【概况】 电气工程学院（简称电气学院）由电机工程学系、系统科学与工程学系、应用电子学系和电工电子基础教学中心组成，设有8个研究所。学院建有电力电子技术国家专业实验室、电力电子应用技术国家工程研究中心、浙江省海洋可再生能源电气装备与系统技术研究重点实验室、浙江省电机系统智能控制与变流技术重点实验室、与浙大网新集团联合成立的国家列车智能化工程技术研究中心和参与共建的国家精密微特电机工程技术研究中心，建有国家级电工电子实验教学示范中心、国家级机电类专业实验教学示范中心、电气工程拔尖人才——“爱迪生班”国家级人才培养模式创新实验区、国家大学生校外实践教育基地及5个国家级工程实践教育中心。

拥有电气工程首批一级学科国家重点学科；电气工程学科入选国家一流学科建设名单；电气工程及其自动化入选国家级一流本科专业建设点；电力系统及其自动化、电力电子与电力传动、电机与电器、控制理论与控制工程（与控制学院共享）4个学科为二级学科国家重点学科。

建有电气工程、控制科学与工程（与控制学院共享）等2个学科博士后科研流动站，拥有电气工程一级学科博士学位授予点，7个二级学科博士学位授予权及7个二级学科硕士学位授予权，设有电气工程及其自动化、电子信息工程2个本科专业，与控制学院共建自动化本科专业。

现有教职工181人。其中，两院院士1人，正高级职称人员51人、长聘副教授2人、副高级职称人员52人；具有学术学位博士生招生资格导师73人，具有工程类专业学位博士生招生资格导师67人；具有学术学位硕士生招生资格导师102人，具有工程类专业学位硕士生招生资格导师102人；百人计划研究员10人，特聘系列7人，另有在站博士后55人（含外籍博后4人）。2020年成功申报长江学者1人（依托西部高校），“万人计划”科技创新领军人才1人，国家“千人计划”青年项目1人，省青年人才项目1人，校内求是特聘教授3人、入选学校“百人计划”研究员5人。“信号分析与处理”“电路与模拟电子技术”入选国家级一流本科课程，入选教育部高教司产学合作协同育人项目2项，校级一流本科课程8项。

2020年，学院新增科研项目309项，新增项目经费总额31882万元，其中横向项目（含国际合作项目）250项、纵向项目28项、JG项目27项、校内立项4项。何湘宁教授荣获“何梁何利基金科学与技术进步奖”；宋永华教授团队申报科研成果“含高比例新能源的电力系统需求侧负荷调控关键技术及工程应用”获得国家科技进步奖二等奖；方攸同教授团队荣获“机械工业科技进步奖”特等奖；何湘宁教授荣获“中国电源学会科学技术奖”特等奖；史婷娜教授荣获天津市“科学技术进步奖”特等奖。学院与169家社会企业签署250项科研合同。学院244篇论

附表　2020 年度电气工程学院基本情况

项目	数据
教职工总数/人	181
长聘教授数/人	0
长聘副教授数/人	2
教授数/人	51
副教授数/人	54
研究员数/人	0
副研究员数/人	3
长聘教授数/人	10
长聘副教授/人	4
“百人计划”研究员数/人	3
特聘研究员数/人	0
特聘副研究员/人	0
具有博士学位的教师比例/%	91
两院院士/人	1
“国家特支计划”入选数/人	2
教育部“长江学者奖励计划”特聘教授/人	2
教育部“长江学者奖励计划”青年学者/人	0
省部级高校教学名师奖获得者/人	2
“973 计划”首席科学家数*/人	1
国家“百千万人才工程”入选数/人	1
国家杰出青年科学基金获得者/人	3
教育部新(跨)世纪优秀人才培养计划入选数/人	7
浙江省特级专家/人	1
浙江大学求是特聘教授数/人	9
一级学科国家重点学科数/个	1
二级学科国家重点学科数/个	1
国家重点(专业)实验室/个	0
国家工程(技术)研究中心/个	1
国家人才培养基地(含教学、教育基地)/个	5
国家精品资源共享课/门	4
国家精品视频公开课/门	0
国家级一流本科课程/门	2
科研总经费/万元	31882
其中：国家自然基金比重/%	10
纵向经费比重/%	22

项目	数据
获国家级科技奖项目数/项	1
获国家级教学成果奖数/项	0
授权发明专利数/项	75
SCI 入选论文数/篇	244
EI 入选论文数/篇	321
MEDLINE 入选论文数/篇	0
出版专著/部	0
在校本科生数/人	1130
在学硕士研究生数/人	923
其中：专业学位研究生数/人	598
在读博士研究生数/人	390
其中：专业学位研究生数/人	26
在校攻读学位生的外国留学生数/人	67
应届本科毕业生一次就业率/%	98.98
应届本科毕业生深造率/%	55.74
应届毕业研究生一次就业率/%	100
教师出国交流/人次	5
学生出国交流/人次	485
举办国际学术会议数/次	1
社会捐赠经费总额/万元	912.95

注：* 含重大科学研究计划、ITER 计划、青年科学家专题等。

文确认收入 SCI 论文检索系统，321 篇论文收入 EI 检索系统，75 项发明进入授权发明专利目录。何湘宁教授团队在 *Nature* 子刊首次发布电力电子变换领域的研究成果；文福拴、徐政、吕征宇三位教授入选 IEEE Fellow。

2020 年，教师出国（境）交流 5 人次；本科生共出国（境）交流（含线上）178 人次；研究生出国(境)交流(含线上)300人次;参加国际学术会议(含线上)138人次;与世界顶尖大学联合招收博士后1人。21人参加联合培养或攻读硕博士项目,4人获"博士研究生学术新星培养计划"项目资助。留学生入学人数为10人。

2020年,新增校友和社会捐赠项目30个,签约捐赠款总计712.9489万元。院设奖(助)学金项目29项,受益学生346人,发放奖励金额156.6462万元万元。院设奖教金9项,受益教师30人,发放奖励金额29.5298万元。

(林文飞撰稿 陈 敏审稿)

建筑工程学院

【概况】 建筑工程学院(简称建工学院)由土木工程学系、建筑学系、区域与城市规划系和水利工程学系组成,现有21个校级研究所(中心)。

土木工程为一级学科国家重点学科,岩土工程、结构工程为二级学科国家重点学科。学院设有土木工程、建筑学2个博士后流动站,拥有建筑学和土木工程2个一级学科博士学位授予权,涵盖14个二级学科,以及建筑与土木工程等6个专业学位硕士授予权和土木、水利与交通工程,建筑学、城乡规划3个本科专业。

2020年,招收硕士研究生319人(含留学生4人)、博士研究生139人(含留学生6人),2020级本科生284人确认进入学院主修专业,毕业本科生235人、硕士研究生281人、博士研究生79人。

现有教职工321人,其中中国科学院院士1人、中国工程院院士3人、国际院士4人;正高级职称92人(比上年新增6人),副高级职称129人(比上年新增6人),博士研究生指导教师131人(比上年新增5人),硕士研究生指导教师214人(比上年新增7人),另有博士后82人。2020年,新增全职外籍院士1人、"长江学者"特聘教授1人、浙江省特级专家1人、求是特聘教授1人、四青人才3人,聘任求是讲座教授5人。新引进国家创新人才计划长期项目人才1人,青年人才计划项目1人,"百人计划"研究员6人。

2020年,土木工程学科软科排名位列全国第三,土木工程、建筑学科QS世界排名均进入51~100名。土木工程、建筑学专业获批教育部国家级一流本科专业建设点。启动实施建筑规划学科"一院一策"改革,土木、水利与交通工程专业开始第一届招生。"大跨空间结构""超重力离心模拟虚拟仿真实验"两门课程入选首批国家级一流本科课程。获批教育部第二批新工科研究与实践项目1项、浙江省高等教育"十三五"第二批教改项目2项、浙江省"十三五"省级产学合作协同育人项目1项、浙江省"十三五"高校虚拟仿真实验教学项目2项、立项建设4门。赵羽习获评"浙江省第六届师德先进个人",学生获浙江省第十二届"挑战杯"大学生创业竞赛一等奖、远洋筑·健未来全国大学生设计竞赛金奖。获浙江省优秀博士学位论文1篇、优秀硕士学位论文2篇,浙江省专业学位研究生优秀实践成果3项,浙江省优秀研究生教学案例3项。

2020年,科研经费2.95亿元。在研项目1602项,合同经费12.46亿元。新上项目651项,合同金额为2.69亿元,其中纵向科研项目96项,合同经费0.79亿元。获批

附表　2020 年度建筑工程学院基本情况

项目	数据	项目	数据
教职工总数/人	321	获国家级科技奖项目数/项	2
教授数/人	88	获国家级教学成果奖数/项	0
副教授数/人	101	授权发明专利数/项	141
研究员数/人	1	SCI 入选论文数/篇	365
副研究员数/人	9	EI 入选论文数/篇	368
长聘教授数/人	1	MEDLINE 入选论文数/篇	0
长聘副教授/人	0	出版专著/部	2
"百人计划"研究员数/人	23	在校本科生数/人	1230
特聘研究员数/人	1	在学硕士研究生数/人	832
特聘副研究员/人	4	其中：专业学位研究生数/人	520
具有博士学位的教师比例/%	90.60	在读博士研究生数/人	558
两院院士/人	4	其中：专业学位研究生数/人	16
"国家特支计划"入选数/人	0	在校攻读学位生的外国留学生数/人	122
教育部"长江学者奖励计划"特聘教授/人	4	应届本科毕业生一次就业率/%	94.89
教育部"长江学者奖励计划"青年学者/人	4	应届本科毕业生深造率/%	48.51
省部级高校教学名师奖获得者/人	0	应届毕业研究生一次就业率/%	96.29
"973 计划"首席科学家数*/人	1	教师出国交流/人次	8
国家"百千万人才工程"入选数/人	3	学生出国交流/人次	33
国家杰出青年科学基金获得者/人	8	举办国际学术会议数/次	0
教育部新(跨)世纪优秀人才培养计划入选数/人	4	社会捐赠经费总额/万元	930
浙江省特级专家/人	3		
浙江大学求是特聘教授数/人	16		
一、二级学科国家重点学科数/个	3		
国家重点(专业)实验室/个	0		
国家工程(技术)研究中心/个	2		
国家人才培养基地(含教学、教育基地)/个	7		
国家精品资源共享课/门	0		
国家精品视频公开课/门	0		
国家级一流本科课程/门	2		
科研总经费/万元	29500		
其中：国家自然基金比重/%	16.00		
纵向经费比重/%	39.50		

注：* 含重大科学研究计划、ITER 计划、青年科学家专题等。

国家重点研发计划政府间国际科技合作项目 2 项、国家自然科学基金项目 30 项，其中重点国合项目 1 项；获批浙江省重点研发计划择优委托项目 2 项、竞争性项目 2 项；获批浙江省自然科学基金重大项目 1 项，浙江省自然科学基金杰出青年计划项目 2 项。"智慧交通浙江省工程研究中心"获批"浙江省工程研究中心"。

学院获批 2 项“世界顶尖大学合作计划”立项，分别与剑桥大学、哈佛大学开展教学及科研项目合作；获批浙江大学—伦敦大学学院国际合作种子基金 2 项。

【获国家科技进步奖一等奖】 由罗尧治教授领衔的“现代空间结构体系创新、关键技术与工程应用”成果获得该奖项。该项目历经 30 年产学研联合攻关，科学地提出了基于基本组成单元的空间结构分类方法，研发了刚性、柔性、刚柔性系列空间结构新形式；创建了索杆张力结构形态协同设计理论，构建了网格结构精细化分析与造型设计方法，建立了可动结构分析的广义逆理论，发展了现代空间结构基础理论和设计方法；研制了空间结构节点球形全方位自动加载装置及复杂、大型、异形构件的加工工艺和装备，研发了张力空间结构施工张拉的多阶段、多目标优化控制技术，提出了超大、超高、超长空间结构高效施工方法，推动了现代空间结构建造技术的创新发展。

【获国家科技进步奖二等奖】 由张土乔教授领衔的“城市供水管网水质安全保障关键技术及应用”成果获国家科技进步奖二等奖。该成果创建了管网研究平台，揭示了水质演变机理；发明了水质控制技术，实现了水质动态调控；研发了管网实时监控与调度系统，最终形成了供水管网水质安全保障技术体系，解决了管网水质“机理揭示难，稳定控制难，监测调度难”的行业难题。通过技术示范、制定标准和全国推广应用，实现了示范区管网水质的稳定达标，社会经济效益巨大。

（吴盈颖撰稿　成光林审稿）

化学工程与生物工程学院

【概况】 化学工程与生物工程学院（简称化工学院）设有化学工程、联合化学反应工程、聚合与聚合物工程、生物工程、制药工程、工业生态与环境 6 个研究所，建有化学工程联合国家重点实验室、生物质化工教育部重点实验室等多个国家级和省部级重点实验室。

拥有化学工程与技术、生物工程 2 个一级学科博士后流动站，化学工程与技术一级学科博士学位授予权，设有化学工程与技术、生物工程、制药工程等 3 个本科专业。在 2020 年软科世界一流学科排名中，化学工程学科位列全球第 6、国内第 3，生物工程学科位列全球第 16、国内第 2。在 QS 世界大学学科排名中，化学工程学科位列全球第 52 名。

现有在职教职工 163 人。其中，教授 59 人、副教授 26 人，博士研究生导师 100 人、硕士研究生导师 126 人。在站学科博士后研究人员 61 人。2020 年，引进英国工程院院士、剑桥大学原副校长 Nigel 教授为浙江大学求是讲席教授。张治国入选国家高层次人才（教育部特聘教授）；张林入选“百千万人才工程”国家级人选，陆盈盈入选国家高层次人才计划领军人才；任其龙院士被推选为中国化工学会副理事长；谢涛入选 2020 年美国化学会高分子材料分会会士；邢华斌获 2020 年度“亚洲杰出科研工作者和工程师奖”；王立、邢华斌获第十二届“侯德榜化工科学技术创新奖”，侯阳和廖祖维获第十二届“侯德榜化工科学技术青年奖”；侯阳入选英国皇家化学学会会士、科睿唯安“全球高被引科学家”。

2020年，招收硕士研究生180人、博士研究生92人，2019级本科生153人、2020级本科生123人确认化工学院主修专业，毕业博士研究生56人、硕士研究生136人、本科生95人。化工学院作为校内牵头单位，获批生物与医药类别博士专业学位授权点。依托浙江大学工程师学院衢州分院，获批“高端化学品先进制造”专业学位研究生卓越培养项目。任其龙院士团队获浙江大学第九届研究生“五好”导学团队，阳永荣获浙江省“三育人”岗位建功先进个人、浙江大学第十届“三育人”教书育人标兵。学生参赛代表队分别获第十四届全国大学生化工设计竞赛特等奖，第十四届浙江省大学生化工设计竞赛金奖。赵俊杰获校青年教师教学竞赛二等奖、廖祖维获三等奖，学院获优秀组织奖。尹红获学校2020年思政微课大赛二等奖。

科研经费到款约2.1亿元。新增科技三重项目3项，新增省部级特等奖、一等奖、二等奖各1项，新增千万级横向项目4项。2020年在顶尖期刊*Science*上发表论文1篇。王立负责的“浙江—俄罗斯光电磁功能材料联合实验室”获批浙江省“一带一路”联合实验室。浙大工程师学院衢州分院、浙大衢州研究院、“浙江大学—恒逸全球未来先进技术研究院”、浙大宁波研究院化工分院、浙大杭州国际科创中心生物与分子智造平台等建设稳步推进。全院直接技术成果转化收益835.4万元，“苏泊尔—朱自强”奖学金等4项奖助学金获捐成立。

2020年，接受国际学生在线交流36人次。主要依托化工学院等4个院系申报的浙江大学“浙江省外国专家工作站”揭牌成立。

【阳永荣教授团队获中国石化联合会科技进步奖一等奖】 阳永荣教授领衔的“余压膨胀深冷法绿色高效回收聚烯烃排放气新技术”项目获2020年度中国石油和化学工业联合会科技进步奖一等奖。该项目通过余压膨胀深冷分离与聚烯烃生产工艺的优化集成，建立了聚合物VOCs脱附—回收氮循环和聚合反应—深冷烃循环，开发了深冷作用的微量组分管理系统，解决了聚合物内高碳VOCs难脱附、排放气低碳VOCs难回收，流程中微量敏感组分难监控的行业难题。该技术已在36套大型聚烯烃装置上成功推广应用，使我国的聚烯烃清洁生产工艺的整体技术水平明显提升。

【学生参赛队获全国大学生化工设计竞赛唯一金奖】 2020年8月，“东华科技杯”第十四届全国大学生化工设计竞赛全国总决赛在合肥工业大学举办，化工学院蒋斌波、黄正梁、胡晓萍老师指导的头号“烷”家团队（成员：陈迪、钱涛、王诗卉、郑溱谦、穆洪锋）获唯一金奖（特等奖）。该团队以青岛炼化混合戊烷装置产生的混合戊烷为原料设计了一座年处理量5万吨混合戊烷的分厂，生产主产品异戊烯3.6万吨，并副产氢气、环戊烷。采用中温异构化催化剂、铂系脱氢催化剂这两种绿色催化剂，实现废水回用、废固再生；废液、废气自产烟道气实现三废资源化利用，减少单产碳排。通过创新设计，该厂达到了《绿色发展2025》各项指标。

【浙江大学衢州“两院”正式奠基】 11月8日，浙江大学工程师学院衢州分院、浙江大学衢州研究院奠基仪式在衢州举行。浙江大学校长吴朝晖院士出席活动并讲话，衢州“两院”院长、浙大化工学院教授任其龙院士和化工学院师生代表出席活动。浙江大学工程师学院衢州分院、浙江大学衢州研究院是由校地双方共同建设，以浙江大学化工学

附表　2020 年度化学工程与生物工程学院基本情况

项目	数据
教职工总数/人	163
教授数/人	59
副教授数/人	26
研究员数/人	0
副研究员数/人	0
长聘教授数/人	0
长聘副教授/人	0
"百人计划"研究员数/人	21
特聘研究员数/人	0
特聘副研究员/人	2
具有博士学位的教师比例/%	98.18
两院院士/人	2
"国家特支计划"入选数/人	2
教育部"长江学者奖励计划"特聘教授/人	4
教育部"长江学者奖励计划"青年学者/人	2
省部级高校教学名师奖获得者/人	1
"973 计划"首席科学家数*/人	2
国家"百千万人才工程"入选数/人	2
国家杰出青年科学基金获得者/人	6
教育部新(跨)世纪优秀人才培养计划入选数/人	8
浙江省特级专家/人	1
浙江大学求是特聘教授数/人	13
一级学科国家重点学科数/个	0
二级学科国家重点学科数/个	1
国家重点(专业)实验室/个	2
国家工程(技术)研究中心/个	0
国家人才培养基地(含教学、教育基地)/个	0
国家精品资源共享课/门	2
国家精品视频公开课/门	1
国家级一流本科课程/门	0
科研总经费/万元	21498.28
其中:国家自然基金比重/%	13.83
纵向经费比重/%	36.92
获国家级科技奖项目数/项	0
获国家级教学成果奖数/项	0
授权发明专利数/项	92
SCI 入选论文数/篇	452
EI 入选论文数/篇	393
MEDLINE 入选论文数/篇	0
出版专著/部	1
在校本科生数/人	545
在学硕士研究生数/人	544
其中:专业学位研究生数/人	283
在读博士研究生数/人	312
其中:专业学位研究生数/人	13
在校攻读学位生的外国留学生数/人	47
应届本科毕业生一次就业率/%	99.02
应届本科毕业生深造率/%	51.92
应届毕业研究生一次就业率/%	98.26
教师出国交流/人次	6
学生出国交流/人次	310
举办国际学术会议数/次	3
社会捐赠经费总额/万元	343.7

注:* 含重大科学研究计划、ITER 计划、青年科学家专题等。

院为主要参与力量的校地教学、科研合作机构。"两院"聚焦高层次工程技术人才培养和化工、材料、生物医药、资源环境等与衢州主要产业密切相关领域的科学研究,通过对接衢州产业、开展技术攻关,促进企业转型升级,积极探索集科学研究、成果转化和人才培养为一体的校地合作新模式。

(李志荣撰稿　沈文华审稿)

海洋学院

【概况】 海洋学院现设有海洋科学系、海洋工程学系、海洋信息学系(筹)等 3 个学系和港航物流与自由贸易岛研究中心,以及海洋地质与资源、海洋化学与环境等 9 个研究所。建有海洋工程装备国家地方联合工程实验室(浙江)、海洋感知技术与装备教育部工程研究中心、浙江舟山群岛海洋生态系统教育部野外科学观测研究站、海洋牧场水下在线监测科技团队全国工作站、浙江省海洋岩土工程与材料重点实验室、浙江省海洋观测—成像试验区重点实验室、海洋装备试验浙江省工程实验室、海洋工程材料浙江省工程实验室、海上试验浙江省科技创新服务平台、浙江省"智慧东海"协同创新中心、智能海洋技术浙江省军民融合科技协同创新平台、浙江省大湾区(智慧海洋)创新发展中心等科研平台。共建有浙江大学海洋研究院、浙江大学舟山海洋研究中心、浙江大学摘箬山海洋科技示范岛、浙江大学先进技术研究院舟山海洋分院、海南浙江大学研究院等。

拥有海洋技术与工程博士学位授权点,下设应用海洋科学、海洋技术和海洋工程 3 个学科领域方向;并在资源与环境、土木水利、机械、电子信息等 4 个领域培养专业学位工程博士,在生物与医药、资源与环境、土木水利、机械、电子信息等 5 个领域培养专业学位工程硕士;有海洋科学、海洋工程与技术 2 个本科专业。

2020 年,招收硕士研究生 230 人、博士研究生 96 人,2020 级本科生 191 人确认进入学院继续学习,毕业本科生 188 人、硕士研究生 133 人、博士研究生 25 人。

现有专任教师 124 人,其中正高级职称人员 47 人(比上年新增 8 人)、副高级职称人员 66 人(比上年新增 4 人);博士研究生指导教师 81 人(比上年新增 6 人)、硕士研究生指导教师 117 人(比上年新增 4 人);2020 年新增国家重大引才计划专家青年项目 1 人、国家"万人计划"青年拔尖人才项目 1 人、国家自然科学基金优秀青年基金项目 2 人。浙江省重大引才计划专家青年项目 2 人。

2020 年获批 6 项省级(一流课程类)虚拟仿真项目,获批 2 门校级线下一流本科课程,2 本教材获校级本科教材立项,5 门课程获校级 MOOC 课程立项,5 个项目获批校级课程思政建设项目。

2020 年科研到款 2.096 亿元,比 2019 年增长 23.05%;在研各类科研项目 560 项,合同总金额 48948 万元。获批国家自然科学基金项目 13 项,其中优秀青年基金项目 2 项。主持或参与完成的 8 个项目获省、学会科技成果奖。根据 ESI 数据库 2020 年 11 月 12 日更新的数据,2016 年至今有 69 篇文章进入高水平论文行列,其中高被引论文 22 篇,进入学科前 3%的论文 47 篇。3 位学者入选爱思唯尔 2019 年中国高被引学者榜单。授权发明专利 58 项。建成以"三池六槽一筒一台*"为代表的大型海洋工程实验室群和核磁共振仪室、电镜室、稳定同位素比质谱仪室三个海洋科学公共实验室。2020 年大型仪器有偿服务总收入 212 万元,比 2019 年增长 3.54 倍。

举办第五届"海潮杯"学生创新创业项目竞赛,立项科技和公益创新类项目 22 项,孵化产生了第七届浙江省海洋知识创新竞赛科技创新类特等奖、第十二届全国海洋知

附表　2020 年度海洋学院基本情况

项目	数据
教职工总数/人	170
教授数/人	49
副教授数/人	70
研究员数/人	0
副研究员数/人	2
长聘教授数/人	0
长聘副教授/人	0
“百人计划”研究员数/人	8
特聘研究员数/人	2
特聘副研究员/人	4
具有博士学位的教师比例/%	100
两院院士/人	0
“国家特支计划”入选数/人	0
教育部“长江学者奖励计划”特聘教授/人	1
教育部“长江学者奖励计划”青年学者/人	1
省部级高校教学名师奖获得者/人	0
“973 计划”首席科学家数*/人	0
国家“百千万人才工程”入选数/人	3
国家杰出青年科学基金获得者/人	2
教育部新(跨)世纪优秀人才培养计划入选数/人	0
浙江省特级专家/人	1
浙江大学求是特聘教授数/人	7
一级学科国家重点学科数/个	0
二级学科国家重点学科数/个	0
国家重点(专业)实验室/个	0
国家工程(技术)研究中心/个	0
国家人才培养基地(含教学、教育基地)/个	1
国家精品资源共享课/门	0
国家精品视频公开课/门	0
国家级一流本科课程/门	1
科研总经费/万元	20960
其中:国家自然基金比重/%	7.6
纵向经费比重/%	29.9
获国家级科技奖项目数/项	0
获国家级教学成果奖数/项	0
授权发明专利数/项	82
SCI 入选论文数/篇	291
EI 入选论文数/篇	220
MEDLINE 入选论文数/篇	0
出版专著/部	3
在校本科生数/人	776
在学硕士研究生数/人	618
其中:专业学位研究生数/人	404
在读博士研究生数/人	280
其中:专业学位研究生数/人	4
在校攻读学位生的外国留学生数/人	59
应届本科毕业生一次就业率/%	96
应届本科毕业生深造率/%	74
应届毕业研究生一次就业率/%	100
教师出国交流/人次	6
学生出国交流/人次	5
举办国际学术会议数/次	1
社会捐赠经费总额/万元	0

注:* 含重大科学研究计划、ITER 计划、青年科学家专题等。

识竞赛大学生组二等奖等优秀双创项目。学院双创教育中心获批为浙江大学第一批院级创新创业教育中心。1 名博士生获选“浙江大学学生创新创业先锋”。

搭建线上线下学术交流平台,先后与澳门大学区域海洋中心联合举办海洋线上研讨会、承办第 392 次中国科协青年科学家论坛——中国青年女科学家论坛、主办第八届近海动力学实验学术研讨会等学术活动。

注：三池六槽一筒一台是指在舟山校区建设的消声水池、波流动未浑水港池、操纵性旋臂水池；大型断面波流水槽、推移质直水槽、精密实验玻璃水槽、U形折叠往返式水槽、环形水槽、地球流体力学旋转水槽；60MPa高压试验筒；双六自由度仿真平台等大型海工试验平台。

【实施“智慧海洋会聚研究计划”】 该计划于4月8日在学校“创新2030”计划项目启动会上正式启动，计划旨在推进海洋研究与信息学、人工智能和大数据等学科间实质性交叉融合，引领未来海洋学科创新发展，努力形成智慧海洋领域的“浙大学派”。

【浙江省大湾区(智慧海洋)创新发展中心成立】 该中心于6月19日在舟山校区正式启动建设。中心由省发展和改革委员会、省自然资源厅联合授牌，浙江大学与自然资源部第二海洋研究所联合共建，将通过发展核心技术、带动产业化、支撑涉海管理等，示范引领浙江省“数字经济”一号工程和信息经济示范区建设。

【全力参与东海实验室建设】 舟山市科学技术局于10月初发文成立东海实验室(智慧海洋实验室)。该实验室依托浙江大学、自然资源部第二海洋研究所“双核”，协同省内外涉海高校、科研院所、骨干企业等“多点”，集聚全省乃至长三角优势创新资源共建。

(高楚清撰稿　董小军审稿)

航空航天学院

【概况】 航空航天学院(以下简称航院)由航空航天系和工程力学系组成，下设应用力学、流体工程等7个研究所(中心)；拥有国家工科基础课程力学教学基地和国家级力学实验教学示范中心、教育部航空航天数值模拟与验证重点实验室、教育部新型飞行器联合研究中心、微小卫星与星群教育部军民融合协同创新中心(培育)；拥有软体机器人与智能器件、微纳卫星2个浙江省研究重点实验室，新型飞行器关键基础与重大应用、智能无人机系统等3个浙江省协同创新中心、微波毫米波射频集成电路1个浙江省工程实验室和软机器与柔性电子国际科技合作基地1个省级国际科技合作基地载体，另有3个校级研究中心。

固体力学为二级学科国家重点学科；力学、航空宇航科学与技术2个学科为浙江省一流学科；工程力学为国家级一流本科专业建设点。

学院建有力学学科博士后流动工作站；拥有力学、航空宇航科学与技术、电子科学与技术(与兄弟学院共有)3个一级学科博士授予权，电子信息专业电子通信与工程和计算机科学与技术领域、机械专业航天工程领域2个专业学位博士授予权，以及工程力学和飞行器设计与工程2个本科专业。

2020年，招收硕士研究生96人、博士研究生80人，2020级本科生90人主修专业确认到航院。工程力学专业获批强基计划招生专业，2020级招生20人。毕业本科生57人、硕士研究生56人、博士研究生25人。

现有教职工123人。其中，正高级职称人员51人(2020年新增6人)、副高级职称人员55人(2020年新增2人)，博士研究生指导教师72人(2020年新增7人)、硕士研究生指导教师93人(2020年新增2人)。在站博士后工作人员20人。2020年新增国

附表　2020 年度航空航天学院基本情况

项目	数据	项目	数据
教职工总数/人	123	获国家级科技奖项目数/项	0
教授数/人	35	获国家级教学成果奖数/项	0
副教授数/人	45	授权发明专利数/项	39
研究员数/人	1	SCI 入选论文数/篇	181
副研究员数/人	4	EI 入选论文数/篇	168
长聘教授数/人	0	MEDLINE 入选论文数/篇	0
长聘副教授/人	1	出版专著/部	0
“百人计划”研究员数/人	14	在校本科生数/人	337
特聘研究员数/人	0	在学硕士研究生数/人	263
特聘副研究员/人	3	其中：专业学位研究生数/人	122
具有博士学位的教师比例/%	100	在读博士研究生数/人	265
两院院士/人	4	其中：专业学位研究生数/人	17
“国家特支计划”入选数/人	2	在校攻读学位生的外国留学生数/人	14
教育部“长江学者奖励计划”特聘教授/人	3	应届本科毕业生一次就业率/%	96.49
教育部“长江学者奖励计划”青年学者/人	0	应届本科毕业生深造率/%	49.12
省部级高校教学名师奖获得者/人	0	应届毕业研究生一次就业率/%	100
“973 计划”首席科学家数*/人	0	教师出国交流/人次	8
国家“百千万人才工程”入选数/人	2	学生出国交流/人次	14
国家杰出青年科学基金获得者/人	10	举办国际学术会议数/次	0
教育部新(跨)世纪优秀人才培养计划入选数/人	9	社会捐赠经费总额/万元	43.6
浙江省特级专家/人	1		
浙江大学求是特聘教授数/人	14		
一级学科国家重点学科数/个	0		
二级学科国家重点学科数/个	1		
国家重点（专业）实验室/个	0		
国家工程（技术）研究中心/个	0		
国家人才培养基地(含教学、教育基地)/个	1		
国家精品资源共享课/门	0		
国家精品视频公开课/门	0		
国家级一流本科课程/门	1		
科研总经费/万元	24785.42		
其中：国家自然基金比重/%	6.33		
纵向经费比重/%	11.51		

注：* 含重大科学研究计划、ITER 计划、青年科学家专题等。

家优秀青年科学基金获得者 1 人和浙大求是特聘教授 2 人。

2020 年，“力学导论”入选首批国家级一流本科课程，“力学导论”“工程力学”等 3 门课程入选 2019 年本科高校省级线下一流课程；“弹性力学”“理论力学（动力学）”2 门课程获 2020 年校级 MOOC 项目立项；获 2020 年全国航空航天类课程思政教学改革论坛优秀论文一等奖、第十二届“挑战杯”中国大学生创业计划竞赛全国决赛科技创新和未来产业组金奖、第六届中国研究生未来飞行器创新大赛全国二等奖、浙江省第十二届“挑战杯”宁波江北大学生创新计划省赛特等奖等各1项，以及第十五届“中国大学生年度人物”1人、校研究生“五好”导学团队称号1项。

在研项目723项，科研经费到款24785.42万元（比上年增加77.50%）。新增科研项目163项，合同经费46562万元，其中，新增亿元项目1项，千万级项目9项，百万级项目37项；获批国家自然科学基金（NSFC）项目17项，获准率38.64%，资助经费共计899万元；获批国家优秀青年科学基金资助1项；获某部委颁发的某科学技术进步奖一等奖1项。

2020年，学院先后接待了国外来访交流共14人次；继续推进“浙江大学—莫斯科航空学院工程博士联合培养项目”，共招收莫航联培项目研究生33人。录取新加坡国立大学3+1+1本硕联培项目2人，莫航本科生3+1联培项目19人。

【《力学导论》入选首批国家级一流本科课程】 赵沛副教授牵头与杨卫院士共同开设该本科生课程，课程旨在准确把握教育发展面临的新形势与新任务，做到从微观的课程出发演绎国家的宏观战略，使“立德树人”有了具体化、操作化和目标化的背景，为解决当前中国大学这一普遍短板提供了一种解决方案。

（杨　玮撰稿　毕建全审稿）

高分子科学与工程学系

【概况】 高分子科学与工程学系（以下简称高分子系）由高分子科学、高分子复合材料、生物医用大分子3个研究所组成，建有高分子合成与功能构造教育部重点实验室、膜与水处理技术教育部工程研究中心、中国—葡萄牙先进材料联合创新中心及新型吸附分离材料与应用技术浙江省重点实验室。

高分子系拥有高分子化学与物理二级学科国家重点学科。二级学科均设有博士后流动站，博士学位和硕士学位授予权，同时单独设立高分子材料与工程本科专业。

2020年招收硕士研究生58人、博士研究生64人，2020级本科生75人专业确认高分子系相关专业学习。毕业本科生86人、结业1人。毕业硕士研究生42人、博士研究生28人。

现有教职工70人，其中，正高级职称人员35人，副高级职称人员13人，博士研究生导师46人，硕士研究生导师48人。新增教育部“长江学者奖励计划”青年学者1人，国家青年人才基金获得者1人。

“高分子物理”入选首批国家级线下一流本科课程。“高分子材料”“计算化学导论”“功能材料的创意与实践”获浙江大学校级一流本科课程。浙江大学虚拟仿真实验教学培育项目“三维空间中高分子单链虚拟仿真实验”完成中期检查。毕业研究生李秀媛获全国创业就业年度新闻人物，马列获2019年度“服务国家战略”就业工作奖教金，赴西部地区就业毕业生5名，应征入伍学生2名。获世界超算大赛银奖1项、基因

附表　2020年度高分子科学与工程学系基本情况

项目	数据
教职工总数/人	75
教授数/人	26
副教授数/人	13
研究员数/人	0
副研究员数/人	0
长聘教授数/人	1
长聘副教授/人	1
“百人计划”研究员数/人	8
特聘研究员数/人	0
特聘副研究员/人	3
具有博士学位的教师比例/%	100
两院院士/人	0
“国家特支计划”入选数/人	2
教育部“长江学者奖励计划”特聘教授/人	3
教育部“长江学者奖励计划”青年学者/人	1
省部级高校教学名师奖获得者/人	0
“973计划”首席科学家数*/人	0
国家“百千万人才工程”入选数/人	1
国家杰出青年科学基金获得者/人	7
教育部新(跨)世纪优秀人才培养计划入选数/人	7
浙江省特级专家/人	1
浙江大学求是特聘教授数/人	7
一级学科国家重点学科数/个	0
二级学科国家重点学科数/个	1
国家重点(专业)实验室/个	1
国家工程(技术)研究中心/个	0
国家人才培养基地(含教学、教育基地)/个	0
国家精品资源共享课/门	1
国家精品视频公开课/门	1
国家级一流本科课程/门	1
科研总经费/万元	8225.7
其中:国家自然基金比重/%	18.4
纵向经费比重/%	54.6

项目	数据
获国家级科技奖项目数/项	0
获国家级教学成果奖数/项	0
授权发明专利数/项	59
SCI入选论文数/篇	229
EI入选论文数/篇	210
MEDLINE入选论文数/篇	0
出版专著/部	0
在校本科生数/人	225
在学硕士研究生数/人	144
其中:专业学位研究生数/人	0
在读博士研究生数/人	223
其中:专业学位研究生数/人	0
在校攻读学位生的外国留学生数/人	7
应届本科毕业生一次就业率/%	91.46
应届本科毕业生深造率/%	62.4
应届毕业研究生一次就业率/%	100
教师出国交流/人次	5
学生出国交流/人次	206
举办国际学术会议数/次	1
社会捐赠经费总额/万元	47

注:* 含重大科学研究计划、ITER计划、青年科学家专题等。

工程机械大赛金奖1项、国家级大学生创新创业训练计划金奖1项。

科研经费到款8225.7万元,其中纵向经费4493万元,占54.6%。国家自然科学基金批准立项10项,直接经费总额2624万元,其中,重大项目1项,联合基金(重点支持)项目1项,优青项目2项。获批科技部国家重点研发计划3项。浙江省杰出青年科学基金项目1项，重点项目1项，重大项目1项；浙江省重点研发计划(国际科技合作)1项。发表SCI论文229篇，其中，S/N/C子刊论文7篇，5年影响因子大于10论文34篇。获国家授权发明专利59项，其中日本专利1项。二氧化碳共聚物制备等10项专利独占许可作价签约1000万元。

国外来访并做学术报告14人次(线上)，教师出国交流5人次。博士生海外交流75人次，交流率达117.18%。本科生海外交流84人次，交流率达100%。举办夏令营1项。受邀在高水平国际学术会议大会做特邀报告2人次。

【中国—葡萄牙先进材料“一带一路”联合实验室获批】 9月，中国—葡萄牙先进材料“一带一路”联合实验室获科技部批准建设。实验室定位先进材料领域，以合作研发和优势资源互补为主，建立实体联合实验室。聚焦生物医用材料全链条国际合作模式，提升我国新型植介入材料的创新能力；建立科研机构和企业的互联共赢模式，促进技术对接和产业转化；辐射欧盟和葡语系国家，推进双方科技创新和协同发展能力。12月，中国—葡萄牙先进材料“一带一路”联合实验室建设与生物医用材料联合研究获批国家重点研发计划“战略性科技创新合作”重点专项。

【石墨烯纤维实现量产，获批基金委重大项目】 12月2日，高超教授团队“结构功能一体化石墨烯纤维基础研究”获批基金委重大项目，项目经费1792万元。项目的实施将形成结构功能一体化石墨烯纤维的理论体系，解答二维大分子纳米基元制备功能材料过程中关键科学问题，开拓自主可控的碳纤维新品种。持续推进产学研深入发展，在专利转让基础上，建成全球首条纺丝级单层氧化石墨烯十吨生产线，实现了第四代石墨烯多功能康护纤维的量产。

(廉　洁撰稿　楼仁功审稿)

光电科学与工程学院

【概况】 光电科学与工程学院(以下简称“光电学院”)设有光学工程研究所、光电工程研究所、光学成像与检测技术研究所、微纳光子学研究所、激光生物医学研究所、光及电磁波研究中心、光学惯性技术工程中心共7个研究所(中心)，另设有浙江省实验教学示范中心光电信息工程实验中心，建有现代光学仪器国家重点实验室、国家光学仪器工程技术研究中心、科技部光电技术国际联合研究中心3个国家级研究基地，以及国防重点学科实验室、浙江省光电磁传感技术重点实验室、教育部光子学与技术国际合作联合实验室3个省部级研究基地。

光学工程是一级学科国家重点学科，下设光通信技术、信息传感及仪器2个二级学科。学院设有光学工程博士后流动站，拥有光学工程、光通信技术、信息传感及仪器等3个博士、硕士学位授予点，以及光电信息科学与工程1个本科专业。

学院现有教职工240人。其中正高级职称人员60人，副高级职称人员34人，博士研究生指导教师70人，硕士研究生导师25人。2020年，学院新增GF科技卓越青年1人、国家优秀青年基金获得者1人，青年长江1人；浙江大学“百人计划”研究员入选者4人；1人获浙江省首批“鲲鹏行动计划”项目支持。本年度5人次入选爱思唯尔“中国高被引学者榜单”，1人获王大珩中青年科技人员光学奖，1人获2020年《麻省理工科技评论》TR35青年创新奖，1人获世界顶尖科学家论坛青年科学家称号，1人入选福布斯中国30岁以下精英榜，1人获2020年阿里达摩院青橙奖。2020年，招收博士研究生83人，硕士研究生132人，2020级本科生95人确认进入光电信息科学与工程专业。2019届毕业本科生95人，硕士研究生109人，博士研究生44人。

入选首批国家一流本科课程（线下课程）1门；获批教育部第二批新工科研究与实践项目、教育部第二批产学合作协同育人项目各1项；获批浙江省本科院校“十三五”新形态建设项目2项、浙江省虚拟仿真实验教学项目3项、光电教指分委教改项目3项；获得浙江省高校“互联网＋教学”优秀案例特等奖、二等奖各1项；本科生获国家级学科竞赛一等奖3项。

本科生2019—2020学年境外交流率达88.67%，博士生境外交流率100%。研究生获2018年全国光学优秀博士学位论文提名1篇，获浙江大学2019年优秀博士学位论文提名2篇，获浙江省优秀博士学位论文2篇，获浙江省专业学位研究生优秀实践成果奖2项。组织参加第六届中国“互联网＋”大学生创新创业大赛，获得全国金奖1项，全国银奖1项，浙江省金奖3项，浙江省铜奖1项。组织并推荐15个项目参加第十二届“挑战杯”大学生创业计划竞赛，获得全国金奖1项，浙江省特等奖1项，浙江省一等奖1项，浙江省二等奖1项。

学院科研经费年度到款总额为2.60亿元，比上年增长11%。获批国家自然科学基金项目29项，其中国家重大科研仪器研制项目1项、重点项目2项、重点国际（地区）合作研究项目1项、联合基金项目1项、优秀青年科学基金项目1项；获批国防科技卓越青年科学基金项目1项；获批科技部重点研发计划“政府间国际科技创新合作”项目1项；获批浙江省“鲲鹏行动计划”项目1项；获2020年度中国光学学会光学科技奖一等奖1项。据不完全统计，以第一单位发表SCI收录论文207篇。

【狄大卫入选浙江省“鲲鹏行动”计划首批专家】 2020年10月，浙江大学光电科学与工程学院的狄大卫研究员作为首批7位专家（浙江大学3位专家）之一，入选浙江省“鲲鹏行动”顶尖人才计划，是首批入选专家中最年轻的一位。“鲲鹏行动”计划旨在引进全球顶尖的专家学者到浙江开展创新工作，推动浙江省基础科学与前沿技术的发展。狄大卫研究员的主要研究方向为新型光电子器件及器件物理，近年来主要从事高效率、低能耗的下一代显示、照明技术——有机发光二极管（OLED）和钙钛矿发光二极管（钙钛矿LED）领域的研究工作，他与合作者创造了溶液法OLED和钙钛矿LED发光效率的两项世界纪录。作为第一或通讯作者，将有关论文发表于*Science*、*Nature Photonics*（封面论文）、*Nature Electronics*、*Nature Communications*等重要期刊，2018—2019连续两年被评为《麻省理工科技评论》“35岁以下科技创新35人”（中国区、全球），2020年入选世界顶尖科学家论坛青年科学家。

【获2020年度中国光学学会光学科技奖一等奖】 2020年12月24日，戴道锌、时尧成等主导的“硅基纳米光波导模场传输耦合及集成器件研究”项目获中国光学学会光学科技奖基础研究类一等奖。该项目围绕硅基片上低损耗跨阶模耦合、高效率偏振模转化、深亚波长模场调控等三个基础共性问题，

附表　2020年度光电科学与工程学院基本情况

项目	数据
教职工总数/人	240
教授数/人	42
副教授数/人	26
研究员数/人	3
副研究员数/人	3
长聘教授数/人	0
长聘副教授/人	0
“百人计划”研究员数/人	14
特聘研究员数/人	0
特聘副研究员/人	1
具有博士学位的教师比例/%	97.7
两院院士/人	1(兼聘)
“国家特支计划”入选数/人	0
教育部“长江学者奖励计划”特聘教授/人	5
教育部“长江学者奖励计划”青年学者/人	2
省部级高校教学名师奖获得者/人	1
“973计划”首席科学家数*/人	0
国家“百千万人才工程”入选数/人	0
国家杰出青年科学基金获得者/人	7
教育部新(跨)世纪优秀人才培养计划入选数/人	3
浙江省特级专家/人	1
浙江大学求是特聘教授数/人	2
一级学科国家重点学科数/个	1
二级学科国家重点学科数/个	0
国家重点(专业)实验室/个	1
国家工程(技术)研究中心/个	1
国家人才培养基地(含教学、教育基地)/个	0
国家精品资源共享课/门	2
国家精品视频公开课/门	3
国家级一流本科课程/门	1
科研总经费/万元	26007
其中:国家自然基金比重/%	8.92
纵向经费比重/%	63.53

项目	数据
获国家级科技奖项目数/项	0
获国家级教学成果奖数/项	0
授权发明专利数/项	143
SCI入选论文数/篇	207
EI入选论文数/篇	220
MEDLINE入选论文数/篇	0
出版专著/部	1
在校本科生数/人	472
在学硕士研究生数/人	396
其中:专业学位研究生数/人	162
在读博士研究生数/人	307
其中:专业学位研究生数/人	12
在校攻读学位生的外国留学生数/人	16
应届本科毕业生一次就业率/%	98.95
应届本科毕业生深造率/%	57.89
应届毕业研究生一次就业率/%	100
教师出国交流/人次	40
学生出国交流/人次	261(线上)
举办国际学术会议数/次	4
社会捐赠经费总额/万元	1427.94

注:* 含重大科学研究计划、ITER计划、青年科学家专题等。

开展了系统深入的研究并取得了具有原创性和引领性的突出成果:提出了波矢匹配非对称倏逝场耦合等新机制,发展了硅基片上跨阶模耦合激发及模式复用器件与技术;提出了非对称波导偏振模杂化及耦合与干涉新机制,发展了硅基片上偏振模转化新结构与新器件;提出了新型硅基混合表面等离激元波导,实现了硅基亚波长尺度模场局域及超紧凑器件。

【创新创业成果卓著】 2020年，光电学院组织参加第六届中国“互联网＋”大学生创新创业大赛，获得全国金奖1项，全国银奖1项，浙江省金奖3项，浙江省铜奖1项。其中，2020年11月20日，由郑臻荣老师指导、姚冀众等负责的“纤纳光电——新一代薄膜光伏技术领军企业”团队荣获第六届中国国际“互联网＋”大学生创新创业大赛金奖，该团队以钙钛矿太阳能电池为核心技术，在浙江衢州建立了全球首个钙钛矿生产基地，具有光电转换效率高、原材料丰富、低成本、制造过程低碳环保等优势，曾5次刷新世界纪录，是唯一一家连续上榜的中国机构，也是全球首个通过钙钛矿组件稳定性测试的企业。2020年12月4日，由郑臻荣老师指导、余泽清等负责的“伊赛科技——全国车载光学显示技术引领者”荣获第十二届“挑战杯”中国大学生创业计划竞赛全国决赛金奖，该项目致力于车载抬头显示智能设备的研究，以创新的自由曲面技术优势，提供完备的光学系统设计方案，成为国内车载抬头显示技术研发领先者。2020年8月，获得全国大学生光电设计竞赛一等奖3项、二等奖2项。

（祝宇慧撰稿　刘玉玲审稿）

信息与电子工程学院

【概况】 信息与电子工程学院（以下简称信电学院）由信息与通信工程系、电子工程系组成，下设信息与通信网络工程研究所、智能通信网络与安全研究所、信号空间和信息系统研究所、智能系统与芯片研究所、集成电路先导技术研究所、射频与光子信息处理研究所、电磁信息与电子集成创新研究所、计算智能与信号处理研究所、智能电子信息系统研究所、微电子集成系统研究所、多源感知与机器智能研究所、智能传感与微纳集成研究所，建有浙江省信息处理与通信网络重点实验室、浙江省先进微纳电子器件智能系统及应用重点实验室等研究机构和首批国家集成电路人才培养基地。信息与电子工程实验教学中心和浙江大学工程电子设计基地为国家实验教学示范中心“浙江大学工程训练中心”的组成部分。

信电学院建有电子科学与技术、信息与通信工程2个博士后流动站，拥有电子科学与技术、信息与通信工程2个一级学科博士学位授予权，覆盖物理电子学、电路与系统、微电子学与固体电子学、电磁场与微波技术、通信与信息系统、信号与信息处理6个二级学科，其中通信与信息系统为二级学科国家重点学科，信息与通信工程入选浙江省一流学科（B类）建设名单。学院设有电子科学与技术、微电子科学与工程、信息工程三个本科专业，电子科学与技术专业和信息工程专业获批国家级一流本科专业建设点。

全院现有教职工240人（其中教学科研并重岗教师115人）。正高级职称人员70人（2020年新增1人）、副高级职称人员37人（2020年新增2人），博士研究生导师93人（2020年新增15人）、硕士研究生导师115人（2020年新增1人），博士后20人。2020年新增国家高层次人才计划青年项目2人。

2020年，信电学院招收硕士研究生234人、博士研究生113人，2019级本科生312人确认主修专业进入信电学院学习，毕业本科生287人、毕业硕士研究生223人、毕业

附表　2020 年度信息与电子工程学院基本情况

项目	数据	项目	数据
教职工总数/人	240	获国家级科技奖项目数/项	0
教授数/人	47	获国家级教学成果奖数/项	0
副教授数/人	44	授权发明专利数/项	142
研究员数/人	1	SCI 入选论文数/篇	277
副研究员数/人	0	EI 入选论文数/篇	325
长聘教授数/人	0	MEDLINE 入选论文数/篇	0
长聘副教授/人	0	出版专著/部	1
"百人计划"研究员数/人	25	在校本科生数/人	982
特聘研究员数/人	2	在学硕士研究生数/人	692
特聘副研究员/人	4	其中：专业学位研究生数/人	315
具有博士学位的教师比例/%	99.13	在读博士研究生数/人	357
两院院士/人	1	其中：专业学位研究生数/人	22
"国家特支计划"入选数/人	0	在校攻读学位生的外国留学生数/人	58
教育部"长江学者奖励计划"特聘教授/人	1	应届本科毕业生一次就业率/%	99.3
教育部"长江学者奖励计划"青年学者/人	0	应届本科毕业生深造率/%	69.34
省部级高校教学名师奖获得者/人	0	应届毕业研究生一次就业率/%	100
"973 计划"首席科学家数*/人	0	教师出国交流/人次	60
国家"百千万人才工程"入选数/人	0	学生出国交流/人次	694
国家杰出青年科学基金获得者/人	2	举办国际学术会议数/次	2
教育部新(跨)世纪优秀人才培养计划入选数/人	7	社会捐赠经费总额/万元	119.6
浙江省特级专家/人	0		
浙江大学求是特聘教授数/人	3		
一级学科国家重点学科数/个	0		
二级学科国家重点学科数/个	1		
国家重点(专业)实验室/个	0		
国家工程(技术)研究中心/个	0		
国家人才培养基地(含教学、教育基地)/个	7		
国家精品资源共享课/门	0		
国家精品视频公开课/门	0		
国家级一流本科课程/门	0		
科研总经费/万元	24935.6		
其中：国家自然基金比重/%	5.23		
纵向经费比重/%	46.41		

注：* 含重大科学研究计划、ITER 计划、青年科学家专题等。

博士研究生 35 人。

到校科研总经费 24935.6 万元(含外拨 4559.13 万元)；在研的国家基金项目 72 项、科技部项目 52 项、其他纵向科研项目 166 项。

信电学院重视国际交流与合作，全年共有 754 人次的师生参加以线上为主的学术会议、合作研究和交流学习等。

【获国家科技进步奖二等奖】 沈会良教授

深度参与的“纺织面料颜色数字化关键技术及产业化”项目获2019年度国家科技进步奖二等奖。沈会良教授长期从事多光谱成像、图像处理、计算机视觉、颜色技术、机器学习、智能感知等方面的教学与科研工作，此次获奖项目是沈会良教授在信息行业与纺织行业交叉融合的创新成果，整体技术达到国际领先水平，该项目的推广应用，将促进纺织品色织传输技术的发展，对纺织行业转型升级具有积极的示范作用。

【科研经费创新高】 2020年学院科研经费突破2亿元大关。科研系统中按“财务到校时间”口径统计，共到款24935.94万元，外拨4559.13万元，实到20376.81万元。2020年学院新增9项三重项目，包括牵头2项国家重点研发计划千万级项目，负责2项5000万元以上的之江实验室项目，1项国家基金重点项目，2项国家基金区域联合基金项目，1项千万级横向项目。

【师资队伍建设取得突出成绩】 2020年，引进国家重大引才计划专家（创新长期项目）骆季奎教授、国家重大引才计划专家（青年项目）研究员2位，分别为李鹰、钱浩亮，浙江大学“百人计划”研究员9位，特聘研究员/副研究员4位；杨怡豪入选《麻省理工科技评论》“35岁以下科技创新35人”中国榜单；史治国教授获浙江大学永平教学贡献奖；沈会良教授入选浙江省万人计划科技创新领军人才。

【学生综合素质的培养成效显著提升】 2020年度本科学生发表科研论文和获得专利授权24篇（项），国家级奖项43人次。“十三五”期间有14位学生获竺可桢奖学金和“十佳大学生”称号。毕业生前往国防军工单位就业的人数名列学校前茅，连续三年获校就业工作先进集体一等奖。

（王　震撰稿　钟蓉戎审稿）

控制科学与工程学院

【概况】 控制科学与工程学院（简称控制学院），下设工业控制、智能系统与控制、智能感知与检测3个研究所、NGICS大平台及自动化实验教学中心和分析仪器研究中心，拥有工业控制技术国家重点实验室等4个国家级平台，建有教育部引智基地，是多个国家基金创新群体的依托单位。

学院拥有控制科学与工程、网络空间安全（共建）一级学科博士、硕士学位授予权，控制工程专业硕士学位授予权，设自动化、机器人工程2个本科专业。控制科学与工程为一级学科国家重点学科、“双一流”学科，在教育部第四轮一级学科评估中获评“A+”学科。

现有教职工145人，其中，中国工程院院士1人，正高级职称人员42人（2020年新增2人）、副高级职称人员34人，博士研究生导师60人、硕士研究生导师85人，学科博士后23人。2020年，入选国家级、省级高层次人才特殊支持计划青年拔尖人才1人；获评浙江省特级专家1人，全国十佳榜样教务处长1人，浙江省教书育人先进个人1人，浙江大学第十届教书育人标兵1人，浙江大学优秀共产党员1人，浙江大学双创工作先进个人1人，浙江大学五好导学团队1个。

2020年，学院招收博士研究生90人、硕士研究生140人，2020级本科生114人（含竺可桢学院15人）确认主修控制学院自动化专业，机器人工程专业招生 40 人；毕业博士研究生 37 人、硕士研究生 153 人、本科生 143 人（含竺可桢学院 23 人）。

承担的首批国家级新工科研究与实践项目验收优秀；获批国家级一流本科课程 1 门，浙江省一流本科课程 2 门；获浙江省自动化学会高等教育成果奖特等奖 1 项，优秀教材奖特等奖 2 项、一等奖 1 项；获评浙江大学首批院级创新创业教育中心。学生获中国自动化学会优秀博士学位论文奖 1 篇，浙江大学竺可桢奖学金 1 人，RoboCup 机器人世界杯中国赛小型组、类人组双冠军，全国大学生物联网设计竞赛一等奖，中国高校智能机器人创意大赛一等奖，中国研究生人工智能创新大赛一等奖，iQIYI iCartoon Face Challenge 挑战赛冠军。

科研经费到款 26441 万元，其中纵向经费 14785 万元。新增科研项目 171 项，其中国家级重点项目（课题）15 项、千万级项目 5 项；在研项目 381 项，其中国家级重点项目（课题）40 项、千万级项目 10 项。获国家科技进步奖二等奖 1 项，高等学校科学研究优秀成果奖（科学技术）青年科学奖 1 项，吴文俊人工智能技术发明奖一等奖 1 项，中国自动化学会自动化与人工智能创新团队奖 1 项，中国仪器仪表学会科学技术奖 1 项，中国工业应用移动机器人行业贡献人物奖 1 人；当选中国仪器仪表学会会士 1 人；入选全球高被引科学家 6 人次、2019 年中国高被引学者 3 人；制定发布 2 项国际标准；四足机器人“绝影”登上 *Science Robotics* 封面。

主办国际期刊进入 EI 检索，入选机械工程领域高质量科技期刊目录；新增国际学术性协会重要任职 3 人，国内外重要期刊编委 11 人次；获批“浙江大学—伦敦大学学院国际合作种子基金”1 项；国际本科生“工科全英文项目”—自动化专业国际班首届学生入读；接待国（境）外专家、学者来访 105 人次（含线上）。

牵头设立校地合作研究院 1 个，校地联合创新中心 1 个，校企合作研究中心 1 个，签署校企合作协议 1 项；新签院地、院企协同育人协议 3 项，与国外高校院级合作协议 1 项。举办“高端控制装备、系统、网络及安全”高峰论坛暨 NGICS 大平台学术年会、孙优贤院士从业 60 周年科教思想研讨会、校友系列云讲座、校友理事选举及换届云会议等。

【召开“高端控制装备、系统、网络及安全”高峰论坛暨 NGICS 大平台学术年会】 12 月 25 日至 26 日，由教育部科学技术司、国家自然科学基金委信息学部、中国自动化学会共同指导，浙江大学 NGICS 大平台主办的 2020“高端控制装备、系统、网络及安全”高峰论坛暨 NGICS 大平台学术年会、中国自动化学会 ICS 信息安全专业委员会学术年会在杭州举行。教育部科技司一级巡视员高润生、浙江大学副校长王立忠出席并致辞。会议由浙江大学科学技术研究院院长杨波、浙江大学控制科学与工程学院院长邵之江主持。孙优贤院士、张育林中将、郑南宁院士、王天然院士、邬江兴院士（线上）、桂卫华院士、钱锋院士、郑纬民院士、姚富强院士、王耀南院士、教育部科技司高新处刘法磊副处长等专家领导出席会议，100 余名专家学者参加会议。

【浙江大学湖州研究院正式成立】 8 月 20 日，浙江大学与湖州市全面深化战略合作会议在湖州举行。浙江大学党委书记任少波，校长吴朝晖，湖州市委书记马晓晖，市委副书记、市长王纲出席会议并讲话。会上，浙江大学副校长王立忠与湖州市副市长项乐

附表　2020 年度控制科学与工程学院基本情况

项目	数据
教职工总数/人	145
教授数/人	35
副教授数/人	21
研究员数/人	3
副研究员数/人	7
长聘教授数/人	2
长聘副教授/人	0
“百人计划”研究员数/人	11
特聘研究员数/人	1
特聘副研究员/人	6
具有博士学位的教师比例/%	89.6
两院院士/人	1
“国家特支计划”入选数/人	5
教育部“长江学者奖励计划”特聘教授/人	2
教育部“长江学者奖励计划”青年学者/人	1
省部级高校教学名师奖获得者/人	0
“973 计划”首席科学家数*/人	0
国家“百千万人才工程”入选数/人	6
国家杰出青年科学基金获得者/人	2
教育部新(跨)世纪优秀人才培养计划入选数/人	7
浙江省特级专家/人	3
浙江大学求是特聘教授数/人	4
一级学科国家重点学科数/个	1
二级学科国家重点学科数/个	0
国家重点(专业)实验室/个	1
国家工程(技术)研究中心/个	1
国家人才培养基地(含教学、教育基地)/个	1
国家精品资源共享课/门	0
国家精品视频公开课/门	0
国家级一流本科课程/门	1
科研总经费/万元	26441
其中:国家自然基金比重/%	1.8
纵向经费比重/%	55.9

项目	数据
获国家级科技奖项目数/项	1
获国家级教学成果奖数/项	0
授权发明专利数/项	77
SCI 入选论文数/篇	146
EI 入选论文数/篇	138
MEDLINE 入选论文数/篇	0
出版专著/部	1
在校本科生数/人	522
在学硕士研究生数/人	432
其中:专业学位研究生数/人	213
在读博士研究生数/人	301
其中:专业学位研究生数/人	30
在校攻读学位生的外国留学生数/人	31
应届本科毕业生一次就业率/%	95.9
应届本科毕业生深造率/%	68.6
应届毕业研究生一次就业率/%	97.9
教师出国交流/人次	11
学生出国交流/人次	184
举办国际学术会议数/次	0
社会捐赠经费总额/万元	230

注:*含重大科学研究计划、ITER 计划、青年科学家专题等。出国(境)交流人次含线上交流。

民签署共建浙江大学湖州研究院合作协议。浙江大学湖州研究院建设由浙江大学控制科学与工程学院牵头启动推进,是落实浙江大学和湖州市校地合作的重要举措,为市校合作发展开启崭新篇章。浙江大学湖州研究院是由浙江大学与湖州市人民政府共建、具有独立法人资格的事业单位，是浙江大学地方性新型研发机构，地处湖州南太湖新区。研究院重点围绕智慧医疗、新一代信息技术、先进电子技术、工业互联网、智能自动化等领域开展创新研发，探索培养高端人才的新途径，培养拔尖创新人才，培育新兴科技企业，促进国际人才交流，努力建设成世界一流研究院。

【入选首批国家级一流本科课程】 11月24日，教育部发布《关于公布首批国家级一流本科课程认定结果的通知》，张宏建教授领衔负责的"传感与检测"课程入选首批国家级一流本科课程（线下一流课程）。这是实施一流本科专业建设"双万计划"以来学院获批的首个国家级一流课程。"传感与检测"课程以"传感与检测"为主线，教学内容涵盖现代传感、过程检测、运动检测、图像检测、软测量新方法、传感器和检测系统设计与优化、工程应用难题解决方案等多领域，涉及材料、声学、光学、电学、机械、计算机、通信、自控原理等多学科知识的交叉融合。

（王　婧撰稿　陈　伟审稿）

计算机科学与技术学院

【概况】 计算机科学与技术学院（简称计算机学院）由计算机科学与工程学系、数字媒体与网络技术系、工业设计系、软件工程系（与软件学院共建）、信息安全系、人工智能系6个系组成，设有人工智能、计算机软件等4个研究所，以及计算机基础教学和继续教育、计算机应用工程2个中心，拥有计算机辅助设计与图形学（CAD & CG）国家重点实验室、国家列车智能化工程技术研究中心2个国家重点实验室（工程技术研究中心）和视觉感知教育部—微软重点实验室、计算机辅助产品创新设计教育部工程研究中心等13个省部级重点实验室（工程技术研究中心）。

拥有计算机科学与技术、软件工程、网络空间安全和设计学4个一级学科及人工智能交叉学科（纳入一级学科管理）博士学位授予权和博士后流动站。

计算机应用技术为二级学科国家重点学科，计算机软件与理论为国家重点（培育）学科，计算机科学与技术、软件工程、设计学3个学科为浙江省一流学科。在教育部第四轮学科评估工作中，计算机科学与技术一级学科与软件工程一级学科均入选A+，设计学入选A−。据《基本科学指标》数据库（ESI）2020年11月数据统计，学院的计算机学科ESI学科排名世界前1‰，位列全球第22位。

2020年，招收博士研究生206人、硕士研究生333人。2020级本科生550人（含竺院219人）确认主修专业到学院学习。毕业博士研究生51人、硕士研究生326人、本科生428人。

现有教职工255人，其中正高级职称人员101人，副高级职称人员94人，博士生指导教师128人（含兼职博导6人），硕士生指导教师202人。2020年学院引进浙大"百人计划"入选者10人，新增国家杰出青年基金获得者1人、国家优秀科学青年基金获得者1人、"长江学者"青年学者1人。学院在站博士后研究人员共有65人。

2020年，科研经费到款共计37613万元，其中纵向项目经费12730万元、横向经费18824万元、军工项目经费6059万元。新增"三重"科技项目18项，科技人才类项

附表　2020 年度计算机科学与技术学院基本情况

项目	数据
教职工总数/人	255
教授数/人	70
副教授数/人	74
研究员数/人	4
副研究员数/人	9
长聘教授数/人	1
长聘副教授数/人	0
“百人计划”研究员数/人	25
特聘研究员数/人	2
特聘副研究员数/人	0
具有博士学位的教师比例/%	82.52
两院院士/人	4
“国家特支计划”入选数/人	12
教育部“长江学者奖励计划”特聘教授/人	4
教育部“长江学者奖励计划”青年学者/人	2
省部级高校教学名师奖获得者/人	1
“973 计划”首席科学家数* /人	4
国家“百千万人才工程”入选数/人	4
国家杰出青年科学基金获得者/人	9
教育部新(跨)世纪优秀人才培养计划入选数/人	13
浙江省特级专家/人	3
浙江大学求是特聘教授数/人	7
一级学科国家重点学科数/个	0
二级学科国家重点学科数/个	1
国家重点(专业)实验室/个	1
国家工程(技术)研究中心/个	1
国家人才培养基地(含教学、教育基地)/个	2
国家精品资源共享课/门	6
国家精品视频公开课/门	0
国家级一流本科课程/门	8
科研总经费/万元	37613
其中:国家自然基金比重/%	9.85
纵向经费比重/%	33.84

项目	数据
获国家级科技奖项目数/项	1(未公开)
获国家级教学成果奖数/项	0
授权发明专利数/项	116
SCI 入选论文数/篇	164
EI 入选论文数/篇	246
MEDLINE 入选论文数/篇	0
出版专著/部	0
在校本科生数/人	1435
在学硕士研究生数/人	991
其中:专业学位研究生数/人	442
在读博士研究生数/人	658
其中:专业学位研究生数/人	68
在校攻读学位生的外国留学生数/人	94
应届本科毕业生一次就业率/%	98.14
应届本科毕业生深造率/%	54.45
应届毕业研究生一次就业率/%	100
教师出国交流/人次	21(含线上)
学生出国交流/人次	1210(含线上)
举办国际学术会议数/次	2(线上)
社会捐赠经费总额/万元	596

注:* 含重大科学研究计划、ITER 计划、青年科学家专题等。

目新增国家杰出青年科学基金项目 1 项、优秀青年科学基金项目 1 项,国家自然科学基金批准项目 27 项。转化发明专利 36 项,转化金额 322 万元。新建浙江省区块链与网络空间治理重点实验室。

2020 年,“程序设计基础”等 5 门课程入选国家级一流本科课程。“人工智能通专融合课程及教材体系建设”“面向新工科的通专融合型计算机课程及教材建设”入选教育部第二批新工科研究与实践项目。出版了《人工智能导论：模型与算法》《可视化导论》等9本教材。

2019—2020学年，共有750名本科生及460名研究生参加国际交流(含线上)，本科生交流率达172.4%，博士生交流率达112%。举办了计算机协会国际服务质量学术研讨会、网络空间安全西湖论坛等2场线上国际会议。聘请2012年图灵奖获得者、麻省理工学院计算机科学系Silvio Micali教授为浙江大学名誉教授。

【在《自然》子刊发表文章介绍中国新一代人工智能形成过程和发展现状】 2020年6月，中国工程院院士、浙江大学计算机学院潘云鹤教授作为通讯作者，与其他人工智能领域学者在《自然》子刊《机器智能》发表题为“中国迈向新一代人工智能”文章，全景扫描了中国新一代人工智能形成过程和发展现状。文章指出大力培养人工智能本土一流人才、加强学科交叉下人工智能理论突破、规范人工智能伦理及构建人工智能发展生态是今后中国新一代人工智能发展面临的挑战，为抢抓人工智能发展重大战略机遇，构筑我国人工智能先发优势指明了发展方向。

【成功研制亿级神经元类脑计算机】 浙江大学计算机学院联合之江实验室共同研制的我国首台基于自主知识产权类脑芯片的类脑计算机(Darwin Mouse)于2020年9月1日正式发布。该类脑计算机包含792颗达尔文2代类脑芯片，支持1.2亿脉冲神经元、近千亿神经突触，与小鼠大脑神经元数量规模相当，典型运行功耗只需要350～500瓦，同时它也是目前国际上神经元规模最大的类脑计算机。团队还研制了专门面向类脑计算机的操作系统——达尔文类脑操作系统(Darwin OS)，实现对类脑计算机硬件资源的有效管理与调度，支撑类脑计算机的运行与应用。类脑计算机将成为未来计算的主要形态和重要平台，在模拟脑功能、高效实现AI算法、提升计算能力等方面发挥重要的独特作用。

【两人入选2020 ACM Fellow】 2021年1月14日，国际计算机学会(Association for Computing Machinery，ACM)公布了2020年新选会士名单。2020年全球一共评选出包括7位图灵奖在内的95名ACM Fellow，中国大陆入选4位，学院占两席。网络空间安全学院院长兼计算机学院副院长任奎教授因其在无线系统安全和云数据安全上的卓越贡献当选。计算机辅助设计与图形学国家重点实验室主任周昆教授因其在计算机图形学上的杰出成就当选。

(胡高权撰稿　彭列平审稿)

软件学院

【概况】 根据教育部对工程专业学位类别的调整，软件学院软件工程、人工智能专业学位纳入电子信息领域，工业设计工程专业学位纳入机械领域。2020年招收软件工程专业领域博士研究生25人，其中全日制博士14人，非全日制博士11人；招收专业学位研究生415人，其中软件工程全日制220人、非全日制30人，人工智能全日制105人，工业设计工程全日制46人、非全日制14人。2020年毕业研究生337人，研究生就业率达到98.5%，进入世界500强和重点单位就业的比例为67.5%，其中国内升学2

人，出国深造或工作7人，创业2人，选调生就业6人，国防军工就业1人，入选联合国国际组织后备人才培养项目1人。在校研究生970人。

学院新增“浙江大学—大连电瓷联合创新实验室”“浙江大学—重庆市住房公积金管理中心创新应用联合实验室”2个校级联合实验室，成立了“软件学院区块链研究中心”，校(院)企合作研发机构的持续增加为软件学院科研水平提升提供了有力支撑。学院宁波编制教师在省市重大专项上取得新进展，1人主持国家青年自然科学基金项目，2人获浙江省自然科学基金公益项目，2人获宁波市自然科学基金一般项目。

学院积极推动创新创业工作，获批建设校级创新创业实验室，整合校内外资源，以院企共建专业课程、联合实训项目为载体，吸引校外企业师资加入学院创新创业联合实验室建设，吸收更多社会资源参与创新创业人才培养，建立了“阿里巴巴—浙江大学前沿技术联合研究中心”“邦盛科技实时智能技术中心”“IBM前沿技术实验室”“吉利汽车研究总院实践基地”等10个院企联合创新实验室。组织选送了数十支队伍参加国际国内各类创新创业大赛、软件创新大赛、创新设计大赛，一年来获得近40项创新创业与创新设计类竞赛成果，如第六届中国国际“互联网+”大学生创新创业大赛金奖、中国研究生数学建模竞赛全国二等奖/三等奖、中国研究生人工智能大赛全国一等奖、iF国际设计大奖、德国红点设计奖、美国IDEA工业设计奖等，获奖数量和质量有了大幅度提升。

【卜佳俊教授团队获浙江省科技进步奖一等奖】 7月17日，由软件学院常务副院长卜佳俊教授团队联合阿里巴巴(中国)有限公司等单位的“无障碍智能信息服务关键技术及应用”成果荣获浙江省科学技术进步奖一等奖。卜佳俊教授团队自2007年起依托多个国家和浙江省科技项目，探索“互联网+信息无障碍”服务模式，面向线下服务模式单一、无障碍信息技术薄弱、服务平台分散等挑战，攻克三大类关键技术难题，团队成果支撑了中国残联及20多个省(区、市)残联的核心业务，服务了全国3500多万名残疾人，并将成果应用在阿里巴巴等企业，近3年新增产值超200亿元。团队还参与雄安新区、2022年北京冬奥/冬残奥会等地区和赛事的信息无障碍规划与建设。由浙江大学作为牵头单位、卜佳俊教授作为牵头人起草的《信息技术互联网内容无障碍可访问性技术要求与测试方法》于2020年3月1日起正式实施，是我国互联网信息无障碍领域第一个国家标准。

【浙江大学—重庆市住房公积金管理中心创新应用联合实验室揭牌】 7月24日，浙江大学软件学院与重庆市住房公积金管理中心举行“浙江大学—重庆市住房公积金管理中心创新应用联合实验室”揭牌仪式。重庆市住房城乡建委党组成员，市住房公积金中心党组书记、主任张其悦，重庆市住房公积金管理中心副主任孙开颜，浙江大学科学技术研究院院长杨波，软件学院副院长蔡亮，计算机学院和软件学院党委副书记张栋梁等出席并见证本次揭牌。该创新应用联合实验室融合了浙江大学学术资源与重庆住房公积金管理中心的场景和数据资源，聚焦核心技术攻关和成果转化，将形成区块链技术研发、应用推广和人才培养的又一高地。

(方红光撰稿　张栋梁审稿)

生物医学工程与仪器科学学院

【概况】 生物医学工程与仪器科学学院(简称生仪学院)下设生物医学工程学系和仪器科学与工程学系,包括生物医学工程研究所、数字技术及仪器研究所和医疗健康信息工程技术研究所三个研究所,建有浙江大学生物传感器技术国家专业实验室、浙江大学生物医学工程教育部重点实验室、医疗大数据应用技术国家工程实验室(共建单位)、浙江省心脑血管检测技术与药效评价重点实验室、浙江大学浙江省网络多媒体技术研究重点实验室、浙江大学嵌入式系统教育部工程研究中心、浙江大学生物医学工程技术评估研究中心、浙江大学临床医学工程研究中心。

学院拥有生物医学工程一级学科,是浙江大学14个国家一级重点学科之一。建有生物医学工程博士后流动站,设有生物医学工程一级学科博士学位授权点和硕士学位授权点,自主设置电子信息技术及仪器二级学科博士学位授权点和硕士学位授权点,拥有电子信息大类生物医学工程领域、仪器仪表工程领域专业博士学位和专业硕士学位授予权。

2020年,招收博士研究生52人,招收硕士研究生88人,确认主修专业进入生仪学院的2020级本科生有65人,均为生物医学工程专业。毕业博士研究生30人、毕业硕士研究生104人、毕业本科生112人。2020届毕业研究生一次就业率98.46%、本科生一次就业率95.04%,本科生深造率51.24%。

现有教职工144人,其中正高级职称人员28人、副高级职称人员27人,博士研究生指导教师33人、硕士研究生指导教师18人,学院博士后流动站在站人员29人(其中委培3人、企业博士后7人)。

学院科研总经费10087.6万元,新增千万级科研项目1项,立项各类基金项目3项(包括国家自然科学基金、国家社科基金、省自然科学基金等),国家科技重大专项和国家重点研发计划项目7项,其他纵向科研项目6项,军工项目4项;被SCI、EI等国际三大检索系统收录论文65篇;授权各类专利等知识产权66项。

主动应对疫情挑战,积极转变工作方式,有力保持了对外合作交流的频度,取得了积极成效。学院分别向美国、英国等国家的合作高校院系发出慰问函,寄送防疫物资,表达学院的慰问和支持;通过线上云签约,与美国卡内基梅隆大学新签署了“3+1+1”联合培养协议,与新加坡国立大学续签了本科生交流协议;获批校级国际化合作项目3项,分别对接耶鲁大学、牛津大学和伦敦大学学院,开展生物医学工程影像领域的合作研究;学院加强国际化师资培育,外籍教师Hyeon Jeong Lee入选浙江省浙江省“海外高层次人才引进计划”外专项目;成立了学院国际化工作委员会,进一步加强学院国际合作顶层设计;积极推动院级学生国际交流,对接海外高校,引进高质量在线课程资源,组织本科生114人次参加在线交流,本科生海外交流率达104.2%。

【医疗健康创新工程卓越项目获批】 围绕党的十九大“健康中国战略”,服务“大健康、大卫生、大医学”医疗健康产业发展,3月份学院通过项目制形式申请“医疗健康创新工程卓越项目”并获得批准。本项目面向高端

附表　2020 年度生物医学工程与仪器科学学院基本情况

项目	数据	项目	数据
教职工总数/人	144	获国家级科技奖项目数/项	0
教授数/人	20	获国家级教学成果奖数/项	0
副教授数/人	17	授权发明专利数/项	58
研究员数/人	0	SCI 入选论文数/篇	51
副研究员数/人	0	EI 入选论文数/篇	58
长聘教授数/人	0	SSCI 入选论文数/篇	14
长聘副教授数/人	1	MEDLINE 入选论文数/篇	0
“百人计划”研究员数/人	7	出版专著/部	0
特聘研究员数/人	0	在校本科生数/人	430
特聘副研究员数/人	3	在学硕士研究生数/人	277
具有博士学位的教师比例/%	97.9	其中：专业学位研究生数/人	120
两院院士/人	0	在读博士研究生数/人	246
“国家特支计划”入选数/人	0	其中：专业学位研究生数/人	5
教育部“长江学者奖励计划”特聘教授/人	0	在校攻读学位生的外国留学生数/人	8
教育部“长江学者奖励计划”青年学者/人	0	应届本科毕业生一次就业率/%	95.04
教育部和省级高校教学名师奖获得者/人	0	应届本科毕业生深造率/%	51.24
“973 计划”首席科学家数* /人	1	应届毕业研究生一次就业率/%	98.46
国家“百千万人才工程”入选数/人	2	科研总经费/万元	10087.6
国家杰出青年科学基金获得者/人	2	其中：国家自然基金比重/%	1
教育部新(跨)世纪优秀人才培养计划入选数/人	1	纵向经费比重/%	28
浙江省特级专家/人	3	教师出国交流/人次	2
浙江大学求是特聘教授数/人	2	学生出国交流/人次	114
一级学科国家重点学科数/个	1	举办国际学术会议数/次	0
二级学科国家重点学科数/个	1		
国家重点(专业)实验室/个	1		
国家工程(技术)研究中心/个	0		
国家人才培养基地(含教学、教育基地)/个	0		
国家精品资源共享课/门	0		
国家精品视频公开课/门	0		
国家级一流本科课程/门	0		
社会捐赠经费总额/万元	20		

注：* 含重大科学研究计划、ITER 计划、青年科学家专题等。

医疗器械领域高精尖工程技术行业(企业)实际需求，以医工信深度交叉融合为主线，以生物医学工程领域和仪器仪表工程领域为基础，整合国内外本领域龙头企业的优势资源和专家团队，开展多学科复合交叉的专业学位研究生培养，培养行业所亟需的应用型、复合型高层次工程技术和工程管理人才，计划于 2021 年正式招生。

【生物医学工程发展论坛暨纪念吕维雪先生九十周年诞辰活动顺利举行】 为缅怀吕维雪先生锐意进取、敢为天下先的精神，共谋生物医学工程世界一流学科建设，11月23日，在玉泉校区邵逸夫科技馆隆重举行了浙江大学生物医学工程发展论坛暨纪念吕维雪先生九十周年诞辰活动，吕维雪先生家属、全国兄弟高校嘉宾、学校部分机关部处和兄弟院系代表、生仪学院校友和师生代表齐聚一堂，追溯前辈足迹、共商学科发展。广大海内外校友通过网络直播，在线参加了发展论坛和纪念活动。

【学院博士研究生许刚团队获"启真杯"学术成果奖】 6月28日下午，在"启真杯"浙江大学2020年度学生十大学术新成果评选答辩终评会上，博士研究生许刚团队的"柔性可穿戴生化传感智能贴片"项目脱颖而出，该项目涉及生物、化学、医学、硬件、软件等多个学科领域，有较强的学科交叉属性，也是参加答辩的博士研究生项目中唯一一个应用设计类项目，具有较高学术价值和实用价值，具备显著的应用转化潜力，荣获浙江大学2020年度学生十大学术新成果奖。

（钱鸣奇撰稿　项品辉审稿）

生命科学学院

【概况】 生命科学学院（简称生科学院）现有生物科学、生物技术、生物信息和生态学4个系，植物生物学、微生物等7个校级研究所；建有植物生理学与生物化学国家重点实验室（浙江大学）、国家濒危野生动植物种质基因保护中心、教育部生命系统稳态与保护重点实验室、浙江省细胞与基因工程重点实验室等国家与省部级重点实验室。

生物学、生态学入选国家一流学科建设名单，生态学、植物学、生物物理学为二级学科国家重点学科，药用植物资源学为浙江省中医药重点学科。

学院建有生物学、生态学博士后流动站；拥有生物学、生态学2个一级学科博士学位授予权，涵盖了12个二级博士学位授予权；2020年本科招生专业为生物科学、生态学。

2020年，招收硕士研究生88人、博士研究生139人，2020级本科生93人确认进入学院继续学习。毕业本科生107人、硕士研究生68人、博士研究生77人。

现有教职工123人，其中正高级职称人员49人、副高级职称人员24人；博士研究生指导教师49人、硕士研究生指导教师71人。2020年新增国家杰出青年科学基金获得者1人、浙大求是特聘教授1人、国家青年人才项目1人；新入职讲席教授1人（入选国家海外高层次人才引进计划创新长期项目）、"百人计划"研究员2人、特聘研究员2人。

建有国家生物学理科基础科学研究和教学人才培养基地、国家生命科学与技术人才培养基地和国家级生物学实验教学示范中心，有教育部高等学校教学名师1名，浙江省教学团队1个。生物科学专业列入国家一类特色专业建设、国家级一流本科专业建设点和国家"基础学科拔尖人才培养计划"。2020年生物科学和生态学专业均入选教育部"强基计划"。建有"植物生理学""生命科学导论"等3门国家精品资源共享课程，"生物化学""分子生物学"等3门国家"双语"示范教学课程；新增2门国家一流课程，1门省一流课程。

附表　2020年度生命科学学院基本情况

项目	数据	项目	数据
教职工总数/人	123	获国家级科技奖项目数/项	0
教授数/人	43	获国家级教学成果奖数/项	0
副教授数/人	19	授权发明专利数/项	5
研究员数/人	1	SCI 入选论文数/篇	136
副研究员数/人	1	EI 入选论文数/篇	15
长聘教授数/人	0	MEDLINE 入选论文数/篇	0
长聘副教授数/人	0	出版专著/部	0
“百人计划”研究员数/人	6	在校本科生数/人	447
特聘研究员数/人	5	在学硕士研究生数/人	276
特聘副研究员数/人	2	其中:专业学位研究生数/人	0
具有博士学位的教师比例/%	89	在读博士研究生数/人	484
两院院士/人	0	其中:专业学位研究生数/人	0
“国家特支计划”入选数/人	3	在校攻读学位生的外国留学生数/人	16
教育部“长江学者奖励计划”特聘教授/人	2	应届本科毕业生一次就业率/%	95
教育部“长江学者奖励计划”青年学者/人	2	应届本科毕业生深造率/%	72
省部级高校教学名师奖获得者/人	1	应届毕业研究生一次就业率/%	90
“973计划”首席科学家数*/人	0	教师出国交流/人次	0
国家“百千万人才工程”入选数/人	2	学生出国交流/人次	0
国家杰出青年科学基金获得者/人	8	举办国际学术会议数/次	1
教育部新(跨)世纪优秀人才培养计划入选数/人	8	社会捐赠经费总额/万元	200
浙江省特级专家/人	0		
浙江大学求是特聘教授数/人	12		
一级学科国家重点学科数/个	2		
二级学科国家重点学科数/个	3		
国家重点(专业)实验室/个	1		
国家工程(技术)研究中心/个	0		
国家人才培养基地(含教学、教育基地)/个	2		
国家精品资源共享课/门	3		
国家精品视频公开课/门	0		
国家级一流本科课程/门	2		
科研总经费/万元	7585		
其中:国家自然基金比重/%	17		
纵向经费比重/%	83		

注:* 含重大科学研究计划、ITER计划、青年科学家专题等。

全年到款科研经费7585万元(比上年增加19%),其中纵向科研经费6259万元;获批国家科技部军工(空间)项目2项;获批国家自然科学基金项目17项,其中杰出青年基金项目1项、重点项目1项、面上项目7项、青年科学基金项目8项;获资助直接经费1280万元,资助率26%。华跃进团队项目获浙江省自然科学奖一等奖;陈欣—唐建军团队项目获高等学校科学研究优秀成果奖(科学技术)一等奖。

2020年,学院组织了本科生线上交流项目“东亚—北美间断分布的植物和植被”,针对研究生开展“生命科学海外研习工作坊之海外大师云讲座”活动。浙江大学—爱丁堡大学工程生物学联合研究中心入驻海宁校区,获批省工程生物学国际科技合作基地。

【学科实力显著提升】 2020年浙江大学生物学QS排名进入前100位,生态与环境科学QS世界排名第44位;在ESI学科排名中,植物与动物学排第80位,生物学与生物化学排第114位,环境与生态学排第106位,三个与学院密切相关的二级学科均进入前千分之一,学科实力显著提升。

【本科教育教学再创佳绩】 生物科学和生态学专业均入选教育部“强基计划”,已各招生20名。2门虚拟仿真课程入选国家一流课程,“植物学”课程入选省一流课程,10门课程入选校一流课程。陈铭教授指导的学生团队第八次蝉联基因工程机械大赛(iGEM)金牌,黄力全教授指导的学生团队获2020年国际大学生生物传感器设计构建大赛(SensUs)金牌。

【“渔米香”项目获第六届中国国际“互联网+”大学生创新创业大赛金奖】 “渔米香”项目是由陈欣和唐建军老师团队孵化打造的学生现代农业领域创业项目,该项目获第六届中国国际“互联网+”大学生创新创业大赛金奖。2020年5月央视《新闻联播》以3分17秒时长对项目团队通过“稻渔共生”技术体系达到稳粮增收效果加以报道。

(吕　琴撰稿　潘炳龙审稿)

生物系统工程与食品科学学院

【概况】 生物系统工程与食品科学学院(简称生工食品学院)设有生物系统工程、食品科学与营养2个系和1个实验中心,建有智能农业装备、农业信息技术、农业生物环境工程、食品加工工程、食品生物科学技术等5个研究所,拥有智能食品加工技术与装备国家地方联合工程实验室、农业农村部农业环境工程与智能化设备重点开放实验室、农业农村部农产品产后处理重点实验室、农业农村部农产品产地处理装备重点实验室、农业农村部光谱检测重点实验室、农业农村部农产品贮藏保鲜质量安全风险评估实验室、浙江省农产品加工技术研究重点实验室和浙江省食品加工技术与装备工程实验室。

农业机械化工程学科为二级学科国家重点学科,农业工程一级学科是国家“双一流”建设学科、浙江大学高峰建设学科,食品科学与工程一级学科是浙江大学优势特色建设学科。

学院建有农业工程、食品科学与工程2个博士后流动站,拥有农业工程、食品科学与工程2个一级学科博士学位授予权,农业机械化工程等10个二级学科硕士学位授权点以及农业工程、食品科学与工程2个本科专业,两个本科专业均入选国家一流本科专业建设点,食品科学与工程专业通过IFT国际认证。

2020年,招收全日制硕士生87人(其中学术学位硕士生42人、专业学位硕士生45人)、全日制博士研究生62人、博士留学生10人、非全日制工程博士研究生3人、同等学力博士研究生1人，2019级本科生113人(其中留学生7人)确认进入学院继续学习。毕业本科生107人、硕士研究生76人(其中学术学位硕士40人、专业学位硕士36人)、博士研究生59人(其中留学生9人)，授予硕士学位77人(其中学术学位硕士40人、专业学位硕士36人、非全日制农业硕士学位1人)、博士学位58人(其中留学生8人，同等学力博士1人)。

现有教职工164人，具有正高级职称人员38人(2020年新增3人)、副高级职称人员31人(2020年新增1人)，研究员13人(浙江大学"百人计划"入选者)，研究生导师84人(2020年新增8人)，其中博士研究生导师64人(2020年新增6人)。2020年度引进"百人计划"研究员1人、特聘研究员/副研究员2人，聘任光彪讲座教授1人、求是讲座教授1人(中国工程院院士)；新增国家自然科学基金优秀青年基金获得者1人、教育部青年长江学者1人、浙江省海外高层次人才引进计划青年项目1人；1人当选美国农业与生物工程学会(ASABE)Fellow，2人当选国际农业与生物系统工程科学院(iAABE)Fellow。

2020年，获国家级一流本科课程两门，浙江省本科院校"互联网+教学"优秀案例(线上线下混合课程)特等奖1项、浙江大学青年教师教学竞赛三等奖1人，出版教材4本，1篇博士论文入选浙江省优秀博士学位论文提名奖。

2020年，到校科研经费1.1亿元，新增主持国家自然科学基金18项(其中优秀青年科学基金项目1项、区域创新发展联合基金重点项目1项)、国家重点研发计划课题1项、浙江省重点研发计划4项、浙江省自然基金重大项目2项和杰出青年项目1项，签订横向科技合作合同60余项；全年发表SCI收录论文240余篇，其中5年平均影响因子10以上论文15篇；获授权发明专利105件，其中国际专利8件。

全年共有本科生81人、研究生134人参加境外或线上国际交流活动，建立主题为"数字农业与未来食品"的院级学生暑期线上国际交流项目，邀请10余位专家开展讲座；与京都大学签署了学生交换联合培养协议，作为主体学院之一参与了浙江大学与瓦赫宁根大学的校级合作协议签署。

【获国家科学技术发明奖二等奖1项】 由刘东红教授主持的"包装食品杀菌与灌装高性能装备关键技术及应用"获国家科学技术发明奖二等奖。该项目针对我国包装食品杀菌和无菌灌装高性能装备自给率不足，受限于国际巨头垄断和专利封锁的现状，以"精准控制、连续高效、高速高精"为主攻方向，历经十多年攻关，突破国际专利壁垒，创制了高温连续杀菌和高速无菌灌装装备。项目装备通过国际热力认证和无菌认证，已在多个国内外知名企业应用，并出口加拿大、澳大利亚等46个国家，实现了我国该领域装备从无到有、从进口到出口的重大突破，支撑了中国食品的中国制造，取得了显著的经济与社会效益。

【获批国家一流本科课程2门】 11月24日，教育部公布了首批国家级一流本科课程，学院何勇教授领衔建设的"精细农业"入选线下一流课程、郑晓冬教授领衔建设的"食品安全"入选线上线下混合式一流课程。"精细农业"是农业工程专业核心课程，该课程2005年入选国家精品课程，2013年入选国家精品资源共享课程，在教学内容上以生物、工程和信息为基础，以"少、精、宽、新"的

附表　2020 年度生物系统工程与食品科学学院基本情况

项目	数据	项目	数据
教职工总数/人	164	获国家级科技奖项目数/项	1
教授数/人	38	获国家级教学成果奖数/项	0
副教授数/人	27	授权发明专利数/项	105
研究员数/人	0	SCI 入选论文数/篇	240
副研究员数/人	2	EI 入选论文数/篇	20
长聘教授数/人	0	MEDLINE 入选论文数/篇	0
长聘副教授数/人	0	出版专著/部	2
“百人计划”研究员数/人	13	在校本科生数/人	368
特聘研究员数/人	1	在学硕士研究生数/人	263
特聘副研究员数/人	2	其中：专业学位研究生数/人	121
具有博士学位的教师比例/%	97.47	在读博士研究生数/人	229
两院院士/人	0	其中：专业学位研究生数/人	9
“国家特支计划”入选数/人	2	在校攻读学位生的外国留学生数/人	55
教育部“长江学者奖励计划”特聘教授/人	1	应届本科毕业生一次就业率/%	95.24
教育部“长江学者奖励计划”青年学者/人	2	应届本科毕业生深造率/%	62.9
省部级高校教学名师奖获得者/人	2	应届毕业研究生一次就业率/%	97.67
“973 计划”首席科学家数*/人	0	教师出国交流/人次	22
国家“百千万人才工程”入选数/人	2	学生出国交流/人次	218
国家杰出青年科学基金获得者/人	1	举办国际学术会议数/次	0
教育部新(跨)世纪优秀人才培养计划入选数/人	7	社会捐赠经费总额/万元	155
浙江省特级专家/人	1		
浙江大学求是特聘教授数/人	6		
一级学科国家重点学科数/个	0		
二级学科国家重点学科数/个	1		
国家重点(专业)实验室/个	0		
国家工程(技术)研究中心/个	0		
国家人才培养基地(含教学、教育基地)/个	0		
国家精品资源共享课/门	2		
国家精品视频公开课/门	1		
国家级一流本科课程/门	2		
科研总经费/万元	11000		
其中：国家自然基金比重/%	7.47		
纵向经费比重/%	66.83		

注：* 含重大科学研究计划、ITER 计划、青年科学家专题等。

方式组织教学，将农业工程、农业资源利用、计算机应用技术等最新研究成果融入课堂及实践教学中，成为培养“理工农”多学科交叉、“空天地”高技术融合的智慧农业类人才的重要支撑。“食品安全”是浙江大学通识核心课程，2018 年入选国家精品在线开放课程，2020 年获浙江省一流课程和浙江省“互联网＋”教学优秀案例特等奖，课程团队创新教学模式，开展了“线上学习＋直播互动、大班授课＋小班研讨、小组实验＋课外调研”等五位一体有机结合的多元化混合式教学方式改革，编写了与之相配套的新形态教材。

【获国际大学生机器人设计竞赛2项冠军】 7月12日—15日，由美国农业与生物工程师协会(ASABE)举办的第十四届国际大学生机器人设计竞赛在美国内布拉斯加州奥马哈市举行。该竞赛是农业工程学科最有影响的国际农业机器人大赛，学院连续第8年组队参加比赛。本届竞赛的目标是设计一个玉米种植管理机器人系统，比赛分高级组和标准组两项赛事，学院选拔了5支本科生队伍参加比赛，获得高级组冠军1项、标准组冠军1项。学院一贯重视大学生的创新创业与实践能力，坚持以学科竞赛引领农业工程拔尖创新人才培养。

(唐月明撰稿　李金林审稿)

环境与资源学院

【概况】 环境与资源学院(简称环资学院)设有环境科学、环境工程、资源科学3个系，环境健康、环境过程、环境污染防治、环境技术、环境生态、土水资源与环境、农业化学、农业遥感与信息技术应用8个研究所。拥有1个环境与资源国家级实验教学示范中心，“污染环境修复与生态健康”1个教育部重点实验室，“农业资源与环境”“农业遥感与信息技术”“水体污染控制与环境安全技术”“有机污染过程与控制”4个浙江省重点实验室，“水污染控制”“土壤污染协同防治”2个浙江省工程实验室/研究中心，“环境污染与生态健康”1个浙江省国际科技合作基地。

拥有环境科学与工程国家“双一流”建设学科，农业资源与环境一级国家重点学科，环境工程、土壤学、植物营养学3个二级国家重点学科，环境科学浙江省重点建设学科。拥有环境科学与工程、农业资源与环境2个一级博士学位授予权(涵盖6个二级博士学位授予权)，6个硕士学位授予权，另有1个博士专业学位授予权，3个硕士专业学位授予权；设有环境科学、环境工程、农业资源与环境、资源环境科学(2019级起并入农业资源与环境)4个本科专业。

现有教职工131人，专任教师93人，其中院士1人，正高级职称48人(新晋3人)，“百人计划”研究员15人，副高级职称28人；博士生导师87人，硕士生导师109人，另有在站博士后76人。2020年，新引进国家级重大人才工程项目入选者1人，中国工程院院士1人(双聘)，求是讲座教授1人(中国科学院院士)。4人获国家重大青年人才项目入选资格，3人入选省级重大青年人才项目。

2020年，招收硕士研究生177人、博士研究生85人。2020级本科生121人确认进入环资学院主修专业；毕业本科生112人、硕士研究生137人、博士研究生53人。环境工程专业通过工程教育认证，1门课程入选首批国家级一流本科课程、4门课程入选浙江省一流课程，1部教材入选第二批农业农村部“十三五”规划教材，1个项目获批新农科研究与改革项目。卢玲丽老师获第五届全国高校青年教师教学竞赛理科组二等奖，楼莉萍老师的教学案例获2020年浙江省优秀研究生教学案例。在社会实践、志愿服务和党团建设类活动中，获浙江大学“基

附表　2020 年度环境与资源学院基本情况

项目	数据
教职工总数/人	131
教授数/人	48
副教授数/人	29
研究员数/人	3
副研究员数/人	6
长聘教授数/人	0
长聘副教授数/人	1
"百人计划"研究员数/人	15
特聘研究员数/人	0
特聘副研究员数/人	2
具有博士学位的教师比例/%	98.92
两院院士/人	1
"国家特支计划"入选数/人	4
教育部"长江学者奖励计划"特聘教授/人	6
教育部"长江学者奖励计划"青年学者/人	1
省部级高校教学名师奖获得者/人	1
"973 计划"首席科学家数*/人	1
国家"百千万人才工程"入选数/人	4
国家杰出青年科学基金获得者/人	7
教育部新(跨)世纪优秀人才培养计划入选数/人	8
浙江省特级专家/人	2
浙江大学求是特聘教授数/人	9
一级学科国家重点学科数/个	1
二级学科国家重点学科数/个	1
国家重点(专业)实验室/个	0
国家工程(技术)研究中心/个	0
国家人才培养基地(含教学、教育基地)/个	1
国家精品资源共享课/门	2
国家精品视频公开课/门	0
国家级一流本科课程/门	1
科研总经费/万元	17494
其中:国家自然基金比重/%	12.64
纵向经费比重/%	55.63
获国家级科技奖项目数/项	34
获国家级教学成果奖数/项	0
授权发明专利数/项	41
SCI 入选论文数/篇	323
EI 入选论文数/篇	244
MEDLINE 入选论文数/篇	156
出版专著/部	2
在校本科生数/人	357
在学硕士研究生数/人	501
其中:专业学位研究生数/人	239
在读博士研究生数/人	315
其中:专业学位研究生数/人	8
在校攻读学位生的外国留学生数/人	31
应届本科毕业生一次就业率/%	92
应届本科毕业生深造率/%	65.5
应届毕业研究生一次就业率/%	94.8
教师出国交流/人次	5
学生出国交流/人次	160
举办国际学术会议数/次	0
社会捐赠经费总额/万元	82.15

注:* 含重大科学研究计划、ITER 计划、青年科学家专题等。

层团组织建设先进单位"、浙江大学暑期大学生社会实践活动优秀组织奖等 9 项,指导学生参与"建行杯"第六届中国国际"互联网+"大学生创新创业大赛、第十三届全国大学生节能减排社会实践与科技竞赛等双创赛事与学术竞赛并获奖 6 项,举办浙江大学第十一届环境文化节、农生环学部"卓越大讲堂"等校园文化活动。

2020年，新立科研项目297项，到款科研经费1.749亿元。获批国家自然科学基金项目25项、国家重点研发计划项目课题7项、省重点研发计划项目1项。获2019年度浙江省科学技术进步奖1项。浙江大学环境/生态学科连续14年进入ESI世界十年引文次数前1%，排名106位。3位教授入选科睿唯安“高被引科学家”，10位教授入选爱思唯尔“中国高被引学者”。

2020年，学院两个学科持续实施“海外一流学科伙伴提升计划”，1个项目入选“世界顶尖大学战略合作计划”，1个项目入选“浙江大学—悉尼大学国际合作种子基金项目”；主动引进海外高校线上教育资源，与耶鲁大学、新加坡国立大学等一流高校联合开设暑期线上课程。2019—2020学年本科生海外交流率达134.45%。

【浙江生态文明研究院成立】 7月17日，浙江大学与安吉县人民政府签订生态文明建设战略合作协议，携手共建浙江生态文明研究院。9月13日，浙江生态文明研究院正式揭牌成立。作为环资学院牵头的浙江大学“创新2030计划”之生态文明计划的重要内容，浙江生态文明研究院将面向国家和区域发展战略需求，深化生态文明创新研究与实践，强化生态文化理念传播与推广，加快绿色产业培育与发展，推进生态文明教育及基地建设，争取建设成为国际一流的生态环境高峰学科群和高端人才集聚地。

【卢玲丽老师获第五届全国高校青年教师教学竞赛理科组二等奖】 10月27日，环资学院卢玲丽老师代表浙江大学参加第五届全国高校青年教师教学竞赛决赛，以第6名的成绩荣获理科组二等奖。自2019年获浙江省青年教师教学竞赛理科组特等奖第一名后，卢玲丽老师积极备赛全国高校青年教师教学竞赛决赛，对20个主题的课件和教案进行反复修改，对课堂教学的每个细节进行逐一打磨，确立了新知与旧识相融合、前沿与经典相贯通、理论与实践相统一的课堂新模式，最终斩获佳绩。

【学科声誉及影响力显著提升】 学院发挥理、工、农多学科优势，牵头实施学校“创新2030”计划之“生态文明计划”，发起成立长江经济带生态文明创新研究联盟，积极服务国家战略部署和区域发展需求，学科声誉及影响力得到显著提升。2020年，学校环境/生态学科ESI排名上升至全球第106位，进入前1‰，环境科学QS排名上升至全球第43位、US NEWS排名上升至全球第53位。

（王　燕撰稿　陈丁江审稿）

农业与生物技术学院

【概况】 农业与生物技术学院（简称农学院）由农学系、园艺系、植物保护系、茶学系和应用生物科学系5个系组成，设有作物科学研究所、果树科学研究所等9个研究所。学院与中国水稻研究所共建水稻生物学国家重点实验室，建有园艺产品冷链物流工艺与装备国家地方联合工程实验室，园艺植物生长发育与品质调控、核农学、作物病虫分子生物学3个农业农村部重点开放实验室，核农学、作物种质资源、园艺植物整合生物学研究与应用、作物病虫生物学4个浙江省重点实验室，园艺产品冷链物流工艺与装备浙江省工程实验室，园艺作物品质调控与应用科技部国际联合研究中心，园艺产品品质调控技术研创与应用、种质创新与分子设计育种、作物病虫绿色防控技术（新增）3个浙江国际合作基地，浙江长兴作物有害生物教育部野外科学观测研究站，长兴作物有害生物浙江省野外科学观测研究站，以及浙江大学—IBM生物计算实验室、浙江大学中美分子良种联合实验室和国际原子能机构—浙江大学植物诱变种质创新与研发合作中心。

园艺学、植物保护为一级学科国家重点学科，作物遗传育种、生物物理学为二级学科国家重点学科；农业昆虫与害虫防治、植物病理学为农业农村部重点学科；作物学、园艺学、植物保护为"十三五"浙江省一流学科（A类扶持）。园艺学、植物保护入选国家"双一流"建设认定学科。农业生物学实验教学中心为国家级实验教学示范中心。

学院建有作物学、园艺学等4个博士后流动站；拥有作物学、园艺学、植物保护、生物学（共建）等4个一级学科博士学位授予权，作物遗传育种、生物物理学等13个二级学科的博士学位授予权，作物遗传育种、生物物理学等13个二级学科的硕士学位授予权，以及农业和风景园林硕士专业学位的授予权，设有农学、园艺、植物保护、茶学、应用生物科学、园林等6个本科专业，农学、植物保护专业入选国家级一流本科专业建设点。

2020年，招收博士生135人（其中外国留学生11人）、全日制硕士生277人（其中外国留学生5人），2020级本科生203人确认主修本学院专业。毕业博士生81人、硕士生196人、非全日制专业学位研究生41人、本科生213人。继续实施应用生物科学（农学试验班）招生，招收学生30人。

现有教职工218人，其中正高级职称人员104人（2020年新增11人），副高级职称人员58人（2020年新增1人）；研究生指导教师202人，其中博士研究生指导导师131人（含兼职16人）。另有在站博士后工作人员118人，项目聘用人员54人，全职兼职教授2人。

现有国家自然科学基金委员会创新研究群体1个，教育部"创新团队发展计划"创新团队3个，科技部重点领域创新团队1个，农业农村部"农业科研杰出人才及其创新团队"5个，浙江省重点创新团队5个，浙江省领军型创新创业团队1个（新增），浙江省2011协同创新中心1个。

获SensUs国际大学生生物传感器构建大赛金奖1项、国际基因工程机械大赛（iGEM）金奖1项、第十三届全国大学生节能减排社会实践与科技竞赛国家三等奖1项、第六届浙江省国际"互联网+"大学生创新创业大赛金奖1项、银奖1项。

2020年，实到科研经费2.0947亿元，其中纵向项目经费17688万元，横向项目经费3259万元。新增科技三重项目6项，其中千万元级项目2项。50项国家基金项目获得资助，其中重点2项、重点国际合作1项；新上浙江省重点研发计划项目5项，省基金杰青项目3项、重点项目4项。全年，以第一完成单位获得国家科技进步奖二等奖1项。以第一单位发表国际高影响学术成果26篇，获国家非主要农作物登记品种16个，省级主要农作物审定品种4个。学院共有14名国家现代农业产业技术体系岗位科学家和11名浙江省科技特派员活跃在农业生产和科技推广第一线。

2020年，国外学者来访合作、学术交流等35人次，举办外国专家学术报告、国际会议及国际研讨会23次；申报学校短期外专项目9项。

【成立综合性大学农科人才培养联盟】 11月29日，"综合性大学农科人才培养联盟"

附表　2020 年度农业与生物技术学院基本情况

项目	数据	项目	数据
教职工总数/人	218	获国家级科技奖项目数/项	0
教授数/人	81	获国家级教学成果奖数/项	0
副教授数/人	41	授权发明专利数/项	74
研究员数/人	1	SCI 入选论文数/篇	410
副研究员数/人	5	EI 入选论文数/篇	3
长聘教授数/人	1	MEDLINE 入选论文数/篇	0
长聘副教授数/人	0	出版专著/部	1
“百人计划”研究员数/人	20	在校本科生数/人	916
特聘研究员数/人	6	在学硕士研究生数/人	996
特聘副研究员数/人	9	其中：专业学位研究生数/人	654
具有博士学位的教师比例/%	100	在读博士研究生数/人	577
两院院士/人	1	其中：专业学位研究生数/人	0
“国家特支计划”入选数/人	1	在校攻读学位生的外国留学生数/人	133
教育部“长江学者奖励计划”特聘教授/人	3	应届本科毕业生一次就业率/%	88.1
教育部“长江学者奖励计划”青年学者/人	3	应届本科毕业生深造率/%	61.43
省部级高校教学名师奖获得者/人	1	应届毕业研究生一次就业率/%	93.68
“973 计划”首席科学家数*/人	4	教师出国交流/人次	4
国家“百千万人才工程”入选数/人	6	学生出国交流/人次	42
国家杰出青年科学基金获得者/人	10	举办国际学术会议数/次	1
教育部新(跨)世纪优秀人才培养计划入选数/人	22	社会捐赠经费总额/万元	160
浙江省特级专家/人	3		
浙江大学求是特聘教授数/人	19		
一级学科国家重点学科数/个	2		
二级学科国家重点学科数/个	2		
国家重点(专业)实验室/个	1		
国家工程(技术)研究中心/个	1		
国家人才培养基地(含教学、教育基地)/个	2		
国家精品资源共享课/门	10		
国家精品视频公开课/门	2		
国家级一流本科课程/门	0		
科研总经费/万元	20947		
其中：国家自然基金比重/%	16.41		
纵向经费比重/%	84.44		

注：* 含重大科学研究计划、ITER 计划、青年科学家专题等。

在浙江大学召开成立大会。北京大学、浙江大学、上海交通大学、中国科学院大学等 34 所综合性大学的涉农学院加入联盟，共话高等农林教育的新机遇、新挑战、新作为。“综合性大学农科人才培养联盟”是由浙江大学农业与生物技术技术学院等国内综合性大学涉农学院联合发起成立的全国性高校合作组织，旨在探索新农科发展路径，创新新时代办学模式，促进“三农”发展、农业学科建设、农科人才培养，培养更高质量、更高要求、更高素质的农科拔尖创新人才。

【获国家科技进步奖二等奖】 由浙江大学作为第一完成单位、学院陈学新教授课题组领衔完成的项目“优势天敌昆虫控制蔬菜重大害虫的关键技术及应用”，获国家科学技术进步奖二等奖。该项目针对我国蔬菜产业面临的重大问题，特别是我国优势天敌的生物学不明、天敌人工繁育技术缺乏、保护和利用配套措施不足等瓶颈问题，开展了近30年的系统研究，取得了重大创新与突破。首次筛选了多种优势天敌昆虫种类，阐明了它们的关键生物学特性和控害新机制。自主研发了10余种优质天敌昆虫人工繁殖方法，创建了规模化生产技术，发明了配套应用技术。项目创建了“天敌昆虫＋”田间协同促增关键技术，集成创新了三大类不同蔬菜害虫种群调控技术体系，大面积推广应用后，既有效控制了害虫危害，又极大地降低了化学杀虫剂的投入，逐步实现了我国重大蔬菜害虫的安全绿色控制，经济、社会和生态效益显著。

（袁熙贤撰稿　叶恭银审稿）

动物科学学院

【概况】 动物科学学院（简称动科学院）设有三系七所：动物科技系、动物医学系、特种经济动物科学系；饲料科学研究所、动物预防医学研究所、奶业科学研究所、蚕蜂研究所、动物养殖与环境工程研究所、应用生物资源研究所、动物遗传繁育研究所。学院建有生物饲料安全与污染防控国家工程实验室、动物分子营养学教育部重点实验室、农业农村部华东动物营养与饲料重点实验室、农业农村部动物病毒学重点开放实验室、浙江省饲料与动物营养重点实验室、浙江省动物预防医学重点实验室、浙江省蚕蜂资源利用与创新研究重点实验室、生物饲料研发与安全浙江省国际科技合作基地、浙江省饲料产业科技创新服务平台、杭州蜂业科技创新服务平台等。学院现为农业农村部中国蚕业信息网的挂靠单位。

学院拥有畜牧学、兽医学2个一级学科。畜牧学为浙江省一流学科，特种经济动物饲养（含蚕、蜂等）为二级学科国家重点学科，动物营养与饲料科学为国家重点（培育）学科和农业农村部重点学科。

学院建有畜牧学、兽医学2个博士后流动站。拥有畜牧学、兽医学2个一级学科博士学位授予权，涵盖了动物遗传育种与繁殖、动物营养与饲料科学、特种经济动物饲养、预防兽医学、基础兽医学、临床兽医学等6个二级博士学位授予权和6个硕士学位授予权；拥有农业（畜牧）、兽医2个硕士专业学位授予权；设有动物科学、动物医学2个本科专业，2个专业都列入国家级一流本科专业建设点。

2020年，学院招收硕士研究生128人、博士研究生43人，2020级本科生107人确认进入学院学习。毕业本科生96人、硕士研究生96人、博士研究生48人。

现有在编教职工123人，其中，正高级职称人员43人（比上年新增5人），“百人计划”研究员11人，副高级职称人数39人（比上年新增3人），特聘研究员2人，特聘副研究员7人。博士研究生指导教师54人（比上年新增5人），硕士研究生指导教师94人（比上年新增6人）。另有外聘院士2人。

附表　2020年度动物科学学院基本情况

项目	数据
教职工总数/人	123
教授数/人	31
副教授数/人	21
研究员数/人	11
副研究员数/人	13
长聘教授数/人	1
长聘副教授数/人	1
“百人计划”研究员数/人	11
特聘研究员数/人	2
特聘副研究员数/人	7
具有博士学位的教师比例/%	100
两院院士/人	0
“国家特支计划”入选数/人	0
教育部“长江学者奖励计划”特聘教授/人	2
教育部“长江学者奖励计划”青年学者/人	0
省部级高校教学名师奖获得者/人	0
“973计划”首席科学家数*/人	1
国家“百千万人才工程”入选数/人	1
国家杰出青年科学基金获得者/人	4
教育部新(跨)世纪优秀人才培养计划入选数/人	8
浙江省特级专家/人	0
浙江大学求是特聘教授数/人	5
一级学科国家重点学科数/个	1
二级学科国家重点学科数/个	0
国家重点(专业)实验室/个	1
国家工程(技术)研究中心/个	0
国家人才培养基地(含教学、教育基地)/个	1
国家精品资源共享课/门	0
国家精品视频公开课/门	0
国家级一流本科课程/门	1
科研总经费/万元	8746.72
其中:国家自然基金比重/%	15.87
纵向经费比重/%	79.55

项目	数据
获国家级科技奖项目数/项	1
获国家级教学成果奖数/项	0
授权发明专利数/项	68
SCI入选论文数/篇	238
EI入选论文数/篇	0
MEDLINE入选论文数/篇	0
出版专著/部	6
在校本科生数/人	429
在学硕士研究生数/人	326
其中:专业学位研究生数/人	189
在读博士研究生数/人	173
其中:专业学位研究生数/人	0
在校攻读学位生的外国留学生数/人	11
应届本科毕业生一次就业率/%	100
应届本科毕业生深造率/%	25.58
应届毕业研究生一次就业率/%	96.13
教师出国交流/人次	31(线上)
学生出国交流/人次	283(线上)
举办国际学术会议数/次	276
社会捐赠经费总额/万元	514

注:* 含重大科学研究计划、ITER计划、青年科学家专题等。

2020年新增国家“万人计划”科技创新领军人才2人,国家优秀青年科学基金获得者2人,浙江大学求是特聘教授1人。

学院入选首批国家级一流本科课程1门,获批教育部新农科研究与改革实践项目1项,获2020浙江省本科高校“互联网+教学”优秀案例特等奖1项,获批浙江大学一流本科专业综合改革培育项目1项,获浙江省虚拟仿真实验教学项目3项，入选农业农村部“十三五”规划教材培育项目2项，获浙江大学青教赛决赛一等奖1人，学院获2020年浙江大学青年教师教学竞赛优秀组织奖。入选2020年浙江大学一流本科课程6门，开设本科生全英文课程1门，获批为浙江大学MOOC课程9门，获浙江大学2020年度本科“课程思政”建设项目立项3门，入选2020年浙江大学本科教材项目立项3项。开设研究生全英文课程6门、核心课程3门、示范课程4门，素养与能力培养型课程1门，兽医学全英文课程建设项目1项，新增立项浙江大学第二批研究生“课程思政”建设项目2项。

2020年，学院实到科研经费8746.72万元(比上年增加17.11%)；新增科研项目152项，立项总经费为8679.17万元；获得国家自然科学基金立项资助15项，其中，专项项目2项，优秀青年科学基金2项；新增“三重”科技项目(国家重点研发计划政府间国际科技创新合作项目)1项。

2020年，参加海外交流本科生共68人、研究生共215人(其中本科生65人、研究生211人通过线上交流)，参加线上国际交流教师共31人。与国外机构的教学科研合作13项、举办线上国际会议1次。

【荣获国家科技进步奖二等奖】 1月10日，2019年度国家科学技术奖励大会在北京隆重召开，汪以真教授团队以第一单位完成人研究的“猪健康养殖的饲用抗生素替代关键技术及应用”成果，荣获国家科技进步奖二等奖。该成果历经近20年科研攻关与自主研发完成，创建了猪先天免疫因子—内源抗菌肽高效表达的营养调控技术、肠粘膜保护因子的控释增效技术、肠道微生态平衡技术，形成了猪健康养殖的饲用抗生素替代的营养技术体系，为我国实现饲料无抗、优质安全猪肉生产和养殖环境改善提供重要支撑。该团队成员主要有汪以真教授、冯杰教授、胡彩虹教授、杜华华教授、路则庆副研究员。

【全国学科竞赛获奖取得历史性突破】 2020年，学院师生在全国各大学科竞赛中表现突出，取得优异成绩，展现了学院的教学水平和学生的专业技能。11月28日，在“陌桑杯”第三届全国大学生蚕桑生物技术创新大赛中，学生团队获特等奖9项、一等奖9项、二等奖4项、优胜奖2项，浙江大学获优秀组织奖和优秀承办奖。11月28日，在第六届全国大学生动物医学专业技能大赛中，学生团队获一等奖。12月23日，在第六届“雄鹰杯”小动物医师技能大赛中，学生团队获大学生组团体特等奖，指导老师获优秀辅导老师团体特等奖。

(周钗美撰稿　楼建悦审稿)

医学院

【概况】 医学院下设基础医学院、脑医学与脑科学学院、公共卫生学院、第一临床医学院、第二临床医学院、第三临床医学院、第四临床医学院、妇产科学院、儿科学院、口腔医学院、护理系11个院(系)，设有31个校级研究所，拥有附属第一医院、第二医院、邵逸夫医院、妇产科医院、儿童医院、口腔医院、第四医院7家直属附属医院，附属浙江医院、附属杭州市第一人民医院、附属杭州市皮肤病医院、附属杭州市肿瘤医院、附属杭州市胸科医院、附属金华医院、附属湖州医院7家非直属附属医院，杭州市第七人民医院为医学院精神卫生中心。浙江大学医学中心、浙江大学国际健康医学研究院、转化医学研究院归口医学院管理；浙江大学实验动物中心、冷冻电镜中心、司法鉴定中心依托医学院运行管理。医学院是中国医学科学院浙江分院所在地。

学院建有传染病诊治国家重点实验室、国家感染性疾病诊治协同创新中心、国家健康和疾病人脑组织资源库、中国—新加坡传染病防治与药物研发“一带一路”联合实验室，以及感染性疾病、儿童健康与疾病2个国家临床医学研究中心，肝病和肝移植研究、出生缺陷诊治2个国际科技合作基地；设有脑与脑机融合教育部前沿科学中心、电子病历与智能专家系统教育部工程研究中心、细胞微环境互作教育部创新引智基地，以及恶性肿瘤预警与干预、生殖遗传2个教育部重点实验室，传染病、多器官联合移植研究、医学神经生物学3个卫健委重点实验室等部委级基地；拥有浙江省遗传缺陷与发育障碍研究重点实验室、浙江省医疗器械临床评价技术研究重点实验室、浙江省角膜病研究重点实验室等36个浙江省重点实验室（工程技术研究中心）和6个浙江省工程实验室（工程研究中心），建有生殖健康国际科技合作基地、情绪和情感研究国际科技合作基地、医学影像国际科技合作基地、浙江—意大利心血管医学联合实验室、浙江—新加坡重大新发传染病诊治联合实验室等11个浙江省国际科技合作基地，以及浙江省肾脏与泌尿系统疾病临床医学研究中心、浙江省血液病临床医学研究中心、浙江省运动系统疾病临床医学研究中心、浙江省急危重症临床医学研究中心、浙江省神经系统疾病临床医学研究中心、浙江省眼部疾病临床医学研究中心、浙江省口腔疾病临床医学研究中心等10个浙江省临床医学研究中心。此外，医学院还拥有国家理科基础科学研究和教学人才培养基地、国家级虚拟仿真实验教学中心等。

内科学（传染病）、外科学（普外）、肿瘤学、儿科学为二级学科国家重点学科，病理学与病理生理学、眼科学、妇产科学为国家重点（培育）学科，基础医学为国家“双一流”建设学科。

学院建有基础医学、临床医学、口腔医学、公共卫生与预防医学、护理学5个博士后流动站；拥有基础医学、临床医学、口腔医学、公共卫生与预防医学、护理学5个一级学科博士学位授予权，和兄弟学院共建生物学、药学、公共管理3个一级学科博士学位授权点，设有人体解剖与组织胚胎学、内科学等50个二级学科博士学位授权点。设有临床医学专业（8年制、“5＋3”一体化培养、5年制培养体制）、口腔医学专业（“5＋3”一体化培养、5年制培养体制）、预防医学专业（5年制）、基础医学专业（分求是科学班、强基计划班）和本科临床医学留学生项目（6年制）。

2020年，招收本科生498人，其中临床医学8年制（本博连读）60人，“5＋3”一体化培养228人，临床医学5年制97人，口腔医学5年制20人，预防医学78人，基础医学（强基计划班）15人。招收临床医学（留学生）102人。2020级本科生408人确认主修医学类专业。录取研究生1494人，其中博士研究生631人、硕士研究生863人。毕业博士研究生369人、硕士研究生581人、本科生387人、临床医学（留学生）52人。

现有教职工916人，另有附属医院职工18664人。其中，中国科学院院士3人，中国工程院院士6人，具有正高级职称人员

360人、副高级职称人员104人，博士研究生导师594人(2020年新增78人)，硕士研究生导师711人(2020年新增138人)。

2020年，学院到位科研总经费为7.0701亿元，在研国家级科研项目1653项，经费4.0981亿元。获批国家自然科学基金项目405项，其中包括重大项目1项、课题3项，重点项目9项，重大研究计划重点支持项目1项，原创探索类项目1项，国家重大科研仪器研制项目2项，重点国际(地区)合作研究项目2项，区域创新发展联合基金重点支持项目10项，杰出青年项目2项及优秀青年项目1项，批准直接经费2.4162亿元。获批国家重点研发计划项目3项、浙江省重点研发计划项目44项、浙江省基础公益研究计划项目291项。

2020年，医学院积极推进在地国际化，通过"一带一路"国际医学院、国际健康医学研究院建设，打造国际化、高水平、研究型高等医学教育机构；与美国康奈尔大学医学院签署合作协议，着力推进建设脑科高峰学科；与德国慕尼黑大学续签合作协议，深入开展在病理学、肝移植、肿瘤等领域的科研合作。全年聘请客座教授3人，举办高水平国际会议3场、海峡两岸会议1场、海外名师大讲堂2场。

7家直属附属医院共有开放床位14345张，2020年门诊、急诊人数达1796.18万人次，住院治疗人数76.52万人次，医院业务总收入235亿元。2020年度浙江大学医德医风奖抗疫特别评选揭晓，附属儿童医院叶盛等8人获好医生奖；附属第一医院羊炜霞等8人获好护士奖。

对接健康中国国家战略，形成更高水平医疗集群。11月1日，附属第一医院余杭院区(总部一期)启用；10月30日，附属第二医院江干院区开业；12月14日，附属第二医院总部项目(萧山)开工；12月28日，附属邵逸夫医院绍兴院区项目开工；10月26日，附属妇产科医院钱江院区项目一期结顶；8月11日，附属儿童医院莫干山院区签约；12月19日，附属口腔医院华家池总院启用；6月28日，附属第四医院福田院区启用。

【良渚实验室授牌】 7月17日，在浙江省科学技术奖励大会上，时任浙江省省长袁家军为首批4个浙江省实验室授牌。中国科学院院士、浙江大学医学院医药学部主任段树民代表良渚实验室接牌。良渚实验室以疾病为导向，聚焦共性临床需求，以多组学等高能科技为支撑，融合生物技术和信息技术，以明确疾病表型组差异的发生发展规律为根本科学任务，重点推进重大精神神经疾病、疑难未诊断疾病、血液与免疫疾病等疾病方向的系统与多组学及精准诊治创新研究，搭建高标准的公共服务平台，形成从前沿科学、应用基础到临床试验的全链式研发体系，打造国内领先、国际一流的生命健康重大创新平台。良渚实验室挂牌成立，也标志着坐落于城西科创大走廊的浙江大学医学中心正式启用。

【"一带一路"国际医学院(筹)揭牌】 12月28日，浙江大学"一带一路"国际医学院(筹)在义乌揭牌并开工建设，浙江大学校长吴朝晖院士与金华市委常委、义乌市委书记林毅共同为浙江大学"一带一路"国际医学院(筹)揭牌，吴朝晖为国际医学院首任院长黄荷凤院士颁发聘书。"一带一路"国际医学院规划总用地约961亩，计划于2023年6月建成投用，其定位于成为一所服务国家"一带一路"倡议并具有国际化、高水平、研究型特色的高等医学教育机构。

附表　2020 年度医学院基本情况

项目	数据
教职工总数/人**	916
教授数/人	214
副教授数/人	81
研究员数/人	16
副研究员数/人	16
长聘教授数/人	0
长聘副教授数/人	1
“百人计划”研究员数/人	81
特聘研究员数/人	5
特聘副研究员数/人	1
具有博士学位的教师比例/%	90.9
两院院士/人	9
“国家特支计划”入选数/人	19
教育部“长江学者奖励计划”特聘教授/人	19
教育部“长江学者奖励计划”青年学者/人	4
省部级高校教学名师奖获得者/人	4
“973 计划”首席科学家数*/人	10
国家“百千万人才工程”入选数/人	5
国家杰出青年科学基金获得者/人	19
教育部新(跨)世纪优秀人才培养计划入选数/人	0
浙江省特级专家/人	7
浙江大学求是特聘教授数/人	66
一级学科国家重点学科数/个	0
二级学科国家重点学科数/个	4
国家重点(专业)实验室/个	1
国家工程(技术)研究中心/个	0
国家人才培养基地(含教学、教育基地)/个	3
国家精品资源共享课/门	10
国家精品视频公开课/门	1
国家级一流本科课程/门	5
科研总经费/万元	70701
其中:国家自然基金比重/%	27.29
纵向经费比重/%	85.67

项目	数据
获国家级科技奖项目数/项	0
获国家级教学成果奖数/项	1
授权发明专利数/项	70
SCI 入选论文数/篇	2543
EI 入选论文数/篇	110
出版专著/部	13
在校本科生数/人	2636
在学硕士研究生数/人	2217
其中:专业学位研究生数/人	1312
在读博士研究生数/人	2124
其中:专业学位研究生数/人	681
在校攻读学位生的外国留学生数/人	644
应届本科毕业生一次就业率/%	83.41
应届本科毕业生深造率/%	72.44
应届毕业研究生一次就业率/%	98.65
教师出国交流/人次	84
学生出国交流/人次	98
举办国际学术会议数/次	3
社会捐赠经费总额/万元	65095

注:* 含重大科学研究计划、ITER 计划、青年科学家专题等。** 指不含附属医院职工数。

【积极投身抗击新冠疫情斗争】 医学院各附属医院 500 余人驰援湖北,2678 名医护投身一线,在新冠疫情全球蔓延的严峻时刻,驰援意大利,连线海外 700 余所医疗、教育机构,出版 20 多个语种的防控和诊疗方案手册,为全球抗疫注入“浙大方案”,贡献“浙大力量”。李兰娟、郑霞、崔巍、虞洪、陈亚岗获全国抗击新冠疫情先进个人,中共浙江大学医学院附属第一医院委员会、浙江大学医学院附属第二医院重症救治医疗队（援鄂）、浙江大学医学院附属邵逸夫医院援助湖北荆门医疗队获全国抗击新冠疫情先进集体。累计获国家级抗击新冠疫情个人表彰 12 人次，集体表彰 6 项；获省级抗击新冠疫情个人表彰 81 人次，集体表彰 28 项。针对本次疫情抗击，浙江大学组织“记疫”抗击新冠疫情主题展览，同步发布新书《浙大战疫》。

（陈晓阳撰稿　李晓明审稿）

药学院

【概况】 药学院下设药学系、中药科学与工程学系 2 个系，设有药学实验教学中心、药物安全评价研究中心及药物发现与设计研究所等 6 个研究所，建有药物制剂技术国家地方联合工程实验室、中国—印度尼西亚生物技术联合实验室、浙江省抗肿瘤药物临床前研究重点实验室、浙江省药物制剂工程实验室、智能创新药物浙江省工程研究中心、全军特种损伤防治药物重点实验室、食品药品安全浙江省国际科技合作基地、浙江省“一带一路”国际联合实验室，拥有科技部创新人才推进计划重点领域创新团队和浙江省小分子药物研发关键技术科技创新团队。

药学为国家“双一流”建设学科，药物分析学为国家重点（培育）学科，也是国家精品课程、网络教育国家精品课程和浙江省精品课程，中药分析学和生药学（协建）2 个学科为国家中医药重点学科，药理学为浙江省精品课程，药学实验教学中心为浙江省教学示范实验中心。

学院设有药学一级学科博士后科研流动站，拥有药学一级学科博士学位授予权和硕士学位授予权、中药学一级学科硕士学位授予权、药学专业硕士学位授予权及药学本科专业。

2020 年，招收博士研究生 72 人、硕士研究生 99 人、本科生 115 人，另 2020 级主修专业确认 118 人；毕业博士研究生 35 人、硕士研究生 74 人；本科生毕业 128 人、结业 1 人、延长学制 14 人、参军保留学籍 1 人。

现有教职工 283 人，其中正高级职称人员 42 人、副高级职称人员 40 人、博士研究生指导教师 60 人、硕士研究生指导教师 76 人。引进由高层次人才引领的药物制剂和药用材料研究团队 1 个，其中讲席教授 1 位，“百人计划”研究员 1 位，特聘研究员 2 位。学院引进浙江大学“百人计划”研究员 2 人、特聘研究员 4 人。入选国家万人计划领军人才 3 人，1 人同年获批青年长江青年项目和国家青年千人。

全院教师发表教改论文 3 篇，主参编教材 1 部，获批浙江大学教改项目 3 项和一流课程 3 门，全英文课程立项 3 门；本科生以第一作者身份发表 SCI 收录学术论文 8 篇。

到位科研经费总额 1.26 亿元，年度到位经费连续第 5 年突破亿元大关。获国家自然科学基金 21 项，平均资助率 28.80%，资助直接经费 1250 万元，其中区域创新发展联合基金重点项目 2 项、面上项目 8 项、青年科学基金项目 11 项；获浙江省重点研发计划项目 1 项；获浙江省自然科学基础公益计划项目 24 项（批准率 52%），包括杰青 4 项、重大 3 项、重点 3 项、探索类 9 项、公益计划 5 项。

学院签约捐赠金额 1126.83 万元，其中华海药业人才培养专项基金 300 万元、恒康

附表　2020 年度药学院基本情况

项目	数据	项目	数据
教职工总数/人	283	获国家级科技奖项目数/项	0
教授数/人	30	获国家级教学成果奖数/项	0
副教授数/人	30	授权发明专利数/项	76
研究员数/人	3	SCI 入选论文数/篇	210
副研究员数/人	2	EI 入选论文数/篇	47
长聘教授数/人	1	MEDLINE 入选论文数/篇	0
长聘副教授数/人	1	出版专著/部	0
“百人计划”研究员数/人	8	在校本科生数/人	512
特聘研究员数/人	6	在学硕士研究生数/人	269
特聘副研究员数/人	0	其中：专业学位研究生数/人	155
具有博士学位的教师比例/%	100	在读博士研究生数/人	240
两院院士/人	0	其中：专业学位研究生数/人	3
“国家特支计划”入选数/人	5	在校攻读学位生的外国留学生数/人	23
教育部“长江学者奖励计划”特聘教授/人	1	应届本科毕业生一次就业率/%	97.50
教育部“长江学者奖励计划”青年学者/人	3	应届本科毕业生深造率/%	60.17
省部级高校教学名师奖获得者/人	0	应届毕业研究生一次就业率/%	97.33
“973 计划”首席科学家数*/人	0	教师出国交流/人次	1
国家“百千万人才工程”入选数/人	2	学生出国交流/人次	328（线上）
国家杰出青年科学基金获得者/人	3	举办国际学术会议数/次	0
教育部新(跨)世纪优秀人才培养计划入选数/人	6	社会捐赠经费总额/万元	443.83
浙江省特级专家/人	0		
浙江大学求是特聘教授数/人	6		
一级学科国家重点学科数/个	0		
二级学科国家重点学科数/个	0		
国家重点（专业）实验室/个	2		
国家工程（技术）研究中心/个	0		
国家人才培养基地(含教学、教育基地)/个	0		
国家精品资源共享课/门	0		
国家精品视频公开课/门	0		
国家级一流本科课程/门	0		
科研总经费/万元	12625		
其中：国家自然基金比重/%	13.50		
纵向经费比重/%	38.20		

注：* 含重大科学研究计划、ITER 计划、青年科学家专题等。

学生活动专项基金 100 万元、高月明药学基金 100 万元、陈枢青奖学金 30.83 万元、学科建设类基金合计 278 万元，学院接受禄亘公司实物捐赠 318 万元。

学院克服疫情造成的国际交流障碍，采取“在地国际化”措施，邀请新加坡国立大学副校长 Bin Liu、美国北卡罗来纳大学教堂山分校（UNC）药学院副院长 Stephen Eckel

等多位世界知名高校院系主要负责人开展线上合作讨论会，探讨疫情防控方案，为全球抗疫注入“浙大方案”。新签海外一流院校合作协议2份，本科生海外交流率(线上)156.20%，博士生海外交流率(线上)159.70%。

【引育并举推动人才工作取得新突破】 学院采取提高人才津贴、增加配套启动经费、实行“康恩贝青年科学家”项目、实施与附属医院兼聘制度、扩充博士后队伍等措施，引才育才力度空前。引进药物制剂及生物材料领域国际知名学者加州大学洛杉矶分校生物工程学系顾臻教授及其团队，其中顾臻教授于2020年9月受聘浙江大学讲席教授，并任药学院院长，团队成员包括“百人计划”研究员1名、特聘研究员2名；学院另引进4名优秀海外青年博士，其中2位入选浙江大学“百人计划”研究员，2位入选浙江大学特聘研究员；3位教授入选国家万人计划科技创新领军人才，1位研究员同时入选教育部青年长江学者及国家青年千人；2位“百人计划”研究员中期考核评估取得“杰出”等级，提前进入长聘教职评聘；博士后队伍获得16项国家青年基金，在全校各院系博士后队伍中名列前茅。

【发挥学院优势助力科学防疫】 学院发挥药学专业优势，牵头承担新冠疫情防控相关的浙江省自然科学基金应急科研专项1项、浙江大学—拼多多应急专项3项，参与承担省基金应急专项2项；学院主动联合企业研发新冠病毒检测试剂盒，取得4个批文并出口至多国；学院参与张伯礼院士领衔的中医药防治新冠肺炎药物宣肺败毒颗粒研发，该药已顺利投产，该项研究获天津市科技进步奖一等奖(抗击新冠疫情特别奖)；学院为打赢疫情防控阻击战提供科技支撑，相关科研攻关工作得到了《人民日报》公众号的报道；学院还联络校友企业捐赠抗疫款物3500余万元。

(刘　伟撰稿　胡富强审稿)

工程师学院

【概况】 2020年，学校发文成立工程师学院党委、纪委。学院内设机构调整为7个办公室，另设有数字金融分院、宁波分院、衢州分院等办学机构。2020年录取专业学位硕士研究生1094人，博士研究生159人；授予硕士学位223人；毕业生就业率居全校前列。截至2020年底，学院在校研究生4103人，师生党支部共32个；学生荣获“互联网+”国赛金奖3项、省赛金奖4项，“挑战杯”省赛一等奖3项，1位教职工荣获浙江大学“优秀共产党员”称号，1位教职工和1位学生荣获“浙江大学抗击新冠疫情先进个人”称号。

学院持续推进专业学位研究生教育教学改革，探索卓越工程师培养体系建设，其中工程管理专业学位类别首次参加全国专业学位水平评估。学院大力推进“项目制”培养模式改革，2020年卓越培养项目增至18个，招收全日制专业学位研究生480人，并成立卓越培养项目培养委员会，全面制(修)订相关培养方案。校企合作培养模式持续深化，新增北京热力集团、宁夏煤业集团等2个定向联合培养教学班，主导设立“浙江大学—南陵快递物流智能装备技术联合研究中心”；2020年学生获得浙江省专业学位研究生优秀实践成果7项，获批2020年浙江省教育厅一般科研项目(专业学位研究生培养模式改革专项)11 项,54 人获得工程师中级职称证书。

国际合作进一步拓展,新增与荷兰埃因霍芬理工大学合作的研究生海外实习项目,中法创新创业管理双学位项目 2017 级 9 位研究生全部获得法方硕士学位,与法国、韩国等四所合作高校成功举办首届国际技术创业暑期线上训练营等。

人才队伍建设稳步推进,“工程教育创新岗”专任教师达 18 人,新增高水平兼职兼任教师 4 人,同时积极推动“求是工程岗”高层次人才引进工作。支撑保障条件不断完善,校内公共实训平台完成搬迁并持续优化提升,其中地震模拟振动台的建成填补了浙江大学乃至浙江省中大型地震台的空白;全年共计完成高端工程技术和工程管理培训项目 39 个,线下培训近 3000 人次;学院校园一期建设工程全部通过竣工验收,教学楼、实训楼、医务楼、风雨操场等陆续投入使用。

(李　婷撰稿　陈丰秋审稿)

财务与资产管理

财务工作

【概况】 浙江大学2020年总预算收入1,407,654.83万元，总预算支出1,286,593.75万元。

预算收入情况 2020年，浙江大学总预算收入比上年增加7,287.30万元，增长0.52%。其中：财政拨款预算收入占总收入的25.58%，事业预算收入占总收入的53.61%，附属单位上缴预算收入、非同级财政拨款预算收入、投资预算收益及其他预算收入占总预算收入的20.81%(详见表1)。

表1 浙江大学2019—2020年预算收入变动分析

项目	2020年 预算收入数/万元	增减额/万元 (与2019年比)	增长率/% (与2019年比)
一、财政拨款预算收入	359,985.53	−49,276.81	−12.04
1.教育拨款预算收入	323,270.10	−44,299.44	−12.05
2.科研拨款预算收入	23,289.85	−3,752.37	−13.88
3.其他拨款预算收入	13,425.58	−1,225.00	−8.36
二、事业收入	754,691.47	35,326.30	4.91
1.教育事业预算收入	160,523.88	−50,878.13	−24.07
2.科研事业预算收入	594,167.59	86,204.43	16.97
2.1非同级财政拨款	381,229.29	18,202.36	5.01
2.2其他科研事业预算收入	212,938.30	68,002.07	46.92
三、上级补助预算收入	—	—	—
四、附属单位上缴预算收入	3,276.31	−7,232.43	−68.82
五、非同级财政拨款预算收入	165,467.73	10,757.96	6.95

续表

项目	2020年 预算收入数/万元	增减额/万元 (与2019年比)	增长率/% (与2019年比)
1.中央拨款	4,765.42	-2,797.34	-36.99
2.地方拨款	160,702.31	13,555.30	9.21
六、投资预算收益	14,580.58	-5,031.80	-25.66
七、其他预算收入	109,653.21	22,744.08	26.17
合　计	1,407,654.83	7,287.30	0.52

预算支出情况　2020年,浙江大学总预算支出比上年增加68,408.01万元,增长5.62%。其中,工资福利支出占总支出的29.25%;商品和服务支出占总支出的43.58%;对个人和家庭补助支出占总支出的10.06%;基本建设和其他资本性支出占总支出的17.11%(详见表2)。

表2　浙江大学2019—2020年预算支出变动分析

项目	2020年 预算支出数/万元	增减额/万元 (与2019年比)	增长率/% (与2019年比)
一、工资福利支出	376,431.42	22,443.50	6.34
二、商品和服务支出	560,645.61	-21,249.15	-3.65
三、对个人和家庭的补助	129,372.30	12,023.69	10.25
四、基本建设支出	20,785.24	2,952.37	16.56
五、其他资本性支出	199,359.18	52,237.60	35.51
合　计	1,286,593.75	68,408.01	5.62

资产情况　截至2020年末,学校资产总值4,185,635.50万元,比上年增加167,341.02万元,增长4.16%。各类资产的构成如图1所示。

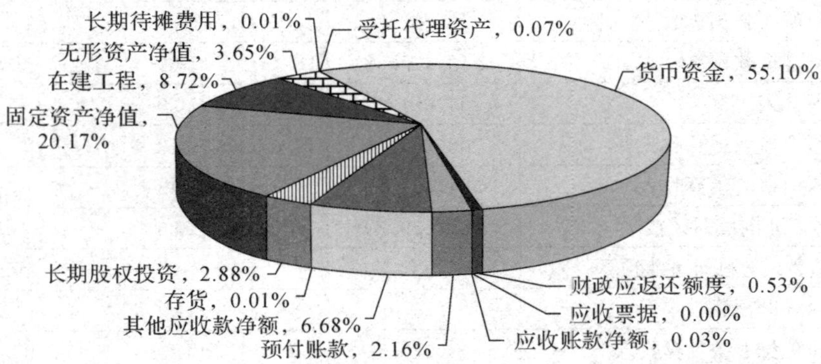

图1　浙江大学各类资产构成

负债情况　截至 2020 年末，浙江大学负债总额为 929,298.88 万元，比上年增加 283,994.87万元，增长 44.01%。各类负债的构成如图 2 所示。

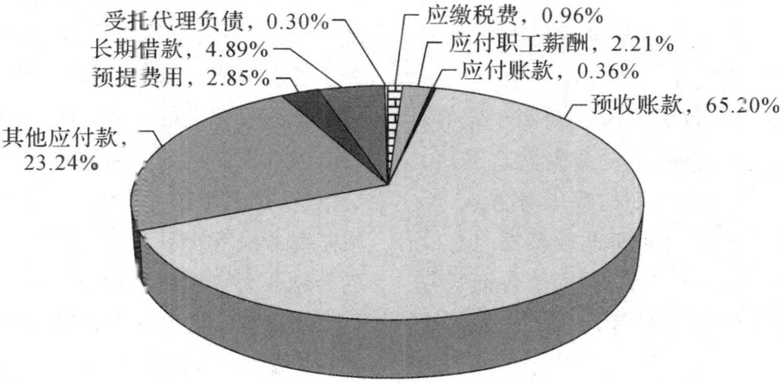

图 2　浙江大学各类负债构成

净资产情况　2020 年末，浙江大学净资产总额 3,256,336.63 万元，比上年减少 116,653.84万元，下降 3.46%。其中，累计盈余 3,223,066.14 万元，占净资产 98.93%；专用基金 33,270.49 万元，占净资产 1.02%（详见表 3）。

表 3　浙江大学 2019—2020 年末净资产变动情况分析

项目	2020 年年末/万元	增减额/万元（与 2019 年年末比）	增长率/%（与 2019 年年末比）
一、累计盈余	3,223,066.14	−117,425.61	−3.52
二、专用基金	33,270.49	771.77	2.37
1.职工福利基金	14,110.28	−808.6	−5.42
2.其他专用基金	19,160.21	1,580.37	8.99
三、权益法调整	—	—	—
合　计	3,256,336.63	−116,653.84	−3.46

【深化改革激发创新活力，保障“十三五”顺利收官】　持续深化“放管服”改革，会同科研主管部门制定国家杰青基金使用“包干制”等文件，以制度完善推进科研经费管理成效不断提升，激发科研创新活力。推进落实试点院系预算管理改革举措，积极探索校院两级财务管理新模式，以释放改革红利引导院系提升科学理财能力，推动财务重心下移。在疫情防控与经济下行双重压力下，牢固树立“过紧日子”思想，多措并举谋求资源拓展，千方百计提高资金收益，聚焦学校“双一流”建设，精准配置财力资源，推进实施预算绩效管理，开源节流、挖潜增效，为“十三五”规划的顺利收官保驾护航。

【推进财务信息化建设，提升优质服务内涵】　推进财务综合平台迭代更新，开发薪酬汇总、预算执行情况一键生成等功能，及时响应各类查询与审计要求。依托校务服务系统集成管理，嵌入报销凭证自助打印、大额资金支付线上审批等功能，解决跨校区跑腿痛点问题。持续优化财务与业务部门系统对接，配合完善大仪平台测试费集中结算、科研预借发票等功能，推动业财融合升级。面对疫情主动担当，转变财务服务方式，重塑业务流程，持续深化财务与院系部门对口联络制度，充分利用"不见面"微信咨询服务平台，部门微信公众号等，打造智慧高效财务。

（陈　诗撰稿　胡素英审稿）

审计工作

【概况】 2020年，浙江大学获得浙江省教育内部审计先进集体、浙江省全省内部审计先进集体等荣誉称号。组织实施各类审计共254项，审计总金额为436.02亿元，查出有问题资金4642.77万元，其中违纪违规金额（含已执行的采购金额）3635.78万元。通过审计，直接节约资金26653.62万元，已纠正违纪违规金额103.16万元，挽回损失金额56.39万元。

组织实施对发展规划处等19个单位负责人的经济责任审计，重点关注"三重一大"决策部署和重大政策措施贯彻执行，聚焦领导干部守纪、守法、守规和尽责情况，聚焦严格贯彻落实中央八项规定及其实施细则精神，突出经济责任审计重点、规范经济责任审计评价。通过审计，推动健全了内部激励约束机制和容错纠错机制，促进了党风廉政建设和责任落实。

对学校疫情防控资金进行专项审计，重点检查防疫资金的使用是否专款专用，是否存在贪污、挪用、挤占、截留、损失浪费等问题，同时关注资金的使用效益，是否最大发挥了资金价值。对学校2018年度舟山校区修缮工程管理进行专项审计，重点关注工程管理内部控制的建立和运行有效性。对紫金港校区"农生组团"等5个项目进行工程竣工财务决算审计。对"互联网＋"大学生创新创业大赛项目经费和科研项目经费进行专项审计。通过开展专项审计，促进资金使用更加及时、规范、高效。

继续对西区理工农组团（机械大楼）等10个项目进行全过程审计；继续对超重力离心模拟与实验装置国家重大科技基础设施建设项目实施全过程审计，完成对2019年度项目经费执行情况、2020年度资金预算、2021年资金使用计划和年度预算、基坑围护变更费用洽商签证联系单等事项的审计；完成紫金港西区艺术与考古博物馆装修等75个工程的竣工结算审计；完成青山湖能源研发基地（一期）建设项目施工总承包等8个工程的竣工结算审计；完成超重力离心模拟与实验装置国家重大科技基础设施建设项目建安工程一标段施工用电等竣工结算审计2项；完成各校区专项维修资金修缮工程项目结算审计36项；完成各校区50万元以上修缮改造工程结算复审7项；完成外地修缮工程项目结算复审12项；完成2019年度50万元以下修缮及零修已完项目竣工结算抽样审计1215项并出具审计报告。

通过持续跟踪，校内公告，向主管部门发管理建议函，与纪检、巡查、组织人事等部门联动协作等形式，强化内部审计结果运用，提高审计问题整改力度，推动管理更加规范化；建立基于学校新一代协同办公系统的审计项目集成平台系统，促进审计管理现代化、审计作业规范化，提高内部审计工作质量和效率；完成教育部委托的中国石油大学（北京）主要领导干部经济责任审计项目，获得教育部财务司的充分肯定；继续加强对学校二级单位内审工作的指导，落实学校内部审计系统定期交流机制，组织召开了以修缮工程管理审计为主题的研讨交流会；基本完成学校高等教育研究会课题1项，编写完成后勤服务费测算专项审计案例和科研经费管理自查自纠分析报告。

（高莫愁撰稿　周　坚审稿）

国有资产管理

【概况】　截至2020年12月31日，按浙江大学2020年度财务决算口径，国有资产总额为418.56亿元，比上年增长4.16%，其中流动资产270.01亿元，对外投资12.04亿元，固定资产84.40亿元，在建工程36.50亿元，无形资产15.29亿元，详见附录1。

截至2020年12月31日，浙江大学所属校办企业（含浙江大学控股集团有限公司）资产总额45.23亿元，所有者权益总额28.80亿元，归属于学校所有者权益合计24.66亿元；2020年营业收入总额39.17亿元，净利润3.48亿元，其中归属于学校的净利润3.40亿元，净资产收益率14.13%，详见附录2。

2020年，浙江大学紧紧围绕改革发展重心和国有资产管理关键环节，积极应对疫情影响，加强国资管理治理体系和治理能力现代化探索，深化学校所属企业体制和国资监管体制机制改革，推动企业清理规范、提质增效，积极防范国有资产流失风险，确保国有资产保值增值。

加强事业性国有资产基础管理，切实履行国有资产报批报备和监管职能。2020年完成未达使用年限固定资产报废处置备案报告2批共342台件，账面原值573.64万元；完成已达使用年限固定资产报废处置12批共35708台件，账面原值33328.54万元，并按季度向教育部汇总上报；完成紫金港体育馆亚运改造资产核减482.28万元和温网室工作房与温网室拆除896平方米，账面价值571.55万元的未达年限房屋资产处置备案工作。完成玉泉校区灵峰山庄出租面积5405.35平方米，账面价值752.29万元，以及西溪专家楼、华家池三角地培训中心及培训餐厅、华家池专家楼出租面积19082.19平方米，账面价值206.96万元等房屋资产出租行为向教育部报批报备工作。以公开竞价方式处置报废资产38批次，残值回收交易收入135.30万元。

深入学习贯彻党的十九届五中全会精神，巩固以管资本为主的国有资产监管体制。充分落实学校对企业经营发展、直管企业董监事和经营班子履职情况的监管权，校党委常委会、校务会议和校国资委共审议企业15个重大事项；学校国资委审议了控股集团等6家直管企业2019年度董、监事会工作报告和三伊公司（电工厂）2019年度经营班子工作情况汇报；向学校党委常委会汇报了所属企业2019年资产损失财物核销情况；协助人事处完成了对控股集团等5家直管企业2019年度经营业绩考核，并完善了2020年考核指标。

2020年，企业向财政部上交国有资本收益1657.94万元，申报“2021年度国有资本经营预算支出项目”1个，申请财政安排支出1000万元。

【资产评估备案工作】 根据国家“放管服”改革有关加大科技成果转化国有资产管理授权力度精神，加强部门协同，实行评估备案双审核制，推进科技成果转化工作规范化、效率化。2020年度完成科技成果资产评估报告审核67项，涉及评估金额6662.82万元；完成科技成果评估备案64项，涉及评估金额6454.82万元。建立了“统一领导、归口管理、逐级审核”的企业国有资产评估项目备案工作机制，有效防范国有资产流失，确保国有资产交易价格公平公允。2020年，共审核企业国有资产评估项目所涉资产评估报告19份，完成备案的资产评估项目13项，均为学校备案项目（其中专家评审10项）。

【所属企业体制改革试点工作】 坚持把贯彻党中央决策部署、服务学校重大战略、实现国有资产保值增值作为工作的出发点和落脚点，以更高标准、更严要求和更优作风狠抓落实，推动校企改革落地见效。参加校企改革领导小组会议、推进办会议、专项工作小组会议及相关专题会议商讨校企改革有关事宜近百次。协同直管企业对校企改革的痛点、堵点、难点进行一一排查，坚持问题导向、效果导向，因势利导、精准施策，在改革攻坚中出实招、破难题，促使校企改革工作整体完成率达到98%，顺利通过了教育部财务司和财政部资产管理司组织的校企改革试点完成情况验收。

（林丹凤　於露瑾撰稿　胡　放　娄　青审稿）

【附录】

附录1　浙江大学2020年国有资产总额构成情况　　单位：万元

项目	金额	备注
一、流动资产	2700145.03	
二、对外投资	120384.30	
三、固定资产净值	844045.39	
固定资产原价	1743881.03	
减：累计折旧	899835.64	
1.房屋及构筑物（原值）	711729.36	校舍面积330.83万平方米
2.专用设备（原值）	168417.66	
3.通用设备（原值）	749312.38	
4.文物和陈列品	53.89	实有可移动文物藏品19294件/套
5.图书（原值）	52136.73	截至2020年末，学校实有纸质图书6760071册、电子图书2296163册；2020年新增纸质图书159216册、电子图书12594册

续表

项目	金额	备注
6.家具、用具、装具及动植物(原值)	62231.01	
四、在建工程	364998.99	
五、无形资产净值	152880.26	
无形资产原价	153014.34	
减:累计摊销	134.07	
1.土地使用权	152562.53	学校占地面积622.34万平方米
2.浙大校名商标	0	四个浙大商标进行保护性注册
3.专利权	0.25	截至2020年末,学校实有授权专利数为14680件;2019年新增专利授权数3603件
4.计算机软件	451.15	
5.著作权	0.41	
六、长期待摊费用	435.78	
七、受托代理资产	2745.75	
资产总额	4185635.50	

注:表中资产总额包含浙江大学苏州工业技术研究院、浙江大学昆山创新中心、浙江大学包头工业技术研究院、浙江大学华南工业技术研究院、浙江大学山东工业技术研究院和浙江大学德清先进技术与产业研究院等6家并表研究院资产,备注中校本级资产数据由各资产归口管理部门提供。

附录2　浙江大学2020年校办企业财务状况　　单位:万元

序号	项目	金额	备注
1	资产总额	452373.82	
2	所有者权益总额	287987.04	
3	归属于学校所有者权益合计	246559.39	
4	营业收入	391665.54	
5	利润总额	45583.26	

续表

序号	项目	金额	备注
6	净利润总额	34767.16	
7	归属于学校股东净利润	34037.12	
8	净资产收益率	14.13%	

注:以上表内数据来自浙江大学2020年度企业财务会计决算报表及浙江大学控股集团有限公司2020年审计报告。

校园文化建设

校园文化

【概况】 浙江大学坚持以美育人、以美化人、以美培元的宗旨，积极完善学校美育工作机制，进一步丰富美育教育载体，不断加强校园文化建设。2020 年，组织开展第七届学生节，传承与发扬红色文化，推出“红旗飘飘”主题青春快闪表演，组建以党员、发展对象、入党积极分子为主体的百人献礼方阵，为迎接建党百年营造浓厚氛围。开展“高雅艺术进校园”交响乐团和越剧社专场演出，提升校园文化品位。线上开展第十二届主持人大赛、“曲律飞扬”歌手大赛等校级活动。举办第八届浙江大学艺术季活动，含大型演出、展览、艺术沙龙、工作坊、艺术小旅行等活动 45 场；含第十三届“大学之声”新年音乐会、“月圆人团圆”中秋专场音乐会、《国之歌》等高水平演出，校内受众累计 3 万余人次，充分展现了浙大学子的艺术素养和展演实力。新冠疫情防控期间，先后举办了“线上琴房”活动、录制了云上毕业大戏《打野鸭》，为学生居家期间提供“线上艺术季”活动，极大地丰富了居家的趣味。举办首届线上艺术赛事“美育之星”，共有 261 名师生参与，进一步提高网络艺术教学质量，丰富师生课余生活，传承优秀艺术文化。组织有文体特长的同学参与各类赛事，在浙江省高校首届学生达人秀活动中，2 名同学获得特等奖，浙江大学获优秀组织奖。

积极指导学生组织、社团开展校园文化活动。组织校学生会、研究生会、博士生会活动，组织求是杯辩论赛、体育嘉年华、校园十佳歌手大赛等，丰富校园文化生活。依托博士生创新论坛、研究生体育文化节、“艺彩四季”等品牌活动，打造研究生的“学术生态圈”和“文化生活圈”。组织开展社团文化节、社团建设月等品牌活动，指导文琴交响乐团、民乐团、合唱团、舞蹈团和黑白剧社等开展各类活动 100 余场，惠及师生 3.5 万余人次。

（任立娣　叶茵茵　马君雅撰稿
薄　拯　吴叶海　张荣祥审稿）

【获第十五届中国国际合唱节“一级团队”称号】 第十五届中国国际合唱节（CICF）于 9 月 28 日至 10 月 31 日在北京举行，浙江大学文琴合唱团参赛，在来自55个国家和地区的450支合唱团中脱颖而出，用四首风格迥异的合唱曲目，斩获成人混声组和青年学生组两个组别的“一级团队”称号。中国国际合唱节是目前国内唯一的国家级、国际性的合唱类艺术活动，也是我国举办的规模最大、规格最高的国际合唱艺术盛会。合唱节每两年举办一届，参赛国内外合唱团体累计4000余支，总人数80000余人。本届中国国际合唱节以线上形式举行，各支队伍以上传视频的方式参赛，由各位评审嘉宾逐一评审并点评指导，最终按成绩依次评选出一、二、三、四级团队。

（叶茵茵撰稿　吴叶海审稿）

【获浙江省大学生艺术节4个一等奖】 10月30日晚，以“民族魂·中国梦”为主题的2020年浙江省大学生艺术节在杭州师范大学圆满闭幕。浙江大学文琴艺术团选送的6个节目(1个交响乐团节目、3个合唱团节目、1个民族乐团节目、1个舞蹈节目)均获得一等奖和十佳歌手等奖项。

（叶茵茵撰稿　吴叶海审稿）

【为抗疫发声，开展艺术创作】 新冠疫情暴发伊始，文琴艺术团立刻投入到了能激发人们正能量的艺术作品创作和演出中。原创诗歌《我们的约定》，先后出品了云演奏《武汉伢》《我的祖国》，云合唱《真心英雄》，云朗诵等献礼母校、祝福祖国。把最美好的祝愿，送给每一位在自己的岗位上尽心尽责的无名英雄。此外，文琴舞团部分团员携手歌手李宇春参与《国家2020》MV拍摄，该片在新浪微博获得高达24万次的点赞量，转发量超过550万次。

（叶茵茵撰稿　吴叶海审稿）

【创办浙江大学“艺术先锋”课程】 课程通过名师名家讲座、艺术演出观摩、艺术实践课程等方式，以“理论＋实践”的方式调动学习兴致，让学生充分融入艺术氛围中，提高艺术审美能力，增强艺术感知能力，并能够在学习生活当中精准挖掘艺术热点，最终实现个人艺术素养的全面提升。课程涉及声乐、美术、民族乐器、西洋乐器、舞蹈、戏剧等艺术门类，充分挖掘文琴艺术团学生的引领作用，将社团资源回馈普通学生。学生始终保持着第一主人公的角度切入艺术活动的计划制订、排练及修改、舞台配套及后勤保障，最终达到艺术呈现的全过程。这种全方位、全视角、全亲历的过程学习方式，开拓了综合类大学艺术培养的新思路。

（叶茵茵撰稿　吴叶海审稿）

【举办浙江大学第二届最美学习笔记评选大赛】 为促进优良学风建设，挖掘更多优秀学习典型，鼓励同学们通过记录学习笔记的方式提高学习效率，12月，组织开展浙江大学第二届最美学习笔记评选大赛，经过海选、院系推荐、学生初评、网上投票、专家评审等环节，评选出特等奖在内的优秀学习笔记优秀作品50项，并在浙江大学优良学风展上展出，得到师生的一致好评，发扬了“好学、勤学、善学”的优良精神品质。

（任立娣撰稿　薄　拯审稿）

【举办2020年博士生创新论坛】 进一步规范博士生创新论坛工作机制，明确学术活动的分类方向，设置大咖报告会、师生微沙龙、成果报告展、技能提升营、博士分享派5大板块。创新论坛举办方式，携手22个院系研博会举办线上线下共30场学术活动，其中国际论坛11场，院士讲座6场，受邀的院士及杰出学者来自10余个国家，围绕学术前沿交流研讨。论坛共吸引海内外数万人次参与，规模创历史新高。

（马君雅撰稿　张荣祥审稿）

【多措并举加强研究生美育】 建立研究生艺术团优质节目培育输送机制，为校院两级重要学生活动融入美育元素提供支持。打造“微凉的秋”户外弹唱会等“艺彩四季”美育品牌活动；开设美育小课堂，共设体验与正式课堂5个班次，宣传覆盖面达4000人次，参与线下教学人数近百人，提升学生美育修养和艺术鉴赏能力。设立艺术教室，为以美育人提供硬件支持与保障。疫情期间，研究生艺术团用线上云合唱与手语舞《想见你想见你想见你》的方式唱响共渡难关的信心和对美好未来的期许，线上关注人数达6000人次。

（马君雅撰稿　张荣祥审稿）

【多措并举丰富教职工文化生活】 创建教职工美育中心，在不同校区开设传统文化、艺术修养、休闲减压、运动健身等多个类别课程，培育了“爱秀紫金”“快乐学堂”“和美西溪”“活力华池”等校区活动品牌。2020年开展了近20门素质提升课程，1万余人次教职工参与其中。创设“工会大学堂”“健康大讲堂”网上系列课堂，邀请专家走进工会直播间，普及健康科学知识。高度重视教职工社团协会建设，培育扶植13个社团发展，社团协会在疫情期间坚持开展活动。摄影学会参与策划组织“霞光画栋——浙江大学紫金港西区建设摄影作品展”，爱乐合唱团、书画协会、茶文化与健康研究会、气排球协会、羽毛球协会等社团组织开展了丰富多彩的专项特色活动，有效推动了校园文体活动蓬勃发展。

（许诺晗撰稿　林　俐审稿）

【编辑出版《浙江大学学术年报—2019》和《走进实验室》】 《浙江大学学术年报—2019》对我校2019年的学术建设总体情况做了综述，汇集和介绍了我校2019年十大学术进展及学术进展入围项目，并列出了国家级科技成果奖、省部级科技奖励一等奖的成果，以及ZJU 100期刊论文的清单，以反映学校在学术研究方面的整体情况。《走进实验室》是2020年新策划推出的科普读物。刊物立足浙大，从近年来浙江大学学术委员会委员推荐的高水平学术进展入手，解读学科相关知识点，分享学者的成长体会，图文并茂，解读通俗，追求科学性与普及性的统一。

（蔡晓天撰稿　朱敏洁审稿）

体育活动

【概况】 2020年共举办体育赛事15项，涵盖足球、乒乓球、篮球、跆拳道、网球、太极拳、水上运动、三棋、桥牌、体育舞蹈等项目，参赛人数达25788人次，其中本科生组参赛22153人次，研究生组参赛2339人次，另有12040人参与秋季阳光健身长跑活动，受众广泛，影响力深远。28个体育社团共开展活动106场次，如新生杯篮球赛、CC98杯足球赛等，大大丰富了校园体育文化氛围。全校各院系（学园）、部门、单位开展各类体育竞赛与活动共86场次，共有17位体育教师参与院系（学园）指导辅导工作56次。

2020年，全校学生（1—4年级）实测人数22781人，其中优秀率为2.23%，良好率为21.18%，合格率为93.81%。圆满完成教育部、浙江省体质健康标准抽测工作，浙江省教育厅随机抽测学生共200人，测试合格率为100%，优良率为30%。

全年，各类体育代表队在省级以上大赛中，共获得奖牌69枚（33金、25银、11铜），1个一等奖。

（叶茵茵撰稿　吴叶海审稿）

关注教职工身体健康，进一步加强体育文化建设。组织教职工气排球赛、羽毛球团体赛、乒乓球团体赛、网球个人赛等体育比赛，3000余人次教职工参与其中。组织参加国家和省级各类比赛，荣获浙江省“钟声杯”乒乓球和羽毛球混合团体赛双冠军等优异成绩。各校区因地制宜，组织健步走、登山等群众性体育活动，共吸引了万余名教职工参与。院级工会体育活动踊跃，院系协会俱乐部发展迅速，全民健身蔚然成风。

（许诺晗撰稿　林　俐审稿）

【获浙江省第五届大学生田径锦标赛16金】 锦标赛于11月23日至26日在浙江丽水举行。我校派出20名高水平运动队员出战，经过激烈角逐，以16枚金牌、11枚银牌、4枚铜牌，打破7项赛会纪录和1项浙江省最高纪录的战绩，获得男、女团体总分第一和体育道德风尚奖，充分展现了求是学子的竞技运动水平和团结进取、蓬勃向上的精神风貌。浙江省大学生田径锦标赛是浙江省内高校规模最大、竞技水平最高的单项赛事，也是各个高校交流互鉴的盛会，本届比赛共有来自全省75个高校的1330名运动员分为甲、乙、丙、丁四个组别，就短跑、长跑、跨栏、接力、跳高、跳远、铅球、铁饼、标枪、全能等男、女36个项目展开竞赛。

（叶茵茵撰稿　吴叶海审稿）

【疫情期间创办系列线上活动，实现“不停课、不停赛、不停测”】 面对突如其来的新冠疫情，学校及时出台春学期的体育修读办法，并创办系列线上活动。紧急创编拍摄16套“请跟我练，强身塑心操”，为学生居家锻炼提供优质的学习内容，有效提高学生力量、核心、心肺、柔韧等身体素质。同时举办春季、夏季线上运动会，共有12000余名师生参赛；举办线上体质健康测试，500名学生在线上完成体测，实现“不停课、不停赛、不停测”。

（叶茵茵撰稿　吴叶海审稿）

【附录】

2020年浙江大学运动队竞赛成绩

项目	赛事名称	比赛成绩	时间/地点	队别
男篮	2020年ZUBA浙江省大学生篮球联赛	第二名	11月/浙江余姚	A类队
女排	第十四届全国学生运动会（排球预赛）	第五名	10月/宁夏银川	A类队
女足	2020年浙江省青少年校园足球联赛	冠军	11月/浙江杭州	A类队
女足	2020年第二届全国女子沙滩足球锦标赛	亚军	11月/浙江舟山	A类队
田径	浙江省第五届大学生田径锦标赛	16金11银5铜	11月/浙江丽水	A类队

续表

项目	赛事名称	比赛成绩	时间/地点	队别
武术	2020年浙江省大学生武术锦标赛	1金1银 男子团体第一名	7月/线上	B类队
羽毛球	2020年浙江省大学生羽毛球锦标赛	第四、第七名	11月/浙江杭州	B类队
网球	2020年浙江省第十一届大学生网球锦标赛(甲组)	3金2银	11月/浙江台州	B类队
游泳	2020年浙江省大学生游泳锦标赛暨第十四届全国学运会游泳选拔赛	1金6银4铜 团体总分第一名	11月/浙江杭州	B类队
乒乓球	2020年浙江省大学生乒乓球锦标赛	4金1铜	11月/浙江宁波	B类队
排球	2020年浙江省大学生排球锦标赛	男排冠军	11月/浙江义乌	B类队
		女排亚军		
篮球	2020年ZUBA浙江省大学生篮球联赛男子甲A组、女子甲A组	男子冠军	10月/浙江余姚	B类队
		女子亚军	11月/浙江宁波	B类队
	第二十二届CUBA二级联赛全国总决赛	季军	8月/上海	B类队
足球	2020年浙江省青少年校园足球联赛大学男子校园组	冠军	11月/浙江宁波	B类队
	浙江省五人制足球冠军联赛	一等奖	11月/浙江东阳	B类队
国际象棋	2020年国际象棋大学生网络精英赛	总团体第一名 女子冠军 男子亚军	7月/线上	C类队

(叶茵茵撰稿 吴叶海审稿)

学生社团活动

【概况】 2020年,全校共有校级注册学生社团217个,共开设90门精品课程,开课长达1000余课时,参与学生达4000余人次;全年累计开展学生社团活动1000余项,参与学生达45000余人次。全面推进学生社团改革工作,出台《浙江大学学生社团建设管理办法》,成立浙江大学学生社团建设管理评议委员会,发挥学生社团育人功能。全新上线学生社团管理信息化平台并投入使用，完善校院两级社团管理体系，进一步规范社团管理。开展“恩来荣誉学生社团”评选活动及星级调整工作，发挥一流社团引领作用。完善学生社团专项发展基金、青苗计划、恒星计划等基金扶持体系，坚持社团拟任负责人培训班、社团骨干精英班等社团骨干培养模式，推动社团文化节、社团建设月、社团体验日等品牌活动转型升级。

充分发挥学生社团和组织“自我教育、自我服务、自我管理、自我监督”功能，指导研究生艺术团、研究生创新创业中心、未来企业家俱乐部、研究生社会实践发展中心、研究生新闻媒体中心（“浙大研究生”微信公众号）等研究生社团和学生组织开展工作。以“全面育人”为导向，重点围绕社团发展、干部历练、理论学习和自身建设等方面加以指导，引导社团立足自身目标和定位，开展丰富多样的学生素质提升和校园文化活动。

公共体育与艺术部指导的学生体育社团共31个（团委注册28个），共开展活动106场次，如“草根杯”乒乓球比赛、无线电测向比赛等。体育社团利用其课余时间开展形式多样的日常训练及交流，积极参加国家级赛事并获奖，如全球太极拳网络大赛（浙江大学站）、中国大学生国际象棋网络赛等，极大丰富了课余生活，培养终身体育意识，树立参加体育锻炼的持久决心。体艺部指导的学生艺术社团共24个，其中A类5个、B类7个、C类12个。A类团为文琴交响乐团、文琴舞蹈团、文琴合唱团、黑白剧社、文琴民主乐团；B类为管乐团、电声乐团、文琴键盘乐团、书画社、音乐剧歌剧社、摄影协会、电影协会；C类团为古琴研究会、婉云京剧社、越剧社、DFM街舞社、亦心民舞社、说唱音乐社团、声乐协会、钢琴社、古典音乐协会、白鸦画社、笛箫协会等。

（任立娣　马君雅　叶茵茵撰稿　薄　拯　张荣祥　吴叶海审稿）

【出台《浙江大学学生社团建设管理办法》】 根据教育部、团中央《高校学生社团建设管理办法》要求，结合学校实际情况，学校党委制定出台《浙江大学学生社团建设管理办法》，对学生社团成立、注册、年审、活动开展等多个方面做了明确规定和相应指导，切实加强学校学生社团建设管理，发挥学生社团育人功能。

（任立娣撰稿　薄　拯审稿）

【迎新大戏《速写林俊德》】 浙江大学黑白剧社和马兰工作室合作，创作以林俊德生平故事为蓝本的话剧《速写林俊德》。该剧为2020级新生开设专场演出，作为新生始业教育的一部分，希望新生能够从中有所感悟，传承爱国奋斗精神。由于疫情常态化防控，现场观众需要隔位观演，为了让更多的同学能够观看《速写林俊德》，线上直播应运而生，观众甚至可以在千里之外通过5GVR现场直播和5G高清直播同步线上观看。

（马君雅撰稿　张荣祥审稿）

青年志愿者活动

【概况】 2020年，浙江大学积极拓展志愿服务工作格局。全年累计参与志愿服务57678人次，提供志愿服务时间总计为182315.06小时。选派26名学生参加研究生支教团，到西部地区开展支教和精准扶贫工作。选派学生参加中国青年志愿者海外服务计划——服务联合国机构项目，赴土耳其开展国际志愿服务。开展“青志宣讲进思修课堂”“厉行节约、反对浪费”等志愿服务项目，1000余人次参加。不断深化“青春五丝带”志愿服务项目内涵，加强校院两级青年志愿服务工作的联系和交流。学校共青团志愿服务项目在第五届中国青年志愿服务项目大赛中获金奖3项、银奖2项，研究生支教团获评“中国志愿者扶贫案例50佳”、第十二届中国青年志愿者优秀项目奖、首届浙江省志愿服务项目大赛优胜奖。浙江大学青年志愿者指导中心当选中国青年志愿者协会第五届理事会理事。作为新时代青年发声的重要宣讲阵地，博士生报告团响应时代，奋力担当，开展海内外云端战“疫”系列宣讲。

（任立娣　马君雅撰稿
薄　拯　张荣祥审稿）

【获第五届中国青年志愿服务项目大赛3金2银】 12月4日，在第五届中国青年志愿服务项目评比中，浙江大学志愿服务团队通过项目团队线上路演答辩、评委监委线下集中评审的方式，获得了3金2银的成绩。我校医学院附属邵逸夫医院“‘白衣天使行动’健康知识普惠志愿服务项目”、医学院附属第二医院“‘疫问e答’网络抗疫项目”、医学院附属儿童医院“医心医意——医慈协同志愿服务项目”获得金奖，医学院附属妇产科医院“‘花样年华’——关爱更年期女性健康志愿服务”、医学院附属第一医院“温暖‘移家人’——器官捐献者困难家庭关爱项目”获得银奖。

（任立娣撰稿　薄　拯审稿）

【博士生报告团开展云端战“疫”系列宣讲】 2020年战“疫”期间，作为新时代青年发声的重要宣讲阵地，博士生报告团响应时代，奋力担当，启动海内外云端战“疫”系列宣讲。报告团执“讲”为盾，化防疫抗疫知识与理论宣讲为矛，先后到校内外单位或组织开展十余次战“疫”系列宣讲，其中包括浙江大学教师党支部与学生党支部，复旦大学、华东师范大学、广西大学等高校，受众超2000人次。

（马君雅撰稿　张荣祥审稿）

社会实践活动

【概况】 在新冠疫情防控形势下，创新实践活动形式，2020年组织开展“决胜小康青春有我·乘势而上书写新篇”暑期大学生社会实践活动，共有641支实践团队、8200余名学生参与。其中，共有675名研究生（其中博士生617名，占比91.40%）参与，前往3个校级基地和31个院级基地或以其他形式开展社会实践，共完成调研报告538篇，申请专利14项，推进技改项目33项，开发产品126项，做专题报告102场，成功介绍合作项目82项，撰写新闻报道263篇。开设“实践安全及疫情防控教育”和“社会调查方法与报告撰写”等行前培训课程，在做好疫情防控和保障安全的基础上，将社会实践落到实处。

特别开展“互联网＋青年扶贫”专项实践行动，宣传扶贫成效、讲好家乡故事、助农消费扶贫。实践活动被人民网、新华网、凤凰网、搜狐网、中国青年网、学习强国等省级以上媒体平台累计报道318次。

学校获2020年全国大学生百强暑期实践“最佳实践大学”、全国“三下乡”暑期大学生社会实践活动优秀组织奖等，3支团队获国家级优秀实践团队，1支团队获省社会实践风采大赛十佳团队，4位师生获得国家级社会实践方面个人荣誉。

（任立娣　马君雅撰稿

薄　拯　张荣祥审稿）

【开展“互联网＋青年扶贫”专项实践行动】 7—9月，“互联网＋青年扶贫”专项实践行动以“线上＋线下”相结合的形式开展，20余支专项实践团队借助“互联网＋”手段，以2020年脱贫攻坚挂牌督战县、国家扶贫开发工作重点县为核心，以大学生所在家乡县区为补充，宣传扶贫成效，讲好家乡故事，助农消费扶贫，累计服务人数达10万余人，打造行走的思政课堂，在疫情期间上了一堂生动的社会实践课。

（任立娣撰稿　薄　拯审稿）

【启动“凌云”研究生赴重点单位社会实践行动计划】 以服务国家发展战略为导向，围绕学校“双一流”建设目标和卓越研究生教育规划的总体要求，依托学院（系）、学科（专业）力量，着力推进面向重点领域、重点行业、重点单位建设研究生社会实践基地，进一步发挥研究生社会实践育人成效，第一期建设基地23个。

（马君雅撰稿　张荣祥审稿）

【持续研究生全球竞争力培养体系建设】 在全球疫情防控背景下，以拓展“致远”研究生海外社会实践基地和金砖国家交流为重点，进一步深化资源挖掘与联系合作，铺设研究生海外交流实践通道。战“疫”期间，浙江大学博士生报告团启动云端战“疫”系列宣讲，以“守望相助，共克时艰”为主题，连线巴西等国家，面向海外宣讲战“疫”过程中的中国速度，宣传医学知识与科学预疫手段，展现中国青年形象与担当。

（马君雅撰稿　张荣祥审稿）

创新创业教育与活动

【概况】 2020年，浙江大学创新创业教育立足创新驱动发展战略，积极响应国家“大众创业、万众创新”号召，持续提升学生创业意识和创新创造能力，构建全链条式的创新创业教育工作体系。搭建首个校外国家级双创示范基地·三墩元空间、立项18家校院联合共建创新创业实验室、推进IBE双创实践基地建设、成立12家浙江大学院级创新创业教育中心（第一批）、推动毗邻校区的科技成果转化基地浙大紫金科创小镇和e-WORKS、Idea Bank等创客空间的建设。与辰林教育集团、浙江镇洋发展股份有限公司等多家企业签订协议，达成1100万元捐赠和1200万元合作协议，并设立1亿元的创投基金。健全学生创新创业项目、科技竞赛项目培育的长效机制，择优予以立项培育和项目跟踪，完成培育国家级创业训练项目17项、“浙报—阿里极客计划”项目34项。积极参加第六届中国国际“互联网＋”大学生创新创业大赛。斩获金奖4项、银奖5项，蝉联高校先进集体奖、“青年红色筑梦之旅”活动先进集体奖。在第十二届“挑战杯”中国大学生创业计划竞赛全国决赛中取得优异成绩。入围决赛的8个项目全部斩获金奖，勇夺赛事总分和金奖总数全国高校第一，捧得赛事最高奖“挑战杯”。组织研究生参加中国研究生创新实践系列大赛，并作为秘书单位，指导举办“华为杯”第二届中国研究生人工智能创新大赛。成功举办第六届浙江大学校友创业大赛、浙江大学社会创新创业高峰论坛暨绿色浙江二十周年公益盛典、浙江省科协“双创”系列活动启动仪式暨浙江大学创新创业先锋论坛、首届“青山杯”大学生创业方案大赛、浙江大学第十二届“蒲公英”大学生创业大赛、第七届学生科技文化展等双创活动。顺利对接央视《创业英雄汇》栏目，积极参加全国双创周，持续开展“求是强鹰实践成长计划”、“互联网＋”创新创业大讲堂等系列活动。加强与西湖区、滨江区、余杭区、安吉县、南浔区、海曙区、嘉善县、遂昌县等区县市开展校地合作，服务地方建设发展。

做深做实“校企行”专项行动。积极对接阿里巴巴、中国电子信息产业集团、国家电网等14家国家级企业双创示范基地，以及国投创合基金和中金启元基金等2支国家级引导基金；高质量开展了16次专项对接活动，累计完成94次项目对接，活动辐射近12000人次大学生；与企业示范基地“揭榜”互动35次，已经落地项目合作资金1383万元，“揭榜”业务吸纳潜在就业人数逾千人，带动数千万元投资和意向投资；建立“校企行”专项行动招聘网站，汇总30余家企业双创示范基地的招聘信息，向1万余名应届毕业生宣传推广了“校企行”专项招聘行动，组织1000余名学生参加校企行专项招聘行动。

搭建浙江大学首个校外国家级双创示范基地·三墩元空间。空间由浙江大学创新创业学院与西湖区三墩镇合作共建，一期总面积约2500平方米。自开园以来，三墩元空间累计接待政府、浙大师生、创业团队、企业及其他青年人才近8000人次，举办大小交流活动、访谈、参访、会议、培训等150余场。已有云渚科技、未来字研、浙滨管理咨询、科罗世商贸、三石快题、高爷家宠物食品等10余家浙大项目团队入驻三墩元空间。

持续推进中国高校众创空间联盟建设。全力打造四大品牌活动，开展“红色筑梦·双创新长征”3期、“有请嘉宾”34期、“大咖课堂”14期、“投融潮”2期，共吸引累计超过100万名高校师生参与观看。招募81位“北斗星”创业导师，服务于高校创新创业。浙江大学等7所高校19门课程通过联盟服务平台共享给成员高校。支持“互联网＋”大赛国赛同期活动，助力高校双创项目与资源对接。

【获第六届中国国际“互联网＋”大学生创新创业大赛先进集体奖】 2020年11月17—20日，“建行杯”第六届中国国际“互联网＋”大学生创新创业大赛在华南理工大学举行。浙江大学学生创业团队共斩获4金5银。浙江大学再度荣获高校先进集体奖、“青年红色筑梦之旅”活动先进集体奖。在6届大赛中，我校累计获得总冠军2项、亚军1项、季军2项、最佳创意奖2项、最具商业价值奖2项、金奖24项。

（任立娣撰稿　薄　拯审稿）

【获第十二届“挑战杯”中国大学生创业计划竞赛赛事最高奖“挑战杯”（赛事总分、金奖总数全国高校第一）】 2020年12月9日，第十二届“挑战杯”中国大学生创业计划竞赛闭幕会在东北林业大学举行。浙江大学共8个项目晋级全国决赛，全部斩获金奖，金奖数创历史新高，勇夺赛事总分和金奖总数全国高校第一，捧得赛事最高奖“挑战杯”。

（任立娣撰稿　薄　拯审稿）

【指导举办“华为杯”第二届中国研究生人工智能创新大赛】 作为秘书单位，指导举办“华为杯”第二届中国研究生人工智能创新大赛。来自全国203个研究生培养单位的

3625名选手组成的1159支队伍报名参赛，C9高校覆盖率达100%，"双一流"高校覆盖率达95.24%，78支队伍晋级决赛。12月12—14日全国总决赛在长沙举行，浙江大学8支队伍晋级决赛，共获一等奖4项(并斩获季军)、二等奖2项(其中1项同时获得华为专项奖)、三等奖2项，5名指导教师获"优秀指导老师"荣誉称号，浙江大学获"优秀组织奖"。

（马君雅撰稿　张荣祥审稿）

【组织参加中国研究生创新实践系列大赛】 加强校内8个研究生创新实践系列赛事基地建设，培育优秀队伍选送参加中国研究生创新实践系列大赛，进一步激发研究生的创新实践活力，营造"以赛促建、创新驱动"的良好氛围。浙江大学研究生在研究生数学建模竞赛、机器人创新设计大赛、能源装备创新设计大赛、未来飞行器创新大赛、电子设计竞赛、创"芯"大赛、人工智能创新大赛等七大全国性赛事中共获得一等奖8项(含季军1项)、二等奖22项、三等奖38项、专项奖3项。

（马君雅撰稿　张荣祥审稿）

办学支撑体系建设

图书情报工作

【概况】 浙江大学图书馆共9座馆舍，总建筑面积11万平方米。2020年，采购纸本中外文图书9.6万余种，共11.4万册。截至2020年12月31日，全馆实体馆藏总量786.42万册。全馆借还书总量67.6万册，进馆人数约123万人次；信息共享空间总使用量3.8万人次；图书馆微信公众号累积关注人数6.9万人，全年推送图文383篇。举办面向全校师生的讲座、展览等各类文化活动共计79场次，其中线上活动50场。接收科技查新项目203项，提供原文文献11689篇，收录论文7.3万篇。

紧紧围绕学校“双一流”发展和学科建设，优化提升文献资源建设水平。作为主要参建单位，启动“浙江大学抗疫特色数据库”资料征集，保存抗“疫”原始资料，弘扬抗“疫”精神。重视前瞻布局，确定各类型文献资源采购调整方案，提高文献资源购置经费使用绩效。引进东南亚艺术与考古学专题特藏，建设哥伦比亚大学图书馆民国文献数据库、古希腊哲学术语数据库，为学者开展相关研究提供文献支撑。

实体空间与数字平台相结合，加强古籍特藏建设，支持人文社科研究、学术浸润与文化传承。古籍馆于2020年11月4日试开馆，成为目前国内高校仅有的两座单体古籍特藏馆舍之一，设有古籍修复实验室，采用高科技手段对古籍进行保护与修复。发布古籍特藏资源平台，展示古籍书目及古籍普查书影，提升古籍利用率。2部古籍新入选第六批《国家珍贵古籍名录》，已累计入选175部，居国内高校第二位。

做强“悦读·求知”月文化品牌。以“云上求索，悦享启真”为主题，以求是精神、经典文化为主线，探索运用云端的文化活动、资源推介、课程教学、阅读推广等形式，融入美育实践，提高师生校友的素养能力、培养阅读兴趣与阅读品位。加强线上阅读推广，举办阅读嘉年华系列活动。

从学科规划、人才引进、学科评估、学术评价多个维度提供科研情报服务，支持学科创新。服务学校“创新2030”计划、高峰学科计划、顶尖学科计划，完成《计算机学科全球研究热点和新兴方向分析》《化学学科发展对标分析》《双脑人才引进分析》等报告，为学科规划和人才引进提供精准的情报服务。

支撑学校战略规划与科学决策，开展“十四五”规划对标高校分析、“十四五”交叉学科规划研究等咨询服务。成功申报“高校国家知识产权信息服务中心”，为知识产权信息服务工作开展奠定平台基础。构建全方位素养教育体系，着重加强图像处理、视频制作等媒介素养教育，完善面向全数据周期的数据素养教育。

疫情期间，图书馆各项基础服务快速响应、稳步开展。各馆舍采取预约入馆制度，升级门禁管理设备，实时监控在馆人数。适应校区学科搬迁，优化藏书体系，特别调整人文类书刊存放地点，为师生提供便捷。

建设“全球人才地图”项目，挖掘全球范围内优秀人才并有效识别其能力特征，助力学校“双一流”学科人才建设。开发探索基于ESI学科数据的学术监控分析平台，开展数据分析，为学术评价提供支撑。优化治理图书馆事实数据，完善馆内数据架构体系和服务生态，为图书馆管理决策提供数据支持。

做好大学数字图书馆国际合作计划(CADAL)项目管理中心工作，线上线下联动拓展同行合作交流。新增共建共享签约单位89家。依托CADAL项目书画、建筑工程、篆刻、戏剧、工艺品等数字化资源，助力文化遗产数字传承。

对接学校规划体系，开展“十四五”规划相关工作，编制《浙江大学高质量建设研究型图书馆行动计划(2021—2025)(草案)》，探索图书馆“最多找一人”机制。应对疫情，协调开展各项综合防控工作。主办浙江大学图书馆“数据化、智慧化、融合化”学术研讨会暨年度学术交流会，举办馆员科研能力培养系列讲座。

【浙江大学知识产权信息服务中心成功入选高校国家知识产权信息服务中心】 7月10日，国家知识产权局、教育部公布了“第二批高校国家知识产权信息服务中心”遴选结果，浙江大学知识产权信息服务中心经过自主申报、初步筛选、专家评审、公开答辩等环节，成功入选高校国家知识产权信息服务中心。中心成立于2018年8月，是学校设立的校级服务中心，挂靠图书馆，同年入选“高校知识产权信息服务中心联盟”理事单位。

【浙江大学古籍馆试开馆暨图书馆藏唐代诗人墓志拓片展揭幕】 11月4日，浙江大学古籍馆试开馆暨图书馆藏唐代诗人墓志拓片展揭幕。古籍馆以线装古籍、影印古籍、学术特藏为核心馆藏，是服务于学科的专业型研究型古籍图书馆，在学校文科建设、文化传承、文化影响力彰显方面发挥重要作用。

(冯越男撰稿　吴　晨审稿)

【附录】

附录1　浙江大学2020年图书经费情况　　单位:万元

经费类型	金　额
中文图书	627.69
外文图书	1087.40

续表

经费类型	金　额
港台图书	124.50
中文报刊	138.71
外文报刊	154.24
数字资源	4179.83
特种文献	36.00
购置业务费	131.60
总计	6479.97

附录 2　浙江大学 2020 年图书馆藏及流通情况

文献种类		数量
图书	中文	449.73 万册
	外文	100.71 万册
	中文图书包括：古籍 18.71 万册，拓片 9753 件，手稿 588 件	
期刊	中文	64.18 万册
	外文	46.71 万册
报纸		7.84 万份
缩微、音像资料		6.83 万件
院系资料室（含附属医院）		108.22 万册
其他（含悦空间、资料等）		2.20 万册
电子数据库		700 余个
馆藏总量		786.42 万册
图书流通量		67.6 万册

（冯越男编撰　吴　晨审稿）

实验室建设与设备管理

【概况】　截至 2020 年 12 月 31 日，全校仪器设备资产总台件数达 339099 台套，总额 904057.97 万元。其中单价 10 万元以上 10400 台套，金额 540748.70 万元；单价 50 万元及以上 2427 台套，金额 345356.60 万元；单价 200 万元及以上 346 台套，金额 153522.45 万元。2020 年，全校新增仪器设备共计 42483 台套，总值为 111894.11 万元；减少 23641 台套，原值 33634.85 万元；

全年处置报废仪器设备竞标25批次，残值收入150.80万元。

全校共有7200余台仪器纳入浙江大学大型仪器网络共享平台，733台仪器加入国家科技基础条件平台，对社会开放共享。投入大型仪器维修补贴基金87.96万元，修复了40台总价值为9076.96万元的大型仪器；17台总价值为2亿元的大型仪器获得维保立项。

继续开展院（系）单位大型仪器设备开放共享和使用效益考核评价工作，首次开展校级公共技术服务平台开放共享考核评价。学校通过2020年科技部、财政部组织开展的中央级高等学校和科研院所等单位大型科研仪器开放共享评价考核。制定了《浙江大学实验室安全达标考评管理办法（试行）》，修订了《浙江大学辐射安全与防护管理办法》和《浙江大学实验气体使用管理实施细则》。组织开展全校性的"安全实验室"达标考评活动，有100个实验室被评为安全考评优秀实验室。开设实验室安全"云课堂"，举办网络安全培训2次，积极协助院系开展实验室安全培训10次。修订并印发实验室安全手册2.05万册，英文版近千册。在疫情期间，解决了液氮、液氦、二氧化碳等科研仪器设备和实验亟需气体供应不上的难题。截至2020年底，材料与化学品采购平台使用用户数23000余人，入驻供应商328家，完成线上订单共计11.50万笔，金额8042.20万元，较2019年增长95.8%。

（阮　俊撰稿　唐睿康审稿）

【附录】

2020年浙江大学教学科研仪器设备情况

单位名称		合计		其中:10万元以上		其中:200万元以上	
		台件数/件	金额/万元	台件数/件	金额/万元	台件数/件	金额/万元
院系	人文学院	1676	1161.25	1	13.60	0	0.00
	外国语言文化与国际交流学院	3158	1759.91	9	228.20	0	0.00
	传媒与国际文化学院	1043	1881.58	27	751.89	0	0.00
	艺术与考古学院	594	1137.53	15	413.11	0	0.00
	经济学院	719	588.01	1	34.50	0	0.00
	光华法学院	724	614.30	3	92.40	0	0.00
	教育学院	1131	1615.80	26	744.10	0	0.00
	管理学院	4393	4784.74	37	1053.23	0	0.00
	公共管理学院	2674	2442.73	10	129.81	0	0.00
	马克思主义学院	221	122.82	0	0.00	0	0.00
	数学科学学院	1348	1319.42	3	36.56	0	0.00

续表

单位名称		合计		其中:10 万元以上		其中:200 万元以上	
		台件数/件	金额/万元	台件数/件	金额/万元	台件数/件	金额/万元
院系	物理学系	7826	30388.02	275	20378.37	27	10810.95
	化学系	8542	24201.54	293	15861.88	16	5635.28
	地球科学学院	2990	8652.82	129	5181.39	3	911.80
	心理与行为科学系	1137	3077.44	47	2102.60	0	0.00
	机械工程学院	9079	32684.01	409	20779.03	9	2973.04
	材料科学与工程学院	5809	39660.53	340	31855.07	30	16973.90
	能源工程学院	8769	40173.13	468	27568.88	22	7032.29
	电气工程学院	10772	20892.11	320	11045.86	5	1503.28
	建筑工程学院	9788	26280.81	225	14909.39	13	6707.36
	化学工程与生物工程学院	8612	23697.54	338	13755.77	4	1276.44
	海洋学院	7791	40751.44	438	31285.55	18	14790.07
	航空航天学院	5711	24977.38	282	15986.01	13	4511.34
	高分子科学与工程学系	3756	10456.15	147	6441.33	1	236.95
	光电科学与工程学院	7799	36275.34	491	23918.44	16	5641.62
	信息与电子工程学院	8973	23343.28	260	13817.44	10	5101.58
	控制科学与工程学院	7282	23692.86	289	12991.13	3	671.05
	计算机科学与技术学院	13551	30330.30	263	12063.43	4	1703.58
	软件学院	27	28.84	0	0.00	0	0.00
	生物医学工程与仪器科学学院	3186	11556.17	174	6964.01	1	1781.00
	微纳电子学院	11	94.68	2	74.13	0	0.00
	生命科学学院	10422	20159.36	248	9833.86	4	1460.04
	生物系统工程与食品科学学院	4832	12134.07	183	5671.10	0	0.00
	环境与资源学院	8446	22186.71	308	12679.94	5	1243.42
	农业与生物技术学院	15112	35833.36	476	18155.89	5	2728.70
	动物科学学院	6123	12990.11	197	5764.20	1	278.71
	医学院	23725	65584.82	711	35978.58	15	10752.34
	药学院	5016	14667.75	241	8893.87	4	1210.33

续表

单位名称		合计		其中:10 万元以上		其中:200 万元以上	
		台件数/件	金额/万元	台件数/件	金额/万元	台件数/件	金额/万元
直属单位	建筑设计研究院	65	49.17	0	0.00	0	0.00
	海宁国际校区	6287	16515.88	195	10110.49	9	3304.16
	工程师学院	3308	32303.49	438	28553.80	19	8398.09
	医学中心	265	5172.27	61	4636.73	5	1811.00
	竺可桢学院	23	34.61	0	0.00	0	0.00
	继续教育学院	3291	3351.55	32	1335.45	0	0.00
	国际教育学院	226	244.51	2	45.59	0	0.00
	图书馆	937	5707.56	63	3920.36	4	1092.44
	公共体育与艺术部	3785	4775.35	27	1382.17	2	598.59
	信息技术中心	7401	16969.76	295	9689.20	0	0.00
	工研院	1716	5878.52	47	3415.95	2	669.88
校设科研机构及公共平台	中国西部发展研究院	408	573.68	10	298.58	0	0.00
	浙江加州国际纳米技术研究院	769	4706.44	52	3905.23	5	2043.81
	求是高等研究院	266	874.03	13	362.07	0	0.00
	生命科学研究院	5097	16376.49	131	10899.71	17	6421.73
	数学科学研究中心	261	162.50	0	0.00	0	0.00
	社会科学研究基础平台	354	673.12	7	441.30	0	0.00
	水环境研究院	298	921.42	16	532.90	0	0.00
	转化医学研究院	1511	3526.13	48	1548.44	0	0.00
	农生环测试中心	334	3256.17	41	2937.91	3	861.30
附属医院	附属第一医院	6706	27612.55	229	17583.68	18	7492.07
	附属第二医院	2572	9948.05	82	6782.19	6	3349.61
	附属邵逸夫医院	1174	1632.44	16	499.86	0	0.00
	附属妇产科医院	402	1164.60	19	531.16	0	0.00
	附属儿童医院	652	1708.03	20	980.68	0	0.00
	附属口腔医院	26	69.70	1	47.50	0	0.00

续表

单位名称	合计		其中:10万元以上		其中:200万元以上	
	台件数/件	金额/万元	台件数/件	金额/万元	台件数/件	金额/万元
其他	2466	12810.47	191	8909.96	8	2828.27
合计	273368	829217.15	9722	506805.47	327	144806.02

农业试验站建设

【概况】 农业试验站成立于2008年，与农业科技园管委会合署，主要职责是统筹协调校内外农业试验基地的建设与管理工作，建设服务教育教学的实践平台、支撑科学研究的试验基地、展示农科成果的示范窗口、创新服务社会的集成样板。截至2020年底，有校内外农业试验基地1700余亩(含温网室设施约19000平方米、大棚设施约21000平方米、植物工厂约3000平方米)，分布在浙江杭州、浙江长兴和海南三亚，已成为国家级农业科技园核心区、国家级农业科技创新与集成示范基地、国家级农业转基因生物试验基地、教育部浙江长兴作物有害生物野外科学观测研究站、全国科普教育基地等，为我校相关学科人才培养、科学研究、服务社会等提供支撑和保障。

2020年扎实推进了"浙江大学农业科技创新试验中心"项目建设，基本完成设施试验区(含人工气候室、科研温室、教学展示温室、实验温网室等)主体结构、水电配套工程、主要设施设备安装等建设，以及综合控制中心的主体结构施工；基本完成隧道上方农田路沟渠建设并完善了农田物联网施工方案；完成智能农机装备中心和标本馆主体结构建设；完成"生态处理中心""生态生保气候室""营养液循环系统""新型太阳能系统"等项目的招投标、施工图设计。完成了长兴分站、海南分站两地合计380亩农业转基因生物试验基地(含基础设施、网室、仓库、恒温冷库、监控系统等)的提升改造专项建设。推进余杭农业科技创新园(余杭分站)建设，完成了创新园70亩农田试验区基础设施提升改造工程设计、专家论证及预算编制。

2020年服务学生开展认知实习、课程实习、社会实践、毕业论文设计等各类实践实习活动1017人次，服务实践课程16门；新农科研究与改革实践项目"面向新农科一流人才培养的公共实践教育基地建设"获教育部立项；服务涉农学科科研试验198项(次)。

【探索劳动育人改革实践】 根据国家对全面构建体现时代特征的劳动教育体系做出的新要求，践行习近平总书记关于劳动教育的论述精神，落实好立德树人根本任务，农业试验站开设了1门学校博雅技艺通识课《农事劳动实践》，从2020年冬学期开始周年开课，每周3个平行班，并不断完善课程具体操作方案，配置指导教师队伍，探索劳动教育新模式。

【合作共建余杭农业科技创新园】 余杭农业科技创新园位于余杭区径山镇大将山地块，规划面积约550亩，一期核心区268亩，以建设科研试验、成果展示、创意农业、科普教育于一体的农业科技创新园区为目标。2020年在充分征求各方意见基础上，与企业达成协议，合作建设余杭农业科技创新园。

（马绍利撰稿　王建军审稿）

校园信息化建设

【概况】 2020年，浙江大学校园网连接7个校区、7个附属医院，拥有120公里自建环网城区光缆，480多公里校区光缆，校园网出口总带宽105GB。VPN（Virtual Private Network）上网认证账号数量9.67万余个，收发邮件7.2亿个，校园卡持卡用户39.3万名，活动用户14.7万名。"学在浙大"访问量突破8800万次，上线1.2万门课。"浙大钉"累计10万人注册，日活动用户25万人。"战疫役通"健康打卡系统记录2606.25万条，日均打卡6万余人次。浙大通行蓝码日均访问4.8万人次。网站群总计457个网站。"最多跑一次"流程服务60.6万次，全年受理师生各类事项18万件。视频交互平台共支撑教育部及学校视频会议及学术讲座306场。

以信息化支持教育教学。疫情期间，根据"按期开课，延期返校"的原则，根据疫情发展的情况，确立了师生返校不同阶段的线上教学技术保障方案，搭建了学生学习与教师教学全过程支撑体系，形成高等教育闭环流程环境，完成"不停教、不停学"的目标要求。

以信息化推进综合治理，精密智控保证师生安全。上线"战疫通"浙江大学健康打卡平台和浙大通行蓝码及师生返校线上申请流程，为校园疫情研判分析提供了数据支撑。持续推进网站群建设、支持学校"最多跑一次"流程服务和校院两级OA系统建设。

以信息化助力科研产出，建成线上科研空间"研在浙大"。以"网上浙大"布局为基础，凝练科研团队线上协同，构建共建共享科研生态，强化大数据、云计算等信息技术手段在科研创新的应用，推进线上线下科研新结合。

以信息化加速新基建。开发数据决策平台，定制分析报表和数据可视化大屏50余个；制定数据标准，初步形成统一的数据资产。提升网络获得感，就全校目标区域有线、无线网络进行了全面升级检修，全校AP数量从1万个提升至4万个，全校98幢宿舍楼有线网万兆到楼，实现有线、无线网络宿舍、教室全覆盖；上线无须下载客户端的WebVPN系统。开设公有云服务器400多台，混合云支持了"学在浙大"、"研在浙大"等17个系统，有效支撑了网上教学等关键业务。

严守网络安全红线。优化了信息系统出口安全链路，提高对未知威胁及高级网络攻击的检测能力；建设2020年等保2.0整改项目，强化浙江大学网络与信息安全领导小组的统筹领导，指导全校各部门做好网络安全工作，完成全年累计超过70天重要时期安全保障工作。疫情期间成立安全专组，部署防御系统，为线上教学办公的顺利开展做出重要安全保障。

【全面线上开课】 2月24日，浙江大学全面线上开课。学校确立了以"学在浙大"为主要的课程平台，融合"浙大钉"直播课程群功能、"智云课堂"直播录播功能和智慧教室线下的技术保障方案。制定了师生均未返校远程教学“空中课堂”解决方案；部分师生返校，制定了线上“智云课堂”与线下智慧教室系统结合应用的直播、录播课程“送课上门”解决方案；学校恢复正常教学秩序，制定了三通一合线上教学与线下教学结合的方案。整合了全体师生近10万条个人数据，打通教务系统与线上授课系统，保障了所有课程线上建课、建群，、所有学生老师能够使用“学在浙大”和“浙大钉”。为教师搭建了从开课、备课、在线授课、课堂互动到教学反馈与评价的全教学过程的技术支撑体系。为学生搭建了从认证登录、选课、进入课程群、线上签到、听课、课堂互动到完成作业与测试的全学习过程的同步支撑。全年全校发起教学直播11.5万场次，观看教学直播445万人次，直播总时长达725万分钟；发起视频会议39万场次；发布教学视频5万余个，发布教学课件8万余个，布置在线作业2万余份；在线闭卷考试2000余场，“智云课堂”每日线上2500节课，PPT识别500多万页，语音自动识别2960万小时，有序地保障了春、夏、短、秋、冬学期的在线教学顺利完成。

【“研在浙大”发布】 3月7日，一站式全流程线上科研空间“研在浙大”发布。“研在浙大”打通学校科研办公网、科研服务网、校务服务网，整合线下实验室设备资源，集合论文助手、专利助手和填表助手等数据学术科研工具，提供免费云主机和云计算支持，为师生远程开展科研提供技术保障，为学校科研管理决策分析提供大数据依据。开通的云主机涵盖21个学院系，CARSI接入40家中外知名数据库，供6万余名师生日常使用，微软注册用户数6.98万个，Adobe下载总量超12万人次。

【形成线上教育闭环支撑环境】 受疫情影响，线下教学教育环境受限，信息技术中心通过信息化手段建设了从日常教学到线上复试、线上答辩、线上考试、线上毕业典礼、线上招生、线上校庆等一系列的高等教育闭环流程环境。保障研究生线上复试，建立了从资格审核到面试与监考的全过程复试流程；保障线上答辩，基于“浙大钉”顺利保障了我校研究生春季毕业论文答辩工作。保障线上考试，以“浙大钉”和“学在浙大”信息化手段组织线上考试，顺利保障了我校春夏学期末线上考试；保障线上123周年校庆，开设2020年云端毕业季平台和2020年云端招生服务平台。

（陈蓉蓉撰稿　陈文智审稿）

出版工作

【概况】 2020年，浙江大学出版社（以下简称出版社）全年出版新书品种925种；重印图书1390种，图书总生产码洋3.97亿元，发货码洋2.88亿元（含“中国历代绘画大系”0.22亿元）；总收入规模2.29亿元，利润1519万元。

入选年度国家出版基金项目4项，入选年度国家新闻出版署国家古籍整理资助项目1项，入选年度国家社科基金后期资助项目11项，入选教育部全国高校出版社主题出版计划4项，入选全国有声读物精品出版工程1项，入选国务院新闻办公室与新闻出版署的中国图书对外推广计划1项，入选中宣部对外出版项目5项，入选国家新闻出版署“丝路书香”工程重点翻译资助项目4项，入选浙江省新冠图书海外出版翻译资助项目2项。

品牌效益和影响力、美誉度继续提升。出版社获得“2020 年中国图书海外馆藏影响力出版 100 强”，排名首次进入前 20 强。22 种出版物获得浙江省树人出版奖、第 35 届浙江优秀出版物编辑奖、浙江优秀出版科研论文奖、第十一届华东书籍设计双年展（封面设计奖）。在第七届“韬奋杯”全国图书编校暨高校编辑出版能力大赛中，1 人获得个人二等奖，2 人获得个人优秀奖，出版社成员代表浙江队获得 2 项团体三等奖。在“木铎杯”第二届全国出版编校网络大赛中，1 人获得一等奖，1 人获得优秀奖。4 人获得浙江优秀出版物（装帧设计）编辑奖（含提名奖）。1 人入选第 18 届输出版引进版优秀图书推介活动的“推动输出引进的典型人物”。1 人入选浙江省优秀编校工作者。

市场影响力持续提升。全年共有 116 种图书入选 215 项榜单。《万年行旅：一个考古人的独白》《魔仆与泥人：什么不是科学》《哈佛出版史》等入选《光明日报》光明好书榜，《中国经济史的大分流与现代化：一种跨国比较视野》《十三行小字中央》《克尔凯郭尔传》入选《中华读书报》好书榜，《人，经济与国家》《克尔凯郭尔传》《欲望、利益与商业社会：从曼德维尔到斯密》《另类宋元：用食物解析历史》等 9 种图书入选中国出版传媒商报影响力书榜，《贝多芬传：磨难与辉煌》《哈佛出版史》《父权制与资本主义》等 11 种图书入选“百道好书”年度榜单。期刊声誉和质量稳步提升。英文学报《浙江大学学报（英文版）A 辑》《浙江大学学报（英文版）B 辑》《信息与电子工程前沿》SCI 影响因子保持上升态势。《浙江大学学报（英文版）B 辑》首次进入中科院二区，《信息与电子工程前沿》首次进入 JCR Q2 区。学术期刊影响力进一步扩大。《浙江大学学报（人文社会科学版）》再次获得国家社会科学基金资助。《浙江大学学报（英文版）A 辑》《浙江大学学报（英文版）B 辑》分别获得由中国学术文献国际评价研究中心和清华大学图书馆评选的年度中国最具国际影响力学术期刊荣誉称号（Top 5%）；《浙江大学学报（人文社会科学版）》和《信息与电子工程前沿》获得年度中国国际影响力优秀学术期刊（10%Top）。新刊建设进一步取得成效，3 种新刊被 SCI 数据库收录，*Bio-Design and Manufacturing* 进入学科 Q1 区，*World Journal of Emergency Medicine* 进学科 Q2 区。2 种新刊入选年度中国科协等 7 部委组织的中国科技期刊卓越行动计划高起点新刊项目。浙江大学学术期刊集群新增 2 种期刊，集群规模达到 30 种。

【“中国历代绘画大系”系列短视频上线“学习强国”平台】 自 2020 年 9 月 2 日起，由“中国历代绘画大系”转化衍生而成的“每日中华名画”系列短视频在中宣部“学习强国”平台以“推荐”专栏形式每日更新推出。截至 12 月 31 日，已上线至第 121 期。栏目总点播量达至 4957.6 万次，总点赞量为 190.6 万次，其中介绍宋朝画家鲁宗贵名作《吉祥多子图》的视频，单日点击量超过 150 万次。

（阎　崴撰稿　袁亚春审稿）

档案工作

【概况】 截至 2020 年 12 月 31 日，校档案馆本年度收集常规档案 2683 卷、93685 件（卷件不重复）；提供档案利用 6006 人次，复制档案 62359 页。馆藏档案案卷级目录

211461 条，文件级目录 4698753 条，电子文件 1932312 个。加强档案法制建设和安全保密建设，持续做好档案"八防"，确保档案馆环境安全和档案实体安全。

2020 年，档案数字化扫描 99 余万页，录入条目 25 万条，馆藏珍贵和常用档案数字化率达 90%以上。建设并试运行新数字档案管理系统，全面提升数字档案资源管理与利用能力。推动新增档案电子化立卷归档，实现大多数部门纸质与数字化档案同步归档。将研究生学位服照自助上传采集节点纳入毕业生离校系统，进一步提高学位服照片采集率与便捷性。在学校信息技术中心建立数字档案资源备份并定期更新，实现学校办学记录纸质、电子双套制存储。

基于数十年档案数字化成果，档案服务于 5 月 6 日入驻学校行政服务办事大厅，涉及学籍、科研、基建档案等 20 余项档案查阅事项实行"一站式办理"，极大地方便党政部门、学院（系）和主校区师生档案查阅，实现校友补办学籍证书等事项"一件事"全流程"最多跑一次"。上线学籍档案远程查阅利用服务，为外地校友提供便捷的学籍档案证明、快递寄送"一次都不用跑"服务。2020 年提供远程查档服务 5232 人次。

继续实施"珍贵史料传承典藏计划"，征集特色档案，唐孝威院士，文科资深教授田正平教授，语言学家、敦煌学家蒋礼鸿先生，全国优秀教师、模范教师胡萃教授，教学名师、永平奖教金获得者林正炎、杨启帆、吴秀明、吴敏、方富民等，以及京剧名家宋宝罗先生等近 3 千件名人档案史料入藏。洪保平拍摄的"建设中的紫金港"系列照片、文果拍摄的华家池实验农场系列照片、学生"最美笔记"等一批反映学校发展、校园建设和师生教学科研的史料入馆。与发展联络办合作发起浙大校友抗疫书画篆刻线上展览实物作品捐赠母校倡议，征集相关书画篆刻作品 28 件。联合浙江大学公众史学研究中心，开展近 40 位老领导、老校友的"口述校史"视频档案拍摄采集工作，形成《浙大口述史》第一、二辑书稿 200 余万字，建立真实生动的口述历史档案。

持续开展档案编研工作，出版、分发《浙江大学馆藏档案》（2019 年）、《浙江大学校史研究》（2020 年）；运维"浙江大学档案馆"微信公众号；配合宣传部完成蒙民伟楼院士长廊 219 位浙大校友院士的内容修订，发挥档案文化资政育人作用。支撑学校建筑设计院为泰和建设"浙江大学泰和办学纪念馆"，积极发挥档案文化服务社会的作用。

继续开办《浙江大学学报》校史研究专栏，续办《浙江大学校史研究》刊物；组织学科专家力量，稳步推进《浙江大学史》编撰，完成《浙江大学史》各卷样章及《浙江大学史料》详目的拟定，并通过学校主要领导的审定，现各卷样章进入具体编写阶段，并开展浙大史料第一、二卷整理汇编。

不断提升校史馆的管理与服务，及时更新版面，疫情期间保证正常运行和有序开放，本年度接待参观人数近 3 万人次，接待中央及各省市重要领导 40 余批次。上线"浙江大学校史馆全景导览系统"，开发线上竺可桢纪念馆及专题展览，实现"云游校史馆""云游竺可桢纪念馆""云看展"，为师生校友了解校史文化提供优质、便捷的渠道。

【竺可桢纪念馆重修开馆】 完成竺可桢纪念馆重修改建工作，作为学校建校 123 周年纪念日主要活动，于 5 月 21 日在玉泉校区国际教育大楼举行开馆仪式。该馆展出竺可桢近 200 幅历史图片以及日记手稿、信函、用品等，成为传承和弘扬竺可桢名人风范和浙大求是精神的重要场所。2020 年度接待参观 2500 余人次。

【举办"习坎示教 始见经纶——浙江大学'教书育人'馆藏精品展"】 5 月 20 日至 9 月 25 日，该展在浙江大学紫金港校区基础图书馆一楼举办，展出精品手稿、教材、著作、讲义和教师备课笔记、学生上课笔记等 200 余件，展现立德树人、追求卓越的浙大精神，弘扬优良教风学风。

（金灿灿撰稿　蓝　蕾审稿）

【附录】

附录 1　浙江大学 2020 年档案进馆情况

类目	数量	类目	数量
党政	2757 件	设备	104 件、401 卷
教学	61287 件、1169 卷	外事	10365 件
科技	6284 件、1099 卷	财会	12779 件
出版	109 件	涉密档案	0
基建	14 卷	声像	103660 件
产品	0	人物	2792 件
资料	387 件	实物	654 件
合　计	201178 件、2683 卷		

附录 2　浙江大学 2020 年馆藏档案情况

全宗	类别	卷	件
浙江大学全宗	党群(DQ)	665	51153
	行政(XZ)	9543	117468
	教学(JX)	60692	196818
	科研(KY)	29023	114679
	产品(CP)	116	2314
	基建(JJ)	10949	36660
	设备(SB)	3798	7958
	出版(CB)	2582	3314
	外事(WS)	1470	101053
	财会(CK)	24394	132110

续表

全宗	类别	卷	件
浙江大学全宗	声像(SX)	3122	115557
	人物(RW)	6105	2408
	实物(SW)	4038	118
	资料(ZL)	3317	44249
	保密档案	1358	11789
	沈德绪个人档案	1940	
	其他	1309	
杭州大学全宗	各类	19527	5622
浙江农业大学	各类	18606	4496
浙江医科大学	各类	14398	4849
之江大学	各类	12	
国立英士大学	各类	65	
杭州工学院	各类	1941	
浙江省农干院	各类	754	
合　计	219724 卷、952615 件(卷、件不重复)		

采购工作

【概况】 2020 年,全校通过加强采购管理,发挥集中采购优势,全年完成货物、服务和工程(基建工程除外)采购 2535 单,共完成采购预算总金额为 178744.84 万元,共计节约经费 9896.06 万元。其中通过集中采购预算 117208.12 万元,成交金额为 110191.75 万元,为学校节约经费 7016.37 万元。其中:

货物采购方面,全年预算为 112440.19 万元,成交金额为 107742.98 万元,节约经费 4697.21 万元。

服务采购方面,全年预算为 48982.89 万元,成交金额为 46622.78 万元,节约经费 2360.11 万元。

维修工程方面,全年落实实施维修工程项目总预算金额 17321.76 万元,成交金额为 14483.02 万元,节约经费 2838.74 万元。

采购中心执行 84647.55 万元,节约经费 5006.65 万元;各招标代理公司执行 63412.73 万元,节约经费 3086.31 万元;科教服务中心执行 2854.15 万元,节约经费 13.93 万元;委托浙江省政府采购中心执行 6109.57 万元,节约经费 637.09 万元;网上比选 17245.74 万元,节约 1037.53 万元;协议采购 4475.1 万元,节约 114.55 万元。

合理利用国家对科教仪器的免税政策，进口免税设备7237.06万美元，共计免税金额1052.78万美元。

（沈伟华撰稿　包晓岚审稿）

【附录】

浙江大学2020年采购情况

采购执行单位	货物		服务		工程		节约总额/万元	招标项目数/个
	预算金额/万元	成交金额/万元	预算金额/万元	成交金额/万元	预算金额/万元	成交金额/万元		
采购中心	47195.62	45850.96	28816.93	27020.16	8635.00	6769.78	5006.65	329
各招标代理公司等	35454.61	33838.82	19271.36	18774.36	8686.76	7713.24	3086.31	418
科教服务公司	2854.15	2840.22	0	0	0	0	13.93	341
省集采中心	5528.07	4933.54	581.5	538.94			637.09	7
网上比选	16932.64	15918.89	313.1	289.32			1037.53	593
协议采购	4475.1	4360.55					114.55	275
合计	112440.19	107742.98	48982.89	46622.78	17321.76	14483.02	9896.06	1963

后勤服务与管理

基本建设

【概况】 2020年，学校共完成基建工程投资6.63亿元，在建项目建筑面积63.79万平方米。紫金港校区西区竣工（完工）项目建筑面积22.7万平方米，包括理工农组团（二期）—理科大楼、理工农组团（三期）—材化大楼、动物中心与博士后宿舍。理工农组团（一期）—机械与公共教学大楼、体育馆（亚运篮球比赛馆）改造提升工程、游泳池附房（亚运篮球比赛热身馆）改建工程进入室内装修、设备安装收尾阶段；图书馆、档案馆完成地下室顶板施工；学生生活区组团（北）处于部分主体施工，部分地下室施工阶段；农业科技创新试验中心主体结构基本完成；主干道路及桥梁工程（二期）完成二座桥的钻孔灌注桩及南岸桥墩、桥台；超重力离心模拟与实验装置国家重大科技基础设施项目完成全部工程桩施工，进入主机室基坑开挖阶段。

紫金港校区拟建项目建筑面积24万平方米。生命科学研究交叉中心完成规划许可证申领；教工宿舍（后勤保障用房）转到教育部重新备案立项；化学试剂仓库及辅助用房完成教育部备案立项；综合训练馆、大健康综合交叉组团已报教育部办理备案手续。

市政配套项目有序展开。护校河（理工农组团动物中心段、学生组团西、艺博馆段）、西区供电工程主环路等相继完工；学生生活区组团（西）北侧河道驳坎工程完成南侧驳岸及绿化施工；景观工程中，遵义西路与求是大道交叉口和求是书院周边（中心湖东、北侧）场地平整、乔木种植已基本完成。

2020年，合计送审项目为133项（含历年送审工程），造价为15.58亿元；其中91个项目已结算审核，送审造价为73339万元，审核后造价为65372万元，核减额7967万元。

（黄禾青撰稿　林忠元审稿）

【附录】

浙江大学2020年在建工程进展情况

名称	面积/平方米	进展状态	计划竣工时间
紫金港校区西区理工农组团一期(机械及公共教学楼)	100879	进入室内装修、设备安装收尾阶段	2021.6
理工农组团(二期)—理科大楼	101238	完成竣工验收,正在进行消防验收	2021.4
理工农组团(三期)—材化大楼、动物中心	106771	已竣工	
博士后宿舍	18960	已竣工	
紫金港校区体育馆(亚运篮球比赛馆)改造提升工程	16954	进入室内装修、设备安装收尾阶段	2021.3
紫金港校区游泳池附房(亚运篮球比赛热身馆)改建工程	15295		2021.3
紫金港校区西区图书馆、档案馆	61491	完成地下室顶板施工	2022.5
学生生活区组团(北)	164760	处于部分主体施工,部分地下室施工阶段	2022.7
农业科技创新试验中心	17000	主体结构基本完成	2021.3
主干道路及桥梁工程(二期)		完成二座桥的钻孔灌注桩及南岸桥墩、桥台	2021.9
超重力离心模拟与实验装置国家重大科技基础设施项目	34560	完成全部工程桩施工,进入主机室基坑开挖阶段	2024.12

房地产管理

【概况】 2020年,总务处继续加强房地产资源管理制度建设,出台《浙江大学关于西湖区块人才专项房和余杭区块商品房申购的若干意见》《浙江大学西湖区块预留高层次人才专项房申购和销售管理办法》《浙江大学余杭区块预留高层次人才商品房申购管理办法》及《浙江大学余杭区块商品房(海兴雅苑)地下车位使用权申购管理办法》等文件,修订《浙江大学家具资产管理实施细则》,聚焦重点,优化资源保障,规范资产管理。围绕学校"十四五"战略目标和总体部署,完成"资源优化与拓展专项规划"空间资源与后勤保障部分的编制工作。

提升公用房资源使用绩效，探索公用房配置新模式，核定2020年公用房资源使用费9300余万元。优化空间布局，制定在杭校区功能及公用房调整规划与学生宿舍调整规划。完成各类公用房调整分配建筑面积65940.47平方米，收回腾空公用房建筑面积30707.78平方米。完成紫金港校区西区学生服务中心、学生生活组团3—7号楼、博士后公寓、大动物中心的移交接收，完成紫金港校区西区新建大楼房间面积测量、房间核对、系统录入与门卡办理工作，累计测量建筑面积84819平方米。

优化住房资源配置，提高运营效益，全年使用费收入共6939万元，其中教师公寓使用费收入3100万元，内部单位借房使用费收入2273万元，营业用房房租收入815万元，承租公房房租收入19万元，车位销售收入355万元；统筹规划教师公寓资源，投入40套紫金西苑教师公寓房源，推进紫金港校区西区343套新建教师公寓的接收工作；提升教师公寓品质，实施玉泉校区黄鸿年科技综合楼7至9层、西溪校区北园4号、6号楼教师公寓的修缮改造；改善后勤员工宿舍居住环境，玉泉内单宿舍、建发宿舍等公共区域修缮工程，西溪西临宿舍，华家池老医务室宿舍等工程相继完工。推出"浙大公寓"管理系统，实现教职工选房、入住、换房、退房等服务"最多跑一次"。通过创新单位借房线上直播摇号选房模式，累计开展线上单位借房三批次。

开展"580工程"扫尾和老家属区民生工作，办理高层次引进人才选房入住4人次，完成港湾家园地下车库地面维修项目和紫金文苑西侧临时围墙改建项目，配合启动加装电梯11例，老家属区27幢危房实现远程动态安全监测，启动之江家属区四幢屋顶翻新工程，完成之江十间头解危工程，与西湖区政府就杭大新村危房整治和保护性开发方案进行多轮对接，全年修改设计稿共九轮数十次，确保国有资产保值增值。

启动2020年住房一次性补贴工作，审批发放金额119.66万元；完成2019年度住房公积金补贴建账发放和2020年度住房公积金补贴申请；完成1179位教职工的住房公积金补贴缴存与年度调整工作，累计缴存836.6万元；完成9294位教职工住房公积金按月缴存和年度调整工作，累计缴存约3.98亿元；共办理853人新增、619人停缴及809人补缴的手续，累计完成271人住房公积金支取工作，支取金额4988万元；完成15个专用房项目的两轮资产核查，包括专用房5186套和回购旧房3500余套，按项目逐个完成数据核对、分类统计。

截至2020年12月31日，新增房屋固定资产89条，增加面积39575.93平方米，金额226060192.57元；新增构筑物固定资产28条，金额2359197.12元；新增家具固定资产70167件，金额8714.16万元。

提升文物建筑活化利用水平，推进华家池校区团结馆、和平馆、土壤馆、农机工厂及之江校区2号楼等文物建筑修缮改造的报批报备，获批省、市历史文物建筑专项修缮补助299.37万元，完成"智慧用电"设备试点安装50余套。华家池校区历史文物建筑相关文创产品、玉泉校区历史文物建筑智慧用电项目入选杭州市"让文物活起来"文物保护利用示范案例。

【继续推进"1250安居工程"建设】 有序开展申购各项工作。结合疫情防控要求，落实申购报名、集中选房、一条龙购房签约、交付入住等各个环节。西湖区块全年共配售房屋92套，办理购房手续172户，交付入住

157户，办理不动产证217户，出售车位174个；余杭区块全年共配售房屋66套，网签合同490户，交付入住496户，办理不动产证481户，出售车位556个。截至2020年12月15日，西湖区块累计办理入住1997户、办证2021户，余杭区块累计办理入住523户、办证481户。全年共回笼资金11.04亿元，归还贷款7亿元。同时，针对疫情情况、外籍教师贷款开通、紫金西苑放贷流程调整等，制定购房手续办理和装修延长等方案。

西湖区块人才专项房项目全年共审拨建设资金约1.17亿元，支出贷款利息约1246万元，余杭区块商品房项目全年共审拨建设资金约1.59亿元，支出贷款利息约1306万元。完成施工总承包工程、围墙工程、市政景观工程等13项工程结算送审工作，清点移交269份结算资料。组织参建单位现场踏勘6次，形成及确认63条踏勘记录，完成22条对账意见确认，落实17项审计查询事项，送审金额约6.81亿元。

（姜雄晖编撰　吴红瑛审稿）

【附录】

附录1　2020年浙江大学土地资源情况

单位：亩

校区	教育用地(有证)	教育用地(未办证)	总土地面积
玉　泉	1235.86	0	1235.86
西　溪	500.23	0	500.23
华家池	968.38	30.04	998.42
之　江	653.83	0	653.83
紫金港	1797.17	3365.85	5163.02
其　他	5.91	0.23	6.14
海南陵水县椰林镇	0.47	0	0.47
舟山校区	499.37	0	499.37
海宁校区	2.12	0	2.12
浙医四院土地	174.68	0	174.68
长兴农业科技园	11.87	0	11.87
超重力项目	89.15	0	89.15
总　计	5939.04	3396.12	9335.16

附录 2　2020 年浙江大学校舍情况　　单位：平方米

校舍用途	学校产权校舍建筑面积				正在施工校舍建筑面积	非学校产权校舍建筑面积		
	总面积	危房	当年新增校舍	被外单位借用		总计	独立使用	共同使用
一、教学科研及辅助用房	1493425		17569			167049	167049	
教室	180631					35420	35420	
图书馆	99249					8750	8750	
实验室、实习场所	673657					41464	41464	
专用科研用房	442864		5069			56244	56244	
体育馆	59423		12500			11631	11631	
会堂	37601					13540	13540	
二、行政办公用房	173261					21619	21619	
三、生活用房	1227109		118214			158618	158618	
学生宿舍(公寓)	778161		84112			99903	99903	
学生食堂	88897		10000			9935	9935	
教工宿舍(公寓)	85244					10379	10379	
教工食堂	4810					1140	1140	
生活福利及附属用房	269997		24102			37261	37261	
四、教工住宅	575199					0	0	
五、其他用房	205221		10611			51976	51976	
总　计	3674215		146394			399262	399262	

学生宿舍建设与管理

【概况】 2020 年浙江大学学生宿舍管理服务工作秉持抓好宿舍安全秩序、不断提升服务满意度、积极发挥育人功能的要求，扎实开展日常工作和专项管理。作为学校疫情防控的重要阵地，坚持把保障学生的生命健康作为首要任务，严格落实学校疫情防控要求，坚持做到快速响应、从严要求，加强返校学生和外来人员管控，不断巩固校园疫情防控成果。

严筑疫情防线，打造健康宿舍。受疫情影响，春节前后校园实行封闭管理，寒假期间在校学生有 700 余人，宿管中心除做好常规的生活服务以外，按照学校要求统一做好宿舍楼进出人员管控、测温、防疫物资分发等工作。据不完全统计，各校区爱心服务共计“接单”18967 项，贴心的服务收获了同学们的一致好评。由于学校重点科研项目需要，部分研究生陆续返校。宿管中心按照学校“一室一人”原则，参与学生返校审批及住宿安排，同时提前启动紫金港西区第4、5幢新建学生宿舍拓荒工作，腾空西溪第21幢学生宿舍，开拓更多房源及宿舍，安排返校学生住宿。4月，为推进学校疫情防控智能化和常态化，宿管中心与学校共同出资70多万元，安装具有测温模块的人脸识别门禁，同时自主研发配套的智能测温管理系统，使防疫与测温工作更加便捷高效。

5月初，学生陆续分批返校，宿管中心全力配合学校做好相关工作。宿管中心成立4个"志愿者小队"开展爱心车接驳服务，为同学们点对点搬运行李，仅紫金港校区累计帮助学生运送物资6785件，帮助学生1600多人。伴随大批学生返校，西溪校区将第21幢学生宿舍作为隔离观察住宿点，宿管中心组织专班人员进场驻扎，为从中高风险地区返校学生提供全方位服务和关怀。设立线上"小宇商城"，做好生活配套设施准备。学生全面返校后，各校区宿管办一如既往地做好宿舍消毒、学生体温检测的必要工作，切实推进疫情防控常态化。

严守安全红线，打造平安宿舍。落实安全网格化管理和常态化检查机制。把每间学生寝室作为一个网格，在每个学生寝室中选出一名网格安全管理员，主要由党员或寝室长担任，让广大同学参与宿舍安全管理。除每周例行安全检查以外，每个月各校区宿管办联合安全保卫处进行大型综合安全检查，全年各校区安全检查查处违章电器共计1055件，报送处分10人。各校区邀请或参与安保处培训共14次，内部消防专题培训35次，消防演练123次。围绕"11.9"安全消防安全月，宿管中心开展专题消防宣传系列活动，通过多种方式向学生宣传使用违章电器的隐患，提高大家的安全防范意识，为校园安全做好坚实的后勤保障。

推广场景应用，打造智慧宿舍，不断新增线上宿管业务服务。针对因疫情不能返校的毕业生，推出线上退宿服务模块，学生可以在线上委托室友办理退宿手续，体现了人性化的服务理念。跨校区住宿申请，可以通过网上递交材料办理，线上审批进度实时可查，初步实现"一次都不用跑"。

提升服务品质，打造满意宿舍。持续推进宿舍楼"五个一"工程建设，2020年各校区共新增10个毕至居（自助厨房），8个自助服务室（洗衣房等）。各校区有效推进垃圾下楼、垃圾分类工作，全年共新建垃圾分类集中点共27个（紫金港9个，玉泉10个，西溪7个，华家池1个）。改建基础设施，加强环境管理，2020年各校区完成各类大专修项目共计106项，零修项目共计56161项，其中水类15340项、电类17715项、锁类9364项，其他项目13742项。

【配合承接学生宿舍区人口普查工作】 响应国务院关于全国第七次人口普查工作的号召，校区宿管办积极配合校区管委会，承接学生宿舍区人口普查工作。各校区共安排135人作为普查员，负责98幢学生公寓及15980户学生的人口普查登记。

【紫金港西区第3至7号宿舍楼投入使用】 2020年9月初，紫金港西区新启用第3～7号宿舍楼，其中本科生宿舍楼2幢、研究生宿舍楼3幢，共有双人间寝室1102个，可入住学生3902人。寝室内部生活设施齐全，每个寝室都有独立卫生间，配备书桌、多功能书柜、衣柜等生活设施。对宿舍楼门厅内的公共区域都进行了精心的布置，为学生学习、交流提供了便利，营造了良好的寝室生活环境。

（贯　傚撰稿　徐　瀛审稿）

后勤管理

【概况】 总务处继续推进综合服务制度建设，出台《浙江大学修缮工程结算口径规定》《浙江大学修缮工程变更管理实施细则（试行）》及《浙江大学修缮工程合同管理实施细则（试行）》，优化修缮工程合同管理和结算审核审计流程。

在后勤服务支撑方面，紫金港校园观光车投入运行，破解师生校园出行“最后一公里”难题。推进楼宇物业化管理，对在杭五校区物业管理服务存量业务进行公开招标，涉及楼宇建筑面积78.67万平方米；对紫金港校区西区人文社科组团（二期）等楼宇综合物业管理服务项目进行公开招标，涉及楼宇建筑面积18.75万平方米；推进老校区部分楼宇物业管理服务项目公开招标，涉及楼宇建筑面积5万平方米。落实重大活动的后勤保障，邀请政府监管部门、校区管委会、学生会及师生代表等共同参与后勤服务管理检查考核，持续开展后勤督导，开展“安全生产月”校园隐患排查、“饮食周”食品安全检查等工作，全年共开展食品安全检查33次，整改食品安全隐患91处。

落实中央高校改善基本办学条件房屋修缮类、基础设施维修改造类及设备资料购置类项目共计58项，专项经费约1.64亿元；落实“2020年学校修缮工程计划”维修资金共计3500万元。完成2021年中央高校改善基本办学条件专项61个项目的申报，评审金额3.25亿元。制订“2021年学校修缮工程计划”方案，通过公开招标、采购共计51项，投资额约1.65亿元，采用竞争性谈判或议标形式项目12项，投资额约605万元。全年签订各类修缮工程合同295份，合同金额约1.7亿元。实施各类修缮项目约1242项，投入经费约2.89亿元，完成结算审核、价款支付等工作，基本完成结算审核约1124项，送审金额约1.45亿元。共计完成1376项工程款项进出，金额约1.81亿元。

推进生活垃圾分类，制定《浙江大学生活垃圾分类工作方案》，添置分类容器5000余只、新建分类垃圾房23个。做好化学废弃物处置工作，全年共完成约300吨化学废弃物清运。完成华家池校区无名塘水环境治理试点项目，试点面积2554.80平方米。完成校园景观提升工程5处，校园文化景观环境改造8处，完成15000平方米的绿化补植。

全校全年水电费总支出、净支出控制合理，达到了年度工作目标；完成玉泉校区部分建筑的老旧电梯更新改造、紫金港动力中心2台主机更新，推进华家池校区医学院用房新增用电容量供电方案，提升校园各类能源供应系统的保障能力；推广新型计量器具使用，在教师公寓分批安装预付费水表，杭大新村、西溪校区小山头宿舍分批安装载波电表和物联网水表，实现抄表、账单推送、收费结算的全电子化；完成浙江省节水型标杆高校创建、杭州市“既有建筑节能示范项目”验收。

【全力打好校园疫情防控攻坚战】 新冠疫情暴发后，总务处作为学校疫情防控领导小组后勤保障组组长单位，牵头研究部署防控工作，扎实做好防控后勤保障，全方位保障师生员工的生命安全和身体健康。

制定《浙江大学疫情防控后勤保障工作方案》《浙江大学教师公寓疫情防控工作方

案》《浙江大学疫情防控物资保障预案》《浙江大学新型冠状病毒感染的肺炎疫情预防性卫生清洁与消毒指南(试行)》《新冠疫情防控物资(设备)采购管理方案》《学生返校接站工作方案》等多项方案与防控指南,发布防疫物资申领通知。多渠道筹集疫情防控应急物资并有序发放,截至 2020 年 12 月 31 日,共发放含氯消毒液近 13 吨、免水洗手消毒液 9500 余瓶、电子体温计 3000 支、额温枪 390 余支等,无偿提供口罩近 86 万只,有偿申领口罩累计 53 万余只,为 1272 个公共卫生间配备洗手液和大盘纸。加强环境卫生清洁消毒消杀,每日对校园公共场所开展清洁消毒和通风换气工作,根据开学复课要求和疫情常态化要求,动态调整清洁消毒和督查重点;部署完成公共区域空调管道系统及电梯轿厢清洗消毒,总计滤网 3500 片、风管 32000 平方米、电梯 143 部,保障中央空调系统的使用安全。做好春夏学期学生分批返校、毕业生离校接站,点对点将从中高风险地区返校的学生接送到学校隔离观察点,共接站学生 1800 余人次;做好本科生、研究生新生迎新接站和校内短驳,共接站发车 126 车次,校内短驳 863 车次,约 8700 人次。各校区出入口安装行人和非机动车闸机通道 98 道、各学生公寓出入口安装测温/人脸识别门禁 168 台,实现通行智能管理,筑牢学校防疫屏障。

做好疫情防控物理空间保障和人员管控。协调公用房资源,设置疫情防控医学隔离观察点,总房间数 2100 间;加强疫情防控校园网格化管理,推行“一房一码”,建立一级网格队伍,掌握人员流动情况。动态调整教师公寓防控方案,落实常态化防控。截至 2020 年 12 月 31 日,已制订并调整各类防控措施 17 次,已管控教师公寓住户 1700 余户,并与未返回的 120 余户住户保持联系。联动各借房单位开展疫情防控工作,完成居住人员摸排,形成以属地社区报批、借房单位管理、公寓中心备案、总务处统筹监管为特点的四位一体疫情防控机制。落实管理单位摸排营业用房相关人员信息,督促承租户做好消毒防护措施和进校报批工作。制定在建工程项目复工管控措施,3 月下旬基本实现修缮工程正常复工复产;全面落实修缮工程疫情常态化管理,在建工程人员疫情防控台帐信息报送 4 万余条。

(姜雄晖撰稿　吴红瑛审稿)

医疗保健工作

【概况】 2020 年初,国内新冠疫情暴发,学校在第一时间成立新冠疫情防控工作小组,办公室设在校医院。在疫情防控初期,制定疫情防控工作方案和应急预案,与校内各单位协同,做好疫情处置的应急演练工作。在学生的 2 次返校阶段,医院制定返校工作方案,加强对进校学生的体温监测,做好对发热学生和从中高风险地区返校学生“14＋7＋7”的医学隔离观察。疫情防控进入常态化管理后,医院制定常态化管理工作方案,对发热、中高风险地区人员进行常态化管理。2020 年度共解除各类隔离人员 3999 人,完成新冠核酸检测 13423 人次,新冠抗体检测 11040 人次。校医院被评为新冠肺炎防控先进集体,玉泉在职第一党支部被评为先进党支部;黄建、张仁炳被评为浙江省先进个人,缪锋等 10 人被评为学校疫情防控先进个人,唐云、李小琴被评为优秀共产党员。

改善师生就医体验。2020 年受疫情影响，校医院的门诊量与住院人次虽有较大幅度下降，但在关系师生利益方面，校医院积极投入人力和物力，全力完成校园公共卫生和疫情防控任务。在持续设置发热门诊、管理校外 7 处隔离场的同时，保质保量按时完成 2020 年度全校师生的健康体检任务，为校、院（系）各类活动、会议、考试等，提供测温、疫情防控等医疗服务达 200 余场，全力保障各项教学科研工作的顺利开展。

【由浙大二院按院区方式实行全面托管】 2020 年 10 月，为扎实推进学校治理体系和治理能力现代化建设，进一步提升校医院医疗服务水平与医院管理能力，切实为全校师生员工提供更优质的医疗服务和更有力的健康保障，学校对校医院体制机制进行改革。校医院由浙江大学医学院附属第二医院（简称浙大二院）按院区方式（浙大二院设立“浙江大学医学院附属第二医院浙大院区”）实行全面托管。保留校医院直属单位设置，加挂“浙江大学校园卫生健康办公室”牌子（承担学校公共卫生、医疗保险、计划生育和红十字会等职能）。托管后的短短 2 个月内，浙大二院浙大院区在提升体验和促进融合方面取得了明显进步，先后开展总院专家门诊、就医流程改进、就医环境改善、“6S”管理提效、院区信息共享、医护急诊轮训、人员双向交流、财务医保联通等多项措施，始终秉承“患者和服务对象至上”的核心价值观，竭力打造新型校医院建设样板和全科医学精品示范基地。

（徐　俊撰稿　黄　建审稿）

【附录】

2020 年浙江大学校医院概况

建筑面积/平方米	固定资产/万元	职工总数/人	核定床位/张	门诊量/万人次	急诊量/万人次	健康检查/万人次
22000	8028	361	170	40.38	3.32	18.73

校友与浙江大学教育基金会

校友工作

【概况】 2020年，浙江大学校友总会紧密围绕学校“双一流”建设目标，构建更高质量的学校—校友发展共同体，克服新冠疫情带来的困难和挑战，召开一次理事会会议和二次常务理事会会议，协助策划组织“唱响浙大”“星辰浙大”“光辉浙大”等云校庆活动。

各分会和地方校友会以线上线下相结合的新形式开展各类活动，成效显著。科创企业校友分会、大健康产业校友分会、计算机科学与技术学院分会、竺可桢学院分会和湖州校友会、圣地亚哥校友会等成立；管理学院分会、心理系分会和杭州校友会、无锡校友会等进行换届；国内四大片区及北美地区校友会举行联谊会年会。

凝聚校友力量，发挥校友作用，协助学校各单位开展相关工作，助推校企合作、校地合作，助力学校声誉提升、高质量就业等重点工作，发动校友捐资捐物支持学校建设。

加强与校友的联络和服务工作，聘任2020届班级联络员745人；开展秩年返校计划，为登记信息的校友提供服务，其中为毕业(或入学)50周年、60周年的1800余位校友发放荣誉证书；深化基于大数据和人工智能的高校校友工作信息化建设研究。

继续办好“缘定浙大”校友集体婚礼、“大学之声”浙江大学新年音乐会、地方校友会“送新迎新系列活动”(欢送新生和迎接新校友)、校友足球赛、浙大学子走访校友行等品牌活动，共同举办纪念张荫麟先生系列活动，做好微信公众号日更、《浙大校友》刊物发行和校友网运营工作，组织或参加各类重要活动20余项(详见附录)。

做好中国高教学会校友工作研究分会会长和秘书长单位有关工作。全年共发展7家高校入会；举办2期中国高校校友工作干部培训班、1次全国高校校友工作研讨会；开展2017年校友工作专项课题结题工作；完成中国高等教育学会应急重点课题“高校校友会在新冠疫情中的作用研究”的研究。

【联动全球校友抗击新冠疫情】 疫情初期，组织海内外校友会支持物资募集工作，共为学校采购、筹募超150万件、总价近2000千万元的N95口罩、防护服等紧缺物资，支持学校及各附属医院、湖北等疫情严重地区的抗疫工作，收到黄冈市、利川市等地疫情防控部门的感谢；与湖北校友会密切联系，成立抗疫核心工作组和志愿者工作群，关怀在鄂校友、服务援鄂医疗队；发动校友捐款，其中黄峥校友捐资1亿元人民币成立浙江大学病毒感染性疾病防控专项基金。海外疫情蔓延之初，向10余个海外校友会寄出了近15万件防疫物资，组织召开海外校友会抗疫专题视频会议和抗疫经验分享交流会，并组建滞留海外的浙大学生与当地校友的微信联络群，从信息沟通、关怀传递、资源协调等多个方面，对海外校友和滞留海外的浙大学生给予帮助。

【启动第六届浙江大学校友创业大赛】 第六届浙江大学校友创业大赛于9月26日在紫金港校区正式启动，吴朝晖等校领导出席。该赛事在全球设立六大赛区，151个地方校友会对大赛进行广泛宣传，吸引了近300个校友和在校师生的创业团队参与。此外，通过持续招募知名创投机构加盟大赛以及邀请一批知名企业家担任创业导师、新设明星项目赛道等形式，更深层次提升大赛内涵，更大范围扩展大赛影响力。

（孙敏译撰稿　党　颖审稿）

【附录】

2020年浙江大学校友工作重要活动

序号	时间	活动主题	地点
1	1月1日	2020大学之声·第十三届浙江大学新年音乐会	浙江杭州
2	1月11日	北京校友会校友代表大会暨新春团拜会	北京
3	4月7日	浙江大学海外校友会抗疫工作视频会议	浙江杭州
4	4月17日	浙江大学医学院附属医院抗击新冠病毒经验分享交流会——海外校友专场活动	浙江杭州
5	6月28日	科创企业校友分会成立大会暨第一次理事会议	浙江杭州
6	7月12日	浙江大学校歌学唱线上培训	浙江杭州
7	8月15日	湖州校友会成立大会	浙江湖州
8	8月23日	无锡校友会第九届校友代表大会	江苏无锡
9	9月19日	2020浙江核力建筑“求是杯”第九届浙江大学校友足球赛	浙江宁波
10	9月26日	浙江大学第六届校友创业大赛启动仪式	浙江杭州
11	9月26日	大健康产业校友分会成立大会暨第一次理事会议	浙江杭州
12	10月17日	2020北部地区校友会联谊会暨光电技术与仪器装备创新发展高峰论坛	吉林长春

续表

序号	时间	活动主题	地点
13	10月24日	张荫麟教授墓地重修暨遗骸安葬仪式、纪念张荫麟先生座谈会	贵州遵义
14	10月24日	计算机科学与技术学院第一届校友代表大会暨校友分会理事会第一次会议	浙江杭州
15	11月12日	全国高校校友工作第二十七次研讨会	甘肃兰州
16	11月15日	2020年“缘定浙大”校友集体婚礼	浙江杭州
17	11月17日	西部地区校友会联谊会2020年年会	四川成都
18	11月28日	华东地区地方校友会联谊会第十六次年会	安徽合肥
19	11月29日	杭州校友会第五届会员代表大会暨理事会换届会议	浙江杭州
20	11月30日	北美校友会第四十四届年会	美国加利福尼亚州
21	12月12日	南部地区校友会联谊会第九届年会	湖北武汉
22	12月20日	校友总会2020年常务理事会(扩大)会议	浙江杭州

浙江大学教育基金会

【概况】 2020年,浙江大学教育基金会(以下简称基金会)秉承“汇八方涓流,襄教育伟业”的宗旨,在助力打赢疫情防控阻击战、推动内部管理机制改革、拓展社会资源、支持学校事业发展、提高投资理财收益、提升服务师生能力、提升行业声誉等方面取得新成绩,实现新突破,为学校“双一流”建设贡献力量。

2020年,基金会接受社会捐赠741项,签约金额折合人民币26.03亿元,实际到款折合人民币11.31亿元,获得中央财政配比9147万元,实现投资收益1.84亿元。截至2020年12月31日,基金会资金规模达42.41亿元。基金会成功获得22项1000万元以上的重大捐赠项目,争取到中国新经济企业500强、知名校友企业上海寻梦信息技术有限公司规模1亿元人民币的专项支持;青山控股集团有限公司、内蒙古伊利实业股份有限公司、中山博爱基金会等多家世界500强企业、慈善榜富豪前100名或知名基金会均对基金会有重大捐赠。

根据基金会章程及相关协议规定,2020年基金会支出人民币4.82亿元,主要用于支持学校基础建设、院系发展、学科建设、科学研究、人才培养、创新创业、定点帮扶等。其中支持基础建设0.84亿元,支持学科建设与院系发展2.23亿元,发放奖学金、助学金及奖教金0.55亿元,支持国际交流0.06亿元,支持社会公益1.06亿元,其他支出0.08亿元。积极配合学校做好云南省景东县定点扶贫工作。

【浙江大学病毒感染性疾病防控专项基金成立】 1月29日，浙江大学联合上海寻梦信息技术有限公司成立浙江大学病毒感染性疾病防控专项基金，基金规模为1亿元人民币。当日，基金会成立基金管理委员会和专家委员会，负责基金后续管理及资金使用。此次捐赠款项专项用于支持病毒感染及呼吸道传染性疾病防治，特别是此次新型冠状病毒疫情支援保障和科学研究等，包括为疫情严重地区医院配置医用物资，奖励有突出贡献的医护人员，以及用于病毒感染和危重症医学防控研究等。该基金资助钟南山院士、李兰娟院士等4位院士牵头项目在内的100项科研项目开展应急科研攻关。助力精准扶贫，划拨1000万元支持浙江龙泉、贵州湄潭等浙大西迁办学点及云南景东等帮扶地区抗疫工作。积极收集医疗单位的防护物资需求，加强对在鄂校友、援鄂医疗队及校内抗疫一线的服务保障，累计向湖北26家医院定向捐赠总价值近1000万元的全自动核酸提取仪、荧光定量PCR仪等抗疫检测设备，向湖北、浙江等地区及学校各附属医院、浙江省内相关医院、校内相关部门等单位募集发放防护服、N95口罩、消杀品等价值1210万元的抗疫物资和2915万元的抗疫资金。

【与青山控股集团有限公司签署战略合作协议】 12月1日，浙江大学与青山控股集团有限公司战略合作签约仪式在紫金港校区举行。浙江大学党委书记、基金会理事长任少波会见青山实业董事局主席项光达，校长、基金会顾问吴朝晖出席签约仪式并讲话。副校长何莲珍主持仪式。副校长黄先海代表学校和基金会，分别与青山控股集团总裁兼财务总监孙建芬签署战略合作协议，与青山慈善基金会理事长董玲敏签署捐赠协议。根据协议，双方将筹建“浙江大学青山商学高等研究院”，着力打造一流商科学术研究与一流商学人才培养平台。学校将从学科建设、师资队伍、案例研究等方面，支持“青山国际商学院”（青山控股集团学习培训基地）的建设。此外，双方还将积极谋划科研合作平台，聚焦共同关心的重大科研难题，开展校企产学研合作及人才培养。

（王　锦撰稿　翁　亮审稿）

浙江大学校董

姓名	单位职务	聘任时间	校董/名誉校董
查刘璧如	查济民夫人，求是科技基金会理事、桑麻基金会高级顾问、刘国钧教育基金会理事长、香港仁济医院董事会永远顾问、香港妇协名誉会长	2010年	名誉校董
郭婉仪	新鸿基地产郭氏基金会执行董事	2010年	名誉校董

续表

姓名	单位职务	聘任时间	校董/名誉校董
曹其镛	香港永新企业有限公司副董事长、中国侨商投资企业协会副会长	2014 年	名誉校董
李达三	声宝——乐声(香港)有限公司董事会顾问、香港宁波同乡会永远名誉会长(创会会长)、香港浙江省同乡会联合会永远名誉会长(创会会长)、世界中华宁波总商会创会名誉会长、原浙江省政协常委、浙江省“爱乡楷模”	2015 年	校董
潘方仁	台湾潘氏企业集团、东方高尔夫国际集团董事长	2016 年	校董
唐立新	新尚集团创始人,现任新尚集团董事长兼总裁	2016 年	校董
叶庆均	浙江敦和投资有限公司董事长、浙江敦和慈善基金会名誉理事长	2017 年	校董
邵根伙	北京大北农科技集团股份有限公司董事长	2017 年	校董
吕建明	浙江通策控股集团有限公司董事局主席	2017 年	校董
朱　敏	美国网迅(WebEX)公司创始人,赛伯乐(中国)创业投资管理有限公司董事长	2018 年	校董
邱建林	浙江恒逸集团有限公司董事长	2018 年	校董

(王　锦撰稿　翁　亮审稿)

附属医院

【概况】 浙江大学共有 7 家直属附属医院,其中 4 家为综合性医院、3 家为专科性医院,均为国内一流的医疗、教学、科研和公共卫生服务机构。附属医院是独立的法人机构,实行党委领导下的院长负责制,院长为法定代表人。学校采取“学校—医院管理委员会、医学院—附属医院”管理模式,协同开展对附属医院的管理。学校有 2 位校领导(副书记、副校长)负责联系和分管附属医院工作;医院管理委员会负责协调与政府部门的关系,指导附属医院开展工作;附属医院人员编制由浙江省机构编制委员会和浙江大学核定,资产由浙江省卫生健康委管理,经费划拨及财务监管部门为浙江省财政厅和省卫生健康委。

截至 2020 年 12 月 31 日,附属医院共有在职职工 26700 余人,其中中国工程院院士 2 人、“万人计划”学者 13 人、国家杰出青年基金获得者 10 人,教授及正高职人员 1160 人,博士生导师 363 人、硕士生导师 623 人;共有党总支 50 个、党支部 410 个、共产党员 12400 余名;共有核定床位 14290 张,年门急诊量 1796 万人次;拥有全国重点学科4个、临床重点专科45个、国家重点实验室1个、国家协同创新中心1个、国家医学中心1个、国家区域医疗中心6个、国家临床医学研究中心2个,临床医学学科整体实力稳居全国前列。

附属医院加快打造高水平区域诊疗高地。面向人民生命健康,稳步推动附属医院医教研协同发展,若干重大疑难疾病诊治能力引领全国,如器官移植、传染病防治、大肠肿瘤规范诊治、群体重度创伤救治、微创技术、妇科恶性肿瘤精准诊治、危重新生儿救治等一批国内领先、国际先进技术。2020年6月29日,国家卫健委公立医院绩效考核管理平台公布了首次三级公立医院绩效考核国家监测指标评价结果,浙江大学医学院附属第二医院、附属邵逸夫医院、附属第一医院等三家综合医院获评A++(全国仅12家),分列全国第9、11、12位,处于国家队"第一方阵"。在《2019年度中国医院排行榜》《2019年中国医院专科综合排行榜》中,共5家附属医院进入中国医院排行榜前100位,其中,附属第一医院、附属第二医院综合排名分别位列全国第14、16位,附属邵逸夫医院成为全国进步最快医院;共17个临床专科进入"中国医院专科综合排名"前10位。

在抗击新冠疫情斗争中,附属医院共派出国家卫健委高级别专家组成员李兰娟院士等500余名医务人员参与援鄂、援外等任务,3家附属医院被列入浙江省新冠肺炎定点医院,共24个集体、93人次荣获国家级和省级抗疫表彰。

(马　超撰稿　夏标泉审稿)

附属第一医院

【概况】 浙江大学医学院附属第一医院(又名浙江省第一医院)由浙江大学老校长竺可桢创建于1947年,是浙江大学创建的首家附属医院,医院系三级甲等医院,跻身国家区域医疗中心、国家临床医学研究中心,正稳步向国际一流的现代化医疗集团迈进。医院拥有庆春、总部一期(余杭)、之江、城站、大学路、钱塘6大院区,总占地面积521.3亩,开放床位近5000张,2020年门急诊量494.69万人次,出院23.61万人次。

2020年引进并成功落户人才17人,其中高层次人才3人,浙江大学临床医学名师计划2人,临床医学院特聘研究员/副研究员12人;招聘临床博士后21人,学科博士后25人;培育浙江省特级专家1人,浙江省"万人计划"领军人才1人,浙江省政府特殊津贴1人,浙江省卫生高层次人才14人。现有职工7765人,中国工程院院士2人,高层次人才31人次,国家级青年人才7人次。

2020年医院新获省部级奖励8项,其中省一等奖2项。全年到位科研经费约3.01亿元,创历史新高。获批国家自然科学基金126项,其中重点项目12项,牵头国家重点研发计划3项。2020年医院发表高影响力论文67篇,在国际顶级期刊*Nature*发表1篇,*Cell*发表1篇,*BMJ*发表3篇,在2020年中国科技论文统计结果中,我院"国际论文被引用篇数"列全国医疗机构第4名,在全国医疗机构"卓越科技论文排行榜"排名11名。2020年医院获批国家级国际联合实验室"中国—新加坡传染病防治与药物研发‘一带一路’联合实验室”，牵头建设省级重点实验室2个、省临床医学研究中心2个。

医院是国家首批临床教学培训示范中心、国家住院医师规范化培训示范基地、“中国精英教学医院联盟”创始成员单位和高校附属医院临床实践教育联盟副理事长单位。医院拥有国家级教学团队1个，开设国家级精品资源共享课程2门、国家级精品视频公开课1门、国家级一流本科课程1门，主编/副主编国家级规划教材28部，教育部主题案例2项；现有博士生导师123人，硕士生导师335人；拥有国家住院医师规范化培训专业基地23个（重点专业基地1个）、国家专科医师规范化培训试点基地8个、国家级继续教育基地2个、英国爱丁堡皇家外科学院—香港外科医学院联合认证的高级医师培训基地2个。

医院持续推进全球范围内交流合作，与美国斯坦福大学医学中心、克利夫兰医学中心等举行多学科线上研讨会；响应国家“一带一路”倡议，成为“一带一路”医学人才培养联盟微创外科技术发展分会副会长单位；与新加坡生物工程与纳米科技研究院聚焦传染病防治与药物研发，获批科技部和浙江省“一带一路”联合实验室；在非洲国家驻华使节浙江行交流会上发起“浙江对非公共卫生与健康产业合作计划”，助力打造中非卫生健康共同体等。同时，加强对外宣传，搭建了接轨国际的新版医院官网；提升国际患者服务水平，大力推进特需服务部建设，于2020年获评首批杭州市国际化医院。

医院积极探索医联体建设，以国家医改政策为引领，先后与省内外86家市、县级医院建立多种医疗协作关系，托管医院11家。我院6家托管医院参加2019年度“双下沉、两提升”考核，成绩均为优秀，其中我院对北仑分院的帮扶在省级医院考核中成绩排名第一。医院构建“省、县（区）、乡、村四级医疗服务网络”，与省内外206家医院、349家社区卫生服务中心（乡镇卫生院）远程联网，充分实现了优质医疗资源下沉，形成具有“浙大一院”特色的医疗联合体。

医院坚持党建引领，牢固树立“以人民为中心”的发展思想，始终秉持救死扶伤、生命至上的人道主义精神，在抗击新冠疫情中作为全省集中收治危重症患者的省级定点医院，实现了患者“零死亡”、疑似“零漏诊”、医护“零感染”。发布28种语言的《新型冠状病毒肺炎临床救治手册》，连线全球50余个国家的政府与医疗机构，为全国乃至全球应对突发公共卫生事件贡献了“浙一力量”，被中央电视台、新华社、《光明日报》等重要媒体多次报道。医院获评全国先进基层党组织、全国抗击新冠疫情先进集体、全国卫生健康系统新冠疫情防控工作先进集体等国家级荣誉10余项。

【医院多项排行榜再创新高】 2020年11月，复旦大学医院管理研究所发布《2019年度中国医院排行榜》和《2019年度中国医院专科综合排行榜》。浙大一院综合排名位列全国14，连续11年保持浙江第一，6大专科进入全国前10。2020年8月，中国医学科学院发布《2018年度中国医院科技量值》，医院综合排名跻身全国前3，7大专科进入全国前10，传染病学、消化病学双双名列全国第1名，其中传染病学连续7年位列全国第1位。2020年7月，国务院发布的2018年公立医院绩效考核国家监测指标结果中，医院综合排名位列A++，位居全国前1%。2020年12月，教育部临床实践教学指导分委员会公布首届高校附属医院临床

附表　2020 年度附属第一医院基本情况

项目	数量
建筑面积/平方米	732002.98
固定资产/万元	220528.78
床位数/张	4732
在编职工数/人	7765
主任医师数/人	320
副主任医师数/人	422
具有博士学位的医师比例/%	43.88
两院院士/人	2
国家“百千万人才工程”入选者/人	2
国家杰出青年科学基金获得者/人	3
“973 计划”首席科学家/人	3
教育部“长江学者奖励计划”特聘教授/人	4
教育部“长江学者奖励计划”青年学者/人	—
浙江省特级专家数/人	2
浙江大学求是特聘教授/人	15
教学总面积/平方米	9747
教学投入资金/万元	6950
一、二级学科国家重点学科数/人	2
国家精品资源共享课、视频公开课/门	3
科研总经费/万元	30198
其中：国家自然基金比重/%	18.5
纵向经费比重/%	85.6

项目	数量
获国家级科技奖项目数/个	12
获国家级教学成果奖/个	0
国家重点实验室数/个	1
卫生部重点实验室/个	2
省级重点实验室/个	28
国家药监局临床药理研究基地数/个	24
卫生部专科、住院医师培训基地数/个	30
业务总收入/亿元	78.67
药品占业务总收入比例/%	28.25
门急诊人次/万人	494.69
住院人次/万人	23.69
出院人次/万人	23.61
手术台数/万台	16.88
平均床位周转率/%	57.03
实际床位利用率/%	90.31
SCI 入选论文数/篇	1358
MEDLINE 入选论文数/篇	1285
出版学术专著/部	12
出国交流/人次	20
举办国际学术会议数/次	18
社会捐赠经费总额/万元	3233.5

实践教育质量评价结果，医院列全国第十，浙江第一。

【浙大一院总部一期(余杭)启用】 2020 年 11 月 1 日，医院总部一期(余杭)正式开业，一期占地面积 202 亩，建筑面积约 30 万平方米，建设床位数 1200 张。总部一期的启用极大满足了城西科创大走廊区域内及周边群众对高端综合性医疗资源日益增长的需求，尤其是妇科、儿科的搬迁和急诊创伤的设置有效填补了城西妇幼健康的空白，提高了当地急、危、重症救治成功率，切实提升了群众就医获得感和幸福感。其先进的设计理念和过硬的建设质量也吸引了北京协和医院、四川大学华西医院、复旦大学附属中山医院等国内一流医疗集团或医院管理者专程来访，获得了广东省、四川省、安徽省等多省卫生健康委的高度关注，来访单位对总部一期优良的环境、国际化的理念、高质量的服务给予了高度评价和充分肯定。

（吴李鸣撰稿　梁廷波审稿）

附属第二医院

【概况】 附属第二医院创建于 1869 年，是浙江省西医的发源地，全国首家三级甲等医院、全国首批国家区域医疗中心建设单位、浙江省唯一入选自然指数全球百强的医院；以重大疾病综合救治能力和医疗质量精细化管理闻名海内外。在 2018 年度全国三级公立医院绩效考核国家监测考核中，附属第二医院以全国综合性医院第 9、全省第 1 的高分成绩进入 A++序列，位列国家队“第一方阵”前列。

医院现有解放路和滨江两个院区，床位 3200 张；拥有数十个国家临床重点专科、重点学科及省部级重点实验室；尤以经导管心血管介入治疗、复杂白内障诊治、大肠肿瘤多学科诊治及急诊创伤救治全国领先，建有国内最大规模的从基础到临床的完整科研链及专病研究所；率先成立广济创新俱乐部，产学研一体化有着深远的影响力；以高水平建设区域医疗中心为重要契机，抢抓机遇造峰育峰，成为全国同等规模医疗机构中成长最快的医院：萧山总部项目破土动工、滨江创新中心开工奠基、江干院区挂牌开业、浙大院区揭牌，心脑血管中心、急诊创伤院区有序规划中，有力推动医院“两翼主院区+专科群院区”的发展蓝图尽快落地，探索大型综合性公立医院高效协同、精品化多院区管理典范，为医院中长期发展奠定坚实基础。

2020 年，医院总门急诊量 517 万人次，出入院 19 余万人次，手术量近 17 万台，平均住院日 5.50 天。手术总量位居全国第三、省内第一，工作量、三类及以上手术总量、CMI(case mix index，病例组合指数)均居全国领先、省内第一；心脏团队围绕瓣膜疾病攻坚克难，探索“不开刀”系列换瓣手术：开展全球首例经股静脉二尖瓣修复器械 DragonFly 手术、大陆首例经导管三尖瓣修复手术，经导管主动脉瓣置换术（TAVR）“杭州方案”辐射全球；肝胆胰团队构建“纳米方舟”，开辟肝癌治疗新战场，小儿活体肝移植成功率国际领先；眼科团队微小切口复杂白内障手术世界领跑，完成从复明到精准屈光的时代变革；脑科团队完成国内首例植入式脑机接口临床研究，首次实现高位截瘫患者大脑意念控制机械手；大肠肿瘤团队开创结直肠癌规范性防治中国模式；深入推进浙江省罕见病协作网体系建设；推进航空医学救援试点工作；以国家三级公立医院绩效考核指标及浙江省 DRGs 支付改革要求为导向，在全国率先提出“效率医疗”改革。

国家自然科学基金获批项目总数跃居全国第 4，连续 10 年领跑浙江；高影响力论文不断涌现，其中包括 *Science*、*JACC*、*Cell Research* 等顶级期刊；新增国家科技进步奖二等奖 1 项、吴阶平医药创新奖 1 项；医院排行榜排名持续提升，是全国进步最快的医院之一，是浙江省专科排名进入全国前 5、前 10 数量最多的医院；不断提升服务效率和内涵，新增“中国医师奖”、“全国三八红旗手”、浙江省巾帼建功标兵等多项荣誉。

积极响应党中央和各级卫生主管部门关于医疗扶贫和“双下沉”工作要求，扎实开展援贵援疆援非及省内分院的建设工作，“台江经验”声名远播，成为中国精准扶贫和东西部扶贫协作成果对外展示的一扇重要窗口。积极创新探索辐射模式，响应浙江大学医疗扶贫云南景东彝族自治县，捐赠医疗

附表　2020 年度附属第二医院基本情况

项目	数量	项目	数量
建筑面积/平方米	386818.29	国家重点实验室数/个	0
固定资产/万元	456659.00	卫生部重点实验室/个	0
床位数/张	3218	省级重点实验室/个	10
在编职工数/人	4452	国家药监局临床药理研究基地数/个	28
主任医师数/人	277	卫生部专科、住院医师培训基地数/个	29
副主任医师数/人	463	业务总收入/亿元	63.23
具有博士学位的医师比例/%	51.2	药品占业务总收入比例/%	25.57
两院院士/人	0	门急诊人次/万人	459.38
国家"千人计划"入选者/人	5	住院人次/万人	19.29
国家"百千万人才工程"入选者/人	1	出院人次/万人	19.29
国家杰出青年科学基金获得者/人	5	手术台数/万台	16.97
"973 计划"首席科学家/人	10	平均床位周转率/%	60.32
"长江学者"数/人	7	实际床位利用率/%	87.54
浙江省特级专家数/人	4	SCI 入选论文数/篇	868
浙江省"千人计划"入选者/人	6	MEDLINE 入选论文数/篇	605
浙江大学求是特聘教授/人	23	出版学术专著/部	11
教学总面积/平方米	5495.94	科研总经费/万元	21616.81323
教学投入资金/万元	5671.4	其中:国家自然基金比重/%	32
一、二级学科国家重点学科数/人	2	纵向经费比重/%	77
国家精品资源共享课、视频公开课/门	0	出国交流/人次	12
获国家级科技奖项目数/个	0	举办国际学术会议数/次	18
获国家级教学成果奖/个	0	社会捐赠经费总额/万元	7138.79

设备提升景东县卫生机构硬件水平，并通过专项帮扶、远程医疗、专项巡查、大型义诊等提升其内涵，为脱贫攻坚筑起健康防线。扩展合作与加强管理，进一步扩大全面托管医院，省内分院增至 14 家，"双下沉"评估成绩再次位居全省第一。

国际合作取得新成果。与法国格勒诺布尔医院、美国康奈尔大学医学院和美国麻省总医院等机构签署合作协议和谅解备忘录，拟定具体合作计划。与英国剑桥皇家帕普沃斯医院、意大利国家高等卫生研究院等机构开启合作新征程；与意大利国家高等卫生研究院合作的中意联合心血管实验室项目得到浙江省科学技术厅肯定，被认定为 2020 年度国际科技合作载体。

【全情投入抓好疫情防控工作】 新冠疫情暴发后，附属第二医院成为我省发热门诊量最大、抗疫支援点最多，也是单家医疗队规模最大、党员比例最高的医院之一，向国内疫情最严重的武汉、温州、衢州、新疆，以及英国及定点机构等共派出 200 名骨干队员，圆满完成"危重症患者最集中、人数最多、年龄最大"的一线抗疫任务，先后获得全国新冠疫情防控工作先进集体及先进个人、全国及浙江省优秀共产党员等多项荣誉；先进事迹得到CCTV－1《新闻联播》专访6次，央媒及海内外主流媒体报道800余次，原创作品《我把最小的娃送上了战场》被誉为“抗疫最佳写实作品”；与5大洲32国315家机构进行远程连线共享抗疫经验，构建全球命运共同体；组织编写《新冠疫情暴发下的医院应对策略》，面向全球28种语言版本免费共享，惠及100余个国家；创造性成立“流行病调查”“员工关爱”等10个功能组，以目标为导向，打破院内部门条块分割，调配一切资源、动用最大力量，坚持“全人员”“全时空防控”，实现防控“三个无”——“无医护人员因治疗患者而感染，无患者漏诊，无急危重症患者救治延误”。

【心脏团队完成全球首例经股静脉二尖瓣修复器械手术】 7月23日，王建安教授心脏团队应用经导管二尖瓣瓣膜夹系统，成功完成全球首例人体临床应用。这是中国第一款完全自主研发的经股静脉二尖瓣修复技术成功应用于临床，标志着我国在二尖瓣介入治疗领域取得重大突破。本次手术使用的经导管二尖瓣瓣膜夹系统，是杭州德晋医疗研发的具有自主知识产权的国产器械，已经成功拿到了16项专利，王建安教授在研究过程中做出了重要贡献。据了解，这款“杭州制造”的经导管二尖瓣瓣膜夹系统，也可同时应用于二尖瓣和三尖瓣的介入治疗。

【综合创伤救治团队创特重症烧爆伤员救治医学奇迹】 6·13浙江温岭槽罐车爆炸事故发生后，附属第二医院创伤救治专家第一时间奔赴温岭现场指导，25名最危重患者先后通过“陆面＋空中”转送来院。年龄大、烧伤面积大、复合损伤多，是此次爆炸事故重伤员救治的三大挑战。他们平均年龄68岁，其中最大的94岁，深度烧伤90%以上面积的占绝大部分。基本上每位患者都伴有颅脑损伤、多脏器爆震伤等复合损伤，救治难度不言而喻。根据伤员病情评估情况，医院一对一成立救治小组，实行“一人一方案”“一患一团队”，每个小组由一名烧伤科医生、一名监护室医生、一名创伤医师组成，外加3名护理人员。医院成立烧伤救治领导小组、医疗救治专家组、转运组、院感组及后勤保障组等工作小组，集中调集全院相关学科核心专家及优质医疗资源，全力保障救治工作。包括最年长的94岁患者、全身烧伤面积最大达98%的患者等多位特重型伤员均已顺利出院。

【率先推进“效率医疗”改革破解优质医疗资源供需矛盾】 在看病难、看病贵问题仍待破解的今天，推进“效率医疗”改革，是以患者为核心优化配置医疗资源的有效途径，是符合国家需求、患者需求、医院需求、员工需求的必然选择。医院创立“患者全程管理中心”，构建“院前—院中—院后”联动机制，最大限度地缩短待住日、待床日、留床日，从而大幅提升医疗效率和患者满意度。为抓好这项系统工程，医院还专门成立“效率医疗”领导小组和工作小组，由其牵头抓总、协调各方，举全院之力推进改革。医院大力推动日间服务，将日间手术、日间化疗、日间放疗、48小时手术推向常态化，让整个医院的运转效率和服务能力大大提升。

（郑芬芳撰稿　王建安审稿）

附属邵逸夫医院

【概况】 浙江大学医学院附属邵逸夫医院建于1994年，总建筑面积299284平方米，核定床位 2400 张，是中国大陆首家通过国际医院评审（JCI）的公立医院，亚洲首家通过磁性认证的医院；医院连续五年荣获“中国医疗机构最佳雇主”荣誉称号，2020 年获“浙江省人民政府质量管理创新奖”“全国抗击新冠疫情先进集体”荣誉称号。

医院在 2018 年度全国三级公立医院绩效考核中位列第 11 位，进入全国前 1%的 A++序列；在复旦大学医院管理研究所“2019 年度中国医院排行榜”和“2019 年度中国医院专科研学术排行榜”中，位列综合榜第 78 位和科研榜第 37 位；在 2019 年度中国医院/中国医学院校科技量值（STEM）排行榜中排名第 76 位（上升 16 位）。

全年医院总收入 51.87 亿元；门急诊量 3622704 人次；出院人数 152124 人次，平均住院日 5.70 天，药品收入占业务收入比例共为 25.08%。全年围绕疫情防控，搭建起院内院外、线上线下、国内国外相结合的“全链式疫情防控创新体系”，为全面打赢疫情防控阻击战贡献创新经验。

全年获批国家重点研发计划项目 1 项，国家自然科学基金 62 项，SCI 收录论文共 528 篇，其中影响因子 10 分以上论文 19 篇（上一年 9 篇）。总计科研经费 6674.14 万元。新增省级重点实验室 1 个：浙江省角膜病研究重点实验室。全年引进国家杰出青年科学基金获得者 2 名，全年新增硕士生导师 23 名、博士生导师 9 名，新增硕士培养学位点 1 个，博士培养学位点 5 个，现有有效导师 128 人，硕士培养学位点 42 个，博士培养学位 31 个，学位点负责人 7 名。

创办中国首本微创外科国际期刊 *Laparoscopic, Endoscopic and Robotic Surgery*（中文名《腔镜、内镜与机器人外科》）。创办浙江大学医学院附属邵逸夫医院“一带一路”微创医学学院。

2020 年 1 月，大运河分院正式开工；12 月，庆春院区五期建设工程主体结构结顶；12 月，绍兴院区正式开工。获“杭州市国际化医院”荣誉称号。

【创新疫情防控体系，倾力援鄂夺取胜利】 全年围绕疫情防控，搭建起院内院外、线上线下、国内国外相结合的“全链式疫情防控创新体系”。国内独创“高考食堂”、陪客“紫色腕带”，机器人送餐、健康码分区就诊等，设计开发院前新冠肺炎筛查系统，实现全院医护零感染、感染病例零漏诊、患者零死亡。双菱院区成功救治全国监狱系统唯一的新冠重症病人。率先开设新冠线上专家咨询问诊及线上心理防疫专线，免费提供在线咨询服务 23.8 万条；开发并上线新冠肺炎免费自测系统，服务全国 600 余家医疗机构；率先实现慢病在线复诊、药品配送到家、移动医保结算等功能，服务群众 24 万人次。

共派出 11 批 199 人次驰援全国一线，对口支援荆门医疗队单独承担“以省包市”重任，使荆门新冠病亡率从湖北省首位下降至第五位，首例使用 ECMO 新冠病人抢救成功；援助武汉医疗队整建制接管武汉协和肿瘤中心重症病区，后主动申请转战武汉肺科医院 ICU 参与救治护理最为危重的新冠患者，共收治 97 例患者。疫情防控团队、个人获国家、省级荣誉 33 项。

“全链式疫情防控创新体系”在世卫组织总部及西太地区进行分享；常态化开展全球学术研讨会议，涉及美国、俄罗斯、澳大利亚、日本、巴西、土耳其、阿联酋、卢旺达等 30 个国家超过 100 家海外医疗机构；《求是》杂志（2020 年第 8 期）编辑部署名文章《让合作的阳光驱散疫情的阴霾》报道了邵逸夫医院全球共享“中国方案”；获邀日本东

附表　2020 年度附属邵逸夫医院基本情况

项目	数量
建筑面积/平方米	299284
固定资产/万元	77843.24
床位数/张	2400
在编职工数/人	3326
主任医师数/人	194
副主任医师数/人	281
具有博士学位的医师比例/%	36.9
两院院士/人	0
国家"百千万人才工程"入选者/人	1
国家杰出青年科学基金获得者/人	2
"973 计划"首席科学家/人	0
教育部"长江学者奖励计划"特聘教授/人	1
教育部"长江学者奖励计划"青年学者/人	0
浙江省特级专家数/人	1
浙江大学求是特聘教授/人	7
教学总面积/平方米	5459
教学投入资金/万元	6857
一、二级学科国家重点学科数/人	3(此处为邵逸夫医院的国家临床重点专科数)
国家精品资源共享课、视频公开课/门	0
科研总经费/万元	6674.14
其中:国家自然基金比重/%	30.09
纵向经费比重/%	87.29

项目	数量
获国家级科技奖项目数/个	1
获国家级教学成果奖/个	0
国家重点实验室数/个	0
卫生部重点实验室/个	0
省级重点实验室/个	9
国家药监局临床药理研究基地数/个	18
卫生部专科、住院医师培训基地数/个	24
业务总收入/亿元	46.46
药品占业务总收入比例/%	25.1
门急诊人次/万人	362.27
住院人次/万人	15.18
出院人次/万人	15.21
手术台数/万台	14.78
平均床位周转率/%	57.29
实际床位利用率/%	88.93
SCI 入选论文数/篇	528
MEDLINE 入选论文数/篇	—
出版学术专著/部	—
出国交流/人次	2
举办国际学术会议数/次	12
社会捐赠经费总额/万元	4886.38

注:固定资产原值为 196559.62 万元。

京电视台纪实节目《大地拂晓》采访拍摄。

【高标准推进国家区域医疗中心建设】 高水平建设呼吸疾病区域医疗中心,RW≥2(即难度较大的病种)的病例数占比达 15.70%,CMI 值达 1.10;建立呼吸疾病相关健康人群、高危人群、患者数据库,肺癌组织库,肺血栓栓塞症标本及肺动脉高压样本库;临床诊疗相关的关键技术创新达 7 项,呼吸介入领域始终领跑全省水平,授牌成立中国医师协会呼吸内镜医师培训基地,复杂疑难危重介入手术量浙江省最多,进修呼吸内镜介入的医师数量浙江省最多,完成全国首例 ECMO 支持下气管镜介入治疗;2020 年获批浙江省呼吸疾病诊疗技术指导中心。

【"互联网+"实践纵深开拓建设智慧医院】 医院"互联网+医疗健康"服务典型案例入选 2020 国家卫生健康委办公厅通报表扬的全国十家医疗服务机构之一;参与起草了国家医疗保障局和国家卫生健康委《关于推进新冠疫情防控期间开展"互联网+"医保服务的指导意见》;受省卫生健康委委托起草了《关于推进互联网医院运营管理指导意

见》的文件和关于互联网医疗服务质量评价的标准体系。智慧医保取得突破性进展，成为浙江省首批医保电子凭证试点单位；于浙江省首批试点开通互联网复诊配药服务，上线省直医保病人在线脱卡结算功能，完成“慢病续方＋药品配送”19581人次；探索长三角医保支付一体化服务，率先试水浙沪异地就医线上医保结算功能，实现上海市民在邵逸夫医院互联网医院可进行医保直接结算；率先上线“邵医智慧药师”功能，提供个性化复合型用药服务。智慧赋能打造“医学大脑”，构建目前已知中文系统中最大的医学知识图谱，涵盖9200种疾病，推理准确率达95%，已实现智能导诊分诊、智能医生助理、智能病历质控和专病的智能随访管理等应用，相关成果入选互联网优秀科技成果，在世界互联网大会永久会址乌镇长期展示。

（盛　羽撰稿　王家铃审稿）

附属妇产科医院

【概况】 浙江大学医学院附属妇产科医院（浙江省妇女医院、浙江省妇女保健院）是浙江省成立最早、规模最大的三级甲等妇产科医院，承担着全省妇产科医疗、教学、科研、妇女保健及突发性公共卫生事件应急任务。医院现有学士路和钱江（建设中）两个院区，核定床位1120张，职工人数2257人。经过近70年的建设，医院学科水平、临床业务能力及综合实力均处于全国妇产科医院第一方阵。现妇产科学为国家重点培育学科，妇科、产科为国家临床重点专科，妇科肿瘤学、计划生育学、产科学、生殖内分泌学为浙江省医学重点支撑学科，妇科微创学、普通妇科学、围产护理学为浙江省医学重点创新学科，并拥有国家住院医师规范化培训基地，国家卫健委辅助生育技术培训基地，全国产科麻醉培训基地，全国助产士规范化培训基地，国家临床试验机构，浙江省子宫恶性肿瘤诊治技术研究中心，浙江大学妇产科计划生育研究所，生殖遗传教育部重点实验室，浙江省生殖健康研究重点实验室，国家药物临床试验机构。

2020年，在新冠疫情防控背景下，医院率先开展出生医学证明邮寄服务，开发推出的“医院疫情防控通行智慧化控制管理”系统入选“全省医疗人工智能防疫抗疫优秀应用案例”。2020年度，医院疫情防控取得患者零漏诊、危急重症患者救治零延误、医务人员零感染的重要阶段性成果。其中，医院门急诊党支部获“浙江省抗击新冠疫情先进集体”称号，2人获“浙江省抗击新冠疫情先进个人”称号。

2020年，医院继续牵头做好重大公共卫生妇幼项目的业务管理和组织实施，如期完成国家级和省级“两癌”筛查任务。协助省卫健委妇幼处做好出生“一件事”2.0版本的改进，完成对全省100余家市县级委托管理机构的业务培训。协助省卫健委妇幼处建立妇幼健康信息交换平台，实现省内市级妇幼健康数据的互联互通。牵头开发出生缺陷综合防控项目管理平台、妇幼卫生监测信息系统，完善各项监测信息上报流程。医院的临床科研创新合作平台和发展空间不断增量扩容。参与组建浙江大学癌症研究院、生殖健康国际科技合作基地获批浙江省国际科技合作基地。与浙江大学医学院、鑫禾实业签约，共同成立“浙江大学医学院附属妇产科医院生物治疗研究中心”；与回音必集团有限公司共建临床研究中心；牵头

附表 2020 年度附属妇产科医院基本情况

项目	数量	项目	数量
建筑面积/平方米	96530	国家重点实验室数/个	0
固定资产/万元	94384	卫生部重点实验室/个	0
床位数/张	1120	省级重点实验室/个	2
在编职工数/人	1665	国家药监局临床药理研究基地数/个	1
主任医师数/人	76	卫生部专科、住院医师培训基地数/个	2
副主任医师数/人	111	业务总收入/亿元	11.3
具有博士学位的医师比例/%	28.33	药品占业务总收入比例/%	20.70
两院院士/人	3	门急诊人次/万人	136.8
国家“百千万人才工程”入选者/人	0	住院人次/万人	7.39
国家杰出青年科学基金获得者/人	1	出院人次/万人	7.41
“973 计划”首席科学家/人	0	手术台数/万台	3.90
教育部“长江学者奖励计划”特聘教授/人	1	平均床位周转率/%	65.31
教育部“长江学者奖励计划”青年学者/人	0	实际床位利用率/%	84.97
浙江省特级专家数/人	0	SCI 入选论文数/篇	246
浙江大学求是特聘教授/人	2	MEDLINE 入选论文数/篇	266
教学总面积/平方米	800	出版学术专著/部	19
教学投入资金/万元	1500	获国家级科技奖项目数/个	1
一、二级学科国家重点学科数/人	1	获国家级教学成果奖	0
国家精品资源共享课、视频公开课/门	4	出国交流/人次	12
科研总经费/万元	3808.21	举办国际学术会议数/次	17
其中:国家自然基金比重/%	44.40	社会捐赠经费总额/万元	1895.8
纵向经费比重/%	95.69		

组建浙江省首个医学专科创新转化联盟——浙江省妇产学科创新转化联盟。牵头举办首届浙江省妇产学科创新转化大赛，其中 2 项科技成果完成转化。形成 43 份对接国家及区域重大战略的重点任务建议和项目指南。子宫移植技术正加速攻关中，已落实动物实验基地建设。

2020 年，医院科研项目共立项 97 项，其中国家自然科学基金共立项 26 项，获批经费 1691 万元。省部级科研项目共立项 24 项，其中省重点研发计划项目立项 4 项。厅局级科研项目立项 28 项。已批准的立项科研经费为 3808.21 万元，其中纵向科研项目 3644 万元，占 95.69%。2020 年医院共获专利授权 68 项，其中国家发明专利 17 项，实用新型专利授权 51 项。共发表各类第一作者或通讯作者论文 531 篇，其中国际高质量论文 49 篇，国际高影响力论文高达 9 篇；收录在国内一级期刊和核心期刊(浙大版)的中文论文有 57 篇；中华系列论文 22 篇。全年获国家科技奖 1 项、省部级科技奖 3 项。参编、参译学术著作 11 部，参与撰写临床指南 46 项。

2020 年，医院全职引进教育部长江学

者特聘教授、妇产科专家1人，聘任中国科学院院士、生殖医学专家1人；双聘国家优青、浙大百人研究员1人；全职引进浙大新百人研究员1人、特聘研究员2人，特聘副研究员1人，新增定向临床博士后4人，学科博士后7人；新增浙大客座教授1人，妇产科学院客座教授2人；新增浙江大学求是特聘医师1人，浙江省“万人计划”科技创新领军人才1人。

医院现有协作医院45家，其中省内43家、省外2家。2020年，医院下沉团队获得常山县医学援助突出贡献奖。全年医院共委派96名专家前往各地进行援建帮扶工作，其中高级职称26人，为当地带来名医门诊、专家义诊、科普宣教等多种形式的帮扶活动。继续做好对口支援工作，医院新增执行第十批援疆医疗任务3人，第27批赴非洲马里执行医疗援外任务1人。持续做好扶贫结对帮扶工作。医院全年举办大型义诊两次，惠及村民约330人；走访慰问低收入农户45户；香椿种植基地项目成效显现，集体经济和低收入农户收入都实现了增收；消费扶贫合计为村集体增加了22.9万元的经营性收入，比2019年增长了41%。

2020年，医院钱江院区一期工程顺利封顶，达到完成总工程量50%以上的年度目标，同时顺利启动钱江院区二期项目申报。钱江院区一期工程获评健康建筑设计标识二星级认证，为国内首家被评为健康建筑设计标识的医院项目。

2020年，医院对用药智能决策支持系统、检验信息系统、检查信息系统、急诊科信息系统、电子病历质控系统、智慧食堂等进行迭代升级。医院“5G－VR远程探视”服务正式推广应用，互联网医院共计完成网上诊疗1898人次，同比增长115%。疫情背景下，我院“出生一件事”“用血服务不用跑”“身后一件事”等服务不断优化。生内大科推出ART流程一站式服务、产科推出出生证明“多证联办”一站式服务。与此同时，智能预检、分时段预约就诊、线上预约检查项目等多种手段，有效分流患者，避免聚集。此外，医院还实现病历无纸化和自助打印，开放多种智慧结算方式，启用医疗收费电子票据及电子版医疗收费明细推广健康医保卡的使用，院内服务更智慧、更便捷。

【医院位列全国公立医院绩效考核(妇产医院)第三】 2020年，浙大妇院在2018年度全国三级公立医院绩效考核中，医院获评妇产专科医院最优等级A级，在全国2413家三级公立医院绩效考核中位列妇产医院(含妇幼保健院)第3名，浙江省第1名。

(徐奇峰撰稿　陈军辉审稿)

附属儿童医院

【概况】 附属儿童医院建院于1951年，是浙江省最大的三级甲等综合性儿童医院，是儿科学国家重点学科单位，是全国首批、长三角首个拥有国家儿童健康与疾病临床医学研究中心和国家儿童区域医疗中心的单位。医院拥有儿科重症专业、新生儿专业、小儿消化专业、小儿呼吸专业4个国家临床重点专科，拥有新生儿专业、心胸外科专业、儿童保健专业、小儿围手术期医学、青春期医学、儿童肾脏病学、小儿心血管病学、小儿麻醉学、血液肿瘤、新生儿与围产医学、中西医结合儿童康复医学11个浙江省医学重点学科。医院是国家出生缺陷诊治国际科技合作基地、国家干细胞临床研究备案机构、

附表　2020 年度附属儿童医院基本情况

项目	数量	项目	数量
建筑面积/平方米	171501	国家重点实验室数/个	0
固定资产/万元	8498.6	卫生部重点实验室/个	0
床位数/张	1300	省级重点实验室/个	1
在编职工数/人	2375	国家药监局临床药理研究基地数/个	1
主任医师数/人	91	卫生部专科、住院医师培训基地数/个	8
副主任医师数/人	127	业务总收入/亿元	15.20
具有博士学位的医师比例/%	18.1	药品占业务总收入比例/%	21.57
两院院士/人	0	门急诊人次/万人	234.48
国家“百千万人才工程”入选者/人	0	住院人次/万人	6.51
国家杰出青年科学基金获得者/人	0	出院人次/万人	6.52
“973 计划”首席科学家/人	0	手术台数/万台	6.5
教育部“长江学者奖励计划”特聘教授/人	0	平均床位周转率/%	47.64
教育部“长江学者奖励计划”青年学者/人	1(兼聘)	实际床位利用率/%	83.95
浙江省特级专家数/人	0	SCI 入选论文数/篇	180
浙江大学求是特聘教授/人	1(双聘)	MEDLINE 入选论文数/篇	154
教学总面积/平方米	2460	出版学术专著/部	7
教学投入资金/万元	1943.0	获国家级科技奖项目数/个	0
一、二级学科国家重点学科数/人	0	获国家级教学成果奖/个	0
国家精品资源共享课、视频公开课/门	0	出国交流/人次	5
科研总经费/万元	3324.4	举办国际学术会议数/次	7
其中:国家自然基金比重/%	42	社会捐赠经费总额/万元	2541.7
纵向经费比重/%	84		

国家首批儿童早期发展示范基地、国家药物临床试验机构等 13 个国家级平台。同时，拥有浙江大学生殖遗传教育部重点实验室、浙江省新生儿疾病防治重点实验室和国内首个遗传性出生缺陷疾病国际联合实验室。医院拓展多院区发展模式，与德清县人民政府签署莫干山院区合作协议；与义乌市人民政府签署义乌院区合作协议，共建高水平国家儿科医疗中心。

医院新冠肺炎隔离病房累计收治确诊及疑似病例 122 例，成功救治全省最小年龄的新冠肺炎确诊患者和新冠肺炎产妇生产的新生儿。在国内率先发布《儿童新型冠状病毒感染的肺炎诊疗指南》及相关英文版诊疗指南。在新冠疫情防控工作中荣获“浙江省先进基层党组织”等荣誉。

医院学科发展特色显著，临床业务能力、服务水平及综合实力在全国儿童医院中位居第一方阵，并形成了新生儿、小儿消化、小儿呼吸、儿科重症、小儿内分泌、小儿血液肿瘤、小儿心血管、儿童保健等优势学科群。医院引入全国儿童专科医院首台达芬奇手术机器人，目前共有 6 个专业 7 组团队完成相关培训，并成功开展机器人手术，疾病种类覆盖小儿外科各专业，截至2020年底，已完成271例(4月至12月)达芬奇手术。医院成立浙江省儿童应急救治基地并成立危重症转运中心，截至2020年底共转运省内病人180例。医院成立泌尿结石中心，并开设泌尿结石门诊，中心已配备可视超微经皮肾镜、电子输尿管软镜、EMS激光碎石清石系统、智能结石分析仪、体外冲击波碎石排石系统等设备，能开展小儿泌尿结石相关各类诊疗。2019年度中国医院/中国医学院校科技量值(STEM)发布，浙大儿院综合排名全国第68位，比上一年上升29位；在全国儿童专科医院中排名第2，比上一年上升1位，其中10个专业进入全国百强。

2020年医院共获科研项目114项，科研总经费达3135.4万元。牵头国家重点研发计划政府间重点专项项目1项，经费226万元；获批国家自然科学基金项目23项，经费1394万元，项目数创历史新高，居全国儿童医院首位；2020年医院获浙江省科学技术进步奖三等奖1项；发表SCI论文278篇，其中IF≥5论文25篇，IF≥10论文3篇，最高IF11.864；发表国内学术期刊论文277篇，其中中文核心期刊论文发表44篇，一级期刊66篇。

医院专家在国内外儿科学术机构中担任中华医学会儿科学分会前任主任委员、中华医学会小儿外科学分会副主任委员、育部高校教学指导委员会儿科分会副主委、*World Journal of Pediatrics*(SCI)主编等，学科声誉度、显示度进一步增强，学术影响力和知名度进一步提升。

医院作为浙江大学儿科学院所在地，2019—2020学年共负责培养57名儿科学方向本科生，87名硕士生，40名博士生，226名规培生，22名专培生。接受本科生儿科见习592人，本科生儿科实习641人，其他专业实习88人，进修651人次。2020年新招收博士生19人、硕士48人。共有10名博士生毕业，31名硕士生毕业，2名临床博士后入站，1位临床博士后出站。

医院积极拓展国际交流渠道，通过线上国际会议、空中课堂、云签约、远程国际会诊等形式开展国际交流工作，做到线上线下互相交融。2020年，医院主办线上国际会议7次，并完成出国培训进修5人次；邀请外宾参加线上国际会议39人，并作线上讲座42次。

【获批国家儿童区域医疗中心建设牵头单位】 2020年9月2日，国家卫健委在全国五大区域设置儿童区域医疗中心，浙大儿院获批华东区域国家儿童区域医疗中心，成为全国首批、长三角首个国家儿童区域医疗中心。

【打造高水平学术期刊平台】 2020年浙大附属儿童医院自主创办的全英文儿科学杂志*World Journal of Pediatrics*发行6期，其中专刊2期；发表文章95篇，其中ESI高被引论文7篇，热点论文2篇，2019年度影响因子为1.437，增幅22.9%，2020年实时影响因子2.09，首次突破2.0，连续八年位居亚洲同类期刊第一，位列《中国高质量科技期刊分级目录》最高等T1级，获“中国国际影响力优秀学术期刊”称号，入选第二十七届北京国际图书博览会“2020中国精品期刊展”；*World Journal of Pediatric Surgery*加入DOAJ及Google Scholar数据库，获得浙江大学高水平学术期刊建设资助项目C类资助。

(谢冰玉撰稿　林　平审稿)

附属口腔医院

【概况】 附属口腔医院(又名浙江省口腔医院)是浙江省唯一一家三级甲等(参照)口腔专科医院,是浙江省口腔医疗、科研、教学、预防指导中心,是浙江省口腔医学会、浙江省口腔质量控制中心、浙江省口腔卫生指导中心、浙江省口腔正畸中心、浙江省口腔种植技术指导中心所在单位,也是国家住院医师规范化临床培训基地和国家医师资格考试实践技能考试基地。

作为浙江大学口腔医学院所在单位,医院共有一级学科博士点1个,二级学科博士点2个,博士后流动站1个,浙江省重点学科1个,浙江省医学重点支撑学科1个,浙江省医学重点创新学科1个,是口腔医学国家一流本科专业建设点。拥有浙江省口腔生物医学重点实验室、国家GCP基地,是国家口腔疾病临床医学研究中心的分中心、国家生物材料工程中心分中心、浙江省口腔疾病临床研究中心,是国家虚拟仿真实验室分中心、教育部研究生创新人才培养分中心、教育部校外实践教学基地、浙江省教学示范中心、浙江大学口腔研究所。

医院目前开放院区有湖滨(延安)院区、紫金港(城西)院区、华家池诊疗中心,共有牙椅229张,床位20张。2020年1月1日至2020年12月31日,门诊服务51万余人次,住院人数1256人,平均住院天数3.44天;医院总收入32362.09万元,比去年减少10.99%。华家池(口腔医学中心)总院、大运河(上塘)院区尚未投入使用。

2020年度率先提出"确保口腔领域零感染、确保口腔急诊有处治、确保最难最险处有党员,引领线上线下抗疫、引领智慧复工复产、引领云端学术发展"的口腔防疫"三确保、三引领"策略,制定口腔医疗领域《新型冠状病毒感染预防与控制建议方案》,全国首创研发改良碘氧漱口液。本年度积极打造医疗特色专科品牌,重点推进了口腔颌面部恶性肿瘤、牙颌面畸形和错颌畸形等诊疗工作的开展。全省首家提供夜门诊网上预约。牵头制定《牙科模型清洗消毒技术规范》《牙科水路系统清洗消毒技术规范》等地方行业标准,打造可推广的"浙江实践"。获"2020全国改善医疗服务创新型医院"。

2020年度在院职工751人,其中在编职工399人,博士生导师8人,硕士生导师23人;柔性引进求是讲座教授1人、获国务院政府特殊津贴1人,获批省杰青1人,培养卫生创新人才培养对象1人,医坛新秀培养对象1人;接收进修医生92人,其中对口支援医院(含协作医院、医联体内医院、援疆医院)26人。本年度恢复了5年制本科生招生,获得口腔临床医学博士后培养资格,建立了本科、硕士、博士、博士后全系列的培养链和完善的培养生态,共招收硕士研究生数70人、博士研究生19人,学科博士后3人,招收临床博士后3人。2020级本科生74人确认进入学院继续学习,毕业本科生58人、硕士研究生43人、博士研究生9人。

2020年度新增国家级项目10项,较上年度增长66.67%;新增省部级项目12项,较上年度增长71.43%;新增科研经费合计988.65万元,较上年度增长110.96%。截至2020年12月底,在研科研项目84项,其中国家级项目24项,省部级项目27项,在研科研经费合计1830.43万元。本年度发表SCI论文50篇,授权国家发明专利10项,

附表　2020 年度附属口腔医院基本情况

项目	数量	项目	数量
建筑面积/平方米	57712.3	获国家级科技奖项目数/个	0
固定资产/万元	8616.77	获国家级教学成果奖/个	0
床位数/张	20	国家重点实验室数/个	0
在编职工数/人	399	卫生部重点实验室/个	0
主任医师数/人	20	省级重点实验室/个	1
副主任医师数/人	39	国家药监局临床药理研究基地数/个	0
具有博士学位的医师比例/%	49.5	卫生部专科、住院医师培训基地数/个	1
两院院士/人	0	业务总收入/亿元	3.24
国家“百千万人才工程”入选者/人	0	药品占业务总收入比例/%	0.98
国家杰出青年科学基金获得者/人	1	门急诊人次/万人	51.27
“973 计划”首席科学家/人	0	住院人次/万人	1256
教育部“长江学者奖励计划”特聘教授/人	1	出院人次/万人	1259
教育部“长江学者奖励计划”青年学者/人	0	手术台数/万台	1204
浙江省特级专家数/人	0	平均床位周转率/%	70.45
浙江大学求是特聘教授/人	2	实际床位利用率/%	66.15
教学总面积/平方米	2833	SCI 入选论文数/篇	50
教学投入资金/万元	707.64	MEDLINE 入选论文数/篇	36
一、二级学科国家重点学科数/人	0	出版学术专著/部	0
国家精品资源共享课、视频公开课/门	0	出国交流/人次	26
科研总经费/万元	988.65	举办国际学术会议数/次	2
其中:国家自然基金比重/%	24.11	社会捐赠经费总额/万元	8.02
纵向经费比重/%	98.48		

计算机软件著作权 9 项，转化科技成果 3 项。出版(编委)专著《口腔组织病理学》和《基于 BIM 技术的复杂医疗功能用房解析》。

2020 年度与多伦多大学签署合作协议并开展实质性合作，首批交流访学师生进行为期 3 个月的临床及科学研究。

【初步完成“一体三翼”总体布局】 医院积极拓展服务空间，优化医疗资源布局，已初步完成“一体三翼”总体布局。2020 年 8 月，紫金港(城西)院区新区正式对外营业，扩建后院区面积增长 1 倍。积极响应习近平总书记关于建设新时代社区卫生防控新体系的指示，2020 年 8 月与拱墅区人民政府签署意向书，合作共建医院大运河(上塘)院区(拱墅区口腔医院)，致力于建成集网格化口腔社区预防、医疗、管理、研究为一体的口腔专科医院。2020 年 12 月，华家池(口腔医学中心)举行启用仪式，共设置牙椅 321 张，病床 100 张，将以国家级口腔区域医疗中心为目标，打造集口腔教学、医疗、预防、保健于一体的一流口腔医学中心。

【智慧医院建设取得实质性成效】 率先开发浙大口腔患者就诊码、员工上岗码，通过实名制、大数据及互联网平台技术，推行网络全程全时预约，更新就医流程，引导错峰就医；自主研发智能预检分诊系统，实现安全智控，预约率达 100%，居全省第一，有效支撑院感风险管控。通过打造医院"云影像"系统、对接全国首个区块链电子票据平台等数字化手段，实现"无感支付""无接触结算"，门诊智慧结算率达 95%，挂号收费等待时间缩短 97.5%，病区护士站结算率达 100%，高效助力复工复产。智慧医疗实践成效获"2020 全国改善医疗服务创新型医院"等荣誉。

（李　玥撰稿　陈泽佳审稿）

附属第四医院

【概况】 国家新医改背景下，在浙江省委省政府大力支持下，浙江大学和义乌市合作共建，按照综合三甲标准建设浙江大学医学院附属第四医院，2019 年 4 月纳入省级医院管理。医院在国家首次三级公立医院绩效考核中评定为 A 级，是全国最年轻的 A 级三级公立医院之一。2020 年 12 月 28 日，浙江大学"一带一路"国际医学院正式揭牌成立。依托医院建设"一带一路"国际医学院，并同期建设国际健康医学研究院，通过"三院一体"建设发展打造世界一流"高水平、国际化、研究型"国际医学中心。医院占地 189.3 亩，现开放床位 1048 张。医院设 20 个部门，36 个临床科室，7 个医技科室。现有员工 1755 人，含医生 486 人，医技 176 人，护理 746 人，行政后勤 128 人，科研人员 12 人，辅助人员 207 人；其中麻醉、儿科、重症、病理、中医医师的占比分别为 2.28%、4.33%、2.96%、2.28%、3.64%；医院现有高级职称 158 人，院士 1 人，杰青 1 人，国家和省部级人才 8 人，博导、硕导 62 人。

医院医疗质量和运营绩效不断向好。2020 年，门急诊量 125.58 万人次，增长 6.45%；出院量 4.35 万人次，增长 11.24%；手术量 1.52 万台，增长 31.89%；医疗业务收入 10.15 亿元，增长 8.12%。医疗服务收入占比提升到 27.04%，药占比下降到 32.51%，百元医疗收入消耗卫生材料下降到 36.44 元。异地患者住院 14748 人次，占总数的 33.99%，同比增长 24.76%。新增 5 家国际保险机构，国际病人服务量 4082 人次。通过国家 VTE 防治中心、国家心衰中心、国家示范性卒中防治中心认证和浙中地区中毒基地建设。首例安装帕金森脑起搏器、取出 30 斤巨大肿瘤、抢救 2 根钢筋穿身建筑工人、抢救产妇肺栓塞 3 次心脏骤停等成功案例，获得社会广泛好评。

医院科技创新能力持续提升。全年共立项各类科研项目 276 项，省部级及以上项目 7 项，立项经费达 4115.72 万元，其中 500 万元级项目取得突破。15 个金华市医学重点学科顺利通过中期检查，妇产科学被推荐申报省市共建重点学科。药物临床试验机构建设不断加快，已完成首次备案监督检查和 5 个专业组备案。国际健康医学研究院获批浙中唯一、浙江省首批新型研发机构。入选医学院临床拔尖青年人才培育项目 1 项。发表高水平论文 63 篇，其中 SCI 论文 34 篇。获知识产权 34 项，获浙江省科技进步奖 1 项。招收研究生 105 人次，接收本科生 240 人次。获批国家住院医师规范化培训基地，住培学员培养规模突破百人。执业医师技能考核通过率 100%。医学院教改项目立项 4 项，校级教改项目立项 3 项，厅

附表　2020 年度附属第四医院基本情况

项目	数量	项目	数量
建筑面积/平方米	121813	获国家级科技奖项目数/个	0
固定资产/万元	105559.87	获国家级教学成果奖/个	0
床位数/张	1048	国家重点实验室数/个	0
在编职工数/人	1105	卫生部重点实验室/个	0
主任医师数/人	54	省级重点实验室/个	0
副主任医师数/人	68	国家药监局临床药理研究基地数/个	0
具有博士学位的医师比例/%	11.1	卫生部专科、住院医师培训基地数/个	3
两院院士/人	1	业务总收入/亿元	10.15
国家"百千万人才工程"入选者/人	1	药品占业务总收入比例/%	32.51
国家杰出青年科学基金获得者/人	0	门急诊人次/万人	125.28
"973 计划"首席科学家/人	0	住院人次/万人	4.35
教育部"长江学者奖励计划"特聘教授/人	0	出院人次/万人	4.35
教育部"长江学者奖励计划"青年学者/人	0	手术台数/万台	1.52
浙江省特级专家数/人	0	平均床位周转率/%	51.31
浙江大学求是特聘教授/人	0	实际床位利用率/%	91.87
教学总面积/平方米	2865	SCI 入选论文数/篇	58
教学投入资金/万元	1275.09	MEDLINE 入选论文数/篇	58
一、二级学科国家重点学科数/人	0	出版学术专著/部	2
国家精品资源共享课、视频公开课/门	0	出国交流/人次	0
科研总经费/万元	4165.34	举办国际学术会议数/次	3
其中:国家自然基金比重/%	1.32	社会捐赠经费总额/万元	195.20
纵向经费比重/%	91.3		

级教改项目立项 1 项。开展 MOOC 课程 12 项。发表教学论文 3 篇,2020 年医学院青年教师教学竞赛获奖 1 项。举办各类继教项目 72 项,其中国家级继教项目 17 项,培训学员近 8000 人次。全科医生培训招收 6 期学员共 106 名。

众志成城、共克时艰,疫情防控取得阶段胜利。作为浙江省新冠肺炎诊治定点医院,第一时间启动应急预案,建立院感防控体系,启用感染楼,成功治愈 14 名新冠肺炎患者。医院是浙中收治新冠患者最多的医院,在区域内最早开展新冠病毒检测、最早收治新冠患者、最早全部病人康复出院,实现了"零密接""零感染""零漏诊""零死亡"的医疗救治业绩。组织精干管理团队率领我省第三批 310 人援鄂医疗队驰援武汉 49 天,累计经手治疗新冠肺炎确诊患者 1282 名,获国家司法部专函感谢。为 12 个"一带一路"沿线国家近 100 家政府、高校和医疗机构提供新冠肺炎防治"中国方案""浙四经验"。医院 10 名援鄂人员所在的 2 支医疗队均荣获全国先进集体表彰,2 人获全国先进个人称号;获 1 个浙江省先进集体称号,7 人获浙江省先进个人称号。医院抗疫先进事迹在中央及其他媒体报道的阅读量超亿次，充分展示了白衣执甲的抗疫风采。

【成立浙江大学国际健康医学研究院】 2020年5月15日，浙江大学国际健康医学研究院于义乌注册登记为独立法人事业单位；2020年12月1日，研究院成功获批浙江省首批省级新型研发机构。

【建设浙江大学"一带一路"国际医学院】 2020年12月9日，浙江大学"一带一路"国际医学院建设有关事项得到教育部的同意批复(教发函〔2020〕109号)；2020年12月28日，浙江大学"一带一路"国际医学院举行开工仪式，聘任黄荷凤院士为国际医学院首任院长。

【医院教学工作迈上新台阶】 研究生开启规模化招收，全年招收硕博研究生105人次；获批国家住院医师规范化培训基地，住培学员培养规模突破百人。

（周　瑶撰稿　王　芳审稿）

机构与干部

学校党政领导班子（2020年12月31日在任）

党委书记　任少波
校　　长　吴朝晖
副 书 记　吴朝晖　张宏建　朱世强　叶　民　邬小撑　傅　强
副 校 长　严建华　张宏建　何莲珍　王立忠　周天华　吴　健　黄先海

中共浙江大学委员会委员（2020年12月31日在任，以姓氏笔画为序）

万春根　马春波　王立忠　王建安　石毅铭　叶　民　叶桂方　朱世强　任少波　邬小撑　刘继荣　严建华　李晓明　吴朝晖　何莲珍　沈黎勇　张光新　张宏建　张荣祥　陈云敏　周天华　姚玉峰　夏文莉　傅　强　楼成礼

中共浙江大学常务委员会委员（2020年12月31日在任）

任少波　吴朝晖　严建华　张宏建　朱世强　叶　民　何莲珍　王立忠　邬小撑　傅　强　楼成礼　李晓明

中共浙江大学纪律检查委员会委员

(2020年12月31日在任,以姓氏笔画为序)

委　员　马春波　王志强　叶　民　叶晓萍　朱　慧　张永华
陈君芳　罗泳江　徐国斌　郭文刚

书　记　叶　民

副书记　王志强　叶晓萍

总会计师、校长助理(2020年12月31日在任)

总会计师　石毅铭

校长助理　陈昆松　胡　炜

党委办公室、校长办公室负责人

(2020年12月31日在任)

<table>
<tr><th>部　门</th><th colspan="2">职　务</th><th>姓　名</th></tr>
<tr><td rowspan="8">党委办公室
校长办公室
(含国内合作办公室、保密办公室、信访办公室、法律事务办公室)</td><td colspan="2">主　任</td><td>朱　慧</td></tr>
<tr><td colspan="2">副主任</td><td>林伟连　陈　浩　黄任群　江雪梅
褚如辉　陈海荣　曹　磊</td></tr>
<tr><td rowspan="2">国内合作办公室</td><td>主　任</td><td>林伟连</td></tr>
<tr><td>副主任</td><td>章丽萍　任桑桑</td></tr>
<tr><td rowspan="2">保密办公室</td><td>主　任</td><td>陈　浩</td></tr>
<tr><td>副主任</td><td>史红兵(兼)</td></tr>
<tr><td>信访办公室</td><td>主　任</td><td>黄任群(兼)</td></tr>
<tr><td>法律事务办公室</td><td>主　任</td><td>江雪梅(兼)</td></tr>
</table>

党委部门负责人（2020 年 12 月 31 日在任）

<table>
<tr><th>部　门</th><th colspan="2">职　务</th><th>姓　名</th></tr>
<tr><td rowspan="4">纪委办公室</td><td colspan="2">主　任</td><td>王志强（兼）</td></tr>
<tr><td colspan="2">副主任</td><td>叶晓萍（兼）　张建富</td></tr>
<tr><td rowspan="2">巡察工作办公室</td><td>主　任</td><td>叶晓萍</td></tr>
<tr><td>副主任</td><td>沈　玉</td></tr>
<tr><td rowspan="4">组织部</td><td colspan="2">部　长</td><td>傅　细</td></tr>
<tr><td colspan="2">常务副部长</td><td>马春波</td></tr>
<tr><td colspan="2">副部长</td><td>刘艳辉（兼）　王　东（兼）
许　翾（兼）　胡昱东　钟永萍</td></tr>
<tr><td colspan="2">副处职组织员</td><td>王　芳</td></tr>
<tr><td rowspan="4">宣传部
（含网络信息办公室）</td><td colspan="2">部　长</td><td>叶桂方</td></tr>
<tr><td colspan="2">副部长</td><td>卢军霞　章　旻</td></tr>
<tr><td rowspan="2">网络信息办公室</td><td>主任</td><td>叶桂方（兼）</td></tr>
<tr><td>副主任</td><td>张川霞</td></tr>
<tr><td rowspan="2">统战部</td><td colspan="2">部　长</td><td>楼成礼</td></tr>
<tr><td colspan="2">副部长</td><td>钱智敢</td></tr>
<tr><td rowspan="2">教师工作部
（与人事处合署）</td><td colspan="2">部　长</td><td>刘继荣（兼）</td></tr>
<tr><td colspan="2">副部长</td><td>徐　洁</td></tr>
<tr><td rowspan="2">学生工作部</td><td colspan="2">部　长</td><td>郭文刚</td></tr>
<tr><td colspan="2">副部长</td><td>薄　拯（兼）　阮俊华（兼）　叶　艇
金芳芳　潘贤林</td></tr>
<tr><td rowspan="2">研究生工作部</td><td colspan="2">部　长</td><td>张荣祥</td></tr>
<tr><td colspan="2">副部长</td><td>陈凯旋（援藏）　刘　波　张晓洁</td></tr>
<tr><td rowspan="2">安全保卫部
（与安全保卫处合署）</td><td colspan="2">部　长</td><td>徐国斌（兼）</td></tr>
<tr><td colspan="2">副部长</td><td>胡　凯（兼）　赵增泽（兼）　赵　栋（兼）</td></tr>
<tr><td>人民武装部
（与学生工作部合署）</td><td colspan="2">部　长</td><td>郭文刚（兼）</td></tr>
<tr><td rowspan="3">机关党委</td><td colspan="2">党委书记</td><td>刘艳辉</td></tr>
<tr><td colspan="2">党委副书记</td><td>陈　飞（兼）　吕朝晖</td></tr>
<tr><td colspan="2">纪委书记</td><td>吕朝晖</td></tr>
<tr><td rowspan="3">离休党工委
（与离退休工作处合署）</td><td colspan="2">书　记</td><td>王　东（兼）</td></tr>
<tr><td colspan="2">常务副书记</td><td>朱　征</td></tr>
<tr><td colspan="2">副书记</td><td>王　珏（兼）　韩东晖（兼）　李　民（兼）</td></tr>
</table>

行政部门负责人（2020年12月31日在任）

<table>
<tr><th>部门</th><th colspan="2">职务</th><th>姓名</th></tr>
<tr><td rowspan="2">发展规划处</td><td colspan="2">处长</td><td>夏文莉</td></tr>
<tr><td colspan="2">副处长</td><td>楼建晴 徐贤春</td></tr>
<tr><td rowspan="2">政策研究室</td><td colspan="2">主任</td><td>李铭霞</td></tr>
<tr><td colspan="2">副主任</td><td>陈婵</td></tr>
<tr><td rowspan="2">人事处</td><td colspan="2">处长</td><td>刘继荣</td></tr>
<tr><td colspan="2">副处长</td><td>许翾(兼) 陈素珊 钟鸣文 周礼 徐洁(兼)</td></tr>
<tr><td rowspan="2">人才工作办公室（与人事处合署）</td><td colspan="2">主任</td><td>许翾</td></tr>
<tr><td colspan="2">副主任</td><td>阮慧 陆飞华</td></tr>
<tr><td rowspan="4">国际合作与交流处、港澳台事务办公室</td><td colspan="2">处长</td><td>李敏</td></tr>
<tr><td colspan="2">副处长</td><td>沈杰(兼) 陈伟英 刘郑一 罗坤</td></tr>
<tr><td rowspan="2">港澳台事务办公室</td><td>主任</td><td>李敏(兼)</td></tr>
<tr><td>副主任</td><td>刘郑一(兼)</td></tr>
<tr><td rowspan="17">本科生院</td><td colspan="2">院长</td><td>张光新</td></tr>
<tr><td colspan="2">副院长</td><td>朱永平 郭文刚(兼) 徐骁(兼)</td></tr>
<tr><td rowspan="2">教务处</td><td>处长</td><td>胡吉明</td></tr>
<tr><td>副处长</td><td>金娟琴 刘有恃 张良</td></tr>
<tr><td rowspan="2">学生工作处（与党委学生工作部合署）</td><td>处长</td><td>郭文刚(兼)</td></tr>
<tr><td>副处长</td><td>叶艇(兼) 金芳芳(兼) 潘贤林(兼)</td></tr>
<tr><td rowspan="2">本科生招生处</td><td>处长</td><td>朱佐想</td></tr>
<tr><td>副处长</td><td>孙健</td></tr>
<tr><td rowspan="2">教学研究处</td><td>处长</td><td>李恒威</td></tr>
<tr><td>副处长</td><td>谢桂红</td></tr>
<tr><td rowspan="7">求是学院</td><td>院长</td><td>邱利民</td></tr>
<tr><td>书记</td><td>郭文刚(兼)</td></tr>
<tr><td>副书记</td><td>邱利民 陈立明 谭芸</td></tr>
<tr><td>纪委书记</td><td>谭芸</td></tr>
<tr><td>丹阳青溪学园副主任</td><td>徐晓峰</td></tr>
<tr><td>紫云碧峰学园主任</td><td>谭芸(兼)</td></tr>
<tr><td>蓝田学园主任</td><td>陈立明(兼)</td></tr>
</table>

续表

部门	职务		姓名
研究生院	院长		包刚
	常务副院长		叶恭银
	副院长		卜佳俊
	研究生招生处	处长	周文文
		副处长	房刚(教育部发展规划司借调)
	研究生培养处	处长	江全元
		副处长	王晓莹
	研究生管理处(与党委研究生工作部合署)	处长	张荣祥(兼)
		副处长	陈凯旋(兼) 刘波(兼) 张晓洁(兼)
	学科建设处	处长	叶恭银
		副处长	陈良 梁君英
	学位评定委员会办公室(与学科建设处合署)	主任	叶恭银(兼)
		副主任	陈良(兼) 梁君英(兼)
	专业学位处	处长	卜佳俊(兼)
		副处长	陈智峰 王征
科学技术研究院	院长		杨波
	常务副院长		史红兵
	副院长		柯越海(兼) 孙崇德(兼)
	高新技术部部长		蒋啸
	农业与社会发展部部长		程术希
	基础研究与海外项目部部长		吴勇军
	开发与技术转移部部长		翁宇
	成果与知识产权管理部部长		赵彬
社会科学研究院	院长		周江洪
	副院长		袁清 张彦 徐宝敏
	平台管理部部长		程丽

续表

部门	职务		姓名
继续教育管理处	处长		郑胜
	副处长		楼艳
医院管理办公室	主任		夏标泉
	副主任		戴慧芬　李伟
计划财务处（含经营性资产管理办公室、国有资产管理办公室、采购管理办公室、采购中心）	处长		胡素英
	副处长		丁海忠　杨柳　杨学洁　包晓岚（兼）
	经营性资产管理办公室	主任	张宏建（兼）
		副主任	娄青
	国有资产管理办公室	主任	石毅铭（兼）
		副主任	胡放
	采购管理办公室	主任	包晓岚
	采购中心	主任	俞欢军
审计处	处长		罗泳江
	副处长		周坚　胡敏芳
监察处（与纪委办公室合署）	处长		王志强（兼）
	副处长		叶晓萍（兼）　方炎生
实验室与设备管理处	处长		唐睿康
	副处长		孙健　雷群芳　孙益
总务处（含“1250 安居工程”办公室）	处长		吴红瑛
	副处长		刘辉文　胡志富　傅慧俊　傅加林　吴小红（兼）
	“1250 安居工程”办公室	主任	吴红瑛（兼）
		副主任	吴小红
基本建设处	紫金港校区西区基本建设指挥部		林忠元（兼）
	副处长		林忠元　温晓贵　匡亚萍　梅祥院　李剑峰　楼笑笑

续表

部　门	职　务	姓　名
超重力离心模拟与实验装置项目建设(推进)指挥部办公室	副主任	朱宇恒　林伟岸
安全保卫处	处　长	徐国斌
	副处长	胡　凯　赵增泽　赵　栋
离退休工作处	处　长	王　东
	副处长	朱　征(兼)　王　珏　韩东晖　李　民
新闻办公室（与党委宣传部合署）	主　任	叶桂方(兼)

学术机构负责人 *(2020 年 12 月 31 日在任)*

部　门	职　务	姓　名
校学术委员会秘书处	秘书长	李浩然
	专职副秘书长	朱敏洁
人文学部	主　任	黄华新
	副主任	王　杰　刘海涛
社会科学学部	主　任	吴晓波
	副主任	何文炯
理学部	主　任	罗民兴
	副主任	陈汉林　沈模卫
工学部	主　任	杨德仁
	副主任	徐志康　申有青
信息学部	主　任	陆　纯
	副主任	陈耀武　陈积明
农业生命环境学部	常务副主任	喻景权
	副主任	郑绍建
医药学部	主　任	段树民
	副主任	管敏鑫　曾　苏

学院(系)负责人(2020年12月31日在任)

学部、学院(系)	职　务	姓　名
人文学院	院　长 副院长	楼含松 蔡　荃(兼)　苏宏斌　冯国栋　王　栋
	党委书记 党委副书记 纪委书记	蔡　荃 楼含松　郑英蓓 郑英蓓
外国语言文化与国际交流学院	院　长 副院长	程　工 姚　信(兼)　方　凡　李　媛　程　乐
	党委书记 党委副书记 纪委书记	姚　信 程　工　沈　燎 沈　燎
传媒与国际文化学院	院　长 副院长	韦　路 王庆文(兼)　王建刚　范志忠
	党委书记 党委副书记 纪委书记	王庆文 韦　路　叶建英 叶建英
艺术与考古学院	院　长 副院长	白谦慎 方志伟(兼)　王小松
	党委书记 党委副书记 纪委书记	方志伟 赵蕾蕾 赵蕾蕾
经济学院	院　长 副院长	黄先海 张子法(兼)　潘士远　郭继强　王义中 方红生
	党委书记 党委副书记 纪委书记	张子法 黄先海　卢飞霞 卢飞霞
光华法学院	名誉院长 常务副院长 副院长	张文显 周江洪 张永华(兼)　赵　骏　郑春燕
	党委书记 党委副书记 纪委书记	张永华 胡　铭　吴卫华 吴卫华

续表

学部、学院(系)	职　务	姓　名
教育学院	院　长	顾建民
	副院长	吴巨慧(兼)　阚　阅　周丽君　孙元涛
	党委书记	吴巨慧
	党委副书记	包　松
	纪委书记	包　松
管理学院	院　长	魏　江
	副院长	朱　原(兼)　周伟华　汪　蕾　谢小云
	党委书记	朱　原
	党委副书记	魏　江　潘　健　吴为进
	纪委书记	吴为进
公共管理学院	院　长	郁建兴
	副院长	杨国富(兼)　毛　丹　钱文荣　张蔚文　谭　荣
	党委书记	杨国富
	党委副书记	郁建兴　姚　晨
	纪委书记	姚　晨
	社会学系　系主任	赵鼎新
	社会学系　党总支书记	毛　丹
马克思主义学院	院　长	刘同舫
	副院长	李小东(兼)　张　彦　代玉启
	党委书记	李小东
	党委副书记	徐晓霞
	纪委书记	徐晓霞
数学科学学院	院　长	励建书
	副院长	闻继威(兼)　盛为民　郜传厚
	党委书记	闻继威
	党委副书记	孙　凯
	纪委书记	孙　凯
物理学系	系主任	王业伍
	副系主任	颜　鹂(兼)　赵道木　王　凯
	党委书记	颜　鹂
	党委副书记	王业伍　方　磊
	纪委书记	方　磊

续表

学部、学院(系)	职　务	姓　名
化学系	系主任 副系主任	王　鹏 应伟清(兼)　史炳锋　王　敏
	党委书记 党委副书记 纪委书记	应伟清 丁立仲 丁立仲
地球科学学院	院　长 副院长	夏群科 王　苑(兼)　程晓敢　曹　龙
	党委书记 党委副书记 纪委书记	王　苑 陈宁华 陈宁华
心理与行为科学系	系主任 副系主任	何贵兵 尹金荣(兼)　高在峰
	党委书记 党委副书记 纪委书记	尹金荣 何贵兵　何　洁 何　洁
机械工程学院	院　长 副院长	杨华勇 梅德庆(兼)　居冰峰　刘振宇
	党委书记 党委副书记 纪委书记	梅德庆 项淑芳 项淑芳
材料科学与工程学院	院　长 副院长	韩高荣 王晓燕(兼)　陈立新　皮孝东 朱铁军
	党委书记 党委副书记 纪委书记	王晓燕 韩高荣　张士良 陈立新
能源工程学院	院　长 副院长	高　翔 金　滔(兼)　郑津洋　俞自涛 黄群星
	党委书记 党委副书记 纪委书记	金　滔 高　翔　赵传贤 赵传贤
电气工程学院	院　长 副院长	盛　况 汤海旸(兼)　沈建新　齐冬莲
	党委书记 党委副书记 纪委书记	汤海旸 陈　敏　徐超炯 郭创新

续表

学部、学院(系)	职　务	姓　名
建筑工程学院	院　长 副院长	罗尧治 刘峥嵘(兼)　董丹申(兼)　吕朝锋　朱　斌　吴　越
	党委书记 党委副书记 纪委书记	刘峥嵘 罗尧治　成光林　张　威 成从林
化学工程与生物工程学院	院　长 副院长	邢华斌 沈文华(兼)　张　林　潘鹏举
	党委书记 党委副书记 纪委书记	沈文华 邢华斌　沈律明 沈律明
海洋学院	院　长 常务副院长 副院长	王立忠 徐　文 王瑞飞(兼)　阮　啸(兼)　王晓萍　陶向阳
	党委书记 党委副书记 纪委书记	王瑞飞 阮　啸　陈　庆 陈　庆
	党政办公室主任	董小军
	组织人事部部长	吴　锋
	学生思政工作部部长	王万成
	教学管理部部长	马忠俊
	科研管理部部长	吴嘉平
	图书信息中心主任	吴颖骏
	总务部部长	周亦斌
	财务资产部部长	袁路明
	实验室与设备管理部部长	潘先平
航空航天学院	名誉院长 院　长 常务副院长 副院长	沈荣骏 阮祥新 陈伟球 毕建权(兼)　金仲和　曲绍兴
	党委书记 党委副书记 纪委书记	毕建权 陈伟球　戴志潜 戴志潜

续表

学部、学院(系)	职　务	姓　名
高分子科学与工程学系	系主任 副系主任	高长有 楼仁功(兼)　张兴宏　宋义虎
	党委书记 党委副书记 纪委书记	楼仁功 王　齐 王　齐
光电科学与工程学院	院　长 副院长	刘向东 刘玉玲(兼)　郑臻荣　戴道锌
	党委书记 党委副书记 纪委书记	刘玉玲 刘向东　郑丹文 郑丹文
信息与电子工程学院	院　长 副院长	杨建义 钟戎蓉(兼)　赵民建　陈红胜
	党委书记 党委副书记 纪委书记	钟戎蓉 杨建义　赵颂平　夏　雷 赵颂平
微电子学院	院　长 名誉院长 副院长	吴汉民 严晓浪 程志渊　何乐年
控制科学与工程学院	院　长 副院长	邵之江 叶　松(兼)　侯迪波　许　超
	党委书记 党委副书记 纪委书记	叶　松 邵之江　陈　伟 陈　伟
计算机科学与技术学院	院　长 副院长	陈　刚 彭列平(兼)　吴　飞　陈　为　尹建伟　任　奎(兼)
	网络空间安全学院院长	任　奎
软件学院	副院长	陈　丽　蔡　亮
计算机科学与技术学院和软件学院党委	党委书记 党委副书记 纪委书记	彭列平 陈　刚　单珏慧　许亚洲(挂职云南省普洱市景东彝族自治县副县长)　张栋梁 张栋梁
生物医学工程与仪器科学学院	院　长 副院长	张　宏 周　泓　刘清君
	党委副书记 纪委书记	张　宏　项品辉　杨　扬 杨　杨

学部、学院（系）	职　务	姓　名
生命科学学院	院　长	彭金荣
	副院长	潘炳龙（兼）　程　磊　余路阳
	党委书记	潘炳龙
	党委副书记	孙　棋
	纪委书记	孙　棋
生物系统工程与食品科学学院	院　长	何　勇
	副院长	李金林（兼）　刘东红　徐惠荣
	党委书记	李金林
	党委副书记	何　勇　费兰兰
	纪委书记	费兰兰
环境与资源学院	院　长	陈宝梁
	副院长	史　舟　胡宝兰　陈丁江
	党委副书记	陈宝梁　陈丁江　包永平
	纪委书记	包永平
农业与生物技术学院	院　长	陈学新
	副院长	赵建明（兼）　祝水金　孙崇德　马忠华
	党委书记	赵建明
	党委副书记	陈学新　金　敏
	纪委书记	金　敏
动物科学学院	院　长	汪以真
	副院长	楼建悦（兼）　杨明英　李肖梁　周继勇
	党委书记	楼建悦
	党委副书记	汪以真　吴建绍
	纪委书记	吴建绍
医学院	名誉院长	巴德年
	院　长	刘志红
	常务副院长	李晓明
	副院长	许正平（兼）　欧阳宏伟　梁廷波（兼）王建安（兼）　蔡秀军（兼）　柯越海方向明　张　丹　徐　骁
	党委书记	周天华（兼）
	党委副书记	夏标泉
	党委副书记	陈国忠　陈周闻
	纪委书记	陈国忠
	科研办公室主任	易　平
	教学办公室主任	徐凌霄

续表

学部、学院(系)	职　务		姓　名
医学院	基础医学系	系主任 副系主任	王青青 邵吉民(兼)　杨　巍　王　迪
		党总支书记 党总支副书记	邵吉民 王青青
	脑科学与脑医学系	系主任 副系主任	段树民 蒋笑莉(兼)　斯　科　周煜东
		党总支书记	蒋笑莉
	公共卫生系	院　长 副院长 党总支书记	吴息凤 吕黎江(兼)　陈光弟　王红映 吕黎江
药学院	院　长 副院长		顾　臻 胡富强(兼)　高建青　范骁辉
	党委书记 党委副书记 纪委书记		胡富强 杨慧蓉 杨慧蓉

医学院附属医院负责人(2020 年 12 月 31 日在任)

医　院	职　务	姓　名
医学院附属第一医院	党委书记 党委常务副书记 党委副书记 纪委书记	梁廷波 顾国煜 黄　河　陈君芳　邵浙新 陈君芳
	院　长 常务副院长 副院长	黄　河 裘云庆 顾国煜(兼)　沈　晔　许国强　陈作兵 郑　敏　陈　平
医学院附属第二医院	党委书记 党委副书记 纪委书记	王建安 王伟林　项美香 项美香
	院　长 常务副院长 副院长	王伟林 黄　建 吴息凤(兼)　王志康　丁克峰　吴志英

续表

医院	职务	姓名
医学院附属邵逸夫医院	党委书记 党委副书记 纪委书记	刘利民 黄　昕　丁国庆 丁国庆
	院　长 常务副院长 副院长	蔡秀军 黄　昕 刘利民（兼）　俞云松　谢鑫友　潘宏铭　张松英　虞　洪
医学院附属妇产科医院	党委书记 党委常务副书记 党委副书记 纪委书记	吕卫国 吴弘萍 汪　辉　吴瑞瑾 吴瑞瑾
	名誉院长 院　长 副院长	黄荷凤 汪　辉 吴弘萍（兼）　王新宇　程晓东　陈新忠
医学院附属儿童医院	党委书记 党委常务副书记 党委副书记 纪委书记	舒　强 李　强 邹朝春 邹朝春
	常务副院长 副院长	傅君芬 龚方戚　毛建华
医学院附属口腔医院	党委书记 党委常务副书记 党委副书记 纪委书记	陈谦明 章伟芳 朱赴东 朱赴东
	院　长 副院长	陈谦明 章伟芳（兼）　谢志坚　傅柏平　姚碧文
医学院附属第四医院	党委书记 党委副书记 纪委书记	徐　键 王　凯　李　伟 李　伟
	院　长 副院长	王　凯 徐志豪　周庆利　应颂敏　胡振华

校区党工委、管委会负责人（2020 年 12 月 31 日在任）

<table>
<tr><th>校　区</th><th>部　门</th><th>职　务</th><th>姓　名</th></tr>
<tr><td rowspan="4">紫金港校区
（与机关党委合署）</td><td rowspan="2">党工委</td><td>书　记</td><td>罗长贤</td></tr>
<tr><td>副书记</td><td>陈　飞　吕朝晖（兼）</td></tr>
<tr><td rowspan="2">管委会</td><td>主　任</td><td>罗长贤（兼）</td></tr>
<tr><td>副主任</td><td>陈　飞（兼）　吕朝晖（兼）</td></tr>
<tr><td rowspan="4">玉泉校区</td><td rowspan="2">党工委</td><td>书　记</td><td>马银亮</td></tr>
<tr><td>副书记</td><td>周小萍</td></tr>
<tr><td rowspan="2">管委会</td><td>主　任</td><td>马银亮（兼）</td></tr>
<tr><td>副主任</td><td>周小萍（兼）</td></tr>
<tr><td rowspan="3">西溪校区</td><td>党工委</td><td>书　记</td><td>吕国华</td></tr>
<tr><td rowspan="2">管委会</td><td>主　任</td><td>吕国华（兼）</td></tr>
<tr><td>副主任</td><td>毛一平</td></tr>
<tr><td rowspan="4">华家池校区</td><td rowspan="2">党工委</td><td>书　记</td><td>张仁炳</td></tr>
<tr><td>副书记</td><td>陈　炯　顾禹标　潘　新</td></tr>
<tr><td rowspan="2">管委会</td><td>主　任</td><td>张仁炳（兼）</td></tr>
<tr><td>副主任</td><td>陈　炯（兼）　顾禹标（兼）
潘　新（兼）</td></tr>
<tr><td rowspan="4">之江校区</td><td rowspan="2">党工委</td><td>书　记</td><td>张永华</td></tr>
<tr><td>副书记</td><td>柴　红</td></tr>
<tr><td rowspan="2">管委会</td><td>主　任</td><td>张永华（兼）</td></tr>
<tr><td>副主任</td><td>柴　红（兼）</td></tr>
</table>

群众团体负责人（2020年12月31日在任）

部门	职务	姓名
工会	主席	楼成礼
	副主席	程荣霞　林　俐　叶　艇（兼）
团委	书记	薄　拯
	副书记	吴维东　梁　艳　卓亨逵

直属单位负责人（2020年12月31日在任）

直属单位	职务	姓名
发展联络办公室（含发展委员会办公室、校友总会秘书处、教育基金会秘书处）	主任	沈黎勇
	副主任	顾玉林　党　颖　翁　亮
就业指导与服务中心	主任	董世洪
	副主任	仇婷婷　邵　頔
图书馆	党委书记	吴　晨
	副馆长	吴　晨（兼）　黄　晨　胡义镰　田　稷
信息技术中心	主任	陈文智
	副主任	程艳旗　郭　晔　董　榕
	总工程师	张紫徽
档案馆	馆长	马景娣
	副馆长	蓝　蕾
艺术与考古博物馆	馆长	白谦慎
	常务副馆长	楼可程

续表

直属单位	职务	姓名
竺可桢学院	院　长	吴朝晖（兼）
	常务副院长	葛　坚
	副院长	张光新（兼）　张　帆
	党委书记	葛　坚
	党委副书记	李文腾
	纪委书记	李文腾
继续教育学院、成人教育学院、远程教育学院（合署）	院　长	楼锡锦
	副院长	姚　青　王正栋　周兆农（兼）
	党委副书记	楼锡锦
	纪委书记	周兆农
全国干部教育培训浙江大学基地（办事机构与继续教育学院合署）	主　任	邹晓东（兼）
	副主任	楼锡锦（兼）　周兆农 胡昱东（兼）
国际教育学院	院　长	沈　杰
	副院长	唐晓武　徐　莹　卢正中 孙方娇
公共体育与艺术部	主　任	吴叶海
	副主任	周　聪
	直属党总支副书记	吴叶海　吴子贵　傅旭波
中国科教战略研究院（办事机构与政策研究室合署）	副院长	魏　江（兼）　顾建民（兼） 朱　慧（兼）　李铭霞（兼） 夏文莉（兼）　张　炜
	办公室主任	陈　婵（兼）
工业技术转化研究院	院　长	任其龙
	副院长	张丽娜　柳景青　赵朝霞（兼） 翁　宇（兼）
	直属党总支书记	张丽娜
	直属党总支副书记	赵朝霞

续表

<table>
<tr><th>直属单位</th><th colspan="2">职　务</th><th>姓　名</th></tr>
<tr><td rowspan="5">先进技术研究院</td><td colspan="2">院　长</td><td>史红兵</td></tr>
<tr><td colspan="2">副院长</td><td>金　钢　翁沈军(兼)　王国雄</td></tr>
<tr><td colspan="2">直属党总支书记</td><td>金　钢</td></tr>
<tr><td colspan="2">总工程师</td><td>郑　耀</td></tr>
<tr><td>舟山海洋分院</td><td>院　长</td><td>翁沈军</td></tr>
<tr><td rowspan="5">新农村发展研究院
(含农业技术推广中心)</td><td colspan="2">院　长</td><td>陈昆松</td></tr>
<tr><td colspan="2">常务副院长</td><td>王　珂</td></tr>
<tr><td colspan="2">副院长</td><td>叶兴乾(兼)　钱文荣(兼)
程术希(兼)　陈　平</td></tr>
<tr><td rowspan="2">农业技术推广中心</td><td>主　任</td><td>叶兴乾</td></tr>
<tr><td>副主任</td><td>杜爱芳</td></tr>
<tr><td rowspan="2">校医院(加挂校园
卫生健康办公室牌子)</td><td colspan="2">院　长</td><td>黄　建</td></tr>
<tr><td colspan="2">副院长</td><td>缪　锋(兼)　王　为　刘　剑
陈立峰　胡新史</td></tr>
<tr><td rowspan="3">校园卫生健康办公室
(与校医院合算)</td><td colspan="2">主　任</td><td>黄　建</td></tr>
<tr><td colspan="2">常务副主任</td><td>缪　锋</td></tr>
<tr><td colspan="2">副主任</td><td>王　为(兼)　陈立峰(兼)
胡新央(兼)</td></tr>
<tr><td rowspan="6">出版社</td><td colspan="2">社　长</td><td>褚超孚</td></tr>
<tr><td colspan="2">总编辑</td><td>袁亚春</td></tr>
<tr><td colspan="2">副社长</td><td>金达胜(兼)　金更达</td></tr>
<tr><td colspan="2">党委书记</td><td>金达胜</td></tr>
<tr><td colspan="2">党委副书记</td><td>褚超孚</td></tr>
<tr><td colspan="2">纪委书记</td><td>金更达</td></tr>
<tr><td rowspan="7">建筑设计研究院</td><td rowspan="2">建筑设计研究院有限公司</td><td>董事长</td><td>董丹申</td></tr>
<tr><td>副董事长</td><td>吕淼华</td></tr>
<tr><td colspan="2">院　长</td><td>杨　毅</td></tr>
<tr><td colspan="2">副院长</td><td>吕淼华(兼)　黎　冰</td></tr>
<tr><td colspan="2">党委书记</td><td>吕淼华</td></tr>
<tr><td colspan="2">党委副书记</td><td>杨　毅　周家伟</td></tr>
<tr><td colspan="2">纪委书记</td><td>周家伟</td></tr>
</table>

续表

直属单位	职　务	姓　名
国家大学科技园管理委员会（与科学园发展有限公司、工业技术转化研究院合署）	主　任	赵荣祥（兼）
	常务副主任	张丽娜（兼）
	副主任	赵朝霞（兼）　柳景青（兼） 邵明国（兼）　钱秀红（兼）
农业科技园管理委员会、农业试验站（合署）	站　长	杜尧舜
	副站长	王建军（兼）　林咸永　宋文坚
	农业科技园管理委员会主任	杜尧舜（兼）
	直属党总支书记	王建军
	直属党总支副书记	杜尧舜
医学中心（归口医学院管理）	主　任	刘志红
	常务副主任	许正平
	副主任	田　梅
	党工委书记	顾国煜
国际联合学院（海宁国际校区）	院　长	何莲珍
	常务副院长	欧阳宏伟
	副院长	李尔平
	党委书记	何莲珍
	党委副书记	诸葛洋　王玉芬
	纪委书记	王玉芬
	院长助理	周金其　屈利娟
	综合办公室主任	屈利娟
	人力资源部部长	徐晓忠
	学生事务部部长	王玉芬
	教务部部长	周金其
	计划财务部部长	邱　萍
	图书信息中心主任	江肖强
	科研与技术转化部部长	许亚丹

续表

直属单位	职　务	姓　名
浙江大学爱丁堡联合学院	执行院长	Sue Welburn
	副院长	鲁林荣　陈　晔
浙江大学伊利诺伊大学厄巴纳-香槟校区联合学院	执行院长	金建铭
	副院长	李寒莹　马　皓
浙江大学国际联合商学院	院　长	贲圣林
	副院长	瞿海东
工程师学院	院　长	包　刚
	常务副院长	韦　巍
	副院长	陈丰秋　李　磊　赵张耀 王　征
	党委书记	陈丰秋
	党工委副书记	沈　哲
	纪委书记	沈　哲
创新创业研究院	常务副院长	王玲玲
	副院长	陈肖峰　赵　成
杭州国际科创中心	主　任	王靖岱
	副主任	夏　雷
	党工委书记	傅方正
“一带一路”国际医学院(筹)	院　长	黄荷凤
	副院长	应颂敏
宁波科创中心	主　任	韩高荣(兼)
	副主任	单世涛
北京研究院	院　长	张文显
	执行院长	邹大挺
	副院长	袁　清
上海高等研究院	院　长	周如鸿
	常务副院长	吴　飞
	副院长	楼华梁　罗　坤(兼)

产业与后勤系统负责人（2020年12月31日在任）

单　位	职　务	姓　名
控股集团有限公司	董事长 总　裁 副总裁	郑爱平 徐金强 楼润正
	党委书记 党委副书记 纪委书记	郑爱平（兼） 徐金强　盛亚东 盛亚东
	创新技术研究院　副院长	舒旭云
产业与后勤党工委	书　记	郑爱平
	副书记	盛亚东
后勤集团	总经理 副总经理	林旭昌 万春根（兼）　程宁佳
	党委书记 党委副书记 纪委书记	万春根 林旭昌　姜群瑛 姜群瑛
科技园发展有限公司	总经理	赵荣祥
	副总经理	邵明国

表彰与奖励

2020年部分获奖(表彰)集体

中共中央授予

全国先进基层党组织　医学院附属第一医院党委

中共中央、国务院、中央军委授予

全国抗击新冠疫情先进集体　医学院附属第一医院党委

全国抗击新冠疫情先进集体　医学院附属第二医院重症救治医疗队(援鄂)

全国抗击新冠疫情先进集体　医学院附属邵逸夫医院援助湖北荆门医疗队

教育部授予

全国高校"双带头人"教师党支部书记工作室

管理学院创新创业与战略学系教工党支部书记工作室

浙江省委授予

全省先进基层党组织　医学院附属第一医院第一党总支部

全省先进基层党组织　医学院附属第一医院第八党总支部

全省先进基层党组织　医学院附属第二医院护理部党支部

全省先进基层党组织　医学院附属第二医院援鄂临时第二党支部

全省先进基层党组织　医学院附属邵逸夫医院援助武汉协和医院医疗队临时党总支部

全省先进基层党组织　医学院附属邵逸夫医院行政第三党支部

全省先进基层党组织　医学院附属儿童医院党委

全省先进基层党组织　医学院附属第四医院党委

浙江省委、浙江省人民政府授予

浙江省抗击新冠疫情先进集体　医学院附属第一医院第一党总支部
浙江省抗击新冠疫情先进集体　医学院附属第一医院第八党总支部
浙江省抗击新冠疫情先进集体　医学院附属第一医院呼吸内科
浙江省抗击新冠疫情先进集体　医学院附属第一医院急诊科
浙江省抗击新冠疫情先进集体　医学院附属第一医院放射科
浙江省抗击新冠疫情先进集体　医学院附属第二医院
浙江省抗击新冠疫情先进集体　医学院附属第二医院护理部党支部
浙江省抗击新冠疫情先进集体　医学院附属第二医院感染性疾病科党支部
浙江省抗击新冠疫情先进集体　医学院附属第二医院检验科党支部
浙江省抗击新冠疫情先进集体　医学院附属第二医院援鄂临时第二党支部
浙江省抗击新冠疫情先进集体　医学院附属邵逸夫医院
浙江省抗击新冠疫情先进集体
医学院附属邵逸夫医院援助武汉协和医院医疗队临时党总支部
浙江省抗击新冠疫情先进集体　医学院附属邵逸夫医院检验科党支部
浙江省抗击新冠疫情先进集体　医学院附属邵逸夫医院危重医学科医护第一党支部
浙江省抗击新冠疫情先进集体　医学院附属邵逸夫医院行政第三党支部
浙江省抗击新冠疫情先进集体　医学院附属妇产科医院门急诊第二党支部
浙江省抗击新冠疫情先进集体　医学院附属儿童医院党委
浙江省抗击新冠疫情先进集体　医学院附属儿童医院门诊部第一党支部
浙江省抗击新冠疫情先进集体　医学院附属第四医院党委
浙江省抗击新冠疫情先进集体　医学院附属第四医院检验科

浙江省政府授予

浙江省民族团结进步模范集体　医学院附属第一医院

中国民主促进会中央委员会授予

民进全国抗击新冠疫情先进集体　民进浙江大学委员会

九三学社中央委员会授予

九三学社全国抗击新冠疫情先进集体　九三学社浙江大学委员会
全国优秀基层组织　九三学社浙江大学委员会

中国民主同盟浙江省委员会授予

民盟省委会抗击新冠疫情先进集体　民盟浙江大学委员会

中华全国妇女联合会授予

全国巾帼文明岗　行政服务办事大厅
全国巾帼文明岗　医学院附属妇产科医院生殖内分泌科

中华全国总工会办公厅授予

基层工会先进财务单位　浙江大学工会

浙江省妇女联合会、浙江省卫生健康委员会联合授予

一线女医务人员集体抗击新冠疫情浙江省三八红旗集体 医学院附属第一医院护理团队

一线女医务人员集体抗击新冠疫情浙江省三八红旗集体 医学院附属第二医院援鄂青年突击队

一线女医务人员集体抗击新冠疫情浙江省三八红旗集体 医学院附属邵逸夫医院护理部

浙江省总工会授予

2019—2020 年度浙江省“三育人”先进集体求是学院 紫云碧峰学园

2019—2020 年度浙江省“三育人”先进集体 机械工程学院

教育部、中央统战部、中央网信办、国家发改委、工信部、人社部、环境保护部、农业农村部、国家知识产权局、中科院、中国工程院、国务院扶贫办、团中央、广东省人民政府授予

第六届中国国际“互联网+”大学生创新创业大赛先进集体奖 浙江大学

第六届中国国际“互联网+”大学生创新创业大赛“青年红色筑梦之旅”活动先进集体奖 浙江大学

团中央、教育部、中国科协、全国学联、黑龙江省人民政府授予

第十二届“挑战杯”中国大学生创业计划竞赛“挑战杯” 浙江大学

团中央青年发展部授予

2020 年全国大中专学生志愿者暑期“三下乡”社会实践活动优秀单位 浙江大学

中国青年报授予

2020 年第六届“寻找全国大学生百强暑期实践团队”评选活动最佳实践大学 浙江大学

浙江省教育厅、省大学生创新创业大赛组委会授予

第六届浙江省国际“互联网+”大学生创新创业大赛高校先进集体 浙江大学

第六届浙江省国际“互联网+”大学生创新创业大赛“青年红色逐梦之旅”高校先进集体 浙江大学

第六届浙江省国际“互联网+”大学生创新创业大赛优秀组织奖 浙江大学

团浙江省委、省教育厅、省社科院、省科协、省学联授予

浙江省第十二届“挑战杯”大学生创业计划竞赛杰出贡献奖 浙江大学

浙江省教育厅、省农业农村厅、省农村信用社联合社授予

“农信杯”第三届浙江省大学生乡村振兴创意大赛优秀组织奖 浙江大学

浙江省委宣传部、省文明办、省教育厅、团浙江省委、省学联授予

2020 年浙江省暑期社会实践风采大赛优秀组织奖 浙江大学

团浙江省委、浙江省教育厅、浙江省学生联合会授予

“浙江省高校思政微课大赛”浙江大学获优秀组织奖 浙江大学

浙江省委宣传部、省文明办、团省委、省教育厅、省自然资源厅、省体育局、省学联授予

浙江省“新青年新时尚——首届高校学生达人秀”浙江大学获优秀组织奖 浙江大学

浙江大学先进基层党组织(50 个)

外国语言文化与国际交流学院党委

传媒与国际文化学院影视艺术与新媒体学系教工党支部
经济学院党委
光华法学院法律硕士(非法学)研究生第一党支部
管理学院党委
数学科学学院机关教工党支部
心理与行为科学系党委
机械工程学院制造技术及装备自动化研究所教工党支部
建筑工程学院党委
化学工程与生物工程学院聚合与聚合物工程研究所研究生第三党支部
海洋学院党委
信息与电子工程学院机关、实验中心党支部
生命科学学院植物生物学研究所教工党支部
生物系统工程与食品科学学院食品生物科学技术研究所研究生第一党支部
农业与生物技术学院党委
医学院公共卫生系流行病学与统计学系研究生党支部
医学院学生工作办公室党支部
求是学院丹阳青溪学园第二党支部
党委宣传部党支部
总务处党支部
保卫处第二党支部
本科生院第三党支部
图书馆第三党支部
继续教育学院综合管理党支部
校医院玉泉校区在职第一党支部
建筑设计研究院党委
农业试验站机关与长兴分站党支部
控股集团圆正酒店文景党支部
后勤集团饮食服务中心第一党支部
医学院附属第一医院党委
医学院附属第一医院抗击疫情第一临时党支部
医学院附属第一医院抗击疫情第二临时党支部
医学院附属第一医院援鄂重症患者医疗救治队临时党支部
医学院附属第一医院援华中科技大学同济医学院附属协和医院医疗队临时党支部
医学院附属第一医院肝胆胰外科第三党支部
医学院附属第二医院援鄂临时第一党支部
医学院附属第二医院援鄂临时第二党支部

医学院附属第二医院援鄂临时第三党支部
医学院附属第二医院检验科党支部
医学院附属邵逸夫医院援助湖北荆门医疗队临时党支部
医学院附属邵逸夫医院援助武汉协和医院医疗队临时第一党支部
医学院附属邵逸夫医院援助武汉协和医院医疗队临时第二党支部
医学院附属邵逸夫医院科教党支部
医学院附属妇产科医院产科第二党支部
医学院附属儿童医院党委
医学院附属儿童医院门诊部第一党支部
医学院附属口腔医院综合二党支部
医学院附属第四医院援鄂临时党支部
医学院附属第四医院医技党支部
国际联合学院（海宁国际校区）浙江大学爱丁堡大学联合学院党支部

2020 年度考核优秀中层领导班子

党委办公室、校长办公室（含国内合作办公室、保密办公室、信访办公室、法律事务办公室）
纪律检查委员会办公室（监察处）、巡察工作办公室
党委组织部
发展规划处
人事处（党委教师工作部）、人才工作办公室
本科生院、党委学生工作部
研究生院、党委研究生工作部
科学技术研究院
计划财务处（含经营性资产管理办公室、国有资产管理办公室、采购管理办公室、采购中心）
安全保卫处（党委安全保卫部）
教育学院
公共管理学院
地球科学学院
心理与行为科学系
机械工程学院
材料科学与工程学院
能源工程学院
海洋学院
光电科学与工程学院
控制科学与工程学院
医学院
药学院

医学院附属第一医院
医学院附属第二医院
医学院附属邵逸夫医院
校工会
发展联络办公室
信息技术中心
国际联合学院(海宁国际校区)
控股集团

2020 年部分获奖(表彰)个人

中共中央授予

“全国优秀共产党员”称号　李兰娟　医学院附属第一医院
“全国优秀共产党员”称号　崔　巍　医学院附属第二医院
“全国优秀共产党员”称号　虞　洪　医学院附属邵逸夫医院

中共中央、国务院、中央军委授予

“全国抗击新冠疫情先进个人”称号　李兰娟　医学院附属第一医院
“全国抗击新冠疫情先进个人”称号　郑　霞　医学院附属第一医院
“全国抗击新冠疫情先进个人”称号　崔　巍　医学院附属第二医院
“全国抗击新冠疫情先进个人”称号　虞　洪　医学院附属邵逸夫医院
“全国抗击新冠疫情先进个人”称号　陈亚岗　医学院附属第四医院

国家卫生健康委、人力资源社会保障部、国家中医药管理局授予

“全国卫生健康系统新冠疫情防控工作先进个人”称号　郑　霞　医学院附属第一医院
“全国卫生健康系统新冠疫情防控工作先进个人”称号　陆　群　医学院附属第二医院
“全国卫生健康系统新冠疫情防控工作先进个人”称号　吴晓虹　医学院附属邵逸夫医院
“全国卫生健康系统新冠疫情防控工作先进个人”称号　蒋思懿　医学院附属第四医院

浙江省委授予

“全省优秀共产党员”称号　李兰娟　医学院附属第一医院
“全省优秀共产党员”称号　梁廷波　医学院附属第一医院
“全省优秀共产党员”称号　郑　霞　医学院附属第一医院
“全省优秀共产党员”称号　蔡洪流　医学院附属第一医院
“全省优秀共产党员”称号　魏国庆　医学院附属第一医院
“全省优秀共产党员”称号　徐凯进　医学院附属第一医院
“全省优秀共产党员”称号　王建安　医学院附属第二医院

“全省优秀共产党员”称号　崔　巍　医学院附属第二医院
“全省优秀共产党员”称号　蔡　菁　医学院附属第二医院
“全省优秀共产党员”称号　刘利民　医学院附属邵逸夫医院
“全省优秀共产党员”称号　虞　洪　医学院附属邵逸夫医院
“全省优秀共产党员”称号　谢琳燕　医学院附属邵逸夫医院

浙江省委组织部授予

“全省担当作为好干部”称号　梁廷波　医学院附属第一医院

浙江省普通高校党建研究专业委员会、浙江教育报刊总社授予

“全省最受师生喜爱的书记”称号　魏　江　管理学院

浙江省委、浙江省人民政府授予

“浙江省抗击新冠疫情先进个人”称号　蔡洪流　医学院附属第一医院
“浙江省抗击新冠疫情先进个人”称号　刘　烨　医学院附属第一医院
“浙江省抗击新冠疫情先进个人”称号　陈臣侃　医学院附属第一医院
“浙江省抗击新冠疫情先进个人”称号　韩威力　医学院附属第一医院
“浙江省抗击新冠疫情先进个人”称号　陈作兵　医学院附属第一医院
“浙江省抗击新冠疫情先进个人”称号　裘云庆　医学院附属第一医院
“浙江省抗击新冠疫情先进个人”称号　黄　河　医学院附属第一医院
“浙江省抗击新冠疫情先进个人”称号　魏国庆　医学院附属第一医院
“浙江省抗击新冠疫情先进个人”称号　方　强　医学院附属第一医院
“浙江省抗击新冠疫情先进个人”称号　俞文桥　医学院附属第一医院
“浙江省抗击新冠疫情先进个人”称号　李　彤　医学院附属第一医院
“浙江省抗击新冠疫情先进个人”称号　赵雪红　医学院附属第一医院
“浙江省抗击新冠疫情先进个人”称号　盛吉芳　医学院附属第一医院
“浙江省抗击新冠疫情先进个人”称号　周建英　医学院附属第一医院
“浙江省抗击新冠疫情先进个人”称号　陈　瑜　医学院附属第一医院
“浙江省抗击新冠疫情先进个人”称号　姚航平　医学院附属第一医院
“浙江省抗击新冠疫情先进个人”称号　钟紫凤　医学院附属第一医院
“浙江省抗击新冠疫情先进个人”称号　冯靖祎　医学院附属第一医院
“浙江省抗击新冠疫情先进个人”称号　王　蕊　医学院附属第一医院
“浙江省抗击新冠疫情先进个人”称号　胡　亮　医学院附属第一医院
“浙江省抗击新冠疫情先进个人”称号　李　娟　医学院附属第一医院
“浙江省抗击新冠疫情先进个人”称号　丁礼仁　医学院附属第二医院
“浙江省抗击新冠疫情先进个人”称号　黄　建　医学院附属第二医院
“浙江省抗击新冠疫情先进个人”称号　王建安　医学院附属第二医院
“浙江省抗击新冠疫情先进个人”称号　张秀来　医学院附属第二医院
“浙江省抗击新冠疫情先进个人”称号　黄　曼　医学院附属第二医院

“浙江省抗击新冠疫情先进个人”称号	徐　峰	医学院附属第二医院
“浙江省抗击新冠疫情先进个人”称号	宋剑平	医学院附属第二医院
“浙江省抗击新冠疫情先进个人”称号	王丽竹	医学院附属第二医院
“浙江省抗击新冠疫情先进个人”称号	黄天海	医学院附属第二医院
“浙江省抗击新冠疫情先进个人”称号	罗汝斌	医学院附属第二医院
“浙江省抗击新冠疫情先进个人”称号	曾　妃	医学院附属第二医院
“浙江省抗击新冠疫情先进个人”称号	须　欣	医学院附属第二医院
“浙江省抗击新冠疫情先进个人”称号	张　斌	医学院附属第二医院
“浙江省抗击新冠疫情先进个人”称号	卢　燕	医学院附属第二医院
“浙江省抗击新冠疫情先进个人”称号	冯　佳	医学院附属第二医院
“浙江省抗击新冠疫情先进个人”称号	王伟林	医学院附属第二医院
“浙江省抗击新冠疫情先进个人”称号	张冀松	医学院附属邵逸夫医院
“浙江省抗击新冠疫情先进个人”称号	庄一渝	医学院附属邵逸夫医院
“浙江省抗击新冠疫情先进个人”称号	陈文军	医学院附属邵逸夫医院
“浙江省抗击新冠疫情先进个人”称号	胡红杰	医学院附属邵逸夫医院
“浙江省抗击新冠疫情先进个人”称号	吴胜军	医学院附属邵逸夫医院
“浙江省抗击新冠疫情先进个人”称号	周道扬	医学院附属邵逸夫医院
“浙江省抗击新冠疫情先进个人”称号	袁玉华	医学院附属邵逸夫医院
“浙江省抗击新冠疫情先进个人”称号	葛慧青	医学院附属邵逸夫医院
“浙江省抗击新冠疫情先进个人”称号	周建仓	医学院附属邵逸夫医院
“浙江省抗击新冠疫情先进个人”称号	宫晓艳	医学院附属邵逸夫医院
“浙江省抗击新冠疫情先进个人”称号	周　艳	医学院附属邵逸夫医院
“浙江省抗击新冠疫情先进个人”称号	张　舸	医学院附属邵逸夫医院
“浙江省抗击新冠疫情先进个人”称号	段开亮	医学院附属邵逸夫医院
“浙江省抗击新冠疫情先进个人”称号	方晓航	医学院附属邵逸夫医院
“浙江省抗击新冠疫情先进个人”称号	皮博睿	医学院附属邵逸夫医院
“浙江省抗击新冠疫情先进个人”称号	耿　涛	医学院附属邵逸夫医院
“浙江省抗击新冠疫情先进个人”称号	刘利民	医学院附属邵逸夫医院
“浙江省抗击新冠疫情先进个人”称号	林　蓉	医学院附属妇产科医院
“浙江省抗击新冠疫情先进个人”称号	程晓东	医学院附属妇产科医院
“浙江省抗击新冠疫情先进个人”称号	叶　盛	医学院附属儿童医院
“浙江省抗击新冠疫情先进个人”称号	汪　伟	医学院附属儿童医院
“浙江省抗击新冠疫情先进个人”称号	陈志敏	医学院附属儿童医院
“浙江省抗击新冠疫情先进个人”称号	吴　英	医学院附属儿童医院
“浙江省抗击新冠疫情先进个人”称号	邓淑丽	医学院附属口腔医院
“浙江省抗击新冠疫情先进个人”称号	姚建根	医学院附属第四医院

"浙江省抗击新冠疫情先进个人"称号　王新国　医学院附属第四医院
"浙江省抗击新冠疫情先进个人"称号　李　宁　医学院附属第四医院
"浙江省抗击新冠疫情先进个人"称号　吴小萍　医学院附属第四医院
"浙江省抗击新冠疫情先进个人"称号　袁凤琴　医学院附属第四医院
"浙江省抗击新冠疫情先进个人"称号　张华芳　医学院附属第四医院
"浙江省抗击新冠疫情先进个人"称号　徐志豪　医学院附属第四医院

浙江省政府授予

浙江省民族团结进步模范个人　陈再鸣

浙江省政协授予

最美政协人　周坚红　陈亚岗　裘云庆

中国国民党革命委员会中央委员会授予

民革抗击新冠疫情先进个人　冯晓铖　周　勇　章益民

中国民主同盟中央委员会授予

中国民主同盟抗击新冠疫情先进个人　周冬辰　张　斌　祝继洪

中国民主建国会中央委员会授予

抗击新冠疫情先进个人　吴灵娇

中国民主促进会中央委员会授予

民进全国抗击新冠疫情先进个人　陈亚岗　陈作兵　喻成波　李立斌

中国农工民主党中央委员会授予

农工党抗击新冠疫情先进个人　章渭方

中国致公党中央委员会授予

致公党抗击新冠疫情先进个人　裘云庆　倪　勤

九三学社中央委员会授予

九三学社抗击新冠疫情先进个人　何旭东

台湾民主自治同盟中央委员会授予

台湾民主自治同盟抗击新冠疫情先进个人　林　平

中国民主同盟浙江委员会授予

民盟浙江省委会抗击新冠疫情先进个人　张　斌　周冬辰　祝继洪　戴平丰
严森祥　陈恩国　罗　坤

浙江省侨联授予

浙江省侨界"十杰"　裘云庆
浙江省优秀归侨侨眷　唐晓武　白　剑

青海省委、青海省人民政府授予

"对口支援青海先进个人"称号　范　剑　医学院附属第一医院

云南省扶贫开发领导小组授予

云南省脱贫攻坚奖"优秀驻村扶贫工作队员"称号　陶　甄　经济学院

党中央、国务院授予

全国先进工作者　杨德仁　材料科学与工程学院

全国先进工作者　姚玉峰　医学院附属邵逸夫医院

全国先进工作者　刘　斌　艺术与考古学院

中华全国妇女联合会、国家卫生健康委员会、中央军委政治工作部联合授予

抗击新冠疫情全国三八红旗手　李兰娟　传染病诊治国家重点实验室

抗击新冠疫情全国三八红旗手　王华芬　医学院附属第一医院

抗击新冠疫情全国三八红旗手　张　颖　医学院附属第二医院

抗击新冠疫情全国三八红旗手　吕芳芳　医学院附属邵逸夫医院

中华全国妇女联合会授予

全国三八红旗手　胡海岚　医学院

全国三八红旗手　金洁医　学院附属第一医院

全国三八红旗手　田　梅　医学中心

全国"巾帼建功"标兵　高　昕　医学院附属第一医院

中国教科文卫体工会全国委员会授予

第五届全国高校青年教师教学竞赛二等奖　卢玲丽　环境与资源学院

浙江省妇女联合会、浙江省卫生健康委员会联合授予

一线女医务人员抗击新冠疫情浙江省三八红旗手　高　昕　医学院附属第一医院

一线女医务人员抗击新冠疫情浙江省三八红旗手　倪　勤　医学院附属第一医院

一线女医务人员抗击新冠疫情浙江省三八红旗手　黄　曼　医学院附属第二医院

一线女医务人员抗击新冠疫情浙江省三八红旗手　谢翠娥　医学院附属第二医院

一线女医务人员抗击新冠疫情浙江省三八红旗手　张俊丽　医学院附属邵逸夫医院

一线女医务人员抗击新冠疫情浙江省三八红旗手　沈丽华　医学院附属邵逸夫医院

浙江省教育工会授予

第四届浙江省"最美教师"　邱利民　能源工程学院

2020年浙江省"三育人"岗位建功竞赛一等奖　邱利民　能源工程学院

2020年浙江省"三育人"岗位建功竞赛二等奖　翁　恺　计算机科学与技术学院

2019—2020年度浙江省"三育人"先进个人　阳永荣　张　钢　郑春燕　项美香　胡海岚　胡福良　唐睿康　陈积明　黄　河　傅荣校　王芳官　刘利民　吴红瑛　陈有发　詹晓玲

团中央授予

2020年"全国优秀共青团干部"荣誉称号　薄　拯　校团委

2020年"全国优秀共青团员"荣誉称号　陈瑞雪　医学院

团中央、全国学联授予

2019年度"中国大学生自强之星"　王宣懿　心理与行为科学系

马钿雲　化学系
岳铂雄　电气工程学院

团中央、中国青年志愿者协会授予

抗击新冠疫情青年志愿服务先进个人　苏俊威　医学院附属第一医院
卢俊倩　医学院附属第二医院

团中央青年发展部授予

2020 年全国大中专学生志愿者暑期“三下乡”社会实践活动优秀个人　卢思颖　校团委

中国青年报授予

2020 年第六届“寻找全国大学生百强暑期实践团队”评选活动最佳指导教师
赵　嵩　信息与电子工程学院
余佳媛　紫云碧峰学园

团浙江省委、省志愿者协会授予

2017—2019 年度浙江省志愿服务工作先进个人　王巍贺　校团委
2020 年省浙江最美战疫志愿服务工作先进个人　张　颖　医学院附属第二医院

团浙江省委、浙江省教育厅、浙江省学生联合会授予

“浙江省高校思政微课大赛”特等奖　孙书剑　航天航空学院
朱　娜　医学院附属第一医院
华向理　生物系统工程与食品科学学院

浙江省委宣传部、省文明办、团省委、省教育厅、省自然资源厅、省体育局、省学联授予

浙江省“新青年新时尚——首届高校学生达人秀”特等奖　徐晓岚　教育学院
麻骐谣　教育学院

2020 年浙江大学“竺可桢奖”获得者

张　泽　材料科学与工程学院
段树民　医学院

2020 年浙江大学第八届“永平奖教金”获得者

永平杰出教学贡献奖　胡可先　人文学院
赵道木　物理学系

永平教学贡献奖　史治国　信息与电子工程学院

永平教学贡献提名奖	陈文智　计算机科学与技术学院 林咸永　环境与资源学院 吴叶海　公共体育与艺术部 郭　斌　管理学院 俞自涛　能源工程学院 欧阳宏伟　医学院 彭列平　计算机科学与技术学院

2020 年度优秀共产党员名单（160 名，单位内按姓氏笔画排序）

人文学院党委	周善东
艺术与考古学院党委	陈　虹（女）
教育学院党委	苏　洁（女）
管理学院党委	魏　江
公共管理学院党委	姜舒扬（女，学生）
马克思主义学院党委	诸葛翀（女）
物理学系党委	王　凯
化学系党委	叶虞滢（女，学生）
地球科学学院党委	鲍雨欣（女）
机械工程学院党委	梅德庆
材料科学与工程学院党委	朱　杭
能源工程学院党委	魏健健
电气工程学院党委	彭勇刚
海洋学院党委	吴　锋　张科威
航空航天学院党委	高　琪
高分子科学与工程学系党委	朱宝库
光电科学与工程学院党委	姚　达（女）
控制科学与工程学院党委	朱也也（女）
计算机科学与技术学院和软件学院党委	翁　恺
生物医学工程与仪器科学学院党委	孙幼波（女）
环境与资源学院党委	沈晔娜（女）
农业与生物技术学院党委	袁熙贤
动物科学学院党委	周钗美（女）
医学院党委	马天峰（学生）　沈华浩

药学院党委	王立明		
求是学院党委	陈翠苹(女)		
竺可桢学院党委	欧阳刘健(学生)		
机关党委	马君雅(女)	王晓莹(女)	叶晓萍(女)
	朱明丰	刘郑一(女)	李　涛
	杨　波(工号:0013392)		沈黎勇
	张银珠(女)	赵　栋	胡吉明
	黄　健	董世洪	鲁　平(女)
离休党工委	朱　征(女)		
公共体育与艺术部直属党总支	周　聪(女)		
校医院党委	李小琴(女)	唐　云(女)	
出版社党委	张　鸽(女)		
控股集团党委	陈思思(女)	郑爱平(女)	
后勤集团党委	刘万生	江华平(女)	张　蓉(女)
	姜群瑛	袁　飞(女)	
医学院附属第一医院党委	马　量	王华芬(女)	王其玲(女)
	白雪莉(女)	冯靖祎(女)	刘　烨(女)
	羊炜霞(女)	江金财	阮　萍(女)
	苏俊威	李兰娟(女)	吴李鸣
	陈　军(工号:1193003)		陈作兵
	陈　瑜(工号:1191008)		周建英(女)
	周静怡(女)	郑　霞(女)	赵雪红(女)
	钟紫凤(女)	姚航平	钱永平
	徐凯进	浦其斌	黄　河
	盛吉芳(女)	韩威力	蔡洪流
	潘向滢(女)	魏国庆	
医学院附属第二医院党委	丁礼仁	王钰炜(女)	
	王　萍(女,工号:2504097)		
	付国路	李　雯(女)	
	吴　燕(女,工号:2507166)		
	张秀来	张　颖(女,工号:2506048)	
	罗汝斌	周　洁(女)	房　洁(女)
	徐　峰	徐善祥	陶志华
	黄柳彬	黄　曼(女)	韩娜菲(女)
	曾　妃(女)	谢翠娥(女)	褚芳超(女)
医学院附属邵逸夫医院党委	丁　杨(女)	王家铃(女)	刘利民

	杜小幸　杨炜烨　宋铁军
	张俊丽(女)　张　舸　张　衡
	陆明晰　陈岳亮　周建仓
	赵荣杰(学生)　赵树林　胡红杰
	胡倩囡(女)　俞云松　姜柳青(女)
	宣小辉(女)　徐玉莲(女)
医学院附属妇产科医院党委	朱依敏(女)　孙美燕(女)
	周彩云(女,工号:5512039)
	秦佳乐(女)　黄秀峰
医学院附属儿童医院党委	叶　盛　李　伟(工号:6510C57)
	吴　英(女)　汪天林　汪　伟
	沈　征　陈志敏　陈朔晖(女)
	徐红贞(女)　徐玮泽
医学院附属口腔医院党委	王慧明　朱赴东　关晓旭(女)
	张　凯　郑娇尔(女)
医学院附属第四医院党委	朱　琳(女)　李　宁　吴小萍(女)
	吴英萍(女)　何建国　侯冠华(女)
	袁凤琴(女)　顾海波　翁晨曦
	蒋思懿(女)
国际联合学院(海宁国际校区)党工委	屈利娟(女)　颜伊阳(学生)
工程师学院党工委	毛　琪(女)
工业技术转化研究院直属党总支	杨　捷
先进技术研究院直属党总支	宣海军

浙江大学 2020 年度中层领导干部校级先进工作者

(按姓氏笔画排列)

王瑞飞　石毅铭　叶恭银　史　舟　任　奎　许　超　许　翾　孙　凯　吴弘萍
吴勇军　沈黎勇　张建富　陈文智　金娟琴　居冰峰　贲圣林　胡昱东　袁　清
夏文莉　顾建民　徐国斌　徐凌霄　徐　键　章丽萍　蒋笑莉　傅君芬　缪　锋
戴道锌

浙江大学 2020 年度校级先进工作者

人文学院	王国英　王　诚
外国语言文化与国际交流学院	卢玲伟　孙艳萍
传媒与国际文化学院	赵　瑜
艺术与考古学院	蒋　璐
经济学院	何嗣江　宗　晔
光华法学院	王凌皞
教育学院	程　春
管理学院	吴晓波　陈　超　缪依茹*
公共管理学院	王雨佳*　吴宇哲
社会学系	任　强
马克思主义学院	陈姝妤
数学科学学院	孔德兴
物理学系	Zhiwei Ma　阮智超
化学系	范　杰　黄珍珍
地球科学学院	谭　超
心理与行为科学系	沈模卫
机械工程学院	杨华勇　何　闻
材料科学与工程学院	刘嘉斌　姚旭霞
能源工程学院	方惠英　肖　刚
电气工程学院	郑太英　姚缨英
建筑工程学院	王　璇*　陈海祥　段元锋　袁行飞
化学工程与生物工程学院	李志荣　张才亮
海洋学院	郑道琼　钟晓航
航空航天学院	卫立青*　吴昌聚
高分子科学与工程学系	刘建钊
光电科学与工程学院	DI DAWEI　刘　柳
信息与电子工程学院	刘　晶　卓　成
微纳电子学院	汪　涛
控制科学与工程学院	葛志强　谢依玲
计算机科学与技术学院	Kui Ren　许亚洲(挂职干部) 杨小虎　周　昆

软件学院	苏　腾(辅导员)
生物医学工程与仪器科学学院	沈义民　孙幼波(辅导员)
生命科学学院	寿惠霞　陈　欣
生物系统工程与食品科学学院	陈幸祎
环境与资源学院	吴忠标　何积秀
农业与生物技术学院	王岳飞　蒋明星　樊龙江
动物科学学院	郑火青
医学院	刘　伟　江路华　杨晨玉*　张　岩 徐鹏飞　郭国骥　龚　薇　雷　浩
药学院	张莹莹　陈枢青
医学院附属第一医院	马　楠(工号:1513073)　王其玲 王国泉　王洪霞　王艳丽　王　莺 王晓燕　帅武平　戎　斌　刘春富 刘　健　江金财　江恒君　许　瑜 阮　萍　孙　洁(工号:1202064) 严森祥　李文文　李　均　李　彤 李剑平　李　想　杨建娣 杨　敏(工号:1309033)　吴李鸣 吴建平　吴建永　吴锦琼　余列道 余　斐　汪启东　沈秀兰　张露莎 陆远强　陆　超　陈水芳　陈臣侃 陈屹一　陈　华　陈江华　陈　红* 陈　芳(工号:1505013)　邵　萍 林慧平　金水萍　金　悦　周冬辰 周　华(工号:1308022)　郑　霞 项赛衡　赵雪红　赵　敏　胡少华 钟卫祥　俞柳青　俞海英　姜赛平 姚永兴　袁俏梅　袁　静　徐思纹 徐哲荣　高丽娟　黄朝阳　梁　辉 屠政良　彭志毅　鲁建丽　谢　珏 谢辞寒*　詹仁雅　蔡洪流　蔡　真 谭付清　谭美芳　滕理送　潘彩飞 瞿婷婷
医学院附属第二医院	王加秒　王　科(工号:2321008) 王　萍*(工号:P1374)　王雯雯 方留郁　巴　立　石　恒　卢良骥

申屠彤超　田　申　付国路　白志轩
包　涵　冯　佳　刘先宝　孙红燕
严毛晓　严　盛　杜立挺　李　序
李群英　李　静(工号:2318126)
吴　丹　吴岚岚　吴应盛　吴　岩
吴　盛　宋震亚　张旭照　张茅林
张　窈　张敏鸣　张　梁　陆　群
陈华清　陈城洋　邵小玲　范清秋
金静芬　周冬儿　周甜甜　俞佳萍
俞章平　施庆余　施晓娴　娄毓婷
姚晓燕　袁华娣　钱月红*　钱盈盈
徐永山　徐芝君　徐佳鸣　徐　峰
郭　阳　唐银杉　章轶明　蒋利锋
韩娜菲　童晓翠*　谢翠娥　詹　玥
颜小锋　颜伏归　潘锵荣

医学院附属邵逸夫医院

王长亮　王丹钦*　方晓航　方滢芝
冯　净　皮博睿　吕芳芳　乔　庆
庄一渝　刘锦初　刘福伟　刘馨悦
祁海鸥　许晨璞　孙晓南　苏　琳
杜小幸　李　里*　吴胜军　吴晓虹
何正富　何佳林　宋海新　张光颖
张苗苗　张晓婷(工号:3416117)
张　舸　张冀松　陈文军　陈若飞
陈岳亮　陈依琳　陈　钢　陈香萍
陈　彬　周建仓　周　艳　周道扬
郑利萍　赵树林*　赵　霞*　胡红杰
段开亮　宫晓艳　袁玉华　耿　涛
徐少华　奚炜炜　曹　筝　盛丹丽
葛慧青　韩雅婷　童晓晓　曾红芬
谢吉西　谢琳燕　虞亿宏　蔡华英
管　燕　潘孔寒　潘洁洁　潘洪杰

医学院附属妇产科医院

马冬梅　马俊彦　王　芳(工号:5193017)
叶金英　朱　卉　刘根红　孙燕妮
杨　敏(工号:5314005)　张　珂
陈丹青　陈　洁　金　绮　金燕琴
俞肖铭　俞媛珍　莫凤逸　索　靖

	钱琳妍　倪俊涛　唐郁文
医学院儿童医院	尤仁贵　付　勇　伍晓青　李月舟 李　伟(工号:6510057)　杨茹莱 余永林　应力阳　沈小庆　陈冯薏 陈　颖　周梦宁　周雪莲(工号:6512031) 郑　琪　单晓敏　徐　彬(工号:6505023) 高志刚　陶孝芬　梁佳伟　隆　琦 程晓英　程蓓蕾　傅松龄　童鑫发 虞晓芬　潘佳容
医学院附属口腔医院	王晓燕　邓淑丽　孙　平　魏国
医学院附属第四医院	王俊超　王新国　李　宁　李炅昊 杨泽山　杨晓晖　吴小萍　吴　琛 沈玉强　陈　华　陈丽霞　郑丹蕾 赵国华　顾海波　翁晨曦　蒋思懿 蒋　磊
党委办公室、校长办公室	史龙鳞
纪律检查委员会办公室	俞　磊
组织部	吴锋滨
人事处	卜杭斌
本科生院	杨　旸
研究生院	衣龙涛
计划财务处	章　瑛
总务处	姜雄晖
保卫处	陈忠云
发展联络办公室	崔晓红*
就业指导与服务中心	蔡艳婷
图书馆	应潇潇　沈利华
信息技术中心	袁书宏
国际教育学院	陈　勤*
公共体育与艺术部	虞松坤
先进技术研究院	俞　炜
农业试验站	孙德利
继续教育学院	朱超君*　吴友谊　周蕾蕾*
校医院	马　锐　王　翔*　林　鑫*　徐　俊
出版社	孙海荣
建筑设计研究院	吴震陵

浙江大学国际联合学院(海宁国际校区)	王宏伟
浙江大学杭州国际科创中心	叶惠飞
后勤集团	王　勍　徐少华　唐盛勇
浙江大学控股集团有限公司	徐　瀛
生命科学研究院	汪方炜
城市学院	徐慧萍
宁波理工学院	王高合

注:各单位人员按姓氏笔画排序,带*者为单位自筹经费聘用人员。

浙江大学2019—2020学年优秀班主任

人文学院	王　淼　陈　洁
外国语言文化与国际交流学院	杨曦红　方富民　陈艳华
传媒与国际文化学院	史普原
艺术与考古学院	章　屹
经济学院	李兴建　梁友莎
光华法学院	洪佳颖
教育学院	梅伟惠　周清志
管理学院	刘　洋　王求真
公共管理学院	李　艳　姚卫红　鄢　贞
数学科学学院	王　枫　王何宇
物理学系	王宙洋
化学系	赵华绒
地球科学学院	朱孔阳
心理与行为科学系	王腾飞
机械工程学院	徐敬华　邬义杰　杨　赓
材料科学与工程学院	张　辉
能源工程学院	初　宁　施建峰　郑　旭
电气工程学院	林　平　冀晓宇　季湘铭
建筑工程学院	许月萍　祁宏生　赵　康　洪　义
化学工程与生物工程学院	黄正梁　连佳长
海洋学院	何　方　郑道琼
航空航天学院	谢芳芳　石　兴
高分子科学与工程学系	仝维鋆

光电科学与工程学院	叶　辉
信息与电子工程学院	叶德信　张　婷　李东晓
控制科学与工程学院	冀海峰
计算机科学与技术学院	杨　颖　蔡　铭　李伟青　吴　飞
生物医学工程与仪器科学学院	王玉兴
生命科学学院	陈才勇
生物系统工程与食品科学学院	刘湘江
环境与资源学院	朱　亮
农业与生物技术学院	陈　曦　陈云文
动物科学学院	郑肖娟
医学院	冯利锋　陈　正　单鹏飞　许冠华 唐梦龄　秦佳乐　胡振华
药学院	邵雪晶
竺可桢学院	单珏慧　江文帅　李方园　齐宏妍 宋明黎　吴金群　许迎科　俞自涛
求是学院丹阳青溪学园	石许华　刘迎春　林珊珊　方　岳 杜正贞　陈珲夏　吕　阳
求是学院紫云碧峰学园	车录锋　李鸿亮　张　帆　陈玉银 李大勇　刘国华
求是学院蓝田学园	黄　瑞　杨　敏　林志伟　阎　彦 李学进　盛　荣　金佳莹

2020 年浙江大学优秀辅导员

化学系	俞　滨
建筑工程学院	金立乔
化学工程与生物工程学院	马　婕
海洋学院	叶　枫
信息与电子工程学院	欧阳润清
生物医学工程与仪器科学学院	孙幼波
生命科学学院	李　黎
农业与生物技术学院	许霁玉
医学院	陈　超
求是学院丹青学园	陈　璞

浙江大学2019—2020学年优秀研究生德育导师

人文学院	鲍永军　朱首献
外国语言文化与国际交流学院	丁　光　张慧玉
传媒与国际文化学院	张丽萍
艺术与考古学院	林　如
经济学院	李建琴　蒋岳祥　张自斌
光华法学院	霍海红
教育学院	胡　亮
管理学院	陈　俊　钱美芬　杨明园　王贞玉
公共管理学院	施　红　贺巧玲　付慧真　季　晨
马克思主义学院	赵　坤
数学科学学院	吴　彪
物理学系	景　俊
化学系	林旭锋
地球科学学院	张德国
心理与行为科学系	蔡　瑛
机械工程学院	唐建中　邹　俊　高一聪　魏燕定　吕福在　甘春标
材料科学与工程学院	王秀丽　李　雷
能源工程学院	蒋旭光　王海鸥　黄群星　郑　旭　王凯歌　钱锦远
电气工程学院	林振智　吴新科　郭　清
建筑工程学院	王建江　李咏华　郑　俊　梅振宇　许　贤　赵　宇　刘海江
化学工程与生物工程学院	崔希利　肖成梁
海洋学院	胡　鹏　王杭州　梁　旭　佟蒙蒙　陈　正
航空航天学院	滕　来
高分子科学与工程学系	王幽香
光电科学与工程学院	吴仍茂　郭　欣
信息与电子工程学院	丁扣宝
控制科学与工程学院	杨秦敏　刘兴高　刘之涛

计算机科学与技术学院	吴永萍　卜　凯　王　灿　纪守领 邹　宁　周晓巍　叶虔臻
软件学院	方红光　郭　爽　苏　腾
生物医学工程与仪器科学学院	宁钢民　邓　宁
生命科学学院	罗　琛　王君晖　任艾明
生物系统工程与食品科学学院	冯　雷　郭鸣鸣　叶尊忠
环境与资源学院	王海强　施加春　李　勇
农业与生物技术学院	郭逸蓉　杨景华　叶楚玉
动物科学学院	单体中　尹兆正　郑火青　单　颖
医学院	陈　晓　来利华　蒋　磊　徐向荣 许永安　柳　萌　赵　翔　钟丹丹 姜支农　马　力　白瑞良　熊秀芳 毕　玲　石海飞　周　华　王　薇 徐凯进　余沛霖　叶　盛　佟红艳 张园园
药学院	邹宏斌
工程师学院	钱　超　钟　崴　俞伟东　顾　复 刘景江　赵羽岱　胡松钰　张　聪 沈剑峰　罗若群　毛　琪

浙江大学 2019—2020 学年竺可桢奖学金获得者

焦中栋	机械工程学院博士生
郭秋江	物理学系博士生
金　竹	化学系博士生
叶昕海	农业与生物技术学院博士生
李　欧	管理学院博士生
陶攀峰	生命科学学院博士生
胡　楠	能源工程学院博士生
陈　杰	医学院博士生
邵雨舟	生物系统工程与食品科学学院硕士生
周璐瑜	机械工程学院硕士生
汪婷婷	化学工程与生物工程学院硕士生
齐　俏	信息与电子工程学院硕士生

章晓涵	光华法学院本科生
吴　玥	教育学院本科生
刘虎贲	物理学系本科生
章贝宁	机械工程学院本科生
周子航	电气工程学院本科生
韩佳晓	光电科学与工程学院本科生
傅婧芸	信息与电子工程学院本科生
刘书含	计算机科学与技术学院本科生
沈煜韬	生物系统工程与食品科学学院本科生
彭影彤	农业与生物技术学院本科生
傅伊甸	医学院本科生
林皓泓	竺可桢学院本科生

2020年浙江大学第十一届“十佳大学生”获得者

王嘉伟	建筑工程学院
石　浩	公共管理学院
刘书含	计算机科学与技术学院
齐　俏	信息与电子工程学院
杨雪倩	管理学院
张魏栋	化学工程与生物工程学院
胡　楠	能源工程学院
钱璞凡	化学系
黄思思	竺可桢学院
焦中栋	机械工程学院

2020年浙江大学本科生国家奖学金获得者

人文学院(6人)

陆丹琦　陈企依　薛颖涵　陈思捷　汪　彧　唐雨婷

外国语言文化与国际交流学院(8人)

党非凡　张晨旭　童雨萍　吴　晓　谢梦璐　胡�韵　郑舒怡　陈飞宇

传媒与国际文化学院(5 人)

朱恬逸　史蒙苏　梅舒婕　欧冬妮　陈金露

艺术与考古学院(3 人)

朱雯睿　林　涵　郭佳寅

经济学院(8 人)

王博申　郑伊婧　叶　静　庞宁婧　汤希珍　顾思茗　吴思航　李豪杰

光华法学院(5 人)

龚雨菁　徐文泽　冯欣恬　方泽铭　占开研

教育学院(5 人)

沈俊婕　吕佳忆　陈奕喆　王健慧　李南燕

管理学院(5 人)

李梦煜　沈心迪　朱晨希　邵佳涵　孙　丽

公共管理学院(8 人)

胡明泽　吴欣雅　高　伟　冯碧鸥　戴高云　阮钰涵　胡方婕　赵　一

数学科学学院(7 人)

黄　高　陈予恬　朱舒兰　范　岫　李蔚芃　李政达　田泽睿

物理学系(3 人)

林天韵　陈雨过　陈大同

化学系(3 人)

张　燮　周哲泓　郑卜航

地球科学学院(3 人)

黄晓婷　罗笑含　敬昊昱

心理与行为科学系(2 人)

潘莱珂　林雨欣

机械工程学院(7 人)

章贝宁　张予睿　周伊凡　陈佳威　怀谦益　胡哲哉　傅淑婧

材料科学与工程学院(3 人)

叶智超　王　茜　丁　立

能源工程学院(7 人)

赵宏飞　任亦心　刘　滢　潘　豪　张家杰　杜嘉航　潘　煜

电气工程学院(12 人)

崔　宇　姜　唯　梁志烜　叶文恺　杨灵方　邵可炜　覃竞畅　刘　硕　张开铭　吴丽泽
周子航　刘科明

建筑工程学院(10 人)

胡沾沾　虞　凡　赵嘉成　徐炜众　林圳杭　徐浩格　金　莎　李志伟　陈诗如　马嘉悦

化学工程与生物工程学院(4人)

王伟豪　邱圳淞　陈　杰　张辰潇

海洋学院(7人)

刘旭林　王　舸　黄融杰　苏芷晴　武玉玲　刘文思　徐雨杉

航空航天学院(2人)

苏正平　茅泓锴

高分子科学与工程学系(3人)

廖志成　陈　阳　谷安祺

光电科学与工程学院(4人)

周奕炜　李花坤　屠锡涛　谢　昊

信息与电子工程学院(11人)

宣扬帆　朱灵挺　傅婧芸　陈烨侃　司雨轩　付　潇　何扬槊　王　雕　温晨怡　钱　煜
张润民

控制科学与工程学院(5人)

韩志超　项吟沨　施晨莿　胡江鹏　莫子言

计算机科学与技术学院(13人)

章启航　刘锡安　蒋仕彪　夏豪诚　林浩通　沈心逸　应承峻　董嘉华　王祚滨　严子涵
罗昱哲　毕予然　朱祉盈

生物医学工程与仪器科学学院(4人)

沈辰业　戴哲川　许冬冬　李　原

生命科学学院(3人)

何俊攀　陈怡珺　肖佳恬

生物系统工程与食品科学学院(4人)

陈梦媛　牟　璇　王泽寒　高溯楠

环境与资源学院(4人)

莫洁菲　裘艺贝　汪培良　周旭霁

农业与生物技术学院(7人)

黄　妍　张　妍　庄戴千一　傅雨婷　叶晶晶　叶乐萱　杨梦夏

动物科学学院(4人)

李　燕　刘潇菡　谢哲宇　喻迎颖

医学院(21人)

周　琦　刘惠楠　傅伊甸　周敬鑫　黄航凯　高　璐　陈　昊　周恬静　王　冰　李雨迪
宋东杰　鲁晓雯　俞乃群　赵童辉　孙誉郝　陈梦莎　周娅京　蔡子婉　陈　营　潘湄蝶
章婷瑜

药学院(4人)

吴佳璐　金文绎　赵慧锋　郑涵奇

竺可桢学院(22 人)

钱晗欣　俞锦琦　李逸飞　王宇晗　徐恺蔚　俞一帆　刘家铄　倪雪琪　孔颖莹　钱璞凡
徐　震　顾佳钰　孟铉轶　张刘灯　王宜平　李奇修　刘一诺　姚乐艺　梁毅浩　袁歆雨
孟楚天　陈　聪

求是学院丹阳青溪学园(30 人)

王子墨　王心笛　王依晴　王　简　牛泽龙　方雨珂　吕晋扬　汤梦夏　李杰峰　李航涛
杨思倩　杨璐琳　吴袁震　沈　瑶　张泽川　张凌帆　张　涵　陈亿元　陈　威　邵奕琰
林文慧　周漪楠　房宇轩　赵一旸　夏子言　夏严莎　夏　雨　顾叶恋　黄子健　蒋思雯

求是学院紫云碧峰学园(28 人)

滕逢时　张可昕　陈子宜　余　爽　陈晓睿　金海岸　阎赟之　杨心妤　韩程旸　陈一航
孙　媛　郭嘉哲　廖嘉琦　张立昱　孙凇昱　徐夏妍　闻丹丽　郑博文　谌亦为　刘慧婷
王舒弘　林诗琪　胡意林　钟沛沛　俞洁柠　严雨林　郑雨轩　吴奕函

求是学院蓝田学园(30 人)

黄宇晨　戴肖悦　刘　慧　金书逸　马　骁　谢　元　冯　进　王维桢　冷　璿　郭静筠
姜东甫　韩逸冰　宋　晨　林昭辉　陈一佳　朱奕豪　朱博医　傅　敏　刘睿捷　詹林星
徐永咏　贾孟晗　甘　果　吴雯欣　陈　诚　陈　正　孔一博　孔令旭　陈欣宇　张嘉浩

国际联合学院(海宁国际校区)(12 人)

邱　姗　朱紫蓝　王诗琦　程宇琛　李子凌瀚　胡楚瑄　马霄羽　刘博闻　朱晓涵
袁晨泰　张　雨　徐沛瑶

2019—2020 学年浙江大学本科生奖学金获得者

浙江大学一等奖学金

人文学院(11 人)

鲁亚虹　朱元颜　王欣妍　鲍炜纲　马沛萱　陈思捷　唐雨婷　陆丹琦　汪　彧
薛颖涵　陈企依

外国语言文化与国际交流学院(23 人)

陈玥羽　林函潇　张思林　陆静文　饶家丞　方艺潼　王伊萌　王　妍　蒋欣容
邓吴婧　张千玥　帅敏华　于紫琪　肖苏峪　王欣然　陈飞宇　郑舒怡　胡筛韵
谢梦璐　吴　晓　童雨萍　张晨旭　党非凡

传媒与国际文化学院(13 人)

吴　媚　董安琪　徐　菁　段家欣　刘清欣　郑俊磊　戴君涵　叶莹莹　朱恬逸
陈金露　欧冬妮　梅舒婕　史蒙苏

艺术与考古学院(7人)

胡　蝶　江培艺　黄润洁　吕晓霞　郭佳寅　林　涵　朱雯睿

经济学院(22人)

黄宇涵　傅　点　刘佳鑫　谢晓雯　黄志凡　茅佳怡　钱昕玥　陈禹池　龚德威
徐安琪　陈　卓　杨朗悦　鲍孜恒　周端毅　汤希珍　李豪杰　吴思航　顾思茗
庞宁婧　叶　静　郑伊婧　王博申

法学院(14人)

董雨菲　魏奕荧　许　琳　王弋璇　章晓涵　林志伟　王淑琳　孙润哲　黄惠萍
占开研　方泽铭　冯欣恬　徐文泽　龚雨菁

教育学院(14人)

王健慧　李南燕　陈奕喆　吕佳忆　沈俊婕　张伊丽　郭笑荷　孙　静　何佳怡
沈凯凤　傅雨欣　俞欣欣　郭江婷　梅龙飞

管理学院(15人)

李旭东　丁　镛　李路炜　金　铎　陈子涵　林诗音　梅雨欣　黄文萱　朱路浩
季雯洁　孙　丽　邵佳涵　朱晨希　沈心迪　李梦煜

公共管理学院(21人)

王雨婷　潘　捷　关茹星　李　华　魏沁羽　张　彤　黄晨怡　蔡佳佳　田蔚熙
孙凯颖　卢　媛　徐思诚　谢安妮　戴高云　赵　一　胡方婕　阮钰涵　冯碧鸥
高　伟　吴欣雅　胡明泽

数学科学学院(21人)

温沁柔　关　宁　何怡君　陈天淇　金　予　田　烊　张云梦鸽　张　磊　朱思萌
王铭泽　谢宝玲　宣能恺　姜徐贝尔　刘骥宇　黄　高　田泽睿　李政达　李蔚芃
范　頔　朱舒兰　陈予恬

物理学系(7人)

丁晨旸　王竺卿　伍湘玉　王童康　林天韵　陈大同　陈雨过

化学系(10人)

文应科　罗　琛　王凯丽　吴　旭　叶虞滢　璜　磊　郑瑀山　郑卜航　周哲泓
张　燮

地球科学学院(8人)

敬昊昱　罗笑含　黄晓婷　唐呈凌　胡艳澜　王思杰　王佳琪　滕晓咪

心理与行为科学系(6人)

辛宇辰　高　阳　董韩晨　陆锦莹　林雨欣　潘莱珂

机械工程学院(18人)

项瀚义　留　锴　卢成宇　冯思航　吕东泽　诸葛沁沁　俞晓泠　向平宇　石金泽
方胡彪　赵雨开　章贝宁　傅淑婧　胡哲哉　怀谦益　陈佳威　周伃凡　张予睿

材料科学与工程学院(8 人)

何方仪　何百哲　聂群霖　吴若楷　黄俊超　丁　立　王　茜　叶智超

能源工程学院(20 人)

谭郡瑶　章　楠　蒋依蔚　徐　乾　朱有琦　赵伊健　励汝彬　余舒洋　王一涵　胡兆涵　杨君炜　雷佳慧　康立文　任亦心　潘　煜　杜嘉航　张家杰　潘　豪　吴　雷　赵宏飞

电气工程学院(34 人)

刘豪杰　陈宏舟　朱志豪　董怡滟　柯鸿飞　王一航　陈　晨　周　升　梅瀚墨　秦　昊　万文婕　李立岱　吴建阳　邹子羽　谢琦蔚　何威振　侯纳敏　郑新宇　樊嘉怀　陈凌云　韩宝慧　施轶凡　邵可炜　刘科明　周子航　吴丽泽　张开铭　刘　硕　覃竞畅　杨灵方　叶文恺　梁志烜　姜　唯　崔　宇

建筑工程学院(24 人)

沈芷菁　王嘉伟　沈文斌　唐　薇　黄佳乐　蔡泽恩　林依泉　潘翼舒　杨　晨　孙竞超　董　梁　杜　遥　傅优优　苏文超　顾思佳　徐浩格　马嘉悦　陈诗如　李志伟　金　莎　林圳杭　徐炜众　赵嘉成　虞　凡

化学工程与生物工程学院(11 人)

麻雪怡　黄雨晨　王安煜　李　杨　黄嘉诚　肖晨玮　丁豪特　张辰潇　陈　杰　邱圳淞　王伟豪

海洋学院(18 人)

周琦骁　沈心田　梁　兢　华雨桐　项龙祯　化天然　范诚睿　李文文　郭学昊　覃　悦　夏杨修　黄融杰　徐雨杉　刘文思　武玉玲　苏芷晴　王　舸　刘旭林

航空航天学院(6 人)

金秉阳　王　超　干乐天　李家和　茅泓锴　苏正平

高分子科学与工程学系(7 人)

朱逸杰　温付祥　林玉玲　应心儿　谷安祺　陈　阳　廖志成

光电科学与工程学院(11 人)

柯　舫　秦　锐　詹俊杰　何辰颖　徐浩宸　方岚玥　鲁铖涛　李花坤　谢　昊　屠锡涛　周奕炜

信息与电子工程学院(29 人)

宋浩波　陈　妍　陈　红　王楚惠　肖泽琪　宋如意　马千里　王璐茜　张茂俊　林鹿宁　周　阳　缪雨辰　赵　鼎　朱雪颖　丁　宁　肖勇波　卓　浪　邱潇涵　温晨怡　张润民　钱　煜　王　雕　何扬槊　付　潇　司雨轩　陈烨侃　傉婧芸　朱灵挺　宣扬帆

控制科学与工程学院(18 人)

陆金涛　皮怀瑾　王小龙　陈芷轲　蒋辰星　李鸿鑫　许志炜　金展羽　陈筱荞　杨　晨　潘黎铖　高钰满　崔卓凡　莫子言　胡江鹏　施晨莉　项吟沨　韩志超

计算机科学与技术学院(38 人)

王彦皓　黄炯睿　于嘉伟　李心言　李　想　曾俊浩　童鑫远　黄思泳　李天质
潘凯航　方小舟　陈　锰　沈吕可晟　张　婧　苏嘉婕　傅一超　吴姗姗　吴梦堉
吕雪妍　吴思晗　刘书含　何豪杰　楼倩雅　赵威凯　缪晨露　蒋仕彪　朱祉盈
毕予然　罗昱哲　严子涵　王祚滨　董嘉华　应承峻　沈心逸　林浩通　夏豪诚
刘锡安　章启航

生物医学工程与仪器科学学院(11 人)

张筱婧　何叶飞　徐加越　徐艺菲　裘依情　杨泽昆　朱云奇　沈辰业　李　原
许冬冬　戴哲川

生命科学学院(7 人)

谢　义　陈怡宁　施　涵　彭　晨　肖佳恬　陈怡珺　何俊攀

生物系统工程与食品科学学院(10 人)

张友超　周　溯　陆旭琦　董俊岑　徐成嘉　吴焕宇　高溯楠　王泽寒　牟　璇
陈梦媛

环境与资源学院(12 人)

干鑫君　仰玉洁　刘洁仪　郑浩阳　刘　澳　沈宇涛　王亦晨　傅心怡　莫洁菲
周旭霁　汪培良　裘艺贝

农业与生物技术学院(21 人)

程　序　黄　妍　马　琪　张　妍　朱　瑞　丁乐佳　傅雨婷　胡玉屏　梁启煜
刘偌璇　梅陈子　孟成桢　彭影彤　钱岚飒　吴晨霞　谢之耀　杨梦夏　叶晶晶
叶乐萱　张莹莹　庄戴千一

动物科学学院(10 人)

李　燕　贾梦妍　胡雨桑　陶　礼　麻佳乐　林雨婷　于一涵　喻迎颖　谢哲宇
刘潇菡

医学院(38 人)

陶青青　臧睿宸　蒋又瑾　邱逸文　章非木　胡菁菁　王晨韵　张洋洋　傅梦蝶
董叶恬　赵佳莹　李伟奇　江在渊　吴凯薇　叶启臻　陶宇航　樊于止　孔雨欣
严诗钰　李惠娜　李雅雯　孔令卓　苏颖峰　刘　彤　赵童辉　章婷瑜　潘湄蝶
陈　营　蔡子婉　周娅京　陈梦莎　孙誉郝　俞乃群　鲁晓雯　宋东杰　李雨迪
王　冰　周恬静

药学院(12 人)

赵质文　宋艳玲　何继骁　王思婕　陈佳璐　俞采妮　郑柏秀　林如意　郑涵奇
赵慧锋　金文绎　吴佳璐

竺可桢学院(150 人)

鲁瑜婷　霍鸣悦　李雨珂　张　翌　谭智洋　江　颢　陶鋆奕　陈欣宁　宗威旭
柴逸涵　邱　洵　茅一宁　王俊杰　蒋景伟　刘书悉　占子越　徐正韬　胡康平

林于笑童 王一鸣 尚子韬 黄宇星 金铭律 王湛依 王路遥 陈昕源 高蓓洁
张　悦 姚一培 刘昕怡 陈蕾伊 谢文想 赵晨希 郑小雨 徐晓丹 何宇航
李煜航 戴暄耕 许诗蕊 沈　莹 李雲霜 徐志俊 黄思思 唐　宁 史琳洁
丁雨馨 叶弘毅 胡雪丽 曹雅媞 王思成 沈夕琳 周一方 陈泓宇 洪　聿
赵　朔 盛天愉 王睿林 姜　怡 冯家琛 寿逸凡 李续双 陈　辉 李卓书
王建伟 陈　洁 马璐瑶 林隆中 胡蔚涛 朱　航 张　旻 裴海月 冯　杰
吕轶萌 潘　晟 梅乐怡 陈　策 颜　欣 周寒靖 陈德怡 王升千 谢羽芊
刘泽垣 钱意纯 陆雨欣 姚鑫霞 谢　涛 支欣路 高璐洁 潘　静 谭雅文
柴雨涵 荆　菁 张　越 朱德炜 林谷颖 李明伟 严婉颖 汪　辉 庄士豪
周宇鑫 李思懿 杨逸飞 段皞一 包泽杭 周凌宇 李梦萱 杨浩弘 朱芷懿
张雅淋 王思懿 王则徐 李兆丰 程　诺 王敬锴 胡丽雅 王　征 林皓泓
温雅岚 吕士洋 徐　策 薛唯琛 苏婷琳 曾　彩 俞芊如 费雨蝶 姜岩伯
钱韵佳 严子莹 陈　聪 徐　震 孟楚天 袁歆雨 梁毅浩 姚乐艺 刘一诺
李奇修 王宜平 张刘灯 孟铉轶 顾佳钰 钱璞凡 孔颖莹 倪雪琪 刘家铄
俞一帆 徐恺蔚 王宇晗 李逸飞 俞锦琦 钱晗欣

求是学院丹青学园(83人)

姚　双 郎丹琪 高天蕙 王青怡 王　瑶 肖佳峰 丁真珍 朱子天 郑　萌
徐　一 龚雅奇 刘嘉欣 张嘉瑜 方丹吟 侯思睿 李晓静 林心乐 严淑婷
史婧文 钭兰朵 曹　晨 叶姝楠 陈高笛 施子航 邵贻玥 张雨萌 陈虹艺
张雨薇 徐群超 周思晴 余　勤 方晗熙 李佳洋 陈炜漫 陈思佳 孙宇轩
单光裕 王文豪 王晨雪 陈航宇 陈佳妮 钱银盈 张叶烨 邝　睿 郑逸文
王韦凤 马玺媛 谢思凯 邹　芮 郑辰瑜 方思得 吴玥潼 傅莲婷 林文慧
蒋思雯 黄子健 顾叶恋 夏　雨 夏严莎 夏子言 赵一旸 房宇轩 周漪楠
杨思倩 邵奕琰 陈　威 陈亿元 张　涵 张凌帆 张泽川 沈　瑶 吴袁震
杨璐琳 李航涛 李杰峰 汤梦夏 吕晋扬 方雨珂 牛泽龙 王　简 王依晴
王心笛 王子墨

求是学院云峰学园(78人)

郑家宜 王瑜昕 陈许慧楠 高晨熙 刁　喻 陈银鹏 毛岳峰 张佳颖 朱栩源
佟昀泽 尹欣宜 黄佩雯 潘奕康 张沛全 王　斯 郑泽颖 俞杭宏 李博睿
史明昊 江雨笑 陈云奇 陆忆憧 黄惠慧 张浩正 吕　创 来傅依 董乙灿
林力麒 陈迎冬 李若洋 郑景泽 秦子昂 金道源 肖文楷 蒋宇彤 冯轶楠
李苗成 金可欣 姚利豪 范凯龙 陈欣缘 李昕瑾 高佳欣 杨琦冰 高宇斌
任嘉毅 吴　涵 陈恺奇 余沁妍 周洺旭 钟沛沛 吴奕函 郑雨轩 严雨林
俞洁柠 廖嘉琦 胡意林 林诗琪 王舒弘 刘慧婷 谌亦为 郑博文 闻丹丽
徐夏妍 孙凇昱 张立昱 张可昕 郭嘉哲 孙　媛 陈一航 韩程旸 杨心妤
阎赟之 金海岸 陈晓睿 余　爽 陈子宜 滕逢时

求是学院蓝田学园(83人)

姚凯丰 薛蕙心 吴佳宁 王梓帆 陈奕帆 戴子衡 陈皓天 王俊妍 徐 璐
刘晨昕 王炳瀚 张 扬 金琛淇 向方娜 苏语嫣 张雪纯 吕心瑜 郭肖楠
施雨辰 徐楚奕 姜芷欣 祁雲锦 赵一如 舒闻涵 王嘉雯 王 贤 林柔余
代洋飞 张添璐 张诗轩 白骁凯 黄怡凡 梁 爽 曾子涵 王 络 金汉伟
党月懋 黄辰悦 杜皓楠 李睿一 吴琦林 吴至盈 沈奕澎 翁嘉雨 张 迪
黄浩智 杨鸿滟 张宇晨 余天宸 郭天晨 徐佳淳 孔伟杰 梁英杰 陈欣宇
张嘉浩 傅 敏 孔令旭 孔一博 陈 正 陈 诚 吴雯欣 甘 果 贾孟晗
徐永咏 詹林星 刘睿捷 冯 进 朱博医 朱奕豪 陈一佳 林昭辉 宋 晨
韩逸冰 姜东甫 郭静筠 冷 璿 王维桢 谢 元 马 骁 金书逸 刘 慧
戴肖悦 黄宇晨

国际联合学院(海宁国际校区)(34人)

林沐阳 朱思蕾 邛 姗 俞承廷 赖心怡 马霄羽 郑 晗 张 雨 严瑜涵
朱紫蓝 何雨薇 吴 沁 程宇琛 邬兰琦 李子凌瀚 王希炜 郑 燊 刘博闻
江凤清 汪思涵 张灵君 徐沛瑶 何康宁 林若欣 王诗琦 王可滢 柳滢颖
葛昱昊 胡楚瑄 朱晓涵 傅哲宇 昌 隆 袁晨泰 言晓语

浙江大学二等奖学金(1623人,名单略)

浙江大学三等奖学金(3958人,名单略)

浙江大学2019—2020学年本科生外设奖学金及获奖情况

序号	奖学金名称	奖励人数	序号	奖学金名称	奖励人数
1	CASC一等奖学金	1	7	葛克全奖学金	15
	CASC二等奖学金	2	8	国强奖学金	15
	CASC三等奖学金	4	9	海亮一等奖学金	2
2	NITORI国际奖学金	40		海亮二等奖学金	5
3	宝钢奖学金	5		海亮三等奖学金	10
4	岑可法一等奖学金	9	10	恒瑞医药奖学金	20
	岑可法二等奖学金	6	11	恒逸奖学金	20
5	大和热磁奖学金	10	12	宏信奖学金	10
6	大连化物所奖学金	20	13	华为奖学金	4

续表

序号	奖学金名称	奖励人数	序号	奖学金名称	奖励人数
14	华谊集团奖学金	10	27	士兰微电子奖学金	8
15	黄宏、邬小蓓奖学金	8	28	世茂创新创业奖学金	5
16	建德一等奖学金	12		世茂学业优秀奖学金	5
	建德二等奖学金	24	29	宋都一等奖学金	1
17	金龙鱼奖学金	30		宋都二等奖学金	3
18	康而达二等奖学金	19	30	万华奖学金	6
	康而达一等奖学金	3	31	希望森兰奖学金	5
19	纳思奖学金	20	32	小米奖学金	30
20	南都创新奖学金	10	33	杨咏曼奖学金	12
	南都一等奖学金	7	34	姚禹肃、贺建芸奖学金	20
	南都二等奖学金	18	35	亿利达刘永龄奖学金	10
	南都三等奖学金	33	36	永平奖学金	50
21	潘家铮水电奖学金	2	37	浙江大学不动产基金奖学金	50
22	阙端麟奖学金	5	38	郑志刚奖学金	2
23	润禾奖学金	12	39	中国港湾一等奖学金	2
24	三井物产奖学金	9		中国港湾二等奖学金	4
25	三星奖学金	10	40	中国核动力一等奖学金	3
26	深交所奖学金	2		中国核动力二等奖学金	6
总计	654				

浙江大学 2020 届浙江省优秀本科毕业生

人文学院(9 人)

李　昱　周沁榕　杨　森　阮惠颖　章懿颖　张明滢　吴书棋　郭梦可　厉澄澄

外国语言文化与国际交流学院(9 人)

沈雨晴　邵晓迪　周毅鹏　羊靖乐　韩思羽　黄弋粟　魏浚桐　赵俊翔　沈德瑶

传媒与国际文化交流学院(6人)

徐铭婕　雷思涵　倪苗苗　戴之依　夏乐怡　单镭婧

艺术与考古学院(3人)

黄炎子　庞悦欣　罗诗贇

经济学院(10人)

李　沁　刘司宇　符林其　邓　畅　周欣吾桐　梁子奕　林青青　陈　一　茅宏涛　宋知恩

光华法学院(7人)

黄　味　金微之　周崇砚　王　璇　吴梦婕　胡　寅　屠安楠

教育学院(7人)

蔡小瑛　周钊颖　巫诺雅　李　艳　高　涵　马紫晨　叶周俊

管理学院(6人)

王宇柯　陈忆南　吴烨琳　利智宝　董梦璐

公共管理学院(9人)

周子晗　陈天慧　张雨亭　王予祺　陈青娴　毛梦圆　张　勤　张晓雯　阮茂琦

数学科学学院(10人)

杨嘉南　陶淳涛　徐紫怡　施莹璐　陈栩淦　郑忠铭　赵茜仪　潘豪孜　刘　畅　唐一苇

物理学系(3人)

田威坤　王洁菲　叶　童

化学系(4人)

薛耀庭　丁家连　滕茗芽　张立炜

地球科学学院(3人)

孙克染　凌昭廷　徐佳妮

心理与行为科学系(3人)

陈雨凡　王　洁　宣泓舟

机械工程学院(10人)

段　鸿　王声傲　郁海洋　李垌其　张晗潇　王无印　王楚璇　刘文渊　衡文正　陈熠钧

材料科学与工程学院(6人)

韩　屾　田鸿君　姚　悦　易　洋　姚颖沛　李飞雨

能源工程学院(12人)

冯乐耘　胡杭天　徐晨期　王宇轩　翁昕晨　孙金池　朱晨曦　王鹏飞　田雄伟　张润辉　张淑婷　李佳钰

电气工程学院(16人)

惠　悦　姜　威　陈鸿鑫　崔雅智　龚夕霞　王韵楚　徐一帆　徐钰淇　朱勐婷

张　森　樊　潇　王礼旭　张东博　包鑫康　金子植　方舟生

建筑工程学院(12 人)

陈奕扬　范予昕　管龙华　侯建华　黄逸琳　邱奕臻　孙　源　吴　昊　吴柳青
吴蕴芃　俞元盛　邹诗环

化学工程与生物工程学院(6 人)

林笑蔚　严紫燕　张智虹　任高鹏　蒋雷婕　熊皓屿

海洋学院(10 人)

郑宇谦　简　萌　冯艺漩　徐璞儿　陈佳伟　严相杰　罗华昱　邵　珺　赖明想
郁林子

航空航天学院(2 人)

郑浩然　曹哲锋

高分子科学与工程学系(5 人)

陈怡峰　董瑞临　沈　婷　忻嘉辉　刘岳铭

光电科学与工程学院(5 人)

邵　奇　杨佳奇　刘　维　陈琦凯　余泽清

信息与电子工程学院(16 人)

江智慧　庞婧璇　阮杨峻　高惠国　顾涵雪　郭　苗　田雨晴　夏裕涛　张颖而
杨　安　黄庆荣　涂剑凯　甘　旭　徐一皓　顾钰峰　张紫璨

控制科学与工程学院(6 人)

马皓月　王宇琪　张群康　翟瑞锟　林润泽　陈　旭

计算机科学与技术学院(22 人)

曾治华　季俊涛　李彦樟　李易非　林锦铿　刘远见　马　麟　任宇凡　宋宇杰
王子豪　吴　越　谢楚琳　徐金焱　杨樾人　姚　璐　叶大源　叶慧中　张习远
章　晨　萧芷晴　郝家辉　周芷怡

生物医学工程与仪器科学学院(7 人)

杨　涛　陈潘升　宁佳琦　宋加壮　姜昱辰　祖　涛　林佳帆

生命科学学院(4 人)

张齐心　梁艺蓝　钟世通　俞心见

生物系统工程与食品科学学院(6 人)

吕子辉　吕梦琪　刘一凡　来聪婷　章海川　李吟涛

环境与资源学院(6 人)

蔡雨宸　戴一双　胡雨虹　余思慧　王亚静　王嘉清

农业与生物技术学院(11 人)

陈冶可　胡雨岑　廖人玉　莫皓敏　李煜博　刘锐诚　李安迪　洪子涵　姚　洁
盖　彤　柳　锐

动物科学学院(5 人)

范埃米　戴万旻　赵书荻　方可馨　杨秀莉

医学院(22 人)

孟潇妍　汪存艺　许煜梓　陈加佳　陈清清　陈旭日　黄　玥　季永涛　贾丁佳成

解孙喆　李鑫钰　郦华明　林冰汝　卢蕴睿　梅子轩　乔克雄　任国宏　王佩珊

吴赛双　徐迎回　陈慧琪　林诚怡

药学院(6 人)

洪文翔　葛孚晶　郭雪萌　李开霖　张瀚毓　郑　颖

竺可桢学院(11 人)

赵梦雨　林新迪　郑　芳　王墨王　丁李桑　杜林峰　戚晨洋　赵　阳　王　宁

许思萱　包悦蕾

国际联合学院(海宁国际校区)(2 人)

蒋立妃　吴振邦

浙江大学 2019—2020 学年研究生国家奖学金获得者

人文学院

博士生　谢文惠　赵梦涵　訾夏威　俞圣杰　刘　丹　岳寒飞

硕士生　张清媛　吕晨可　赵　烨　潘林晓　何苏丹　鲍功瀚

外国语言文化与国际交流学院

博士生　孙钰岫　张桃红

硕士生　陈柯铮　戴　颖　陈学良　刘子琦

传媒与国际文化学院

博士生　孙梦如　梅朝阳

硕士生　孙晶茹　杨　阳　徐健悦

艺术与考古学院

博士生　蔡春旭

硕士生　刘　骋　凌君华

经济学院

博士生　郑路远　强朦朦　郭继文　王锦锦

硕士生　陈　华　李文澜　王志伟　王今非　吴　敏　孙　睿　许铭雪

光华法学院

博士生　马路瑶　时明涛　赖利娜

硕士生　章银佳　李　莹　谢欣蕾　何佳津　李诗涵　康琼梅　刘佳玮

教育学院

博士生　徐冰娜　余沁芸

硕士生　徐玲玲　史东麟　仲　亮

管理学院

博士生　党敬淇　黄　欢　李思涵　刘　婉　余　璐　郑秋霞

硕士生　郭　脉　姜仕元　赵一帆　李　璐

公共管理学院

博士生　郑淋议　张书睿　李丽莉　卢圣华　胡顺顺　刘书畅　林耀奔

硕士生　方晓倩　王　良　孙　瑜　季文君　陈铂麟

马克思主义学院

博士生　姚立兴

硕士生　陈弼文

数学科学学院

博士生　林怡雯　宣海玲　张良迪　张晓雨

硕士生　夏骏鹏　张笑然　黎至轩　王树一

物理学系

博士生　任文慧　苟　维　俞　莹　李梦阁　朱家旗　程　豪

硕士生　韩斌铭　安　妮

化学系

博士生　余亚东　丁　昊　王凌翔　王　雷　李二锐　吕逍雨　朱黄天之

硕士生　绳新如　任　铭　丁　懿　陈杰坪

地球科学学院

博士生　卞　爽　钱奇峰　金旭晨

硕士生　卢国泽　庞　宇　施　帆

心理与行为科学系

博士生　顾　全　倪萍萍

硕士生　杨西玛　李文敏　黎家豪

机械工程学院

博士生　杨　洋　吕鸿昊　肖　洒　王　磊　张承谦　谢明君　刘金童　杨　洁
　　　　刘　夏　杜昊远

硕士生　李　健　汪　帅　钱剑勇　王增豪　鲁映彤　张雪纯　蔡立成　王亚男
　　　　李沛隆　李康杰　言森博

材料科学与工程学院

博士生　刘苏福　卢文江　张晟昭　成　浩　汪　洋　杜　凯　白盛池　尹　蕾

硕士生　林涵清　崔永亮　杨梦雅　汪伟栋　朱慧敏　李华正

能源工程学院

博士生　韩昕璐　陶成飞　郭王彪　丰　睿　孙　晨　吴声豪　岳良辰　徐　栋
　　　　唐苇羽　张春伟　刘　彪

硕士生　杨　萌　孔大力　高如启　管程瑶　孙　竹

电气工程学院

博士生　刘晟源　唐坤杰　包铭磊　庞　博　贾冠龙　龚　直　程雨诗　张　勇

硕士生　郭亦宗　江　铁　徐成司　沈梦笑　唐晨涛　章九鼎　金　林　叶杨莉
　　　　柴　盛

建筑工程学院

博士生　刘　鑫　夏　鹏　张博然　芮圣洁　蔡钢伟　王潇弘　黄谢平　阙欣哲
　　　　阮圣倩　程　康　张殷楠

硕士生　葛尚奇　纪豪栋　江文豪　李雨杰　散雨龙　鲁　洁　连宇坤　林若洲
　　　　王炯超　章　怡　徐　鑫　陈　悦　戴茹梦

化学工程与生物工程学院

博士生　张　鹏　缪吴莎　郑　映　李冬冬　王青菊　张魏栋　郝少云

硕士生　方杨杨　郭晓云　王欣妍　邵子钰　刘康康　李梦婷　喻　聪　王　晗

海洋学院

博士生　夏克泉　肖灿博　黄方昊　高巧玲　易纹纹　叶杨慧

硕士生　马伟皓　张有功　孙恩来　王　豪　傅疆铭　王　威　陈　钦　吴　迪
　　　　秦　乐　黄宇洲

航空航天学院

博士生　曾丽芳　张　顺　程若然　钟旦明　郑鸿宇　刘炳瑞

硕士生　师昆仑　梁　超　尹顺禹　麻寿东

高分子科学与工程学系

博士生　王　迪　邓永岩　张成建　陈晓辉　李鹏

硕士生　蒿兴鹏　沈介泽　李浩南

光电科学与工程学院

博士生　徐沛拓　刘文杰　胡乐佳　梁　璀　许弘楠　潘婧

硕士生　张子尧　孙澍宇　徐展鹏

信息与电子工程学院

博士生　张　强　方　韵　胡小玲　陈舒雅　涂海程　王世伟　张　硕　张　莉

硕士生　杨　旭　何映晖　金　涛　席强丽　俞光华　宋宇达

控制科学与工程学院

博士生　戴玮辰　郭振纬　孙羽羿　尹居鑫　陈启明　曹雨齐

硕士生　王娇娆　余家鑫　何淑婷　翟光耀　黄士罗　王一钦　朱艳妮

计算机科学与技术学院

博士生　陈铭浩　金韦克　李宇薇　刘千惠　刘忠鑫　彭思达　任晓雪　王皓波
翁　荻　杨克宇　叶静雯　张文桥　周志斌

硕士生　陈纬奇　陈怡峰　季意昕　金映含　李俊成　林思寰　林堉育　林志杰
任　意　沈　锴　王　珏　徐炜烨　杨令晨　张　竹　张伟锋

软件学院

硕士生　刘晨寅　房　聪　杨　熠　陈心语　张玲燕　何永明　张朴平　楼　嵩
李　琳

生物医学工程与仪器科学学院

博士生　吴文琪　汪哲宇　陈婉琳　梁　韬　魏鑫伟

硕士生　孔留兵　全枝艳　吴威佳　俞伟勇

生命科学学院

博士生　王　俊　张　玲　朱业张　王颖慧　姜　玉　周凤燕　王　燕　梁惠惠
赵祯祯　王悦怡　冯　钰

硕士生　吴韵雯　邹哲宇　张勇婷　俞鑫星　陈　阳

生物系统工程与食品科学学院

博士生　廖新浴　张　岑　张　琳　姜成美　姚　瑶

硕士生　吴　丹　杨明依　陈艳菊　张梦垚

环境与资源学院

博士生　杨昆仑　陈琳琳　石凌栋　吴英杰　孙姗姗　高　旋　鲁莉萍

硕士生　刘昳帆　吴纯城　许冬冬　傅婷婷　黄路宽　李璐铫　董　丽　吴　昊

农业与生物技术学院

博士生　贾　磊　严　涛　沈　艳　邹　驰　李浦东　李　琳　袁　璐　姜小春
黄伟男　张厚朴

硕士生　郭奕邑　羊桂英　张　显　何宛芹　宋　瑜　谢冬玲　吴莹莹　李　铮
吴格非　张倩珂　赖宛仪

动物科学学院

博士生　游蒙蒙　徐子叶　王　成　杨永乐

硕士生　周伟尚　徐博成　倪一凡　姚锦维　郑梦洁

医学院

博士生　王佳佳　秦　天　边筱媛　虞哲彬　何　超　张超逸　范月丹　岳惠敏
吴隽青　谢娇娇　陈文标　赵亚磊　岑志栋　陈云浩　汪竞凯　章时珍
陈艺萍　钟丹妮　吴佳龙　帅　冲　郭陆英　方远坚　李　贤　吴　健
李　淼　张旭阳　王成贵　付宏颖　陈迪宇　郭　涛　鲍　昶　郑　希
石林林　周子淮　徐丽臻　范广晗　季　芳　赵桂云　薛　晨　崔露允
林中杰　涂米雪　宋建元　卢　冰　徐凯伦　史筱薇　陈　晟　张　弛

郭欣悦

硕士生 吴聪冲 潘佳琪 高 斐 吴 昊 胡潇逸 聂柳燕 韩银玲 张文华 叶 洋 潘相吉 周云翔 林丹烽 童金菲 赵立丁 徐志杰 郑俊浩 严曹冲 李梦婷 谢玲华 高佳雨 贾艳利 尤柳青 王星月 宋立村 叶梦玲 杨玉婷 何卉蕙 金 昊 黄佳程 陆 君 张 承 潘浩奇 白金武 高世奇 李 婷

药学院

博士生 朱淳琪 王云霞 王毛泽 曾晨鸣 张金泉

硕士生 潘晶晶 殷佳依 叶婷婷 赵晨希

工程师学院

硕士生 王 顺 张 凌 张嘉懿 方志强 杨 琳 张 导 方一稈 武钿登 张沁茗 邵宇超 马一凡 俞艳东 谢超逸 蒋沁宏 王文婕 丁 筱 赵桂杰 马意彭 王楚楚 瞿铭良 项光特 郑婷婷

国际联合学院(海宁国际校区)

博士生 何秋琳

硕士生 孙扬帆

浙江大学—西湖大学联培项目

博士生 苗泽蕾 孙耀庭 夏江威 郭舟妍 田强兴 唐启承 胡志明 龙 军 王存翔 黄思腾

浙江大学 2019—2020 学年研究生奖学金获得者

社会实践单项奖获得者

人文学院

刘 畅 章子怡 刘一丽 徐少强

外国语言文化与国际交流学院

韩绮琪

传媒与国际文化学院

徐 倩 金 檬

艺术与考古学院

马 超

经济学院

陈梦涛

光华法学院
何羽浓
教育学院
孙良红　张　露
管理学院
李　曦　杜越超
公共管理学院
郁文静　赵一星　俞　剑　周翔宇
马克思主义学院
孙　千
数学科学学院
唐松乔
物理学系
郑　超
化学系
白　昕　张松娜
地球科学学院
吴鸿翔
心理与行为科学系
张嘉堃
机械工程学院
李威锋　苑泽宇　穆聪聪　张斌
材料科学与工程学院
房立彬　祝　祺　吴　洋
能源工程学院
包职贰　卢　斌　吴嘉懿　岳良辰
电气工程学院
孙嘉豪　王海瑶　汪　亮　伍锐恒
建筑工程学院
邱欣晨　吴经纬　姚履坦　代健波
化学工程与生物工程学院
郭正东　王卓雅　张新佳
海洋学院
舒俊炜　李宗宇　谢心怡
航空航天学院
刘炳瑞　宋晓晨

高分子科学与工程学系

陈晓辉

光电科学与工程学院

严　昆

信息与电子工程学院

王梦琳　陈　琪　三世伟　陈　煜　韦　逸　张文君　吴锦毅　周晶仪

控制科学与工程学院

王　麒　柳　莹　袁杭杰　许言川

计算机科学与技术学院

严飞虎　周　楠　吴亦全　陈梓彤

软件学院

刘振江

生物医学工程与仪器科学学院

吴承凯　于伟杰

生命科学学院

张雅楠　黄　慧

生物系统工程与食品科学学院

王文强　钱子琪

环境与资源学院

李旖瑜　梅宇超　徐欣韵　朱佳天

农业与生物技术学院

陈梦瑶　惠译萱　羊桂英　董晨风

动物科学学院

丁浩轩　曹海月

医学院

李田田　林　旭　严嘉宁　姚　敏　许王婷　陈露茜　陈家炜

药学院

袁　涛

工程师学院

周元杰　邓　昕

国际联合学院

吴　橙

浙江大学—西湖大学联培项目

周　瑶　朱沛然

社会工作单项奖获得者

人文学院

谷玲玲　宋浩钰　何嘉欣

外国语言文化与国际交流学院

赵晨曦

传媒与国际文化学院

夏意意

艺术与考古学院

潘力伟

经济学院

张天翊

光华法学院

王子澍　宋芷薇

教育学院

李宇航　韩雨晴

管理学院

董凌峰　邓宛如

公共管理学院

郁佳俐　酒　毓　苑　健　陈汉坡

马克思主义学院

王琳妤

数学科学学院

吴潇然

物理学系

宋　伊

化学系

陈维伟　李旭峰

地球科学学院

戴豪成

心理与行为科学系

刘玥然

机械工程学院

马嘉禾　彭思达　李恒博　邱寒雨

材料科学与工程学院

李谷尧　高铭希　王逸琪

能源工程学院

顾若男　刘润之　杨　生　李嘉文　刘金英　黄平安　任　杰

电气工程学院

李金城　陈　页　李红霞　徐　昊

建筑工程学院

苏凌峰　张国政　闫伟卓　郑思思

化学工程与生物工程学院

窦炜玉　谈梦璐　武佳佳

海洋学院

周绍斐　谢雨辰　许鲍昕

航空航天学院

许笑一　陈相如　沈斌轶

高分子科学与工程学系

岳思聪

光电科学与工程学院

崔晓宇　徐展鹏　章　煜　陈宏浩　冉　翱

信息与电子工程学院

徐　晟　邝昊泽　赵万鹏　何映晖　阮翊婷

控制科学与工程学院

官孝清　吴茹梦　高　晗

计算机科学与技术学院

邓淑敏　郑芷逸　吴　玥　冯首博

软件学院

魏子杰

生物医学工程与仪器科学学院

沈朱懿　高思敏

生命科学学院

杨鑫星　竹嘉妮

生物系统工程与食品科学学院

杨亚洁　刘佳琳

环境与资源学院

张世君　郑　楠　周于杰　张　浩

农业与生物技术学院

戚菊峰　吴　珏　闫怡清　徐　慧

动物科学学院

陆　欢　王　媛

医学院

周梦豪　戴思雅　颜铁群　李梦婷　赵　灿　周梦琪　刘坤明

药学院

罗震宇

工程师学院

韩兴佳

国际联合学院

何秋琳

浙江大学—西湖大学联培项目

刘佳莉　吴　珊

创新创业单项奖获得者

人文学院

魏　晃

经济学院

周子渲

管理学院

林　鑫

艺术与考古学院

凌君华

电气工程学院

何睿文

光电科学与工程学院

童奕澄

机械工程学院

吕鸿昊

计算机科学与技术学院

宋凯莉

能源工程学院

周亚星

软件学院

申　勇

生物系统工程与食品科学学院

伍　辉

医学院

叶　洋

文体活动单项奖获得者

材料科学与工程学院

刘　逾

传媒与国际文化学院

汤雨晴

电气工程学院

王文婷

动物科学学院

杨舒婷

计算机科学与技术学院

唐本靖

教育学院

余沁芸

经济学院

何香怡

能源工程学院

梁晓锐

生命科学学院

唐子沐

医学院

谢娇娇

特殊贡献单项奖获得者

外国语言文化与国际交流学院

陈柯铮

信息与电子工程学院

马涵之

浙江大学 2019—2020 学年研究生专项奖学金及获奖情况

（单位：人）

序号	奖学金名称	奖励人数	序号	奖学金名称	奖励人数
1	宝钢奖学金	2	20	深交所奖学金	11
2	CASC 奖学金	11	21	中国电科十四所国睿奖学金	20
3	庄氏奖学金	40	22	华谊集团奖学金	30
4	温持祥奖学金	20	23	海亮奖学金	18
5	金都奖学金	18	24	士兰微电子奖学金	8
6	黄子源奖学金	10	25	中国港湾奖学金	6
7	南都奖学金	58	26	大和热磁奖学金	10
8	岑可法奖学金	15	27	华为奖学金	22
9	葛克全奖学金	9	28	旭化成株式会社（中国）人才培养奖学金	3
10	杨咏曼奖学金	12	29	郑志刚奖学金	2
11	潘家铮水电奖学金	1	30	三星奖学金	8
12	王惕悟奖学金	13	31	宏信奖学金	6
13	阙端麟奖学金	5	32	世茂学业优秀奖学金	15
14	宋都奖学金	3	33	世茂创新创业奖学金	15
15	希望森兰奖学金	7	34	中电莱斯奖学金	20
16	康而达奖学金	22	35	中国核动力奖学金	6
17	万华奖学金	10	36	国强奖学金	15
18	润禾奖学金	8	37	小米奖学金	20
19	新和成奖学金	45	38	恒瑞医药奖学金	40

浙江大学2020届浙江省优秀毕业研究生

人文学院

博士生　黄鹏程　赵江红　韩宇瑄

外国语言文化与国际交流学院

博士生　陈　程

硕士生　曲佳慧　余　薇

传媒与国际文化学院

博士生　刘强强

硕士生　林　雅　刘　奥　李敏芝

艺术与考古学院

博士生　沈　灵

经济学院

博士生　王　煌　高　媚

硕士生　潘楚凡　张秀豪　孙潜昶　曾佳阳　任溥瑞　杜顺帆　申屠均杰

光华法学院

博士生　郭　栋　钱文杰　杨　帆

硕士生　盛　佳　毛彦琪　童　璇　宁　倩

教育学院

博士生　周婷婷

管理学院

博士生　张晓爽　兵　枢　邹陆曦

硕士生　姜玉帛　朱晓珍　丛　玮　武一琛

公共管理学院

博士生　胡伟斌　凌卯亮　潘临灵

硕士生　姚燕飞　董泽宽　祝子航　唐祎祺　赵育恒　张雨晴

马克思主义学院

硕士生　鲍铭烨

数学科学学院

博士生　戴萍飞　谭晓宇　许佳攀

硕士生　赵博南　田　瑶

物理学系

博士生　方铁圣　马嵩松　周晓琳

化学系

博士生　焦天宇　占贝贝　王成涛

硕士生　陈　凯　陈可忻　刘锦蓉

地球科学学院

博士生　王中一　姜　玖

硕士生　钟　翼

心理与行为科学系

博士生　翟舒怡

机械工程学院

博士生　冯嘉炜　陈冬阳　夏士奇　王　硕　张鸣晓

硕士生　张圣麟　林炜奕　曹明义　管扬扬　王田田　周城皓　史钦光　张　磊　冷亭玉　李飞腾

材料科学与工程学院

博士生　刘杨应　文张骏　顾桐旭　姚珠君　高世超

硕士生　王慧颖　王欣伟

能源工程学院

博士生　孙志传　戴贡鑫　邢江宽　马华庆

硕士生　赖　鑫　李　澧　汪焓煜　白子贤　许　可　沈坤荣　郑　郝

电气工程学院

博士生　惠红勋　黄日胜　沈燚明

硕士生　郑丹萍　侯佳萱　阮晨辉　韩　阅　王惠如　李存龙　郑志超　余镇滔　杨　阳

建筑工程学院

博士生　吴君涛　董飞龙

硕士生　孙国威　王　迅　王嘉婕　周凌霄　林秋风　潘仁杰　吴远建　谢　磊　姚　原　孙国卿　李　丹　张一丹

化学工程与生物工程学院

博士生　夏　阳　曾显清　周雪飞　陈　狄　王晓祥

硕士生　胡永欣　杨新蔚　张　鑫　刘海燕　汤星阳

海洋学院

博士生　周一凡　秦祥照　陈梦宣　蒋永俊

硕士生　王　辰　韩　林　盛博文　鲁一帆

航空航天学院

博士生　刘俊杰　孙书剑

硕士生　吕旭峰　令狐昌鸿

高分子科学与工程学系

博士生　胡登峰　郭　凡　吴铭榜

光电科学与工程学院

博士生　吴　迪　周雨迪　程瑞琦

硕士生　李华兵　董　月　王　震　赵柏钥

信息与电子工程学院

博士生　孙宇乐　陈晞涵　唐　中　钱　超

硕士生　焦建尧　王维佳　王依川　董晓飞　叶帆帆　田　洋　马文山　张家喜

控制科学与工程学院

博士生　刘志洋　朱　强　孙　鹏　王宇鑫

硕士生　张鑫宇　张　瑞　林友鑫　王晓轩

计算机科学与技术学院

博士生　付　聪　陈　隆　乔婷婷

硕士生　左奎段　珂李杰　周子孟　陈　效　杨雅正　钟　倩　曹　一　马　芮
　　　　李进锋　胡津铭　刘　悦　徐逸志　王得利　洪枝青

软件学院

硕士生　朱世豪　沈吴越　张澄心　梁家坤　黄钰纯　鲁家南　俞锦丽　章梓航
　　　　李　硕　黄　琳

生物医学工程与仪器科学学院

博士生　许　刚　潘宇祥　朱礼芳

硕士生　王品一　曺　野　于　洋

生命科学学院

博士生　戴兴兴　马晓洁　高正君　朱　强　郝双丽　罗晓翠

硕士生　汪思婧　相　晨

生物系统工程与食品科学学院

博士生　庄　攀　陈　薇

硕士生　朱素素　毛贵珠　陈凯伦

环境与资源学院

博士生　陈　洁　汪彩琴　冯佳胤　曹雪蕊　郑启明　楼子墨

硕士生　潘吴烨　蒋梦莹　邵　帅

农业与生物技术学院

博士生　王　岳　王郭婷　赵　静　王文球　傅良波　王　静　李　蒙　唐广飞
　　　　朱学明

硕士生　梁雨薇　朱丽霞　钟宣伯　蔡卓彧　蒲晓芬

动物科学学院

博士生　蔡　杰

硕士生 管晓帆 刘 珂 邱家凌

医学院

博士生 曹骞化 严海朦 周 颖 张冰人 谢子昂 李江枫 王 战 谢彬彬 池哲勖 徐勇昌 全晶晶 刘景琪 乔 越 魏巧琳 邵世怡 陆 玮 祝欣培 周飞飞 张子明 刘 娟 楼威洋 龚佳幸 吴静静 叶陈毅 彭嗣惠

硕士生 陈 英 蔡昌洲 李 圣 柯达强 应宇凡 黄海涛 夏乐欣 沈依敏 倪婷娟 钟晚思 龚 哲 阮登峰 卢园飞 邱朋程 陈君鑫 贾烨玮 许雨晴 王 丹 李聪聪 张艳杰 李荣荣 孙艺璇 叶培武 戴安娜

药学院

博士生 杨喜琴 徐志飞 陈 羲

硕士生 洪嘉俊 曹月婷

人　物

在校两院院士（*为双聘院士）

中国科学院院士（按院士当选年份、姓氏笔画排列）

唐孝威　沈家骢*　陈子元　路甬祥　沈之荃　韩祯祥　张　泽　朱位秋
杨　卫　贾承造*　杨文采　麻生明*　段树民　翟明国*　励建书　朱诗尧
杨树锋　陈云敏　陈仙辉*　罗民兴　杨经绥*　杨德仁　吴朝晖　蒋华良*
叶志镇　孙斌勇

中国工程院院士（按院士当选年份、姓氏笔画排列）

巴德年*　汪槱生　路甬祥　孙优贤　岑可法　董石麟　潘云鹤　欧阳平凯*
郑树森　宫先仪*　邬江兴*　刘志红*　王　浩*　李兰娟　许庆瑞　谭建荣
侯立安*　龚晓南　杨华勇　陈　纯　朱利中　夏长亮*　王金南*
Donald Grierson（唐纳德·格里尔逊，外籍）　任其龙　吴汉明　张佳宝*

浙江大学文科资深教授

序号	姓名	所在院(系)	所在学科	聘任时间
1	王重鸣	管理学院	企业管理	2012 年 12 月
2	田正平	教育学院	教育史	2014 年 1 月
3	张涌泉	人文学院	中国古典文献学	2014 年 1 月
4	张文显	光华法学院	法学理论	2015 年 1 月
5	徐　岱	传媒与国际文化学院	文艺学与美学	2015 年 1 月
6	史晋川	经济学院	西方经济学	2015 年 1 月
7	姚先国	公共管理学院	劳动经济学	2015 年 1 月
8	王贵国	光华法学院	国际法学	2015 年 9 月
9	许　钧	外语学院	外国语言文学	2016 年 10 月
10	桑　兵	人文学院	中国近现代史	2018 年 9 月
11	倪梁康	人文学院	哲学	2019 年 2 月
12	李　实	公共管理学院	应用经济学	2019 年 6 月
13	刘海峰	教育学院	教育学	2019 年 9 月
14	黄　旦	传媒学院	新闻与传播学	2020 年 8 月
15	张俊森	经济学院	应用经济学	2020 年 12 月

在校中共中央候补委员、中共浙江省委委员

中国共产党第十九届中央委员会候补委员　吴朝晖
中国共产党浙江省第十四届委员会委员　　吴朝晖

在校全国和省市三级人大代表（以姓氏笔画为序）

第十三届全国人民代表大会	常委会委员	姒健敏
第十三届浙江省人民代表大会	副主任	姒健敏
	常委会委员	范柏乃　唐睿康
	代表	任少波　邹先定　姚玉峰
第十三届杭州市人民代表大会	代表	方　洁　任少波　刘利民　陈正英　胡征宇　舒　强

在校全国和省、市三级政协委员（以姓氏笔画为序）

中国人民政治协商会议第十三届全国委员会

常　委　杨　卫

委　员　王贵国　杨华勇　罗建红　罗卫东　段树民　蔡秀军

中国人民政治协商会议第十二届浙江省委员会

副主席　蔡秀军

常　委　王　珂　方向明　杨华勇　陈　忠（2019年调任浙江中医药大学）　罗建红　贲圣林　段会龙　段树民　徐志康　谢志坚　裘云庆　鲍虎军

委　员　马景娣　王良静　田　梅　华中生　严　敏　李有泉　时连根　吴　兰　吴良欢　张　英　陈艳虹　林　平　欧阳宏伟　罗　坤　金洪传　周坚红　黄　英　盛　况　蒋焕煜　雷群芳　魏　江　徐小洲（2018年调至浙江传媒学院）　李浩然　沈黎勇　包迪鸿　朱晓芸（2018年调至西湖大学）　韦　路　杨　波　杨　程（工作单位为浙大城市学院）

中国人民政治协商会议浙江省杭州市第十一届委员会

常　委　蒋吉清（工作单位为浙大城市学院）

委 员 韦 巍 叶 民 邵浙新 林 平 林 进
曾玲晖(工作单位为浙大城市学院)

在校各民主党派委员(以姓氏笔画为序)

中国国民党革命委员会

浙江省委员会	副主委	段会龙
		朱新力(2017年调任浙江省高级人民法院副院长)
	常 委	金洪传 周坚红
	委 员	吕秀阳 陈芝清 徐三中 高海春 戴连奎
浙江大学委员会	主 委	段会龙
	副主委	金洪传 周坚红 唐吉平 戴连奎
	秘书长	唐吉平
	副秘书长	胡 英
	委 员	王诗宗 吕秀阳 余朝恒 陈芝清 荀中入 徐三中 高海春 温小红

中国民主同盟

中央委员会	委 员	罗卫东 雷群芳
浙江省委员会	副主委	罗卫东 唐睿康 谢志坚
	常 委	时连根 罗 坤 郎友兴
	委 员	肖龙海 严森祥 金传洪 袁 清 夏群科 滕元文
浙江大学委员会	主 委	唐睿康
	副主委	袁 清(常务) 肖龙海 时连根 罗 坤 谢志坚
	秘书长	陈利华
	委 员	严森祥 沈剑峰 陈 新 金传洪 郎友兴 夏大静 夏群科 滕元文

中国民主建国会

中央委员会	委 员	钱弘道
浙江省委员会	常 委	张 英
	委 员	邬义杰 盛 况
浙江大学委员会	主 委	华中生
	副主委	吴建华 张启龙 陈昆福 胡税根 盛 况

	秘书长	张月飞
	副秘书长	章　魏
	委　员	吴小峰　张月飞　陈　君　张雪芳　武建伟　钱锦文
中国民主促进会		
中央委员会	常　委	蔡秀军
	委　员	鲍虎军 陈　忠(2019年调任浙江中医药大学校长) 陈亚岗
浙江省委员会	主　委	蔡秀军
	副主委	鲍虎军 陈　忠(2019年调任浙江中医药大学校长)
	常　委	许国强　喻景权
	委　员	于吉人　王青青　邹　煜　陈　洁　黄　英　傅柏平　童裳伦　魏启春
浙江大学委员会	主　委	喻景权
	副主委	汤谷平(常务)　于吉人　王青青　李建华　金小刚　周建光
	秘书长	周建光
	副秘书长	陈　红　朱　虹
	委　员	刘东红　孙建伶　许国强　陈淑莹　傅伟明　傅国胜　童美琴　鲁东红　廖亦宏　魏启春　曲绍兴
中国农工民主党		
中央委员会	常　委	罗建红
浙江省委员会	主　委	罗建红
	副主委	徐志康
	常　委	严　敏　吴良欢　欧阳宏伟
	委　员	叶庆富　许祝安　苏宏斌　吴　芳　张　茂　张　林　张信美　陈定伟　钱文斌
浙江大学委员会	主　委	欧阳宏伟
	副主委	吴良欢(常务)　许祝安　张　林　张　茂　苏宏斌　陈定伟　周以侹　韩　伟
	秘书长	朱加进
	副秘书长	钱琼秋　赵菊扬　茵　梓
	委　员	王军梅　王晓伟　边学成　朱加进　吴　芳

吴　彦　刘　剑　张松英　张　辉　邱　爽
施敏敏

中国致公党

浙江省委员会	副主委	裘云庆
	常　委	李劲松
	委　员	马景娣　白　剑　佟红艳　范　杰　茅林春
浙江大学委员会	主　委	裘云庆
	副主委	茅林春(常务)　白　剑　陈秋晓
	秘书长	任菁菁
	委　员	蒋建中　李劲松　金一政　范　杰　陈启和　刘　忠

九三学社

中央委员会	常　委	姒健敏
	委　员	方向明　李有泉　范柏乃
浙江省委员会	主　委	姒健敏
	副主委	方向明　范柏乃
	常　委	王庆丰　王良静　蒋焕煜
	委　员	王　健　冯建跃　郑绍建　高建青　黄建荣
浙江大学委员会	主　委	方向明
	副主委	王良静　郑绍建　程乐鸣　程　乐　胡宝兰　张立新　黄飞鹤
	秘书长	陈光弟
	委　员	王霁云　毛义华　许建平　孙永草　杨　强　吴大转　余运贤　张　梁　陆志权　陈　希　陈　咸　陈光弟　陈新忠　林　进　赵　毅　施洁珺　章筱虹　谢俊然

台湾民主自治同盟

浙江省委员会	委　员	陈艳虹
浙江大学支部	主　委	陈艳虹
	副主委	林　平
	委　员	上官中立

教育部"长江学者奖励计划"入选者

序号	姓名	院系	批准年度	批次	备注
特聘教授					
1	何赛灵	光电科学与工程学院	1999	1	特聘
2	杨　卫	航空航天学院	1999	1	特聘
3	骆仲泱	能源工程学院	2000	2	特聘
4	彭方正	电气工程学院	2000	2	特聘，调出(2004 年)
5	杨德仁	材料科学与工程学院	2000	3	特聘
6	樊建人	能源工程学院	2000	3	特聘
7	赵　昱	药学院	2000	3	特聘，调出(2011 年)
8	徐世烺	建筑工程学院	2000	3	特聘，引进(2009 年)
9	李伯耿	化学工程与生物工程学院	2001	4	特聘
10	郑　耀	航空航天学院	2001	4	特聘
11	冯明光	生命科学学院	2001	4	特聘
12	李有泉	物理学系	2001	4	特聘
13	郑　波	物理学系	2001	4	特聘
14	胡　汛	医学院	2001	4	特聘
15	周向宇	数学科学学院	2001	4	特聘，调出(2007 年)
16	曹一家	电气工程学院	2001	4	特聘，调出(2003 年)
17	叶修梓	计算机科学与技术学院	2001	4	特聘，调出(2007 年)
18	包　刚	数学科学学院	2001	4	特聘
19	宋永华	电气工程学院	2001	4	特聘，引进(2012 年)
20	肖　岩	国际联合学院	2001	4	特聘，引进(2018 年)
21	陈湘明	材料科学与工程学院	2002	5	特聘
22	麻生明	化学系	2002	5	特聘
23	杨肖娥	环境与资源学院	2002	5	特聘
24	严建华	能源工程学院	2002	5	特聘
25	戴伟民	化学系	2002	5	特聘，调出(2007 年)

续表

序号	姓名	院系	批准年度	批次	备注
26	于晓方	附属第二医院	2002	5	特聘
27	王明海	附属第一医院	2002	5	特聘,调出(2009 年)
28	郑　强	高分子科学与工程学系	2004	6	特聘
29	鲍虎军	计算机科学与技术学院	2004	6	特聘
30	华跃进	农业与生物技术学院	2004	6	特聘
31	许祝安	物理学系	2004	6	特聘
32	何建军	光电科学与工程学院	2005	7	特聘
33	唐睿康	化学系	2005	7	特聘
34	杨华勇	机械工程学院	2005	7	特聘
35	陈云敏	建筑工程学院	2005	7	特聘
36	王荣福	附属第二医院	2005	7	特聘,调出(2014 年)
37	周雪平	农业与生物技术学院	2005	7	特聘(不在岗)
38	张涌泉	人文学院	2006	7	特聘
39	蒋建中	材料科学与工程学院	2006	8	特聘
40	喻景权	农业与生物技术学院	2006	8	特聘
41	罗民兴	物理学系	2006	8	特聘
42	梁永超	环境与资源学院	2006	8	特聘,引进(2014 年)
43	彭金荣	动物科学学院	2007	9	特聘
44	高长有	高分子科学与工程学系	2007	9	特聘
45	徐建明	环境与资源学院	2007	9	特聘
46	周　昆	计算机科学与技术学院	2007	9	特聘
47	袁辉球	物理学系	2007	9	特聘
48	盛　况	电气工程学院	2008	10	特聘,引进(2009 年)
49	刘　旭	光电科学与工程学院	2008	10	特聘
50	庄越挺	计算机科学与技术学院	2008	10	特聘
51	沈华浩	附属第二医院	2008	10	特聘
52	成少安	能源工程学院	2008	10	特聘

续表

序号	姓名	院系	批准年度	批次	备注
53	应义斌	生物系统工程与食品科学学院	2008	10	特聘
54	陈启瑾	物理学系	2008	10	特聘
55	邱建荣	光电科学与工程学院	2008	10	特聘
56	游建强	物理学系	2008	10	特聘,引进(2018 年)
57	周继勇	动物科学学院	2009	11	特聘
58	吴忠标	环境与资源学院	2009	11	特聘
59	高　翔	能源工程学院	2009	11	特聘
60	陈学新	农业与生物技术学院	2009	11	特聘
61	郑绍建	生命科学学院	2009	11	特聘
62	葛根年	数学学院	2009	11	特聘,调出(2013 年)
63	施　旭	外国语言文化与国际交流学院	2009	11	特聘,调出(2015 年)
64	蔡秀军	附属邵逸夫医院	2009	11	特聘
65	方向明	附属第一医院	2009	11	特聘
66	钱国栋	材料科学与工程学院	2011	12	特聘
67	郑津洋	能源工程学院	2011	12	特聘
68	梁廷波	附属第二医院	2011	12	特聘
69	邱利民	能源工程学院	2011	12	特聘
70	华中生	管理学院	2011	12	特聘,引进(2014 年)
71	许　钧	外国语言文化与国际交流学院	2011	12	特聘,引进(2016 年)
72	陈　忠	药学院	2012	13	特聘
73	沈模卫	心理与行为科学系	2012	13	特聘
74	苏宏业	控制科学与工程学院	2012	13	特聘
75	童利民	光电科学与工程学院	2012	13	特聘
76	郁建兴	公共管理学院	2012	13	特聘
77	眭依凡	教育学院	2012	13	特聘,引进(2018 年)
78	陈红胜	信息与电子工程学院	2014	14	特聘
79	黄先海	经济学院	2014	14	特聘

续表

序号	姓名	院系	批准年度	批次	备注
80	李晓明	医学院	2014	14	特聘
81	潘洪革	材料科学与工程学院	2014	14	特聘
82	申有青	化学工程与生物工程学院	2014	14	特聘
83	田　梅	附属第二医院	2014	14	特聘
84	王云路	人文学院	2014	14	特聘
85	吴晓波	管理学院	2014	14	特聘
86	徐　骁	附属第一医院	2014	14	特聘
87	王　杰	传媒与国际文化学院	2014	14	特聘
88	陈积明	控制科学与工程学院	2015	15	特聘
89	陈伟球	航空航天学院	2015	15	特聘
90	胡海岚	医学院	2015	15	特聘
91	计　剑	高分子科学与工程学系	2015	15	特聘
92	居冰峰	机械工程学院	2015	15	特聘
93	王立忠	建筑工程学院	2015	15	特聘
94	陈宝梁	环境与资源学院	2016	16	特聘
95	徐　兵	机械工程学院	2016	16	特聘
96	徐小洲	教育学院	2016	16	特聘
97	陈　刚	计算机科学与技术学院	2017	17	特聘
98	黄飞鹤	化学系	2017	17	特聘
99	刘同舫	马克思主义学院	2017	17	特聘
100	王靖岱	化学工程与生物工程学院	2017	17	特聘
101	桑　兵	人文学院	2004	6	特聘,引进(2018年)
102	倪梁康	人文学院	2006	8	特聘,引进(2019年)
103	李　实	公共管理学院	2011	12	特聘,引进(2019年)
104	刘海峰	教育学院	2011	12	特聘,引进(2019年)
105	杨大春	人文学院	2018	18	特聘
106	廖备水	人文学院	2018	18	特聘

续表

序号	姓名	院系	批准年度	批次	备注
107	刘海涛	外语学院	2018	18	特聘
108	魏　江	管理学院	2018	18	特聘
109	张应强	教育学院	2015	15	特聘,引进(2020年)
110	张治国	化工学院	2019	19	特聘
111	白雪莉	医学院	2019	19	特聘
112	朱　斌	附属第一医院	2019	19	特聘
113	毛　丹	社会学系	2019	19	特聘
青年学者					
1	边学成	建筑工程学院	2015	1	
2	何　艳	环境与资源学院	2015	1	
3	黄厚明	人文学院	2015	1	
4	刘永锋	材料科学与工程学院	2015	1	
5	魏　江	管理学院	2015	1	
6	徐海君	农业与生物技术学院	2015	1	
7	冯国栋	人文学院	2016	2	
8	高在峰	心理与行为科学系	2016	2	
9	郝田虎	外国语言文化与国际交流学院	2016	2	
10	胡　铭	光华法学院	2016	2	
11	胡新央	医学院	2016	2	
12	罗　坤	能源工程学院	2016	2	
13	佟　超	生命科学研究院	2016	2	
14	汪　浩	医学院	2016	2	
15	邢华斌	化学工程与生物工程学院	2016	2	
16	杨建立	生命科学学院	2016	2	
17	周江洪	光华法学院	2016	2	
18	朱　斌	建筑工程学院	2016	2	

续表

序号	姓名	院系	批准年度	批次	备注
19	朱永群	生命科学研究院	2016	2	
20	邹　俊	机械工程学院	2016	2	
21	薄　拯	能源工程学院	2017	3	
22	程　鹏	控制科学与技术学院	2017	3	
23	贺　永	机械工程学院	2017	3	
24	吕朝锋	建筑工程学院	2017	3	
25	史炳锋	化学系	2017	3	
26	王　迪	医学院	2017	3	
27	王　俊	人文学院	2017	3	
28	韦　路	传媒与国际文化学院	2017	3	
29	杨景华	农业与生物技术学院	2017	3	
30	杨　翼	管理学院	2017	3	
31	岳文泽	公共管理学院	2017	3	
32	张海涛	药学院	2017	3	
33	赵　骏	光华法学院	2017	3	
34	方红生	经济学院	2018	4	
35	阚　阅	教育学院	2018	4	
36	苗　青	公共管理学院	2018	4	
37	陈　辉	心理与行为科学系	2018	4	
38	陈远流	机械工程学院	2018	4	
39	胡　亮	机械工程学院	2018	4	
40	张彦威	能源工程学院	2018	4	
41	许　贤	建筑工程学院	2018	4	
42	罗仕鉴	计算机科学与技术学院	2018	4	
43	徐　娟	生命科学学院	2018	4	
44	陈士国	生物系统工程与食品科学学院	2018	4	

续表

序号	姓名	院系	批准年度	批次	备注
45	武　亮	农业与生物技术学院	2018	4	
46	应美丹	药学院	2018	4	
47	龚斌磊	公共管理学院	2019	5	
48	李　强	光电科学与工程学院	2019	5	
49	赵　朋	机械工程学院	2019	5	
50	潘士远	经济学院	2019	5	
51	郑成航	能源工程学院	2019	5	
52	陈　卫	生物系统工程与食品科学学院	2019	5	
特设岗位					
1	华中生	管理学院	2019	1	
2	梁廷波	医学院附属第一医院	2019	1	

国家“百千万人才工程”入选者

序号	姓名	所属单位	获得时间	备注
1	何振立	环境与资源学院	1996	调出(2014 年)
2	陈杰诚	数学科学学院	1996	调出(2011 年)
3	王　坚	心理与行为科学系	1996	调出(2000 年)
4	刘树生	农业与生物技术学院	1996	
5	杨　卫	航空航天学院	1996	调入(2006 年)
6	马利庄	计算机科学与技术学院	1996	调出(2002 年)
7	张小山	医学院	1996	调出(2000 年)
8	郝志勇	能源工程学院	1996	
9	叶志镇	材料科学与工程学院	1997	
10	胡建淼	光华法学院	1997	校级保留
11	林建忠	航空航天学院	1997	

续表

序号	姓名	所属单位	获得时间	备注
12	杨肖娥	环境与资源学院	1997	
13	朱利中	环境与资源学院	1997	
14	樊建人	能源工程学院	1997	
15	骆仲泱	能源工程学院	1997	
16	陈云敏	建筑工程学院	1997	
17	潘兴斌	数学科学学院	1997	调出(2004 年)
18	张涌泉	人文学院	1997	
19	冯明光	生命科学学院	1997	
20	李伯耿	化学工程与生物工程学院	1999	
21	文福拴	电气工程学院	1999	
22	项保华	管理学院	1999	调出(2007 年)
23	谭建荣	机械工程学院	1999	
24	杨华勇	机械工程学院	1999	
25	严建华	能源工程学院	1999	
26	史晋川	经济学院	1999	
27	刘康生	数学科学学院	1999	
28	陈学新	农业与生物技术学院	1999	
29	何　勇	生物系统工程与食品科学学院	1999	
30	张耀洲	生命科学学院	1999	调出(2004 年)
31	曾　苏	药学院	1999	
32	陈江华	医学院	1999	
33	王玉新	机械工程学院	1999	调出(2011 年)
34	郑　强	高分子科学与工程学系	2004	
35	徐建明	环境与资源学院	2004	
36	陈　鹰	海洋学院	2004	
37	周俊虎	能源工程学院	2004	
38	鲍虎军	计算机科学与技术学院	2004	
39	许祝安	物理学系	2004	

续表

序号	姓名	所属单位	获得时间	备注
40	周雪平	农业与生物技术学院	2004	校级保留
41	喻景权	农业与生物技术学院	2004	
42	廖可斌	人文学院	2004	调出(2012年)
43	应义斌	生物系统工程与食品科学学院	2004	
44	王　平	生物医学工程与仪器科学学院	2004	
45	来茂德	医学院	2004	校级保留
46	宋金宝	海洋学院	2004	引进(2014年)
47	王殿海	建筑工程学院	2004	
48	柯映林	机械工程学院	2006	
49	庄越挺	计算机科学与技术学院	2006	
50	李有泉	物理学系	2006	
51	章晓波	生命科学学院	2006	引进(2007年)
52	杨德仁	材料科学与工程学院	2007	
53	曹一家	电气工程学院	2007	调出(2008年)
54	孙笑侠	光华法学院	2007	调出(2011年)
55	周　昊	能源工程学院	2007	
56	蔡袁强	建筑工程学院	2007	
57	徐小洲	教育学院	2007	
58	朱祝军	农业与生物技术学院	2007	调出(2008年)
59	何莲珍	外国语言文化与国际交流学院	2007	
60	金建祥	控制科学与工程学院	2007	
61	蔡秀军	医学院	2007	
62	陈　劲	公共管理学院	2009	调出(2013年)
63	郁建兴	公共管理学院	2009	
64	葛根年	数学科学学院	2009	调出(2013年)
65	高　翔	能源工程学院	2009	
66	吴朝晖	计算机科学与技术学院	2009	
67	冯冬芹	控制科学与工程学院	2009	

续表

序号	姓名	所属单位	获得时间	备注
68	沈志成	农业与生物技术学院	2009	
69	华中生	管理学院	2009	引进(2014年)
70	李浩然	化学系	2013	
71	汪以真	动物科学学院	2013	
72	蒋建中	材料科学与工程学院	2014	
73	黄先海	经济学院	2014	
74	梁廷波	附属第二医院	2014	
75	邱利民	能源工程学院	2015	
76	苏宏业	控制科学与工程学院	2015	
77	王文海	控制科学与工程学院	2015	
78	王福俤	医学院	2015	
79	陈宝梁	环境与资源学院	2017	
80	杨　波	药学院	2017	
81	韦　路	传媒学院	2019	
82	卜佳俊	计算机学院	2019	
83	潘士远	经济学院	2020	
84	张　林	化工学院	2020	
85	柯越海	医学院	2020	

浙江省特级专家入选者

序号	姓名	所属单位	批准年度
1	杨肖娥	环境与资源学院	2005
2	樊建人	能源工程学院	2005
3	陈　纯	计算机科学与技术学院	2005
4	陈云敏	建筑工程学院	2005

续表

序号	姓名	所属单位	批准年度
5	田正平	教育学院	2005
6	李有泉	物理学系	2005
7	林正炎	数学科学学院	2005
8	郑小明	化学系	2005
9	朱　军	农业与生物技术学院	2005
10	崔富章	人文学院	2005
11	张涌泉	人文学院	2005
12	刘　旭	光电科学与工程学院	2005
13	蔡秀军	医学院	2005
14	叶志镇	材料科学与工程学院	2008
15	杨树锋	地球科学学院	2008
16	刘祥官	数学科学学院	2008
17	杨华勇	机械工程学院	2008
18	刘树生	农业与生物技术学院	2008
19	朱利中	环境与资源学院	2008
20	姚　克	医学院	2008
21	王重鸣	管理学院	2008
22	束景南	人文学院	2008
23	金建祥	控制科学与工程学院	2008
24	林建忠	航空航天学院	2008
25	陈　鹰	海洋学院	2011
26	来茂德	医学院	2011
27	骆仲泱	能源工程学院	2011
28	王建安	医学院	2011
29	吴朝晖	计算机科学与技术学院	2011
30	杨德仁	材料科学与工程学院	2011
31	杨　辉	材料科学与工程学院	2011

续表

序号	姓名	所属单位	批准年度
32	喻景权	农业与生物技术学院	2011
33	庄越挺	计算机科学与技术学院	2014
34	严建华	能源工程学院	2014
35	杨立荣	化学工程与生物工程学院	2014
36	应义斌	生物系统工程与食品科学学院	2014
37	沈华浩	附属第二医院	2014
38	张土乔	建筑工程学院	2014
39	陈江华	附属第一医院	2014
40	陈耀武	生物医学工程与仪器科学学院	2014
41	柯映林	机械工程学院	2014
42	高　翔	能源工程学院	2014
43	何莲珍	外国语言文化与国际交流学院	2017
44	金雪军	经济学院	2017
45	郁建兴	公共管理学院	2017
46	包　刚	数学科学学院	2017
47	李浩然	化学系	2017
48	严　密	材料科学与工程学院	2017
49	郑津洋	能源工程学院	2017
50	何湘宁	电气工程学院	2017
51	王文海	控制科学与工程学院	2017
52	张国平	农业与生物技术学院	2017
53	王伟林	医学院	2017
54	黄　河	医学院	2017
55	冯新华	生命科学研究院	2017

2020年新增浙江大学光彪讲座教授

聘请院(系)	受聘人姓名	受聘人任职单位及职务
农业与生物技术学院	胡剑平(美国)	美国密西根州立大学教授
生物系统工程与食品科学学院	Naoshi Kondo (日本)	日本京都大学教授
医学院公共卫生系	Joseph Tak-fai LAU 刘德辉(中国)	香港中文大学健康促进学部主任、教授

2020年新增浙江大学求是特聘教授

序号	所在院(系)	姓　名	批准年度
求是特聘教授			
1	生命科学学院	陈　军	2020
2	经济学院	陈菲琼	2020
3	光华法学院	胡　铭	2020
4	管理学院	汪　蕾	2020
5	化学工程与生物工程学院	张　林	2020
6	航空航天学院	宋开臣	2020
7	信息与电子工程学院	虞　露	2020
8	农业与生物技术学院	张亮生	2020
9	医学院附属二院	崔儒涛	2020
10	动物科学学院	杨明英	2020
11	先进技术研究院	胡慧珠	2020
12	能源工程学院	吴大转	2020

续表

序号	所在院(系)	姓 名	批准年度
求是特聘医师岗			
1	医学院附属一院	裘云庆	2020
2	医学院附属一院	盛吉芳	2020
3	医学院附属二院	叶招明	2020
4	医学院附属二院	徐 峰	2020
5	医学院附属妇产科医院	吴瑞瑾	2020

浙江大学2020年在职正高职人员名单（按姓氏笔画数排序）

人文学院

王云路　王志成　王　俊　王　勇　王海燕　王德华　方一新　孔令宏　叶　晔
丛杭青　乐启良　包利民　冯国栋　冯培红　吕一民　庄初升　刘进宝　刘国柱
刘慧梅　关长龙　池昌海　许志强　许建平　孙竞昊　孙敏强　苏宏斌　杜正贞
李旭平　李咏吟　李恒威　杨大春　杨雨蕾　肖如平　吴秀明　吴艳红　吴　笛
何善蒙　邹广胜　汪维辉　汪超红　沈　坚　张　杨　张　凯　张涌泉　陆敏珍
陈亚军　陈红民　陈　洁　陈越骅　陈　新　林志猛　金　立　周启超　周明初
胡可先　祖　慧　姚晓雷　真大成　贾海生　倪梁康　徐永明　徐向东　陶　然
桑　兵　黄华新　黄　擎　盛晓明　盘　剑　梁敬明　彭利贞　彭国翔　董小燕
董　萍　傅　杰　楼含松　楼　巍　廖备水　潘立勇

外国语言文化与国际交流学院

Benno Hubert　Wagner David　Machin Timothy　John Osborne　马博森
王　永　方　凡　刘海涛　许　钧　李　媛　杨革新　杨　静　吴义诚　何辉斌
闵尚超　沈国琴　张慧玉　陈新宇　赵　佳　郝田虎　聂珍钊　高　奋　郭国良
梁君英　隋红升　董燕萍　蒋景阳　程　工　程　乐　瞿云华

传媒与国际文化学院

王　杰　王建刚　韦　路　苏振华　李红涛　李　杰　李　岩　吴　飞　陆建平
陈　强　范志忠　赵　瑜　胡志毅　徐　岱　黄　旦

艺术与考古学院

Qian Shen Bai(白谦慎)　王小松　刘　斌　池长庆　严建强　李志荣　吴小平
张颖岚　张　震　金晓明　周少华　项隆元　胡小军　黄河清　黄厚明　谢继胜

缪　哲　薛龙春

经济学院

Ruqu Wang(王汝渠)　马良华　马述忠　王义中　王志凯　王维安　方红生　叶建亮　史晋川　朱希伟　朱柏铭　朱燕建　严建苗　杜立民　李建琴　杨柳勇　余林徽　汪　炜　汪淼军　宋华盛　张俊森　陆　菁　陈菲琼　罗德明　金雪军　郑备军　柯荣住　骆兴国　顾国达　钱雪亚　翁国民　郭继强　葛　嬴　蒋岳祥　熊秉元　潘士远　戴志敏

光华法学院

王为农　王贵国　王冠玺　王敏远　叶良芳　巩　固　李永明　李有星　何怀文　余　军　张文显　张　谷　陈信勇　范良聪　金伟峰　金彭年　周江洪　周　翠　郑春燕　赵　骏　胡　铭　胡敏洁　夏立安　钱弘道　翁晓斌　章剑生　葛洪义　焦宝乾　霍海红

教育学院

于可红　王　进　王　健　叶映华　司　琦　刘正伟　刘海峰　孙元涛　李　艳　肖龙海　肖　朗　吴雪萍　邱亚君　汪利兵　张应强　张　辉　林小美　周丽君　郑　芳　单亚萍　胡　亮　祝怀新　顾建民　徐小洲　徐琴美　诸葛伟民　梅伟惠　眭依凡　商丽浩　温　煦　蓝劲松　阚　阅　魏贤超

管理学院

Avraham Carmeli　Graham Mitchelmore　Yugui Guo(郭玉贵)　王小毅　王求真　王明征　王婉飞　王端旭　孔祥维　邢以群　朱　原　华中生　邬爱其　刘　南　刘　渊　寿涌毅　严　进　杨　俊　吴晓波　汪　蕾　张大亮　张　钢　陈明亮　陈　俊　陈　凌　陈　熹　周　帆　周伟华　周宏庚　周欣悦　周玲强　郑　刚　贲圣林　施俊琦　贾生华　徐晓燕　郭　斌　黄　灿　黄　英　韩洪灵　谢小云　窦军生　熊　伟　霍宝锋　魏　江

公共管理学院

Peter Ho　Xin Gu(顾昕)　Zhigang Chen(陈志钢)　卫龙宝　王诗宗　石敏俊　叶艳妹　田传浩　师小芹　刘卫东　刘　涛　米　红　阮建青　李金珊　李　实　李　艳　吴次芳　吴宇哲　吴金群　吴结兵　何文炯　余逊达　余潇枫　汪　晖　张忠根　张跃华　张蔚文　陆文聪　陈丽君　陈国权　苗　青　范柏乃　茅　锐　林　卡　林　由　郁建兴　岳文泽　金少胜　金松青　周洁红　周　萍　郎友兴　胡税根　姚先国　钱文荣　徐　林　高　翔　郭红东　黄祖辉　黄　萃　曹正汉　曹　宇　韩洪云　傅荣校　童菊儿　靳相木　蔡　宁　谭永忠　谭　荣

社会学系

王志坚　毛　丹　刘志军　刘朝晖　阮云星　张国清　陈宗仕　周丽萍　赵鼎新　菅志翔　梁永佳

马克思主义学院

丁堡骏　马建青　代玉启　成　龙　吕有志　刘召峰　刘同舫　张应杭　张　盾
张　彦　陈宝胜　庞　虎　段治文　黄　铭　程早霞　潘恩荣

数学科学学院

Peng Zhang(张朋)　王成波　王　伟　王　梦　方道元　尹永成　孔德兴
卢兴江　包　刚　刘康生　阮火军　阮勇斌　孙方裕　孙利民　孙斌勇　苏中根
苏德矿　李　方　李　冲　李　松　杨海涛　励建书　吴庆标　吴志祥　张立新
张庆海　张泽银　张　挺　张荣茂　张　奕　张振跃　陈志国　武俊德　林　智
郜传厚　郭正初　谈之奕　黄正达　盛为民　董　浙　程晓良　蔡天新　蔺宏伟
翟　健

物理学系

Guoyong Fu (傅国勇)　Stefan Bernd　Dr. Kirchner　Zhiwei Ma (马志为)
万　歆　王业伍　王立刚　王　凯　王晓光　王浩华　王　淼　仇志勇　方明虎
尹　艺　叶高翔　冯　波　宁凡龙　许祝安　许晶波　阮智超　李有泉　李宏年
李敬源　杨李林　肖　湧　吴建澜　吴惠桢　何丕模　张　宏　张俊香　张剑波
陆赟豪　陈一新　陈飞燕　陈庆虎　陈启瑾　武慧春　罗孟波　金洪英　郑大昉
郑　波　赵学安　赵道木　袁辉球　曹光旱　曹新伍　盛正卯　康　熙　章林溪
景　俊　鲁定辉　游建强　路　欣　谭明秋　潘佰良

化学系

Simon Lukas Duttwyler　丁寒锋　马　成　王从敏　王建明　王彦广　王　勇
王　敏　王　琦　王　鹏　方文军　方　群　史炳锋　吕　萍　朱龙观　朱　岩
邬建敏　刘迎春　汤谷平　许宜铭　苏　彬　李浩然　肖丰收　吴天星　吴传德
吴庆银　吴　军　吴　起　吴　韬　何巧红　张玉红　张　昭　陆　展　陈万芝
陈卫祥　陈林深　范　杰　林旭锋　林贤福　周仁贤　孟祥举　赵华绒　胡吉明
胡秀荣　侯昭胤　费金华　唐睿康　黄飞鹤　黄志真　黄建国　商志才　彭笑刚
傅春玲　曾秀琼　雷　鸣　滕启文　潘远江

地球科学学院

Jianghai Xia(贾晓静)　Renguang Wu(吴仁广)　Xiaofan Li(李小凡)
Xiaojing Jia (夏江海)　王　琛　王勤燕　田　钢　刘仁义　孙永革　杜震洪
杨小平　肖安成　邹乐君　汪　新　沈晓华　陈生昌　陈汉林　陈宁华　林　舟
林秀斌　金平斌　饶　灿　夏群科　徐义贤　黄克玲　黄智才　曹　龙　章凤奇
章孝灿　程晓敢

心理与行为科学系

马剑虹　何贵兵　何　洁　沈模卫　张智君　陈树林　周吉帆　钟建安　钱秀莹
高在峰

理学部办公室

葛列众

机械工程学院

王庆丰　王　青　王林翔　王宣银　甘春标　付　新　冯毅雄　朱伟东　邬义杰
刘宏伟　刘振宇　刘　涛　阮晓东　纪杨建　李江雄　李德骏　杨世锡　杨华勇
杨克己　杨灿军　杨将新　吴世军　何　闻　余忠华　邹　俊　汪久根　汪延成
宋小文　张树有　陆国栋　陈　剑　陈章位　林勇刚　欧阳小平　金　波
周　华　居冰峰　赵　朋　胡　亮　柯映林　费少梅　贺　永　顾大强　徐　兵
唐任仲　陶国良　梅德庆　曹衍龙　龚国芳　葛耀峥　程　锦　傅建中　童水光
谢　金　谢海波　雷　勇　谭建荣　黎　鑫　魏建华　魏燕定

材料科学与工程学院

Weiqiang Han(韩伟强)　Hongbin Bei(贝红斌)　马向阳　王小祥　王　勇
王智宇　王新华　毛传斌　叶志镇　皮孝东　朱丽萍　朱铁军　刘永锋　刘　芙
刘宾虹　严　密　李东升　李吉学　杨杭生　杨　辉　杨德仁　吴进明　吴勇军
何海平　余学功　张启龙　张　泽　张　辉　张溪文　陈立新　陈胡星　陈湘明
罗　伟　金传洪　赵高凌　赵新兵　姜银珠　洪樟连　钱国栋　徐　刚　翁文剑
凌国平　高明霞　郭兴忠　涂江平　黄靖云　崔元靖　彭华新　彭新生　蒋建中
韩高荣　程　逵　曾跃武　樊先平　潘洪革

能源工程学院

Tomoaki Kunugi(功刀资彰)　Yi Qiu(邱毅)　马增益　王　飞　王树荣
王　涛　王智化　王　勤　王勤辉　方梦祥　甘智华　叶笃毅　成少安　刘宝庆
刘建忠　池　涌　许忠斌　孙志坚　李晓东　李　蔚　杨卫娟　肖　刚　吴大转
吴学成　吴　锋　邱利民　邱坤赞　何文华　余春江　谷月玲　张小斌　张学军
张彦威　陆胜勇　陈光明　陈志平　陈　彤　陈玲红　罗　坤　金志江　金余其
金　涛　金　滔　周志军　周劲松　周　昊　周俊虎　郑水英　郑成航　郑传祥
郑津洋　赵永志　赵　虹　钟　崴　俞小莉　俞自涛　洪伟荣　骆仲泱　顾超华
徐象国　高　翔　唐黎明　黄群星　董　宏　蒋旭光　韩晓红　程乐鸣　程　军
曾　胜　熊树生　樊建人　薄　拯

电气工程学院

丁　一　马　皓　马　巍　文福拴　方攸同　邓　焰　甘德强　石健将　卢琴芬
史婷娜　年　珩　刘妹琴　齐冬莲　江全元　江道灼　许　力　孙　丹　李武华
杨仕友　杨　欢　杨家强　杨　强　吴建华　吴新科　何湘宁　辛焕海　汪　震
沈建新　宋永华　张军明　张森林　陈国柱　陈　敏　陈辉明　林　平　林振智
周　浩　项　基　赵荣祥　祝长生　姚缨英　徐文渊　徐　政　徐德鸿　郭吉丰
郭创新　黄晓艳　盛　况　彭勇刚　颜文俊　颜钢锋

建筑工程学院

Chung Bang Yun(尹桢邦)　Giorgio Monti　Jiming Xie(谢霁明)
Jung-June Roger Cheng(郑荣俊)　Yong Bai (白勇)　万五一　王　竹　王亦兵
王柏生　王奎华　王　洁　王振宇　王　晖　王海龙　王殿海　韦　华　毛义华
方火浪　邓　华　叶肖伟　冉启华　边学成　吕　庆　吕朝锋　朱　斌　华　晨
刘国华　刘海江　闫东明　许月萍　许　贤　李庆华　李咏华　李育超　杨仲轩
杨建军　吴　越　余世策　余　健　汪劲丰　张土乔　张仪萍　张永强　张　宏
张　鹤　张　燕　陈云敏　陈水福　陈　驹　陈　勇　邵　煜　尚岳全　国　振
罗尧治　金伟良　金贤玉　周　建　周燕国　项贻强　赵　宇　赵　阳　赵羽习
赵唯坚　胡安峰　柯　瀚　柳景青　段元锋　俞亭超　贺　勇　袁行飞　夏唐代
钱晓倩　徐日庆　徐世烺　徐荣桥　徐　雷　凌道盛　高博青　高裕江　黄铭枫
黄　博　曹志刚　龚顺风　葛　坚　蒋建群　韩昊英　童根树　谢　旭　谢海建
谢新宇　楼文娟　詹良通　詹树林

化学工程与生物工程学院

Wenjun Wang(王文俊)　Yi Cao(曹毅)　Youqing Shen (申有青)　于洪巍
王正宝　王　立　王靖岱　尹　红　叶向群　申屠宝卿　包永忠　冯连芳
邢华斌　吕秀阳　任其龙　闫克平　关怡新　阳永荣　李　伟　李伯耿　李洲鹏
杨双华　杨立荣　杨亦文　杨　健　吴坚平　吴林波　吴素芳　何潮洪　张庆华
张兴旺　张安运　张　林　张治国　陈丰秋　陈圣福　陈志荣　陈英奇　陈新志
范　宏　林东强　林建平　罗英武　单国荣　孟　琴　赵　骞　施　耀　姚善泾
姚　臻　钱　超　徐志南　唐建斌　梅乐和　曹　堃　梁成都　程党国　谢　涛
雷乐成　詹晓力　鲍宗必　廖祖维　潘鹏举　戴立言

海洋学院

George Christakos　Kap-Hwan Kim　Taewoo Lee
Zhizhen Zhang(张治针)　马忠俊　王赤忠　王　岩　王晓萍　厉子龙　龙江平
叶　瑛　朱嵘华　孙红月　孙志林　李　明　李　欣　李春峰　李培良　李新刚
吴　斌　吴嘉平　何　方　冷建兴　宋金宝　张大海　张海生　张朝晖　陈　正
陈家旺　陈　鹰　郑道琼　郑　豪　赵西增　胡　鹏　贺治国　夏枚生　徐　文
徐志伟　徐　敬　黄豪彩　程年生　楼章华　瞿逢重

航空航天学院

马慧莲　王宏涛　王　杰　王高峰　王惠明　邓　见　曲绍兴　朱林利　李铁风
杨　卫　吴　禹　余钊圣　应祖光　沈新荣　宋广华　宋开臣　宋吉舟　陆哲明
陈伟芳　陈伟球　陈建军　陈　彬　邵雪明　林建忠　郁发新　季葆华　金仲和
郑　耀　孟　华　胡国庆　宦荣华　钱　劲　陶伟明　黄志龙　崔　涛　黎　军

高分子科学与工程学系

Terence John Dennis　万灵书　上官勇刚　马　列　王　齐　王利群

毛峥伟　计　剑　朱利平　朱宝库　任科峰　江黎明　孙景志　杜滨阳　李寒莹
吴　刚　邱利焱　宋义虎　张兴宏　陈红征　施敏敏　徐志康　徐君庭　凌　君
高长有　高　超

光电科学与工程学院

Jianjun He(何建军)　Ming Ronnier Luo(罗明)　Sailing He (何赛灵)
丁志华　马云贵　车双良　叶　辉　白　剑　冯华君　匡翠方　刘　东　刘华锋
刘向东　刘　旭　刘　承　刘雪明　刘　崇　牟同升　严惠民　李晓彤　李海峰
李　强　杨　青　时尧成　吴　兰　吴兴坤　邱建荣　余飞鸿　汪凯巍　沈永行
沈伟东　沈亦兵　张　磊　林　斌　郑晓东　郑臻荣　姚　军　钱　骏　徐之海
徐海松　高士明　黄腾超　章海军　斯　科　舒晓武　童利民　戴道锌

信息与电子工程学院

Chen Ji(吉晨)　Erping Li(李尔平)　Zhongfei Zhang(张仲非)　于慧敏
王　匡　王　玮　车录锋　尹文言　史治国　冉立新　刘　旸　孙一军　杜　阳
李　凯　李建龙　李春光　杨冬晓　杨建义　余官定　沈会良　沈海斌　沈继忠
张宏纲　张　明　张朝阳　陈红胜　陈惠芳　林时胜　金心宇　金晓峰　金　韬
周柯江　郑史烈　项志宇　赵民建　赵航芳　赵　毅　钟财军　骆季奎　章献民
董树荣　储　涛　虞小鹏　虞　露　蔡云龙　潘　翔　魏兴昌

微纳电子学院

Nianxiong Tan (谭年熊)　丁　勇　吴汉明　何乐年　俞　滨　徐　杨　徐明生
黄　凯　程志渊

控制科学与工程学院

Yucai Zhu (朱豫才)　王文海　王　宁　王保良　毛维杰　卢建刚　冯冬芹
冯毅萍　刘兴高　刘志江　刘　勇　许　超　牟　颖　苏宏业　李　光　杨春节
杨秦敏　吴　俊　吴维敏　宋执环　宋春跃　张光新　陈积明　陈　曦　邵之江
金建祥　金晓明　周建光　赵春晖　侯迪波　徐正国　徐祖华　黄文君　黄平捷
黄志尧　梁　军　彭建新　葛志强　程　鹏　谢　磊　熊　蓉　戴连奎

计算机科学与技术学院

Kui Ren(任奎)　Uehara Kazuhiro　Whitfield Diffie　卜佳俊　于金辉　王跃宣
王　锐　王新宇　尹建伟　邓水光　史　烈　冯结青　朱建科　伍　赛　庄越挺
刘玉生　刘新国　汤永川　许端清　孙守迁　孙建伶　孙凌云　寿黎但　李石坚
李　玺　李善平　杨小虎　杨　易　肖　俊　吴　飞　吴春明　何钦铭　何晓飞
应放天　应　晶　宋宏伟　宋明黎　张三元　张东亮　张　帆　张国川　陈文智
陈　为　陈　刚　陈华钧　陈　纯　陈　岭　陈　越　林兰芬　林　海　罗仕鉴
金小刚　周　昆　司　波　郑小林　郑扣根　赵永望　耿卫东　柴春雷　钱沄涛
钱　徽　高云君　高曙明　唐华锦　唐　敏　黄　劲　章国锋　董　玮　韩劲松
童若锋　谢颢丞　鲍虎军　蔡　亮　蔡　登　潘　纲

生物医学工程与仪器科学学院

王　平　叶学松　田景奎　宁钢民　吕旭东　刘济全　刘清君　许迎科　李劲松
余　锋　张　宏　陈　杭　陈祥献　陈耀武　周　凡　周　泓　封洲燕　段会龙
夏　灵　黄正行

生命科学学院

Liquan Huang(黄力全)　Ruhong Zhou(周如鸿)　丁　平　于明坚　毛传澡
方卫国　方盛国　卢建平　田　兵　冯明光　吕镇梅　朱旭芬　华跃进　刘建祥
寿惠霞　严庆丰　杨万喜　杨卫军　杨建立　吴忠长　吴　敏　邱英雄　余路阳
应盛华　陈才勇　陈　军　陈　欣　陈　铭　邵建忠　易　文　罗　琛　金勇丰
周耐明　郑绍建　赵云鹏　赵　烨　莫肖蓉　徐　娟　高海春　常　杰　章晓波
葛　滢　程　磊

生物系统工程与食品科学学院

Binxin Wu(吴斌鑫)　Jianping Wu(吴建平)　Songming Zhu(朱松明)
丁　甜　王　俊　王剑平　叶兴乾　叶章颖　冯凤琴　成　芳　刘　飞　刘东红
李建平　李晓丽　肖　航　吴　坚　何　勇　应义斌　张　英　张　辉　陆柏益
陈士国　陈　卫　陈启和　陈健初　茅林春　罗自生　郑晓冬　泮进明　胡亚芹
饶秀勤　徐惠荣　盛奎川　章　宇　蒋焕煜　傅迎春　谢丽娟　裘正军

环境与资源学院

Shaocai Yu(俞绍才)　马奇英王　珂卢升　高田光明　史　舟
史惠祥　冯　英　吕　军　朱利中　朱　亮　庄树林　刘杏梅　刘维屏　刘　越
刘　璟　李廷强　杨肖娥　杨　坤　杨京平　吴东雷　吴伟祥　吴良欢　吴忠标
何　艳　汪海珍　张清宇　陈丁江　陈　红　陈宝梁　陈雪明　林咸永　林道辉
金崇伟　周文军　郑　平　官宝红　赵和平　胡宝兰　施积炎　倪吾钟　徐向阳
徐建明　徐新华　翁小乐　黄敬峰　章明奎　梁永超　梁新强　童裳伦　曾令藻
谢晓梅

农业与生物技术学院

Chalhoub Paul Boulos　Donald Grierson　Imran Haider Shamsi
Yunhai Lu(卢运海)　马忠华　王岳飞　王政逸　王校常　王晓伟　方　华
尹燕妮　邓福军　甘银波　卢　钢　叶庆富　叶恭银　包劲松　师　恺　邬飞波
刘树生　孙崇德　李　飞　李　方　李正和　李红叶　李　斌　李　鲜　杨景华
肖建富　吴　迪　吴建祥　吴殿星　何普明　余小林　汪俏梅　汪海燕　沈志成
宋凤鸣　张天真　张国平　张明方　张　波　张亮生　陆建良　陈　云　陈进红
陈利萍　陈昆松　陈学新　周伟军　周　杰　周艳虹　郑经武　赵金浩　凃巨民
娄永根　祝水金　祝增荣　莫建初　夏宜平　夏晓剑　柴明良　徐昌杰　徐建红
徐海君　徐海明　殷学仁　高中山　郭得平　黄　佳　黄　鹂　曹家树　章初龙
屠幼英　蒋立希　蒋明星　喻景权　程方民　舒小丽　舒庆尧　虞云龙　鲍艳原

蔡新忠　樊龙江　㯽元文　戴　飞

动物科学学院

王华兵　王佳堃　王起山　王敏奇　王新霞　方维焕　占秀安　冯　杰　刘广绪
刘红云　刘建新　孙红祥　杜华华　杜爱芳　李卫芬　杨明英　时连根　吴小锋
吴跃明　邹晓庭　汪以真　张才乔　陈玉银　邵庆均　周继勇　胡松华　胡彩虹
胡福良　钟伯雄　黄耀伟　彭金荣　韩新燕

农业生命环境学部办公室

洪　健　高其康

医学院

Wang Roe(王菁)　Chunsheng Xiang (项春生)　Daniel Henry Scharf
Dante Neculai　Gongxiang Chen (陈功祥)　Hong Yu (余红)
Mingyao Liu(刘明耀)　Mingding Li (李明定)　Rutao Cui(崔儒涛)
Stijn Van Der Veen　Therese Hesketh　Toru Takahata
Xiujun Wang (王秀君)　Xiuwen Tang(唐修文)　Yan Luo(骆严)
Xiaohang Yang(杨小杭)　Yang Xu(徐洋)　Yi Sun(孙毅)
Ying Zhang(张颖)　Pumin Zhang(张普民)　丁克峰　丁美萍　刁宏燕
于晓方　马　骏　王伟林　王兴祥　王红妹　王良静　王青青　王英杰　王杭祥
王　迪　王　凯　王凯军　王炜琴　王建安　王建莉　王选锭　王晓东　王晓健
王　爽　王雪芬　王福俤　王慧明　毛旭明　毛建华　毛峥嵘　方马荣　方向明
方　红　邓甬川　厉有名　叶世欣　叶招明　叶　娟　田　炯　田　梅　代志军
白雪莉　包爱民　包家立　主鸿鹄　冯友军　吕卫国　吕中法　吕志民　朱依敏
朱益民　朱海红　朱善宽　任跃忠　刘　伟　刘志红　刘鹏渊　江米足　汤永民
许正平　那仁满都拉　孙文均　孙启明　孙秉贵　孙　洁　纪俊峰　严　盛
严　敏　杜立中　李永泉　李江涛　李　君　李学坤　李　晓　李晓东　李晓明
李浩洪　李继承　李惠春　李　雯　杨亚波　杨蓓蓓　杨　巍　肖永红　肖浩文
吴志英　吴希美　吴国生　吴　明　吴育连　吴南屏　吴　健　吴　健　吴息凤
吴继敏　吴瑞瑾　邱　爽　佟红艳　余运贤　余雄杰　邹　键　应可净　应颂敏
闵军霞　汪　洌　汪　浩　沈华浩　沈岳良　沈　朋　沈　颖　张　丹　张世红
张　兴　张红河　张　茂　张松英　张宝荣　张建民　张咸宁　张晓明　张敏鸣
张鸿坤　陆林宇　陆　燕　陈　力　陈丹青　陈亚岗　陈光弟　陈　伟　陈　伟
陈江华　陈志敏　陈丽荣　陈　岗　陈　坤　陈学群　陈　晓　陈晓冬　陈　高
陈益定　陈　烨　陈　智　陈谦明　陈　鹏　陈　新　邵吉民　范顺武　林　俊
欧阳宏伟　卓　巍　罗本燕　罗建红　罗　巍　金永堂　金　帆　金　洁　金洪传
周以侹　周旭东　周志慧　周建英　周煜东　周嘉强　郑　伟　郑　敏　郑　敏
项美香　赵小英　赵正言　赵永超　赵伟平　赵经纬　胡小君　胡少华　胡　汛
胡兴越　胡红杰　胡　坚　胡　虎　胡济安　胡振华　胡海岚　胡新央　胡薇薇

柯越海 段树民 俞云松 俞惠民 施育平 祝向东 姚玉峰 袁 瑛 晋秀明
夏大静 夏 强 钱文斌 徐志豪 徐荣臻 徐 骁 徐 耕 徐 峰 徐 晗
徐清波 徐 雯 高向伟 高志华 高利霞 郭国骥 席咏梅 黄丽丽 黄 河
黄 建 曹 江 曹利平 曹 倩 曹越兰 龚方戚 龚哲峰 盛吉芳 康利军
章 京 章爱斌 梁 平 梁廷波 梁 霄 梁 黎 董辰方 董 研 董恒进
蒋笑莉 蒋萍萍 韩春茂 韩晓平 程 浩 傅君芬 傅国胜 焦晶晶 舒 强
鲁林荣 温小红 谢万灼 谢立平 谢安勇 谢鑫友 楼 敏 裘云庆 赖蒽茵
虞燕琴 詹仁雅 詹金彪 蔡志坚 蔡秀军 蔡建庭 蔡 真 管文军 管敏鑫
滕理送 潘冬立 潘宏铭 戴一扬 戴 宁

药学院

王龙虎 王 毅 朱 虹 刘龙孝 刘雪松 孙翠荣 杜永忠 杨 波 连晓媛
吴永江 何俏军 余露山 应美丹 应晓英 张翔南 陈枢青 陈 忠 陈建忠
陈 勇 范骁辉 胡富强 侯廷军 俞永平 袁 弘 顾 臻 翁勤洁 高建青
戚建华 崔孙良 董晓武 蒋惠娣 程翼宇 曾 苏 游 剑 瞿海斌

国际联合学院

Philip T. Krein Susan Welburn Yan Xiao(肖岩) 丁冠中

机关党委

王立忠 叶 民 叶桂方 包迪鸿 朱 慧 朱世强 朱永平 任少波 邬小撑
刘继荣 严建华 吴 健 吴朝晖 何莲珍 张宏建 林伟连 罗卫东 周天华
郑 强 胡素英 夏文莉 黄先海 傅 强 楼成礼 雷群芳

直属单位

干 钢 马景娣 王 健 王人民 王慧泉 毛一国 毛碧增 方 强 尹兆正
厉小润 厉晓华 叶均安 叶凌云 史红兵 吕淼华 朱 凌 刘震涛 杜永均
李 宁 李肖梁 杨 捷 杨 毅 杨建华 杨晓鸣 肖志斌 吴 杰 吴叶海
余东游 余祖国 汪志平 汪炳良 汪海峰 沈 杰 沈 金 沈建福 张 炜
张金枝 张彩妮 陆 激 陈 波 陈志强 陈国安 陈益君 罗安程 金更达
赵美娣 胡东维 胡慧珠 胡慧峰 宣海军 秦从律 袁亚春 贾惠娟 徐礼根
徐海圣 徐铨彪 殷 农 唐建中 唐晓武 黄 晨 黄争舸 黄凌霞 龚淑英
崔海瑞 梁建设 董丹申 董晓虹 董辉跃 蒋君侠 程路明 舒妙安 鲁东明
鲁兴萌 蒙 涛 楼兵干 楼沩涛 楼锡锦 虞力宏 褚超孚 廖 敏 黎 冰
潘雯雯

其他单位

Lei Li(李磊) Xiangwei He(何向伟) Xinhua Feng(冯新华) 马为锐
马银亮 王立铭 王跃明 方 东 方征平 叶 升 叶存奇 史 宇 朱天飚
朱永群 任艾明 刘 东 刘培东 许科帝 许洪伟 李 冬 杨 兵 佟 超
邹大挺 汪方炜 沈 立 宋 海 张 龙 张韶岷 陆华松 陈卫东 陈报恩

范衡宇 林世贤 林盛达 金建平 周　青 周　杰 周　琦 周谷平 郑爱平
郑能干 赵　斌 胡征宇 茹　衡 祝赛勇 夏　鹏 夏顺仁 徐　瀛 徐平龙
徐旭荣 徐金强 郭　行 姬峻芳 黄　俊 董雪兵 蒋　超 靳　津

附属第一医院

于吉人 马　量 马文江 马跃辉 王　平 王　跃 王　敏 王　薇 王仁定
王华芬 王春林 王奎荣 王临润 王剑勇 王海勇 王悦虹 王逸民 王照明
王慧萍 方　强 方丹波 方雪玲 方维佳 孔海莹 孔海深 卢晓阳 卢震亚
叶　丹 叶　锋 叶琇锦 申屠建中 田其芳 史红斐 冯　强 冯立民
冯智英 冯靖祎 吕国才 朱　彪 朱海斌 朱慧勇 乔建军 伍峻松 任国平
任菁菁 邬一军 邬志勇 刘　忠 刘　剑 刘　彧 刘　犇 刘小孙 刘小丽
刘凡隆 刘建华 刘晓艳 安肖霞 许　毅 许利军 许国强 许晓东 阮　冰
阮凌翔 阮黎明 孙　柯 孙军辉 牟　芸 麦文渊 严　卉 严森祥 苏　群
杜持新 李　岚 李　谷 李　君 李　霞 李成江 李伟栋 李任远 李甫强
李和权 李炎冬 李夏玉 李雪芬 杨　芊 杨　青 杨　虹 杨　毅 杨大干
杨小锋 杨仕贵 杨益大 来江涛 肖文波 吴　炜 吴　炜 吴仲文 吴国生
吴国琳 吴建永 吴晓梁 吴福生 吴慧玲 何剑琴 何静松 余　建 余列道
余国伟 邹晓晖 汪　朔 汪国华 汪晓宇 汪超军 沈　岩 沈　晔 沈　萍
沈月洪 沈向前 沈丽萍 沈建国 沈柏华 沈毅弘 宋朋红 张　匀 张　珉
张　哲 张　萍 张　勤 张　微 张　磊 张文瑾 张冰凌 张芙荣 张幸国
张娟文 张德林 陆中杰 陆远强 陈　军 陈　俭 陈　峰 陈　斌 陈　瑜
陈卫星 陈水芳 陈文斌 陈李华 陈作兵 陈春晓 陈洪潭 陈海红 陈韶华
邵乐文 邵荣雅 范　骏 林　山 林　军 林　进 林文琴 林向进 林建江
尚云鹏 罗　依 罗金旦 季　峰 金　希 金百冶 金晓东 金爱云 周　华
周云晓 周水洪 周东辉 周建娅 周新惠 周燕丰 郑　临 郑　霞 郑伟燕
郑旭宁 郑秀珏 郑良荣 郑杰胜 郑哲岚 郑祥义 单建贞 孟宏舟 孟海涛
孟雪芹 项　尊 赵　葵 赵　鹏 赵妍敏 赵青威 赵海格 赵雪红 胡云珍
胡晓晟 胡智勇 柯　青 柯庆宏 郦惠燕 钟紫凤 俞　军 俞文娟 俞建军
饶跃峰 施继敏 宣夏轶 姜　虹 姜　海 姜力骏 姜玲玲 姜赛平 姚　华
姚　磊 姚永兴 姚航平 姚雪艳 秦　杰 袁　静 耿　磊 夏　丹 夏　琦
夏淑东 夏雅仙 顾新华 柴　亮 钱建华 倪一鸣 徐　农 徐　萍 徐三中
徐小微 徐向明 徐凯进 徐建红 徐娅萍 徐盈盈 徐哲荣 徐靖宏 徐鹤云
凌　琪 凌志恒 高　原 高丹忱 高丽娟 高顺良 郭仁勇 郭晓纲 陶谦民
黄　健 黄红光 黄丽华 黄明珠 黄建荣 黄洪锋 黄朝阳 黄满丽 曹红翠
盛勤松 崔红光 章　宏 章梅云 章渭方 梁　辉 屠政良 彭文翰 彭志毅
彭国平 董　枫 董凤芹 董孟杰 蒋天安 蒋建文 蒋智军 韩　飞 韩　阳
韩威力 喻成波 程　军 傅佩芬 童　鹰 童剑萍 温　良 谢　珏 谢小军

谢旭东 谢海洋 楼定华 楼险峰 虞朝辉 阙日升 谭付清 滕晓东 潘昊
潘志杰 潘剑威 魏国庆 瞿婷婷

附属第二医院

丁礼仁 马骥 马岳峰 王平 王坚 王良 王林 王勇 王永健
王华林 王志康 王连聪 王利权 王苹莉 王国凤 王建卫 王建伟 王祥华
王跃东 王彩花 毛建山 毛善英 方兵 方肖云 方河清 石键 占宏伟
卢蕴容 叶松 叶小云 申屠形超 史燕军 白福鼎 冯刚 冯建华
兰美娟 朱莹 朱永坚 朱永良 朱君明 朱锦辉 邬伟东 刘凤强 刘先宝
刘伦飞 刘雁鸣 刘微波 江波 汤业磊 汤霞靖 许璟 许东航 许晓华
孙勇 孙梅 孙婷 孙立峰 孙伟莲 孙建忠 孙朝晖 严君烈 劳力民
苏兆安 杜勤 杜传军 杜新华 李军 李杭 李珉 李星 李万里
李天瑯 李方财 李立斌 李伟栩 李志宇 杨旭燕 肖家全 吴丹 吴群
吴立东 吴华香 吴贤杰 吴祖群 吴晓华 吴浩波 吴琼华 吴勤动 吴燕岷
别晓东 邱培瑾 邱福铭 何荣新 余日胜 谷卫 应淑琴 汪四花 汪慧英
沈宏 沈虹 沈钢 沈伟锋 沈肖曹 宋水江 宋永茂 宋剑平 宋震亚
张宏 张勇 张嵘 张赛 张士更 张片红 张冯江 张召才 张仲苗
张志勇 张哲伟 张根生 张晓红 陆新良 陈军 陈兵 陈鸣 陈健
陈焰 陈巧珍 陈正英 陈芝清 陈志华 陈其昕 陈国贤 陈佳兮 陈佩卿
陈学军 陈莉丽 陈继民 陈清宇 陈维善 邵哲人 邵菊芳 苗旭东 范军强
范国康 茅晓红 林铮 林稌 林志宏 林季建 郁丽娜 岳岚 金敏
金红颖 金晓滢 金静芬 周权 周光居 周建维 周峰 周海波 郑超
郑强 郑一春 郑毅雄 单鹏飞 封秀琴 赵小纲 赵百亲 赵国华 赵学群
赵锐祎 胡跃 胡颖 胡未伟 胡学庆 胡颖红 柳夫义 俞申妹 施小宇
施小燕 施钰岚 洪远 洪玉蓉 姚梅琪 秦光明 袁晖 晁明 徐刚
徐旸 徐昕 徐侃 徐栋 徐小红 徐文鸿 徐根波 徐晓俊 徐彩娟
徐雷鸣 徐慧敏 殷鑫浈 翁燕 高峰 唐喆 唐翠兰 陶志华 陶惠民
黄曼 黄品同 黄晓丹 龚永光 常惠玉 崔巍 麻亚茜 章燕珍 梁俊
梁赟 董颖 董鑫 董爱强 蒋峻 蒋飚 蒋正言 蒋国平 蒋定尧
韩跃华 程海峰 傅伟明 谢小洁 谢传高 楼洪刚 楼健颖 裘益青 虞军
满孝勇 蔡迅梓 蔡思宇 蔡绥勍 熊炎 颜小锋 颜伏归 潘小宏 潘志军
薛静 戴平丰 戴海斌 戴雪松 魏启春 魏建功

附属邵逸夫医院

丁国平 丁国庆 丁献军 万双林 马亮 马立彬 马晓旭 王平 王达
王娴 王谨 王义荣 王先法 王观宇 王青青 王林波 王建国 王敏珍
毛伟芳 方青 方勇 方力争 方向前 方红梅 邓丽萍 卢佩琳 叶俊
叶志弘 田素明 冯丽君 冯金娥 成晟 吕文 吕芳芳 朱江 朱一平

朱文华　朱可建　宋先理　朱军慧　朱玲华　朱洪波　朱　涛　朱越锋　任　宏
庄一渝　刘志伟　刘玮丽　汤建国　许　斌　许力为　阮文静　孙晓南　孙继红
孙蕾民　寿金朵　芮雪芳　严春燕　苏关关　杜小幸　杜华平　李　达　李　红
李立波　李　华　李　华　李建华　李恭会　李爱清　李新伟　杨　进　杨　明
杨丽黎　杨建华　杨树旭　杨斐敏　肖　芒　吴　皓　吴加国　吴峥嵘　吴晓虹
吴海洋　何　红　何正富　何启才　何非方　余大敏　余燕岚　汪　勇　沈　波
沈立锋　宋向阳　宋章法　张　钧　张　剑　张　舸　张　蓓　张　楠　张　雷
张　瑾　张力三　张伟民　张建锋　张锦华　陆秀娥　陈　炜　陈　钢　陈　剑
陈　瑛　陈文军　陈丽英　陈定伟　陈恩国　陈毅力　邵宇权　林　伟　林　辉
林小娜　金　梅　周　伟　周　晔　周　强　周大春　周建仓　周斌全　周道扬
於亮亮　郑伟良　郑芬萍　郑和鸣　郑雪咏　项伟岚　赵　兴　赵　晖　赵　蕊
赵凤东　赵文和　赵林芳　赵博文　胡吉波　胡伟玲　胡孙宏　胡建斌　郦志军
俞　欣　施培华　闻胜兰　姜支农　洪玉才　洪德飞　祝继洪　夏肖萍　钱希明
钱浩然　徐　勇　徐玉斓　徐秋萍　翁　瑜　翁少翔　高　力　高　敏　郭　丰
谈伟强　黄　东　黄　昕　黄　悦　黄　翯　黄中柯　黄迪宇　黄金文　黄学锋
黄美丽　盛列平　盛洁华　梁峰冰　葛慧青　董雪红　蒋　红　蒋晨阳　韩咏梅
鲁东红　谢　磊　谢俊然　楼　岑　楼伟建　楼颂梅　楼海舟　裘文亚　裘利君
虞　洪　虞和君　虞海燕　蔡柳新　臧国尧　管　燕　潘孔寒　潘红英　戴红蕾

附属儿童医院

马　鸣　马晓路　王　翔　王财富　王金湖　王颖硕　毛　文　毛姗姗　石淑文
卢美萍　叶　芳　叶　盛　叶文松　叶菁菁　付　勇　吕　华　华春珍　刘爱民
江克文　江佩芳　汤宏峰　阮文华　苏吉梅　李　荣　李　筠　李云玲　李月舟
李甫棒　李建华　李海峰　杨子浩　杨世隆　杨荣旺　杨茹莱　杨翠微　吴　芳
吴　茜　吴　蔚　吴秀静　吴妙莲　余钟声　邹朝春　汪　伟　汪天林　沈红强
沈辉君　宋　华　张园园　张泽伟　张洪波　张晨美　陆　斌　陈　安　陈　洁
陈小友　陈飞波　陈英虎　陈学军　陈朔晖　陈理华　邵　洁　林　茹　尚世强
竺智伟　周雪莲　周雪娟　郑　焜　郑季彦　赵水爱　赵国强　钭金法　俞建根
施丽萍　施珊珊　洪　芳　祝国红　袁天明　袁哲锋　夏永辉　夏哲智　钱云忠
倪韶青　徐卫群　徐亚萍　徐红贞　徐迎春　徐美春　徐晓军　高　峰　高志刚
唐兰芳　唐达星　诸纪华　谈林华　陶　然　黄　轲　黄寿奖　黄晓磊　黄新文
章毅英　董关萍　蒋优君　蒋国平　傅海东　童　凡　童美琴　楼金吐　楼金玕
楼晓芳　赖　灿　鲍　毓　解春红　蔡志波　熊启星　燕　翔　戴宇文　魏　健

附属妇产科医院

丁志明　万小云　上官雪军　王正平　王军梅　王建华　王新宇　毛愉燕　方　勤
龙景培　叶英辉　白晓霞　冯国芳　冯素文　邢兰凤　朱小明　朱宇宁　庄亚玲
江秀秀　阮　菲　孙　革　李娟清　杨小福　吴明远　邱丽倩　何赛男　余晓燕

邹　煜　应伟雯　张　珂　张　慧　张信美　张晓飞　陈凤英　陈亚侠　陈新忠
林仿芳　罗　琼　罗玉琴　季银芬　周庆利　周坚红　郑　斐　郑彩虹　赵小环
赵小峰　赵柏惠　赵梦丹　胡东晓　胡燕军　俞　颖　贺　晶　钱志大　钱洪浪
徐　键　徐开红　徐向荣　徐丽丽　徐建云　徐凌燕　徐鑫芬　翁炳焕　高惠娟
黄秀峰　黄夏娣　梁朝霞　董旻岳　韩秀君　程　蓓　程晓东　傅云峰　鲁　红
鲁惠顺　谢臻蔚　楼航英　缪敏芳　潘永苗

附属口腔医院

邓淑丽　刘　蔚　李志勇　李晓军　杨国利　何　虹　何福明　张　凯　陈学鹏
周艺群　胡　军　俞雪芬　施洁珺　章伟芳　程志鹏　傅柏平　谢志坚　樊立洁

浙江大学2020年新增兼职教授名录

姓名	聘请单位	聘用职务	工作单位
唐中祥	传媒与国际文化学院	教授	浙江日报报业集团
鲍贤伦	艺术与考古学院	教授	浙江省文化厅
孙　永	艺术与考古学院	教授	浙江画院
沈满洪	经济学院	教授	宁波大学
Randall Wright	经济学院	教授	威斯康辛州立大学麦迪逊分校
陆　军	管理学院	教授	中国电子科技集团有限公司
Peihua Gu(顾佩华)	机械工程学院	教授	天津大学
范大鹏	机械工程学院	教授	国防科技大学
姜　宏	材料科学与工程学院	教授	海南大学
曹跃云	能源工程学院	教授	海军工程大学
毛志兵	建筑工程学院	教授	中国建筑股份有限公司
李　惠	建筑工程学院	教授	哈尔滨工业大学
杨戌标	建筑工程学院	教授	政协宁波市委员会
叶　青	建筑工程学院	教授	深圳市建筑科学研究院股份有限公司
贾廷纲	控制科学与工程学院	教授	上海电气自动化集团

续表

姓名	聘请单位	聘用职务	工作单位
李新明	控制科学与工程学院	教授	中国科学院空天信息创新研究院(原电子所)
贾扬清	计算机科学与技术学院	教授	阿里巴巴集团
何　田	计算机科学与技术学院	教授	阿里巴巴集团
Ping Tan(谭平)	计算机科学与技术学院	教授	阿里巴巴集团
叶　军	计算机科学与技术学院	教授	阿里巴巴集团
张　铭	计算机科学与技术学院	教授	阿里巴巴集团
汤　兴	计算机科学与技术学院	教授	阿里巴巴集团
Fei Huang(黄非)	计算机科学与技术学院	教授	阿里巴巴达摩院
Yanguang Chen(陈彦光)	计算机科学与技术学院	教授	阿里巴巴达摩院
孟建熠	计算机科学与技术学院	教授	阿里巴巴平头哥半导体有限公司
顾小卫	计算机科学与技术学院	教授	浙江省委网络安全和信息化委员会办公室
丁钢强	医学院	教授	中国疾病预防控制中心营养与健康所
罗会明	医学院	教授	中国疾病预防控制中心
王旭初	医学院	教授	杭州市疾病预防控制中心环境与职业卫生监测所
赵　刚	医学院	教授	杭州市疾病预防控制中心
陈树昶	医学院	教授	杭州市疾病预防控制中心
陈珺芳	医学院	教授	杭州市疾病预防控制中心
姜彩霞	医学院	教授	杭州市疾病预防控制中心
胡崇高	公共卫生系	教授	浙江省疾病预防控制中心
蒋健敏	公共卫生系	教授	浙江省疾病预防控制中心
俞　敏	公共卫生系	教授	浙江省疾病预防控制中心
楼晓明	公共卫生系	教授	浙江省疾病预防控制中心

续表

姓名	聘请单位	聘用职务	工作单位
周　标	公共卫生系	教授	浙江省疾病预防控制中心
王晓峰	公共卫生系	教授	浙江省疾病预防控制中心
章荣华	公共卫生系	教授	浙江省疾病预防控制中心
钟节鸣	公共卫生系	教授	浙江省疾病预防控制中心
柴程良	公共卫生系	教授	浙江省疾病预防控制中心
陈善广	理学部—心理科学研究中心	教授	中国载人航天工程办公室
王增全	先进技术研究院	教授	中国北方发动机研究所
胡仲明	工程师学院	教授	巨化集团
陶俐言	工程师学院	教授	杭州电子科技大学
呼和涛力	能源工程学院	研究员	常州大学城乡矿山研究院
赵增玉	控制科学与工程学院	研究员	山东省煤炭机械工业协会
邓　堃	软件学院	研究员	吉利汽车研究院(宁波)有限公司
于石成	医学院	研究员	中国疾病预防控制中心流行病学办公室
王子军	医学院	研究员	中国疾病预防控制中心办公室
施小明	医学院	研究员	中国疾病预防控制中心环境与健康相关产品安全所
刘　荣	工程师学院	研究员	北京市热力集团有限责任公司
郭占恒	社会科学研究院	研究员	退休

大事记

一月

1月3日 澳门大学学生会戏剧社、澳门霜冰雪创作实验剧团在紫金港校区剧场演出原创话剧《苦尽甘来》，为中华人民共和国成立70周年暨澳门回归祖国20周年献礼。

1月3日 浙江大学推进理学学科发展大会在紫金港校区求是大讲堂举行，校长吴朝晖在大会上做报告。

1月9日 浙江大学举行"不忘初心、牢记使命"主题教育总结大会，校党委书记任少波出席会议并讲话，校长吴朝晖主持会议，中央第三指导组副组长田福元出席并讲话。

1月10日 人文学院新大楼启用仪式在紫金港校区举行。

1月10日 中共中央、国务院在北京隆重举行国家科学技术奖励大会。在此次奖励大会上，浙江大学作为第一完成单位荣获国家技术发明奖二等奖2项、国家科学技术进步奖二等奖4项。

1月12日 故宫博物院与浙江大学在紫金港校区签署战略合作框架协议。

1月16日 浙江大学对外宣布"双脑计划"重要科研成果。

1月21—24日 世界经济论坛2020年年会在瑞士小镇达沃斯如期举行。浙江大学校长吴朝晖院士应邀出席年会。

1月25日 省委书记车俊、省长袁家军赴浙江大学医学院附属第一医院检查新型冠状病毒感染的肺炎疫情防控工作并召开座谈会。

1月30日 浙江大学召开新型冠状病毒感染的肺炎疫情防控工作领导小组例会。通报、交流学校有关疫情防控工作，根据最新情况再研究部署下一阶段疫情防控工作。

二月

2月6日 浙江大学公共卫生学院开

发的疫情预防平台(http://epp.zju.edu.cn/)正式上线。

2月9日 浙大四院第二批医疗和管理精英团队在杭州与浙江省310名医务人员汇合驰援武汉。

2月11日 浙江大学召开教育教学工作部署会,推进疫情防控期间教师在线授课和学生在线学习,确保新学期教育教学工作实现“不停教,不停学”。

2月14日 来自浙江大学医学院附属第一医院、附属第二医院、附属邵逸夫医院的三支医疗队在浙江省人民大会堂集结,出征湖北武汉,支援重症及危重症病人救治工作。

2月15日 浙江大学召开5场网上教学教师培训视频会议的首场教师培训,确保“停课不停教,停课不停学”。

2月24日 浙江大学全面线上开课,各项教学活动有条不紊开展。

2月25日 浙江大学领导班子2020年寒假战略研讨会在紫金港校区举行。

三月

3月2日 中共中央宣传部正式公布新增的5家国家高端智库建设试点单位名单,浙江大学区域协调发展研究中心正式入选。

3月5日 浙江大学召开2020年研究生教育工作会议,就统筹做好疫情防控和年度研究生教育工作等做出部署。

3月7日 浙江大学一站式全流程线上科研空间“研在浙大”正式宣布启用。

3月13日 浙江大学2020年度工作会议在紫金港校区举行。

3月19日 “党旗下的白衣战士——抗‘疫’先锋对话浙大千名党员”活动举行,活动以网络连线的形式,联系起了投身新冠疫情医疗救治主战场的医务工作者和近6000名天南海北的浙大学生。

3月25日 浙江大学校长吴朝晖和韩国科学技术院(Korea Advanced Institute of Science and Technology,简称KAIST)校长申成澈通过视频连线的方式,代表两校签署了双边合作谅解备忘录,双方正式建立校级合作伙伴关系。

3月31日 由李兰娟院士团队、浙江第四批援鄂医疗队浙大一院队、浙大二院队和浙大邵逸夫医院队等组成的我省第五批返浙的援鄂医疗队凯旋。

四月

4月3日 浙江大学2020年春季学期开学学校卫生防疫工作应急演练在浙江大学校医院玉泉本部进行。

4月8日 浙江大学在紫金港校区召开创新2030计划项目启动会,发布启动智慧海洋会聚研究计划、精准医学会聚研究计划、超重力场会聚研究计划、新物质创制会聚研究计划。

4月10日 浙江大学国际组织实习就业战略指导平台启动仪式暨2020全球治理论坛开幕式顺利举行。

4月10日 通过“云签约”的方式,浙江大学和中国农业科学院正式签署战略合作框架协议。

4月13日 杭州市代市长刘忻来到浙

江大学紫金港校区，调研学校发展情况，交流市校未来合作新领域。

4月14日 浙江大学与浙江省机场集团有限公司在紫金港校区签署战略合作框架协议。

4月14日 浙江大学—景东县2020年定点帮扶工作推进视频会召开。

4月17日 浙江大学召开科研工作会议并开启为期半年的全校科研大讨论。

4月20日 浙江大学附属医院抗击新冠疫情一线医务工作者座谈会在紫金港校区召开。

4月29日 浙江大学召开2020年人才工作会议。

五月

5月7日 浙江大学公共管理学院举行新大楼启用仪式。

5月15日 "让青春在磨砺中更加出彩"浙江大学思政公开课以线上的形式展开。

5月19日 浙江大学与巨化集团有限公司在紫金港校区签署战略合作框架协议。

5月21日 浙大举行"相约云端共襄华诞"云校庆活动。全球浙大人通过互联网共同庆祝母校123周年生日。当天适逢竺可桢纪念馆建馆20周年纪念日，学校还举行了竺可桢纪念馆重修开馆仪式。

5月29日 浙江大学召开巡视整改落实情况专项巡察工作动员部署会，部署中央巡视反馈意见整改落实情况专项巡察。

5月29日 下午浙江大学在紫金港校区召开会议，传达全国两会精神，对全校学习贯彻工作做出部署。

5月30日 浙江大学伊利诺伊大学厄巴纳-香槟校区联合学院（ZJUI）首届学生伊利诺伊大学厄巴纳-香槟校区（UIUC）学位授予仪式在浙江大学国际联合学院（海宁国际校区）举行。

六月

6月3日 上海市政府与浙江大学举行战略合作签约暨浙江大学上海高等研究院揭牌仪式。

6月2—5日 浙江大学代表团赴云南省景东彝族自治县调研考察，并举行浙江大学—景东县2020年定点帮扶工作推进会。

6月5—6日 浙江大学第八届教职工代表大会、第二十二届工会会员代表大会第三次会议在紫金港校区举行。

6月10日 校长吴朝晖院士应邀出席世界经济论坛全球大学校长线上对话。

6月11日 国家电网有限公司与浙江大学战略合作框架协议签约仪式在玉泉校区举行。

6月13日 浙江大学社会创新创业高峰论坛暨绿色浙江二十周年公益盛典在紫金港校区求是大讲堂举行。

6月22日 浙江大学2020年就业工作会议在紫金港校区求是大讲堂召开。

6月24日 浙江大学举行2020届毕业生党员教育大会，为即将踏出校园、迈上新征程的毕业生党员上最后一堂党课。校党委书记任少波作题为"传承文脉勇担使命，追逐梦想引领未来"的专题报告，并为2020届基层就业毕业生党员代表出征授旗。

6月28日 浙江大学在紫金港校区召开创新2030计划项目启动会，发布启动首个哲学社会科学领域项目——亚洲文明学科会聚研究计划。

6月29日 浙江大学2020届本科生毕业典礼暨学位授予仪式分别在玉泉校区大操场和邵体馆举行。

七月

7月1日 浙江大学召开庆祝中国共产党成立99周年大会，表彰全校各条战线涌现出来的先进基层党组织和优秀共产党员。

7月6—10日 俄罗斯高等经济大学教育研究院与浙江大学教育学院携手，联合举办了中俄首次在线暑期学校。中俄两国学生约50人通过在线网络平台在云端相聚，围绕“全球疫情挑战下科技赋能教育的探索与实践”这一主题开展学习研讨。

7月8日 浙江大学与2022年第19届亚运会组委会正式签署合作框架协议，双方将围绕智能亚运、志愿服务、咨询服务、人才培养、医疗保健和亚运文化等方面开展全方位合作。

7月9日 金华市人民政府与浙江大学签署协议，合作共建“浙江大学医学院附属金华医院”。

7月16日 杭州国际科创中心举行首期开园仪式，省长袁家军出席活动。

7月17日 由浙江大学牵头建设的良渚实验室（系统医学与精准诊治浙江省实验室）挂牌成立，标志着坐落于“城西科创大走廊”的浙江大学医学中心正式启用。

7月21日 浙江大学与广西壮族自治区人民政府在南宁签署全面战略合作协议。

7月25日 浙江大学党委书记任少波率队赴遵义、湄潭，重温红色文化和浙大西迁历史，服务“第二故乡”发展。

7月27日 杭州市市长刘忻来到浙江大学调研，推进新时代名城名校高质量发展、高水平合作。校长吴朝晖院士参加调研并座谈。

7月28日 浙江大学与浙江省疾病预防控制中心在浙大紫金港校区签署战略合作框架协议，共同推进“健康浙江”建设和浙江省疾病预防控制事业高质量发展。

7月29日 浙江大学在紫金港校区召开“新思想在浙江的萌发与实践”（重要窗口）系列教材第二辑编写工作会。

八月

8月3日 浙江大学举办座谈会，专题学习习近平总书记关于研究生教育工作的重要指示精神和李克强总理批示精神。

8月4日 浙江大学党委书记任少波会见全国人大常委会委员、中国残联副主席吕世明一行。

8月3—6日 浙江大学校长吴朝晖率队赴云南考察调研，深入推进省校战略合作，助力云南脱贫攻坚，服务地方区域发展。

8月4—6日 浙江大学校长吴朝晖一行赴云南省景东彝族自治县调研考察，深化帮扶对接，助推景东提质发展。

8月18日 贵州省人民政府与浙江大学在浙大紫金港校区签署协议，进一步深化省校全面战略合作伙伴关系。

8月20日 浙江大学与湖州市全面深化战略合作会议在湖州举行。湖州市人民政府与浙江大学签署协议，合作共建“浙江大学医学院附属湖州医院”。

8月24—25日 浙江大学2020年暑期工作会议在紫金港校区召开。

九月

9月2日 “智慧海洋”省实验室建设方案论证会暨“天罗海网”重大科学基础设施研讨会在紫金港校区举行。

9月1—3日 浙江大学党委书记任少波率队赴宁夏银川学习考察，推动校地合作，服务区域发展。

9月4日 教育部党组成员、副部长翁铁慧一行来到浙江大学调研，就《中国共产党普通高等学校基层组织工作条例》《落实全国研究生教育会议精神加快高层次人才培养十大专项推进行动》等文件征求意见建议。

9月9日 浙江大学2020年新教工始业教育培训在紫金港校区临水报告厅开班。校长吴朝晖做题为“海纳百川，天下来同”的主题报告，为新教工带来“入校第一课”。

9月10日 “记疫——浙江大学抗击新冠疫情主题展”在紫金港校区月牙楼开幕。当天，新书《浙大战疫》同步首发。

9月11日 浙江大学2020级国际学生新生开学典礼以线上线下相结合的方式在紫金港校区举行。来自世界各地的1000余名国际学生新生入学。

9月12日 浙江大学2020级研究生开学典礼在紫金港校区举行，并在舟山、宁波设立视频分会场。

9月13日 浙江大学2020级本科生开学典礼在紫金港校区举行。

9月13日 2020年“绿水青山就是金山银山”理念与实践会议在安吉召开，浙江大学校长、中国科学院院士吴朝晖出席会议并讲话。

9月14日 浙江大学“双一流”建设周期总结专家评议会在紫金港校区举行。

9月14日 学校成立浙江大学宁波科创中心，列为直属单位，统筹协调浙江大学在甬办学资源。

9月16日 浙江大学中西书院发文成立。

9月18日 浙大举行2020级本科生形势与政策教育专题报告会，校党委书记任少波作题为《浙江大学的传统、精神与未来使命》的报告，为全体本科新生带来了开学第一堂思政课。

9月21日 浙江大学政协委员会客厅围绕“服务‘重要窗口’建设之打通知识产权‘最后一公里’”这一主题开展活动。浙江省政协主席葛慧君、浙江大学校长吴朝晖出席活动。

9月22日 第15届中国信息无障碍论坛暨全国无障碍环境建设成果展示应用推广活动在紫金港校区举行，与会嘉宾就“信息无障碍助力公共服务”主题开展交流研讨，浙江大学校长吴朝晖院士出席会议并讲话。

9月26日 第六届浙江大学校友创业大赛启动仪式在紫金港校区举行。

9月27日 学校召开党委理论学习中心组学习（扩大）会议，专题学习新时代党的组织路线和《习近平总书记教育重要论述讲义》。

9月30日 120余名师生代表齐聚浙江大学紫金港校区子三园，举行公祭活动，寄托对以于子三为代表的英烈们的无限哀思和深切缅怀。

十月

10月9日 "铸牢中华民族共同体意识和党的民族工作"求是智库讲座暨座谈交流会在浙大举行。中共中央统战部原常务副部长、十二届全国政协民族和宗教工作委员会主任朱维群为师生代表做专题报告。

10月15日 中国航天科技集团有限公司董事长、党委书记吴燕生一行来到紫金港校区，与学校领导举行座谈，推动双方全面深化合作。

10月16日 浙江大学获评教育部直属高校精准扶贫精准脱贫典型项目。

10月16—17日 吴朝晖校长参加"一流大学建设系列研讨会——2020"暨中国大学校长联谊会，以"变中前行：后疫情时代大学的应对与跨越"为题做大会报告。

10月19日 浙江大学校长吴朝晖院士在紫金港校区会见中国华能集团有限公司党组书记、董事长、中国电机工程学会理事长舒印彪院士一行，双方就深化校企战略合作开展广泛交流。

10月21日 党委书记任少波与巴黎高等矿业学院校长 Vincent Laflèche 在"云端"会面，并代表两校签署合作协议。

10月23日 设立浙江大学北京研究院，列为直属单位。

10月23日 浙江大学第十届"三育人"先进颁奖晚会在紫金港校区剧场举行。

十一月

11月2日 校长吴朝晖率队赴嘉兴市嘉善县、秀洲区调研，考察长三角生态绿色一体化发展示范区嘉善片区、祥符荡科创绿谷以及秀洲区未来科技城规划建设情况。

11月2日 浙江大学召开会议，传达学习中共十九届五中全会精神，并结合学校实际就深入学习贯彻落实全会精神进行部署。

11月4日 浙江大学古籍馆试开馆暨图书馆藏唐代诗人墓志拓片展揭幕。

11月13日 中国工程院院士李兰娟受浙江大学女教授联谊会邀请，在浙江大学紫金港校区面向师生做题为"科学防控疫情，护卫人民健康"的报告。

11月13日 浙江大学召开党委理论学习中心组学习（扩大）会议，深入学习党的十九届五中全会精神和习近平总书记在全会上的重要讲话精神。

11月14日 2020绍兴发展大会召开，浙江大学在会上与绍兴市签署了全面战略合作协议，与诸暨市签署了共建新时代"枫桥经验"研究院合作协议。

11月17—20日 第六届中国国际"互联网＋"大学生创新创业大赛在华南理工大学举行。浙江大学创业团队表现优异，入围决赛的9个项目斩获金奖4项，银奖5项，再度荣获高校先进集体奖、"青年红色筑梦之旅"活动先进集体奖。

11月24日 2020年全国劳动模范和先进工作者表彰大会在北京举行。浙江大学杨德仁院士、姚玉峰教授、刘斌教授入选

“全国先进工作者”。

11月25日 省委书记袁家军来到浙江大学，宣讲党的十九届五中全会精神和省委十四届八次全会精神。

11月25日 《教育部关于公布首批国家级一流本科课程认定结果的通知》发布，认定浙江大学航空航天学院“力学导论”为首批国家级一流本科课程。

11月26日 校党委理论学习中心组举行会议，学习贯彻习近平法治思想和中央全面依法治国工作会议精神，学习传达全国高校法治工作会议精神等。

11月27日 浙江大学化工系1988届校友、“人民英雄”国家荣誉称号获得者、中国工程院院士、军事科学院军事医学研究院生物工程研究所所长陈薇少将回到浙大，参加将军报告会系列活动并做专题讲演。校党委书记任少波会见陈薇校友，并向她赠送本科期间成绩单作为纪念。

11月29日 “综合性大学农科人才培养联盟”在浙江大学成立。北京大学、浙江大学、上海交通大学、中国科学院大学等34所综合性大学的涉农学院加入联盟。

11月30日 浙大二院校医院院区在紫金港校区举行揭牌仪式。

十二月

12月1日 浙江大学举行座谈会，认真学习贯彻习近平总书记在全国劳动模范和先进工作者表彰大会上的重要讲话精神。

12月2日 浙江大学召开2020年科研大讨论总结大会。

12月4日 浙大党委理论学习中心组举行会议，认真学习《深化新时代教育评价改革总体方案》，传达教育部有关培训会议精神，研究学校贯彻落实方案。

12月8日 四川省—浙江大学省校合作座谈会在浙大紫金港校区举行。双方回顾了近三年的合作情况，并就进一步推进省校合作进行座谈交流。

12月8日 法国驻华大使罗梁一行访问浙江大学。

12月8日 省长郑栅洁到浙江大学调研，考察了人工智能省部共建协同创新中心，参观校史馆及服务浙江成果展。

12月19日 浙大口腔医院建院四十周年学术报告会举行，浙大口腔医院华家池总院（浙江大学口腔医学中心）正式启用。

12月20—22日 浙江大学党委书记任少波率队赴山西学习考察，推动省校合作，服务区域发展。

12月21日 浙江大学心理与行为科学系恢复建系40周年纪念大会在杭州市小百花剧场举行。

12月22日 科技部党组书记、部长王志刚到浙江大学调研，考察计算机辅助设计与图形学国家重点实验室，深入了解创新型大学建设和国家重点实验室重组布局情况。

12月25日 浙江大学亚洲文明研究院、新时代“枫桥经验”研究院、数字沟通研究中心发文成立。

12月28日 浙江大学“一带一路”国际医学院（筹）在浙大附属第四医院411报告厅正式揭牌成立。

12月28日 报海南省部省会商暨海南国际教育创新岛建设工作推进会在陵水黎族自治县召开。浙江大学高水平参与海南国际教育创新岛建设。浙江大学校长吴朝晖参加会议并发言。

12 月 27—28 日　浙江大学党委书记任少波率队赴江西学习考察，推动省校合作，服务地方发展。

12 月 29 日　浙江大学医学院附属浙江医院签约揭牌仪式在三墩院区举行。浙江省卫生健康委员会与浙江大学在浙江医院签约，合作共建“浙江大学医学院附属浙江医院”。

12 月 31 日　2020 年全国高校辅导员队伍建设成果展示在浙江大学举行，教育部党组成员、副部长翁铁慧为第十二届高校辅导员年度人物颁发证书。